編集復刻版

雑誌『國教』と九州真宗

第2巻

中西直樹 編・解題

不二出版

〈復刻にあたって〉

一、復刻にあたっては、中西直樹氏、東京大学大学院法学政治学研究科附属近代日本法政史料センター明治新聞雑誌文庫の所蔵原本を使用しました。記して深く感謝申し上げます。

一、復刻版では、表紙、原本で色紙の頁も、すべて本文と同じ紙を使用しました。

一、原本を適宜縮小しました。また、A５判の『國教』第一号から『第二國教』第二号までは、二面付け方式で収録しました。

一、原本の破損や汚れ、印刷不良により、判読できない箇所があります。

一、資料の中には、人権の視点からみて不適切な語句・表現等がありますが、歴史的資料の復刻という性質上、そのまま収録しました。

不二出版

〈第2巻　収録内容〉

巻号	発行年月日
『國教』	
第一三号（通号二一号）	一八九二（明治二五）年八月一五日
第一四号（通号二二号）	一八九二（明治二五）年八月三〇日
第一五号（通号二三号）	一八九二（明治二五）年九月二〇日
第一六号（通号二四号）	一八九二（明治二五）年一〇月二七日
第一七号（通号二五号）	一八九二（明治二五）年一一月二〇日
第一八号（通号二六号）	一八九二（明治二五）年一二月二〇日
第一九号（通号二七号）	一八九三（明治二六）年一月二五日
第二〇号（通号二八号）	一八九三（明治二六）年三月三〇日
第二一号（通号二九号）	一八九三（明治二六）年四月三〇日
第二二号（通号三〇号）	一八九三（明治二六）年五月三〇日
第二三号（通号三一号）	一八九三（明治二六）年六月三〇日

『雑誌『國教』と九州真宗』収録一覧

復刻版巻数	復刻版通号数	原本号数		発行年月日
第１巻	1	國教	第１号	1890（明治23）年９月25日
	2	國教	第２号	1890（明治23）年10月25日
	3	國教	第３号	1890（明治23）年11月25日
	4	國教	第４号	1890（明治23）年12月25日
	5	國教	第５号	1891（明治24）年１月25日
	6	國教	第６号	1891（明治24）年２月25日
	7	國教	第７号	1891（明治24）年４月25日
	8	國教	第８号	1891（明治24）年６月25日
	9	第二國教	第１号	1891（明治24）年10月10日
	10	第二國教	第２号	1891（明治24）年11月20日
	11	第二國教	第３号	1891（明治24）年12月17日
	12	第二國教	第４号	1891（明治24）年12月30日
	＊『第二國教』第５号は未見			
	14	第二國教	第６号	1892（明治25）年２月５日
	15	國教	第７号	1892（明治25）年２月29日
	16	國教	第８号	1892（明治25）年３月25日
	＊『國教』第９号～第12号は未見			
第２巻	21	國教	第13号	1892（明治25）年８月15日
	22	國教	第14号	1892（明治25）年８月30日
	23	國教	第15号	1892（明治25）年９月20日
	24	國教	第16号	1892（明治25）年10月27日
	25	國教	第17号	1892（明治25）年11月20日
	26	國教	第18号	1892（明治25）年12月20日
	27	國教	第19号	1893（明治26）年１月25日
	28	國教	第20号	1893（明治26）年３月30日
	29	國教	第21号	1893（明治26）年４月30日
	30	國教	第22号	1893（明治26）年５月30日
	31	國教	第23号	1893（明治26）年６月30日
第３巻	32	國教	第24号	1893（明治26）年８月５日
	33	國教	第25号	1893（明治26）年８月30日
	34	國教	第26号	1893（明治26）年９月30日
	35	國教	第27号	1893（明治26）年10月30日
	36	國教	第28号	1893（明治26）年12月７日
	37	國教	第29号	1893（明治26）年12月30日
	38	國教	第30号	1894（明治27）年２月28日
	39	國教	第31号	1894（明治27）年６月11日
		九州仏教軍	第１号	1891（明治24）年７月15日

國教

第拾參號

明治二十五年八月十五日出版

（毎月二回）

國教第拾三號目次

特別社告

本誌第拾貳號雜報欄内に於て香川葆晃師と佐賀縣総選擧紛乱の關係と題し撰擧干渉云々の事實を掲げしは誤謬の廉も尠からずとて該件通信者及び其筋より取消或は正誤の申込ありしを以て本社は深く本社編輯の疎忽を慚愧し直ちに當地發刊の九州日日九州自由の二新聞を以て該件取消の緊急廣告を爲して縣下の愛讀者諸君に告白すると同時に號外を發行して各府縣の愛讀者諸君に其旨を報知したり就ては該件に附帶せる雜報は一旦總て取消し追て精確なる取調を以て報導致す可し今玆に再び其理由を掲載して大方の諸君へ謹告す

●國教雜誌規則摘要

一本誌は佛教の運動機關として毎月二回(國教)を發刊す
一本誌は宗派に偏せす教會に黨せす普く佛教界に獨立して佛徒の積弊を洗滌し佛教の新運動を企圖すへし
一本誌は諸宗教の批評及ひ教法界に現出する時事の問題を討論し毎號諸大家の爲なる論説寄書講義演説等を登錄し其教法關係の點に至りては何人を撰はす投書の自由を許し本社の主旨に妨けなき限りは総て之を掲載すへし
　但し寄稿は楷書二十七字詰に認め必す住所姓名を詳記すへし
一本誌代金及ひ廣告料は必す前金たるへし若し前金を投せすして御注文あるも本社は之に應せさるものとす
　但本縣在住の人にして適當の紹介人あるときは此限りにあらす
一本誌見本を請求する者は郵劵五厘切手十枚を送付せは郵送すへし
一本誌代金は可成爲換によりて送金あるへし尤も僻陬の地にして爲換取組不便なれは五厘郵劵切手を代用し一割増の計算にして送付あるへし
一本誌代金及ひ廣告料は左の定價表に依るへし
　但本誌講讀者に限り特別を以て廣告料を減することあるへし

雜誌代金		
册數	定價	郵税共
一册一回分	五錢	五錢五厘
十二册半箇年分	五拾四錢	六拾錢
廿四册一箇年分	壹圓	壹圓拾貳錢

廣告料
廣告料は行數の多少に拘はらす五号活字二十七字詰一行一回三錢とす但廣告に用ゆる木版等本社に依賴せらるゝときは廣告料の外に相當の代金を請求すべし

明治廿五年八月十四日　印刷
明治廿五年八月十五日　出版

編輯者　熊本縣玉名郡石貫村千百八十一番地　森直樹

發行兼印刷者　熊本市安已橋通町七十五番地　志垣弘

發行所　熊本市安已橋通町七十五番地　國教雜誌社

印刷所　熊本市新壹丁目百二番地　汲古堂

國教第拾參號

社說

信仰自由を論じて佛教界將來の組織を望む

八淵蟠龍

吾人は前號に於て。政黨と宗教の關係より。牽ひて信仰自由宗教獨立の一班を論じたるも。這般九州各地を巡回し。教界の景狀を實驗して增々感ずる所あれば。更に信仰自由の時代なることを詳說し。之れに對する宗教界の組織なかる可からざる必要を訟んと欲して本編を草するに至れり。」

案ずるに。信仰の自由は眞理自然の道理にして。現時社會の輿論なれば。何れの國としても敢て拒否すへからざるは社會の大勢なり。今や歐洲諸邦一二の邦國に在りては。種々の慣行事情に由り。國教又は公認教の制あるも。信仰は各自の好むに從ひ。强ひて他宗教を拒否し撿束して一宗教の下に服從せしめんとするには非るなり。既に宗教社會の先覺者たる。彼のルーテルが夙とに認る所ありて。奮然蹶起。舊教の妄想を打破し。自由の眞理を煥發し。久しく舊教の下に撿束せられ。悲愴の境遇に屈伏して。東天の曉を望みたる社會の中心に立ち。政教の分離を說き。信仰の自由を唱へしより。宗教獨立。信仰自由の議論は。漸く社會の輿論となり。諸邦到る處拒否す可からざる勢力を有し。各國多く証明するに至れり。方今我邦憲法上。明かに信仰の自由を准許し。宗教選擇の自由權を得せしめたるもの。蓋し是れ眞理自然の大法に則り。社會の大勢を鑑明したるものと云はざる可からず。

古代社會幼稚にして。人文未だ開けざる事物單純の世にありては。政教混合して神主政体の組織をなし。政治は宗教に支配せられしも。漸次社會の進むに從ひ。政教大に發達して政教一致の組織を爲し。兩個相須つて保つところありしも。異種の性質を有するもの。混合して長く相持つ可からざるは自然の道理にして。遂に政教錯亂し。謬妄の說起り。或は宗教は政治を支配せんとし。政治は宗教を牽制せんとし。或る宗教は信ずべし。或る宗教は信ずべからずと云ひ。各個信仰の自由を撿束し。一方に向つては特殊の保護を與ゆると同時に。一方に對しては大に迫害を加へ。其の局遂に政教の戰となり。革命の亂となり。鮮血淋漓。滔天の禍を天下に流し。數萬の生命を犧牲とし。腥風天を覆ひ。殺氣空に滿ち。慷慨悲憐の參狀を歷史の上に遺し。萬世人をして浩歎せしむるに至れり。而して人文漸く開け。社會の上進するに從ひ。單純は複雜となり。不明瞭のものは明瞭となり。政教の如きも。完く同一元素の中に包合す可からざるの理を明らめ。混合の弊を解き。干渉の禍を除き。政教其の働きを異にし。各個分立して自己の權限を守り。政教分離の制を設けて宗教の獨立を企圖し。信仰自由の曉に達せり。今や信仰自由は社會の大勢各國の輿論となりて。誰人と云へども。是認せざる者なきに至れり。

果して然りとせば。信仰自由は現時社會の公論にして。方今我日本は信仰自由の時代なり。政教分立の政体なり。往時德川氏が。政教維一の制を設け。戸籍檀家の制定を以て。天下衆民を率ひて佛教の下に服從せしめたるが如き。優待を受け。保護を仰ひで。將來の宗教界を保たんと欲するも。佛教の隆盛なる命運は。得て保有す可からざるの時代なり。よし政府の特待を以て之れを保護せんとするも。社會の大勢を如何せん。强ひて之れが庇蔭を仰がんとするも。國民の輿論を如何せん。之を要するに。政教一致の時代は既に過ぎて。政教分立の時代となり。信仰自由を公認すべき社會に對しては。之れに適合すべき宗教界の改革組織を企圖せざれば。將來隆盛なる佛教界の命運は保持す可からずと云に在り。是れ吾人が信仰自由を論して。佛教界將來の組織を希望する所以なり。

以みるに。佛教宗門の本心は。宇宙万有の實体。眞如法界より顯現したる。自然の大法に基き。世界宗教の最高最大なる眞理を具し。普く社會を感化するものなれば。何んぞ政權の輔翼に安んじ。政治の保護を需めて。命運を保有せんことを欲す可きの理あらんや。政權を以て强ひて之と撿束し。之を抑壓して。服從せしめんとするは。佛教宗門の甘容す可からざる所なり。彼の海外の諸邦に在りて。劣等なる宗教が。人民を攻擊し。腥風血雨の中に生命を戮殺し。服從せしめんとせし如き。强迫的の手段を以て。教界の勢を逞ふせんとするは。佛教宗門の大に排斥する所なり。仮令政權の保護を仰ぎ。有力者の庇蔭を憑んで。一時之を服從せしむるあるも。只之れ假面的の教徒を烏合したるものに過ぎざれば。到底永遠に保持し克はざるのみならず。却つて假面教徒の爲には宗教の衰運を來し。禍害を招くべき不幸の境遇に傾斜する事ある可し。請ふ看よ。彼の露西亞が。政治の主權者とし。宗教の法皇として。濫りに他宗教を拒否し。一宗教に歸せしめんとして。爲政の禍害を招かんとするを。請ふ看よ。德川氏三百年の優待厚遇は。宗教の停滯となり。僧侶の腐敗となり。佛教厭忌の念を生せしめ。無宗教の徒を鑄造し。佛教宗門の反對者を養成し。維新革命の機に際し。一朝政綱の解るに乘じて。奮然蹶起。忽ち排佛毀釋の旗を飜し。累代佛教の檀家たり教徒たるにも拘らず。廢寺合院佛教破却の太禍害を與へたるにあらずや。之を要するに。政權の保護を俟つて宗教を維持せんとするものは。一時隆運を迎へたるもの丶如くなるも。之れ只表面上隆盛の現象を奏するものなれば。其神髓たる活力生氣は。長く命運を持つ可からず。政治の改革するに從ひ。保護を失ふと同時に衰頽を招くべきは自然の道理なり。然れども。獨立獨行。宗教其の者の感化教導に依り。安心歸着の信仰を樹立したる宗教々會に至りては。政治の保護を俟たず。國家の云何に拘らず。隆盛なる命運を保有し。反つて國家の元氣人民の要素となりて。社會の文運を振起煽發せしむるに至る可し。是れ吾人が宗教獨立の利益を唱道する所以なり。之に依て。吾人は政權を頼んで假面的佛教の隆盛を希はず。撿束的教徒の多數を望まず。飽まで信仰自由の正理に基き。獨立獨行佛教の眞理を闡明し。社會の中心に立つて安心歸着の要路を導き。將來佛教宗門界の一大組織を整理せんことを願望するものなり。

論説

印度佛教の新光輝

堀内靜宇

印度佛蹟興復の事業は啻に佛教の新光輝を宇內に發揚するのみならず。實に佛教徒信仰の有無を試驗する一大機會なりと謂ふべし。夫れ印度は吾人日本人の生國にあらざるも。而かも歷史上より觀察すれば。佛教の爲め其の「母國」たるは言ふ迄もなく。我大聖釋迦牟尼世尊が玆に降誕し。玆に正覺を成し。玆に法輪を轉し。玆に涅槃を示し給ふを以て。所謂四箇の道場を始め。所有ゆる聖蹟は悉皆な此國にあらざるはなし。印度の佛教徒に於けるは叙利亞の耶蘇教徒に於けるが如く。實に至重至大の關繫を有するものなり。然るに悲い哉。今や佛陀伽耶の靈跡は婆羅門教徒の手に落ち。忍ぶべからざる侮辱を受け。而して鹿野苑拘尸那城等著名の古跡は荊棘乱艸の間に埋沒し。狐狸の汚す所となり。行人をして轉た感慨に堪へざらしむ。苟も佛陀の正法を信奉し。廣大なる慈悲に沐浴するもの。此の狀態を聞知し。豈に坐視傍觀す可けんや。須らく滿腔の熱血を濺き。此れが回復を謀るべきは論を俟たざるなり。若し夫れ佛教徒にして此の狀態を聞知しながら。尙ほ知らざるもの丶如く看過し。且つ或は小故に托し逡巡するに至ては。余は實に其何の心たるを知るに苦むなり。況んや身高僧碩學と仰がれ。平生口に佛陀の教義を宣説し。自から衆生化益の任に當る人々にして。更らに回復の念なく。剰さへ彼此れ異見を狹み。佛蹟興復の事抔は必要ならずと云ふに至つては。余は實に高僧碩德其人の信仰那の邊にあるかを疑はざるを得ざるなり。吾友河合清丸居士曰く。佛教僧侶にして此の擧に贊成せざる者は僧侶に非ず。佛教居士にして此の義に隨喜せざる者は居士に非ず。翅に居士に非さるのみならず。併せて人に非さる者と謂つべし。何となれば身を佛恩に長し。佛恩を忘れ。命を佛德に立して佛德を思はざる者なればなりと。嗚呼印度佛蹟興復の事業は一人一個の事業にあらず。實に全佛教徒の一大事業なり。されば此れが成否は現時佛教徒の信仰如何を表明する一大試驗石なり。而して日本佛教徒の信仰果して腐敗せる乎。僞妄なる乎。果して活動せる乎。眞實なる乎は此の事業に對する人心の向背に依て明白なるに至る可し。今や有名なる英國の大詩人サーエドウヰンアーノルド氏は大に之を慫慂せられ。余輩帝國「ホテル」に於て氏と對話せしとき。氏は懇篤に從來の手續を示し且つ語て曰く。佛陀伽耶靈蹟を婆羅門マハントより回復すること固より容易の事にあらざるも。該靈蹟は其境內共にベンカル政廳監督の下にあり。故に其意見に依て左右すること亦難きにあらず。且つマハントは該靈蹟を支配し居るは名譽となしたれば。此名譽に代ふる丈の報償を以てせば彼れの心を慰むるを得るや必定なり。加之氏は印度の副王其他の顯官に懇意なれは引渡の事は充分見込あれは。佛教徒宜しく其覺悟を定むへしと。嗚呼サーエドウヰンアルノルト氏は英國の紳士なり。氏の地位と名望とを以て已に此の如く宣言す。吾人佛教徒豈に奮發せざるべけんや。而して此事業に關しては錫蘭のシリーバーダ山の座主スマンガラ大沙門は。大菩提樹會の會長ヲ承認し。暹羅國のチヤンドラダツト、チユダツトダール親王殿下も協贊せられ。我教友ダンマパラ居士等は感奮興起して已に遠く故鄉を去り。炎暑燔くか如き印度內地に奔走し。大菩提樹會を設立し。二三の比丘を佛陀伽耶に止住せしめ汲々此れが回復事業に焦慮せり。而して吾釋興然師の如きも亦已に佛陀伽耶に止住せんことを誓願す。印度佛蹟興復に關する新運動は已に此の如く。活潑の色を顯はせり。我全國の佛教徒希くは佛陀に對する信仰と敬虔とを以て此事業に贊成せよ。頃者ダンマハラ氏は余に一書を寄せて。印度ハ佛教の母國にして二億萬の人民あるに拘はらず。自己の信仰を說示する佛教徒なし。去れとも今日の狀勢世人の心中に佛教を知らんとする念慮は倍々增長しつゝあるを以て印度布教の必要を通知せり。而して又氏はカルコッタ府に於て。萬國佛教徒聯合の機關として大菩提樹會雜誌を刊行するに至れり。吾邦の佛教徒豈に又た興起せざる可けんや。

印度に於ける佛教の變遷

印度人　ダンマパーラ

佛陀伽耶大菩提樹會が。一千八百九十一年五月三十一日に於て組織せられたる以來。今や其獨立の基礎を得たる而巳ならず。近代佛教の歷史中未曾有の卓出を得たり。日本。支那。暹羅。緬甸。錫蘭。チッタゴン等の佛教徒は孰も協贊を表し此事今や四方に傳播せり。印度其他の國々の新聞は同感を以て此事業の爲め大に奬勵を與へたり。アングル族印度人中有力なる官吏。語學者。婆羅門學者及びアリヤン族の教育ある印度人等は懇切にも吾人の志願に一致を表せり。英國の大詩人にして「亞細亞之光」の著者なるサーエドウヰン、アーノルド氏は佛陀伽耶靈跡を佛教徒の手に回復せんことを首唱せる一人にして。吾人に取りては最大の關係を有する人なりとす。吾人の事業は只愛法の一點に出づるなり。吾主釋迦牟尼世尊の溫和なる且つ哲理的教義にまで眞實にあれ。吾人は佛教徒に於て至大至深の關係ある事件にまで吾人の本分を盡さざる可からざるなり。印度は佛教の本國なり。故に佛陀の徒弟は印度の聖地を注意せるのみならず。實つに永遠の不朽教會よりは恭敬を以て佛世尊生前の因緣。及び其佛弟子等の因緣あるが爲め神聖視せらるゝなり。

西曆七世紀以前印度に於て佛教は破却せられたり。而して此の「トルクーエマダー」と「ヒザードー」の猛惡なる所爲は。果して回教徒に依て爲されたる乎。アリヤン人に依て爲されたる乎は証明せざる可からず。アリヤン人の宗教は現時の狀態に照らすも迫害に反して保護するにあり。況んや回教徒の侵入せざる以前。印度の隆盛なる時運に於ては。尙更ら一層溫和なりしや知るべきなり。故に佛教がアリヤン人の爲め破却せられたりと云ふが如きは虛妄の傳說なり。何となればアリヤン人が此の如き凶暴を行ひしと云ふ事を証明す可き証據は未だ曾て之有らざればなり。之に反して印度の侵入者なる回教徒に依て此災害の起りたるは。欺くべからざる事實にして。且つ歷史上に於て明確なりとす。ビシヌ派。シバ派。其他天部派と雖も猛惡なる回教徒の「火」と「劍」とを免かるゝを得ざりしなり。佛教の破却はガハーズニーの馬哈默が印度に侵入せし時より始まれと云ふべし。若し此時代より以前なりとせば。サンカーラカーリヤーの徒弟が佛教を破却せしことと信じ得べし。然れども余輩は佛教の破却と同時にシバ派（自在天）もビシヌ派（韋紐天）も破却せらるゝを見るのみならず。十二世紀より十六世紀迄凡そ四百年間は印度に固有の宗教なきに至れり。仁愛の宣示に反する凶暴なる儀式派が。其基礎を得たるは實に此の暗世の時期にあるなり。而してヌリーマツトチアイタンヤーが。再び仁愛の元則を說法せしは十六世紀に屬するなり。

旣にして暗世の時期は去れり。之に次で容認と攻究の時期は其曙光を放てり。是に於て乎吾人の心は迷想妄信偏見より蟬脫せり。而して敎育と智識の廣布とは遂に其目的を達したり此の如き時運に際し一元論の敎系は高等なる智識の上に指示し能はざる乎。佛陀の宣說せる敎系たる敢て他宗の信仰に逆ふことなく。而して其敎義は毫も宗派的の色を帶びざるなりされば妄信の狹隘なる禁中を脫し。純潔なる思想の領分にまで進步せる人々は之を信愛し能ふや必せり。印度の敎育ある人々は旣に此地位に達せり。而して今日は恰かも是等の人々に向つて佛教を開示する時期到來せりと云はざるべからず。實に佛教は攻究の爲めに廣大なる範圍を有せり。有名なるパーリ語學者リースダヴィヅ氏は嘗て曰く。佛教の法國に於て蒐集すべき菓實は皆な是れ智識に外ならずと。釋迦世尊の給はく。佛陀が衆生の爲め開示せし所の最大の恩惠は眞正なる智識の廣布にありと。嗚呼智慧を附與せよ。而して自餘の善良なる事柄は自然に隨伴し來るなり。

二千四百年以前ベナレス府リシパーターナーの鹿野園に於て釋迦牟尼佛の宣示し給へる佛教は殆んど二千七百年の間。印度隆盛の時に方り。印度國民の運命を形成しつゝ存在せり然るに回敎徒が一旦支配せし時に及んでは。佛教の故蹟は破却の難に罹り殆んど湮沒に歸せり。只餘ます所のものは阿育王の建立せし僅少なる紀念碑に過ぎず。加之十一世紀より十二世紀迄回教徒將軍の率ゆる亞剌比亞の暴徒の爲め。嚴酷なる暴行を受け。神聖なる堂塔は渾て掠奪せられたり。降て十二世紀より十六世紀迄の間は國文學を研究する事を許されざるのみならず。手を竭くして之を勦絕するに至れり。蓋し回敎徒の侵入せざる以前。印度には一大國敎ありて。アリヤン人は滿足なる生活をなせり。此時代には印度アリヤン人は遠洋に回航し瓜哇。ベーギユ。カンボヂヤー。緬甸等に殖民をなせり。而して印度學者は支那西藏國王を始め其他の國々に於て厚く禮遇せられたり。而して是等の學者は梵語及びパーリ語に通曉せり。十一世紀の頃摩揭陀國の大沙門シリーセナーナーヂーハンカラーは多くの門人を率ひて。緬甸。カンボヂヤー。暹羅。瓜哇等の佛教國を巡回し。而して後ち西藏國王の招聘に應じて同國に趣き。西藏佛教派の改革に付て諮詢せられたる事あり。ベナレス。ガヤー。ナランダは此時佛教修學の中心なり。而して各佛教國よりの參拜者四方より來り。ベナレス。ガヤー。カピラーヴスツ。クシナカラ等の中央佛教の殿堂に巡拜したりき。然るに其後悲むべし。回教徒の侵入に依て「アルヤブルター」の此神聖なる土地に一大變動を生じ。其温和なる法國も彼等の劍に依て破却の荒堂と化し去り。又其美麗なる古刹名藍も彼等の火に依て灰燼と消へ失せたり。啻に之のみならず。歷史的の記錄も典籍も破壞せられ。學藝の守護者は哀れにも殺害せられたりき。此の如くしてアリヤン文學の寶藏は消盡に歸し去れり。而して僅かに殘りたる遺物は寂寞なる山間に秘藏せられたるのみ。幸にも此大迫害を遁れたる所の或る敬虔なる寺護者は。其救ひ得たる寶物を携へて遠く深雪の山間に潛みて玆に生活したり。且つ彼等は忠實なる勤勞を以て大に西藏文學を補助したりき釋迦牟尼世尊のウェーダ經の敵手にして。且つ階級制度に反對して布敎せられたりと云ふ事は。一般通俗の思想なるか如し。世尊の教義に無識なるより生じたる偏見は。古代アリヤン人の子孫をして。佛陀は偶像排斥の改革者なりと誤信せしめたり。彼等は佛陀を以てカピラヴスツの王子なるにカシカハンダーのアヴアールと混同したり。全智者なる佛陀が黃衣を着けし巍々たる容顏と想像せよ。果して禪那教に於ける形神合一派の道士スヴータムバラーの衣服を摸擬せるもの乎。佛教は「ナスケトカー」（未詳）なりと云ふ曖昧なる思想は最初ウイルソン氏に依て發言せられ。而して佛教い現に無識なるより古代東洋學者の學校に於ける梵學者も亦た爾か思ふて之を反覆せり。然れども是れ皆な謬見なり。「バガヴットキダ」（婆羅門經書）と。「スウーターニハータ」（經名）との比較的研究は。ヸアスチクス、テーラング氏をして。佛教と「ヴェダ」との教系は其旨の一致する事を公言し。此は其著「バガヴットキダ」の法解に於て。佛教なるものは高尚なる形而上の表示として。其思想の顯現せし結果なるを充分了得し得べし。而して一方に於て。余輩は「ウパニシヤツト」（婆羅門の秘法秘密の經）。及び「ギタ」との中に於て僅かながら此の完通せる顯現あるを見るなり。「ウパーニシヤツト」及び「ギタ」と佛教の教義とは年代を追て形而上思想の相抱合したるものゝ如く。思惟す云々と述べたり。「スウーターニハーータ」經は佛教の經文二十九巻の一部なり。此經典は二百ページあり。經部中「サーナタナダルマ」の最上なる偈文を記載せるものにして。世界中最も完全なる道徳軌範として知られたり。世の淺學者と皮相批評者は自己の名聲を貪ぼらん爲め佛教を無神論として擯斥せり。蓋しアリヤン人の仁慈なる諸神。即ち温和なるヴイスヌ神。保庇を司どるブラーマ。守護を司どる因陀羅。其他諸天部は決して妄誕の範圍に放逐せらるゝものにあらず。是等は佛教中に於て諸神として其位置を占むるなり。サンカラーカーリヤが佛教徒を迫害せしと云ふが如き確証なき推量に過ぎず。有名なるラゼンドララミートラ博士は。「オリシアアンチークイチ」なる著書に於て佛教の消滅せし重なる原因は。全くサンカラーカーリヤの指揮に出づる迫害に依り。且つ此目的を遂げん爲め久しく戰爭は打續けりと云ふ事は通常人の信ずる所なりと言へり。然れども憐むへし之を保証すべき佛教徒及び印度人の記錄は一も之れ無し。加之數百卷の書を取調ぶるも。両派間に起りたる這般の鬪爭に就て其痕跡を示すものなし。サンカラが二個の明瞭なる存在に於ても此事件には全く沈默せり。而して有力なる「ヴエダ」教徒。且つ改革者が其敵手を倒すに正當なる爭論の手段を用ひしよりは。他に凶器を弄せしが如きは何れの處にしても見ざるなり。況んや彼が乞丐者として世に處する性質は其辨爭せる宗派を迫害するに機會を與へざるものあるに於てをや。博士は全書に於てウヰルソン氏の語を引用して曰く。「サンカラ」が迫害を企てしことは言を俟たず。然れども彼は全力を竭せしと言ふべからず。又諸佛に對して特に反對せしとも云ふべからず。彼の最も久しく反對せし所の目的は「ミマンサーカ」派なり。是れマーダナミスラの顯示するものなり。彼は此派と久しく且つ烈しく相爭へり。而して「ニヤヤ」派及び「サンギア」派及び「ヴシヌ」派「シヴハ」派中の凡俗教徒と敵視し。殊に最後の派とは一層相爭ひ。而して「シヴハ」の一派「カブハリカ」派とは最も反對の地位に立てり。「カブハリカ」派は彼の有力なる敵にして時としては壓倒せられんとせし事あり。

文化隆盛の世紀以後英國の支配を受けたる以來。印度は新現象の生活に進入し。今や形而上の進歩をなしつゝあるなり。而して高尚なる英國人に依て輸入せられたる温厚なる教育は實にアリヤン人心をして習慣的妄信を脱し大に自由ならしめたり。而して教育ある人民の智識は愈々倍々進歩せり。左れば歐羅巴亞米利加の間に於て最高なる人民の智識の中に學理的一元論の其根據を占むるや。宗教上二元論の位置に立歸るべからざるや必然なり。古代印度に在て學理的一元論は即ち「アドウーター」哲學是なり。現今有力なる萬有學者の說に依るに若し此一元論なくんば。社會勢力は道德的野蠻主義なるに止まるべしと云ふ。而して此學理的若くは實際的一元論は。其潤大なる意味に於て二千四百年以前佛世尊に依て宣布せられたり。

蓋し人智にして苟も神人同形說及び儀式旨義より脫出するときは。無限の地位にまで超越するの勢力あるものなりとす。されば漸次因果法の玄理玄則を說く敎義も亦た自然に曉解せらるゝや必然なり。若し夫れ印度にして永く其持續を要せん乎。是れ其國人に依らざるを得ず。而して其國人の本國に對する熱心火の如く。且つ眞實愛國心あるなくんば決して巨大なる成功を奏する能はず。嗚呼印度國人は其國民の善事と利益とに向ては一身の利害を犧牲に供せざる可からざるなり。而して彼等は宜しく印度の悉達太子が宣ひ給へる所の公平無私なる精神上の愛を以て感化せられざるべからず。

寄書

余の一瞥せる我國現今の佛教

在京都　西保太郞

電信機鐵道航海術の發達は世界の局面を一變せり。昔は詩人千里江陵一日還と吟破し。天下有數の智者學者をして其自然を描寫せるの巧緻なるに驚かしめたるもの。今や三尺の童子も毛頭怪疑の情を挾まざるに至り。初出漢宮時淚濕春風悄々として途に就きしもの。今や二八の少女洋心三千里の波濤を凌で相往來し。麗面一点の靨窩と共に毫も憂心を帶びざるに至りしもの。豈に二三理學者の腦漿の天地を縮小せしめたるの結果にあらずや。

然れども十九世紀の終末には既往の發明よりも尙は一層社會の人心に影響し。世界人類の思想。感情。精神。智力を變更せんとするの一大兆候を湧出せり。是れ豈に驚く可きの現象に非ずや。吾人は近數年間の短日月に於て。三千年間東洋有緣の聖地に埋沒せんとせし佛敎が。眞理の源泉として。哲學の巨擘として。及び圓滿なる宗敎として普く歐米の社會に歡迎せられ。既往淺薄なる基督敎の信仰に換ゆるに精靈なる佛陀の慈水を注入し。純潔なる信仰の活泉を賦與せんとするの狀あるを視て。開闢以來の一大現象として敬仰嘆慕するものなり。

既に佛敎は世界の局面に於ては破竹の勢を以て傳播し。漸く全勝者の地位を占めんとするに際して。飜て我國現今の佛敎界を顧みれば。吾人は餘りに其無氣力。無活動。無精神なるに驚かざるを得ず。維新開港以來既に二十餘年を經過し。社會万般の事物今や舊套を脱して新舞臺に移り。適者生存の理法は武陵洞源に沈眠せし民族をして。新學問。新組織。新制度の必要を感ぜしめ。其吸收と咀嚼との爲に惛迷轉倒せんとするに當り。教海のみ獨り恬然として動かず。靜然として聲無く。恰も太平の夢洋々として酣なるの狀あり。偶一二警醒者の太聲疾呼するあるも。霞に響く雷音と共に一の刺戟感動を與へざるものあるは何ぞや。吾人は考思再三僅に其原因を發見するとを得たり。

蓋し我國の佛教界には二種の異樣なる分子あり。一は過去の佛教を夢みて之に沈溺し。矒擦一覺して現今の社會を透察する能はざるものとす。一は將來の佛教を豫想して振掉一番大に運動を試みんとするものなり。此二者容易に其調和を得ずして。常に相轢り。相睥睨し。甲是乙非兄弟墻に鬩ふの觀を呈して更に一致協合する能はず。恰も鳥の一翼を傷け飛揚翺翔する能はざるが如き奇觀を呈せり。吾人は今假に前者に名づくるに老教徒の名稱を以てし。後者に附するに壯教徒の稱號を以てし。兩者思想の相撞着して玆に至れるの理由を陳述し。聊か意見の一端を吐露せんとするものなり。

印度に在りては婆羅門教の迫害を蒙り。支那にありては三武の難を經て。未だ一毫も其勢威を落さず。益々佛陀の靈光を揭げて濁世を照了せし佛教が。我國に傳來せし跡を顧みれば。一二迷信者の反對ありしにも係らず。王朝に於ては帝王縉紳の尊敬を得て。今に日本國裡に散在せる名山古跡は其餘影を止むるものあり。降て武人騷亂の世に際しても。日蓮。親鸞。法然等の傑僧前后輩出して。將師軍卒の多數は歸依者となりて信仰をなし。德川封建の時代に至りては士籍の外に僧籍を附與せられ。特別の待遇と過分の位地とを得て。花山月水に世を經過せし夢魂。今に至りて滅却せず。維新后一度廢佛毀釋の刺戟を蒙りしにも關せず。佛教の光威は隆々として盛大に趣きしを以て端なく一條の誤想を惹起し。老教徒の眼中には佛教の勢力は其比するものなく。其感化は國民の心底に徹透し。加ふるに其教理は泰西哲學も後塵を望む能はずと聞くや。愈佛教の難有さを過信し。遂に苟且偸安の情と喚起し佛教は恰も鞏固なる基礎の上に築かれたる殿堂の如く。幾千年を經るも嚴然として動かざる可しと迷信するに至れり。此を以て彼等の事業を起すや。中心より其事業に從事せざるがゆへに中途にして失敗し。彼等の布教に從事するや。佛陀世尊の心を以て心とせず。徒らに名奔利走する俗人の所爲を摸擬するを以て一も其功を奏するものなし。其學事に尽力するや。大乘奥妙の義理を探り。活信仰を以て活學問を光闡するにあらざるがゆへに。學事の進歩遲々として捗らず。敎海の景勢仄雲冪々として鴉影低く。大暴風將に起らんとする前。一時海面の沮然たるが如き凄慘なる狀況を呈せり。觀よ我國現今佛敎宗派中確然たる布敎策を施爲するものある乎。一の完全なる普通學校を有するものある乎。一の目醒しき事業を起せしものある乎。敎界の一面今や社會に忘却せられんとするのことなき乎。

要するに老敎徒の眼中には過去の經歷を映じて進取の氣なく財本の豐足を恃んで潑々たる勢力の皷動なし之に反して壯敎徒の眼中には過去の幻影を映せざるも。將來の願望あり財本の完備するものなきも。其勢力は勃々乎として動もすれば熱心の驅る所とならんとするものあり。彼等が理想とする佛敎は濶大壯嚴なる阿育帝配下の佛敎の如く。佛敎を以て一切國事と解釋せんと試みるものなり。故に彼等は宗敎にして政府の指揮を受け。管長の位置を與奪するの醜態をば極めて嫌惡するものなり。現今佛敎各宗の組織制度に對しては一毫の滿足を表するものにあらざるなり。現今佛敎の齷齪たる布敎法卑賤なる敎育策は最も不可なるものとする所なり。更に一步を進めて論ずれば。日本政府の敎育主義にも滿腹の贊成を表するものにはあらざるなり何となれば今の政府の敎育主義なるものは佛敎主義を交へざればなり。故に壯敎徒の理想的佛敎は希望を以て充たされ熱心を以て動かされ。純潔なる敬虔を以て皷舞せらるゝの境にありて。之を現實として發露せんことは彼等が夢寐忘るゝ能はざる所のものなり。此目的を達せんが爲にオルコット氏の來遊に躍り。神智學會の盛大に誇り。歐人一篇の文一冊の著書苟も以て邦人の目を引くものあれば。直に之を把取じて更に十倍百倍して同胞の間に吹聽せんとし。南北佛敎の聯合及び海外布敎の方策等。囂厖喧噪佛敎は既に大陽の赫々たるが如く。世界の全面に其悠遠なる活動を始めたりと夢想するに至る。然れども彼等が目的は斯の如く平々凡々たる手段に依て達せらるゝものにあらざるなり。彼等の熱心や勇氣や誠に賞美すべきものあるも。誠に刮目して四圍の社會を視れば。非宗敎界はさておき。宗敎界内に於ても左程の影響を蒙りしにあらずして。今や彼等の呼號怒聲は應ずる者なきの有樣と云ふも過言にあらざる狀態に陷れり。』

老壯二階級の佛徒が一致聯合して運動する能はざるや。佛敎の前途は希望あるが如く希望なきが如く。確然たるが如く不確然たるが如く。一種奇妙なる景勢を呈して。人をして憑み少なきの感を生ぜしむ。之を壯敎徒の言に聞けば佛敎は旭日東天の勢あり。之を老敎徒の境遇に顧れば。佛敎の風景沈滯停息して死地に瀕するもの丶如し。抑も是れ孰を是とし孰を非とすべき乎。

吾人身を日本國裡に置き。試に想ひを我國の宗教界に驚すればば殆んと以上戚なくんばあらず。然れとも世界宗教の大勢に鑑み。人類進歩の原則に法りて。沈思冥想すれば眞理は永久地中に葬らる丶ものにあらず。迷信は遂に撤回せられざる可らず。智識の進歩は無窮に至るも。宗教なるものは到底人類社會より驅逐せらる丶ものにあらず。而して三千年前ヒマラヤの南。恒河の邊事理窮極し。悲智圓滿せる。佛陀世尊の垂誡訓示せられたる佛教は。眞理としては源泉たり。哲學としては巨擘たり宗教として美妙の域に達したり。而して今や將さに三千年間化醇し來りたる其大動力を皷して漸く白哲人種中に瀰漫せんとするに至れり。此時に際して努力勵精するは日本佛徒の一大責任たり。果して然らば我國の佛徒も亦大に警醒する所なかる可らず。而して今の時斯の如きの奇觀を呈す。佛教徒も亦悠長なる哉。

我國宗教上に於ける九州の形勢を論ず（第二國教第六號接續）

默々居士

觀よ觀よ活瞳を放つて現今耶蘇教界の人物を觀よ。彼の夙に勇猛堅信熱涙を揮ふて天下の人心を聳動し。我邦基督教界のポールを以て目せらる丶横井時雄氏何人ぞ。一部の新著（日本現今の基督教並に將來の基督教）は。痛快激烈霹靂の大空を劈くが如く。自由基督教の新主義を發表して。守舊的基督教派を論破し。日本耶蘇教革命の議論を唱導して。從來該教徒の腐敗。卑屈。軟弱。虚儀。僞善。偏僻。頑固。迷信等の惡分子を掃蕩せんと試みたる。彼れ金森通倫氏何人ぞ。信仰篤厚。學識豐富。品行純正。以て新嶋襄の後を繼ぎ。同志社學院総長の大任を帶びたる。彼れ小崎弘道氏何人ぞ。同志社學院重要の位置に居り。拮据奮勵。幾多の青年を薫陶し。間接的耶蘇教傳道の任に當る。彼れ下村孝太郎。浮田和民の二氏何人ぞ。滿腹の赤心を皷して。舌鋒常に萬丈の火燄を吐き。以て神の福音を萬衆に傳ふる。彼れ宮川經輝。海老名彈正の二氏何人ぞ。彼れ輕快流麗の筆を揮ひ。日本のマコーレーを以て自任し。華美燦爛一時天下の耳目を炫燿し。海內青年の精神を醉薫せしめたる。日本基督教外護の渠魁。國民之友記者德富猪一郎氏彼れ何人ぞ。基督教新聞。六合雜誌の基礎を築きし者彼れ何人ぞ。曰く政教新論。曰く宗教要論。曰く神の顯現。曰く基督教新論。曰く自由神學。曰く信仰の理由等の著作者彼れ何人ぞ。藏原惟郭。市原盛宏。森田九万人。原田助等諸氏彼れ何人ぞ。嗚呼皆な是れ熊本人に非ずや。明治四五年より九年迄の頃。熊本洋學校に在りて。米國非職陸軍大尉。我邦基督教傳道の大動家たる。ヂエンスの教育を受け。誘導を受け。感化を受けたる者にあらずや。ヂエンスが日本を去る時の熱涙一滴に感じて。相國寺門前螢火の如き微光を發しつゝありし。茅屋破窓の同志社に苦學勵行せし者等にあらずや。社會保守的の迫害に憤激決心して。同盟十數人熊本花岡山に登り。絕大無限の感慨を發洩して。上帝に祈禱を捧げ。深く死生を誓ひ。身を以て耶蘇教傳道に殉せんと欲せし者等にあらずや。其他熊本人にして外國宣教師の保護を仰ぎて米國に留學し。或は同志社に在りて。米國心醉の大渦中に漂はされ。以て耶蘇教の僧侶たらんと欲する者。數百を以て數ふ可し。彼の同志社學院の如きは。熊本人其中心力となり。教職員の如きは云ふに及ばず。學生の如きも其大多數を占め。熊本人特色の剛壯質朴。嚴肅熱心を以て。全學院の精神となり。元氣となり。其勢力全院を壓せりと云ふ。嗚呼熊本人の耶蘇教に對する勢力何ぞそれ斯の如く偉大なるや。今や吾人は一個の眞正純潔なる佛教欽慕の青年として。斯の如く公平に叙述し。明快に論陳し來れば。滿腔悲憤の感慨滾々として迸り來り。端なく筆を投じて流涕長大息せざるを得ざるなり。熊本人の我國耶蘇教に對する功績夫れ斯の如し。然るが故に該教徒は此の活歷史的の感情に依り。西京同志社と脉絡を通じたる。熊本英學校を託庇大江原頭に建てゝ。遙かに柳川の橘陰學館と氣脉を結び。近く縣下山鹿の城北學館と聯盟を爲し。彼の熊本私立四大學校合併の九州學院と對立し。鋭意不屈數百の青年男女を教育し。以て第二の人物養成に汲々たり。加之該教の信徒は宇土に。鏡に。八代に。日奈久に。水俣に。田浦に。山鹿に。玉名に。天草に。其他縣下の各所に散在して。互に氣脉を通じ。會合を催ふし。隱忍時を待つ者に似たり。然るに今や頑硬なる天主教の宣教師佛人ジヨーンコールの如きも。亦た傳道線を此に張り。數萬の金を投じて普通學校を建て。女學校を設けんと欲し。將來大に爲す有らんとするもの丶如し。嗚呼苟も眼を日本宗教の形勢に注ぐの九州佛教徒たる者。豈に大に警誡せざる可けんや。（未完）

（吾人は是より進んで佛教上九州の形勢を論ずる所あらん）

耶海波瀾を讀で所感

教育界に及ぶ

磨墨體量

吾熊本私立英學校授任式場に於て。奥村某なる者。該校教員總代として。一場の演説を爲したるより。遂に吾熊本教育海の一大波瀾となり。一事騷擾劇しかりしことは。當時諸新聞雜誌上の記する處の如くなれば。今亦何をか記するものあらん。然るに國教雜誌は該件の事全く平穩に歸したるに方り。殊に耶海波瀾の一欄を設け。當時の該件關係の記事は以て悉く蒐集し。最も丁寧に附言を加へ。最も愼重に其の顚末を揭げて。其の第九号より第十二号に至る。而して紙數限りあれば各地報道の記事は多くは函底に殺し。其の際多少自家の彙報に欠乏を來し。或は一部の購讀者をして。不滿の感想を起さしめたるやも亦知るべからず。嗚呼亦世の普通記者の。輙すく安んずる處ならんや。蓋し亦其事の一應重きに職由せずんばあらずと雖も。現時我邦教育界の紛擾多き前途如何に着目し。切に將來を卜するの念勃々として。方に濤に添ひ岸に避くるが如きに習はず。邈漠たる水雲の裡に。萬瀾を泝るの英氣を以て。寛大に適實に。滔々たる天下に向て。正確なる一大輿論の現出せんことを。孜々之れを促したり。是れ正に我邦の否泰に關係あるの。百年の大計存亡の。最も此に在て見るべきものあればなり。方今佛敎家の英氣一に玆に出でざるべからず。而して記者殊に吾輩をして。一層氣概を增さしめたり。大に謝せずんはあらざるなり。世の專ら敎育に任ずる仁士よ。此を念頭に附せずして可なるを得んや。飽まで骨髓を叩き審議討究以て報ゆる處あらざる可からす。然れども該問題の關係たる。實に容易のことにあらず。吾輩不學の克くすへきにあらざるは固よりなりと雖も。聊か所感を訴ふるは。平生の愚直以て此に至る所以なり。請ふ大方の士敢て吾輩の微衷を諒するあらば幸甚。

抑も今回の事たる該校の授任式ありて。偶然其の現象を發したるにあらす。卽ち該校全体の旨義目的をして。全く表彰せしめたるに外ならず。事奥村某なるものゝ解雇迄に止まり。踵で温激両派分離の落着を以て。愈々該校が命令遵奉の眞意を尽したるが如きを。世上に其の体面を確かめたるが如しと雖。其際情實の及ふ處を察すれば。唯左右ありて。各々其の處を得たるものゝ如し。（激烈派の分離告文と熊本英學校の命令遵奉理由書とを參觀せよ）何となれば彼れ一國の法律制裁の及ふ限りは。邈然形骸ある學校の荷ふ處とするも。其の本意目的とする處のものは。全く法律の限界を出てゝ。形骸の外に在て一國の精神學校を築きし。確乎たる事實あるを見るに至ればなり。果して然らば奥村某の演説は。全く本校精神の全体を表白したるものと云はざるを得ざるなり。

而して世間夙に之れを識認す。況や亦識者の之れを知らざるものあらんや。然るを吾輩殊に之れを云ふは。自ら其の迂愚なるを知ると雖も。一言の以て此に暢べざるべからざるものあり。顧ふに世間は概ね今回彼れの運動を見て。徒らに奇疑に附し去るものゝ如し。然れども吾輩は却て大に其の徒らに奇疑に附し去るものを怪まざるを得ざるなり。何となれば彼れ一時徒らに。擧動に乘して事を取るにあらず。彼れ平生に確乎たる主義に由て立ち主義に由て倒るゝの氣慨を有す。其の目的や亦大に期する處在る有り。今回運動の極を以て之れを見るも其實昭々たり。唯事に當るの士は宜く此に出づべきのみ。之れ豈に徒らに奇疑に附し去て。可なるものならんや。

凡そ事に於て其の主義の異なるや。目的も亦別ならざるを得ず。其の主義の寛漫にして。其の運動や遂に柔弱ならば。其の目的も亦邈として頼むに足らず。而して彼れの主義は。現今我邦普通の單純なる主義を以て自任する教育家の主義と。果して異なるものあらざる乎。彼れの目的と此れの目的と。遂には一なるを得べき乎。彼れの主義は寛漫なる乎。其の運動や亦柔弱なる乎。將た目的も期するに足らざるものなる乎

嗚呼之を知るは易し嗚呼之を知るは易し。而して之れに正義を以て相對するものは夫れ誰なる乎。時に憤慨の志氣を以て之れに當るものは夫れ誰なる乎。或は理論よりも寧ろ實際を卜し。其の勝敗を決するものは夫れ誰なる乎。或は國性をして遂に永く傷はしめざるものは夫れ誰なる乎。或は正義の導く處。永く波瀾の痕跡を斷たしむるものは夫れ誰なる乎。

蓋し現今我邦の狀況を察するに。世界の文物一時に輻湊し來るありて。各自分業の事實も未だ其の名のみ存して。此の際一も其秩序を得るの餘地なく。概言すれば唯其の複雜に困むと云ふも。過當にあらざるなり。然れども此等の問題に至りては。如何に複雜に困むとは云へ。國民として誰れか之れを措て。度外視するものあらんや。國民として。苟も愛國の心情あるときは。各自特得の才能を揮て尽す處あるは。事實の証明する所なり。而して其の分業の任重大にして。報國の義務あることは亦論を俟ざるなり。是れ其の分業の力重き所以なり。

而して之れに當るもの若くは夫れ佛教家なる乎。佛教家素より宗教の緣據無きにあらざれは。彼れ單純なる宗教上運動の衝突より云ふときは。素より其の任なり。否佛教は眞理の本体に向て消極的に。正邪を諍ふに至ては。飽まで正理を蹈ん

で其の他に立ざるべからざるは。勿論平生の方針なりと雖も。佛教者が國家教育に對する方針に至ては。彼れ耶蘇教の如く政教混淆の方畧を取るが如きは。敢て取さる處なり。然れども佛教家超然獨立の位地に在て。間接に國家教育の勢を取る時は。夫れ均しく宗教なれは。其方法は或は亦彼れの軌轍と類似に出ることもあらん。然れば佛教家は其の直接の責任を負ふものたらざるは。之れ明白なり（神儒二家は且く繁を避けて此に畧す）

然らば政事家を以て之れに當らしめんか。否々何の事をか爲さん。大凡そ政事家なるものは主として事を現在に理し。喩へば現在の利を未來の不利に讓らざるが如き。愈々利を現在に牽ひて。未來の不利に於ては。須らく現在の力の餘勢を以て。其の不利ならしめざるの手段を務むるもの丶如し。是れ全然法律の範圍に在て事を處するの結果にして。勢此に出でざるべからず。何となれば抑も形而上の勢力運動は。多くは繼續の因緣事情の最も親密ならざれば。其の運動の勢力を與ふること難きものにして。若くは前者の勢力運動甚大なれば。忽ち其の結果の大なると共に。後者の原因として大勢力を潜伏せしめ。漸く一大動運の現勢力を發生するに至る。猶は機械運轉に於ける繼續親密の關係の如き。上に所謂る政事家か主として現在を重んじ。將來に向て發すへき勢力も。方に奪はんとするの事情のあるは。機械に猶は大車の必要あるが如し。而して或は一小部の機器少しく相支ふことあれば。忽ち全体の運轉に影響を及ほし。本來の圓滑なるに引替へ。亦難澁に陷ること。之れ猶は法律制裁の極。正否の所作を正すを得るも。心服の尙は屈服に撰ぶに由無き類あるが如し。而して之を要するに法律の制裁は之れ猶は油を灑かざる機械の如し。之れに由て之れを見れば。政事家は人心の軋轢を治むるに力を及ぼすは大に癡なり。到底圓滑を期するも夫れ難哉。

然らば教育家たらん乎。夫れ然り誠に教育家たらざるべからず。而して誰れか亦是に異論を唱ふるものあらんや。然れば吾輩此に少しく所見を暢へて。大方に訴へんと欲するものあり。夫れ現時我邦の現象を察するに。上に所謂る分業の實未だ其の秩序を得るに餘地無きものと云々せし如く。今此に教育家獨り其の緖を得たるものとは斷言し能はざるなり。而して吾輩は教育家の爲に其の前途を卜し大に杞憂に堪へざるなり。何となれば教育の本領實に重大なり。概して之れを云へは德義の應用者にして。人類本來の眞光を放たしむるの大任と云はざるべからす。如何に哲理の高妙なるも。如何に理學の精密に出つるも。各科の學術を以つて只機械的に之れを應用する限りは。宛も猿に狂言の藝能を授くるの類と亦何ぞ撰ばん。然れは諸般の學科は。総べて是の道義の裡に驅り得て。其の道義の面をして。反射的に。愈々人類世界を輝かさしむるものゝみ。夫れ教育の任此に在り。亦重からずして何ぞや。（未完）

演説

左の一篇は本年六月二十六日印度佛蹟興復會有志者の招請に應じ東京芝區愛宕町萬年山青松寺に於て英國大詩人サーエドウヰン、アーノルド氏の爲されたる印度佛蹟興復に關する演説筆記なり亦た以て佛蹟興復の如何を知るに足る

印度佛蹟興復に關する意見

サーエドウヰン、アーノルド氏演述

外山義文氏通譯

諸君。印度に於きまして佛教上最も尊崇すべき四箇處の靈場が存在す即ち

第一は釋迦大聖御降誕の場所であります。

第二は入涅槃の地。即ち釋尊の靈骨を收めた處であります。

第三は鹿野苑の初轉法輪の地。即ち世尊が初めて説法遊ばされた所であります。

第四の場所は佛陀伽耶にある始成正覺の地。即ち釋迦大聖が菩提樹下に安坐して無上正等正覺を成せられた場處であります。

此の四箇の場處は印度に於て最も尊敬すべき靈蹟で御在います。

私は此等四箇の靈場を悉皆巡拜しましたが。今日に於て此の四箇の靈蹟は佛教者の手に依て大に保護を加へなければならむと云ふ感覺を惹起しました。是は獨り我々一己の爲にするのでありません。佛教全躰の爲に充分守護せなければならぬと思ひます。此の四箇の靈場の中御降誕の場處並に入涅槃の場處には殿堂も建ず。又何人も此の二箇の靈蹟を守護する者は。唯今まではありませむ。第三の靈場即ち初轉法輪の地には唯纔古代の。練瓦で組立た一箇の大塔が在る斗りで。今日では其他には何物も存在て居りませむ。第四の靈場即ち佛陀伽耶に於きましては。斯くの如き塔（此の時塔を寫したる一葉の繪圖を示す）が現存て居ります。是は諸君御承知で御坐いませうが。耶蘇降世以前大凡そ三百年前阿育王が初めて建立した塔で御坐います。其後代々の帝王が許多の淨財を喜捨して四時供養の料に備へ。之に由て此塔を守護して來りました。然るに其の後此

の供養が中絶へましてから。此の靈塔も從て漸々零落に及びまして。終に今日の處では英國の所管に歸し。英國政府から數萬の資金を投下して之に修補を加へまして英國政府の手に依て保持せられて居る有樣に至りました。右の次第でありますから此靈塔は。今日でも頽廢に至らずして。新造の如く見へます。只遺憾な事は。今日では其の守護の任が。婆羅門に委托せられて居るのであります。

此の靈塔の周圍に佛教隆盛の時代に於て。美觀を極めた殿堂の遺物ならむと思はるゝ無數の石片が散在して居ります。是等佛教隆盛の時代の遺物を探見修覆して。再たび往古の美觀に回復しなければなりませむ。是は苟も佛教を信奉する者の當に努むべき所の職分であります。此の靈塔は此の如く由緒のあるものでありますから最も尊崇し。最も大切にして充分の保護を盡さんければならむに。今日の所では此の塔を守護する者は。東方佛教國に於ける眞正の僧侶でなくて。所謂シヴハの僧侶輩が反て是の尊ぶ可き靈塔の全躰を支配して居る實況であります。此處に又小き菩提樹が生存て居ります。最初世尊が成道あらばされた時の菩提樹は枯れまして。其跡へ小さいのが植ゑてあります。其の場處は此の靈塔の直き傍の處でありますが。此處へ參詣する所の多くの人々は。尊崇の意を表する爲めに此樹に金色の紙片を貼り或は沸湯したる牛乳を沃き坏します。夫れ故に若し今日の儘に捨て置て。保護を加へませんなれば。此の菩提樹は遂に枯死して仕舞ひ大切なる遺物を消滅するに至ります。夫故に是も適當なる方法を用ゐて保存しなければならむと思ひます。私が彼處に詣りました時に番守の僧侶に問ふた事があります。其の問は『何卒此の菩提樹の一葉丈を讓受て行くことは出來まいか』と申しました。其の時僧の答は斯でありました。『若し汝が夫れを欲望なれば。其の樹の全部を持てれ行きになつても宜しう御坐升』と答へました。此の事實から推測しても。現時印度に於けるシヷの僧侶が此處に居住する所以のものは佛教の爲に自己が勉む可き所の職であると云ふ樣な高尙なる。正義なる考からでなくして。此處へ參拜に詣る人達から。多少の賽錢を貰はんとする卑しむべき念慮の爲めに番守するので在て。決して佛教の愛護心から出でたることにあらざるは。充分明瞭に知悉することが出來ると信じます。私は此の菩提樹の中の三葉を摘み取りまして。其の葉面に「蓮葉上の寶珠」と云ふ數字を寫して祕藏して置ました。其後錫蘭地方の靈蹟を巡回しました時に。錫蘭其他の地方の人々は私が此靈樹の三葉を所持して居るを見聞して。大に驚き。又大に奇みまして其の由來を問ふ者か數多ありました。何故なれば私か所持して居た此の菩提樹の葉は。彼等の最も大切の物として。最も至重の寶として。愛護する所でありまして之を所持するものは。美麗なる筺を造りて之を祕藏し。時に讃美の辞を捧けて禮拜する習慣でありますから。今私か輕々しく之を所持するを見て大に驚き。又大に怪みましたは。彼等に於て誠に當然のことであります。私は此の事實に接して。深く心に感したことが在ります。故に私は第一に是等の衆に向て告けた辞は斯てあります。『今私が玆に携持する此の三箇の靈葉を見て諸君は大に驚き。又大に奇まれますが。是れ誠に御尤の事でありまする。然らば何故に諸君は東方亞細亞國卽ち日本。支那。西藏。緬甸。暹羅等の諸佛教國の人達と共に自身の爲め又佛教の爲め進んで是等の靈蹟を興隆し是れ等の遺物を守護なさらむのでありますか』と問ひました。其時此の人等は。吾等は何卒夫れを興復し夫れを守護して行き度きと云ふことは豫ての志願でありますが如何したら斯宿願を果すことが出來ませうかと申しました。後に私は此の錫蘭に駐在る所の英國の知事サー、アーサー、ゴルドン、マドラス、のロード、カッスル。印度省の監督長ロード、フェリン等の諸氏に面會して左の如き談話を致しました。曰く。『此等四箇所の靈蹟は。古來の歷史上幷に宗教上の因縁もあり。又彼等の正當なる願望でありますから。東方亞細亞諸國の佛教者の手に讓與することは出來ますまいが。又周旋して下さることは出來ますまいかと謀りましたれば。』是等の諸氏は。何れも之に答へて。『若し斯る事業が佛教國人の間に計畫せられてあるなれば。實に慶す可き事であるから。吾々は悅んで其の事業を贊成すると言ひました』

其の後私が「ロンドン」に歸航せし時に當りて。印度から書簡を頒しました。其の書簡は佛陀伽耶再興に關する事柄で。其の要旨は矢張り我々の事業に贊同すると云ふ文意でありました。印度は諸君も御承知の如く。英國倫敦に在る所の印度省大臣が。其の全躰を統轄支配し。又英國から派出されて居る所の副大守が。印度內地諸般の事務を處理して居ります。私が倫敦に歸りて後。英國印度省の大臣ロード、クロッス氏に面接して。斯くの如き事を談じました。ロード、クロッス君。閣下は何故に此の數千百萬の佛教國人の爲に正義と云ふことを盡しになりませむかと問ひました。其の時に。ロード、クロッス氏は御說の意味を了解致し兼ねますが。夫は如何いふことで御座升かと聞かれましたから。予は斯く言ひました。何卒印度の佛陀伽耶の靈蹟遺物を東方亞細亞諸佛教國の僧侶等に下與さることは出來ませむかと尋ねました。時にロード、クロッス君が予に答へて。是は私一人の意見を以て決斷して。兎角の即答を申し上げることの出來にくい事件であるから。私の顧問の人等と熟談した上で返答致しませうと云ふことでありました。其の後ロード、クロッス氏は予の許に書を寄せて其決議を申し送られました。其の決議の要領は左の如であります。印度に於げる佛陀伽耶の靈蹟を東方諸州の佛敎者に與ふるは。誠に正しい事で是非左樣しなければならむ事である。東方亞細亞諸州の佛敎徒に此の遺物を與ふるは。誠に正義の爲め當然爲す可きことである。此の決議を貴君に對して報道しまするは。誠に私の愉快に感ずる所で。至極滿足に存しますと云ふ返答でありました。印度駐劄の印度大守ランズダオン氏へ。ロード、クロッス氏から書狀を送りて此の事實を告知しました。其の後に予は斯くの如き文意を有する書簡を落掌しました。サア、エドウヰン、アーノルド君。及び氏の朋友諸君。諸君に於て若し宗敎上に如何なる面倒をも惹き起す事なくして此の大事業を處理する所の好手段があるなれば。我々に於て之を幇助すると云ふとは誠に喜ぶ所のことであると云ふ書簡でありました。此のランヅダオン氏が言はれた所の如何なる面倒もなしにと云ふ意味は。佛陀伽耶に存する堂宇を修覆し。靈蹟を守護して再び古への隆盛に興復するに就て。他の印度各種の宗敎に如何なる軋轢をも惹起すことなければといふ事であります。即ち印度佛蹟興復の爲め印度內地及び近隣諸州に於ける他の宗徒の間に騷擾を來す恐れなければと云ふことであります。是れは諸君及び吾々靈蹟興復に熱心なる者の最も注意して一刻も忘る可らざることゝ確信します。夫れで印度に現在する所の靈蹟堂宇と云ふものは。悉く皆な英國のヴヰクトリヤ女皇陛下に附屬したる物で在ります。夫れ故に英國女皇は親ら之を處置する事が出來ます。卽ち御思召に由りては是等の塔宇靈蹟を今日諸君に下されることも出來るし。又吾々が受くることも出來ます。然し乍ら英國政府としては決して其の事を左右する事は出來ません。是事は獨り女皇陛下の特權に屬することであります。夫れ故に諸君。若し此の事業に熱心せられて。飽迄其の奏功を願望せらるゝなれば。諸君は充分佛敎の主義を遵奉してやらなければなりませむ。卽ち平和と正義と友愛と此の三つは佛敎の大主義でありますから此大主義を確守してやらなければなりません

諸君が此大主義を守りて。熱心に此目的の爲に盡力せられたなれば。今日の塲合に於て。今日の有樣に於て。諸君の企畫せられたる此の印度佛蹟興復の事業を完成するは蓋し至難のこ

とではあるまいと信じます。此の目的を達するに就て。諸君が印度へ出張になるは最も必要のことゝ思ひます。諸君が印度へ出張になつて布教傳道をなして彼等を濟度するは。實に此の目的を達するに就て好手段であるのみならず。又實に佛教の最大目的で御坐います。諸君が印度へ出張になるは。諸君の故郷へ歸着せらるゝのであります。佛教者が佛教の初めて生れたる地に行くのでありますから。即ち故郷に歸るのであります。今日印度に於ける婆羅門教と云ひ。「ヒンドゥ」教と云ひ。是等の宗教は。彼等自身佛教者であると云ふことは知りませむか。實際に於ては自身が即ち佛教者てあります。昔の婆羅門教徒は。人畜を殺すことも。肉を食ふことも。又戰事に關係することもしましたか。今日の「婆羅門教徒は殺生肉食戰爭等の事は一切致しませむ。彼等自身即ち佛教者であります。彼等は因果應報の道理を辨知て居ります。菩提と云ふこととも知りて居ります。故に彼等は知らず識らず佛教者たるのてあります。夫れ故に諸君が熱心に傳道を爲して是等の教徒を感化し。相倶に佛蹟の興復と成就するは諸君の必ず爲す可きの義務であると信じます。夫れて佛教の有樣と云ふものは。恰も大海の水の如きものて在ります。一旦は佛教の潮流は東漸して東方諸國へ溢出しましたが。今や再ひ西方印度に向て流出しまするのは循環復舊の理勢に於て然らざるを得ざるものてあると信じます。（未完）

左の一篇は佛蹟回復の熱心家たるダンマパーラ氏が。印度スーレプハゴダの集會に於て。演説せしものにして。堀内靜宇氏の譯述して。特に本社に寄せられしものなり。大聖世尊始成正覺の靈跡たる佛陀伽耶の事情及ひ。雄大なるダ氏等の護法心如何を察する足る。今や此に掲げて讀者の精覽を煩はす。

印度佛蹟の興復と世界佛教運動の關係

ダンマパーラ

方今世界の智識上及び精神上に於ける決戰に於て誰れか勝利は佛教に歸せずと云ふや。耶蘇教は既に其價値を秤量せられ且つ其欠點を發見せられたるにあらずや。之に反して佛教の新光輝は地平線上に赫灼として發展しつゝあるなり。歐羅巴の人智は已に佛陀（涅槃の教師）の教義に着眼し。而して其人々は孰れも有力なる學者智者にして。而かも口に筆に佛教を賞讃せざるはなし。余は信ず今後智識世界の戰爭に於て未來の戰士は菩提樹の下に其操練を有するに至ることを。而して佛陀伽耶は最も勢力ある佛教傳道協會の本營となるならん。

苟も數年間其努力に怠るなくんば必らず其結果を見るに至るべし。誰れか是を以て無益の希望と計畫なりと云ふ。嗚呼眞理の勢力は實に廣大にして測るべからざるなり。覩よ二千四百八十年以前佛世尊は唯僅かに五人の弟子を有し給へり。然れども今や其敎徒の夥多なる億万を以て數へ。遙かに他敎徒に超過するに至れり。されば吾人は是等幾億の敎徒に依て準備せられたる前路に向て。昔時諸ろの比丘が世界に巡化するや。危懼なく。違約なく。瞋恚なく。虛言なく。且つ其使命に回避する所なしと宣言せるが如く。其熱心と謹愼と其熟練と溫和とを以て運動せざる可からざるなり。

夫の有名なる佛陀伽耶に於ける佛世尊始成正覺の大塔は其境內と共に現今ベンガル政廳監督の下にあり。而して悲むべし佛敎徒より捧げらるゝ宗敎上の供養物は婆羅門マハントの爲め專有せられたり。蓋し佛敎徒の供養物は從來十萬ルーピーに達せんと雖ども。嗚呼悲ひ哉。靈塔の前更らに微光をだに洩らすべき一の燈明を見ざるなり。加之此の神聖なる靈場は彼等の爲め汚辱せられ。相好微妙なる佛陀の尊像は往々土芥の中に埋沒し去り。或はマハントの庭園石垣の間に塗込められ。或は家畜の爲め蹂躙せられ。甚しきはマハントの馬厩の敷石とせられ。之を目擊する實に悲憤に堪へざるなり。全印度に於て最古の記念となり。且つ最も古雅なる彫刻の摸範となり。印度美術史の重要なる紀念物たる。佛陀伽耶の鐵柵はマハント之を取去り已が庖廚の柱としたり。是等の鐵柱に於ては阿育王の治下に於ける當時人民の狀態を寫せる彫刻ありて存するなり。有名なる考古學者ゼームス、フェルガスソンは曰く。佛敎徒は曾て印度に於て全く比類なき記錄を留めたり。然れども此記錄たる佛敎徒が曾て存在せし時代。其感情と熱望とに就て淸新にして且つ完全なる顯現とも云ふ可きものにして。決して自餘の國々の薄弱なる記錄の類にあらざるなり。と實に古代佛敎徒は深く其宗敎を愛し。之れが爲め今日考古家古物家の驚嘆する所の是等の記錄を遺存せるに至れり。博士リイス、ダアヴィッヅ氏曰く。熱心の佛敎徒が世尊に於ける追思は賢且。雄偉。懇切なる最上の觀念を喚起す。而して印度のマンゴ(芒菓樹)叢林は其有聲の畫を以て彼れを圍繞し。且つ凡て溫和なる記憶を以て相伴へり。是れ恰かも耶蘇敎徒のベザーニー或は橄欖山の名に於て感動する所のものと相似たり。と蓋し此と同一の注意は神聖なる世尊の永世不朽の敎會に依て。神聖視せらるゝ他の聖地にまで適用するを得るなり。

今や佛陀伽耶の大塔は其保存より寧ろ破壞に注意する所のマ

ハントに依て汚辱せられ。且つ掠奪せらる。而かも佛教徒は之に抵抗して別に保護もせず。頗る等閑に附し去りたるものなれども。苟も之れが由來を尋ねなば阿育王が嘗て建築せし四万八千塔の隨一なりとす。彼の雄偉高尚の大唐の玄弉法師は西暦七世紀に於て渡天し。其紀行中に當時の狀勢を記して曰く。菩提樹は甎を以て疊みたる。堅固なる高屏を周らして保護し。而して此高屏は東西は長く南北は狹く。正門は尼連禪河に對し東方に面し。南門は太華池に接し。西は山に傍ひ。北門は大伽藍に通したり。而して墻垣の內地は聖迹相隣り。或は窣堵波。或は精舍あり。是等は渾て帝王大臣又は豪族が宗教上永遠の紀念として。崇敬の旨義に基き建立せしものなり。每年佛世尊入涅槃の日に於て。諸國の帝王大臣及異邦の法俗樹下に會同して。香水香乳を樹根に灌ぎ。燃燈散華供養し畢り。且つ樹葉を相集め退散す。云々以て當時の盛大を知るべし。然るに今や太華池は農夫村爺の水浴所となり。其水は汚衣を洗濯する爲め混濁し。樹頭より散來る落葉は賤しき婦人の爲め掃去らるゝなり。而して往昔の偉大なる光景は吾人の前に懸れり。吾人若し能く一致の尽力を以てせは。此の佛陀伽耶も數年ならず。舊時の壯觀に回復する難しとせんや。試みに佛陀伽耶にして莊大なる殿堂と且つ佛教大學校を有し。此大學校は日本。支那。緬甸。カンボヂツヤ。錫蘭。西藏より來集せる數百の學生に對し。各佛教國の國語と教授すると想像せよ。佛教運動の中心に於ける勢力は必らず宇內萬國に影響するに至るべし。歷史は屢々其事實を反覆せらる十世紀以前行なはれたるものにして。今日豈に行なはれずと云ふ理あらんや。昔時ナランダ國の佛教大學は壹萬人の學生を有し。諸帝王は僧院と學校とを擴張することに付き互に競爭したる有樣なり。然るに回教の凶暴者が一旦印度に侵入するや。彼等の「火」と「劍」とに依て是等は忽ち破滅に歸したるなり。然れども吾曹佛教徒數百万の一致聯合の勢力を以て。佛陀伽耶をして佛教國の第一にして且つ中心の佛伽藍となし。其他三個の道場を回復することに尽力せざるべからず。且つ夫れ資金充實することを得ば佛教弘通の爲め最大なる運動をなすに足らん。世人は亞米利加の外國傳道會社が耶蘇教弘通の爲め如何に運動する乎。又「アンドヴ」大學校に於て修行せし青年が耶蘇教を說法する爲め如何なる熱心を以て世界万國に派出する乎を知るならん。世尊は命じ給へり。行け汝苾蒭博愛を以て一切衆生の利益と幸福との爲めに。亦人類の正善と利益と幸福との爲めに赴化せよ。世界萬國を巡回し。未だ佛教を知らざる者を開導して歸依せしめよ。行け。行脚する所の各人は慈愍を旨として行け。濟度せよ受領せよと。（マハンヴーガー經）吾人豈に逡巡すべけんや。吾人の前に現存する事業は最も重要なり。吾人の生命を犠牲に供するも足らざるなり。サーエドウヰンアルノルド氏は。シリスマンガラ沙門に書を送りて曰く。若し夫れ佛教徒の手に佛陀伽耶靈場の守護權を回復し能ふを得は。實に是程貴重にして且つ最上のものはあらざるべし。と而してマハントに對しては代償する所あれば可なり。玆に僧院及び學校を設立し。且つ各佛教國の代表者たる學識ある苾蒭の本部を維持し。青年の僧侶を薫陶し。パーリ佛典を印度語ベンカル語英語に反譯出版し。新聞を發行し。萬國佛教徒の記錄をも發表せざるべからず。サーエドウヰンアーノルド君の非常なる協贊。及び經驗あるコロネルオルコット氏の監督に依て。大菩提樹會は將さに設立せられたり。各國の佛教徒は此中央の大運動に付て。充分輔助せざるべからざるなり。

雜報

●本願寺派總代會衆總改選の結果

本年は本派總代會衆總改選の期なりしが。全國至る處多少の競爭あらざるはなく。殆んど吾人として佛教界亦た國會議員總選擧競爭の餘響に感染したるにあらざるやの嘆あらしめたり。就中本縣の如きは其熱度最も激烈にして。本派集會開設以來未曾有の競爭なりし。吾人は本山の議會が實權實力と有して飽く迄立憲本山政治の鞏固なる基礎を築き。宗運萬年の大計を確立するに至らん事を希望する者なり。今回の總改選に際し全國各地の光景を觀察すれば。其撰擧人の運動と云ひ。其改選の摸樣と云ひ。從來よりも一層の活氣を顯はし來りたるが如し。吾人は本山集會の前途に向つて深く之を喜ぶ者なり。今全國教區の當撰者を擧ぐれば實に左の如し。吾人は其當撰者が各々本山會衆たるの大責任を全ふし。正議堂々の議會を組織し。宗運の隆盛を企圖して。宗内の積弊を滌蕩し。以て上大法主の尊嚴を保維し。下門末一同の意志を滿足せしめん事を囑望に堪へざるなり。

◎は再撰會衆にして●は新撰議員なり

京都教區甲部◎中川了性　京都教區乙部●原田慈賢
京都教區丙部◎藤井皆立　大坂教區甲部◎櫻井義門
大坂教區乙部●盛田曉淨　大坂教區丙部●佐々木田鶴丸
桑名教區甲部◎寺尾義了　桑名教區乙部●土井普應
高田教區◎宮本憙順　東京教區●藤田祐眞
金澤教區甲部●管田實言　金澤教區乙部●豐田善住

金澤教區丙部●正木寶樹　仙臺教區　●岸　大悟
姫路教區甲部●岡田唯應　姫路教區乙部◎佐々木祐誓
福井教區　●日種宗淵　和歌山教區　●湯川智城
廣嶋教區甲部●滿田了誓　廣嶋教區乙部●日野義淵
山口教區甲部●岡村謙讓　山口教區乙部●香川默識
松江教區　●服部善照　爐屋教區　●今里遊玄
福岡教區　◎秦　法勵　大分教區　●長岡大鳴
長崎教區　●後藤智水　熊本教區甲部●加藤惠證
熊本教區乙部●中津鳳栖　麑嶋教區　●佐々木雲嶺

●新陳代謝　新陳代謝の法則は宇宙の萬象を支配せり。本山總代會衆豈に亦た此法則に抵抗するを得んや。新撰會衆十分の七以上を占めて。再撰會衆の數十分の三に滿たず。本山集會の空氣是より一變するならん歟。吾人は讀者諸君と共に刮目して本年集會の形勢に注意せん。

●大洲香川兩師の正誤申込　本誌前號雜報欄內。政教混亂痛擊の件に關し。京都西本願寺なる大洲鐵然。香川葆晃の二師より。書留郵便を以て左の如く照會せられしを以て。條例を遵奉し。謹んて正誤す。

貴社發兌の國教雜誌第十二號雜報中(第一)政教混亂の作俑者(第二)一ハ大坂ニ走リ一ハ佐賀ニ向フ(第三)香川葆晃師ト佐賀縣總撰擧紛亂ノ關係ト題スル三項ニ於テ拙者等カ本年二月衆議院議員總撰擧ニ際シ隱密ノ中ニ非常ナル撰擧干涉ヲナシタリトノ事ニ付キ掲載セラレタル記事ハ事實無根ニシテ拙者等ニ於テ毫モ其撰擧ニ干涉シタルコト無之候條此全文ヲ掲ゲ正誤相成度此段及御照會候也

京都市堀川通本願寺ニテ
大洲鐵然㊞
明治二十五年六月二十四日　香川葆晃㊞
國教雜誌社御中

●文學寮の大紛亂

宏壯偉觀なる新校舍の落成式を告げしより。間もなく鎭火山の噴火せしが如くに轟然爆發したり。積年鬱結したる千体万狀の紛亂分子は。四月下旬同寮敎員湊源平氏の論旨免職に依りて忽然破裂したり。此の導火線の鳴り響くや否や。忽ちにして豫科壹年生の寮長交迭辭職勸告の過激的先登運動となり。湊敎員の復職となり。先登運動者主魁九名の退校處分となり。本山會衆の仲裁となり。敎職員の調和懇親會となり。藤嶋寮長の周章狼狽となり。日野監事の熱涙滂沱となり。本科三年生の滑稽的頑磨旅行となり。以て一層紛亂の烽火を滿天に輝かすに至れり。是に於て乎電光閃々として雷鳴轟々。驟雨颯然として天地晦冥の慘景を現出し來り。慈仁淸高の佛教學校に似合はざる咄々怪事を演出し。藤嶋寮長の邀擊となり。ステツキ。短刀。仕込杖の縱橫跋扈となり。殺氣西六條の天地に滿ちて。腥風颯々文學寮内に吹き。海內有識の佛教家をして痛嘆の淚に咽ばしむるに至れり。既にして本科三年生の退校命令となり。生徒の激昂辨論となり。紛々擾々の中に。又た豫科二年生提出の十三ヶ條改革案の嘆願となり。中西教頭の辭職となり。寮內教職員の四分五裂となり。本科三年生の復校となり。教頭辭職の却下となり。豫科二年生の退校となり。宗教公論の直言直筆文學寮紛乱顚末錄の揭載となり。寮長講義の比較宗教學辨駁となり。隱險秘密なる同志社の奇貨的運動となり。藤島派。中西黨等の奇快名稱流行となり。京都每日新聞の隱蔽的沈默となり。全國新聞雜誌の該寮騷動の記事となり。一時彼の曹洞宗の分離非分離騷動事件と並稱せられたる。本願寺文學寮の一大紛亂事件は。去月十八日に至り。突然左の如き勇斷果決の手段に依り。一先づ落着したり。

局達三十三號

文學寮

今般其寮改正ノ都合ニヨリ寮長以下教職員總テ廢止候條此段相達ス

明治廿五年七月十八日　執行長　大洲鐵然

●吾人數行の紅淚

吾人嚮きに西京に飄泊して。文學寮に在る事殆んど二年計り。親しく寮長。教頭。教員。事務員の人物如何に注目し。深く寮內の氣風。學生の擧動。學事の体裁。該寮全体の精神元氣。及び佛教感化力の有無等を觀察し。該寮既往の事蹟。現在の境遇。將來の形勢に就ひては。稍々自得する所ありき。今や彼の大紛亂に際し。頭を回らして吾人が在寮の有樣を追憶し。無限の感を喚び。無量の情を發し。佛門新教育の爲め數行の紅淚を掬せざるを得ざるなり。

●文學寮大紛亂の諸原因

學校獨特の精神なく。特有の氣風なき事是其一なり。眞正なる佛教感化の活力缺乏せる事是其二なり。學校教育の方針器械的官立風に傾向して。精神的私立風の特色なき事是其三なり。教職員中全校學生の活模範となりて。學生の精神に感化の活水を注ぎ。一身を以て學校の一大生命たる可き偉人なき事是其四なり。寮長學校の皇帝として統一駕馭の大任を盡くす能はざる事是其五なり。教頭學校の副元帥として整理監督の技能に乏しき事是其六なり。學生中放縱。傲慢。輕率。粗暴の惡風に浸潤する者多くして。嚴肅。謹直。沈重。剛毅の善質を備具する者鮮き事是其七なり。吾人が所見を以てすれば。大紛乱の重大なる諸原因は以上の七種に過ぎざるなり。

●青年佛教徒の夏期學校東西に起れり

炎天金を流し。熱風石を爍かすの時。將來佛教改革の健兒たる可き。青年佛教徒諸君は。西は播州須磨の白沙翠松相映じて。海風習々面を拂ふの邊に集り。東は東都芝泉岳寺の古樹陰森として。境內幽邃の地に會し。幾多の高僧碩學を招聘して。夏期學校を開設し。以て佛教の眞理を探討して。各自確信の基礎を築き。各學校の青年相會して。和氣藹々相互の胸襟を披き。前途佛界新運動の地盤を建てにけり。是れ豈に方今佛界の一新現象として喜ばざる可けんや。

●須磨の夏期學校　西京諸學校の佛教青年が。其原働力となり。遠く東京仙臺の諸學校佛教青年と聯合して開きたる。同學校は愈々去る二十日開校の式を擧け。本月二日閉校せし由なるが。是が來會者は京都よりは文學寮。大學林（本派）大學寮（大派）。第三高等中學校。醫學校。尋常中學校等の佛教青年。東京よりは帝國大學。第一高等中學校。慶應義塾。專門學校等の青年佛教徒。仙臺よりは第二高等中學校の青年。其他各地より來會の有志者等無量百餘名にして。是が講師及び贊助來會者は。齋藤聞精。赤松連城。太田祐慶。吉谷覺壽。藤島了穩。德永滿之。松山松太郎。中西牛郎。藤井宣正。服部卯之吉。小笠原大成。稻葉昌丸。柳祐信。前田慧雲。朝倉了昌。の諸氏なりと云ふ。

●芝の夏期學校　去月十六日より三十一日迄開校したる同學校は。日々の出席學生三四十名計にして。講師は釋雲照。大內青巒。嶋地默雷。澤柳政太郎。南條文雄。辰巳小次郎等の諸氏にして。其講書は般若心經。六合釋。十二緣因。梵本般若心經等なりしと云ふ。

●各宗綱要の出版近きに在り　一昨年各宗管長會議を東京に開き。諸般の各宗共同事業を議决せし中。現今我邦普通の文章を以て。日本佛教各宗の歷史教理等を編纂し。天下一般の人士をして日本現流の佛教如何を知らしめんとて。嶋地默雷。釋宗演。土岐法梁。蘆津實全の四氏を編纂委員に當らしめたる。佛教各宗綱要は昨今に至り。全く脫稿せしを以て。愈々近々各宗協會より發行する由にて。体裁は和製半紙本にして全三冊なりと云ふ。吾人は彼の八宗綱要。傳通緣起。十二宗綱要等の專門難澁なる佛典に煩悶しつゝありし。欽慕的佛教徒の爲めに。各宗綱要の一日も早く世に出てん事を希望する者なり。

●萬國宗教大會

來る二十六年五月一日より。米國シカゴ府に於て開かるゝ大博覽會は。米國發見四百年の紀念にして。其規模の廣大。其結構の雄偉。實に前代未曾有の盛事なれば。此大博覽會をして啻に物質上の博覽のみに止まらしめず。併て萬國諸宗教者を會して心靈上の博覽場たらしめんとする計畫あり。卽該會委員長博士バルロス氏の報道に據れば。下に記載する目的を以て。六大洲至る所に委員を撰定し。本年中に二千五百名の多數なる委員を募る由。

(第一)萬古未曾有の諸大宗教の代表者を會同し。以て宗教上意見の交換を爲さしむる事(第二)天下の人をして最も分明に諸宗教普通の眞理を知らしめんとする事(第三)諸宗教互に交通して盛に眞正の友愛を盡さしめんとする事(第四)各宗教の中に存する要義眞理を尤も適任なる代表者の口頭より陳述せしむる事(第五)有神教の眞理と靈魂不滅の理由と說明して唯物哲學に抗敵する事(第六)婆羅門教。佛教。儒教。火教。回教及び其他の諸教中の學者に依賴して。其奉ずる宗教の文學。美術。政治。商業。社交等に及ぼしたる功績を論述せしむる事(第七)現今世界宗教上に屬する確報を集めて之を世に明にする事(第八)世界の諸國民をして一層和親共同の精神を深くせしめ以て萬國太平の時機を催す事

●日本佛教者の擧動　萬國宗教大會に對する日本佛教者の感情擧動は。餘り面白からず。餘り活潑ならざるが如し。海外佛教事情が世界的眼光を以て。濶大なる觀察を下し。七大要目を揭げて最も熱切に我國佛者の注意を促がしたるに係はらず。過般各宗協會の席上。嶋地默雷師が提出せし該議案に關じては。冷々然淡々乎として唯だ三名の委員を撰んで調査に從事せしむるに過ぎず。而して其結果たるや。各宗本山協議の上。一名の佛教代表者を送るか。又は意見書而已と送るかの寂寥たる議決に過ぎず。斯の如き寂寥たる議決も。猶ほ各宗の多分は代表者送遣には不同意多き趣きなりと。嗚呼因循姑息斯の如くにして。日本佛教者たるもの猶ほ世界各宗教者に對して其面目を保つと謂ふを得可き乎。

●東洋佛教のピーターパラミット

赤脚露頭。慷慨悲歌。四方に遊說して。聖土(耶蘇の靈地耶路撒邑)回復の主義を唱道し。歐州の人心をして奮興狂乱せしめ。以て西歐の天地を震動したる者は。是れピーターパラミットにあらずや。今や東洋佛教徒が温和的卍字軍を起して。大聖釋尊始成正覺の聖跡を回復せざる可からざるの一大機會目前に迫まれり。此時に方りて。一個の偉丈夫。錫蘭の孤

嶋より崛起し。新聞に。雜誌に。演説に。誘導に。溢るゝが如きの感慨と希望とを揮つて。東洋佛敎徒に絶大の活動を與へ。以て佛陀伽耶の靈蹟を回復し。世界佛敎運動の先驅たらんと欲する者は。實に是れダンマパーラ氏に非ずや。山野に暴露し。四方に奔走し。至誠熱心。印度佛蹟興復の大旨義を唱説し。其敬虔なる信仰に依り。一身を捧げて佛陀の犧牲に供しつゝある者は。實に是れ東洋佛敎のピーターパラミットたる。ダンマパーラ氏に非ずして誰ぞや。嗚呼東洋佛敎のピーターが驚天動地の大精神を以て。東洋佛敎の上に一大新輝光を放たしむ可き徵候は。旣に瞳々として曙光を發せんとす。是れ豈に我邦の佛敎徒が醉生夢死す可きの時ならん哉。

◉佛陀伽耶回復の機關雜誌　西倫コロンボ府に設立せられたる佛陀伽耶大菩提樹會は。總理事ダンマパラ氏を主筆とし。「ジヨルナル、オブゼ、マハボダイ、ソサイエチー」と題する。英文の機關雜誌を發行せり。其第一號の報告によれば。各國に佛陀伽耶回復の代表者を立て。盛に輿論を喚起し。大に資金を募集するの計畫にて。我が日本は釋雲照師。堀内靜宇氏を代表者として記載せり。吾人は同會の一日も速に其目的を達せんことを祈る。想ふに此佛陀伽耶回復の事業たる。我が各宗本山には意外にも冷遇を受けたれども。其冷遇せられしにも關せず。此の神聖なる事業に對して。同感の情を動かすもの萬國其人に乏しからず。左れば遠からず之が目的を達するに至るを疑はざるなり。

◉アーノルド氏の敍勳　一昨年來朝して我邦の風光を嘆美し詩人的眼光を以て日本の風習を賞讃し。歸國の後新聞に。演説に。著書に。談話に。力を極めて日本萬般の事物を稱譽し世界文明の淵叢たる倫敎の社會をして。嘖々としてア氏の一言一辭に注目せしめ。大に遙遠なる東洋絶東の日本帝國に向つて視線を注がしめたる。日本心醉の大詩宗サー、エドウヰン、アーノルド氏は。日本山川の美麗忘れ難きと見へ。本年三月再ひ我邦に來り。今に至る迄東京帝國ホテルに滯在中なるが。氏は此頃我が皇帝陛下より。勳三等旭日中綬章を拜受したる由にて。大に其光榮を喜び。深く其聖德に感泣し居れりと云ふ。

◉薗田宗惠君　昨年獨逸人ジンメルマウン氏の佛敎要論を譯述したる同君は。此程帝國大學哲學科を卒業せし由。君は和歌山縣人にして眞宗本派の僧侶なり。吾人は同君が多年深硏精究せられたる哲學の眞理に依りて。佛敎大眞理の光を輝かされん事を懇望する者なり。

◉古川勇君　普通敎校出身の一俊才。反省會の創立者。佛敎

青年中の文學家たる。和歌山縣の本派青年僧侶。古河勇君は多年東都に在りて。反對宗教の機關學校明治學院等に入りて○孜々汲々奮勵する所ありしが。本年愈々帝國大學撰科の入學試驗に及第せし由。每年該科の入學志願者は隨分多けれども本年は大に入學試驗の定度を高めし故。受驗者は僅々九名にして。合格者は唯だ同君一人なりしと。亦た以て同君の名譽なりと謂ふ可し。請ふ君佛教文學の爲め畢生の熱血を灑ぐ所あれ。

●里見了念氏と服部範嶺氏

里見氏は南越の僻遠より奮進して。豪膽勇決。風動雷擊の傑資を以て。普通教校の校長となり。當時風潮の刺戟を受けたる幾多の青年を皷舞し。作勵し鞭韃して。改革的佛教の健兒を陶鑄したる。現今本派內非凡の士なり。服部氏は西山教校出身の一人物にして。夙に嚴明剛毅本派の學林を監督し。權威に屈せず。風潮に溺れず。以て眞宗有爲の僧侶を養成したる○現時本派內屈指の人なり。然るに今や両氏共今回總代會衆の改選に落第せられたり。即ち里見氏は二十三票を以て日種宗淵氏に占められ。服部氏は僅々十票の差を以て服部善照氏に敗れたり。吾人は本山集會の爲め二個の硬骨男兒を失ひしを惜む。啻に集會の爲めに惜む而已ならず。佛門教育の爲めに二氏の失敗に向つて慨然たらずんばあらざるなり。

●日野義淵氏　里見服部の二氏失敗したりと雖も。日野氏當撰の榮を得れば。吾人も亦た聊か望を屬する事なきに非ず想ふに氏は里見氏の參謀となり。周到精緻を以て里氏を補翼し。普通教校及び文學寮の衝點に屹立して。佛門新教育上絕大の經驗を有するの人なり。然れば氏が飛雲閣上辨難攻擊の波濤中に立つて。沈重謹嚴の舌鋒を皷し。積年胸間に鬱勃したる。本山宗政上の意見と。派內教育上の希望とを堂々論出するの時は。是れ本山集會の一新光彩を添ゆるの時なり。是れ吾人が氏の當撰を賀する所以なり。

●眞宗大派大學寮の卒業生　本年大學寮を卒業せし諸氏の科別姓名は左の如し。

●恒川應昇　●日江井大源　●中嶋覺亮　●波多野源乘
●櫻井榮壽　●住田智見　●中井秀玄　●崇谷嗣道
●福田硯壽　●平川浩造　●天野玄映　◎以上專門本科
●安藤義本　●中嶋順道　●蘆原林元　●舘　登
●滿岡靈眞　●榊原龍闡　●高橋普照　●蒲地龍頂
●北岡良興　●呼野　諫　●村上惠諦　●里雄宏曜
●井上智往　●廣瀨策端　●波房大惠　●久米藤淨
●蓬茨巽正　●山川闡門　●三村能正　●東脇南麟

◎以上專門別科 ●玄藤大安 ●古塚騄秀 ●三井法雲 ●松平了導 ●鷲尾法幢 ●深山勇 ●横川繼信 ●水谷澄玄 ●青山智道 ◎以上教導講習科

●大谷派大法主猊下の告辭　大學寮卒業證書授與式の當日卒業生に對しての。懇篤なる同派大法主猊下の告辭は左の如し○今茲に揭げて該寮卒業生の前途に贐す。

本日本寮卒業證書授與式を行ふとであるが。余の特に滿足する所は。本年初めて專門本科卒業生十一名を出だすの一事である。學生在學の日にありては。種々の困難に遭遇したるも。其今日あるに至りしは困難に打勝ちたるからである。各々に取りては是れ本寮教育の行屆きたることゝ存し○彌よ〳〵佛恩師恩を感佩し。師弟の分限を忘れぬよう。各自門末の摸範となられん事を冀ふ。又た學生と教員とは益々親密を以て接せざるべからず。教員は親切に學生は丁寧にありたき者なり。本寮の如きは未だ教員學生の間に紛議を聞かざるも。此上ながら幾層の親密を致し。決して和合を破らず。本宗の爲めに盡さんとを望む。

●文學寮卒業生

彼が如き大紛亂の中にも。卒業證書授與式は無事執行せられたり。今回の卒業生は尋常一樣の卒業生にあらざるなり。彼等は多年我邦佛教學校の泰斗たる該寮にありて。多少新思想の潮流に浴せし者なり。彼等は一方に於てはミル。スペンセル。カント。ヘーゲル等哲學の一班を討究すると同時に一方に於ては龍樹。天親。玄奘。羅什。曇鸞。道綽。善導。源信。源空。等諸大德の佛教解釋の大体を咀嚼し。其腦裡に於て東西思想の戰爭を開きし者なり。彼等は此の戰爭に依りて。茫々漠々たる佛教の前途を望んで。無限の感情を惹起せし者なり。彼等は平素佛教改革の到底止む能はざるを信認する者なり。彼等の多くは今回大紛乱の怒濤滔々として寮内に侵入するの際に方りてや。直接間接に此怒濤中に活劇を演せし者なり。今回の大紛乱は彼等が改革的精神の一時に暴發したる結果に外ならざるなり。彼等が今回卒業証書を戴き學校の門を去るや。必ず將來の佛界を睨視して。改革の大任は吾輩青年の雙肩に荷へり。吾輩は千死萬死斷々乎として改革の烽火を擧げざる可からずとて。宏麗なる御影堂を拜して其火の如き信仰の涙を揮ひしならん歟。今其卒業生の諸君姓名及び出身地を擧ぐれば實に左の如し。

本科卒業生　（二十一名）

温井徹照（石川）筑田有聞（滋賀）山岸覺了（滋賀）太田巖（大坂）村上寅吉（兵庫）佐々木小太郎（香川）西行博泉（熊本）林

清明（熊本）池永四郎（三重）西上弘信（大坂）丹生實榮（京都）大熊賢從（岐阜）中臣信淳（富山）海野善堯（福嶋）福田秀（福岡）田中謙治（福岡）鷲山鼎（廣嶋）佐々木千重（福井）寺田永松（熊本）撰科朽木法運（滋賀）撰科護城綱雄（熊本）

全科卒業生　（十三名）　全科は則ち高等科なり

櫻井義肇（大坂）德澤龍象（廣嶋）花崎鎭（京都）（前回卒業者）大久保格（福岡）國崎隆二郎（福岡）梅田定（嶋根）清水吉太郎（岐阜）橋大心（岐阜）宮定一（廣嶋）足利唯丸（廣嶋）村上英雅（廣嶋）嶋津正人（廣嶋）野上祐眞（富山）

●大學林卒業生　眞宗本派大學林の全科卒業生諸君は左の如し。吾人は諸君が多年學窓の下に苦學勵精したる。佛敎の眞理と。眞宗の生命とを以て。社會の沃雲怪霧を排除して。活潑剛健なる新元氣を喚起し。至大至剛なる彌陀他力の本願勢力を以て。無明煩惱の苦界に墮落せる十惡五逆の人類を濟度し。佛陀大悲の光明を仰がしめん事を希望する者なり。

和田皆忍、清水尚雄、朝日保寧、内田圓壽、司田周進、西池可生

●本派新法主猊下の祝辭　文學寮及び大學林の卒業證書授與式に於ける。新法主猊下の朗讀せられたる。懇懃痛切なる祝辭は實に左の如し。卒業生たる者肝に銘し膽に刻して可なり。

大學林本科生六名及ヒ文學寮高等科生十三名ノ今回其規定ノ科業ヲ全修シ試驗成績ノ合格スルニ對シテ本日卒業ノ證書ヲ授與セリ右生徒ハ證書ヲ受クルト同時ニ全科卒業ノ榮譽ヲ其身ニ享有スルコトヲ得ル者ナレハ須ク各々自愛シテ益々黽勉以テ宗門ニ對スル報効ヲ圖ル可シ

抑僧侶修學ノ本意ハ総ベテ皆佛理ヲ光顯シ佛智ヲ宣揚シテ以テ宗門ヲ扶翼シ法城ヲ嚴護スルニ在ルナリ萬一右ノ本意ヲ遺レテ徒ラニ學藝ノ末技ニ趨ルコトアルトキハ世俗ノ學生ト毫モ撰ブ所アラス其佛祖ノ冥慮ニ契ハザルハ無論自身ノ本分ヲモ失スル者ト謂ハザル可カラス今回卒業ノ生徒ハ修學ノ本末ヲ辨ヘテ先ヅ自身出離ノ要ヲ决着シ隨テ道德ヲ踐修シ而シテ其修セシ處ノ學藝ヲ以テ弘法利生宗門ノ隆盛ヲ圖リ佛祖ノ恩德ニ報スルアランコトヲ偏ニ冀フナリ

●訪導學館

世界文明の大勢滔々たる長江大河の堤を決し來るが如く。我が蜻蜓州の首尾に汎濫せしより。茲に三十有餘年一國萬般の事物一として彼の大勢の恩惠。感化。刺戟を蒙りて其大權威の爲めに蹂躪せられざるもの殆んど稀なり。我が佛敎豈に獨り此の大勢の權威に接せざるを得んや。然れども徒に此大勢の權威に俯服して。自家獨特の大本領を忘却し。世間普通の學術討究に熱中するの極。佛敎專門の講究。宗學秘奧の研磨

等を忽諸に附するに至ては。豈に其弊風と痛嘆せざる可けんや。方今我邦佛界教育の半面は將さに。此弊風の大波澎湃として漲ぎるの光景なきに非ず。是に於て乎。熊本有志の僧俗慨然奮起して訪導學舘を創立し。大に宗學の蘊奥を發揮し。彼の泉源を棄てゝ末流に溺るゝの徒を警醒せんと欲す。是れ實に鎮西佛教の爲め歡喜す可き一大現象なり。

●訪導學舘の開舘式　市内新町古町迎町等の眞宗篤信者の聞へある玉城直太郎。石坂清四郎。和田太平。金澤龜太郎。石井勇等諸氏及び米村永信。津野田凌雲。本田弘道等の有志僧侶諸氏發起となりて。彼の多年本山學林統率の大任に當り名聲派内に赫々たる。名和宗瀛師を舘長に戴き。新桶屋町本願寺派説教所に設立したる同學舘は。愈々去月十七日開舘の式を擧行せしが。席上講義。説教。祝辭。演説等ありて非常の盛會なりし（當日西京を始め各地より寄せられし碩學高德の祝辭教通を得たれば必ず次號に揭ぐ可し）

●原坦山禪師の寂滅　禪僧中にて八面玲瓏の識見を有し。學士會員の一人となりて機鋒縱横眞理の爲めに盡瘁し。帝國大學の講師となりて印度哲學の聲價を學者間に鳴らし。或病同源動植二原等の佛教經驗的の議論を主張して。從來佛者の空論妄議を排斥し。其名を全國に轟かしたる原坦山師は去月二十七日午後四時少も痛苦の体無く。優然として寂せりと。師は將さに寂せんとする二十分前。自ら筆を採り左の如き臨終報知状を認め。知己朋友に發したりと云ふ。

拙者儀即刻臨終仕候條此段御通知候也

七月二十七日午後三時三十分　原坦山

嗚呼吾人は佛教の爲め。曹洞宗の爲め。此傑僧を失ひしを悼惜する者なり

●政教混亂事件痛擊の雜報取消に就ひて江湖の諸君に告ぐ

國教編輯者森直樹謹で白す。「本誌は宗派に偏せず。教會に黨せず。普く佛教界に獨立して。佛徒の積弊を洗滌し。佛教の新運動を企圖す可し」と嗚呼是れ我が國教が懷抱する所の大旨義なり。實に是れ國教雜誌社全体の社員が。艱難迫害以て辭せず。水火劍戟以て恐れず。畢生の熱血を灑ひで以て貫徹せんと欲する所の大旨義なり。一言以て之を謂はゞ。我國教は此大旨義に依りて立ち。此大旨義に依りて動き。此大旨義と共に斃るゝの大決心大確信大勇氣を有する者なり。故を以て苟も佛教界に現出する時事の問題にして。此大旨義に背反する者は。少しも忌憚なく之を筆誅し。此大旨義と適合する時は。大に勇奮して之を翼成したる事は。愛讀者諸君の夙に諒察し給ふ所にして。是を國教既往の來路に照らすも彰々として掩ふ可からざるなり。斯を以て本誌拾貳號發刊の際に方りて。政教混亂の大事件端なく吾社の大旨義と衝突するや。吾人は憤慨の情禁ずる能はず以て大に決心する所あり。是に

於て乎。社説には八淵氏が滿腔鬱勃の熱血を濺ぎ。慷慨激烈の筆を揮はれたる。僞宗教家。僞政治家。討伐勦誅の一大雄篇を掲げ。寄書欄には草野氏の宗教家政黨干渉。痛論攻撃の一篇を載せ。雜報欄には佐賀の通信に依り。悲壯激越なる編者の感情を以て。彼れ香川氏と佐賀縣總選擧紛亂の關係を筆せし所。忽ち本山元勳諸公に一大驚惶を與へしと見へ。嚴重なる大洲香川両氏の正誤照會狀來れり。又た佐賀より二三の取消文來り。加ふるに社主八淵氏より。該雜報は誤謬の廉も尠からざれば。速かに取消す可しとの嚴命を蒙り。當時氏は九州漫遊中にて。編者は各地の事情を詳悉せざるを以て。社主の命令に從ひ。大洲香川二氏及び佐賀通信者の取消正誤の請求に任かせ。特別社告に掲載したるが如く。政教混亂痛撃の雜報は悉く抹殺したり。嗚呼彼の雜報の生命が取消の下に絶息したるや。或は氣息奄々として呻吟の苦聲を發しつゝあるや否やは。編者の千思萬考以て斷定する能はざる所なり。編者は斷々乎として。情實の爲めに束縛せられ。權勢の爲めに壓抑せられて。畢生の大旨義を隱沒するが如きは。死すとも爲す能はざる者なり。嗚呼大方の諸君。希くは編者の微衷を憐察して。其狂妄の罪を海容する所あれ。謹んで告ぐ。

雜報

四明餘霞 第五拾五號

明治廿五年七月廿四日發刊
一冊金四錢
全國遞送無料

四明餘霞 ○吾妻の土産
法本 ○門人に示す……(承前)……靈空和尚
論說 ○社交と私交の區別……薇州山人
○謹て封建時代の僧侶諸氏に告ぐ……全活居士
特別寄書 ○學者と信者……小泉了諦
○僧侶の本領……樫陰道人
雜記 ○魔敎傳道師の事業○ミショナリー、ライ○歐米宗敎界現狀○世界大勢○歐米の佛敎○フィランジダーサ氏○同氏の手書○万國宗敎大會○楠公の經卷○ダイナマイトと廢す○太陽の過去未來○サンスクリット語に新古の別あり
時事評論 ○眞盛派管長○各宗協會大會議○各宗綱要編纂○次に○國民協會○民黨○行脚○曹洞宗の現狀○芊を爐火に煨て○曹洞革新論○保守中正派の近況○大臣の更迭○落花片々○新刊批評
投書 ○再ひ三山合併の必要を論す……金鑽廣善
○宗敎を擴張する如何……浦田貫道
○佛敎古今の盛衰……大牛晴耕
○所感を述べて同意者に望む……矢野融順
史談 ○慈眼大師略傳(承前)
○嘯玄院圓中大僧正畧傳
詞藻 ○筆說(小泉椰陰)○秩父諸山述懷(武田文國)○武藏國比企郡巖殿山懷古(別所行海)其他七絕句十二首○撰題和歌○和歌十二首俳句五首
雜報 ○內閣の更迭○村田支廳長の養痾○眞盛派管長の遷化○布敎要報○募緣の概況○協贊盡力○相輪橖銘○地方官の更迭○夏期定期試驗○圓中大僧正の墓誌○福島通信○筑後通信○奉納詩文和歌募集○北治外法權○鐵道廳○靑年弘道會東北巡敎日誌○北陸巡敎概況
公報 ○補任辭令報告數件

發行所 近江比叡山 天台宗務廳文書課

●法之雨第五十編 七月廿日發行

◎論說 ○所懷を記して讀者に質す(接前)……天眞道人
○三毒段和譯の首に書す(一等學師)……小栗栖香頂
○金峰巖男生の文學の意見を讀む……朝戶高山
○至心に懺悔すべし……大澤興國
◎演說 ○古代宗敎論……(文學博士)……小中村清矩
○佛敎信徒の全義務(接前)(文學博士)南條文雄
◎講談 ○斯氏哲學講義…(承前)……波多野香石
○新約書評價…(接前)……本多德成
◎寄書 ○佛敎東洋流傳の由來……比叡亂世磨
◎文苑 ◉(文)歛喩(小永井解太郎)◉(詩)土耳其紀行(善連三英)◉聞入山半間先生之示寂(小原星洲)◉初夏閑居(住山永年)◉初夏偶成外一首 岡崎慈雲)◉題圖三首(鈴木朝陽)◉矢作川觀螢外二首(山岡柳坡)秋日送友人外一首(平塚五郎兵衞)◉似諸子外一首(金田楓村)◉有感外一首(武田義堅)◉夏夜涼月(小川柳崖)◉檀之浦懷古(吉村香園)◉詣熱田神社外一首(横井智量)◉(歌)性信坊外一首(吉島斐之)◉授記品外一首 住山永年)◉善俊上人(畠重信)◉易行道のこゝろを(鈴木善畠)
◎雜錄 ○弘法大師厭離の事○埋綱院の敎誡○懺悔いろは狂歌○由井正雪の遺稿(接前)○五州遊歷記「接前」(六十一翁蓮舶)
◎譚海 ○宗敎小說漂舟……(第八掉)……南瓜堂主人
◎雜報 ●閉會式の勅語●東叡山寬永寺の大法會●名刹維持の請願●佛敎夏期學校●還俗十傑●ア氏の叙勳●內地雜居講究會の議決●新敎徒の弘敎策●李鴻章氏の贈寄●福祿坐の坊主芝居●懲戒裁判の開庭●曹洞宗事務取扱の任免●高田派本山の紛擾●萬國宗敎會出席者●半鐘の出品●大谷派普通學校●大光院の後住●土岐善靜師●巴里府佛敎學校●小栗栖香頂老師 ◎廣告 十數件

本紙定價 一部金五錢 郵稅金五厘

發行所 愛知縣名古屋市下茶屋町十三番 法之雨發行所

國教

第拾四號

明治二十五年八月三十日出版

(毎月二回)

國教第拾四號目次

國教第拾三號目次

◉國敎雜誌規則摘要

一本誌は佛敎の運動機關として每月二回（國敎）を發刊す

一本誌は宗派に偏せす敎會に黨せす普く佛敎界に獨立して佛徒の積弊を洗滌し佛敎の新運動を企圖すへし

一本誌は諸宗敎の批評及ひ敎法界に現出する時事の問題を討論し每號諸大家の有爲なる論說寄書講義演說等を登錄し其敎法關係の點に至りては何人を撰はす投書の自由を許し本社の主旨に妨けなき限りは總て之を揭載すへし

但し寄稿は楷書二十七字詰に認め必す住所姓名を詳記すへし

一本誌代金及ひ廣告料は必す前金たるへし若し前金を投せすして御注文あるも本社は之に應せさるものとす

但本縣在住の人にして適當の紹介人あるときは此限りにあらす

一本誌見本を請求する者は郵劵五厘切手十枚を送付せは郵送すへし

一本誌代金は可成爲換によりて送金あるへし尤も僻陬の地にして爲換取組不便利なれは五厘郵劵切手を代用し一割增の計算にして送付あるへし

一本誌代金及ひ廣告料は左の定價表に依るへし

但本誌講讀者に限り特別を以て廣告料を減することあるへし

雜誌代金			
冊數	一冊一回分	十二冊半箇年分	廿四冊一箇年分
定價	五錢	五拾四錢	壹圓
郵稅共	五錢五厘	六拾錢	壹圓拾貳錢

廣告料

廣告料は行數の多少に拘はらす五号活字二十七字詰一行一回三錢とす但廣告に用ゆる木版等本社に依賴せらるゝときは廣告料の外に相當の代金を請求すべし

明治廿五年八月廿九日　印刷
明治廿五年八月三十日　出版

編輯者　熊本縣玉名郡石貫村千百八十一番地　森直樹

發行兼印刷者　熊本市安己橋通町七十五番地　志垣弘

發行所　熊本市安己橋通町七十五番地　國教雜誌社

印刷所　熊本市新壹丁目百二番地　汲古堂

國教第拾四號

社説

第二回信仰自由を論じて佛教界將來の組織を望む

八淵蟠龍

自由は人の靈德なり。吾人々類は此の自由の靈德あるに依り。智情意の開發するに從ひ。時間的に。空間的に。無始無終。無邊無際に。宇宙萬有の開發顯現し來る。眞理自然の大法を考へ。遠く千載に徵し萬世に亘り。汎く社會を撿じて天地萬象の實況を探ね。生滅變遷。因緣供給の狀態を鑑み。吾人が將來に無窮無盡の福祉と。無限無量の命運とを保つ可き。絕對圓滿なる純全の域に臻達せんことを欲して。一大希望を訟へんとするもの。即ち宗教の需要ある所以にして。社會の榮枯交開盛衰隆替あるにも拘らず。古往今來。吾人々類が宗教の信仰を樹つる所なり。然れば社會群を爲し。國を劃し。農工商賈各個の人類。千態萬狀。政治。法律。教育。商賈等。形而上機体の經營を企畫し。需要に應じ供給を圖り。刻苦勉勵。千支百端。希望を要すと雖も。唯是れ肉体の快樂。一世の榮光を要求したるものにして。悉く北邙の烟と散し。水上の泡沫と消へ。一も萬世不朽に希望を確立する克はず。精神は不朽なり。何ぞ斯の如き肉体夢幻の快樂。形而上の經營に止まらん。不朽の精神には不朽の眞理を攻究し。絕對。無限。圓滿。純全の域に到達すべき。宗教信仰の希望を企圖し。漸く人間自由の靈德を完結すべき。絕大の活力を發射し。烟火泡沫の際に彷徨し。暗憺悲慘の境遇に墮落せんとする。形而上機体の經營を調和し。極めて徹底に。極めて神聖に。形而下より形而上に經り。萬類萬象。人間終生の希望を完結するものは。宗教の信仰なり。宗教の希望なり。人生何物か斯の如き世界に雄飛し。社會を制馭すべき自由を全ふするものあらんや。嗚呼偉大なる哉宗教の希望。絕大なる哉宗教の信仰。吾人は斯の宗教の信仰に據らずんば。焉んぞ自由の靈德を全ふする事を得んや。然れば宗教なる者は。人間萬種の希望と。萬種の需要とを統合綜結して。安慰體達せしむるものなりと謂はざる可らず。苟も人間自由の靈德を全ふして。悠久無盡の眞理を攻究し。美妙燦爛たる精神の光彩を開發し。至善至美至眞なる。純全圓滿の福祉を保たんと欲せば。必ず此の宗教上信仰の地に入りて。其の信仰の自由を完ふするより。至大至重なるものはあらざるなり。

夫れ然り爾れば。宗教の信仰なる者は。人間萬種の行爲を提撕して統合完結せんとする。最大の希望を保ち。重要の關係を有するものなれば。妄りに此の信仰を撿束し左右するが如きは。社會文化の進路を遮り。人間自由の生命を殺し。自由の靈德を沒却するものにして。不幸之に過ぎたるはなかるべし。今や信仰自由は我邦憲法の証明する所。神聖なる欽定の恩賜に出でゝ。誰人か遵奉せざるものあらんや。是れ則ち社會開明の歸する所。公議輿論の制定する所なれば。誰人か拒否すべきものあらんや。噫乎。信仰は自由なり。請ふ。社會の兄弟よ姉妹よ。汝の信仰は純潔にして謬妄なる勿れ。噫乎。信仰は自由なり。請ふ。社會の兄弟よ姉妹よ。汝の信仰は尊嚴にして眩惑せらるゝ勿れ。宗教を選擇し眞正の自由を全ふするは汝の權にあり。眞理を攻究し至善至美の大道を履行するも汝の權にあり。眞理は赫々として靈光を耀かし。瞶々瞭々たる汝の精神を照さんとしあれり。眞理は滔々として天地萬象の表に鼎沸し。澤々たる滋雨を灑ひで。枯渇の精神を潤さんとしあれり。噫乎。信仰は自由なり。請ふ。社會の兄弟よ姉妹よ。眞理の宗教を選擇するは汝の自由にあり。汝宜しく濶大の眼光を放ち。博大の思想を開き。純理的に宇宙萬有の理想と法理とを明らめ。實体的に宇宙萬有の生命と勢力とを求めて。枯渇の精神を復活し。汝の生命元氣を恢復して。正々堂々。社會の迷夢を攘ひ。僞宗教の沃雲を闢き。嚴正確實。優美浩潔なる。信仰の自由を完ふし。絕對圓滿なる文明安樂の道に。單進直行せん事を擇んで勉むべし。

然れども。社會盡く活眼の士ある可からず。博大の思想ある可からざるより。其眞理の宗教を選擇す可き。智力に乏しく。法理に暗くして。放恣的に僞宗教に誘惑せられ。岐路に躊躇するもの。其人尠からず。又邪教妖說の深淵に沈溺して。選擇の自由を眩したる者。其人尠しとせず。彼の公明博達なる信仰自由の証明は。政教混亂の弊を革め。政權の干涉を解き。政教二權の分界を示すと同時に。其裏面には。人間自由の靈德を全ふせしめ。靈活なる眞正の宗教を選擇せしめんとするにあり。詳說すれば。社會未だ開けざる世に在りては。眞理を選擇するの明なきより。或は政治の權宗教を支配し。各個信仰の地に入りて干涉したりしも。人文漸く開け。社會の發達するに從ひ。宗教の如きは最も人間思想の自由に基き。信仰を保つものなれば。外部より之を支配せんとするも得て撿束す可からず。却つて自由の靈德を妨げ。靈活なる信仰の活力を失ひ。死物の宗教たらしむるを以て。自由の選擇に任せ。自由の信仰を得せしめんとするにあり。然るを自由の靈德を瞑し。選擇の明を失ひ。信仰自由を誤解して。放恣的に僞宗敎の妖説怪論に迷ひ。靈智活潑なる精神をして。空しく魔境の曠野に彷徨せしめんとす。豈に思はざるの甚しきに非ずや。是他なし。佛敎宗門に在りて。佛陀の大權大智を開顯し。大慈大悲の靈活なる悲愛の活動力を以て。眞妄。邪正。是非。利害を判別し。宗敎の眞理を証明して。社會を誘導敎育すべき運動の準備なきに依てなり。組織の整理なきに依てなり。西哲云へる言あり。『敎育ニ依テ道徳智識ノ練磨スルガ如ク。宗敎上ノ性質モ亦之ヲ敎育訓練スルニアラザレバ。人間ノ完全ナル進歩ハ得難シ』と。是は之れ彼の學校敎育の範圍に在て論辨したる言なるも。豈に啻學校敎育の範圍に止まらんや。敎育の最も大なるは。宗敎の敎育より大なるはあらざるなり。至要なるものはあらざるなり。宜なる哉西哲の言。善ひ哉西哲の言。吾人は此言を借り來りて。佛敎社會宗敎々育の不完全不注意にして。普及ならざるを督責せんと欲す。抑も信仰自由の時代に在て。宗敎々育の準備なく。訓練を施す無くんば。各自の嗜好に任せて。放恣的に異宗異説の爲めに誘惑せられ。邪惡の深淵に沈淪し。魔境の曠野に彷徨せしむるは。人生情態の免れざる所なり。佛敎宗門の諸氏。宗敎々育の訓練を施すべき準備組織ありとする乎。彼の葬儀。追福。禮拜。誦經等を以て。完全なる敎育訓練の準備とせんと欲する乎。授戒。歸敬式。加持。祈禱。演説。説敎等を以て。敎育の方法完全したるものとする乎。是等は佛敎各宗が其檀家信徒を支配し敎育せんとして。從來布設したるものなれば彼れ耶蘇敎が洗禮式を施し。祈禱祈念を行ふ如く。其宗門に歸依し。其敎下に伏從したる者には。將來とても宗門としては必ず施すべき事なり。勿論吾人は幾分の積弊陋習を改革せんと欲するも。之を嫌惡し。之を毀斥して。必用なく効力なしとはせざるなり。然れども是を以て將來の社會に對する完全なる敎育訓練の組織とはなす能はざるなり。況んや彼の商估が店頭に在て。購求者の來るを待つて商賣を爲すが如く。祗に寺門に安居し。堂上に跪座して。要求者の請ひ來るを俟つて。之を施行するが如きは。最も迂濶の所爲なりと謂はざるを得ざるなり。

現時の社會は複雜進歩の社會なり。生存競爭の社會なり。分離鬪諍の社會なり。自由放任の社會なり。懷疑不信の社會なり。斯の如き複雜競爭放任自由の時代に際し。社會の潮流に立つて。鬪諍を鎭め。分離を調和し。自力自治の法理を導き。眞正自由の光輝を耀かし。競爭場裡の中に在りて。肉慾的。驕奢的。唯物的の懷疑不信の徒を訓育し。物質的の文明に數歩を進めて。精神的の文明社會たらしめんとするに。加持。祈禱。誦經。禮拜。授戒。歸敬式等を以て足れりとする乎。吾人は佛教宗門の諸氏が。此等の教育方法を以て。將來の佛教界を保持し。社會を濟度すべしとは証認せざるなり。況んや。遁世的に寂寞たる古刹に靜座し。世外に超然として厭世の風を學ぶが如きは。恰かも好古家の老翁が骨董物を愛翫するが如く。三五の隱遁者は信ずべきも。衆多の社會は教導すべからず。貴族門閥の風采を學び。緇衣を纏ひ。金襴を飾り。雄麗莊嚴の威風を以て。社會の耳目を聳動せんとするが如きは。王朝時代。武將時代の爵位品秩を重んずる社會に在ては尊奉せられしも。國民統一の現社會に在ては。啻に信容せられざるのみならず。反つて愛國の志士悲民の社會は。僧侶の驕奢を悪み。虚飾の浮華を指彈するに至るべし。殿堂搭像の依報にのみ勉强し。或は托鉢募財を業とし。堂宇の修理。僧侶の理財に汲々として。國家の安危人民の休戚をも顧みる所なからずんば。憂國愛民の志士。生産的經濟の社會は。大に之を嫌悪するのみならず。無用の贅物として毀斥するに至らん。嗚呼。吾人が親愛なる佛教の兄弟よ姉妹よ。深く現時の社會を觀察し。速に佛教界の一大改革を施し。將來複雜。競爭。自由。放任。懷疑。不信の社會に對し。間接直接。教育訓練を施すべき方法を組織し。卓拔の準備を爲し。佛陀の大慈大悲の恩愛に報答し。以て濟度と試むべき活潑有爲の大運動を企圖せられん事を希望して已まざるなり。

論　説

忠君愛國を論じて耶海波瀾の讀者に訴ふ

東京　丹靈々居士

人誰か忠君の丹心なからんや。人誰か愛國の衷情なからんや。苟くも吾人蒼生の爲に統御せらるゝ君主に忠亮なるは。臣民たるものゝ務むべき所行にして。吾人個々の棲息する國家を愛護するは。國民たるものゝ要すべき所爲なり。故に曰く。臣にして君に忠ならざるものは賊なり。民にして國に信ならざるものは亦賊なりと。蓋し人にして姦臣となり。逆賊となるは。是臣民の本分にあらずして。永く天下後世の黜斥して。齒ひせざる所なればなり。

夫れ君主に忠亮なるものは必ず國家を愛護す。國家を愛護するものは。必ず君主に忠亮なり。故に忠君の丹心ある者は。必ず愛國の衷情あり。愛國の衷情ある者は。亦必ず忠君の丹心あり。然れば凡そ人類は。忠君の丹心と。愛國の衷情とを。

腦宇に胚胎して。始めて一個の國民てふ名詞を帯ぶるに至れるものなり。而して我國民は。忠君の丹心と。愛國の衷情とに富るを以て。世界の絶冠と呼ばれ。又日本特殊の道德と稱へたり。故に泰西諸國にては。忠愛の丹衷を以て重に國民的の形容詞となすも。我國にしては結句固有名詞となし。乃一にも此二者を缺きては率土の王臣とは指目せず。而して此二大名詞は。遠く祖宗より嫡々相傳せしものなれば。吾人ば永く昭々として失墜せざる樣。注意すべきとは勿論なり。

嗚呼寰宇の廣き。邦土の夥き。試に輿地の圖を放てば。大小邦國星羅碁布して。其麗億のみならずと雖。我國の如きは皇統一系連綿として最と長く。國史の年所は遼々として最と遠く。神功浩々。麗德昭々として。無慮三千年に就んとするの今日に至りて。皇基確乎として宛然富士の萬峰に逸出して屹立するが如く。國光は燦然として芳野櫻の萬花に超乘して灼燿たるが如きは皆是我　皇祖皇宗の洪圖。遠猷。仁愛。慈恩と。吾祖先祖考の協贊。輔翼。忠勇。義烈とに由りて。辛苦經營せられしを以てなり。然れば吾人が今日。靄然親和熙々雍々たる國家に棲息し。五風十雨烟霞靉靆たる。此の博厚なる大平樂園に逍遙するとを得るは。實に職として祖宗の恩賜に由らざるはなし。吾人は豈に之を奉戴繼承して。之を後裔に轉傳し。昊天無極の洪恩に報答して。以て吾人の負擔する所の義務の一分を竭し。而して。大平樂園に一段の風光を添へ。文華爛熳たる千紫万紅を開發し。永く春風駘蕩たる特美なる天地と。發揚光輝せすして可ならんや。

抑々吾人は如何なる義務を負擔して其本分と尽すや。又吾人は如何なる事業を經營して其福祉を計るや。曰く我四千萬の同胞中政治家あり。宗教家あり。實業家あり。經濟家あり。智者あり。學者ありて。各自に其事に從ひ。一の缺典なきに似たりと雖。吾人も亦四千万同胞中の一機類にして。頗る先憂後樂の情に禁せざるものなれば。吾人は勇憤蹶起して。皇室の爲め。國家の爲め。忠愛の大喝を放ちて。世の迷夢漢を覺起せんと欲するなり。吾人は仰俯して我國情を觀察するに。嘉永の初め鐵艦相港の關門を打破すると同時に。歐米の潮流滔然浸入して。其制度文物。禮節風俗。大に闔國に蔓莚し。而して我國民も之に目眩心醉して。徒に歐米摸擬の念を増長し。殆んと醉生夢死せんとするの有樣にて。我神聖なる國土をして。轉だ硝烟彈雨の間に雲散霧消せしめんとするの。時機に邂逅せんとしたるも。偶々勇壯活潑なる志士。憤然蹶起大聲疾呼して。國粹保存てふ大主義を唱道し。以て醉夢の奴輩を喚起し。墮落せる氣魄を振揮したるを以て。始て腦裏に日本てふ觀念を發し。苟も具眼の者は新聞紙を購讀するも。日本主義に非れば之を取らず。演説を披露するも。國粹主義に非れば聽衆多からず。故に脱し口に歐米主義を唱ふる狂漢あるも。其衷情に至ては。却て國粹主義に傾向し。實業敎育こそ適當なれ。孔孟主義こそ慣習なれ。佛敎主義こそ眞の哲學なれ。と一決し。吾人同胞が日本主義卽ち國粹主義てふ。腦漿を蓄藏するに至りたるも幸福なれ。

然に歐米を崇拜する無神經連中も。赤髯奴の涕唾を甘露水の如く思ふの同類とは。國粹主義は因循主義にして。日本主義は姑息主義なりと。主唱して天下の愚夫愚婦をして雷同附和せしむると雖も。赫々たる我祖宗在天神靈と。堂々たる我旗章の日光と。昭布森列して。彼胸間を照破し。其威烈餘光の燦然灼然たりしは。實に國家の爲め。皇室の爲め。寔に慶賀すべきとならずや。

然り而して吾人我國の現象を視察するに。歐米輸入の制度文物の熱度未だ冷却せずと雖も。禮節風俗に至ては。轉た退歩の形にして。某侯の夫人は率先して洋服を襲ふも。今日に至てまた日本服となり。某伯の令孃は先鞭して束髪を結ひしも。今日は島田髷となり。其一斑は殆んと全豹に及ばんとすると雖も尙。餘風ありて。鹿鳴舘の夜會は猶ほ。コントルダンの歐風を擲はしめ。涌々たるピアノの響は。徒らに相戀の情を喚起するの媒介となれり。柔滑なる雙蝶の握手接吻は淫嬌なりしと雖も。風敎劇變の種子となり。幼妙の破顔微笑は。萬斛の情を含むと雖も艶聞の種子となれり。嗚呼隨堤の松は翠を呈して。我國婦女の貞操を標示し。庾嶺の梅は芳を吐て。我國婦女の淑德を代表せるもの〻如しと雖も。愛憎や歐風米雨の爲に。枝折れ花散りて。僅に其餘香を存するのみ。嗚呼吾人は望む洋狂の熱度瞬間に發散して。淸秀貞淑なる優美なる婦女とならんことを。

而して吾人何故に歐米風俗の繁殖することを憂ひて。其摸擬することを忌むやと云ふに。國家個々の間には。亦必す個々の風俗ありて。彼の風俗は。我の風俗に適せず。我の風俗も亦彼の風俗に合はず。故に我若し彼を摸擬して。我風俗を捨つるときは。我國の元氣萎靡す。彼れ若し我を景慕して。彼の風俗を擲たば。彼の元氣また衰憊す。恰も鶴脛の長きを以て。鳧足の短きを補ふこと能ざるが如し。彼を以て。我を補ひ。我を以て。彼を補ふこと難きが如し。況んや強ひて。短を補ひ。長を棄てんとせば。竟に全體の元氣と生命とを。保持すること能ざればなり。而して彼れ綠眼赤髯の蠻奴其腦裏は。妖氣を以て鬱塞し胸中夜叉を以て隱伏せしむると雖も。

顔に慈愛を含み。口に微笑を呈して。奇特なるが如く。親切なるが如き。假面を蒙りて隱然耶蘇教てふ。惡毒を以て我同胞を眩惑し。人を歐酒米穀の小惠に誘ひて。我氣魄を墮落せしめ以て。我最靈最美なる。富士山をして徒らに。雪藏山（ヒマラヤサン）と其高低を同くせしめ。我艷妍なる櫻花をして。徒らに薔薇花と其容色を均くせしめ。又宏壯輪奐巍然たる。神社佛閣を毀ち。奇彫巧鏤燦然たる。名藍勝地を改めて彼の教會堂或は禮拜堂となさんと。企圖するに至らんとす。故に吾人は滿腔愛國の哀情と。腦宇忠君の丹心とを以て。充實する者なれば。我國皇室の爲め。國家の爲め。耶蘇教の我國家に害ありて。我國躰に戻ると云ふとを。探究せずして可ならんや。（未完）

信教の自由に就て

高田道見

鄕に入ては鄕に隨へ。俗に入ては俗に隨へとは先哲の格言なりとす。是れ其國の慣習其家の風俗を破らずして而も其事を同ふするの法なり。謂ゆる東洋には東流固有の慣習風俗の在るあり。西洋には西洋固有の慣習風俗の在るあり。而して又印度には自から印度固有の慣習風俗あるべく。支那。安南。西藏。朝鮮。暹羅。緬甸等には。自から其國固有の慣習風俗あるべく。英吉利。日耳曼。以太利。西班牙。白耳義。墨西哥。希臘。羅馬等には。自から其國固有の慣習風俗あるべく。故に日本には自から日本固有の慣習風俗の在るあり。此の慣習風俗は斷乎として破るべからざるものなり。例へば人々の天性に貴賤貧富美醜好惡の別あるが如き。是れ人々固有の慣習風俗にして。容易に改むべからざるの力を有するものなり。斯の如き慣習風俗の子々孫々に遺傳して一種の家法と成り居るものは。他人の毫も侵す可からざるものなり。斯の如きもの漸々に聚まりて一の社會を成す。是れ其個人ある所以。是れ其國家ある所以なり。故に一個人には箇々の氣風あるべく。一家を成せば戶々の家政あるべく。一國を成せば國々の國法あるべきなり。然らば則ち一個人の心思を以て漫りに多數人の氣質を破るべからざるものあり。一家の內規を以て他家の家法を破るべからざるものあり。一國の國風を以て他國の國法を破るべからざるものあるべきなり。是れ佛教に謂ゆる共業所感。別業所感の理を演する所以なり。

斯の如く夫れ共別二業を以て論するときは。人類を以て論ずるも。國家を以て論するも。宇宙を以て論ずるも。其秩序の整然として乱れざる。其風俗の條然として別あるを見る。故に宇宙と雖も。國家と雖も。人類と雖も。各々固有の天質あれば。其天質に任せて其本然を保持せざるべからず。譬へば鶴の長きを以て。鴨の短きに換ふべからず。松の直きを以て棘の曲れるを矯むべからざるが如し。鶴の長き鴨の短きは彼れ天質固有の別業なり。松の直き棘の曲れるは彼れ法性縁起の現象なり。其現象をして現象の儘に保養する則は。固有の天質をして毀傷すべからざるなり。既に保養と云ふからには其去るべきの悪質をば去らざるべからず。其矯むべきの弊風をば矯めざるべからずと雖も。其悪質を去らんとして其全躰に傷くるは不可なり。其弊風を矯めんとして其天然を害するは不可なり。是れ業感縁起の規則として。法性周流の現象として。妄りに増減取捨すべからざるものあり。然るを察せずして或は増減し或は取捨することあらば。其國法を破壊し其風俗を紊亂せざらんとするも得べからざるなり。故に郷に入ては郷に隨ひ。俗に入ては俗に隨はざるべからず。然らば其人類は國土と倶に生じ。其風俗は人類と倶に成りたるものなるが故に。世界各國箇々固有の慣習風俗ありて其世道人心に適しつゝあるものなり。是れ業感縁起の然らしむる所にして。法性周流の規則なりとす。

故に一家あれば必ず其主人あり其家法あり。一村あれば必ず其村長あり其村法あり。一郡あれば必ず其郡長あり其郡法あり。一府縣あれば必ず其知事縣令あり其規則あり。一國あればば必ず其國王あり其國法ありて。互に相侵すべからざるなり。既に其國あり其民あるや。其國民と倶に發達せる所の法教なるものあり。謂ゆる一神教なるものあり。多神教なるものあり。万神教なるものあり。無神教なるものあり。彼の婆羅摩教なるものは。印度の國民と倶に發生したるものなり。彼の耶蘇教なるものは。猶太也の國民と倶に發生したるものなり。彼の孔孟教なるものは。支那の國民と倶に發生したるものなり。故に其國民と倶に廢絶せざるを見る。而れども多神教は一神教を容れず。一神教は万神教を容れず。万神教は一神多神を容れざるの風俗あるを見る。

果して然らば我國民と倶に發達したるの法教は何になるぞ。謂く我國固有の法教は神道なり。神道は我國民と倶に發生したるものなり。而して我神道は一神にあらず萬神にあらず。乃ち多神教なり。多神教なるが故に一神を容れず萬神を容れざるなり。若し强て之を容れんとすれは。我固有の神道と破らざるべからず。之を破らざれば一神教をして横行せしむべからざるや理の當然なるものなり。之を破らずして尚ほ且つ一神教若くは萬神教國たらしめんとするは。断々乎として其理あるべからざることを信ずるなり。於是乎。設ひ如何なる辨論文筆の達士ありて。千言万語を費して辯護することありども。唯是れ巧言令色なるのみ。日本國民として誰か之を首肯するものあらんや。之を論じ之を首肯するものは日本臣民にはあらずして。日本に生れし外國人なるのみ。豈に懼れざるべけんや豈に忌まざるべけんや。

試みに想へ彼の一神教若くは万神教徒にして。其家に附着し其人に附隨し。其親族朋友の家に遺傳し來りたる祖先を祭るべきや。其神棚其佛檀に向ひて敬禮を表すべきや。其墳墓其氏神に對して敬禮の念ありや。予輩は斷乎として之なきを保證す。若し之あらば彼れは其信徒にあらす。彼れは其教を奉ぜざるものなり。若し夫れ熱心の信徒にして此等の振舞ありと云はゞ。是れ唯だ假面の莊飾なるのみ。設ひ假面の莊飾なるにもせよ。若し此等の振舞あらば彼の法教に背くものなり。

彼等信徒にして我　天照太神を尊敬すべきや。天神七代地神五代の説を信ずべきや。我造化の三神及び八百萬神を尊敬すべきの念ありや。我　歴代皇帝の神靈を崇拜すべきの念ありや否や。而して又外教の聖書と云へるものゝ中に。エホバの神の外に諸の神々をも同く崇拜せよとの教へあるべきや。若し之あらば止なん。若し之なしとせば。我　天照太神を如何。我　天神七代地神五代造化の三神八百万の神を如何。將た伊勢太廟を如何。賢所を如何。此等唯だ人類一部の神魂を祭りたるものとして見るべきや。人類一部の神魂として見るときは。何ぞ敢て頭を垂れ膝を屈して崇拜すべき程のものにもあらざるべし。人類が禮拜すべきものは。諸佛にあらず諸神にあらず。天にあらず地にあらず。唯だ天上天下に唯一のエホバのみありと想へるか。是れ予輩が豫て一神教徒若しくは万神教徒に向て其答辯を求めんと欲する所なり。

昔は聖德太子十七憲法を制定して曰く（儒士憲法第十二條）在すが如くせよと謂ふは。爰に亡きを以て爰に在りとするの句なり。是れ幽理冥靈の祟に歸し責に歸するを祭るの國方なり。吾が國は天降の神地生の祇。開闢より來た鎭坐まします。幼兒と雖も知らざることなし。頻りに說き施せは恐くは鎭坐を疑はんか。齊元の國に於て講說すること勿れ」と是れ孔孟教の我日本固有の神道に大害ある部分と誡められたるものなり。是れ日本臣民としては必ずしも。日本固有に鎭坐まします天神地祇八百萬神を尊拜せざるべからざる所以なり。若し之を邪神として尊拜せざるときは。日本臣民にあらざるなり。彼れ外教徒の眼中。何ぞ此の鎭坐ましますと見るものあらんや。又曰く（同く第十三條）古儒の知たるや天に帝神ありて變あり。地に后祇ありて化あり。人に魂靈ありて怪あり。皆天有なり。聖人は天有を立て人常を治む。故に泰平を致して宗源に差はず。頃ろの儒は神奇佛妙を捐虚す。有るが如きを有りとするときは。則ち法立て人伏す。有るを劫めて無しとするときは。則ち法廢し人逸す。故に皇制を弱め神力を拔く政と知らず。只己を立るなり」と是れ古儒の如きは我日本の神道と其旨を同ふするを以て害なしと雖も。後儒の如きは只已れが我見をのみ立てゝ。天有の法度なる神奇佛妙を信せざるが故に。恐くは皇國固有の制度を弱め。常久鎭坐の神力を拔きて我國躰を危ふするの賊徒なりと誡められし所以なり。

箇は是れ孔孟敎に心醉せる者を嚴誡せられしものなるが。今の外敎を奉ずる者は。彼の腐儒に勝さること幾倍なるぞ。我神道は元來天有の古敎にして。凡慮の能く測度すべき所にあらざれば。唯だ誠信に止まりて妄りに神境を測るべからざるなり。然るを妄りに邪神として之を排斥し。無靈として之に不敬を加ふるものあるが如きは。そも是れ何ぞや。是れ皆な一神敎徒の所業にして。我國土國民と倶に發生したる神聖の古敎なることを知らざるの乱臣賊徒なり。此の如き族らは我國躰の尊嚴無比にして。萬國に比類無きことを忘却したるものならずんばあらず。又此の國土に生れながら。自ら此の國土を卑しむるものなりと云ふべし。之を自暴自棄の乱民とや云はん。然らずんば何ぞ「日本主義にあらず。亞細亞主義に非ず。又歐米主義に非ず。乃ち世界の人物を作る博愛世界主義なり。故に我々の眼中には國家なく外人なし」杯と途方途轍もなき暴言を吐かるべきものならんや。是れ卽ち惡平等の妄見に墮して。法性緣起の國土業感緣起の人民なることを知らざる痴漢なりと云ふべし。然れども此等は唯だ一個人の言論にして。予が此の本題に引證すべきの價直を有するものにあらざれども。事の序に爰に之を一言したるのみ。去りながら彼等敎徒が常に世界主義を以て。我國躰を蔑視し。一神主義を以て我多神主義を蔑如することは。蔽ふべからざるの事實なりとす。誰か之を然らずと云ふものあらん　（未完）

演說

印度佛蹟興復に關する意見　（接續）

サーエドウヰン、アーノルド氏演述
外山義文氏通譯

今日私は此の會場に於て、佛敎各宗を代表なさる所の人々。卽ち一の會を設け。佛敎の各派を團結して。確一の目的を達せんと欲せらるゝ諸君と相會して諸君と同一なる私の希望を陳へ併せて鄙見を呈するを得たるは。誠に私の幸榮とする所であります。卽ち諸君が法の事業を爲すに就て。印度へ人をれ道はしになるも又自られいでになるも。總て是等の事業の爲めに諸君の朋友となり。又諸君の幇助者となるを得らるゝからであります。諸君も亦彼れ異教者の爲めに朋友となり幇助者となりて此大盛事を仕遂げなければなりませぬ。苟初にも印度と征服しやうと云ふ樣な考を持てはいけませぬ。

私は嘗て佛陀伽耶に於て。でハントと云ふ人に逢ひました。此の人は塔宇の守護をして居る所の人であります。此の印度僧は希有な人でありまして。參詣に來る人々から財を受くることを喜びません。此の人は實に名譽の爲めに幸榮の爲めに。喜んで自ら此の靈場の守護をして居る所の人であります。此の僧は一个の大學を持て居ります。其の大學から集まる所の金員は隨分夥しきものであります。けれども此の金に目を掛ける人でなく。廢れたる佛教靈蹟の興復に熱心なる人でありますゝ。夫れ故に靈塲の保護に就て。日本。支那等より代表者と送るとか。守護人を送る等のことを爲さるに當ては。喜んで之が朋友なる幇助者となる事は疑ありませぬ。嘗て「サイアム」國の王から書面を受取たことがあります。其書中に印度に於ける是等の靈塲は。必ず佛教徒より成る委員の中に於て守護されなければなりません。即ち日本。支那。暹羅。緬甸。西藏。其他の東方佛教國の僧侶の掌に於て保管されなければなりませんと云ふことを切言されました。私は此の靈蹟を買收うと云ふ手段方法の先づ第一に。此の熱心なる暹羅國王を推して委員の一人となすは最も緊用なることゝ考へます。

第二に予の希望する所は。佛陀伽耶に於て佛教大學を設立することで在ります。此の大學に於て。如來が說法された聖書の研究。及其他一切佛教に必要なる研究を爲す事の出來るやうに仕たいと思ひます。世界唯一の佛教大學と此の靈地に建設したひと思ひます。斯の如き大學が建ちまして。佛教の研究が盛んになれば。此の大學を維持する所の費用に至ては敢て杞憂することはあるまいと思ひます。何故なれば斯の如き靈地に於て。佛教大學が建たならば。世界各國から此の靈塲に參詣に來ると同時に。茲の大學に集る學徒は夥多ありましやう。從て金錢を寄贈する者も數多あるに違ありますまい。其の寄贈したる資財を以て。佛教大學の基金に充てゝ。之を維持して行くことは。至て容易なることゝ考へられます。若し果して斯の如く爲すことが出來たならば。日ならずして全印度が再び古への隆盛と來し。是等靈塲が佛教者の掌に歸するは。長き時日を費さないても出來得るとゝして信じて居ります」。

今日私は暹羅王から來たる書簡。印度太守から來たる書簡。

並に佛陀伽耶會からの書簡を諸君の面前で。一々朗讀たいと思ひますか。此等の書簡は只今茲に所持してをりませんから。遺憾に存じます。若し是等の諸氏より更に書面が届きやしたならば私は喜んで諸君の一覽に供する積であります。又私は印度からの來狀如何に由りては。假令目下燃ゆるが如き炎熱の季節。多少健康を害ふことあるにも係はらず。私は直に印度に渡航して。是等四箇所の靈場を。悉く佛教者の手に屬する計畫の準備を爲したき考へであります。此の事業の成否の如何と又其の遲速の如何は。實に此處に參會の諸君。即ち佛陀伽耶の興復に熱中する諸君の御勵精如何に屬することで御座います。現今の情勢では此の靈場を諸君の掌に復するに就ては。充分に通路が開發して居ります。即ち英國政府は已に此の目的の正當なることを認めて居ります。其の他之に關係ある地位に居る人も殆んど全く此の會の事業に付き贊成を表して居ります。實に今日は印度佛蹟興復の事業を起すへき好機會であります。私は斯くの如き企畫に就て斯くの如き目的に就ては苟も性命の存續する限りは諸君の朋友となり幇助者となりて充分心力を盡す考であります。然し乍ら此の事業たる素とより私に屬して居ことではなく。熱心なる諸君自身に屬したる事業で在ります。

若し諸君に於て。此の印度の靈場に關する事に就て。御質問なさるゝ事がありますならば。今此に於てれ答へ致します。」

問　只今の御談中に。此の印度の佛蹟に付ては英國政府は其の讓與等の事に干渉することを得す。此等は總て女皇陛下の特權に屬する者であると云ふ樣に聞取りましたが夫は如何なることであります乎。

答　夫れは斯う云ふ譯であります。若し英國政府が自ら手を下して是等の事を爲す時は即ち宗教上に干渉することになります。已に宗教上に干渉するとすれば。自由宗教と云ふ憲法上の精神に戻ることになりますから。英國政府の手を以て是等の事を爲すことは出來ないのであります。私は其の事に就き。佛陀伽耶に居る人から來て居る手紙の一節から其の例を擧げましよう。或人が印度の第二の位置に在る高官に向ひまして。貴官は此の靈塔を印度の人民に與へることが出來ますかと問ひました時に。其官吏が答へて云ふには。貴下が幾百萬金をれ積みなされても。私は其の靈塔を貴下にれ上げ申すとは出來ませむと申しました。是が即ち英國政府及び其官吏は金錢づくで此靈塔を讓與する事は。出來んといふ實例であります。故に吾々が此靈塔を護らんとするには。彼の婆羅門教徒と友誼上温和の談判を遂げて授受致した上で英國女皇陛下の承認を得るの外はありません。此場合に臨んで英國政府の爲すべき事は。女皇陛下の承認を得たる正當なる管護者を保護するに止まるものであります

問　婆羅門教徒の事に付てゞすが。マハントが各々佛教徒が終に回復したいといふ靈場を守て居りますが。彼等は世界の名物として之を守つて居るやうな有樣でありますから。我々佛教者が其處へ往て種々の事を企てましたならば。我々を嫌惡して。事業に妨害を加へる樣な事を爲しはせまいかと云ふ疑念が在りますが。其の邊の所は婆羅門教徒と熟談してやれば都合好く行くものでありませうか。

答　夫の疑問は至極御尤もの事で御坐います。隨分そう云ふことも御坐いましようが。此の靈場を手に入れるに就て。此の周圍に居住する所の婆羅門其の他の宗教に餘り干涉することさへなければ。彼等は佛教者を嫌惡し。又其の事業を妨ける等の事は爲すまいと思います。其上今日の守護人が他日若し死去したなら。其の後任者の意見は大に前者と違ふやうな事もありましようし。是等の杞憂。是等の故障は之を取除くに至て容易きことであらうと思ひます。然し私の思ふ所では是等の人々も吾等の朋友として共に運動させなければ不利益であると考へます。彼等を敵手とするときは中々面倒でありますから。

問　少しく私等の調べた事と。今の談話とは事實に於て相違する樣ですから一應れ尋ねします。是れまで再三我々の代理者を印度へ派遣して。此の靈蹟買收のことを計畫しましたが。彼等の事情甚だ曖昧で在て何時も時日の遷延するのみで。已むを得ず其の局を結ばずに歸て來た有樣であります。最初昨年一月頃の話では。壹萬圓ならば讓らうと云ふ申出でありましたが。其後八月頃に至りて五百圓でも千圓でも宜ひと云ふ樣な話になりましたから。早速讓受人と遣はしまして其の談判に取り掛た處が。又々十萬圓でも二十萬圓でも手放すことは出來ないと云ことでありますから。種々談判もして見ましたが其の要領を得ず。又英國の知事に付き盡力を求めた事もありましたが。政府に於ては是等のことに關係しないと云ふ故を以て。拒絶せられ。空しく歸て來た始末であります。夫れ故に彼等の內情を知らなければ。到底吾々が希望する處の條件を滿足することを得ませんから。去年の四月より本年の一月までの間事實の探索に從事しまして。不充分ながらも漸く彼の如く度々グラ〱異變したる要領を探り出すことが出來ました。即ち其

の所以は政府に於ては一切之に干係することは出來ないと言ひながらに。知事では無いけれども。日本の郡長とも云ふ可き英國の官吏が。彼等と相結び彼等を誘導して然らしむるが如き內實であることを發見しまして。其の報道に接しました。是れ等は唯今のお談と相違する所であります。又實際斯くの如き有様でありますから。彼等を濟度して我と協同せしむるといふは先づ行はれ難き事と信じますが。是れに付て先生の御意見は如何。

答　勿論其の事柄は六ヶ敷あります。彼のマハントと濟度するは困難でありましやう。然し乍ら是の如き事は。私の如き印度內地に永住し。印度內部の情況に通曉して居る者が。出張し充分盡力しなければなりません。故に此の事が今日の最も必要なる急務であります。若し之を果したならば。其の以上の買收費用等の件に至ては容易く決せらるゝことでありますから。今日に於て是非共之に從事して。其の奏効を覩さなければなりません。故に私は印度「サイアム」等よりの書面を得ましたなら直に該地に赴き充分に盡力します積りです

附錄

「ア」氏演說中に見へし諸名士の官位は左の如し

○ロード、クロッス氏は子爵にして女皇陛下の印度省大臣なり

○ロード、ダツフェリン氏は前印度副大守にして今は佛國巴理駐劄の女皇陛下の特命全權公使なり」

○ロード、ランズダチン氏は現任印度副大守なり」

印度哲學の歷史を論じて天台の一心三觀に及ぶ

釋宗演

今日吾々が信奉する佛敎大体の宗意を。諸君に御話し致す積りなるが。元來佛敎の印度に起りたる時は。印土が尤も文明に進みたる時にして。中に就て婆羅門敎徒幷に學者輩は。頻りに哲學（フイロソフイー、サイエンス）ヲ講究し。互に競爭崛起して負けず劣らず。嶄新の異說を吐きて相下らざる有様なりし。若し非常の大卓見を有する釋迦牟尼佛其人の如き者に非ざれば。此夥しき理窟世界を統一することは。大難の事業なりしならんと思はるゝなり。乃ち成唯識論には六十二種の外道と云ひ。大智度論には九十五種の外道と說き。楞伽經には一百八種の外道と云ふ。抑も大層澤山なる外道即ち哲學の宗派が分れたる者なり。

印土に於て始めて哲學の起りたるは。地水火風空の一つを以て。宇宙の原因及び歸處と定めたるなり。第一を地論師哲學

と云ひ。（地を以て宇宙の原因なりと說く）。第二服水論師哲學と云ひ。（水を以て宇宙の原因なりと說く）。第三を火論師哲學と云ひ。（火を以て宇宙の原因なりと說く）。第四を風仙論師哲學と云ひ。（風を以て宇宙の原因と說く）。第五を口力論師哲學と云ふ。（虛空を以て宇宙の原因と說く）。此說遂に一變して無因論師哲學とはなれり。（自然を以て宇宙の原因なりと說く）」之に繼て起りたる哲學は蓋方論師（上下四方を云ふ）。時論師（古往今來を云ふ）なり。又次に起りたる哲學は聲論師（聲を以て常住不變の法とす）。非聲論師なり。（無相離言を宗とす）。以上の諸派は「チブゼクテブ、フィロソフィー」即ち客觀的の哲學たるに外ならず。

是より其後に至ては印度の哲學は。更に一層の進步をなして。「サブゼクテブ、フィロソフィー」即ち主觀的の位地に移りたり。第一識論師哲學（意識を以て我となし之を天地萬物の原因となす）。第二阿賴耶論師哲學（執持含藏を以て天地萬物の原因となす）第三知者論師哲學（五根五識を以て色聲香味觸の五境を緣し色境は一切境を包含すると以て能見即ち眞我なりと云ふ）。第五內知論師哲學（內知を以て我となす）。第六外知論師哲學（外知を我となす）。第七能執論師哲學（識心を離れて別に能執者ありて身口意を發動し一切事を爲すと云ふ）。第八所執論師哲學（只識心のみ其所執の境界を我と名け此我一切處に充滿せりと云ふ）。第九摩納婆論師哲學（勝我の義にして我は身心中に於て最勝なりとす）。第十常定生論師哲學（我は常住不滅なりと云ふ）。第十一補特伽羅論師哲學（數取趣の義にて頻に業を造て諸趣に流轉するを云ふ或は單に人と譯す諸趣に流轉すれども一我の体は常住不變なりと云ふ）。第十二瑜伽我論師哲學（內心相應の義にして眞性湛然として能く因果を知りたりと云ふ）。偖て是より後に起りたる印度哲學は。主客の二觀を折衷して內心と外境とは一体なりや。將た異体なりやの疑問を硏究したる者なり」。其第一は數論師即ち（サンキヤー）派にして。此派の哲學は諸法を總合して。一切法は一体なりと主張す。（世性或は（冥諦。覺。慢（色。聲。香。味。觸（地。水。火。風。空（眼。耳。鼻。舌。身。意）（手。脚。大小便。心平等根、心藏）の二十五諦を立つ。）

其第二は勝論師哲學即ち「ベイセシカ」派にして。此派の哲學は諸法を分拆して。一切法は異体なりと主張す。」（此派には十句義と說く」。一には實「地。水。火。風。空。時。方。我。意。」二には德「色。味。香。觸。數。量。別体。合。離。彼体。我体。覺。樂。苦。欲。瞋。勤勇。重体。液体。潤。行。法。非法。聲」三には業「取。捨。屈。伸。行。」四には同「實。

德。業の三句合して大有性となる」。五には異「極微分子の義」。六には和合「實。德。業の三者相離れざるの義」。七には有能「實。德。業。三者合離して自果を造るの因を云ふ」。八には無能「實。德。業。三者餘果を造らざるの因を云ふ」。九には俱分「實。德。業三者は諸根の所取にして互に轉せざるを云ふ」。十には無有「無存生の義なり」。

其第三には尼捉子論師「ニャーヤ」派の哲學なり。無結の義なり此派は論理哲學にして量諦。所量。疑。用。譬喩。悉曇。語言。分別。思擇。決。論議。修諸義。懷義。自證。難問。諍論。墮負。の十六諦を立つ)。「亦一亦異を主張す」。

其第四は若提子論師（非一非異）と主張して寂默無言を貴ぶ。而して論中六障六自在を說く不見障。苦受障。愚痴障。命尽障。不得好性障。惡名障なり。之に反すると自在と云ふなり」。

以上は印土哲學の要領を列擧したる者なるが。如是夥しき各派の哲學を壓倒して。嶄然として別に頭角を形はし。一代を風靡したる者は。即ち我が釋迦無尼佛の發明せる眞理なりとす。思ふに以上の各家は唯因果の二字に拘泥して。天地萬物の一元因を求めんと欲して。種々の議論を立たる者なり。然るに我が釋迦無尼佛は因緣生の新見を唱へて。以上諸家の異說を排斥せられたり。

釋迦一代の說法は凡そ五時を以て尽せりとす。乃ち華嚴。阿含。方等。般若。法華涅槃是なり。然れども其要を取て之を言はゞ。因緣性の妙理に依て眞如中道の第一義を提唱せしに外ならざるなり。

所謂因とは元因にして。緣とは助緣即ち事情なり。而して元因と事情と純熟して生ずる者之を果と云ふなり。若し人々元來佛性を具有せずして。成佛の結果ある者とするときは。之因なきに果ある者なり。是故に佛云く一切衆生悉皆具佛智慧德相と云て。衆生に成佛の元因あることを示し。又或は草木國土悉皆成佛と云て。佛因あるものは必ず佛果あることを明す。然れども假令本來佛性を具する者と雖も。成佛の道を修せずして其果を得る者とするときは。是れ助緣即ち事情なきに果を得る者にして。太た不都合なるが故に。佛又曰く欲知佛性義理應觀時節因緣と。

今喩を以て之を明さば。稻の實若し米にあらざれば。如何に之を耕へし之を耘るとも米を得るの理なし。又好し稻の種子は米あるにもせよ。之を植へ之を養ひ天然の雨露。人爲の勞力（事情）を假らざれば。其實を收むること叶はさるが如し。是故に成佛の結果あるは。佛性の原因あるに因る。而して此因果を圓成せしむるものは。助緣即ち修道の功なり。

左らば此因緣生の理は何れより生ずるかと云ふに。其理は卽ち一心眞如相應の規則にして。決して天より降るにもあらず。地より生ずるにもあらず。法爾如然。無始無終。不增不減の眞理なれば。千古万古誰れも此規則を動かすこと相叶はざるなり。三世因果と云ふは此眞理の循環する初中後の名稱にして。六道輪廻と云ふは此眞理の進んだる樣子なり。

是より聊か眞如中道の事を辨じて諸君に法施すべし。

先つ眞如中道の事を說くには。天台の所謂一心三觀の法門こそ宜しかるべし。扨て一心とは天地の本原万物の眞如にして古今一貫の宏大瀰漫の當体として。其中に空假中三諦の眞理宛然として顯現するなり。其空諦とは卽今目前に見る所の一切万物其實体如何んと察するに。一物の常に住し永く變せざる者はあらず。其体實に空なり之を明らむるを空諦と云ふ。其假諦とは卽今目前に見る所の一切万物は其体實に存して。決して空にあらず。卽假なりと明らむるを假諦と云ふ。然らば一切万法は空にして有なり。有にして空なり。有中に空あり。空中に有あり。空有雙々底の妙處を明らむるを中道諦とは云ふなり。

如是此空假中三諦の理は一心眞如の中にありて。圓融無碍なりと觀ずるを一心三觀の法門と云ふ。

凡そ東西古今の哲學其說多しと雖も。之を約すれば唯物。唯心。唯理の三派なり。而して我が佛教は此三派を圓融して。天下の妙理を大成したる者と謂ふべし。諸君以て如何となす

寄書

耶界波瀾を讀て所感教育界に及ぶ　（接續）

磨墨體量

夫れ然り果して然らば。吾輩殊に公平の地に立ち。一步を進めて。現時教育界の實情を窺ふて論究せんと欲するなり。請ふ暫らく此に陳せん。抑も教育の方針如何に就て先つ此に論端を開かんに。試みに之を問はん。將來我邦教育の方針如何と。或は謂く曩きに文部大臣は。勅語の大憲章に則り。地方官に命じて儒教主義なることを公けにしたり。諄々此の方針を取て動かすべからずと。或は謂く神國素より神道たらざるへからす。……と吾輩兩教何れを以てするも。我邦教育の主義とするに未た其の大に非なるを知らず。從來我邦の風紀を庇補する一に此に由る。將來とて亦何ぞ異なるものあらん。然れとも藩閥時代と均しく同一の觀察を以てすへからず。何となれば皇政一統の下に生息する兆民は。宜く教育の一準に出でざるべからず。而して教育は人心の意向を安せしむるの

功用あるものなれは。最も其方針確一ならざるへからさるを以てなり。請ふ看よ複雜思想の波及より。一時の風潮に乘じて發したる政黨弊害すら遂に今日多頭政事の困難を見るに至る。若しくは教育をして。此の轍を蹈ましむるに至らば。事陰に在り勢力尚ほ數層を加へ其結果は。亦拔くへからざるの害毒を遺すに至るや必せり。之れ豈に政黨の比ならんや。然れば吾輩は儒教素より善し。神道亦可然。然れども吾輩は唯教育の方針確一なるへきを切望して止まざるなり。何となれは假へは其方針は儒教を以て定めん乎。儒道素より確たる教宗の位地を持つものならん。神道亦素より教宗の位地を持つものならん。夫れ均しく位地ある教宗にして。而も日本在來の風紀を厚からしめたるには相違無きに。一は日本教育の方針たるを得せしめ。一は其方針たるの効用を保たずとするは。理に於て不通と云はざるを得ざるなり。又神道を以て儒道の地に換ゆるも亦然り。而して二教共に其方針として之れを取らん乎。其の教理の衝突を如何せん。然れは兩教間を絶ち各家其方針を確守して。教育に勞を取らば。是れ吾輩は將に謂はんとす。日本一定の教育主義にあらずして。唯各家偏信の一部教育家の方針たらんのみと。而して斯の如き意見の間に彷徨し。強て其の二教の下に其方針を爭はんとする時は。到底其一定の期を待つも。豈に得べきの理ならんや。況んや理此にある時は。日本教育家は將來益々鞏固なる。黨派心の泉源をして此に養成せしむるものと云ふを得へし。而して亦此際競ふて。各人異流の僻性に根じ紛々擾々。遂に收拾すべからざる。數派を出すの惡弊を見るに至るや必せり。是れ切に教育に於ける方針確一を欲する所以なり。

然れば將來に於ける教育の方針は。確乎たる一定の方針を取らざるべからす。而して若し教育家の意見此に出てずして。逡巡以て各個の私見に一任するものとせば。教育家にして斷然教育の爲めに其勞を致すを止むも。吾輩は聊か其惜む處を知らざるなり。而して吾輩の此に表白せんとする一定の方針とは。即ち是れ日本教育主義と云ふに在り。而して其文語は今日教育家間に囂々として。吾輩の耳朶に觸るゝこと久し。人或は之れを平易に怪まん。然れども吾輩の所謂る日本主義なるものは。其教育家間に唱ふる處の意義とは。恐らくは大に吻合する處あらん。抑も吾輩の日本主義なるものは。一朝趣旨書の以て尽し得るものなるにあらず。又或他の趣旨書と。軋轢の間に立つものにあらず。寧ろ趣旨書の無きは趣旨書の有るに勝れるなり。而して吾輩の日本主義なるものは。狹隘偏僻なる思想者流までを。牽強諭説して。之を結合すべき性質にあらざれば。競爭勝敗も亦自然感化の作用に一任すと云ふも不可なきなり。而して亦人或は其構造の朴質漠然たるを聞き。其の空想たるを笑はん。是れ常人にして是れを怪み。之れを笑ふは。即ち吾輩の主義にして眞價あるを証するに足るべきなり。請ふ聊か其の理由を暢べん。

吾輩の日本主義なるものは。彼の政事家が初めに政策の爲めに發したる。未だ其政畧の臭味を脱せざる。或は他の反對に抗しつゝある糟粕を嘗めて。以て日本主義なりと主唱するが如き教育家の主義にあらず。又或は神道を嗜好する餘りに出でゝ。聊か自己の信標に制せられ。教育は以て神道主義となさゞる可らずとして。之れを以て其信標を恣まゝにするの奇貨となし。遂に日本主義なりと云ふの類にもあらず。又或は、信標あるものゝ意向現時多くは是れに類するものゝみ（眞の信標にあらざれば事此に出づ）之れ宜なる哉教育界に於ける。一定の方針を求むるの難きに出ること。然れば吾輩の日本主義なるものは。一の政事思想の一統し得べきものにあらず。一の信標ある教育家の一統し能ふものにあらず。神道の以て一統し能ふものにあらず。儒教の以て一統し能ふものにあらず。佛教の以て一統し能ふものにあらざるなり。此に若くは。神道をして之を一統せしめん乎。是れ一に神道を以てするに。儒教佛教等の統一に殊に超絶する理由經驗ある乎。理此に於て萬々あらざるなり。然らば理に於て已に許さゞるものを以て一に之を其地に推すも。是れ唯一個僻信者の所爲たるに過ぎずんはあらず。之れ豈に統一の地位を保つを得んや。儒教及ひ佛教尚ほ然らん。況んや其他のものに於てをや。」

然れば如何なるが以て日本主義とす。此に至て漸く吾輩の日本主義なる意義を暢べざるを得ざるの順序に迫まれり。謂く日本主義とは朝日に匂ふ山櫻哉と云ふに過ぎず。而して是れ神道宜しく主人の風采を盡せ。而して過て薰香を鼻に掛くる勿れ。儒道佛道能く來賓の風雅を致せ。而して爲めに宜く半夜の風雨も厭へ。政事教育等の大家も伴ふて風下の美香を賞せよ。而して枝を折るの無風流を働く勿れ。不知耶蘇教も來て此の掬香を得るや否。以て之れを日本教育主義とす。

然るに此の主義に對し。若し神道は獨り日本固有の法教なりと輕浮なる口實に拘泥し。日本主義なるものを以て神道法教の位地に根し獨り維持せんとなし。他を排せんとなすが如きに出づれは。本來固有の神道にして。却て眞正日本主義を殺すものと云はざるべからず。而して亦外來の儒教佛教に如かずして。遂に神道は國家に對する本能を失却し。唯個信偏僻者の翫弄に墜落して存するものゝみと云はざるべからず。若し又儒教及び佛教の如きも。其の神道の作爲に出つるとせば理に於て亦同じ。而して又政事家にまれ教育家にまれ實業家にまれ。其の日本主義なるものを一家の主義に奪掠せんとするが如きことあらば。本來の日本主義にあらずして一家の政略主義と成り畢らん。一家教育家の主義となり畢らん。一家實業家の主義と成り畢らんのみ。之れに由て是れを觀れば。眞正日本主義の教育は。眞正なる神道家にあらざれば能はざるなり。眞正なる儒家にあらざれば能はざるなり。眞正なる佛教家にあらざれば能はざるなり。眞正なる政事家にあらざれば能はざるなり。眞正なる教育家にあらざれば能はざるなり。然れば眞正なる各家を集合する此に何ぞ難きことあらん。國家危急の秋なればなり。教育の時機現前に迫ればなり。而して何ぞ亦一に約束法に依頼せん。約法精なり而して集散常なきは唯小人の平狀なるのみ。

吾輩は漸く此に至て。眞正日本主義にして教育家の一團を結合せんとするに當り。各家の眞正なる人に向て百雷の大聲を發して方に告げんとす。曰く夫れ眞正なる政事家は此に奮て來れ。教育の前途危急なり。眞正の教育家は此に奮て來れ。眞正の實業家は此に奮つて來れ。眞正の儒家は此に奮て來れ。眞正の神道家は此に奮て來れ。眞正の佛教家は此に奮て來れい。是を眞正日本主義教育家の團結法なりとす。而して此の一大團体にして今日に崛起し。其團結愈々堅固なるに至れば。始めて眞正日本主義の教育此に立ちて。我邦百年の大計以て期すべきなり。若し此の主義をして今日日本教育に於ける空想主義ならしめば。日本政事家にして未た眞正の人なく。教育家にして未た眞正の人なく。實業家にして未た眞正の人なく。神道家にして未た眞正の人なく。儒家にして未た眞正の人なく。佛教家にして未た眞正の人なしと斷ぜざるを得ず。然れとも吾輩は各家に於て眞正の人無きを信ぜざるなり。而して彼の團体今日に起らざるものは唯未だ吾輩の大聲を耳にせざるのみ。吾輩は又た大方の士が吾輩の旨義を遂に空想ならしめ消滅せしめざるを信ずるなり。嗚呼大方の人士果して吾輩の旨義を空想ならしむる耶否耶。（完結）

詞叢

祝訪導館開業　　井伊智量

後進訪前々導後。法環相循講經筵。東肥教學泉初達。更擴餘波海外傳。

謹祝訪導館開場　　梁瀨我聞

曾爲勤王掃賊兵。由來此地富忠誠。又看護法扶宗事。築得西州萬里城。

賀訪導學舘開創　小山憲榮

火國男兒多氣豪。百難橫意亦何撓。文明堪喜刱宗校。知我敎門陶俊髦。

訪導舘の開場を祝て　齋藤聞精

みほとけの光を添へていや廣くいやとこしへに榮へゆくらむ

訪導學舘の開舘を祝す　在京　前田慧雲

東火の桑門有志諸氏宗學の紹隆を圖り新に一の學舍を設け號して訪導學舘と云本月十七日を以其開舘の式を行ひ祝辞を四方に徵す予亦與る因て一言を贈り隨喜の意を表す

火の國古へ宗學の淵叢と稱す近來頓に衰ゆ寥々たること晨星の如し是啻に火國のみならず諸州皆然り誠に宗門の爲に慨するに堪へたり此時に方りて諸氏奮起して緒を既絕に繼んと圖る其志亦美なる哉然るに予諸氏の斯擧に於て更に望蜀の意あり卽宗學を振興すると共に桑門の風紀を一新せんと是なり抑僧侶は出世の大導師を以て自任する者なれば超然として天表に獨立するの氣象を有せざる可らず然に近來世潮に搖蕩せられて滔々乎として塵海に墜落し漫に內外の權利を爭ひ其鄙陋俗人と相距ること遠からず桑門風紀の廢頹も亦極れり之を宗學の衰微に比するに其感慨の係る一層甚き者なり蓋し權利に天權あり人權あり天權とは何ぞや身に道德を蓄へ無形無言の中に人心を左右することを得るの能力之を天權と謂ふ人權は知べし凡そ僧侶は唯天權を其身に得んことを勉むべし人權は敢て爭ふ處にあらざるなり苟も僧侶にして天權を得ることあるときは宗敎爰に起り道德爰に行はれ宗門賴て以盛に國家賴て以て安し而して其天權を得るの法は其要偏に超然として天表に獨立するの氣象を養成するにあり其養成の法亦唯宗學の薰陶を以德性を涵養するより外なきなり予聞く故訪導闍主明增師は天性淸高胸襟洒落而して氣象凜然として王侯も侵す能はざる者ありしと今諸氏は訪導の名を以其學舘に命じたるは蓋闍主の德を慕ふて其遺業を繼がんと欲するの意に出るならん果して然らば宗乘を紹隆すると共に闍主の遺風をも亦併せて之を振起して東火全州僧侶の風紀を一新するとあらば啻に火國の幸福なるのみならず宗門の幸福亦之に過たるは無るべし是を祝辞と爲す

訪導舘の設立を祝す　在京都　鎌田淵海

曲學橫議の徒天下に橫行し堅白同異の辨到る處に行はれ宗學の正義漸く方に廢れんとす信佛仰敎の徒誰か悲歎せざる者あらんや玆に熊本有志の諸士慨然奮起して訪導舘なる者を設立し佛門の老將宗學の泰斗たる名和司敎師を推戴し專宗學の奧

義を叩き自ら大法振起の大任に當らんとすと名和司教の該博碩德なる發起員諸士の有爲熱心なる法門の干城を輩出せしむると蓋遠きに非るなり這般の事業啻に鎭西の幸福なるのみならず又實に佛門の幸榮なり豈慶賀せずして可ならんや謹て祝す

祝詞　備後　足利義山

夫濃教の流布は末弟の傳化に因る末弟の傳化は學德の博厚に係る而して學德を貯るは純ら師資授受の當を得るにあり方今歐米普通の學俗間に隆盛なるに際し本宗の僧侶亦之を兼學せざる可らざるに至る之か爲に我宗教の師資承襲の途殆と萎靡せんとす嗚呼誓願一乘幽深の奧理何そ能く普通の汎學の徒の窮むることを得る所ならん乎必終身專ら此道に從事せずんば佛祖の深意を窺ひ知る可らざるなり東肥有志こゝに見る所あり訪導の校を開設し本日已に創業の式を行ふを聞く是但大國の法城の堅固なる耳ならず抑本宗の法燈の油炷なり我輩豈歡喜せざる可んや庶幾は今後佛祖の素懷を達觀せんことを本意とし學轍の異同を問はざれ安心は一致なれば濫雜の名辞を除去し教義は多含なれば偏屈の情を須ひず孳々汲々以て大法と三會に接續せしめんことを聊か蕪辞を呈して開校を祝す

祝文　在京都　藤島了穩

今や文學の潮流は社會の上下に浸潤せり乃ち各種學校の到る處に興起し隆盛に赴く所以なり然れども多くは泰西の文學或は技術と敎ふる者にして未た佛教殊に眞宗の敎義を專門に敎授する學校あらず偶々之あるも甚隆盛ならず是吾輩の夙に遺憾とする所なり今九州に於て宗乘專門の敎校を興し大に眞宗の敎義を明にせんとするの擧あるは實に慶賀に堪へざるなり抑眞宗の敎義たる一言にして之を蔽へは眞俗二諦なり而して其敎理の深遠高尚にして而も機根の勝劣を擇はず同く現未二世の利益を與ふる者佛敎門中宗派多しと雖萬人通入すべき門戶は眞宗の外復他に求む可らざるなり是卽今日の時勢に最も適中せる宗敎にあらずや今此專門敎校に長たる者誰そや名和宗瀛師是なり師の高名は夙に鎭西に喋き其宗乘に邃き皆人の知る所なり乃ち四方より笈を負て來學する者愈々多かるべし蓋し其宗學の隆盛庶幾すべきなり

祝詞　石見　服部範嶺

大論に曰く工師多所能普不精密有人偏能一事卽必尽其美と近ろ文運隆盛吾宗亦漸く多能者を出すと雖宗乘に精密なる人は殆と其蹤を絶んとする者あり慨歎に堪ざるなり頃ろ聞く熊本有志諸氏宗乘專門黌を創設せらると盖し感と同する者あるなり今より已後宗學興隆其美を盡すの人を輩出する遠きにあら

ざるへし欣喜に堪へす乃ち一言を呈し之を祝す

祝詞

在京都　藤井宣正

徃昔西河禪師天台佛心三論諸宿德の間に在りて獨り彌陀佛圓滿の德號を勸め且曰く前に生むん者は後を導き後に去なん者は前を訪ひ連續無窮にして願くば休止せざらしめむと今や本宗の肥後道俗諸氏は禪師の芳躅を追蹤し其大志を助成せんとす聞く諸氏は近日宗乘專攻の校を建て名けて訪導館と云ひ名和司教を聘して學事を統理せしめんとすと是豈訪前導後共に他力の願海に歸入せんと欲する念力の積聚發揮せる者にあらずや或人曰く方今佛徒の病む所は世間通途の知識を有せざるに在り而して訪導館措て之を顧みず偏に宗乘を講授せんとす是導後の方策に於て寧ろ少く缺如する所無んかと夫或は然らん然りと雖も名和司教は我　宗主の命を奉じ嘗て大學林と文學寮とに長たり内外諸典の偏廢す可らざることは最能く熟知せらるゝ所なれば碩士異人を薰成せざるや必せり故に余はたゞ一乘究竟の妙法を講する處の增加するを歡喜し肥後道俗諸師が學力經驗共に豐富なる良館長を得たるを祝せんとす希くば館長司教道俗諸氏相扶相助訪前導後の實を收め以盡無邊生死海の大志願に徇ひ玉はんことを

訪導學館の開校を祝す

森直樹

方今我邦の佛敎徒は思想上信仰上一大變化の時代に際會せり世界文明一大革新の氣運に遭逢せり佛耶兩敎一大決戰の時機に遭遇せり既往數千年の悠久なる時間に於て開發せし亞細亞歐羅巴兩大州思想の戰爭は既に生じたり眞理の太陽は愈々赫々として宇内に輝けり空漠疎大なる亞細亞の學術は緻密實驗なる歐州の鋭兵來りて之を攻め東洋深遠高妙の精騎は進んで西洋劣弱淺薄の宗敎を擊破し電線鐵路蒸滊火藥船艦砲銃印刷郵便等泰西物質的文明の潮流は狂瀾激浪の勢を以て東洋の天地に澎湃し宗敎哲學道德政術美術等東洋精神的文明の泉源は混々溶々として泰西の世界に流注し隱々冥々の裡に紛然雜然旗鼓堂々の一大戰爭を試み將さに當さに東西兩洋の文明混還融化して第二十世紀宇内の新文明を發出せんとす是れ現今世界文明の光景に非ずや

然り而して此兩洋文明の一大衝突は我日本に於て愈々其運動を勃發せんとするの徵候あるが如し想ふに此の一大衝突の最大衝突にして最も人心上に變動を與へ最も後代の歷史に赫耀するの事實は實に是れ日本に於ける佛敎各宗と耶蘇敎の諸派とが相互の眞理を鬪はし相互の信仰を勵まし相互の感化を及ぼし相互の傳道を巧にし相互の熱心を激にし以て一大決戰を爲す天地開闢以來未だ嘗て有らざる兩大宗敎運命の依て決す

る所の一大活劇なりと斷言せざるを得ざるなり
斯の如く我邦に於て世界文明の混邊融化を大成せんとして東西両洋文明の一大衝突を始め佛耶両宗教の一大決戰の時代を現出したり此大決戰の颶風中に立つて日本佛教の中心力となり佛教各宗の牛耳を握り其運動の先驅たる可き命運を有する者は實に是れ眞宗に非ずや嗚呼實に是れ六百有餘年前見眞大師が叡岳の絶頂に心を潜めて千古の卓眼を放ち北越の雪に身を埋めて萬世の眞理と看破し經營辛苦艱酸勞働以て眞宗の最大基礎を剏建し給ひ王法爲本の宗致に依りて國家の進運を補翼し眞俗二諦の教義に由りて萬民の墮落を救濟し給ひたる我が眞宗に非ずして何ぞや
我が眞宗が日本佛教の上に卓立して重大なる位置を占むると夫れ斯の如し眞宗僧侶諸氏豈に奮發勵精大に眞宗の教理を討究して其蘊奥を發揮し眞に金剛不壞の大信仰を獲得して佛陀大悲の恩德に報酬し内各宗を皷舞して外邪教の猖獗を挫き以て眞實の道教を光闡せざる可けんや
今や鎭西熊城の下眞宗の有志諸君は深く此に見る所ありて彼の多年本山學林統率の大任に當り幾多護法扶宗の龍象を薫陶し以て法運百年の大計を企圖せられたる名和宗瀛師を招聘し宗學講究專門の訪導學舘を創設し廣く眞宗の子弟を集めて宗學の眞理を教授し將來の宗教界に立つて法燈を揭げて佛光を耀かし法城を嚴護して法門を開闢するの哲識英僧を養成せんと欲す是れ實に鎭西佛教の爲め歡喜す可き一大現象なり
回顧すれば我縣の昔時環中師宗學界内肥後轍の一派を開闢せられしより到徹都西慶恩斷鎧道晃無涯等の諸師陸續輩出して宗學界の最大榮光を戴き輓近に至りて僧亮寛寧沃洲針水等の諸師ありて猶ほ海内宗學家の視線を肥後に聚まらしめたり然るに今や星霜變移先輩諸師前後世を去りて古來宗學界内百花爛熳の盛況を呈したる我が肥後の天地も秋風蕭殺の慘色を現はさんとす是れ實に有志諸君が懐古慣今の感慨禁ずる能はずして訪導學舘を設立して肥後宗學家第二の繼續者を養成せられんと欲する所以ならん是れ實に肥後佛教の爲め歡喜す可き一大現象に非ずして何ぞや
嗚呼今や泰西新學問の潮流は滔々として我が佛教界に汎濫し佛教教理上の講究も亦た殆んど其潮流の狂瀾中に漂されんとするの時に當り天下風潮の逆流に立ちて宗學の蘊奥を發揮し彼の泉源を棄てゝ末流に溺るゝの徒を警醒せんと欲する者は實に是れ訪導學舘の發起人諸君に非ずや
本日開舘の盛典を擧げらる不肖の予亦た此盛典に列するを得て歡喜踊躍の情に堪へず聊か蕪辭を綴りて有志諸君に告ぐ

首夏山莊　栗津獺溪

隱跡山林避利名。悠々獨識白雲情。殘鶯老去新蟬默。唯有杜鵑三兩聲。

夏夜

雨霽雲收天色淸。新涼忽與月輪生。何人今夜彈琴瑟。聽盡珢々鸞鶴聲。

買氷

矮屋如焚不可凌。葛衣猶是厭煩蒸。開明餘澤須欽仰。六月街頭好買氷。

夏日遊水前寺

滿園風景畫難成。老樹鬱葱泉水淸。夏日追涼來此地。遊人可莫羨魚情。

賣氷聲

忽覺滿簾涼氣生。門前呼過賣氷聲。聲々恰似驅炎熱。亭午無風亦自淸。

初夏偶成　豐前　徹龍溪

翠色晴分萬重山。風生海水響文瀾。友人來訪眞如理。笑指前村月半環。

觀七瀧瀑布　赤星實明

絕壁幾千尺。穿雲瀑布懸。素絲亂暗霧。飛雨灑晴天。銀漢倒濤落。爛星消水鮮。鼇魚蹴浪躍。龍虹含珠眠。眺望開瓢酒。高吟座草氈。

述懷　矢刕昇

半生心事任風壁。天外悠々飄落身。歲月換遷恰如夢。家鄉去後幾逢春。

讀節女阿政傳

一身迫死涙灑胸。無限愁情寄一封。霜裏能全寒菊節。百年猶是駐芳蹤。

書感

破屋綢繆絕。霜氣入枕簟。未成北門鑰。夢裡膽心寒。

偶感　肥前　栢寬雄

祇林風靜不鳴條。教海頻驚出暗礁。護法城中人寂々。扶宗門外客寥々。輿論謾使紫朱混。公議齊令玉石焚。社會風潮難一定。冥雲漠々幾時消。

感懷　靑香影

魔風還妖雨。變幻別乾坤。我有無名劍。千秋日本魂。

歸元直指西方百詠　今錄觀經部二十四首(節五)　新道迂蹊

西方教啓感牟尼。諸佛稱揚共所知。十六觀經親指示。修行最上念彌陀。

西方初觀要精虔。落日之形似鼓懸。送想樂邦歸一處。是名無上甚深禪。

西方二觀甚分明。定水無波徹底清。心月孤圓全體現。結伽趺坐想成氷。

西方三觀地瑠璃。法樂鳴空了了知。衆相莊嚴光映徹。一心決定永無疑。

偶成四首　加藤竹翁

世間万事若漚空。昨是今非茫似風。拋筆焼書何不樂。回頭眞理在胸中。

群鳥走空飛自由。衆魚躍海樂同遊。人間何獨違方向。政教混淆滯敵讐。

木佛不言石亦同。奸僧諂劣恰如蟲。教場寂々人無見。却妬名師毀法翁。

船中逢雨三首

天地轟々雷亦鳴。激波怒濤叩舟聲。此中乘客無心術。唯頼船師待晩晴。

窓外訝聞法敵聲。枕前撫劍守家兵。斜陽樓上方回首。山嶽青々雨亦晴。

風雨一時雷最鳴。人心競々豈何平。僧徒方向如麻亂。教導有名無實情。

雜報

八代町基督教徒の暴逆事件に就て　八代町　孤月庵主人

世に恐ろしきもの數々多けれども。差別を知て無差別を知らざる者に及ぶことなけむ。世に驚くべきもの多けれども。平等を知て差別を知らざる者に及ぶことなけむ。何となれば悪むべき暴逆。恐るべき革命の如きは皆是等の偏見者流より發生すればなり。差別卽平等。平等卽差別の大眞理を徹悟せし者にあらざれば。未だ以て眞的愛國宗教家と名くべからざるなり。基督教は平等を認むれども差別を立てざるなり。此一點に於て既に佛家の所謂小乘教たることを顯表す。彼は其教理にのみ之を應用すれば猶恕すべし。其之を世界凡ての境遇に應用するに至ては。彼等の不明又沙汰の限りと評せざるを得ず。彼等の教理既に非眞理を表顯す。其妄信者なる教徒の所爲の暴逆不遜なる豈に怪むに足らむや。先には第一高等中學校に於ける内村某の不敬事件。熊本英學校に於ける奥村某の輕卒演說の事件ありて臭氣を放てりき。予輩宗教家としては彼等と兄弟の交あるもの。豈に這般の悪事を摘發するを好む者ならむや。然れども彼等の不明なる自己の非を是とし。聊も悔悟の氣色なく。漫然傲然。飽迄も其破壞的分子を世上に擴張し以て國家の基礎を破らんとするに至ては。予輩護國の健児として之が頭上に鉄槌を打下せずして止むべけんや。

數日以前にてありき。八代南部高等小學校に一生徒の基督教信者なる者あり。彼れは畏多も　天皇皇后両陛下の御聖影を安置し奉れる聖室に至り。……嗚呼畏多も暴逆にも臣子の分として爲さんと思ふだに身ぶるいをなす。不敬大不敬にも持たる扇子を以て丁々發止。遂に御聖影を床下に打下せりき。之を見るや忠心全身に充ちたる三四の生徒赫として怒り。勃然として躍り立ち。其不敬を攻め。其不法を罵り。怒氣制止するに由なく。遂に之を教員某に訴へたり。聞くや否や熱心の某焔ゆるが如く怒り起ち。衆生徒の面前に於て臣子の分を說き。以て彼の暴逆生に退校を命じ。之を國外に放逐すべしと大喝し。我校にかゝる生徒を生ず之れ果して何等の原因に依て然るかと悲憤し。衆生を警戒し勸說して遂に彼の一生徒に退校を命じたりき。暴逆なる生徒は平然として答へて曰く。我傳道師は常に云へり。人は平等なり帝王も吾人も神の前に於ては同一なり。我宗を信ぜざるものは之れ我が仇人なりと思へ。既に我宗敵なりとすれば。我れ豈に之れに向て叩頭三拜するを要せんや。況んや我宗敵なるをや。我れ豈に國外に行くを要せんやと。然り而して當地に於ける傳道師は翌日彼の教員某に向て。我が信徒は何が故に國外に放逐さるゝものなるやとの反問をなし。以て徹頭徹尾この暴逆事件を正當となすものゝ如く。飽迄彼の一生徒を保護し居たりき。嗚呼外教徒の不明無法不忠無國家何ぞそれかくの如く甚しきに至れるぞ。彼の生徒は年なは若かゝりしつらむ。されはかゝる不敬の所爲あるとも世人は只々馬鹿者として之を冷笑せんのみ。さるに堂々と傳道師てふ立羽なる鼻髯入用の片書を持居る人間にして。之が保護者なるのみならず。之を正當なりと爲すに至るとは。そも〳〵汝等は良心を持參し居る乎。將又道義心を蓄へ居るものなる乎。汝の住む處。汝の食ふ物。汝の安然なる所以。汝の着る衣。汝の行く處はそも〳〵何てふ名の國なる乎。

嗚呼予輩は賣國臣としてよりも汝等を悪むものなり。世人の烱眼なる汝等のかゝる所爲あるを知らむ。されどかゝる不法者と迄は思ひもよらざりしならむ。希く後來を猛省する所あれ要するに汝等が如斯妄信を懷く所以は。平等卽差別の大眞理を知らざるに座するのみ。佛教は洪大なり無邊なり。汝若し一点の良心光りを放ちあゝ我れ誤てり。平等門を知て差別門を知らずして遂にかくの如く不敬の心を抱けりと反省せば。乞ふ來て佛敎を學ぶ處あれ。

嗚呼我同胞兄弟よ。我等の一天萬乘の聖主として。仰ぎ奉る両陛下の御聖影を打下せしを以て正當とする。彼れ外敎徒を目してそも〳〵如何せんと欲する乎。希くば覺悟する處あれ。

編者白す社友孤月庵王人此頃右の暴逆事件を報道し來れり然るに其事件實に絶大至緊にして輕々掲載する能はざるを以て書を飛ばして同地二三の社友に訪合せしに皆な其事實顯然赫然疑ふべからざるとの確答を得たり看者諒焉

●皇太子殿下に禪書を獻ず　目下鎌倉に御避暑中なる皇太子殿下には。去る七日圓覺寺に行啓遊ばされ。同寺住職釋宗演師に拜謁の榮を賜ひしかば。同師より前管長洪川禪師の遺稿なる。蒼龍廣錄一部を獻上せし由。

●新文學寮長武田篤初師　大紛亂の激濤に漂蕩せられて學校の統一を全ふする能はざりし。舊寮長藤嶋了穩師に代りて。新寮長の椅子を占め該寮新組織の大任に當りたる者は誰ぞや。豪放快濶にして。幽奧玄妙の理想に富み。夙に奇偉倜儻の名聲を派内に鳴らしたる。前の敎學課長武田篤初師なり。吾人は師が豪放に失せず。理想に偏せず。奇偉に傾かず。舊寮長の覆轍を踏まず。小心愼密。刻意勵精。佛門新敎育の實働を顯彰せられん事を希望せざるを得ず。

●佛界の妖雲怪霧　昨年は日蓮宗の葛藤。曹洞宗の騷動。大谷派改革黨の紛紜等。千醜萬怪勃鬱として神聖なる佛界を汚がし。遂に凡俗的政治家の訓令を受け。一大汚點を我邦佛敎史上に印するに至りしは。吾人の慨嘆に堪へざる所なりしが。今年に至りては一層醜怪の現象を呈露し來れり。曰く曹洞宗分離非分離の軋轢。眞言宗西大寺獨立舊修驗派の興復。眞宗高田派。興正寺派の内訌騷擾。本派文學寮の紛亂。時宗本末の爭鬩。大谷派越後淨興寺の獨立事件等。妖雲暗憺。怪霧濛濛として。佛界の全面を蔽ひ。其汚濁醜惡の狀。殆んど吾人をして嘔吐せしむるものあり。吾人は實に之を筆し之を言ふだも猶は毛髮の森竪するを覺ゆるなり。況んや忌憚なく之を發表して。社會萬衆の面前に佛敎の恥辱を曝らすに於てをや。然れども彼が如く我邦佛界の光景が。亂雜。放縱。分離。衝突。紛鬧。闘爭の現象を呈するものは。佛敎改革の曉鐘が鳴り響きたるの證明に非ずして何ぞや。換言すれば彼が如く表面に於て舊佛敎が破壞頽倒するものは。裏面に於ては愈々新佛敎の氣燄を煽揚して其振興を促がすの一大境遇にあらざるなきを知らんや。嗚呼大破壞なきの改革は新鮮の活動を生ずる能はずして。却つて腐敗の毒氣を釀成する者なり。吾人は實に眞正なる建設的改革の第一着手は。猛激なる破壞の怒濤を漲らさずんば決して能はざる事を信認する者なり。

●曹洞宗兩本山の分離騷動　本年二月能山獨立曹洞革新同盟會なる一團勃起して。該宗の分離を唱道せし以來。其騷動の有樣囂々擾々として。恰かも鼎沸亂麻の如く。全國重要の新聞に掲げられて。今や苟も社會の動靜に着眼するの士は。誰一人として曹洞宗の騷動を知らざるものなきに至れり。然れども其騷動の原因。經歷。形勢を詳細明白に探知する者に至りては殆んと稀なり。是れ豈に該宗騷動の顛末最も錯雜し。其騷動の起原最も古く。其騷動の關係最も紛亂したるが故にあらずや。吾人は該宗騷動の如きも舊佛教破壞の一現象に加へたれば。最も簡明に該顛末を摘記して。讀者の記憶に印象せんと欲す。

●曹洞宗騷動の畧史　抑も曹洞宗には二個の大本山あり。則ち一は越前の永平寺にして。一は能登の總持寺なり。永平寺は曹洞宗の開祖道元禪師の開闢地にして。一宗根基の道場なり。一宗統御の大本山たり。總持寺は道元禪師四世の法孫たる。瑩山禪師の開基に係はれば。此一事に就ては。開闢の前後。法系の本末。自ら永平寺の次位にあらざる可からるが如し。然るに總持寺は其瑩山禪師が後醍醐天皇の歸崇を受けしより。進んで勅願所となり。尋で後村上。後陽成。後奈良。後光明の四帝より優渥なる綸旨を拜戴し。殊に最初後醍醐帝より。日域無雙の禪苑。曹洞出世の道場と云へる綸旨を蒙り。且つ南禪（臨濟宗五山の上席）第一の上刹に相並ぶの格式を定めさせられたるより。嚴然大本山の性格及び實力を保全して。其權限の如きも遙かに永平寺を凌駕するに至れり。而して現今兩本山に屬する全國末寺の數は。總計壹萬四千箇寺の中。總持寺の門末は實に一萬二千餘の多數を有し。永平寺の門末は僅々二千に過ぎすと云ふ。然るに兩本山が右の如き資格權限を爭ふて。紛爭軋轢を生せし起原は實に今を距る殆んと三百六十年前。則ち天文の頃にあり。此頃始て此の紛爭を釀生せしより。今年今回の紛爭に至る迄前後八回の多きに及び。其長きは一回の紛爭首尾十二年にも渉り。其短きに於ても三四年を消費せざるなきの慘況を呈せりと。偖て兩本山が既往教政實施の摸樣は如何と云ふに。總持寺は其開闢の當初より。嚴然出世の道場。一宗の本山職たる旗幟を飜へして以て全宗門に臨みたれども。永平寺に至りては開祖の遺訓に依り。唯だ山居辨道の地として。本山職たるの榮を荷ふが如きは。堅く忌避する所たりしが故に。總持寺開闢時代の如きは永平寺は實に微々たる山間の一小院に過ぎざりしと云ふ。爾來彼の慶長元和の頃德川政府起りて。天下各宗門に干渉の政畧を採るに至る迄は。兩本山互に分離別立して相關係せざりしかど。德川政府の干渉に依りて。玆に始めて兩派混亂の弊源を開き。随て天文元龜天正の頃に於ける。紛爭の淵源をして益々其餘流の汪洋を促がさしめたり。玆を以て永平寺の企望は其先開根基の道場たりと云へる唯一の辭柄に依りて。他の總持寺と併立悟角に居るを喜ばず。總持寺を壓倒滅亡し以て宗門に獨一總本山たらんと欲し。總持寺は數朝天皇の由緒と。永平寺に幾んど十倍せる門末寺院の實力とに依りて。永平寺の下風に立つを屑とせず。若し永平寺にして我を壓倒滅亡せんとするの野心を斷たざるに於ては。其由緒と實力とに依りて斷然分離獨立して以て患害を後世に遺さゞる事に努めざるべからずと云ふにあり。是れ同宗兩本山が三百六十年來前後八回の大紛爭を生じたる理由及び情勢の概畧なるものなり。

曩きに同宗は明治五年大藏省の演達に基き。互に協和盟約を締結して。兩本山併立制度の端を開き。交番管長協同宗制の規を定めたれども。徒らに明文上の協和親睦は以て實地上の和合統一を望むべからず。彼の協和盟約など云へる明文上の協和悟角の勢力も。僅々數年と出でざる中に早くも內部實際上破綻を生じて。偏輕偏重優勝劣敗の悲境を現出するに至りたり。然るに數年前に至り。永平寺派の扶宗會兼中會等の團体起りて平素の志望を遂げんとするや。總持寺派にても有志會。同盟會等崛起して。彼と對抗紛爭し以て其猛威猖獗を折しかんとするに至れり。是より兩派の軋轢葛藤は日に月に劇烈に趣き。宗門の安寧平和は遂に望なからんとするの有樣となれり。此時に當り本年二月の頃突如として宗內に現出せしものを。能山獨立曹洞革新同盟會と云へる一團体と爲す。是れ則ち總持寺黨の結合運動せるものにして。實に這般に於ける兩本山分離事件の原働力となりたるものなり。

玆に於て總持寺は斷然此分離獨立の擧を容認して自ら其旗幟を翻し（本年三月十九日總持寺住職畔上楳仙師より兩山盟約解除の通牒書を永平寺住職森田悟由師に呈せしと云ふ）。本山より直ちに全國數千の末派寺院に令達し活潑壯激に其志氣を鼓舞し。其事業の原働者なる革新會も亦た全國の末派寺院に檄して同意贊成を要求し。且つ地方東京の兩同盟會は外部より之を應援して益々其猛勢を張れり。而して其運動の方畧たるや。同宗信者石川縣の代議士自由黨員小間粛氏の籌策に出でしもの多し。小間氏は實に分離獨立派の渠魁なるが如し。宜なる哉彼れ分離派運動の光景敏活英發にして宛然政黨運動の術策に似たるとを。彼等は革新會の名義を以て「曹洞宗両本山分離事件の來歴及現時の形勢」なる長文を全國各地の新聞に投て分離派の勢燄を示したり。彼等は總持寺の管長及び執事として旗鼓堂々正面より永平寺に迫りて分離の理由を辨論せしめたり。彼等は過激剛愎の手段に依り内務省に向つて分離獨立の請願を試みたり。彼等は星岡茶寮の談話會に紅葉舘の會合に朝野の名士を饗應し分離の必要を鳴らして以て其勢威を顯はしたり。彼等は七月廿五日を以て其機關能嶽教報を發刊せり。其他隱微の運動に至りては千体万狀此に詳悉する能はず。是に於て乎永平寺派にても亦た非分離同志會を組織して。鋭意熱心各種の分離派に當れり。彼等は教海指針を發行して曹洞宗の特性決して両本山の別派分離を許容す可からざる理由を痛説痛論せり。彼等は両本山の分離は宗祖太祖の家訓に辜負す。両本山の分離は現政府の厚意に背反す。兩本山の分離は現行の宗制を毀壞す。兩本山の分離は一宗の四分五裂を招ぎ其餘毒は延て佛教各宗に波及す。両本山の別派分離は曹洞宗の命脉を截斷す」との五個條を悲壯慷慨して。光燄萬丈。論鋒雄健以て分離派を痛撃痛破せり。彼等は「革命の悪魔は曹洞宗の天地を蹂躪し。曹洞宗の歴史を抹殺し。曹洞宗の制度を毀壞し。曹洞宗同胞の衣食住を侵害褫奪し。遂に曹洞宗を滅亡せしめんと欲す」と血涙潸然天を仰ひで絶叫せり。

斯の如く分離非分離の両黨が喧々囂々として佛教僧侶に似合はざる競爭の毒燄を佛界の全面に傳染せしむる時に方り。副嶋内務大臣は同省訓令を以て本年五月六日同宗管長畔上楳仙師の管長認可を解除し。西有穆山森田悟由の二師に事務取扱を命じ臨機宗務を處辨せしめしが。西有師は大に見る所ありて斷然辭任せしより。其後任を原坦山師に命せられたり。此時に當りて両派の衝突益々甚だしく。既に分離派より其筋に向ひ裁斷を仰ぐに至れり。此際原師は分離を可とし森田師は非分離を主張し。両事務取扱の意見到底投合せざりしが。果せる哉原師は其職を辭して間もなく寂滅し。其後任は在田彦龍師に命せられたり。其後森田悟由師も其職を免せられて大辻是三師其後任を紹げり。然るに在田師は能山獨立派の領袖にして。大辻師は非分離の熱心家なりと謂へば。其衝突紛亂は容易に鎮靜せざるならん歟。嗚呼眞正の佛徒たる者這般の騒動に對して慟哭流涕長大息せざるを得んや。

●眞宗淨興寺派獨立の計畫　越後の高田に淨興寺と云へる眞宗の大刹あり。見眞大師の開基にて今は東本願寺の末派なるが。十餘年前より本山と隙を生し。八十餘の末寺と其信徒とを團結し。五六年以前に別派獨立を内務省へ請願したれども。東本願寺の承諾印なき爲め許されず。其儘今日に至りたるが今度曹洞宗の一本山なる總持寺が永平寺の承諾印を得ずして内務省へ直願したるを傳聞し。此請願にして許可せらるゝに至らば。淨興寺も亦た此例に依て直願せんとて。柏崎邊の有力なる信徒等は密に其議を凝らし居ると云ふ。

●眞言宗の分離論　眞言宗にも從來古義新義の両派ありて。動もすれば分離論の現はれんとするの模樣なりしが。彼の曹洞宗分立の紛議が昨今何と無く。分離論者の感情を動かしたる姿あれば。來る十月京都の法務所に開くべき大會には。多分此分離問題を提出するに至るべく。隨つて同宗の両派も漸く紛議の端緒を開くならんとて。今より杞憂を抱ける僧侶も少からずと。

●時宗の本末爭鬩　時宗の一本山相摸國無量光寺は時宗派本山藤澤清淨光寺よりは創立が早しとて獨立を企て談判を試みたれども。清淨光寺の應ぜざるより遂に内務省に請願の手續に及びたりと云ふ。

●臨濟宗向岳寺　又甲斐國鹽山向岳寺は臨濟宗南禪寺派の所轄なるが。獨立して派名を公稱せんことを企てけれども。南禪寺派管長にて承認を與へざるより。是も内務省へ請願の手續に及び居る由。嗚呼彼と云ひ是と謂ひ何ぞそれ佛界不詳不吉の事多きや。吾人は實に曹洞宗の分離流行作俑の罪を責めざるを得ず。

●各宗管長勅任待遇廢止の議　神佛各宗派の管長は從來勅任待遇にて。式日には參内謁見せしめられ居りしが。此特別の待遇あるが爲め。近頃各宗派中兎角分離獨立して。自ら管長となりて此優遇を受けんと欲する者も出來し。彼是不都合なれば自今斷然勅任待遇を廢止せんとの議ありて。已に其議案は宮内省へ廻り居ると云ふ風説あり。政權の大翼中に安眠せんと欲する舊佛教徒は定めて失望するならん乎。

●アーノルド氏の歸國　本年三月以來東京帝國ホテルに滯在中なりし。英國の大詩人たる同氏は。本月七日横濱發の便船に搭じ米國を經て歸國の途に上りたりと。想ふに歸着の上は再び倫敦デイリー、テレグラフの主筆となりて。我が聖恩に感じて日本の粹美を賞歎するならん歟。

●佛教撰擇宗佛國に起れり　華麗の文學。優美の風儀。新奇の思想を以て歐都に冠絶する。佛蘭西巴里に於て撰擇宗なる佛教の一派起れり。今其規約なりとて同宗信徒總代が西京海外宣教會に報せしものは實に左の如し。亦た以て佛教海外傳道の氣運如何を察するに足る。

佛國撰擇宗

佛國巴里レオン、ド羅尼佛教學校長は今般當地に撰擇宗なる一佛派を建立す其特別弟子は現在十一人にして其餘の信徒其數を知らず各信徒は皆能く其宗教に從順し勿論各個の道德堅固たるを要す若し此宗長にして一朝冥目するときは其徒弟中悉皆集合の上先師に續く可きの宗長を撰擧す可き事其宗長及び弟子中にて時々佛教演説をなす可き事不遠當宗の毗訶羅(寺)を巴里近傍に新築する事此新築事業は實に莫大の費用を要するが故内外國信徒は勿論各有志者の喜捨金を受けて此の一大事業を成功せしむる事

佛國巴里撰擇宗信徒總代
東洋學校教諭　元吉清藏
英國前パストール　ラフトン

明治二十五年五月四日遞信省認可

本山參詣保護會社創立主意書

本山參詣保護會社は。肥後佛教徒の本山參詣者を保護し。以て聊か佛陀鴻恩の萬一に報ひんと欲するものなり。抑も我肥後の國たるや。古來より最も眞宗の隆盛なる地にして。年々歳々其信徒が老を扶け幼を携へ。絡繹として本山に參詣し。御影前に於て隨喜渇仰の涙を灑き。其信仰の熱度を增進せんと欲する者。枚擧するに遑あらず。而して今や門司熊本間の九州鐵道は全通して。本山參詣者に絕大なる便益を與ふるに至つては。參詣者の數前日に倍するは必然の道理なり。然るに世の開明に趣に從ひ。陰險狡猾の策益々行はるゝに至るは吾輩の慨嘆に堪へざる所なり。吾輩の目擊する所に依れば。近來參詣者が瀛車或は瀛船中に於て。獰惡なる客引等の爲めに欺罔せられ。無用の金を費やし。非常の困難に陷り。神聖なる參詣の目的を達する能はざる而已ならず。却つて如斯弊害の爲めに其信仰を冷却して歸鄕する者往々之あり。或は此等の弊害を驅除し。參詣者の安全を計らんと欲する會社なきに非ずと雖も。未だ充分彼等惡漢の虛謀欺策を豫防する能はざるが如し。是豈に慨歎す可きの現象にあらずや。苟も廣大深遠なる佛恩を蒙り。眞宗一味の安心に住し。大谷の淸流に浴する者此等の惡弊を矯正して。參詣者旅行の保護を計り以て佛恩の萬一に報せざる可んや。吾輩玆に感ずる所あり廣く同情同感の有志者と協同一致して。本會社を設置し。最も誠實に。最も親切に。肥後佛教徒の本山參詣者を保護し。其便益を計り。其目的を達せしめ。其信仰の熱度を昂進せしめんと欲する所以なり。嗚呼謹嚴莊重なる肥後佛教徒諸君よ希くは奮つて贊成する所あれ。

明治廿五年七月

本山參詣保護會社創立員

廣瀨熊喜　敬白

贊成員

熊本市古河原町延壽寺住職　菊池圓隆
飽田郡奥古閑村眞行寺住職　藤岡法眞
熊本市新鍛冶屋町永泉寺住職　泉源祐
上益城郡小坂村東福寺住職　八淵蟠龍
熊本市西外坪井町即生寺住職　佐々木德成
玉名郡横嶋村法雲寺住職　加藤惠証
山鹿郡三玉村万行寺住職　大道憲信
宇土郡宇土町善行寺住職　中津鳳栖
熊本市萬町光明寺住職　萬井祐守
玉名郡伊倉村來光寺副住職　大久保含海

本山參詣保護會社規則

第壹條　本社ハ本山參詣保護會社ト稱シ本社ヲ熊本市洗馬壹丁目福嶋屋支店ニ置キ支部ヲ門司大坂京都ニ置ク●第貳條　本社ノ目的ハ肥後佛教徒ノ本山參詣ヲ保護シ佛陀ノ鴻恩ニ報ユルヲ以テ目的トス●第三條　本社ハ前條ノ目的ヲ達センガ爲メ會員ヲ募集シ一人ニ付キ一ヶ月三拾錢宛滿三十ヶ月出金セシメ一組ヲ六十人ト定メ此中毎月二名宛抽籤ノ法ヲ以テ上京セシム但シ抽籤ニ當撰シタル者ニハ滿三十ヶ月掛出金即九圓ヲ本社ノ會計ヨリ支辨シ當人ノ便宜ニ任セ何時ニテモ上京セシム●第四條　壹組毎ニ組長壹名ヲ置キ毎月ノ出金ヲ組長ヨリ取立テ本社ヘ納ムル者トス●第五條　毎月ノ取集金ハ銀行ト特約シ一組毎ニ銀行ノ通帳ヲ取リ當座預ケノ方法ヲ以テ取扱フ者トス●第六條　會員當撰上京出發ノ際ハ出金ノ殘額ニ對スル抵當物若クハ親族三名以上ノ連印證書ヲ五日以前ニ出サシムルモノトス但シ抵當物若クハ連印證書ニ對シテ組長ノ保證ナキ時ハ其當撰ハ無効ニ屬セシム●第七條　會員出金掛込中死亡致シタルトキハ其繼續者ヲ以テ之ニ充ツ若シ繼續者ナキトキハ掛込金額ハ本社ヨリ返却スヘシ●第八條　會員出金掛込中正當ノ事故ナクシテ妄リニ退會スル者ニハ掛込金ハ一切返附セザルモノトス●第九條　本社ハ道中筋ノ旅宿正業者ト認定特約シ會員上京ノ際ハ悉ク其認定宿ニ宿泊セシメ懇切ニ接待ヲナシ且ツ乘船一切ノ周旋ヲ親切ニ取扱ヒ以テ惡漢輩ノ欺策ニ陷ラサル樣注意スベシ●第十條　本社ノ會員タランヿト欲スル者ハ其住所姓名ヲ記シ押印シタル入會申込書ヲ組長ニ差出スベシ組長ハ之ヲ本社ノ會員證ト引換ヘ其證ヲ會員ニ交附ス但シ會員轉住且ツ死亡ノ節ハ直チニ組長ニ通知スベシ組長ハ又タ之ヲ本社ニ通知スベシ●第十一條　本社ハ毎年壹回會員死亡者ノ追弔會ヲ擧行シ會員ニ對シテ本社ノ高誼ヲ表スルモノトス●第十二條　本社ハ會員奬勵ノ爲メ數名ノ巡回師ヲ會員所在ノ地ニ派遣シ說教演說等ヲナサシムルモノトス●第十三條　本社ノ維持ハ瀛車瀛船等ノ割引金ヲ以テ維持スルモノトス

熊本市洗馬壹丁目福嶋屋支店

本山參詣保護會社

國教

第拾五號

明治二十五年九月二十日出版

(毎月二回)

國教第拾五號目次

社告

八淵師の社説は文字遒麗議論痛切方今世界佛教運動の大勢を揣摩せり靈々居士及び高田道見氏の論説は愛國的感情に基き彼の徒を痛撃せりダンマパラ氏の書信は印度佛教運動の實勢を詳にし默々居士の儀式論は簡潔明快紫陽氏の寄書は本山宗規の頑陋を破し鏡江氏の悲哀論は心理的の分析剴切なり蒐錄の愚迷發心集は悲哀の聲天に轟き東坡の九想詩は摸寫眞に迫り如何なる樂天教徒と雖も忽ち厭世的の感情を發す可し雜報の法住社員に檄す肥後佛教の三豪傑等は縱橫痛論光燄萬丈讀者をして覺へず快哉を絶叫せしむ

●國教雜誌規則摘要

一本誌は佛教の運動機關として毎月二回(國教)を發刊す
一本誌は宗派に偏せす教會に黨せす普く佛教界に獨立して佛徒の積弊を洗滌し佛教の新運動を企圖すへし
一本誌は諸宗教の批評及ひ教法界に現出する時事の問題を討論し毎號諸大家の有爲なる論説寄書講義演説等を登録し其教法關係の點に至りては何人を撰はす投書の自由を許し本社の主旨に妨けなき限りは総て之を掲載すへし
但し寄稿は楷書二十七字詰に認め必す住所姓名を詳記すへし
一本誌代金及ひ廣告料は必す前金たるへし若し前金を投せすして御注文あるも本社は之に應せさるものとす
但本縣在住の人にして適當の紹介人あるときは此限りにあらす
一本誌見本を請求する者は郵券五厘切手十枚を送付せは郵送すへし
一本誌代金は可成爲換によりて送金あるへし尤も僻陬の地にして爲換取組不便利なれは五厘郵券切手を代用し一割増の計算にして送付あるへし
一本誌代金及ひ廣告料は左の定價表に依るへし
但本誌講讀者に限り特別を以て廣告料を減することあるへし

雜誌代金

冊數	一冊一回分	十二冊半箇年分	廿四冊一箇年分
定價	五錢	五拾四錢	壹圓
郵税共	五錢五厘	六拾錢	壹圓拾貳錢

廣告料

廣告料は行數の多少に拘はらす五号活字二十七字詰一行一回三錢とす但廣告に用ゆる木版等本社に依頼せらるゝときは廣告料の外に相當の代金を請求すべし

明治廿五年九月十九日印刷
明治廿五年九月二十日出版

編輯者 熊本縣玉名郡石貫村千百八十一番地 森直樹
發行兼印刷者 熊本市安已橋通町七十五番地 志垣弘
發行所 熊本市安已橋通町七十五番地 國教雜誌社
印刷所 熊本市新壹丁目百二番地 汲古堂

國教第拾五號

社説

第三回信仰自由を論じて佛教界將來の組織を望む

八淵蟠龍

信仰自由の時代に際し。宗教の眞理を説明し教導して。神聖なる信仰を保たしめ。自由の靈德を完ふせしむるは。現時宗教界の一大必要なり。信仰自由の社會に對し。佛教の眞理を開闡し証明して。社會の萬類萬象有形無形物質思想の上に。高尚深遠靈活優美の感化を及ぼし。純全浩潔なる眞理の正道を蹐らしむるは。現時佛教界の一大急務なり。盖し。吾人が遭遇する現世紀は。社會改革の時代なり。世界の宗教革命の時期なり。凡そ社會の學術。智識。思想。發達進化の氣運に從ひ。自力開發。自主自由の權。偉大に伸張して。從來各國各地社會の際に行はれたる文學。政治。法律。習慣。風俗等。一として改革の運動を現はし。討究せすと云事なし。其の各國各地に在て。在昔より幾多の宗教が。生命となり。精神となりて。國民の信仰を保つたるにも拘らず。自由思想の開發と。智識發達の氣運に搖動せられ。悉く人間思想の範圍に納れて。眞妄。利害を判斷し。公明博大の識見を以て。劣等なる妄理迷執の僞宗教を排斥し。高尚圓備なる眞理完全の宗教を探ねんとして。世界幾多の宗教を總括して。宗教界の一大革命の時運を促し來れり。嗚呼。吾人が遭遇せる現世紀は。社會改革の時代なり。宗教革命の時期なり。此の改革の時代に接し。此の革命の時期に際し。旭日再び東天に昇るが如く。煌々乎として光輝と社會の中天に耀かし。複雜なる社會改革の行路を照し。永遠悠久に。平和と福祉とを保たしむべき。精神の改革を行はしむるものは佛教にはあらざる乎。一瀉千里長足の進步を爲し。駸々乎として社會の版圖を凌駕し。世界幾多の宗教を提撕し統一せんとする。惟一の眞理を以て。宗教革命の時運を制定するものは。佛教にはあらざる乎。吾人眼を放つて近時佛教界の大勢氣運を觀察すれば。佛教は實に拔山翻海。旋乾轉坤の氣焰を發し。恰かも潮流の西濱に湧くが如く。大陽の東天に上るが如く。一蹶千里盖天の翼と揚げ。翩々として社會を駕馭し。肉慾驕奢の白人をして。艶麗端嚴。柔順美妙なる。眞理の風采を欽慕せしめ。唯物固執の歐人をして。悠久無盡。圓滿純全なる。精神界に進渉すべき行路を導き。近世開發の新文學。新智識。新思想を擧げて。佛教智力の中に納め。理哲二學を調和し。競爭を鎮めて平和となし。妄想を闢ひて眞理に歸し。解釋なき迷霧の思想に。智力を與へて疑團を解き。節操なき放任自恣の意想に。義氣を示して法理を守らしめ。或はブラヴスキー。女丈夫をして。科學者の誇大なる心膽を寒からしめ。オルコット將軍の豪膽力を以て。革命軍の先陣を張らしめ。アルノルド詩將の優美高尚なる文雅の才力を以て。佛德を讃美せしめ。ダンマパラ居士の熱心なる信仰力を以て。佛陀伽耶の回復。印度佛教再興の一大偉業を發起せしめ。其他英京龍動に。日本佛教海外宣教會の支部と設置せしめ。獨。佛の學士をして。佛教講究の途に上らしめ。到る處一として佛教開發の氣熖を顯し。新現象を演せずと云ことなし。此に由て之を觀れば中西牛郎氏が。精緻明覈に。宗教革命の時運を唱導し。新佛教開發の徵効を揭げて。新佛教事業の運動に着手し。井上圓了氏が。新佛教開發組織の時期なることを預言したるも。祇に。二氏の臆斷に出でたるに非ず。佛教開發の曉鐘。二氏の耳を驚し。佛教改革の曉天。二氏の眼に映じて新佛教界の新行路を示し。遂に二氏をして唱導せしめたるものなりと云はざる可からず。果して然らば。宗教革命の氣運は。吾人の脚下に迫れり。迅かに長夢の枕を揚げて。社會の大勢を觀察す可し。速かに長眠の眼を發ひて。佛教改革の曉天を觀る可し。佛教の光線は。長夜の雲霧を拂ふて四海に映射し居れり。起よ佛教の兄弟。奮へよ佛教の兄弟。機運再ひ來らず。時期暫くも止らず。信仰自由の曉なり。宗教革命の氣運なり。佛教開發の時期なり。實に佛教千載の一遇なり。試むへきは當さに之を試むべし。爲すべきは當さに之を爲すべし。佛陀は大慈大悲の惠眼を發ひて愛憐の眸りを動かし。吾儕を冥護し玉へり。吾が親愛なる佛教の兄弟よ。暫くも躊躇する勿れ。

今や斯の如き世界宗教の一大革命たる。驚天動地の好氣運を促したるものは。自由開發の賜なり。今や斯の如き佛教開發の氣熖を顯はし。空前絶後の新氣運を迎へたるものは。信仰自由の賜なり。諸君識らずや。自由權利の發達せざるより。羅馬法皇の妄想に羈縛せられ。夥多の社會を空しく暗黑の長夜に彷徨せしめしことを。諸君知らずや。自由の權利伸張せざるより。宗教裁判の拘束に繫がれ。多數の學者を獄裡に呻吟せしめ。生命を斷しめしことを。諸君識らずや。國家が信仰自由を公認せざるより。宗教密約を以て。萬國公際の上に定約を拒否せしめしことを。諸君知らずや。社會が信仰自由を証明せざるより。各國民の上に宗教戰乱の大禍害を釀せしことを之に依て此を觀れば。人間智識の進歩。自由思想の伸張。信仰自由の開發は社會の上に國家の上に。影響を及ぼすこと。夫れ斯の如し。回顧すれば我邦佛教德川氏三百年の優待厚遇は。漸く佛教の停滯を來し。昔時雪嶺を踰へ。恒河を渉り。峻山嶮壑を蹈むで。東洋亞細亞の諸邦に弘教を試みし。勇猛卓拔の精神は已に衰へ。鎖國制定の政權と倶に運動を斂めて。政治の大翼中に安眠を貪り。世外に超然として。高閣巨刹の裡に起臥し。政府の保護を恃んで。優游人世を送りしより。終ひに自動の活力を失ひ。其弊や衰頽。虚儀。僞善。調停の極點に達し。國民感化の効力に乏しく。假面の門徒外形の信者のみにして。宗教の精神薄弱となり。維新の革命。一朝政變を來すや。忽ち神儒の偏僻論者に左右せられ。廢寺合院の大虐待を被るに至れり。此時に方りて彼の石川台嶺氏の如き一二の有爲なる僧侶ありしも。政權の蹂躙する所となり。憐むべし奸吏の爲めに空しく斷頭臺上の露と消へ。衆多僧侶の因循躊躇は。擧げて社會を獨馭す可らず。既に佛教改革の大果斷を施し。猛然蹶然奮つて佛教界の組織を爲すべき時なるも。五里霧中政海の激波に漂蕩せられ。洋中の風帆船の如く。風に從て浮沈し。佛教界一定の方針なく。各宗各派の中。異議百出。苦情百端。實に自動の活力に乏しく。自由の生氣を伸張する克はざる。衰頽調停の極點なりと謂つへし。宜なる哉。新佛教論者が大筆特書して舊佛教の名稱を冠らせ。其の生命なき。精神なき。勇氣なきと批評せし事を。

嗚呼。吾が親愛なる佛教の兄弟よ。信仰自由の曉は。迷妄の横雲を攘ふて。我邦政海の表に赫奕たり。宗教革命の曉風は。社會の腦裡を搖し。各宗教の心膽を寒からしめ在れり。佛教振起の曉鐘は。社會の迷夢を破りて。吾人の耳底に達せり。宗教の眞理を證明して社會を感化するは今日に在り。佛教の眞理を闡明して社會を統一するは今日に在り。區々の小論を休めて。迅かに大同を爲せ。個々の小運動を抛ちて。速かに大運動を計れ。瞬時も躊躇すべき時にあらず。蹶然進むで將來の社會を支配すべき組織の準備を爲せ。

論説

忠君愛國を論じて耶海波瀾の讀者に訴ふ（接續）

東京　丹靈々居士

第一　耶蘇教を信じ耶和華（エホバ）を奉ずるときは我國特殊の道徳を破壞す

第二　耶蘇教を信じ耶和華を奉ずるときは我國民たるの秩序を紊亂す

第三　耶蘇教を信じ耶和華を奉ずるときは皇國の皇典を破毀し及び典禮を攪亂す

夫れ一國の盛衰は人民道德の振と不振に由る故に。一國をして。隆盛ならしめんと欲せは。人民の道德を振揮すべし。抑も吾人日本人固有の道德とは何ぞや。曰く。忠孝是なり。故に吾人は君臣の大義を重んじ。父母に孝順を尽して。以て忠孝の大倫を完備し。以て一國を泰平にし。一家を安康にし。而して國家をして。靄然熙々雍々たらしめ。以て我國君民の淵源。卽ち　皇統を鞏固にし。民心を均一にせざる可からず。我國の　皇統は卽ち我國の神靈にして。之を傳ふる者は卽ち我國の　皇典なり。我國の　皇典は卽ち我國の尊重なる歷史なり。故に我國の道德。我國の秩序。我國の　皇典。此の神靈なる三者。相結合して我特殊の優美なる。體性圓滿するなり。故に苟くも我國民たる者は。忠君の丹心を竭し。愛國の衷情を盡して。益々其體性を健全にして。吾人の負擔する所の義務を。全ふせさるべからさるなり。

然に若し人にして耶蘇教を信じ。耶和華を奉ずるに至れは。我國特殊の道德を破壞す。如何となれは。彼れ上帝の外帝王なし。天父の外慈父なしと。斷言するが故に。其勢ひ吾人の尊重する所の。忠孝の二大倫を棄却せざるべからず。夫れ我國道德は。忠孝を基礎となす。其基礎たる忠孝棄却すれは。卽ち我國優美なる特殊の道德。破壞するに至れるものなればなり。

又耶蘇教を信じ。耶和華を奉ずるに至れは。我國の秩序を紊乱す如何となれは。彼は上帝の外帝王なし。天位の外王位なし。血統なしとするが故に。我國の　皇統を蔑視す。卽ち我万世一系の尊重なる秩序を紊乱すれはなり。又耶蘇教を奉し。耶和華を奉するに至れは。我國の　皇典を破壞す。如何んとなれは。彼は希臘の歷史。卽ち舊約全書を依佑して。我歷史を棄擲す故に卽ち我貴重なる　皇典を破壞するに至れる者なればなり。

而して耶蘇教を信じ。耶和華を奉ずるときは。我國　皇室の典禮を攪亂す。如何んとなれば。彼は上帝の外。他神を信するとを嚴禁す故に。畏くも我　皇祖皇宗の神靈をも蔑視して。之と奉崇せざるが爲め。遂に彼は典禮を奉祝せず。又旭章の國旗とも揭けざるべし。既に先年明治學院の國祭日云々に就て。吾人は某新聞を借りて。之と激論せしに。彼は是非を辯護し。或は無根なりとて。取消を爲せしも同時に某地方に於て紛擾を生じたり。而して輿論の攻擊。彼の詖膜に徹し。突然一の志向を案出し。帝室てふ尊號を唱道し。或は神は畏れ王は尊ふべしと。虚装したる小冊子を著作したるも。決して尊皇愛國の。誠心實意より出でしものに非らずして。盖一時輿論の激昂を避けんが爲に外ならざるなり。

而して朝陽の鳳鳴　聖詔の發する所。樵家蓬戸にまで洽ふして。國民擧つて忠君愛國の丹衷を竭して。以て聖旨に奉戴せんとするに際して。恐れ多くも。高等中學校に於て内村鑑三なる奴輩ありて。不敬の所業を爲して。大に輿論を激昂せり。又基督教主義の福音週報は。高等中學校の不敬事件を辨駁せんと欲して。層一層悪むべき不敬の文書を掲げたるが爲め。遂に丕發行禁止の嚴命を蒙りたり。即ち文に曰く。

福音週報　第五十號

吾人は今日の小學中學等に於て行はるゝ影像の敬禮。勅語の拜禮を以て殆んど兒戯に類することなりと謂はずんばあるべからず。憲法にも見ゑず。法律にも見ゑず。教育令にも見ゑず…………………………………………………………

勅語の禮拜は如何なる法律。如何なる教育令によりて定められたるとなるや…………………………………………………………

吾人は耶蘇教が我國の道徳を破壞し。我國の秩序を紊亂し。我國の　皇典を破毀する所の。悪意を含蓄する所以を如何なる事實に依て發見せしやと云ふに。彼の靑史を繙けば。其國を硝烟彈雨の中に。亡滅するもの枚擧に遑あらず。又彼の經典を見るに。吾人は爲に一大長息し。且つ恐れ且つ懼るべき破戒の語句あり。今其二三を掲げて。此經典を讀まざる者の參考に供せん・

馬太傳十章　三十四節より三十八節に至る

地に泰平を出さん爲に來れりと意ふなかれ泰平を出さんとに非ず刃を出さん爲に來れり夫わが來るは人を其父に背せ女を其母に背せ媳を其姑に背せんが爲なり人の敵は其家の者なるべし我よりも父母を愛む者は我に恊さる者なり我よりも子女を愛む者は我に恊さる者なり十字架を任りて我に從はさる者は我に恊はさるなり

同六章　二十四節

人は二人の主に事ると能す盖これを惡み彼を愛み此を親み彼を踈むべければなり

路加傳十二章　五十一節より五十三節に至る

我は安全を地に施んとて來ると意ふや我汝に告ん然らす反て分爭しむ今より後一家一家に五人ありて三人は二人に對し二人は三人に敵對して分るへし父は子に子は父に母は女に女は母に姑は婦に婦は姑に敵對して分るべし

羅馬人に達する書十三章

各人宜く國王の權に服すべし蓋し天主に由らざるの權はなし所有の權は皆天主の命ずる所なり故に權に逆ふ者は天主の命に逆ふ且逆ふ者は己に罪に定るゝを致す

又曰く

有司は乃ち天主の僕なるを以て爾に益を得るとを致す

又曰く

爾此に緣て宜く稅を輸すべし彼卽ち天主の僕なるを以て常に斯の職を守る

默示錄第十七章　十四節

天主耶蘇を名けて諸王の王諸王の主となす

（同十九章十六節に詳なり）

希伯來人に達するの書第一章八節より十二節まで

羅馬書第十四章　八節及九節

哥林多前書十五章　（各對照すへし）

國權と生死の權と卽ち王たるの大號は耶蘇基督に屬す嗚呼吾人は以上の數言を記載し。心識爲に恍惚し。筆を擱して。只啞然たるのみ。

韓子云く知らずして言ふは不智なり。知て言はさるは不忠なり。人臣となりて不忠は死に當す。言て當らさる亦た死に當すと。吾人は知らすして言ふに非す。知て言はさるにあらず。吾人は菲薄なる一書生なりと雖も。愛國の衷情と。忠君の丹心とを以て生息せるが。故に　皇室の損傷と。國家の危險に。大關係あるの事實を。彼れの經典より探り出し。彼の歷史に證徵して。之を一枚の筆に托して。以て一篇の文を作り。一片の丹心を吐出して。孟軻韓愈の跡を襲て。日本帝國の民心を。未た溺れさるに救んと欲するなり。（完結）

信教の自由に就て　（接續）

高田道見

日本憲法は明かに吾等臣民をして。信敎の自由を與へたるものなり。然れども其自由には嚴格なる制限あることを認識せずんばあらず。而して此の憲法は何を根本として制定せられたるか。卽ち日本固有の神道を根本基礎として制定せられたることは言を俟たざるなり。日本神道の多神敎なることは既に前述の如くなれば。此憲法の範圍に爭て一神敎を容るべきの餘地あらんや。彼れ一神敎が我國家の安寧秩序を妨くることは。百千の日月を並べて照すよりも尙ほ明かなり。彼れ一神敎が我日本の國躰を輕視し。我國天質の慣習風俗を破壞せんとすることは。論より證據既往の事實に徵して明かなり。此の如く夫れ我日本憲法は。信敎の自由に就て富士山の如き大なる制限あるにも拘はらず。動もすれば乃ち云ふ。信教は自由なり。耶蘇教も得たり天主教も得たり。マホメットも得たりユニテリアンも得たりと。何ぞ憲法第二十八條の精神に暗き。彼れ一神教の性質何ぞ我多神教と融通すべきの理あらんや。故に彼れ一神教徒にして。強て信教自由を口實とせば。彼等は明かに我日本の憲法を蹂躙せるものなり。是れ吾輩が多神教徒として排斥主義を唱ふるにはあらず。日本臣民の義務として。其慣習風俗の維持者として。法性緣起の規則と遵奉し。業感緣起の國土をして。因緣所生の臣民をして。永く皇祖皇宗の神靈に孝ならしめ。萬世一系の天皇に忠ならしめ。以て天壤無窮の宏謨に循從せしめ。我同胞兄弟と互に我有緣の國土に棲息し。此國土をして富國强兵ならしめ。我國光をして宇内に顯赫たらしめ。盡未來際獨立自治の大日本帝國たらしめんと欲するに在り。

然れども吾輩は敢て憲法を標準とし。勅語を標目として彼れ一神教を排斥するものにはあらず。設ひ憲法は未だ制定せられざるも。勅語は未だ賜はざるも。我國土の成立として。國土天然の規則として。我國開闢以來の風俗として。我鄉俗に隨はざるの宗教なるが故に。之を排斥するに用捨せざるなり。故に吾が此の論は憲法發布後の論として見るべきにあらず。遠く建國の昔に溯りて見るべきなり。深く天有の國法に照して見るべきなり。故に設ひ千有餘年吾國敎の形を成したる佛敎と雖も。孔孟敎と雖も。此國土と俱に備はりたる天則に反するの部分は速に削除せざるべからず。否な先皇は既に之を削除し。先輩は既に之を撰みて我國固有の天則に合せしめたるを以て。今更ら容喙すべきの點あるを見ず。知らず新來の洋敎果して我國家の天則皇範に合するや否や。果して我鄉俗に隨順すべきや否や。我國の臣民たるもの。眼を遠大にして信敎自由の範圍を辨別せよ。（完結）

日本の印度佛蹟與復會代表者堀内靜宇氏に書を與へて印度宣教の急務を論ず

印度人　ダンマパーラ

肅啓昨日余は先月八日發に係はる。數百萬の佛敎徒にまで。至大至深の關係ある事件に付て。吾が日本の兄弟に依て眞實に言ひ顯はされたる。最も趣味ある懇書を落手し。急ぎ之を拜讀せり。

偖て阿刀師は先頃日本佛敎徒の委員として渡來したるも。師は不幸にして英語に通せざる爲め其感情を吐くこと能はず。而かも師は充分相談せんと欲したれども。遂に其意を通ずるを得ざりしは實に遺憾なりき。

足下の知らるゝ如く大菩提樹會の組織以後。自餘の人々の爲め佛敎の法田に於て運動すべき方法に付き着々相運びたり。七世紀以後啻に一國に止まらず。全体に於て佛敎徒の聯合運動として。破天荒の計畫なりと云ふべし。古代佛敎の本國たる印度は十世紀以來凡そ一千年の間は。回敎徒の手に落ちたり。回敎徒は嚴格なる迫害を以て殿堂を始め佛典を燒き僧侶を殺し。遂に佛敎の古蹟等を破壞し去れり。而して回敎徒の迫害を免かれたる僧侶は支那及び西藏等へ遁避せり。

去る三十年の中印度の社會勢力に於て著しき變化を生じ。敎育は不思議にも進歩し。而して考古學及び東洋學者は彼等の硏究を以て。十七世紀以上に於て國民の運動を形成せし所の宗敎卽ち佛敎に付き。其過去の古蹟を發開したりき。書籍の出版に依て英國人は印度に於ける吾人の宗敎をして世に熟知せしめたりき。兎は雖も此の廣大なる印度全國を通じて佛敎存在を顯示すべき爲め殘されたる記錄は一も之なし。貴下定めて訝かしく思ふならんも之實際なりとす。現代敎育ある印度人は完全なる道德の軌範を有する宗敎を欠げり。去る一ヶ年以來新聞は大學に向て無宗派の道德軌範を採用する問題に付て囂々したり。而して政府も亦た此事に意を用ゆる事となり。識者は最も學理的に且つ宗僻なきものとして佛敎の道德軌範を慫慂するに至れり。

佛陀伽耶會の組織と去る十月三十一日佛陀伽耶に開設せし各國佛敎徒委員の集會以來は端なくも佛敎の擴張策は世上に顯はれたり。而して吾人の同志者は佛敎に關じ公衆の感動を喚起せん爲め各々充分盡力せり。會議の三日目にカルコッタ府の有力なる印度人は「アルハート」館に盛大なる會合をなし。佛敎文學を硏究し且つ之を弘布せんとの目的を以て。印度に於てブッヂスト、テキスト、ソサイチー（佛書出版會社）を組織するの相談をなしたり。不日余は此歷史的集會の手續に付き其報告書を送致すべし。兎に角に今日の狀勢たる世人の心中に於て佛敎に關じ之を知らんとする念慮は。日に倍々增長するものゝ如し。印度に於て若し佛敎を弘宣する目的を以て。其擴張會を組織せん爲め。佛敎徒相聯合して熱心に計畫する所あらば。吾人の盡力は決して無効に歸せざるべし。耶蘇敎は彼等の撓まざる氣力を以て種々の手段を盡して。其敎義の弘布を謀れども。印度人民は更に感動することなし。現に浸禮敎傳道會社は百年期に當るを以て。印度に於ける布敎事業の費用として十萬磅を募集せんことを望めり。二億の人民ある印度は實に曾て無上に支配をなしたる所の宗敎の眞理を宣布する爲め。廣大なる法田を供へたりと云ふべし。

佛陀伽耶。クシナガーラ。ベナレス等の諸佛蹟は今や英國政府の監督の下に在り。而して要する所のものは此神聖なる土地に。再び佛敎を弘布するにあるなり。「サンガー」なきには佛敎は何れの處に於ても隆盛なること能はず。何となれば彼等は佛陀の國に於て直接の監督者なればなり。一百の耶蘇敎派幷に他宗派が各自の敎義を弘通しつゝあるにも拘はらず。印度全國中に自已の信仰を説示する佛敎家は更に之無きなり予は之に就き考ふれば考ふる程佛敎徒の彼れ自身の利害に迂濶なることを覺れり。

若し貴下等にして貴國人民より單に十万ルーピーを募集し得んには。吾人は佛敎弘通の爲め一の最も好き組織を發表し能ふなり。佛敎文學を英語及び印度語に飜譯し。佛敎小冊子を出版し。且つ日本錫蘭暹羅等より凡そ十數人の青年佛敎徒を支持すること等は。第一の事業なりとす。ベナレスの「ラーアハーク」の古蹟は英國政府に依て今や將さに發堀せられんとす。是れ昔時釋尊が説法せし所なり。而して釋尊が入涅槃の靈場たるクシナガラの古蹟は美麗に修繕せらる。嗚呼佛敎の法田は印度に於て用意せられたり。然れども吾人が望む所以のものは。即ち義淨三藏玄奘三藏の如く自から困苦を辭せざる氣象を以て。事に當るべき熱心なる經營者の一體と要するなり。太菩提樹會は已に菩提樹より殆んど五十尋を隔てたる所に一の土地を買入れたり。現今サーエドウヰン、アルノルド氏は佛陀伽耶大塔引渡に付き。マハントと談判せん爲め將さに印度に來らんとするが故に待受けられたり。而して氏の重要なる事業に於て氏を輔明する爲め其實行の手段を取ることは貴會の爲め尤も適當なりとす。余は日本周報に於て此冬氏が印度に來る以前に數ヶ月貴邦に留まることを知れり。氏は佛敎徒の爲め盡力せんとて印度政府より特許を受けたり。余は貴會が氏に面會し此重要なる事件に於て。其歷史的天職の成効あらん爲め。充分貴下等の赤心を推し氏と商議あらんこと。貴會の爲め好都合なりと信ず。

今日吾人が行はざる可からざる一は則ち印度に於て佛敎弘通の爲め。耶蘇敎傳道會社の如き同一の基礎に於て。佛敎宣敎會を組織するにあるなり。英語に熟達せる日本の青年佛敎徒はカルコッタ府に止住し。其本部を設立し而して宣敎の事業を肇めざるべからず。其人員は先づ六人位を要すべし。尤も此事業は到底一年位に成功するものに非ず。吾人實際の成功は少くとも六七年を要するなり。

吾人が印度に於て一たび此事業を企てし以上は將來の成功は

必然なり。余は玆に再び設ひ僅少の人數と雖も。熱心なる青年を要することを斷言するなり。多分貴下等は神智學會長オルコツトの退職を知らざるならん。氏會長辭任以來は日本佛敎徒及び其他の諸國佛敎徒より。招聘せらるゝに非れば實際何事も爲さゞるべし。若し吾人氏をして佛陀伽耶に住居せしめ。万國佛敎徒の聯合に付き其指揮者となすに至らば。頗る適當ならんと思惟す。但し夏期には氏其攝生の爲め佛陀伽耶を去つてマドラス市の近傍なる。南印度オーターカマンドに於て寓居せん。此處には氏其財産を所有せり。氏は日本錫蘭緬甸チタゴン等の佛敎徒に付て。種々廣き經驗を有するが故に佛敎徒の同異を整理するには氏に若くものなかるべし。余は吾曹の運動の偏に成功せんことを欲するか故斯く言ふなり。若しオルコツト氏にして佛陀伽耶に止住するとならば。吾曹は事務所の本部として其止住所を造らざるべからず。而してカルコツタに於て小本部を買入るゝことも亦た必要なり。印度の各派宗敎者は何れも其寺院及び會堂等を有せざるはなし。而して佛敎徒は一も所有せざるなり。善良なる我が阿刀師は熱心なる愛國者然れども其人はあらゆる障礙に拘はらず之と相鬪ふて屈せざるの氣象を欠げり。數世紀の間荒蕪せし土地は其雜草を抜去る爲め。着手せし最初に於ては必ず頑固たるを免かれざるなり。然れども屈撓せざる芟除は遂に其希望せる結果に到着せざるを得ず。今や佛敎擴張の時機は恰かも到來せり。敎育の進歩に從つて世人古代妄斷的思想の林中より脱出し。理想的耶蘇敎よりは他に實際的の宗敎を求めんとするが故に。到る處僞辨者及び妄信を駁撃するもの陸續として出現するに至れり。而して佛敎は實に他の宗敎が自由攻究の氣象の世に傳播するを憂ふるの時に當り。此自由攻究に適せる唯一哲學なりとす。予は是より印度に止まり佛敎の爲め盡さんとす。然りといへども現今予は單獨にして他に共同すべき人なし。此事業に於て盡力せん爲め有力にして且つ公義ある同志の出で來たるは將さに近きにあるを知るなり。來月余は佛陀伽耶會と他の佛敎國との間に聯絡の機關として英語を以て月刊雜誌を發行すべし。現今カルコツタ府に於て佛敎徒の止住所なきは頗る不自由を感ず。若し適當の家屋あらば余の爲めに便利なりしならん。然れども之無きを以て餘儀なく吾友人ベンガル神智學會書記ニール、コモル、ムキイス氏に依賴し。當分同氏の宅に寓居せり。日刊雜誌は成るべく廣く世上に配布せんと欲し。而して世に佛敎の同感發生するに從て吾人は益々本誌の發達して。遂には土人の爲めベンガル語の新聞をも發行するを得るならん。然れども是等の事業は漸次を期して為さゞる可からず。終りに臨んで一言すべきは。吾人は吾人の宗教及び人類の善事に於て互に相提携して運動せんことを希望するなり。

編者曰す此一篇は少く時に後れたるの感なきにあらずと雖も印度佛教回復に關して如何に彼れダ氏等が熱腸を絞ばりつゝあるかを察すべきものあり依て此に掲げ我が佛徒諸氏をして印度宣教及び佛蹟興復の感情を煥發せしむ。

儀式習慣の宗教に關する効力

默々居士

宗教とは何ぞや。人類の靈魂を調和する最大音楽なり。人間生死の大問題と観念する最高學問なり。百科學術の上に超絶せる最深眞理なり。眞如の光を發して暗憺たる苦界に墮落したる世人を照らし。生命の水を流して悲慘の域に沈淪したる萬人を活かすものなり。一言以て之を謂へば。天下の萬衆を濟度して。無限の光明を仰がしめ。無限の慈悲と與へ。無限の精神を注入して。以て絶對美妙の淨界に導くの最大活力を備へたるものなり。

吾人が信ずる主観的宗教（即宗教の本体）なるものは斯の如し。然れども此主観的宗教を進めて以て客観的宗教となし。宗教の本体を明にして以て其現象を顯はし。而して千變萬化の妙用靈働を試みんと欲せば。必ず神聖尊嚴なる儀式を用ひて以て弘教傳道の一大利器（方便）となさゞる可からざるなり。

吾人が所見を以てすれば。儀式と習慣とは其名稱と異にすれども其實同一なるものなり。何となれば此に儀式の泉源ありて初めて習慣の支流を生ず。我が佛教に讀經。禮拜。讚嘆。供養等の儀式ありて。而して後ち其習慣從つて生じ。彼の耶蘇教に祈禱。洗禮。演說。讚美歌等の儀式ありて。而して後ち其習慣從つて起りしが如きものなり。

廣大深遠なる宗教の眞理を裝飾するに宏壯美麗なる儀式と以てすれば。是れ實に天下萬人の耳目を聳動して。其宗教的信仰と發生せしむるに足る。試に儀式習慣が宗教に與ふる偉大なる勳功。赫耀たる効績を觀よ。佛教の一大殿堂は突兀として雲漢に聳へ。金碧は爛燦として眼目を眩す。進んで堂内に入れば宮殿樓閣の中。黃金を鍍めたる聖像は卓然として慈愛溢るゝが如き尊顏より。燦然たる光輝を放ちて萬人の眼と射り以て敬仰の念を發せしむ。（光顏巍々。威神無極。如是燄明。無與等者。日月摩尼。殊光燄耀。皆悉隱蔽。猶若聚墨。如來容顏。超世無倫。正覺大音。響流十方。功勳廣大。智慧深妙。光明威相。震動大千）。清亮哀雅なる音樂は洋々として變耳に響き以て心意を沈澄ならしむ。馥郁たる香煙は薫灼として鼻を衝き以て精神を温和ならしむ。其他幽玄なる讀經。凄寂なる鐘聲。莊嚴なる美術的裝飾等は。吾人の目を動かし吾人の耳に感じ。覺へず吾人をして沈默ならしめ。吾人の體を震慄せしめ。吾人の心意を廓廓ならしめ。滿腔の血誠を捧げ。然ゆるが如き感情を揮つて、合掌膜拜せしめ。遂に吾人の凡身を驅りて佛陀の聖身と冥合せしめ。絶對無限圓滿完全の快樂を享受せしむるに至る。嗚呼宗教儀式の効力此に至りて極まると謂ふ可し。吾人豈に佛教の儀式を尊崇し。佛教の儀式に從遵し。佛教の儀式を感覺して。大聖世尊の眞言を確信し。金剛不壞の大信心を獲得せざる可けんや。吾人豈に佛教の儀式を歎美欣悦して。彼の人心の邪惡を攻むる恰かも雷電の萬物を擊つて之を破碎するが如く。彼の失望。憂鬱。苦患。煩惱。無明を一掃する恰かも太陽の積雪を照らして之を釋かすが如く。彼の良心を發達する恰かも日光が草木の萌芽を成長せしむるが如き。至大至剛の勢力を有する。彌陀本願の絶大活力を經驗し感觸し信仰せざる可けんや。嗚呼豈に吾人の精神をして佛陀大悲の靈活勢力と感合交接せしめざる可けんや。

飜つて耶蘇教を觀れば。彼の天主教の如きは最も儀式を重んずるものゝ如し。試に彼等の教會堂に至れば。耶蘇十字架に磔せらるゝの像。聖母抱耶蘇像。紅蓮花の蕾に似たる心臟に十字架を刺すの像等。摸造眞に逼まり巧妙目を奪ひ。異教の吾人も端なく無限の感情を惹起するに足る。然るを況んや該教の信者が其會堂に入り來りて。一心默禱其感情の湧出する光景果して如何ぞや。嗚呼歐米思想の潮流は狂瀾山を覆へすに係はらず。理學哲學。無神論唯物論の攻擊天を捲ひて該教の壘壁に迫まるに關せず。悠々として其進路を開拓しつゝあるものは何ぞや。是れ實に萬古不變なる人間の感情を震動する所の儀式的作用の効績に依らずば非ざるなり

論じて此に至れば儀式習慣の宗教に關する効力何ぞそれ偉大なるや。現今我國の佛教運動が停滯不振の域に陷りたるに關せず。千障萬礙交々佛教の進路を遮ぎるに係はらず。猶は幾百万人の信仰を維持して鐵鎖の如くならしめ。此信仰の發する所は忽ちにして雄大偉麗なる東本願寺の殿堂となり。忽ちにして抱負遠大なる西本願寺の護持會となり。忽ちにして青年佛教徒の海外遊學となり。忽ちにして幾多の佛教僧侶養成とならしむるものは。實に儀式の効力習慣の權勢與つて力ありと謂はざるを得ず。然り而して此儀式此習慣は一朝一夕にして消滅するものに非ずと雖も。世運の進歩に隨ひ。人智の發達に適して其改革を圖らずんば。大に其價値を減ずるもの

なり。啻に其價値を減ずる而已ならず。遂には一般世人に厭忌せられて亡滅を招ぐに至るは明々爭ふ可からざるの事實なり。宗教の現象たる儀式習慣既に亡滅に至らば。其本体たる宗教豈に獨り全きを得んや。現象既に倒るれば本体又た從つて倒る可きは彰明較著なる事實なり。方今我國の佛教家たる者は明目張膽して儀式習慣の一大改革を斷行せざる可からざるなり。

寄書

布教法に關する本山の宗規を論ず

志摩紫陽

世に窮屈と云ふもの程うきものはあらじ。天に窮屈あるときは發して雷鳴となり。地に窮屈あるときは發して地震となる。人に窮屈ある時は鬱すれば發狂となり。散じては大不平となる。宇宙の廣き人世の無終なるは今更云はずもがな。さればこの洪大なるこの悠遠なる宇宙人世を支配し之に容て滿ざるとなく。之を蓋ふて足らざるとなき所謂眞理又此窮屈なるもの存在する乎。切に云へば眞理を基礎とする處の佛教にも此怪物存在する乎。佛教豈にこれらの怪物を存するものならむや。佛教の天地は廣濶なり自由なり。豈に一點窮屈てふもの存じ居るものならむ。さるに怪むべき事あり。そは何事ぞ。この佛教を布教するに殆んど硯箱の區切のやうな杓子定規あつて存在す。近頃ろ予自ら遭遇してほと〳〵仰天せし處のものありき。云く東派の僧族は西派の寺院に於て演説々教等をなすとを禁ず。曰く西派の僧族は東派の寺院に於て演説々教等を爲すを禁ず。曰く之を犯す者は一年以上住職等の權利を停止すと。奇なる哉この法律や。窮屈なる哉この宗規や。

すぐる日のとにてありき。大谷派の名僧平松理英師布教のため來駕せられき。灌閣を鬼の如く尊む東派の僧族は辨慶が天降りしが如く。東奔西走して某寺院に於て佛教演説を爲さしめたりき。時々佛光派の一僧あり平松師の依賴により。起て快活なる演説をなさむとせしき。咄何事ぞ某寺の和尙。叫んで云く之れ宗規に背く乞ふ速に去れと。茲に於て甲論乙駁恰も西瓜畑に暴風の吹き荒れたるが如く。圓頭の飃ると流星もたゞならざるの景況にてありき。予は直に平松師に面會し其不都合を詰論し。之れ佛教の仇敵なり。之れ豈に布教法上の一大汚點にあらずして何ぞ。本山は佛教を擴張せんと欲する乎。必ずや其意にてはあらざるべし。何となればかゝる宗規を宗規として順守し居ればなり。師は本山の切れ鎌なり。宜敷之の野蠻的宗規を徹去するに盡力あれ。師以て如何となす。平松師暗然として曰く予も眞に其不都合を知る。予は漫遊中西派の寺院に於て演説と爲しき。予は宗規が果して實行され居るべきや否やを知らず。君乞ふ穩に今夜の事を治め呉よ。之れ其際に於ける予と師との論談にてありき。知れ本山の有識者は皆な宗規の違背者なることを。

腐敗の尤も甚きは政治界に若くはなかるべし。されど若し我が佛教界に於てかゝる宗規の存在しあらん限は。予輩は佛教界を以て腐敗の尤なるものと唱道するに躊躇せざるべし。

今や佛教界中錚々の人物多し。此等の士人馬を並べて教界に電馳し。煙塵砂風に劔と振つて惡魔を打ち。朝嵐夕景に建設事業をなさば。芙蓉豈に大液を出だすに異なるあらむや。東派の人物誠に濟々。西派又人物なしとせむや。外教に當るに東西両軍の英雄を以てす。之れ魯に當るに英佛の鋭兵を以てするクリミヤ役の如しと云ふべし。布教事業に西東両派の一致を以てす。之れ業平朝臣に田村麿の威嚴を以てするにあらずや。我は我たり彼は彼。之れ豈に慈悲忍辱博愛達智の佛僧が唇を動すの事ならむや。況んや布教交通は宗規上之を禁止しあるとは云へ。見よ實際上空に舞ひ地に躍るにあらずや。既に業に習慣となりて吾人之と怪むに足らずとはいへ。世に某寺の馬鹿和尚の如きもの多々之れあらん。故に要は其淸あらざる其腐れたる本山宗規を抹殺するにあり。其本山布教法に關する宗規をいとも文明的に。いとも宗教的に改良するにあるなり。予はかく云ふ世僧以て舌を出すや否や。

法律は不動物なり社會は進歩しつゝあるなり。故に成文法は常に不完全を免れず。之れ不成文法の功用を喋々する者ある所以なり。之れ英國に衡平法の發生せし所以なり。宗規は教界の法律なり。現今の日本にあらざる日本に於て編纂せし處の法律なり。現今の日本にあらざる日本は現今の日本よりも不文明にてありき。故に不文明時の宗規は現今の教界に於いて果して完全と云ふべきや否。本山の立法者は穴藏を住居となし居るにあらざるべし。飛動活潑波高く雲黑きこの活天地に於ては。泉水築山の細工を以て世間を定規するとの非なる。二尺の丈夫と雖も明に之と知る。況んや黑衣の首相其人に於てをや。教界は牢獄にあらず。寺院は雪隱にあらず。僧侶は番頭にあらざるなり。窮屈ならしむる勿れ。憂きが中にも憂きものは究屈と云ふものなりけれ。

悲哀論

鏡江　菊池須奈雄

曾て李密が物せし過古戰塲文を讀み。意匠慘憺人事哀絕。自ら彼れ沙礫に暴されし白骨を枕にし。白天艸を斬る寒風に冰れる血に浮び今に神目繼々一種の快感を忘れず。古今東西の詩文と讀み。殊にゴールドスミスの荒村の詩を吟し。バイロンのチョンの牢囚と讀み。或は白樂天が長恨歌を詠じ。或は平家物語をよみ。人生の同感は忽ち火の如く燃へ忽ち雨となりて落ち。一過多々の日月を過ぎ去るも。獨り此の悲哀の快感は忘れんとすれども忘る能はず。是に於て乎何故に悲哀の詩歌嬉れし乎。嬉からぬ悲事何故に面白やの疑問。吾人をして今や斷案せしめんとせり。

思ふに是れが大出處を明にせんとするは非常の困難にして。或は心理上。審美上。論理上綜合し分拆せざれば十分と云ふべからずと雖。吾人の淺學其の斷案すべきもの又た抽象的の空論に過ぎざるへし。夫れ然り吾人が此論亦た一個の自信自按に過ぎざるなり。

（一）悲哀の性質　悲慘の出來事を見るも聞くも讀むも涙出でんとして氷り涙氷らんとして出つるの境遇に到れば。吾人が心中悉く眞面目となり其の遇する事物の種類。若くは見聞せし人の風采。異なるも均しく眞摯となるものなり。若し涙の中若くは同感の時。少しだも輕笑輕薄の性質を含む時は。既に悲哀の眞快感を失ふたるものなり。智慧少く才無き朴訥談々の爺孃村芝居をみて千人均しくまじめに同感を表し。若くは同感を示す時は多少外物の妨害は耳にも目にも入らぬものなり。而して嬉樂の如きは或は柏手喝采して喜び。或は別に面白きことなしと互に其の同感を異にすること數多あり。是れ樂しきものは輕敏なり。急突迅速なり。變化甚だ早やし。故に眞面目の性質少なし。

たとへば旅行せし人が彼山此水の妙絕なるに非常に感じたることなく。天下の奇絕巧絕と云ふものに非ざれば曾て快感極りなしと呼ぶものなし。然るに旅行の後互に會して先日の行旅を如何にも愉快らしく話すもの。必竟するに行旅中の困難に汗を出して。嗚呼退くに如かじと嘆息し。或は飢餓行くに忍びずと云ひ。或は雨風骨に徹して路失ひし當時の悲慘を追回して。一種の快事と起すなり。人誰れかエデンの花園を好まざらん。然ども悲哀は人生の一大快感として思はる。此れ悲哀の性質が全く眞面白に。又永久的のものなればなり。

吾人は平生能く同鄉の親睦會に行けり。又たは親屬の祝宴に臨めり。此の時の快感や急に來り一時に動けり。然れども父母兄弟朋友の疾に際してや。心中愴然として血涙逆り。何等の快事を以つてするも此の悲哀は去るべからず。此の時や吾人は一種の別心事となり。念中愁然として哀しむ。夫れ樂の快感は其の境遇に達する迄は。時に勃興し時々沈沒し。一條の快感は樂事に達する迄は存するものなり。只だ過ぎ去れば一生涯追念の中止まるもの至稀なり。若し夫れ悲哀の事に到りては追回の糸斷へざるものなり。吾人を以てすれば樂事は消極的にして。悲哀は積極的なりと信ず。蓋し人生一生涯の間遇するもの玉殿金冠の富者も。茅茈不斬土階三尺の賤家も。其の平生樂しきものよりも憂へるもの少しとせず。若し悲哀娯樂が肉体上の形式によりて量らるゝものなりとせば。冷烟土爐に迷ひ襤褸を着するの貧兒はど世に罪人なるものあらざるべし。而して馬車輕々十字街頭意氣優然たるの御姫公達より世に幸榮はあらざるべし。然れども彼れも人なり。唯人なるが故に香氣紛々の間に痛苦を絞ぼり。寒天野に立つの夕に憂ふ。蓋し人生は長日月の一大波瀾にして。希望淡薄小兒の如き人にあらざれば憂なき能はざるなり。要するに天下多衆の人。人生多分の境遇は悲哀の間に轉々するものにして。其の天を怨み地を怨みずして成立する所以は。冥々の間に何人も一個の樂點を望み居ればなり。されば人間の胸中殆んど悲哀の間に以て盈されたる。其の間に偶然突然樂事に逢ふも是れ瞬間の出來事に過ぎず。故に娯樂は人生凡常の間には常に消極的の性質を有し。悲哀は積極的の性質を有するものと云はざる可からず。たとひ手足を飛はしむるの快事あるも必竟するに永久的に非ず。（未完）

蒐　録

愚迷發心集　　解脫上人

敬白十方法界一切三寶日本國中大小神祇等而言。弟子五更眠寤而寂寞床上雙眼浮泪而債有思連。其所以何者。夫無始輪廻以降死此生彼之間。或時鎮墮三途八難之惡趣所㝵苦患。而既失發心之謀。或時適感人中天上之善果。顚倒迷謬而未殖解脫之種。先生又先生都不知生々前。來生猶來生全無辨世々終。常處地獄如遊園觀。在餘惡道如已舍宅。我自何處來又去受何身。付親付疎皆今生始見人也。云神云佛亦此度纔知者也。彼弟子之本師釋迦牟尼如來昔在靈山之時。十方所有之群生悉雖蒙其益。三界輪廻之我等其時在何處。黃金端正聖容出五濁惡世。惠眼早盲全不見之。迦陵頻伽音聲響三千世界。天耳已聾都無聞之。隱照于東方八千土之光。漏從阿鼻獄上至有頂之益。遂化緣已盡龍顏永入金棺之底。荼毘時至而聖容忽昇栴檀之煙。已來毒氣深入之輩不知擣簁和合之藥。爲毒所中之類無守好色香藥之敎。闇中彌重闇夢上猶見夢。可驚之法皇音永絕而驚峯山暮嵐獨吟。可照慈尊月未出而鷄頭城曉空猶遙。生佛前佛後之中間無出離解脫之因緣。住粟散扶桑之小國闕上求下化之修行。悲又悲者漏在世之悲也。恨更恨者沈苦海之恨也。何況自曠刧來至今日惑業深重而既嫌十方恒沙佛國。罪障猶厚而今亦來五濁亂漫之邊土。嗚呼八相成道之昔獨雖漏如來之出世。二千餘年之今僅得聞慈父遺誡。寶聚之山際不望自入也。當以貧匱之家中不取後悔乎。難受易移人身。難值希得佛法。何行業爲今生思出。默止於此者盡失大利哉。況一入惡趣已曠刧爲難出。設亦受人身値佛法尤難。早拋萬事當勵一心。實非此度者始而企何時哉。就中時遷質改百年齡漸闌。春去秋來三途之鄕已近。初中後年有何所貯。命卽隨日而促。身口意業所作多罪。數又追時而增。行住坐臥所積幾業。云常樂我淨之顚倒。云生老病死之轉變。片時無豫億刧無窮。何況風葉身難保草露命易消。昇野邊煙在今乎在明乎。伴芒庭苔待晨哉待暮哉。南隣哭北里哭。送人之泪未盡。山下慘原上慘。埋骨之土無乾。寒洞之夜月獨留影於荒原之骸。連峯之曉嵐纔問哀於塚側之松。傷哉親交語芝蘭友息止者遠送。哀哉新結契斷金之眤魂去者獨悲。曾飯春空之鳫歸音千霞中。僅鳴秋野蛬頻訪千籬下。頗所殘者染筆跡適所呼者失主名。況又春朝翫華之人夕散北邙之風。秋夕伴月之輩曉隱東岱之雲。昔見人今無唯訪絕跡之芒屋也。今聞類忽去亦埋荒硐之慣墓也。人往我殘是爲有爲不有矣。體去名留彼夢歟非夢歟。一生易過萬事無實不異朝露相同夕電。如燈滅再不見魂去人無重來。豈圖敷裝樹華化風散。蕭瑟庭芊遷霜枯。加之槿花一晨之榮無夕。郭公數聲之愛不久焉。視聽所觸併雖發心便。世事無暇都不能思寄。抑電光何物歸嬈而忽滅。我身幾程見有焉逝。一顧往事深更之夢空枕上。再想將來幽冥之路在趺下。倩觀世間轉變者哀傷之淚餘袖。靜思此身浮生者憂懷之悲銘干肝。凡每見身資體針貿用幾許程。每尋氣出入僅通保今其限。況年月不圖遷後山水之流庭。身體不覺衰危於舊宅向風。當何時節而靑眼永閉欲隔再會。又移何野棄而白骨新曝欲伴塊塵。屠所之羊今幾步無常之道。閻魔之使何時臨朽宅之窓。電泡之難保身送旦暮之際。草露之無程命待日出計。不知今時拔精之猛鬼捧鉾而欲來樞下不辨。自此日極重之病苦受身而欲無爲死。況衆病集身可驚可怖頓死遮眼不可不顧。此世豈牢固。以衆緣暫成也。我身寧堅執以名字假人也。設樂不可樂遂有始有終故。縱惜不可惜終生者必滅故。天上人王快樂不好。世々既歷故胎卵濕化行苦可悲。生々恒惱故。不如只水沫命未消之前務企來世之營。風前燈歸殘程宜脫險難之道。今生刹那之快樂實以無益夢中困故。未來長刧惱深是可厭迷前憂故。期明日莫存懈怠過去未發心故。今既爲常沒之

凡夫。今生空過後彌爲惡趣之異生。豈只暗然而徒涅雖有日月哉。寧亦緩慢而不求易得寂要乎。(未完)

釋迦牟尼世尊ノ金言

釋迦牟尼世尊ハ佛敎ニ就テ是ノ如ク宣ヘリ。衆生ヨ如何ナル敎義ト雖モ。若シ平和ニ反シテ情緒ヲ煽起シ。恭敬ニ反シテ驕傲ヲ慫慂シ。少欲ニ反シテ貪慾ヲ誘導シ。隱遁ニ反シテ世俗ニ愛著シ。熱心ニ反シテ怠慢ヲ生シ。止足ニ反シテ不滿足ヲ主張スル所ノモノハ。總ジテ是レ佛陀ノ法若クハ律ト稱スル所ノモノニアラザルコトヲ覺知シテアレ。而シテ衆生ヨ如何ナル敎義ト雖モ。情緒ニ反シテ平和ヲ勸メ。驕傲ニ反シテ恭敬ヲ主トシ。貪慾ニ反シテ少欲ニ安ジ。世俗ノ愛着ニ反シテ隱遁ヲ守リ。怠慢ニ反シテ熱心ヲ勵マシ。爭奪ニ反シテ止足ヲ旨トスル所ノモノハ。卽チ所謂法若クハ律ト稱スル佛陀ノ敎義ナルコトヲ知了シテアレ。

(ライス、ダヴイツ氏ノ西南佛敎經典ノ抄譯)

東行旅談　　行誡上人

三寶義林(慈恩大師義林章中一科)の中三種四種の三寶を出す。其中一體三寶同體三寶と云へるは。已身卽佛法僧と云へることにて。いはゆる直指人心見性成佛など云へると同意なり。禪家にては此地位に到ることを硏究すべきなり。實に向上の法門なり。此中に在ては威音王の昔も釋迦達摩の今も我か喫茶喫飯も一体同体にて。今もなく昔もなく凡もなく聖もなく迷もなく悟もなきなり。されば圓覺經には生死涅槃昨夢の如しとも。八万の敎法は月を指す指の如しとも說き。古哲は門を叩く瓦子とも唱へ玉へり。爾れば則趙州の一無字を示し。黃檗の三十捧など云へるとも。此の地位に至らしむるの勝方便なるべし。而して天下の衲子此に投機するもの夫れいくばくかありや。世澆季に屬し人浮薄に流る。今日にしては大方空腹高心多く口頭三昧に坐す。是禪家の弊のみに非ず。各宗亦同嗅を追ふ。寧ろ慚愧せさるべけんや。願くは住持三寶の意を體認して。泥木塑像の佛寶は恭敬奉事して輕心慢心を生ずると勿れ。黃卷赤軸は法寶なり。一字半點といへとも佛陀の汗血より出づ。供養すへし讀誦すへし。思惟觀察すべし講說流行すべし。法師功德品に五種法師を說き。瑜伽論に十種法行を說ける此れが爲なり。維摩經に文字性離と說玉へるは文字の本體不思議解脫なりと證せしむるなり。文字を捨てゝ性離を尋ぬるには非るなり。不立文字者流の八やゝもすれば佛祖の凡子を珍襲して經卷を蔑視す。抑迦葉結集の意に背くものと云べし。希くば常に務めて眼を三藏に遊ばしめ意を三學に安置すべし。僧寶とは何ぞや。僧具さには僧伽と云。此に和合と翻す。所謂同見同戒の六和敬を云。方今末法稍法滅の前兆を現す。何をか前兆と云。戒律を忽緒するなり、宗見を主張するなり。戒律を忽緒すれば剃染名有て實を失す。いはゆる肉妻の命を悦ぶ者是なり。身既に流俗に墮し俗士歸敬の心を破る。己れ人に輕蔑せらるゝのみに非ず。寺門も隨て衰頽すゐはれむべきの限なり。自ら三省して深く慚愧すべし。誤て邪見の外道見に墮すると勿れ。宗見を張る今日にして止むこと得ざるも。其實佛法一味の理教に乖違す。我他彼此の見より同法の中に於て勝劣尊卑の念を生ず。是を人我に縛せられて解脫の道に疎しとす。昔しは玄奘三藏法相宗を弘む。五位百法を說て教相中の傑出なる者なり。然り而して我が道昭法師に傳るに教外の禪法を以てす。(元亨釋書第一)神秀禪師は五祖七百門下の頭角なり。而して時々勤拂拭の偈書す。此は教內の佛法なり。禪にして教を說き。教にして禪を示す法乳一味に達すればなり。宗見に着して自讃毀他するもの。及ばざる處なり。夫今日に在て宗見なかる可らす。而して抗を守て劔を待ち。柱に漆して琴を彈するか如き。いはゆる甘露毒となるとを免れざるへし。知らずんばあるへからす。古に曰悟る者は法華を轉し。迷者は法華に轉せらると。夫つゝしまざるへけんや。思はざるべけんや。「庚辰六月枋木縣鷗下善野寓舍にして書す金剛寺祖隆禪師の請に應ず」

三緣山老衲　行誠

靈元天皇寛文五年七月時の將軍德川宗綱老中をして諸宗寺院條目なるものを制定せしむ所謂當時の宗教條例とも云ふへきものか固より其主意は干渉政略に出てたるものなれども又以て德川氏の大に意を宗教に用ひしことの尋常ならざるを見るへし其全文を玆に揭けて讀者の瀏覽に供す

諸宗寺院御條目

先憂後樂齋主人

一　諸宗法式不可相乱若不行儀之輩於有之者急度可及沙汰事

二　不存一宗之法式僧侶不可爲寺院住持事

附立新義不可說奇怪之法事

三　本末之規式不可乱之縱雖本寺對末寺不可有理不盡之沙汰事

四　檀越之輩雖爲何寺可任其心從僧侶方不可相諍事

五　結徒党企鬪諍不似合事業不可仕事

六　背國法輩到來之節於在其屆者無異儀可返之事
七　寺院佛閣修復之時不可及美麗事
　附佛閣無懈怠掃除可申付事
八　寺領一切可仕賣買之並不可入于質物事
九　無由緒者雖有弟子之望猥不可令出家若無據仔細於有之者其所之領主代官江相斷可任其意事
右條々諸宗共堅可守之此外先判之條數不可相背之若於犯者隨科之輕重可沙汰之猶載下知之狀者也
　寛文五年七月十一日
一　僧侶之衣躰應其分限可着之並佛事作善之儀式檀那雖望之相應輕可仕事
二　檀方建立由緒有之寺院住職之儀者爲其檀那計之條自本寺遂相談可任其意事
三　以金銀不可致後任之契約事
四　俗在家構佛檀不可求利養事
五　他人者勿論親類之好雖有之寺院坊舍女人不可抱置之但有來妻帶者可爲格別事
右條々可相守之若於違犯者隨科之輕重可有御沙汰之旨依仰執達如件
　　　　　　　　　　大和守　久世
寛文五年七月十一日
　　　　　　　　　　美濃守　土岐
　　　　　　　　　　豐後守　阿部
　　　　　　　　　　雅樂頭　酒井

東坡居士九相詩

紅粉翠黛唯綵白皮。男女婬樂牙抱臭體。身冷魂去弃之荒原。雨灌日曝須臾爛壞。燒即爲灰焉見昔質。埋亦爲土誰思滔交。爲之惜名其名冷於谷響。爲之求利其理空於春夢。順我以爲恩愛。逆己忽作讎敵。順逆二門豈不忘緣。皆是執無我之我計無常之常。四種顛倒眼前迷亂。世人猶可恥況於釋氏乎。

平生顏色病中衰。芳躰如眠新死姿。恩愛昔明留猶在。飛揚夕魄去何之。觀花忽盡春三月。命葉易零秋一時。老少元來無定境。後前難遁速與遲。（第一新死相）

盛なる花の姿もちりはてゝあはれに見ゆる春の夕暮

花もちり春もくれゆく木の下に命も盡きぬ入相の鐘

肪脹新死名難言。既經七日貌纔存。紅顏暗變失美麗。玄鬢先衰纒草根。六腑爛壞餘棺槨。四支洪直臥郊原。郊原寂寞無隨者。獨趣冥途中有魂。（第二肪脹相）

淺からず死なば共にと契りける人はよそなる逢生の宿

散り安き秋の紅葉は霜かれて見しにもおかぬ人々の色

骨碎筋壞在北芒。色相變異難思量。腐皮悉解青黛貌。膿血忽流爛壞腸。世上無常追日現。身中不淨此時彰。自斯新友捨空去。蕭颯涼風似問裳。（第三血塗相）

皆人の我もの貌に思しに此身の果となれる姿よ

月にそへて替る姿の黛は消てあとなき露の身ぞうき

縱傾海水雖爲洗。方亂相時豈得淸。白蠕身中青蠢々。青蠅肉上幾榮々。風傳臭氣二三重。月照裸屍四五更。悲哉叢邊新舊骨。年々相續不知名。（第四方亂相）

恨みても甲斐なきものは鳥部山眞葛原に捨てらるゝ身を

何とだゞかりなる色をかざるらんかゝるべしとはかねて知らずや

野外人稀何物有。爭屍猛獸不能禁。朝見肪脹爛壞貌。夕聽虎狼噉食音。飢犬吠嘷喪歛地。貪鳥群集棄村林。今世榮望夢中夢。對是豈無慚愧心。（第五噉食相）

鳥部野にあらそう犬の聲聞けば兼て浮身の置處なし

是を見て身は浮きものと思しれ何の恨みか玆にあるべき

可憐累々古墳邊。顏色遂消筋節連。餘肉半青春草上。殘皮空瘀曉風前。秋霖洗處骨途露。朝日照時首欲穿。此質任他爲野物。傷哉多劫溺黃泉。（第六青瘀相）

墓なしや朝夕なでし黒髮もよもきが本に散と社なれ

思きや鳥部の山に捨てられて犬の爭ふ身なるべしとは

一墓未盡爛膿盡。五躰相連殘此身。飮器空壞留在秋。弊衣纔掛化爲塵。昔是朝帝紅顏士。今則郊原白骨人。雲雨朦朧原上夕。終夜啼哭守屍神。（第七白骨連相）

皮にこそ男女の色はあれ骨にはかはる人と形もなし

かざりつる姿は野邊に散りはてゝ殘屍ねなれる姿よ

蕭疎蔓草遂纒骨。散彼捨斯求難得。爪髮分離盈野外。頭顱腐敗在岩端。西陵雨夕年々朽。東黛風時處々殘。忽成龍門原上土。枯榮不識昔誰棺。（第八骨散相）

露の命消にしあとを見よ貌に尾花が本に殘る屍ねを

吾思ふ身はみな野邊に散りはてゝ淺芽が本の塵と成覺

五蘊自元可皆空。緣底平生愛此身。守塚幽魂飛夜月。失屍愚魄嘯秋風。名留無貌松丘下。骨化爲灰草澤中。石上碑文消不見。古人墳際泪生紅。寒林打骨靈鬼。泣々恨前世業。深野供華天人。倍々悅幾世善。（第九古墳相）

鳥部山に捨てにし人の跡問へは塚にぞ殘る露の魂魄

書つけし其名は早く消へはてゝ誰とも知らぬ古卒都婆かな

雜報

●亞細亞及び國民之友　方今我邦の雜誌界に於て。最も材料の豐富なる。最も文章の奇抜なる。最も評論の痛切なる。最も多數の讀者を有して。最も社會の輿論に影響す可き實力と有するものを需むれば。先づ指を亞細亞及び國民之友に屈せざるを得ず。夫れ此の二雜誌は實に我邦現時の雜誌界に於ける二大皇帝なりと稱するも。決して溢美に非るなり。而して此二雜誌は其生出の始より。雙方其主義精神を異にし。其文章議論を異にし。其思想感情を異にし。以て其二大旗幟を全國に向つて翻へし。當時に於ては殆んど全國人心の趨向を縱劃横斷するの勢力を有せしことは。瞭々として掩ふ可からざるの事實なり。然り而して兩誌が宗教に對するの意志に至りても。恰かも其大旨義の上に於て泰西主義と國粹主義との相異あるが如く。大に相異なれり。則ち國民之友は其主筆の德富氏が同志社出身の人物なる點より。其特別寄書家の中に組合敎會の牧師及び信者ある點より。其泰西旨義と密着の關係と有するの點よりして。自然に基督敎に傾向して。隱々の裡冥々の際に。耶蘇敎の勢燄を助長せる事は。天下有識の士が確認する所なり。亞細亞に至りては。基督敎的歐化旨義の反動に依り。佛敎家が其創立員に加入せしに依り。其國粹旨義と親密の因緣あるに依りて。直接間接に佛敎に應援せし事は。是を既往の「日本人」に徵し。是を現在の亞細亞に照らすも。明々白々として疑ふ可からざるなり。

●佛敎の時事に關ずる「亞細亞」の評論　近刊の亞細亞は其每號の「新聞」欄内に於て。佛界時事の問題に關じ。快評縱横。痛言淋漓。熱罵嘲倒。寸鐵殺人。亞細亞流獨特の短評簡論を試みたり。彼れ我邦の大雜誌記者が佛界の時事に關ずる意見如何。多數の世人が其記事を讀んで佛敎に對し。如何なる感情を發するかを察するには。顯赫なる財料なり。依て此に轉載して讀者の熟覽を煩はす。

●宗敎の革新　新宗敎を唱出する者。或は菲薄妄斷。或は陳腐好笑。然れども是れ竟に宗敎界革新の萌芽たるは抑ふべからず。而して彼の外國同敎徒との交通の如きは。大に策進する者たらん。佛蹟興復の擧。嚮に會を立てゝ之を營む者は今果して如何。而かも此の如き快擧は宗敎の勢力に影響すると甑底に薫蒸せられて徒らに興學布敎と沸々するより大なると明かなり。その當さに此に勉むべきは佛敎徒の職分。亦近日佛敎徒の恰好事業なり。アーノルド氏。オルコット氏の煽揚。速に乘り込むべし。是れ決して惡面目にあらず。

●近日　宗敎界の紛擾はいかにしても大破壞の尋で至る。防ぐべからざるの兆を示す者なり。明治維新社會の諸現象皆破壞せらる。而して宗敎界の獨り大に改まらざるは後れたるなり。今乃ち其時に遭際せんとす。腐朽は内部より來る。興學布教之を外より蔽ふべからず。大破壞の後ち必ずや大建設あらん。但だ此時の建設は舊物を再び組立つる者とのみ見るべからず。故に舊物を保存せんに志ある者は。愼んで新異目前に趨くを避けざるべからず。而して是が功は決して新建者に讓らず。其難を亦た讓らず。（以上二件亞細亞四拾四號）

●曹洞宗　能越分離の形勢紛亂益々甚しくして殆んど收拾すべからず。思ふに其結果を豫想せよ。徒に自ら罷弊敗壞を招きて止まんのみ。然れども敗壞は早晩免るべからざると。近日宗教界の大勢なり。特に之を両山分離に發したるのみ。此の如き腐爛の宗派。かの開祖其人と雖も。恐らくば九泉其存在を憎厭せん。自ら滅亡を取るは速かなるに如かざるなり。

●妖僧　蓋し此の如き擾亂。かの畔上といひ。森田と云ふ如き。老實衲子の與り知る所にあらじ。必ずや酸肉蓄妾。汚れたる富を積んで高利貸の如き汚行を爲し。而して隱々に宗内の腐敗分子を挑發する者在る有るべし。若し宗門の清淨を欲せば先づ此の如き妖僧を除かざるべからず。

●眞宗　本願寺文學寮頗る紛擾ありと聞く。其詳かなるは得て之を知らざるのみ。意ふに眞宗の旨。其文學寮從來の方針と。理に於ては相容れざる筈はなからん。感情に於て相合せざるとなしと謂ふへからず。中西氏の新佛教が歡迎せらるゝは。老宿の或は堪へざる所なり。眞宗信仰の動く若し延て蚩々たる依信の徒に及ばゝ。日本宗教の大變動乃ち起らん。況んや其總代會員己に撰擧に競爭を試みて。政界の臭に染むといふの報あるとや。（以上三件亞細亞四拾五號）

●宗教界　所謂騷動宗なる者より看去らんか。其騷動一朝一夕の收むべきにあらざるが如し。或は云ふ事の始めは能の一民黨前代議士と能山執事石川某僧と。金錢上の托結に基く。而して石川が能山に任せんと欲するの望と慫慂せしに起る。而る後同志會の殘黨之と相投合し。竟に滔天の擾亂を來せるなりと。畔上巳に免せられて原代りて事務取扱となる。皆耄せる老僧。當路が新に人を任せるは可なり。而かも新に任せられしは分離の張本。當路の門豈に四知の恐れなからんや。夫れ二人の取扱一は一致一は分離。宗務の擧る何を以て之を望まんや。是れ非分離派の唱導する所。思ふに彼等が中にも必ず暗黒竇あらん。暗黒竇打破明白し了らずんば。騷動は收まらざるべし。次は本願寺文學寮の改革騷擾なり。蓋し藤嶋寮長は教職員に合し。而して去れる中西氏は生徒の改革派に推慕せられし者の若し。其徒が互に一學寮中に於て相爭論する口語を聞くに。露清英同盟して。東京灣に寄せ來りし報道にても接せしが如し。蓋し眞宗の組織も到底今のまゝにては維時に困むの時あるべし。其大破壞を避くるは今の執行等の能く辨ずる所なるや否。（亞細亞四拾七號）

●眞宗　末派寺院諸地方に逐年增設する別院と錯互して布敎す。今日の眞宗は府藩縣並置の維新初年の政治の如きか。明治政府は竟に全く其藩を廢して府縣となし。而る後今に至りて立憲制度の定まるを見る。前には集議院あり左右院あり公議所の企てありと雖も。中ごろ皆絕へて中央集權の治盛んに。地方自治制布かるゝの今日に至るまで衰へず。眞宗の別院增置は漸々に末派寺院を侵蝕して。勢ひ遂に其成立を妨げんとするは今日の趨勢なり。たとひ眞宗執務者に果決の斷なきも。其集權の成るは竟に遏むべからず。是れ破壞の一階級なり。而して一派の總代會はかの維新當初の公議輿論の如く。永く成立すべき者に非ざれば。其一たび滅して更に眞正の代議會を開くに至るは。是れ後日に在らん。是れ破壞の二階級なり。而して明治政府の第三破壞は來るべきや否。如何にして來るべきや。是れ疑問に屬す。之と同じく眞宗の第三破壞も亦た疑問に屬す。破壞と建設とを論ずるは責任を負ふ者の言。傍觀者は指して之と敎ふ斯に足る。願ふに眞宗は事々明治政府に倣ひ。職を設け資格を定むる亦皆之に擬す。盍ぞ亦た序で

に其變遷の跡を攷て以て鑑と爲さゞる。

●曹洞宗　不平を述べ立つれば際限なかるべし。兎に角宗門の今日分離の得策にあらざるは。世論之と明かす。圓顱方袍敎門の事を以て。屢々衙門に出入して俗吏の前に叩頭す。既に好態にあらず。況んや暗夜私第に候し。酒肉を以て俗士を饗し。而して其力に藉りて之を遂げんと欲するをや。腐敗極まれりと謂ふべし。

●諸宗の證賛　曹洞の分離說出づるや諸宗を叩ひて其證賛を求む。諸宗概ぬ之を許して。永平派に勸告する所ありと云ふ。昔米洲殖民地の叛するや。佛王ルイ十五叛民を右く。英王ヂヨルヂ之に書を贈りて。其終に佛國王家の利たらざるべきを言ふ。ルイ十五逝ひて滔天の洪水佛國に汎濫せり。今の諸宗たる者能く鑑みざらんや。況んや時宗臨濟宗等己に其兆を著はす者あるに於てをや。

●僧俗於俗　朝庭は神佛各管長の勅任待遇を廢せらるべしといふ。其禮遇を得んが爲に各宗内分離して一管長たらんと企つる者あり。紛擾の因て來る所以なりと。而して多くは佛宗内に之有りと聞く。是れ何等妖僧の所爲ぞ。僧は俗より出でゝ俗よりも俗なりと眞なる哉

（以上四件亞細亞五拾五拾壹五拾三號）

●眞宗中心主義　吾輩新佛教徒が懷抱する佛教改革の旨義なるものは。一言以て之を謂はゞ眞宗中心主義なり。吾輩は日本佛教各宗中に於て。最も宗教的の特性を有して。各宗派を統一するの活力と有し。將來の佛教運動をして。一大活動を生ぜしむる。動機を有するものは眞宗なりと確信し。恰かも宇宙の運轉に於て太陽系が其中心たるが如く。地球の秩序を畫くに於て重力が其中心たるが如く。人身の機能に於て心臟が其中心たるが如く。眞宗を以て日本佛教の中心力たらしめ。眞宗生命の煥發する所を以て。佛教改革の彈機となし。佛教改革の泉源となし。眞宗の生命に依りて立ち。眞宗の生命に依りて動き。眞宗の生命に依りて進み。佛教の信仰力と感化力とに一大活動を生ぜしめて。以て舊佛教を改革し。新佛教を振興せんと欲するもの。是れ則ち眞宗中心主義也。

●眞宗の二大中心　方今我邦佛教勢力の最大中心は眞宗にあり。眞宗勢力の二大中心は東西両本願寺にあり。東西両派が全佛教の中心力となりて。隊伍整々として旗幟鮮明。内各宗を合從せしめて。外耶教と抗衡し。以て眞宗の榮光を世界佛教の上に燦然たらしむ可きと否とは。兩派の僧侶及び信徒の決心如何にあり。現時有爲の眞宗徒たらん者は。須らく氣宇を濶大にして。眼を張り膽を皷し。猛然たる大決心を揮つて春秋戰國の合從策を斷行し。眞宗中心主義の實働に着手す可し。是れ豈に大言虛喝なりとせんや。

●眞宗東西両派の政治　東派は君主專制なり。西派は立憲政体なり。東派は國家則朕也てう路易十四世の宣言を實行して。全國數萬の末寺を統率し。其勢威恰かも霜雪の草木を壓するが如し。西派は夙に議會を開設して。全國末寺の總代を招集し。以て和衷協同の實を擧げ。法運萬年の大計遠圖を確立せんと欲するが如し。然れども宗制寺法が與へたる末寺の權力は愈々增長して。宗門統一の中央權力漸く衰へ。機鋒縱橫。旗皷堂々。一將令を發すれば萬兵響に應じて進退するの快觀を有する點に於ては。一着を東派に輸したり。東派も亦た其末寺が君主專制の下に呻吟して。少しも宗政上に嘴を容るゝの權力を有せす。多數の末寺中には其抑壓束縛に堪へさるものあるが如きは。是れ遙かに西派の立憲政治に對して。愧色あるものと謂ふ可し。

●本派の總代議會　吾人謹んで眞宗本願寺派宗制寺法(憲法)を案ずるに。其第四章第十六條に曰く『集會ハ一派ノ盛衰利害ニ就テ意見ヲ陳述シ施行ヲ求ムルコトヲ得但執行ノ處置ヲ沮格スルヲ得ズ』。又其十七條に曰く『集會ハ執行ノ處置若シ成規ニ違フト認ムルコトアレバ其處分ヲ法主ニ請フコトヲ得』。

又其十八條に曰く『集會ハ法度ニ關スル諸件ニ付キ派內僧侶ノ建言ヲ受クル所トス』と。嗚呼萬世不磨の大典たる本山憲法が與へたる。本山集會の權限斯の如く尊嚴なり。斯の如く重大なり。然れば全國壹萬有餘の末寺僧侶たる者は。烱々たる眼光を本山憲法の上に注ぎ。本山憲法の精神を了得し。本山憲法の精華を輝かし。本山憲法の實働を顯はし。以て優渥なる大法主殿欽定の恩賜に報答せざる可からず。若し派內僧侶にして本山の憲法に反對する者あらば。恰かも日本國民にして日本憲法に反對するが如きものにて。是れ本派內の亂臣賊子なり。若し派內僧侶にして本山憲法の精神を了得する能はずして。徒らに自心而已本山の忠臣なりと妄想するの徒あらば。是れ恰かも國民にして憲法の精神如何を知らずして。自心而已皇室に忠なりとの妄見を抱くが如きものにて。實に優渥なる大法主殿欽定の恩賜を蔑視する。不忠不義の徒なりと謂はざる可からず。嗚呼全國數萬の末派僧侶たる者は。本山集會の權限彼が如く尊嚴なる。彼が如く重大なる事を其腦裡に印象して。須らく大法主殿欽定の恩賜を感謝せざる可からざるなり。

●加藤惠証師　猛烈なる檄文四方に飛び。熱心なる誘説員東西に馳せ。陰険なる離間策種々行はれ。勸告的のはがき雨の如く降り。政黨新聞の難有迷惑的記事霰の散るが如く。喧々囂々紛々擾々として。東肥の教海も亦た宛然政黨競爭の弊渦中に陷入せしが如き。本派總代會衆改撰の大波は難く師をして。熊本眞宗本派代議士の冠冕を戴かしめたり。加藤師たる者豈に誠意誠心議員の責任を全ふし。侃々諤々宗內の時弊を痛論し。敏活精到宗門新運動の計畫を試み。以て撰擧人の希望厚意に酬ひざる可けんや。

●藤岡法眞師　新佛教の唱道者嘗て師を評して曰く。慷慨激烈法の爲に一身を犠牲に供するの精神を有すと。吾人は此評に全然贊同する能はずと雖も。亦た幾分首肯するの點なきにあらず。師は毅然たる護法の精神と有すると同時に。烈火の如き政黨的（其實愛國的乎）の感情に富めるが如し。蓋し師が思想は複雜にあらずして單純なり。故に其運動も曲線的にあらずして直線的なり。其手段も縱橫變化。奇正相補ふが如きは其不長所にして。直前勇往。整々肅々として奇なく變なき是れ其長所なり。想ふに師が多年本山の集會にありて副議長の椅子を占め。頭角嶄然。名望嘖々として集會に尠少ならざる勢力を有し。鄕國にありて總組長の顯職を奉じ。殆んと西本願寺の九州探題たるが如き。威勢を有せしの最大遠因は。師が特有なる烈火の如き政黨的感情に原づかずんばあらず。今や師不幸にして總代會衆の改撰に落第し。總組長の顯職を拋棄して。純全たる東肥教校の總監となり。全力を佛門教育の一方に傾寫す可き寂寥たる境遇に陷らる。吾人は半夜寒窓の下に兀坐し師が既往の威勢を追懷して。坐ろに人事變遷の倏忽なるに驚かざるを得ず。然れども師が護法の熱心。政黨の感情が猶は燄々として師の滿身に燃へ上り。之に觸るゝものは悉く燒燼せらるゝの時來らば。今日總代會衆の失敗何かあらん。總組長の拋棄何かあらん。往時の九州探題に復する何かあらん。再たび本山集會に躍り出でゝ奮前大呼する豈に難しとせんや。吁豈に難しとせんや。

●佛教問答新著　印度ポンデチヤリイの狀師クリシナ、チヤリヤ氏は。元來宗教學の研究者にして。殊に佛教の哲理を玩味せる人なるが。近頃佛陀淨法問答と云へる一書を出板せり。此書は佛教と婆羅門教との類似を説けるものなり。目下此の如き書は特に必要なりと云ふは。印度佛蹟興復會に就ては佛教と婆羅門教と自然近接せざるを得ざるが故に。兩教の教旨を明にし無要の爭論を避くるの益あればなり。

●暹羅國の梵語學校　該國の佛教者は今回バンコク府に梵語學校を設立せり。其保護者は嘗て海外宣教會へも書狀を寄せられたる。親王チヤンドラダツト殿下なり。

●大菩提樹會　印度カルコツタ府にては一の集會所を設けて佛蹟興復に關し定期の集會を開くことゝせし由。

●宗教大會　チカゴ府萬國宗教大會は追々其準備を運びつゝあることなるが。之に就き基督教會の僧徒どもは何故か反對の意見を持し。演説新聞等にも之を公言するとの事は嘗て聞き居たるが。今其意中を察するにユニテリアン教又は佛教等を恐るゝより出でしにあらずやと。或人は云へり。然るに今又聞く所によれば。基督教會の僧徒中には。自己の弱身を掩ひ隱さんが爲めにや。元來佛教徒は總て愚昧無知なれば。此大會に就ては彼れ何事をも爲すこと能はざるべく。大會の席に出づることも彼等の恐れて避くる所なるべしと揚言するものもありと云ふ。佛教徒果して畏縮して出席すること能はざるや否や。

●エルチスト、エム、ボウデン氏　同氏は過般遙々西倫嶋より我が東京に來り。雲照律師に面會して涅槃の義に就き質問をなし。數時間説話して直ちに歸航せし由。同氏は佛陀の摸範と云へる。小冊子を著述せし人にて。此書は經典中より德義に關する訓言を集錄せしものなり。有名なるアルノルド氏は此書に序文を附し。其中に曰く一月より十二月に至り。月々此書を讀みて暮らさば。其人は年末に及んで年始よりは善人となること疑ひなしと。

●雄氏佛教問答　オルコツト氏の佛教問答は今回露語に反譯せられ。サイベリヤ南部佛教者の手にて出版せられたりと。此にて同問答は廿ケ國の國語に反譯せられたる都合なりと云ふ。

(以上六件海外佛教事情貳拾八號)

●法住社員に檄す

縲絏幽居歷幾霜。閏餘八月覺秋涼。閑松雨滴琴聲止。破牖風來笛律揚。獨臥單衾驚劍影。空撫暗枕冀燈火。蒙恩有免籠中鳥。遠攜天涯自在翔。と抑も是れ才學卓越曠世の偉人なりと稱せられたる。社員諸君が血涙潸々として其英風に泣く可き。先輩獄中の述懷に非ずや。何ぞそれ意匠の慘憺格調の悲哀にして。讀者の腦裡を刺衝するの多きや。嗚呼法住社員諸君。諸君は必ず諸君の先輩が。眞宗安心解釋の新主義を唱道し。其至大至剛なる信仰の溢るゝ所は。或は鮮血淋漓鋒刃の下に斃れ。或は苦難辛酸鐵窓の下に呻吟し。或は殘酷暴烈なる毒殺を蒙り。或は幕吏の虐遇を逃れて。父母を棄て妻子を棄て。骨を碎き身を粉にし。四方に飄泊し。一片の丹心耿々として。猶ほ其信仰を屈せず。或は政權の跋扈に遇ひ。當時に於て絕大の苦痛たる。僧門褫奪の厄難に會し。雨笠風衫。飄然として故鄕を離れ。生別死別の涙を灑ぎしが如き。慘烈悲劇の歷史的大感情を有するならん。諸君は必ず諸君の心裡に於て。此大感情が熱湯の沸くが如く。烈火の燃ゆるが如く。歆々騰上して。時運に遭ひ機會に投して。轟然爆發せんと欲するならん。嗚呼法住社員諸君。諸君にして若し此歷史的大感情を有せずとせば。諸君は死後黃泉の下。何の面目ありてか先輩に對する。嗚呼熱腸義烈なる有爲の社員諸君よ。今日は抑も如何なる時なるぞ。宗教革命の大勢は。怒濤狂瀾。世界の全局面に汎濫せるの時なるぞ。世界の佛教復活の氣運は。雪山の下恒河の邊に。前途無限の光を放ち。今や將さに東洋各國民の頭上に光被せんとするの時なるぞ。帝國憲法信教自由の大義は赫々彰々として日月を並へ懸くるが如き時なるぞ。隱々冥々の裡に。日本人心革新の光明を發せんとするの時なるぞ。言論の機關が社會を震動す可き大勢力を有するの時なるぞ。立憲君主政体此に確立し藩閥の權力漸く減じて。政黨の實力愈々進み。將さに政敎混亂の大騷擾を發せんとするの時なるぞ。諸君が起つ可き時は今なるぞ。諸君が進む可き時は今なるぞ。嗚呼法住社員諸君。縱令歷史的大感情を有すと雖も。此大感情を精神の幽奧に隱沒せしめて。悠々緩々。死するが如く夢みるが如くにして。此千載一遇の時に會し。是を現實上に發表する能はずんば。是亦諸君は死後先輩の英風雄資に接し何の面目かある。嗚呼世事轉變歲月流水の如し。晨に紅顏ありて夕に白骨あり。法住社員たる者。豈に先輩苦難の歴史的大感情を精神の幽奥より脱出せしめ。奮然猛然。斷然決然として。電光一閃。是を現實上に發表せざる可けんや。

●肥後佛教の三豪傑

肥後佛教の三豪傑とは誰ぞや。加藤。藤岡。八淵の三君あり。啻に肥後佛教の三豪傑たる而已ならず。亦た九州佛教の三豪傑なりと謂ふ可し。何となれば九州佛教の中心は肥後に在るを以てなり。而して此三豪傑の性狀行為に至りて。各々特殊の面目を有し。各々黒白の相異を顯はしつゝあるの有様は。恰かも其演説の体裁に於て。加藤氏が滑稽諧謔に妙を得たる。木佛書像論に於ける。藤岡師が熱心勃躍たる。尊皇敬佛。政教關係論に於ける。八淵師が慷慨雄偉なる。東洋三十世紀。宇內一統論に於けるが如く。非常に相異なれり。想ひ起す去る二十二年二月帝國憲法發布の前々日。熊本末廣座に於ける。九州佛教三豪傑の大演説は。三師の面目を三師自ら表顯したるものと謂ふべし。同日加藤師其演説の劈頭に於て。例の十八高僧的愛嬌溢るゝが如きの句調を以て説き起して曰く。『藤岡八淵の二君は熊本に於ては實に源平の兩大將である。此加藤惠証は郷國に歸れば。一文にもならぬ乞食坊主である。併し乍ら肥後の國を蹈み出して他國に行けば。加藤惠証と謂つたら誰一人として知らぬものはない。總体其國に生れ其國に居りて事業を為さんと欲するは。餘程大難の事である。又た之をなし遂ぐるものは餘程豪傑の士でなければ能はぬ。八淵藤岡の二君は此任に堪ゆる人であると自分は信認する。そこで自分は郷國の事は二君に委ぬ。他國に至つて事業をなするのである。自分は他國巡回を初めてから。南は薩摩の端より。北は北海道の隅々に至る迄。足跡の及ばぬ所はない。唯自分が足跡の及ばぬ所は。羽前羽後佐渡美作隱岐の五國に過ぎず』云々と。是れ實に適切至當の言にして。又以て三師が地位の如何を見るに足る。盖し加藤師は怜悧。敏捷。圓活。輕快にして。利害の念に鋭きことは。流石の商機家も三舍を避くるが如き烱眼を有せり。故に師は危を辭せず。難を蹈み。險を冐かす。改革的精神の如きは。師の殆んど痛痒を感ぜざるが如く。冷淡に看過する所にして。如何に精細に探究すと雖も。吾人の發見に苦む所なり。藤岡師に至りては。加藤氏の如く利害の念に鋭からずと雖も。少く度量の廣大と缺ぎ。快濶の擧動に乏し。併し乍ら其改革的の精神を有する點に於ては遙かに加藤師に勝れり。然れども師が改革的の精神は保守。調和。秩序の分子其多分を占めたり。故に其性狀も剛毅。正直。執着。沈鬱にして。烈風吹ひて猛雨漲り。雷電交々暴發して。山河爲に震動するが如き。大破壞大創業の革命的精神に至りては。師の性行。經歷。事業の上に於て。大に其缺如たるを見る。八淵師は是れ本山の當路者をして。東に道龍あり西に蟠龍ありと。恰かも謀叛人の渠魁の如く。一大迷惶を抱かしめ。該當路者をして蛇蝎の如く忌み嫌はしむる人物なれば。大に前二師と異なるの點あるは明白爭ふ可からず。蓋し師は豪放。疎大。雄健。偉烈。眞に野蠻的氣象を以て文明的事業を率ゆる。九州男子の特性を有し。幾度か危難に迫まり。困苦に沿り。進退是れ谷まるが如きことありしと雖も。屈せず撓ます。百難百勇を生じ。千艱千策を出し。其特色なる大破壞大創業の革命的精神を發揮して。師が獨特の慷慨的。煽動的。悲憤的の大言放論を以て。世人を皷舞し。世人を激勵し。世人を醉薫したる成蹟に至りては。眞に方今舊佛教破壞の時期に其手腕を振ふ可き。革命家の資格を有するものと謂ふ可し。殊に師が血氣勃々たる青年を翕合し。青年を煽動し。青年を感發せしむるに妙を得たる。眞個に破壞的改革家の資格を圓滿完備せるものと謂はざる可からず。然れども師は到底守成的建設的の改革家に非るなり。此守成建設の點に於ては藤岡師に對し一歩を讓らざるを得ず。然りと雖も方今佛教改革の時勢は。內外交々迫まり。我邦に於て。愈々其改革の烽火を打ち擧げんとするものゝ如し。此改革の潮流に乘じ。第一着に其活劇を演ず可きは。破壞的。創業的の改革家となす。此改革家の資格を完全したる八淵師は。實に現今佛教改革の時勢に適合したる。九州佛界否な日本佛界の豪傑なりと謂はざる可からず。然り而して時運來らざるか。將た人事不如意なるか。肥後佛教の三豪傑をして。各々充分其驥足を伸ばさしめ。飽く迄其抱負を實行せしむる能はざるは。豈に慨嘆す可きの至りならずや。

●八淵蟠龍師　春風駘蕩として能城に吹き。櫻花爛熳として清香を放つ。本年四月の下旬。多年胸中に鬱積したる。新佛教の大旨義を唱道せんとて。九州漫遊を企て。始めに百貫沖を解纜し。煙波蒼々たる有明の海を航じ。彼の天主教大亂の故蹟たる嶋原地方を巡遊して。崎陽に渡り留まると數旬。其れより諫早に至り。進んで佐世保灣の形勝を見。西肥各地を巡回して。至る處其大旨義を演説し。遂に進んで政教混亂の禍害を蒙り。凄凉悲愴の痕跡を存する。佐賀城に入り。四邊の光景を觀察し。政教の前途に就ひて。無限の感を發し。忽ち筆を走らして。政黨宗教關係論（本誌拾二號社説）を草し。本社に郵送し來れり。文字慷慨激烈。議論雄大沈痛。實に政教混亂の痕跡が。如何に師の感情を刺戟せしかを察するに足る。

師此地に於て。彼れ新佛敎の鼓吹者。松山緣陰氏と共に。民吏競爭後。人心恟々。今にも腥風血雨の修羅場を現出せんとする。中心に立つて。勇猛精進佛陀の眞言を唱說し。平等博愛の大活眼を放つて。人心の分離鬪諍を鎭靜せしむるに盡瘁したり。旣にして佐賀を去りて。萬雷石に激する筑後川に枕み。久留米に入りて此に滯留し。客窓の夜雨。孤燈影暗きの下。「一穗寒燈照眼明。沈思默座無限情」に堪へず。眼を東西に放ち。思を古今に馳せ。「信仰自由を論じて佛敎界將來の組織を望む」と謂へる大論文を起草し。本社に寄せらる。時に縣下本派總代會衆改撰競爭の熱度。殆んど其沸騰點に達し。師が統率する法住社血氣の靑年。激昂憤懣多年の敵對的感情を洩らさんとし。風說隱やかならざりしかば。師は匆惶結束して熊都に歸り。懇諭切說部下靑年の激昂を鎭壓し。改撰競爭の狂瀾全く沈靜に復するの後ち。再たび熊城を跡にし。炎氣を冐し。熱風を衝き。長崎に入り。搏虎屠龍の巨腕を揮ひ。此地に於て改革的佛敎の旨趣に依り。日本佛敎同盟會を組織し。熊本より應援せし靑年雄辨の士。伊津野法雨。森山智榮の二氏と共に連日連夜佛敎大演說會を催ふし。殆んど耶蘇敎及び舊佛敎の徒をして顏色無からしめ。夫れより師は佐世保高嶋等に往來して同盟會の勢燄を張り。今に至る迄長崎港頭に滯在して。徐ろに天下の大勢に着眼し居れり。是を師が九州漫遊の活歷史と爲す。

●曹洞宗の騷動に關する各宗管長の會合　嚮きに天龍寺派管長由理滴水。相國寺派管長萩野獨園の二師は。禪門同胞の好誼として。臨濟宗七派の管長を代表して。懇懃なる勸告狀を永平寺住職森田悟由師に贈りて。兩本山の安寧を計るに於て。目下の時勢上に於て。兩山葛藤の根帶を拔除して後患を斷絕するに於て。分離獨立の得策たる事を獎誘せられしが。今又聞く所に依れば。天台。臨濟。淨土。眞宗。日蓮。黃檗。眞言の各宗管長は曹洞宗分離非分離の紛議。今や其頂點に達して。佛敎社會の一大波瀾となりしは。同一法海の紛擾傍觀するに忍びずとて。是が前后策を講せん爲め。去月十四日京都東山公園岸竹堂に集會し。左の要件を議決せられたりと。

一曹洞宗兩本山は分離獨立して各別に管長を置く事

一京都各宗本山は委員一名を選定して東上せしめ兩本山に忠告する事

一前項の手續は東上委員より內務大臣へ具申する事

尙ほ委員には眞宗大派執事渥美契緣師當選したりしが。師は兩三日を經て東上し。東京各宗協會へも通牒して。同意を求めたる上。充分に運動して。去る十二日頃皈山したりと云ふ。

●前項に就ひて永平寺派の意向　臨濟宗七派總代の勸告に對しては。森田師より長文の回答をなし。分離非分離の理由を詳述して。懇篤の勸告は銘感の至に堪へずと雖も。分派獨立の一事に至ては。遺憾乍ら敬諾を表する能はざる旨を以てせられたり。又た京都新聞及び宗内寺院の報告に依りて。京都に於ける各宗管長の大會が。分離獨立の方向に議決せしと。永平寺の知る所となるや。同寺の狼狽憤激一方ならざりしと見へ。其機關たる教海指針は其社説に於て。「曹洞宗紛擾に關ずる各宗管長の仲裁」と題し。例の血性的文字を陳列し。「所謂仲裁所謂調和是れ果して何の義ぞ。其一方の持論を許して一方の所執を屈し。而して以て仲裁と謂ひ調和と謂ふべくは。何ぞ必ずしも仲裁者調和者に之れ假らんや」とて。痛く各宗管長の仲裁を非難し。最後に米國獨立の戰爭に佛王が應援して。遂に自國の大革命を惹起したる歷史を引証して。大に各宗管長の畏省を求めたり。又た森田師よりは。臨濟宗代表者に回答せしと。大同小異の長文を各宗管長に呈せられたり。

●文學寮の改正　佛教の普通教育をして唯だ眞宗本派内の裝飾物たらしめば止む。文學寮をして唯だ社會の耳目に對する口實的學校たらしめば止む。佛門の普通教育にして間接的傳道の機關たらざらしめば止む。苟も然らずして。普通教育を以て佛門百年の大計と信じ。社會を動かすの大活力ありと信じ。佛教の眞理正義を邦家の脈管に注入する大源泉なりと信認せば。何ぞ這般改正の如き。（改正第八の「本寮入學者は眞宗僧侶及び其信徒の子弟に限る故に本寮生徒たらんとする者は先づ奉佛の誠意を表彰せざるべからず即ち僧侶たらんと欲する者は入學の際必ず得度式を受け其餘は一般に歸敬式を受くるを要す」云々を指す）。普通教育の特性を滅却し。佛教學校の範圍を狹縮し。因循姑息過去の舊天地に退歩するが如き。咄々怪事を演出せんや。嗚呼我邦舊佛教の衰頽調停。虛儀僞善。偏僻固陋の極點に達して。國民感化の活動力に乏しき豈に怪むに足らんや。佛門の先導者を以て自任する堂々たる眞宗西本願寺にして。習慣的腐敗の權勢に依賴して進取的活動力を沮喪する事それ斯の如し。嗚呼吾輩は文學寮を以て不完全乍ら先づ佛門惟一の普通學校なりと認識し居りしに今や吾輩の希望に辜負して。眞宗信者而已の學校となり果てたり。そも基督教の學校にして受洗禮者に非れば入校を許さずとせば如何。吾輩は實に該寮の改正案に對し。外耶蘇教に對して愧死し。内法門の前途を望んで失望落膽の涙に咽ばざるを得ず。

廣告

肥後名産 **朝鮮飴**

朝鮮飴は肥後の名産として其の名遠く他に聞こふる所なり弊屋家傳の製法は一種の特色を有し原料を精選し製方を整正し幾旬を經るも色味共に變せざるを本意とす故に永く其美を保つこと比類なし之れを遠境遼地に送り且つ久しく蓄ふるを得るを以て軍旅には一の糧となり船中には無聊を慰むるの珍味となり車上には鬱を散ずるの美菓とならん若夫之を以て他郷に往きての贈物、我家に歸りての家つとにせむ時は無量の喜びを買ふに此の上の物なからん

檢査報告

第三拾三號　熊本縣熊本市洗馬壹丁目拾貳番地　依頼人　小早川慶八

一朝鮮飴　壹種　定量分拆

本品ハ類白色方形ノ長キ軟塊ニシテ味ハ軟甘ナリ水ニ白濁シテ溶解ス之カ檢査ヲ遂クルニ本品毎百分中ニ含有スル各成分量左ノ如シ

水分	二〇、四六七	脂肪	〇、〇六三
含窒素物	一、九一四	麥芽糖	二四、三八九
蔗糖	三三、二一一	糊精	七、三八〇
澱粉	一二、〇〇一	無機鹽類	〇、二一三

右ノ檢査成績ニ據レハ本品ハ佳良ノ嗜好品ナリ

明治廿五年三月十六日

大阪衛生試驗所
所長　技師　島田耕一 印
主任　技手　喜多尾元英 印

熊本市洗馬壹丁目
本家製造元　山城屋　**小早川慶八**

賣捌所

熊本停車場前待合茶屋　末廣
熊本停車場待合茶屋　研屋茶店
小倉驛停車場構内　茶屋
山口縣赤馬市中ノ町　宮本孫吉
福岡縣門司港　長尾支店
鳥栖驛停車場構内　八橋屋
熊本二本樹町　伊勢屋

●大河内子爵夫人鉦子題字●大内青巒君和歌●佐々木信綱君寄贈の今樣●慶應義塾教員丹幸馬君令姉町子序文●丹靈々居士著

國母論　全

定價金十錢
郵税金二錢
頗る美本總平がな付

本書は婦女は人類の母たるのみならず國家の母たる所以を論して。天下の形勢は婦女の性質に伴れて變遷あること。婦女の不徳になりたる源因。小説と讀み演劇を見るの利害。日本人全體の特性。日本婦女の特性美質。其特性美質に適したる宗教。我國の婦女和歌を詠むべきこと。日本婦女將來の教育法等と平易流暢に論じたるものにて苟くも現今父母たるもの。將來父母たるものも必ず一讀すべき良書なり

東京芝高輪泉岳寺境内　**了義會**

勸學足利義山師述　赤松連城師題字

眞宗辨疑

實價十錢
郵税貳錢

右は眞宗安心上の俗問に付き解し易き樣一々問答せしもの也實に各自了德の眞假を決判するの明鏡なり其目次の二三を掲けば

第一問　吾れ聞得たり故に往生治定なりと思ふ可否の疑
第二問　往生治定の目的は信心にある歟願力に在るかの疑
第三問　獲信の方法は勤て稱名すへしと云る可否の疑等なり

故永元寺道教師筆傳

同行の鏡

一名信成錄

特別廉價　一部四錢　郵税二錢

卷中記載の篇目　○知りたると得たるとの別ある事○一寺の住職たる人心得の事○渡世を後にし佛法を先とすべき事○佛法を信ずる人は圖らず孝道に契ふ事○師教に隨順すべき事○同行に親しく昵かるべき事○同行を鏡とすべき事○偏執を嫌ふ心得の事

日下密門筆記

念佛行者

處世の用心

一冊四錢
郵税二錢

右は有名なる筑前七里恒順和上が青年の佛教者に對して處世

の心懸を懇切に法話せられたるものを筆記せるものにて德化を仰慕するものは一讀すへきの書なり

國教

第拾六號

明治二十五年十月廿七日出版

（毎月二回）

國教第拾六號目次

社告

本誌は從來議論高尚に傾き往々愛讀諸君の批難を告げ來るあれば本號よりは大に其体裁を改め平易切實を專らとし培々本社が採る處の世界宗教革命の氣運と改革的佛教の旨義を擴張し社説には**八淵師**の**信仰の活力**を明快に痛論せられたる演説の筆記を掲げ其他**辰巳文學士**の**新佛教熱望**の論説**加藤師**の**演説**等を記載し雜報も又平易確實觀察明瞭なれば**大方の諸君**一讀の上**益々愛顧**を**賜**はらん事を希ふ

●國教雜誌規則摘要

一本誌は佛教の運動機關として每月二回(國教)を發刊す
一本誌は宗派に偏せす教會に黨せす普く佛教界に獨立して佛徒の積弊を洗滌し佛教の新運動を企圖すへし
一本誌は諸宗教の批評及ひ教法界に現出する時事の問題を討論し每號諸大家の有爲なる論説寄書講義演説等を登録し其教法關係の點に至りては何人を撰はす投書の自由を許し本社の主旨に妨けなき限りは総て之を掲載すへし
　但し寄稿は楷書二十七字詰に認め必す住所姓名を詳記すへし
一本誌代金及ひ廣告料は必す前金たるへし若し前金を投せすして御注文あるも本社は之に應せさるものとす
　但本縣在住の人にして適當の紹介人あるときは此限りにあらす
一本誌見本を請求する者は郵券五厘切手十枚を送付せは郵送すへし
一本誌代金は可成爲換によりて送金あるへし尤も僻陬の地にして爲換取組不便利なれは五厘郵券切手を代用し一割增の計算にして送付あるへし
一本誌代金及ひ廣告料は左の定價表に依るへし
　但本誌講讀者に限り特別を以て廣告料を減することあるへし

雜誌代金

冊數	定價	郵税共
一冊一回分	五錢	五錢五厘
十二冊半箇年分	五拾四錢	六拾錢
廿四冊一箇年分	壹圓	壹圓拾貳錢

廣告料

廣告料は行數の多少に拘はらす五号活字二十七字詰一行一回三錢とす但廣告に用ゆる木版等本社に依賴せらるゝときは廣告料の外に相當の代金を請求すべし

明治廿五年十月廿六日　印刷
明治廿五年十月廿七日　出版

編輯者　熊本縣玉名郡石貫村千百八十一番地　森　直樹

發行兼印刷者　熊本市安已橋通町七十五番地　志垣　弘

發行所　熊本市安已橋通町七十五番地　國教雜誌社

印刷所　熊本市新壹丁目百二番地　汲古堂

國教拾六號

社説

左の長篇は社主八淵師が本月八日縣下玉名郡伊倉村來光寺に在て開會爲せし該郡佛教青年秋季運動聯合大會に臨んで獨特の氣燄万丈縱横痛論なる口調を以て數千の青年を皷舞奮勵せしめて其精神に高尙完全なる凡神教眞理の最大活力を發射せられたる演説の筆記なり今此に掲げて本號の社説に代ゆ看者諒焉

眞正の信仰には眞正の活力あり（第壹回）

社主　八淵蟠龍　演説
編者　森　直樹　筆記

今日は。玉名郡佛教青年會婦人會の秋期大會に付ひて出席致しました。本年春期高瀬の大會の時も。拙者は長崎縣巡廻中にて出席も出來なかつたが。今度は幸に秋期參佛會執行の爲めに歸縣致しましたから操合せて臨場しました。時に。本日は綾惡の雨天にて通行も迷惑なれども。早朝から。木葉。山下。坂の上。梅林邊。各教域の青年婦人の會員達が。各々隊列をなし唱歌の聲を轟かして押寄せ來り。旌旗堂々。左も勇まし氣に雨を犯して來會せられましたは。第一玉名郡佛教青年會婦人會が年に月に隆運に達せし誠意を顯彰し。誠に諸君の厚意盡力の働き。感謝すべき事であり升。實は本日の大會は。郡内各地からの集會なれば。當地の有志達も。少か祝意を添へんとて。烟火。打揚。瓶花。挾花。球燈等の用意もあれば。若し雨天にもあらば來會諸君も迷惑なるゆへ。快晴を待つて順次に日割を延し。晴やかに會同せんとの會場の評議で有りた樣子なれども。郡内の廣き隅々迄には報告も屆き兼ねたと見へ。又間には前以て日割を操合せたる事なれば。明日に延しては。或ひは各自の差閊もあるから。本日雨天ながらも出席せられた向もある由にて。郡内一般が一同に會する事が整ひ兼ねましたは。遺憾千萬の事どもであり升。併し昨秋や今春の樣に。壹万にも餘る程の多人數が集りては。如何なる大寺でも堂内は勿論境内迄も。寸歩も足を入るゝべき餘地もなき程になり。止むを得ず高瀬河原か海岸の砂原にでも持ち出し。青雲天井で天地を會堂として。演説も討論もせねばならぬことになる。左樣にあれば隆盛は隆盛なれども。丁度ルーソーが。漠々たる曠野に党民を集めて。民約論を講説した樣な景狀に見へ。又當世流行の政党の大運動見た樣な振舞で。ヤーヤー云て賑ふた計り。演説も談話も出來た事ではない。局り唱歌の競爭位で。更に寄合た所詮がない。然るに今日は綾惡の雨天にて。各地一同が揃ひ兼ねたるは遺憾なるも。漸く五七個所の青年婦人が來會せられた丈けで。傍聽諸氏を加ゆれば。之でも三四千の人數となり。此の來光寺の十一間の本堂も。立錐の地なき程なれば。實は今日の雨は諸君の爲めには通行も迷惑なれども。昨今迄には穀作の潤にも宜しく。又會合の爲にも反つて幸福と思われます。特に。本日は幸に加藤惠證氏も在國にて。出席致し呉れられたことなれば。諸君も精々謹聽せられん事を賴みます。

偖て。本日の演題は。眞正の信仰には眞正の活力ありと云演題であり升。眞正と云たら。眞は妄に對し假に對し。正は邪に對し僞に對する文字で。今ま其の邪妄假僞の信仰と撰擇して。眞正の信仰とは申しました。之を平易に申せば。眞の信仰には眞の活る力がありと云事であり升。抑も古來より今日に至る迄。總て人間の事は。兎角此の信仰と云ふものが第一の必要物で。此の信仰と云一物が要素となりて。喫茶。喫飯。動靜。語默。乃至。天下國家の盛衰興亡。社會の文野隆替に至る迄。盡く應用反射するものなれば。此の信仰程大事なるものなく。注意を下さねばならぬものはありません。世間には此の信仰の價直を識らざる。不研究の者がありて。我は無宗教なり。宗教には冷淡なり。神や佛に拜跪するは愚盲の所爲なりなど。智者らしく識者らしく鼻を高めて傲慢に誇れども。此等の人は。總て信仰の價直を識らざる人であり升。去りながら其樣な人でも。甞て信仰と云要素が無ひではありません。矢張。井上圓了氏が。無宗教者には。無宗教と云信仰を造りて。自ら信して居ると云はれた通りて。其樣な人こそ。誠に不研究なる劣等愚盲の信仰に安んじ居る者であり升。左樣なる愚暗盲劣の信仰を以ては此の活動世界の中に立て。眞理の大道を實踐し。眞正の生活力を保ち得ることは出來ません。そこで社會 完全の生活を爲し遂んと欲すれば。之れが活力要素たる。完全圓滿の信仰を保たねばなりません。斯の如き信仰と云。人間第一の要素たる必要物に。何の勘考もなく。輕々に冷淡に過ぎ去る人なれば。如何なる英雄でも豪傑でも。決して賞賛するに足るものではありません。啻に賞賛するに足らざるのみならず。天下國家の大事は托されません。又個樣の人は。自己其者が自然と社會に踈まれ。誰れ云となく。自然と世の中に忌み嫌はるゝ樣になり升。或る薩摩出身の老翁が申されたるとて。人は神か佛の信仰がなければ。官吏となるも。社會に交るも。營世糊口の利己主義に流れて。自巳の安逸を貪り。國家の害物たるものになるとの噺を。先年鹿兒島で聞た事がありました。實に人間には信仰てふものは。一個人に付け。國家に付け。社會に付け。大關係ある大必要のものであり升。然るに。近來我邦一般の人達が。此の信仰と云事に。餘程注意を加ゆる樣になり。社會文明の針路とも。着實に採ぬる事になりました。偏へに喜ぶべき賀すべきことであります。當時個樣に。遽かに。世人が信仰と云事に。注意の興りて來ましたは。之れも偶然に萌した事ではありますまひ。之れには種々の原因と。必要とが。促した事で有ふと考へられ升。其一は。社會に道德の腐敗するより。之か挽回策を講せんとして起り。其一は。社交上各國の交際間に就て。信認を保つべき。貴重の原素なる事を感覺し認めたから。訴へ來たものと考へられ升。然れ共。一步を進めて巨かに精查すれは。必竟人間智惠の進むに從ひ。肉慾の快樂は。進んで精心の快樂を需め。一世の慾望は。進んで未來世界の完全を需めんと欲し。唯物論は。進んで唯心論となり。有形事物の考究は。進んで無形の理法を討究せんとし。相對の觀念は。絕對に進み。自然信仰てふ。人間進步の貴重の要素を探ぬる事になりて來たものと思はれ升。果して然れば。之れは完く文學が開けて。各自の考究を積み。人智を進めて來た。智識進步の賜であります。個樣に。社會が信仰の貴重なる事を知れは知るほど。宗敎の世に必要なる事が感ぜられ。宗敎者も亦日を追ひ月を追ふて。望を屬すへき社會とはなりました。而して。智識を進めて信仰を探ぬる程。曚昧劣等なる邪妄假僞の信仰は。漸次に社會の排斥する所となり。終には我佛敎の如き。眞正なる眞理の信仰を需めんとするゆへ。將來の佛敎は。汎く社會の要求に應じ。東西両洋に羽翼を廣げ。濟度の活力を施すべき時運となりたれは。將來世界に向ふては。我が佛敎程。大希望大目的を蓄へたるものはありません。今日は。我が佛敎の青年會婦人會が。廿五年度秋期大會であれば。其青年婦人の佛敎の下に運動する。大主眼大目的は。申す迄もなく。眞正なる信仰を得て。眞正なる大活力を保たんと欲する事なれば。請ふ我が親愛なる會員諸氏。希くば公明正大の大活眼を開き。眞正信仰の活力を奮ひ。邪妄假僞の腐敗信仰。汚濁信仰。死物信仰。偏僻信仰。害毒信仰等を一洗し。改革的に。巨象の群がる伊太利亞蟻を蹂躪するが如く。金翅鳥の翼を揚げて鯨波を蹴るが如く。將來の日本否な社會に向つて。彼の曚昧なる多神敎や。偏僻傲慢なる一神敎を征伐すべき。眞正の一大活力を奮ふべき運動を企てねばならぬが。我が佛敎の青年であれば。拙者は其青年諸氏をして。第一その眞正の活力を保つべき。眞正の信仰を需めて貰ひ度ひとて。斯る演題を掲げて。聊か陳述する事に致しました。

偖て此の信仰と云ものは。人々各自顏の變る如く信仰の狀も種々なるもので。况してや世界の廣き人物の多き。其の土地風俗慣習傳來等に就ひて。彼の比較宗教學や宗教進化論者の樣に。一々細かに探撿精査して掲げ來らば。實に信仰の景狀も千態万狀にして。社會古來の人物は。斯の如きものなるが。現時文明の社會にも。未だに斯の如きものあるかと。諸君は定めて吃驚して惘るゝならん。現時は文明の世の中にて。衣食住の莊飾形容や。口頭の弁論。文筆の上を見聞しては。釋迦も孔子も拍手喝采。聖賢君子菩薩の寄合見た樣な景狀にて。ヒヤヒヤと賛美せられねばならぬ樣な世の中なれども。裡面から信仰的の内部に切り入て。心情の狀を提げ示さば。又釋迦も孔子も鼻を撮んで。ノーノー云て跣で逃げ出す樣な景狀であり升。時間があらば一々並べてお噺申し度けれども。有限時間に斯の如き複雜多種の噺は竭すことでなひから。拙者は其千態萬種の信仰種類を統合大別して。多神教。一神教。凡神教の三種として。お噺に及び升。今其三種に大別したる中で。一番下等に在るものが。多神教の信仰であり升。此の多神教の中より稍進んで中等の位にありと雖も。未だに眞正なる眞理の信仰に進み能はざるものが。一神教の信仰であり升。此の多神一神の信仰より遥かに進んで。最上極位の信仰に達したるものが。則ち凡神教の信仰であり升。其教理の野蠻なる。信仰の朦昧なるものは。多神教にして。教理の不完全にして。信仰の偏僻なるものは。一神教なり。世界幾多の宗教が勝敗を諍ふ可らざる。最も完全なる教理にして。信仰の高尙確實なるものは。凡神教の信仰であり升。先づ其三種に大別したる種類と。古今各國各地に行われある。千種万態の宗教を統合し來りて。之を歷史經典等に需めて蒐集し。右の三大種類に類別すれば。多神教と云は。印土の波羅門教の如き。波斯のゾロアストル（火教）の如き。埃及の拜物教の如き。支那の天地山川を祀るが如き。希臘の開闢說の如き。其他古代社會に行はれたる宗教は。大程多神教に屬するものであり升。一神教と云は。彼の亞剌比亞の砂漠より起りし回々教の如き。猶太の一僻邑より勃興せし耶蘇教の如きものであり升。凡神教と云は。我が東洋に在ては佛教。西洋に在ては近世哲學の中に發出して。將に宗教の域に進んとする。哲學說の如きものであり升。之れに就ひて。我が邦の神道の如きは。三種の中何れに類別するやと云に。近來は神道も宗教の如くに變化して。或ひは黑住とか。蓮門教とか。種々異樣のものも輩出して。既に多神教の如く成り。學識ある人達の中にも。文筆に辯論に。多神教と言はんとすれども。吾人が考へにては。之れは古來宗教とせずして。單に神道としてありし所に。深き妙味もありて。却つて賢こく尊きことゝ思はれ升。若し強ひて分類を需めんとせば。吾人は凡神教の中に統合せんと考へ升。その事は。彼の上宮太子を始めとし。弘法傳教等の諸聖賢。其他碩學鴻儒の人々が著せし諸書に據て考ふるに。何れも皆な多神教の淺薄なる見解にはあらで。却つて凡神教の高尙なる見解を以てせられた樣に見へ升。彼の本地垂跡の説なども。佛教嫌ひの偏見から見る時は。牽强附會の策説の樣にあれども。決して淺劣なる多神教の思想にはあらで。高尙なる凡神教の思想より發現したるものと考ふれば。之れは別に一問題として考究し度と思ひ升ゆへ。神道の事は。他日の弁論に讓り升ふ。偖て上に陳べたる如く。信仰の種類を大別して。歷史的に。竪に判斷を下し調査すれば。自ら三大階級の信仰がありて。其信仰の反射影響する所。又自ら多神教の時代は。有形無形萬般の事物。多神教の如く。何も隨分野蠻瞹昧なることが多ひ。一神教の時代。凡神教の時代も其信仰より影響する事なれば。其時代相應の現象が。社會の上に反射して。歷史上粲然たるものであり升。斯の如く斷定調査すれば。是を橫に現時社會の上に在りて信仰の分類を判斷するも。又此の三大階級の信仰が屛列して。萬般に應用し影響反射して有る事が明かに認めらるゝことであり升。此の複雜多忙の世の中なれば。一方には電信や滊車の運轉をも利用して。多事の用務をも濟まさんとする中に。一方には吉日良辰を卜して。やれ方が惡ひから。商業の運を見合するの。日柄が宜からんから。約定を延すの。今年は厄年だから。商賣も休むの。滊車や滊船にも乘らぬの。御鬮が惡ひから。金は貸ぬの。船玉樣がどふじやの。れ竈樣がこふじやの。やれ水神が障りたの。荒神が嫌ふたの。三年塞りの。三月荒神の。何のかのとて。行くも係るも。八釜しゐ事じや。それに引き換へ。一神教の連中は。何も天帝々々と云て。天帝を世界の大主宰。眞理の本原とすれば。政治も法律も教育も風俗も。盡く天帝に引き付け。彼の內村鑑三が。正直に天帝を信ずるの餘り。我が天皇陛下の聖影に拜跪せぬとか。何とか紛紜云て。苦情を鳴してより。我が熊本は耶蘇教師の製造所程ありて。近來では。聖影奉戴れ一條は。教育界の一問題となり。學理の思想じやの。政治の關係じやの。宗教の觀念じやのと。甲論乙駁。喃々呶々。紛々擾々。實に困つたものであり升。兎角物事は一因で成立ものでなゐから。學理の思想も。政治の觀念も。之れが因緣たるものには相違なく。又今日の議論上では。學理の思想政治の關係に出たりとするも。根元は彼の基督教が。天律十誡の規律に基き。我が東洋佛教が。偶像を安置崇拜するを排毀せんとして。小釋にも釋教正謬や。偶像非神論。枯木を拜むの害など云一小冊を著し。佛教の偶像教なりや否やをも辨へず。彼の埃及や印度邊の多神教同樣に見做し。種々と云ひ囃したが原因となりて。揭句には。　天皇陛下の聖影さへも。拜跪尊戴する事を。好ましからぬ思ひになりて來た。一神教の基督の信仰が。第一原因となりて。反射影響したるものに相違なひ西洋各國に在ても。多神教の信仰が一神教の信仰に進んとしては。幾多の議論考究に係り。或は腕力に訟へ鮮血を流し。罪もなき幾多の人を殺戮し。漸くにして一神教の信仰となり其の一神教の上にも。天帝の偶像さへも。偶像を拜崇するは迷信なりと云ひ。否な天帝の偶像は拜崇するも。他の偶像を拜せねば迷信とはせぬとて。加特力プロテスタント雙方の諍ひには幾年月を費し。幾多の議論研究を經て成り立つたる結果なれば。此の信仰の反射は。各國各地に向つても。或ひは學術に教育に。風俗に行爲に影響するに相違ない。已に我邦に在つても。アッキンソンの神戸の演説を始めとし。内村の勅語奉讀式の混亂等。打續き發表し來り。信仰の活力が反射應用することも亦容易ならぬ事であります。斯の如く信仰と云ものは。重大なるもの大切なるものなれば。實に社會の文野。國家の盛衰。各個人の進退に至る迄。信仰と云大勢力大要素を以て。應用反射するものなれば。鰯の頭も信心から位に。輕々敷冷淡に附し置く事は決してなりません。又深く考へたら冷淡に附し去ることが出來るものではありません。況んや今日の如き自由思想の發達する世の中には。思想の自由を涵養して精心智識の要素となり。安心立命の一大基礎を建立し。客觀主觀冥合して。活潑自在に。應用反射し影響を及ぼすものなれば。飽迄信仰には注意を屆けて貰はねばならぬ。

論説

今日適用の新佛教の興らんを望む

文學士　辰巳小二郎

余世人一般と自から爲す所少くして他に望む所多し。特に宗教上の事に就ては世の宿德大聖に望む所多し。幸に宿德大聖の明治今日の世態に適合せる新教を開かれんことを欲して止まざるなり。余未だ泛く世間を見ず。故に宿德大聖の實に世に在るや否やを知らず。又宿德大聖を知るは其身既に宿德大聖なる者に非ざれは能はざる所なり。愚昧の小人何んぞ能く之れを知らんや。單に其在るを信じて之れに依り所望を果さんとす。

今日我か國に存する教法其種多しと雖とも。何れも皆世態に適合せず。教法を大別すれば神道儒學。佛法。耶蘇教の四種とす。神道は其の嘗て神靈なりし所を失墜し。世人に古事追想の儀式とせらるゝに至れり。儒學は民權の漸く起るの日に講ずべき者ならず。世態一變して君臣親子等の關係亦た一變せり。儒者の德義論何んぞ能く新世態の人心を制し得んや。幾分か能く人心を制し得るは耶蘇教徒佛教との二宗教ある而已。此二宗教共に許多の宗派あり。其の許多の宗派は明治今日の世態に必用ありて起りたるに非ず。何れも皆舊時の遺物にして特に耶蘇教の諸派の如き異國の廢物なり。（因に云ふ佛法の諸宗派中異國より傳はれる者ありと云へとも皆日本の國俗に化せられたり）

耶蘇教は其非難者に日本國体に違反するとせらるゝ所なり。日本の國体違反すと云はるゝ所は天帝なるものを至尊とし。邦國の君王を其奴とし。邦國の臣民をして天帝を本とし君主を末とせしめ。且又祖先の亡靈を祭り。神祇の偶像を拜するを禁するにあり。此點より論すれは佛法亦た日本の國体に違反するの嫌なきに非す。佛法に於ては佛と法と僧とを宇內の三寶とし帝王をも之か奴たらしむ。又た佛法に於ては不死不滅の神を說かず玄理を以て萬物の本原とす。日本古來の開闢論神祇論之れか爲めに打破せらるべし。抑も佛法の印度に起りし所以は。婆羅門教の甚だしく印度社會を毒害したれは。之を除くにあらざれは人民を救ふを得ざるにあり。婆羅門教は祖先は勿論。種々雜多の物を神視して之を崇拜し。上下貴賤の等級を人民の上に立て。其上に在て貴き者を神種とし。其下に在て賤しき者を非人とせり。釋尊は此等教義を打破せんが爲めに。婆羅門教の謂ふ如き神は實有に非ず。人畜皆其性根を一にして。上下貴賤の別は實有に非ずと。說き給ひしやう愚按せらるゝなり。是れ實に今日世人の懼るゝ佛國米國の民權主義より倚ほ一層激烈なる民權主義なり。然るに佛法に流轉の說あり。因果の義あり。故に帝王たるは善因の果にして。奴婢たるは惡因の果なりと云ふを得べし。且又初め佛法を日本に弘めし宿德大聖は。日本國民を日本國民として濟度せんとせしが故に。日本古來の神道と佛法とを混和するの方便を說きしなり。實に變通の術に長ぜりと云ふ可し。耶蘇教は余の未だ充分の研究を爲さゞる所なれば。斯る好方便の其教理に基て說かるゝや否やを知らすと云へども。耶蘇大德あり其身死して復た活し。天帝自在大力にして虛空を創始し。天地を两判せりと云ふが如き說ある上は。布教者の力量に由り如何なる說も述べらるべし。

西洋各國に就て云はんに。耶蘇敎諸派の中。羅馬敎。希臘敎は共に今を去る千四五百年以前に起原せり。ルーテル敎。カルビン敎。エヒスゴバル敎等は何れも皆三百年以前に起原せり。モレービスム敎。メソヂスト敎。スエデンボルク敎等は百年以前に起原せり。今日日本に傳はれる耶蘇敎諸派は。此等諸派中の數種に限れるなるべし。此等敎派の歐米諸國に在ては腐敗を極め。外形の儀式に流れ。內實の精神を失ひたること。耶蘇出生時代の猶太敎。釋尊出家時代の婆羅門敎の如くなるは。歐米諸國を巡回して其宗敎事情を視察したる者。……佛敎家にあれ。耶蘇敎家にあれ……の確信する所の事實なり。親友井上圓了氏は嘗て歐米に行き。其宗敎事情を探りしが。其の宗敎家の腐敗せるに驚歎せり。耶蘇敎家の屈指なる横井時雄氏は洋行して歸朝せし後。世界の耶蘇敎家獨り日本の耶蘇敎家のみ信神の心堅固不抜なれば。歐米耶蘇敎の惡弊を矯正するは日本耶蘇敎家の責任なるべきを唱道したるやう聞き及べり。淡白質素のユニテリアン敎が耶蘇敎中に起りたるは。是れ耶蘇敎が自から其腐敗を證する所なり。故に余は斷じて云ふ。日本今日の耶蘇敎諸派は。歐米廢物の舶來せる者なれば。日本の國俗民情に適せずと。

日本今日の佛法諸派も亦た日本今日の國俗民情に適せず。何となれば。日本舊時の遺物なればなり。天台眞言の二宗は鎌倉開府の時既に舊時の遺物にして。殆ど當時に無用なりしなり。況や今日に於てをや。鎌倉開府前後に有用なりし宗派は淨土宗なる可し。禪宗。眞宗。法華宗等は。同府開けし後の代に起りて大に社會を動かす所となれり。德川氏の代に至り。諸宗は俗化し。法事は凶事…………死人のみに拘はる事……となり。山寺は墓地となり。世人は山寺の在るを知て敎法の在るを忘れたり。之れに加ふるに二百七十年の泰平は。世間一般に宗派をして一家の世襲する所とし。個人の獨信するを得ざる所とせり。要するに宗敎の活人に用なく死人に用ある者となりしことは是れ佛法の本旨に違ふ所にして。之れをしも尚は佛法と云はゞ腐敗佛法と云はざるを得ず。尤も佛法をして俗化せしめしは。其當時に在ては全く理由なき事には非ず。今日の世態の德川時代の世態と相異なるは天壤も啻ならず。今日の世態は變遷極り無きを以て其特質とすべき歟。人の身分に殆ど差等無く。從て人の榮枯に殆ど常なく。從て人の思想に殆ど定まる所なし。滊車汽船其他の利器は人をして住居の移轉を容易にせしめ。自治自由の權理と競爭制利の主義とは人をして永く一定の地に在らしめず。社會の元分子は漸其種類を變ず舊時は家を以て元分子とせしに。今日は人を以て元分子とし以て元分子とするが故に。家長たるべき父兄の權を重くせず。父兄の權を重くせざるが故に。子弟の自立を自由にす。子弟の自立を自由にするが故に。父子兄弟の間を疎遠にして。夫妻の間を親密にし。…………………夫妻には親緣を忌み非親を擇み異姓異地を好み。甚しきに至ては異國異種を良しとす。…………父子兄弟夫妻の間此の如くなれば。子孫の其祖先を想ふ心自から薄弱ならざるを得ず。此心薄弱なれは祖先の所信を信じ。祖先の所遺を尙ふ。心薄弱ならざるを得ず。今日の世態此の如し。世襲の宗敎。事死の宗敎何んぞ能く之れに適せんや。此の如き宗敎の將さに滅せんとして。尙は能く存するは。今日の世態と共に變遷するを得ざる老愚夫老愚婦の在る所に由る。故に佛法を以て新世態を左右せんとするには。新に宗派ヲ開かざるを得ず。

聞く佛法の諸宗間に敵心あり。各宗の諸派間に論議あり。各派の分派間に紛擾ありと。凡そ人は己れに非あるも自から正すを得ざれば。必ず他に正さるゝを待つべければ。宗敎家の斯く相敵し相爭ふは。蓋し相正し相改むる所以なる可けれども。相正し相改めんとする所。何程改正せらるゝとも。其用ある時は既に去れり。物既に其の時に分れたれば。其の汚穢は一洗せらるゝとも之れを用ひる所なし。無用の物を清淨にせんとするは智者の事ならざる可く。無用の宗派を改良永續せんとするは名僧の業ならざる可し。師の言を傳ふる者は凡弟子なり。師の意を傳ふる者は傑弟子なり。師の覺らざる所を覺る。弟子は師の以て師とする所なり。佛敎家中に釋尊の覺り得給はざりし所を覺りし者あるを聞かずといへども。能く釋尊の意を傳へたる者多かりしなる可し。凡そ日本に一宗を開きし者は皆釋尊の意を傳へし者と云ふべし。明治の聖代二十有二年間に斯る者一人も世に出でずとは誠に口惜き事ならずや。

世に余が望むが如き宿德大聖あらば早く現はれ出てゝ。據る所を失ひて惑乱せる衆生を救濟せられよ。智德は少なくとも。大志を懷き。高名を博せんと欲する傑僧は。先づ宿德大聖の爲めに荊棘を刈り。橋梁を懸けよ。宿德大聖之れが爲めに大道を開き。樂地を起すに容易なるべし。和漢歐米の史傳を繙くに。人智に大變動あれは政治宗敎に大變動あり。政治に大變動あれは宗敎に一變動あり。宗敎に大變動あれば政治に大變動あり。此二三十年間我か國の人智政治に變動ありたるは實に大なる而已ならず。人爲なりと云はんより寧ろ神爲なりと云ふべき程なり。然るに宗敎には多少の變動有たりと雖も。

未だ非常の變動を見ず。眞の宗教家にして功名を爲さんと欲する者。此時にせずして何の時に於てせんと欲するや。眞の慈悲者は此時の衆生を救はずして何時の衆生を救はんとするや。

我邦佛教の敵は「ゆにてりあん」に在り

中西牛郎

我邦佛教の敵は唯物論にあるか。懷疑派にあるか。將た基督教にある歟。是れ皆な佛教の勁敵たるに相違なし。然れども佛教の今日にありて。最も畏るべきものは「ゆにてりあん」に若くはなし。「ゆにてりあん」の佛教に於けるや。所謂愈近於眞而愈亂眞者なり。

「ゆにてりあん」が基督神子の説に反對を唱へ。自然因果の理法を骨髓として。宗教的現象を解釋し。人類の理想は進化にありと言ふものは。基督教に反對して。却つて佛教に密邇するが如くなれども。「ゆにてりあん」の根本的思想は。仍ほ基督教にありて。少く之に取捨を加へて。是を潤飾するに學術を以てするに過ぎざる也。

且つ夫れ「ゆにてりあん」は。嚴格なる基督教の道德と儀式とを主張せざるを以て。中等社會の學問あり。識見あるものを誘導するには。最も適當なり。基督教の福音を新國に輸入するには。その先鋒として最も適當なり。更に一層「ゆにてりあん」の本質を分拆すれば。基督教の精神を取りて。其迷信を棄て人情と學術との元素を以て。宗教に加味して。一種異樣の光彩を發耀せしめたるものなり。

聞說らく。我邦に來る「ゆにてりあん」教會は。嚮きに大內青巒氏を招聘して。顧問となさんとしたるも。氏其招聘に應せず。依りて更に佐治實然なる者を招聘して。其顧問となしたりと。嗚呼「ゆにてりあん」にして。今や一層其規模を宏大にし。其組織を鞏固にして。茫々漠々たる宗教界の迷羊たる。我が國民を驅りて之を導かば。「ゆにてりあん」は我邦多數の宗教たらんことを疑ふ可からず。

「ゆにてりあん」は我邦一部の紳士が。最も同感を表する所にして。彼等蓋し謂ふ。「ゆにてりあん」の教ゆる所の如くに教へ。「ゆにてりあん」の信ずる所の如くに信ずるにあらざれば。我が日本の前途をして。光明多望ならしむること能はざる可しと。「ゆにてりあん」の先達たる「チヤンニング」氏が。東洋凡神教の主義を論じたる一節あり。乞ふ左に之を揭げん。

凡神教は唯だ一神(眞如の義)を認めて實相となし。宇宙萬有を以て此實相の幻影虛影とし。人間の精神の如きも。此實相より流轉して還滅するものとし。宇宙萬有皆な實相の變化にあらざるはなく。咲きては花となり。動ては風となり。流れては水となり。浮んでは雲となり。人にありては思想となるもの。皆な眞如なり。萬有と人類との趨勢と目的とは。千差万別なるも。眞如の勢力にあらざるはなし。

此の如き理想の生存する處は。東洋にして。其影響は自ら國家の上に波及し。國家全般の主權は獨り君主に集りて。臣民は何の價値もなく。人間は眞如の大洋に漂へる浮泡にして。何の勢力もなく。何の希望もなし。故に東洋に於ては。個人的自由若くは責任は毫も存せざるなりと。

蓋し此「チヤンニング」氏が排斥せる凡神教なるものは。波羅門教及は佛教を指すものにして。佛教究竟の眞理。果して斯の如くなれば。「ゆにてりあん」とは徹頭徹尾一致するものにあらず。唯た「ゆにてりあん」は博く世間の議論を容れ。眞理捜索の精神を以て。佛教をも攻究するを以て。基督教の如くに佛教の間に。激烈なる戰爭を開かざるのみ。

抑も吾人は諸宗教衝突の戰場に立ちて。思想攻究の自由を有したれば。「ゆにてりあん」を取るも。佛教を信ずるも。基督教を奉ずるも。吾人の自由なり。彼れ佛教を知らずして。妄りに佛教を非議し。彼れ「ゆにてりあん」を知らずして。妄りに「ゆにてりあん」を排斥するものは。其眼界烟霧の爲めに遮られて五里霧中に彷徨するの心盲の徒のみ。

眞理を判斷するの標準。果して焉くにかある。習慣は以て眞理を判斷するに足らず。一國の傳説は以て眞理を判斷するに足らず。一世の輿論は以て眞理を判斷するに足らず。抑も眞理は宇宙自然の理法にして。人眞理と生ずる能はず。亦た眞理を滅する能はず。然れ共吾人の認識を經るに非れば。眞理の爭論は無益なり。今や佛教の眞理を誇るものは實に多く。佛教の眞理を知るものは實に少し。豈に歎ずべきにあらず哉。

「ゆにてりあん」の我邦に來る。未だ久しからず。而して基督教に早くも既に一大恐惶を與へたり。而して今や佛教界を駸々蠶食し。佐治實然氏の如きは。既に去りて其味方となる。佛教果して「ゆにてりあん」を講究せば。「ゆにてりあん」の佛教に與ふる所多く。佛教の「ゆにてりあん」に與ふる所亦た少らざるべし。

唯だ奈何せん。佛教の眞理は終古不變なるも。其僧侶諸氏近頃に至りては。愈々退歩し。到底日進の世運に伴ふ事難かるべし。而して今日は其有力なる一派の應援軍卽ち居士連中を嫉みて。漸く之を退け。之を遠ざけ。之を陥れ。冥々の間に既に一大軋轢の門戸を開きたり。內憂生時有外患。奇警なる詩人の語。豈に吾人を欺かんや。此機に乘じて「ゆにてりあん」全力を盡して進み來らば。佛教界の哲理的觀察に富みて信仰に熱心ならざる居士連中は。相携へて「ゆにてりあん」に往かんとす。是豈に佛教の爲めに大に憂ふべきにあらずや。佛教は嚮きに國粹主義と恃めり。哲學主義を恃めり。然れども國粹なるものは。元來國家の活動を組織するの元素なり。若し國家の活動を組織する元素にして。一國の進歩に後れ社會に自棄せらるゝ如きことあらば。國粹とて永く勢力を有すること能はざるべし。況んや哲學主義の如きに至りては。佛教よりも寧ろ「ゆにてりあん」に傾くものにして。佛教若し哲學の勢力によらば。「ゆにてりあん」豈に一層哲學の勢力によらざらんや。佛教各宗の高僧なるもの朦朧なる睡眼を開ひて。活世界の光景と一瞥せんこと可なり。

嗚呼畏る可きは「ゆにてりあん」にあり。畏る可きは「ゆにてりあり」にあり。佛教各宗は何ぞ今日に方りて。「ゆにてりあん」に當るの策を講ぜざるや。

寄書

宗教と哲學

在京都　西保太郎

默坐瞑目して想を人類の原始に騖せ。彼等が狀態と思念すれば。現時國を樹てゝ。英と云ひ。獨と云ひ。魯と呼び。佛と稱して。互に武を講じ。富を策するもの。蓋し嚴然たる一個の生物のみ。時來りて而して飢を知り。梢頭の果實。一杓の冷水僅に以て腹を充せば。遲々たる日光に一時の春眠と貪るの外。希望もなく目的もなく。時と共に老ひ。時と共に死す。其動物世界と相去る一歩のみ。然るに此濛々たる社會に於ても。尙ほ所謂宗教心なるものありて。蠢々として鳴れば風の神あり。熖々として燒れば火の神あり。轟々として震鳴せば電神あり。裒然として鬱積し。爛然として卷舒すれば雲の神あり。山に山靈あり。水に水伯あり。天地の極まる所。奇異の現ずる所。卽是を指揮左右するの神ありとして。是を崇敬畏縮するに至る。玆に於てか宗教心を以て先天的に存するものと斷定するものあるに至れり。

蓋し現今の所謂宗教なるものと哲學なるものとを以て。之を人類の初本に遡りて探れば。誠に漠然たるものにして。吾人其萌芽の孰れか哲學的範圍に屬し。孰れか宗教的範圍に屬するものなるかを區別し能はざること。尙は胎中の兒の男たるか女たるかと確定し能はざるが如きものあり。然れども今日に至ては哲學と宗教との差別は。判然として明に而も其關係や至密至要のものあり。

而して其哲學の基礎とする所は推理にあり。宗教の主とする所は信仰にあり。其推理を基とするを以て哲學は智力の作用に成り。其信仰を礎とするを以て宗教は感情の上に建つ。智力や感情や人類の供有する所なるも。恰も梅櫻の春陽に至れば爛熳たる美花を呈して。冬氣積雪の中には之を求むるも得べからざるが如く。人類原始の時代に於て其萌芽を探らんとするも。極めて卑賤なる恐怖安逸の情と。猛獸を避け毒蛇を逃るゝ爲めに。拮据經營。僅に木を搆へて住所となす如きに過ぎざるなり。然れども年所を經。星霜を送るに從て。今や哲學に於ては宇宙の至微を探り。思想の蘊奥を罄くすに至り。宗教に於ては人類最高の滿足を與ふるものあるに至れり。

泰西の學者哲學の起原をターレスに歸せしより。由來二千五百有余年。諸子百家紛々として出で。互に英を競ひ華を比するものありしも。大に分て二種と爲す。一は有形的實質を論ずるを主とするものにして。宇宙の性質と庶物の原理を探鑿し。哲學を以て諸種の學術を統合するものなり。一は無形的虛質を論ずるを主とするものにして。人類思想の作用を考究し。哲學を以て高尙深遠なる妙理を組織するものなり。其宗教に於ては是れを天然教と顯示教との二種に區別す。顯示教とは聖賢神佛の如き人類一般に超絕したるものが。人類智力の及ばざる所を垂示して。吾人に安心立命の道を教ふるものなり。反之天然教とは吾人が花を視月を眺めて。美妙の感念を生じ。薄暮暝々。虎嘯猿啼の境を踏みて。幽凄の感念を生ずる如く。人心自然の感情より溢出せし一種の宗教心と謂ふ。哲學に於ては二種其派を異にすと云へども。共に經驗と推理に基ひて。渺漫たる宇宙万有の原理を論じ。進んで宇宙の全体は思想の全体たるに至ると論究し。宗教に於ては信仰を主とし神佛と人類との關係を論じ。幽界の存在を明にし。眇々たる有限の身体を以て。絕大無邊の神佛と融合し。有形を以て無形に。無常を以て有常に調和し。智力の及ばざる所。推理の達せざる所に於て。人類最高の情念を滿足せしむるものなり。故に一は理論にして。一は信仰なり。一は抽象的にして。一は實体的なり。

哲學と宗教二者其差別を概論すれば上の如くなる可し。然れども亦二者の間至密至要の關係存ずるを見る可し。蓋し宗教にして哲學の試驗を經る能はざるものは完全なる宗教にあらざるなり。スペンサー氏曰く。科學とは普通智識の尤も發達したるものにして。哲學とは最も完全に統合されたる智識なりと。又曰く。吾人が信仰中最も正確なるものは。是を破壞せんとする尽力に抵抗して。云何なる時。云何なる事情の下にも其眞價を變ぜざるものなりと。されば絶對無限の權能力者を認識して。是に倚賴するの宗敎も。其敎理にして如何なる攻擊に遭遇し。如何なる難問に出會するも。是を解くと快刀乱麻を斷つ如きものあらず。吾人は是を最も高尙なる宗敎として崇奉せざる可らず。反之一攻擊に遇ふて躊躇し。一難問に接して解く能はず。剩へ敵が攻擊の材料を竊取して以て敵に當るが如きものは。是れを劣々たる一ヶの宗敎として大に擯斥するものなり。

現今世界に存在して最も多くの信徒を有し。其敎理の尤も長く繼續せしものは基督敎と佛敎なり。一は千八百余年の昔猶太國ベツレヘムの一隅に崛起し。羅馬全帝國を感化して。今や世界の大半に瀰漫せり。一は二千五百年前印度の一邦に起りて。支那日本を感化し。今や西歐米の諸邦に傳はらんとす。共に之れ偉大の宗敎にして。數千年間世界人民の精神を陶鑄したるの功は永く泯滅することなかる可し。吾人端なく二敎々祖の當時を回顧し。基督が三十年間の艱苦と。釋尊が五十年間の難行を想起し。二祖が勇猛斷々たる精神を顧念して躍然たるものあり。嗚呼是れ人類の大導師ならずや。

然れども爾來人智は駸々として進み。今十九世紀に於ては已に文化の絶頂に達せりと云ふも過言にあらざる可し。此間二敎が遭逢し來りし過去の經歷は。能く二敎の眞價を確定し得べし。思ふに耶蘇敎は文明の舞臺と呼稱する。歐洲の天地を通過し來りしものなれば。定めて理學の攻擊にも逢ひしならん。哲學の勁敵とも接戰せしならん。又劍戟の難に罹りて幾多悲慘の境遇に沈みしならんも。能く現今に至る迄其信仰を維持し來りしものは。是れ其敎の幾分眞理に契ふ所ありしを以てなる可し。カント氏曰吾人が時代は批評の時代なりと。不幸なるかな佛敎は數千年來東洋に於てのみ其榮光を照被せしも。未だ西歐の地に於て充分なる眞價を發揚する能はずして。今や漸く批評の舞臺に登んとするに至れり。蓋し佛敎にして若し眞理ㇾ敎とすれば新奇なる學問に接して。愈光輝を發するに至る可し。而して若し佛敎が一步を進めて泰西ㇾ新學問を包括して之を統一するあらば。實に是れ絶大至高の宗敎と謂ふ可きなり。佛敎にして能く之を爲すあらば基督敎に勝過する百千倍なる可し。何となれば彼れ基督敎は鄉地の學問を統一する能はずして。却て是れを避くるの傾向存ずればなり」

吾人は敢て佛耶兩敎を比較軒輊せんとするものにあらず。蓋し世に公論あり。既に兩敎の眞價を卜す。今に至りて呶々喃々兩敎の優劣を判せんとするは實に無用のことたり。然れども宗敎なるものは全然哲學と分離し得べきにあらず。哲學なるものも亦宗教を自家の範圍內に取込めて論じ去る可きにあらず。吾人が見る所を以てすれば完全なる宗教には二面あり。其一面は哲學的の範圍に屬し。他の一面は宗教的の範圍に屬するものなり。宗教と哲學の差別と關係を論ずる要所此の二点に存ず。而して吾人か所論にして正鵠を誤まらずんは。佛教は二面を備具する宗教にして。耶蘇教は其一面をのみ有するの宗教なり。茲に至りて吾人は次に泰西哲學を並列し來りて。佛教の那所と符合するものなるかを論じ。併せて其優劣を判せすんばある可からず。然れ共是れ吾人が輕々能くする所にあらず。予輩は之を以て佛教先達の高僧を煩はさんとするものなり。

哲學といひ宗教と云ふ。其間天淵の差異あるが如くなれ共。其目的とする所に就ては両者一途に出づるを見る。即ち人類本然れ眞價を悟了せしめて。其品位を高尚ならしめ。漂々浪々世波れ左右する所となりて。暗然たる冷境に浮沈せる彼れ一般世人をして。眞理の大光を望み。安心れ道によりて。眞理至粹れ滿足を獲せしめんとするものなり。極言すれは一は眞善美を現世に求め。一は之れを來世に求むるものなり。

演説

左の一篇は明治佛界の富樓那。デモンゼスとして。整練。巧熟。奇警。敏活。滑稽。諧謔。笑殺。罵倒なる。一大雄辨の技倆を全國至る處に演じ。十八高僧の雷名を全國に轟かしたる。肥後佛教三傑の一人。我が縣下玉名郡横嶋村の出身。丹津加藤惠證師が。本月八日同郡伊倉村來光寺にて催せし。該郡佛教青年秋季運動聯合大演説會の席上に於て。滔々懸河の辨を揮ふて。十一間四面の殿堂に群簇せし數千の聽衆を。縱横自在三寸の舌鋒を弄し。或は感せしめ。或は激せしめ。或は悲ましめ。或は笑はしめ。拍手の音堂外に溢れしめ。喝采の響堂宇を震はしめたる。巧演熟談奇論活説と。編者が不整不練。不巧不熟なる軟弱の腕を極めて寫眞撮影せしものなり。固より編者の軟腕。靈妙活動なる加藤師演説眞影の万分の一をも。摸寫する能はざるは必然なりと雖も。希くは讀者諸君。編者の軟腕を恕して。間接に師の演説を清聽し。以て想像の羽翼を飜し。彼の演壇に嚴立する師の風采聲音に接するの思ひを爲し一讀あらんことを懇望す。

明治二十五年十月十七日　國教編輯者謹識

佛教如水耶蘇教如火

加藤惠證

偖て今日は八淵君も久しく長崎佐賀等の諸縣に巡教になりて居りて。永ひ間縣下の巡教は出來ざりしが。幸に此頃歸熊せられたれば。當寺の副住職大久保含海氏が。態々出迎ひに御出でになりて。漸く開會の運びとなりたので。私にも一場の演說をなす樣。御依賴ありし故。今日諸君に向つて一席の演說を試みるに至りたのです。偖て今日私が皆樣に御話し申上ぐる演題は「佛教如水耶蘇教如火」であります。殘念な事は私共が佛法の味方である。御佛飯を喰つて成り立つたものである。坊主であるからして。耶蘇教は國家を破壞する害毒の分子を含んだる宗教のなんのと云へば。すぐに坊樣の云はす事だから。あれは職敵であるならんと誹しる者もあるであろふが。是は實に仕方がありません。併し唯今加藤惠證が還俗致して。居士連中の仲間に入りて。諸方を演說に徘徊した所が。今迄數十年間も眞宗本派の僧侶で。日本全國を駈け回はりて居た者が。今更ら還俗したればとて。一向つまらぬ話で。世の人々は矢張り坊主とより外見ないから。今暫らく還俗は見合せた方が宜しからんと思ひます。私は今日耶蘇教は我が佛教の敵たる而已ならず。我が國家の秩序を紊亂すると云ふ事を述ぶる筈です。私は青年諸君に向つて御話申すのに。最も無常な悲哀な死せる後の事などと話すのは。餘まり好みませぬ。今日の青年諸君は愛國心を涵養するのが。第一緊要である。若しも青年諸君にして愛國心が缺乏したる際には。それこそ大變な事だ。依て今日は可成愛國心の必要なる事を述ぶる筈である。

鷸蚌の爭は漁夫の利となると。是は蛤と鷸と喧嘩をなし居りし所を。獵師が來りて二つ共に攫み去りしと云ふ譬喩である。今日は外國と云へる恐る可き奴が大ひなる口を開ひて。機會がありたらば一口に嚙まんとするの有樣であれば。國權黨の改進黨のと。喧々囂々として內訌紛々而已を逞ふして居る時ではありませんぞ。耶蘇教と云へる奴は。至る處其傳播したる國々に騷動を起し。謀叛を企て。其國の特性を破り。其國民の血を流さしめたと云ふ恐る可きものであるが。佛法は其傳播の最初より。至つて温和な性質で。至る處騷動を起したの。謀叛を企てたのと云ふ事は夢にも見ぬ處で。其國の特性と調和し。其國民を温良に導きたる事計りであると。申しても差問なひとである。

水は方圓の器に隨ふと。佛法は實に斯の如き性質である。水は四角な器に入れば四角になる。圓い者に入れば圓くなるものだ。斯く謂へば反對論者が居りて。然らば佛法なる者は。女の如き性質ならん。女と云ふ者が一定の主義本領が乏くして。性質が始終朝變暮改するものであれば。佛教如水と云ふは。佛教如女と云ふ意ならんと罵る者もあるならんが。併し水に謂はしむれば。私の職分は唯だ物を濕ほすにありと答ふるならん。其器の方なると圓なると。三角なると八角なるとに關係しません。唯だ濕しさへすれば宜しいのです。依て圓い器には圓くなり。四角な器には四角になる方が都合の宜いのだ。若し圓い器に四角になり。四角な器に圓くならば。充分濕はす事が出來ぬ。熟々佛教の各國に傳播する有様を見れば。恰かも水の萬物を濕ほすか如きものである。天竺は佛法起源の國であれば謂はぬが。漢土に入りしが如き。朝鮮に至りしが如き。我邦に傳はりしが如き。皆な此の水が物を濕ほす様な都合でありし。耶蘇教は如何と云ふに。先づ我邦に於ては彼の天草の大江崎津邊より。漸々侵入し愚民を煽動して。遂に彼の恐る可き。嶋原天主教大亂の如き。大騷動を惹き起し。我邦同胞人民が三十萬人計りも。是か爲めに血を流して生命を失ふたのである。偖て先頃長崎に於て犬姦事件と謂つて。異人が日本の婦人を捕へて。自分の愛犬に姦せしめたと云ふ事がある。然るに其婦人は熊本天草の者であるが何と熊本縣が外國に對しての不面目ではないか。當時東京にては。長崎の犬姦事件。大分の生膽事件（自分が母の眼病を癒さんとて自分の妻の生膽を採りし件）とに就ひて。耶蘇教と佛教とが大喧嘩を打初めて。耶蘇教者よりは。東洋の古道德佛法の弊害は彼の生膽事件が其證據だと云ひ。佛教者よりは西洋船來の道德則ち耶蘇教の不始末は。彼の禽獸にも劣り果てたる。長崎の犬姦事件だと論じ。今や雙方火花を散らし。論戰の眞最中なりとの事である。熊本天草の賤婦が僅か拾五圓の爲めに其の身を屈して。洋犬の御相手となり。大にしては我が帝國々民の面目を汚がし。小にしては我が熊本縣民の面目を辱かしめたるは。實に我々肥後人一同の不面目之に過ぎたるとはないのであるが。此に又た一つ我々熊本縣民の嘆はしきとが出來たのだ。それは彼の布哇出稼熊本人拒絶の一件だ。從來日本より布哇に出稼して。最も評判が宜しく。最も人數が多がりしは。實に山口。廣嶋。熊本等の諸縣にてありしが。近來に至りて熊本人の評判大に聲價を落し。今回の出稼人募集には斷然熊本人を拒絶して來のである。熊本人と斷りて新潟縣人を募る様になりた。全体如何なる都合で熊本人が斷はられしかと尋ねて見れば。布哇出稼人募集に最も關係を有する。同國人アルヴヰンの話に依れば。第一熊本人は徒黨を組んで何か少く氣に食はぬ事があれば。忽ち同盟罷工とか。攻撃同盟とか。謀叛がましき事を企つるので。是が大に同國人より忌み嫌はれ。今回遂に拒絶の不幸に逢ひたる第一の原因で。第二の原因は熊本人が博奕に耽ける事の多ひからであるとのとであるが。何と皆樣言語同斷苦々敷話ではありませんか。偖て又た耶蘇敎の始めて入りし。天草の大江崎津邊は極々野蠻な所で。通常の食物は唐芋鰯位で。米の如きは殆んど起死回生の藥の如く。自分の親翁が病死の後ち。今度自分が家の親翁は米の飯三度食はせたけれども。到々回復せんだつたから。最早や天命と斷念せねば詮方なしと。挨拶する位な。野蠻も野蠻實に言語に斷へたる野蠻の所そうだ。併し此席に天草の御人が若しも御參聽になりて居れば。甚だ失敬であるけれども。此邊迄も御出浮になりて居る御方は。抜群の御方であるから。それは例外です。耶蘇敎なるものは個樣な極々卑しき所より侵入して。野蠻な人民を煽動して。一騒動打始むる猛惡劣等の宗敎である。

始め佛法の支那に入りしは。後漢の明帝の時でありし。明帝が難有夢を結び給ひ。其靈夢に御叡感斜ならずして。佛法を歡迎し給ふたるものである。佛法が支那に入りし時は。支那は儒敎の升でありた。儒敎の升なるものは。皆樣が御承知の通り。三綱とか。五常とか。五倫とか謂へるもので。換言すれば君臣。父子。夫婦とか。仁。義。禮。智。信とか。君臣有義。父子有親。夫婦有別。長幼有序。朋友有信とか謂へる。一種の倫理哲學なりしかば。新に入り來る佛法の水は滾々として。此の儒敎の升に入りて。其升を濕はしたのだ。少しも喧嘩せず。相手が五角ならばこちらも五角と云へる。最も仁慈温和な手段にて。儒敎と調和したのである。則ち佛法の四恩或は五戒等は。難なく彼れ儒敎の三綱五常五倫等に調和したるのである。汝の方の仁と云ふとは我が不殺生戒である。汝の方の義と云ふとは我が不偸盗戒である。汝の方の禮と云ふとは我が不邪婬戒である。汝の方の智と云ふとは我が不飲酒戒である。汝の方の信と云ふとは我が不妄語戒である。汝の方の三綱や五倫は我か國王。國土。父母。衆生の四恩と似たるものである。實に汝の方の仁則ち憐むと云へるとは。我が殺さずと云ふの表面である。裏面より云へば殺さゞるが則ち仁である。汝の方の信則ち誠と云へるとは。我が妄語せずと云ふの表面である。裏面より云へば。妄語せざるが則ち信である。然れば貴君方の唱へらるゝ。三綱。五常。五倫等は我が佛法の入口であるとて。孔子孟子と敵對するの。儒教の精粋を打ち壞すなどは。夢にも見ざる所で。却つて孔孟を尊崇して天上界に聖座を與へたるが如き。實に佛法の性質は水の萬物を濕ほすが如き。至つて温和なるものではありませんか。

耶蘇教は佛法の性質とは大に異なれるもので。實に火の如き性質である。皆樣如何でありますか。我々の衣裳が水の爲めに浸れても少く心身不快を忍べば。忍ばれぬ事はありませんが。火と云ふ奴は一切事物を燒き燼くすもので。水の如く浸れても忍ばるゝ樣な温和な性質に非ずして。至て猛烈な性質である。諸君試みに火災の時分。燄々と火が燃ゆる近傍に。暫時でも立ち止まりて居賜へ。諸君が着せし所の衣裳は火毒の爲めに。手を觸るれば忽ちばり〳〵と云ふて。破れ裂くる樣になるは必然である。耶蘇教なる者は猛烈なる火性で。支那にありては儒教。道教と打滅さんとし。日本に於ては神道。佛法を打滅さんとするの恐る可き宗教である。

佛教の我が日本に傳はりしは欽明の朝にあり。此時代は大に三韓と交際して文學。美術。工藝等萬般の事物を輸入し。愈々文明の曙光を發するの時でありしが。同帝の十三年に朝鮮の聖明王より。態々全權公使を推し立てゝ。黄金を以て鑄りたる彌陀。觀音。勢至の像に。此法は諸法の中に於て最も尊貴なるもので。周公孔子の聖人と雖とも。猶は知ると能はず云く々の國書を捧呈して參りました。偖て我が朝庭に於ては受くるか受けぬかに就ひて大議論が始まりました。其時分迄は日本も紫溟黨や改進黨の如きものは無かたが。矢張り黨派の如きものがありしと見ゆる。時に天子樣が大臣方に申し付けになりて。受く可きや否やを討議せしめ給ひしが。排斥論者は彼の守屋大臣の方である。其論の主意は如何と云ふに。日本には最早や神樣方が八百萬と云ふ大變な數居らるゝ。今でさへ其處分に困まりて。養子に貰ふ所があらば。外國にでも神樣を養子に遣らんと思ひ居る所に。亦た外國の神を入れたらば。それこそ神さんと神さんと。神さん同士がどし當りの出來る。大迷惑を生ずるならん。此大迷惑を生ぜんよりは。寧ろ斷然佛とやらん異國の神は拒絶したる方。萬々得策ならんとの主意なりし。そこで排斥論者の主意を一口に評すれば神樣を食客視したるものである。尊載論者は稻臣の大臣で。此大臣の論旨は佛法なるものは最早。天竺。支那。朝鮮等亞細亞大陸の諸國皆な信仰し居るのに。我日本而已從來の神樣に依賴して。之を拒絶すると云ふのは。少く大陸諸國殊に隣國などの交際國に對して。不面目ではないか。依て斷然聖明王の贈物を受け取りて。佛法を尊載するに如かずとの主意なりし。そこで天子樣か御心配遊ばして。贈物だけは受くる事に決し。其信仰は自由放任と定められました。然るに佛敎が日本に入りし後は如何であるか。若し耶蘇敎の如く火性でありたならは。釋迦如來や。阿彌陀佛を推し立てゝ。從來の八百萬神を打壞しに掛り。坊主と神官の爭は始終絶へざるの不幸と見るに至りたでありましようけれども。佛敎は火性でないから左樣な馬鹿氣たる爭は致しませぬ。日本に入るより早く特色の水性を顯はして。神道の正直と調和し。本地垂跡。兩部神道の如き溫和的調和論が實際に行はれて。神道と佛敎と親密なりし事は。恰かも父子の如く。夫婦の如く。兄弟の如くにして。千有餘年の久しき我國の人心を維持し來りました。彼の讚岐の金毘羅權現の如き。彼の太宰府の天滿宮の如き。此伊倉の兩八幡の如き。皆な維新前迄は法院樣と謂つて。天台宗の僧侶が居りて。妻帶肉食の神官を斥けて。却つて神官の職權は法院樣の方にありし。佛法の我邦に於ける大畧斯の如きもので決して舊來の事物を打ち壞す樣な事はありません。至る處佛法の出店と云ふが如きは。餘まり打かぶせ議論で少しく瞞着の傾きあるか知らざれども。是れが則ち佛法の善良なる特性である。耶蘇敎は實に火の如きものである。此伊倉にも四五名の耶蘇信徒生ぜし樣子にて。頃日氏神祭に際し。祭費を町内の戶々に課して。彼等にも負擔となさしめんとせしが。彼等は傲然叫んで。我が奉ずる神は獨一眞神なり。我輩豈に偶像祭の如き我が敎則に觸るゝものゝ爲に。入費を負擔せんやとて拒絕したる由なるが。何と忌ま〱敷事ではありませんか。我佛法の信者は彌陀の本願を信じたればとて。宮祭入費の如きは喜んで出し。決て耶蘇の如き傲慢暴亂ならず。實に火と云へるものは恐る可きもので。火事の時衣裳着て至り居れば。ばり〱然として自然に破るゝ樣になるものである。依て我か青年會の諸君は飽まて佛法の水性に濕ほされて。佛法の水を耶蘇の如き火性に注ぎ。しゆんと云はせて消滅せしめ賜はんことを偏に希望するなり（終）

雜報

●皇太皇后陛下法華經を請し給ふ。畏くも。皇太皇后陛下には。三浦陸軍中將が。細字細階にて書寫れし。南無妙法蓮華經八軸を。拜讀あらせられんとの思召にて。杉太夫に命じて。其旨を中將に傳へられたるにより。此頃經卷莊嚴中のよし。

●德育上の勅問奉答　各地方長官に對して德育上の勅問あらせられたるに。東京府知事富田鐵之助氏を惣代として。奉答したる要点は。明治廿三年に勅諭を給はりし以來。學校生徒に孝悌友愛の道を教へて。家に不遜の子なからしめ。忠君愛國の道を說きて。國に不良の民なからしめんことを勉むるも。實施日淺く。未だ充分の成績を見る能はざるを憾む。臣等。今より奮勵し。以て勅諭の旨に背かざらんと期すと云ふに在りとぞ」吾人は國家の爲め切に望む。異端邪說の妖霧を闢き。僞眞僞德の妄想を打破し。國民の道義を恢復して。諸君が進んで其成績を上奏するの速かならんことを。

●基督教徒の公開狀　機に投じ時を追ふて冒險的に弘教の策を講ぜんとするは。彼れ基督教が第一の妙手段にして。我邦青年が洋學の必要を感ずると同時に。教育界に浸入し。青年投機の術を逞ふし。我國第二國家の繼續者たる青年を籠絡して。其教下に伏從せしめんと計畫しあるは。彼等が弘教策の第一策なりしも。思ひきや。勅語一度出てより。忽ち教育上の衝突となり。高等中學の不敬事件となり。宇宙國家両主義の分裂となり。金森通倫の基督教改革論となり。熊本英學校の分離となり。政治界の刺戟となり。教育界の問題となり。艱難逼迫。止むを得ず戰端を試みんとして。社會公衆に向つて公開狀を發するに至れり。知らず。社會の同感を得るや否や。

公開狀　某等基督教徒有志を代表し。我帝國憲法第廿八條に明示せる信教自由を擁護せんが爲めに。此書を我立法者と有司とに呈し。併せて我公衆に訴ふ。

第一　本年六月中旬。熊本縣飽田郡横手村長國寺に於て。本縣知事松平正直氏は。町村長町村會長を集めて演說して曰く。小學教員に禁止すべきもの二。一は政黨政社に關するとなり。二は耶蘇教を信ずることなり。耶蘇教は外國の教なり決して信ずべきものに非ず。小學教員は宜しく去年頒布し給へる勅語に殉すべし。若し耶蘇教を信ずる者あらば猶豫なく處分すべし。

第二　本年七月廿五日。熊本縣山鹿郡山鹿高等小學校長赤星某は。警察官の密告によりて。同校生徒佐久間敏彥高木秀雄今井義亮高木友次郎が耶蘇教聖經を研究することを知り。四人を譴責して。其研究を止めずんば退校を命ずべきが故に三日間に返答すべしと云ひ。佐久間敏彥が之を肯んぜざりしを以て。校長の命に背く者なりとなし。終に退校を命じたり。

第三　第一項に掲げし熊本縣知事が爲したる演說は。九州自由新聞に掲載せられて。既に公衆の知る處となりしのみならず。右の席には熊本縣々會議員栗津武雄在りて慥に之を聞き取り。證憑の歷然たる者ありとす。

第四　東京府下に於て發行する教育上の新聞教育報知の如きも。亦熊本縣山鹿高等小學校長の擧動を是なりとし。小學生徒は政黨政社に列るべからざるが如く。亦耶蘇教に入るべからずと云へり。

第五　以上の事實によりて之を見るに。熊本縣知事及び赤星某なる高等小學校長の處置たる。我憲法の明文に背戾せしことを明瞭なるのみならず。此の事實たる。獨り一縣の弊害に止まらずして各地方亦是れに類すると多く。且輦轂の下。教育新聞記者たる者すら詭怪の論辨を逞ふして之を辨護する者あるなり。

第六　若し基督教を信ずる者は小學校生徒たる可らずとせば。基督教信者及基督教信者の子弟は。小學校教員生徒たるの資格を奪はれたる者にして。國民教育を受く能はず。從て國民たる完全の資格と備ふるの機會と失へる者なり。

事情斯の如し。其我信教自由の大權を侵害し。國民教育の旨趣に悖りたること疑ふ可らず。某等は我立法者が常に其憲法を維持し。我有司殊に文部省が其監督する教育部內の過誤を正し。而して聰慧なる我公衆が。必ず某等の言の正理たるを認識すべきを信ず。是れ此の書を裁して天下の公議に質す所以なり。

植村　正久　本田　庸一
井深梶之助　竹越與三郎
平岩　恒雄　早乙女豊秋
横井　時雄　渡瀬寅次郎
原田　助　山路　彌吉

●信教自由の教育に關する建議　大日本教育會は。去る七日の例會に於て。日下部氏の建議に係る。小學教育の本旨と信教自由の權利との關係問題を議する筈なりしも。近々京都に教育の大集會あれば。其後に延し。委員を撰んで議せしむるよし。其建議の要旨并に委員の姓名は左の如し

近時小學教育の本旨と信教自由の權利との關係に付。憲法上の研究を要すべき問題。外教信者間に起り。既に之を世間に公にするに至れり。此問題たるや。大に小學教育の消長に影響を有し。且つ小學校長の職權にも關係を及すべきものに付。本會議員會に就て。取調委員を設け。之を調査する事に相成度。此段建議候也。

取調委員　杉浦重剛　日下部三之助　元良勇二郎　能勢榮
國府寺新作　西村貞　三宅米吉　村岡範爲馳　山縣悌三郎
の九氏と定まれり

●輿論　耶蘇教の國害たることは。日本魂ある三歳の童子も知るところなれど。日本魂なき八十の老人は之を氣付ず。猥りに崇拜して。其極吾國の國教にせんなど。寢言を吐き散す者さへあるが。今度某有志者が。內閣各大臣貴衆両議員へ頒ちたる書中に左の如き旨趣を認めたり。耶蘇教を國害といふ者は。我田援水の僧侶のみに非ず。今は立派なる天下の輿論となる。則ち其旨趣に曰く。

耶蘇教國の道義は我國の
倫序に適合せず

（五瀬教報）

●法典と倫理の關係　大日本教育會に於て。杉浦重剛氏の發議に依り。法典と倫理の關係に付き。委員を設けて數回討議せしよしは吾人屢々聞く處なりしが。其說甲乙両派に分れ。甲は能勢榮氏。乙は元良勇次郎氏にして。各々意見を草し。委員會にては多數を以て甲說を採用し。左の報告書を作りしと。

（甲案）

法典と倫理との關係に付調査報告書

謹て新法典を閲し其倫理と關係する點と撿ずるに或論者の云へる如く其全編歐州の制に據り其國情習俗の同じからざるものを生吞活剝して裁せ取る所なきものとも見へず其人事編の如きも祖先の家制を排却し極端なる個人本意の法制を設け數千年來の國俗を擲て顧みざるものともみゑずさりとて新法典は極めて倫常を重んじ我國特種の涵養發達を成せる國情習俗に適應せしめたる者とも見るを得さるなり今其二三例を擧れば人事編第二十六條の定むる所の直系の親屬は相互に養料を給する義務を負擔すといふ事を推論する時は宗を去りたる父又は母にも養料を給する義務を生すなり。此事は從來の慣例に依れば或ゐ場合に於ては養料を供する事あり。給せざる場合あり。之を給するは給すべき必要あるなり之を給せざるは給すべからざる事情あるなり。豫め之を規定せざるか爲に臨機應變其宜しきを得て親子間の紛爭を避け比較的に圓滑の生存を全ふするを得たるなり。又人事編第百三條庶子は父母の婚姻に因りて嫡出子となすとの如きも我國の慣例に據れば或は妾腹の子或は公然婚姻をなさずして生める子を嫡子となすとありと雖も之を正式の婚姻をなしたる本妻の生める子に比すれば良心の制裁と社會の制裁とに對して耻づるところなきに非るなり然るに今之を法律に規定して公然之を認許する時は蓄妾私通を不德とせず庶子私生子を耻辱とせざるに至るも知るべからざるなり。又人事編第百四十九條親權は父之を行ふ父死亡し又は親權を行ふ克はざる時は母之を行ふとのとも又例慣習風に從ふを主とし敢て一定の法文を以て束縛せず母權を父權に代らしめ若くは後見人を置て財産を管理せしむる等。家々の便宜に任すも親族の制裁と社會とは此邊の關係を調定するに十分の力あるべし。

以上揭ぐるところの條項は我國舊來の慣例に違背するものにあらずと雖も從來是等の事柄につきては一定の法律なきが爲に吾人は平生守る處の道德心に訴へ社會の制裁に依りて事を處し大不便と感ぜざりしなり然るに今之を法律に規定し斯くなすべしと命令する時は民衆は偏へに法文と楯とし親子兄弟夫婦法廷に相爭ふ者を生じ親族間の道德は漸く廢頽し切角從來維持したる本邦親族間の美風を放擲するに至らんか之憂ふべきとなり。

財産取得編第三百六十七條の夫婦間の贈與は婚姻繼續中何時にても之を廢罷するとを得べしとの事及び債權擔保編第二百廿六條の婦は夫の不動産に關し法律上の抵當を有するとの事等も以上述るとを同一の理を以て推論するとを得べし

結論　民法の如きはかの歐州に於けるが如き法律を以て治國の要道となせる諸國に於ては實に一日も欠ぐべからざるものにして國民之に據りて日常の行爲と規制す然れども一方に宗敎の制裁ありて社會の德義を維持するが故に法律と以て惡事を爲す限界となすが如き者未だ甚だ多からざるなり東洋諸國殊に我國に於ては治道の要具となし重きを法律に置かざるものなり。而して國民一般宗敎に淡泊なるを以て道德の外に國民の行爲を規制する者なきなり是畏くも我至仁なる　天皇陛下此道に於ける　勅語を下し玉ひたる所以なるか。然るに今歐州の制に倣ひ民法を以て國民の行爲を規定するときは人々之を以て日常行爲の標準となし親子相訴へ夫婦法廷に爭ひ固有の良風美俗一朝蕩盡するに至るも知るべからず。吾人は徹頭徹尾　勅語の趣旨を奉戴し道德を以て日常行爲の標準となし以て幸福を享受し安全の生活を營まんことを希ふ者なり身心の安全を法律の保護に一任するが如きことを欲せざるなり。若し然らば民法の實施は我國に必要なきか否然らず我國の文物日進月化するに從ひ社會人事漸次複雜を加へ單に道德のみに據ると能はざる場合も漸次增加すべければ早晩人民相互の關係を規定し其爭論を未萌に防ぎ或は其爭論の是非を判定するもの卽民法の必要あるべきなり然れども我國民衆の需要に應ずべきものは道德の範圍に影響を及ぼし固有の良風俗を壞るとなくして悪事を未萌に防ぎ是非を判定するの要具たるものならざるべからず法典は國家百世の大事なり輕忽に之を實施すべきものならんや。

（乙案）斷行派の意見

愚考する所によれば延期論者が新法典は倫常を壞乱するをなすの理由となす所は皆社會學上及び倫理學上未定の問題なり。然るに延期論者は風俗慣例のみを重んじ其改良すべきものと然らざるものとの區別をなさず獨斷的に父尊母卑を標準とし。人情忍び難き迄も家制を重んじ。又民法中昧者不義者のために設けたる二三ヶ條の爲めに人倫を重んずるの美風日本の地を拂ふに至ることを斷言せり。是れ人倫の眞の性質を知らざるもの丶如し。人倫は斯く容易に動かさる丶ものに非るなり吾人固より脩正論及び實施論を是非するに非ず。或は脩正して此の新法典に比して尚は善良なる法典を得能ふや否やは知らず。然りと雖も唯新法典は忠孝の道に戻るとの斷言の非なるを認むるものなり。蓋し日本の德義今日震はずと雖も未だ最下等の倫理標準たる二三の法文の爲めに人民は倫理的感情を失ひ德義日本の地と拂ふが如きあらざるは人情の性質に於て有る可からざるとなり故に新法典は倫常を壞乱すとは獨斷的確定に過ぎざるなり。

●猛省せよ佛教の諸子　大日本教育會が新法典に對する意見書を一讀して猛省せよ。歐洲諸國に於ては一方には宗教の制裁ありて社會の德義を維持す云云と云ひ。我國は國民一般宗教の淡泊なるを以て。道德の外に國民の行爲を規制するものなしと云を見て。猛省奮思せよ。知らず各國に在ては。或は國教として。或は公認教として。國税を頒ち保護金を附し。官吏に。軍人に。國會に。裁判に。民間の禮節に至る迄。法教師を交へ。宣誓式を擧げ。國家人民の宗教に重きを置く至れりと謂つべし。知らず表面斯の如きに對し。裡面其の法律制度を維持し。國民の德義を養成すべき宗教の感化力ありや否や。顧みて印土阿瑜迦王の佛教を以て國家を統治せし時代。及び我邦王朝時代の盛時を考ふるに。彼れ蠻教の比に非ず。宗教の淡泊なるは僧侶の罪なり。將た國民の罪なり。奮つて國家及び國民を統率し。道德の要素たる宗教の養成を施し。彼の新法典發布と俱に佛教を王朝の盛時に反せ。

●歐洲帝王の不運命　米國紐育發兌の雜誌に。歐洲帝王の不運命表と掲げあるを見るに。吾人一驚に堪へざれば抄錄して參考に供す。思ふに。文明開化の先導者として。家元として。

各國の間に誇大に唱ふる歐洲大陸の帝王にして。斯の如く不運命なるは。抑も國体組織の然らしむるものか。或は君君たらざるか。臣々たらざるか。將た宗教の薫陶國民を養成するの力なきか。果報尊ふとき高貴の御身にして。慘憺たる悲境に陷らる。豈に考へざるべけんや。

王位を奪はれしもの　三百六十四名
斷頭塲裡の露と消へしもの　百八名
自殺せしもの　二十一名
發狂と認め幽囚せられしもの　三十四名
戰死せしもの　百二十三名
弄殺せられたる者　二十五名
暗殺せられし者　二百五十名

●耶蘇教徒を憐む　吾人は眞理の諍ひには一毫も餘さず戰はんと欲するも。其の信仰を異にすればとて。倶に宗教界の友達なれば。教理上教敵としては諍ふべきあるも。其短所を捜して卑劣の戰を挑むとは好ましからぬとなるに。近頃耶蘇教徒の不敬暴慢敗倫汚徳の擧動を現出する。大抵毎月二三件已上に及ばざるなし。誠に驚くに堪へたり。之れ勅諭の大權。國民の眼光を開かしめ。彼等と衝突したるものか。又は四方の攻撃に逼迫するの極。乱れて暴發せしものか。將た耶蘇教は我國の道徳には適合せざるものか。氣の毒にも亦憐むべし。

●生膽と犬姦　両事件倶に。近頃稀有の怪事にて。言ふに忍びぬとなれば。寧ろ言はぬに然かざるも、世論囂々。生膽事件は。崇外的西洋宗教徒が。儒教主義。佛教主義の。東洋道徳を排毀するの利器となり。犬姦事件は。主我的國粹論者が。耶蘇主義。洋化主義の。西洋道徳を嘲罵するの材料となる。漫りに論斷して。其教全體の罪とせんとするは。極端の酷評と云ふべし。

●痴愚彝倫を誤る　無學にして道理を辨せず。母の病を癒さんとして妻を殺す。其擧や固より痴愚。然れども。孝養の赤心愛憐の妻を殺す。妖雲暗き所一光閃めく。未だ以て國民の汚辱とは云ふ可らす。

●犬姦律　野犬を以て賤女に姦せしめたる。蠻奴を出せし商會の名をホームリンガと云ひ。その蠻奴はアンジヤーと云へりと。我四千万兄弟。特に佛教の兄弟姉妹。記臆して忘るゝなかれ。實に。斯る所行の其邦域に往々行はるゝものにや。西洋諸國には。犬姦に對する法律の正條ありとかや。

●文明と野蠻　人は萬物の靈長なり。動物界中禽獸と其行爲を擇び。交りを異にし。人類遙かに最高等に進み。之を文明と云ふ。下等動物と行爲を交へ隔つるなき。之を野蠻と云ふ。犬を以て人に姦せしむ。蠻奴彝倫なし。蠻野に文明を學の女子。女權を擴張する亦故なきに非ず。噫乎。破倫滅道は人類の公敵なり。誰れか罪せざるものあらんや。

◉天地月鼈　一は親を重んじ。一は犬を重んじ。一は妻を殺し。一は犬を人に姦ず。一は病を癒さんとし。一は婬情を乱す。倫を誤ると。倫を破ると。野蠻の行爲と。文明の理を辨せざると。輕重大小天地月鼈。豈に比較すべけんや。

◉民友記者黒的の辨護　（日本）の投書家最も激昂し。往々是を以て耶蘇教徒を攻擊す。耶蘇教徒犬姦事件と何の因緣あると。」果して因緣なしとせば。彼れ無宗教なるを証明せり。無宗教徒の害。それ彼れが如く大ひなるか。…………然れ共。我が日本佛教國に在ては。仮令無宗教の徒なるも。祖先以來佛教千載の遺風と。我邦人類固有の德義は。國民の性情となりて。未だ斯の如き蠻風を學ばず。佛耶の邦國。間接の風化。蓋しそれ考ふへし。

◉玉名郡佛教青年秋季運動聯合大會　本月八日九日の兩日は縣下玉名郡伊倉村來光寺に於て。同寺の副住職大久保含海師及び。同地の青年會員諸氏發起となり。加藤惠證。八淵蟠龍の二師を招聘し。該郡の佛教青年秋季運動聯合大演說會を開きしが。初日は雨天なりしにも係はらず。近來稀なる二師の會合演說なれば。全郡各地各團体の青年會員及ひ婦人會員等。隊を組み。列を爲し。旗を飜し。唱歌を謠ひ東より西より南より北より。續々來會して。早や開會の頃には。流石に廣き十一間四面の殿堂も。實に滿堂立錐の地なくして。堂外に溢るゝに至れり。既にして開會。大久保師開會の趣旨を陳べ。次に木葉村の佛教青年會員總代廣瀨熊喜氏進んで。左の祝詞と朗讀す。

金風颯々トシテ萬林悲鳴シ秋色蕭條トシテ山川寂寥タリ此天候ニ際シテ生ヲ天地ノ間ニ禀クル者誰レカ高妙深奥ノ感慨淋漓タラザランヤ

今ヤ佛教ノ眞理ヲ欽慕シ佛教ノ正義ヲ斷行シ佛教ノ博愛ヲ呼吸シ將來日本宗教世界ノ活劇塲裡ニ嚴然卓立シテ大ニ爲ス所有ラント欲スル玉名全郡佛教青年會員諸君ハ本月本日ヲ以テ此ノ廣大ナル來光寺ノ殿堂ニ於テ秋季運動佛教大演說會ヲ催サル幸ニ我ガ木葉佛教青年會員ノ多數モ此盛大優渥ナル式塲ニ臨席スルヲ得テ歡喜ノ情ニ堪ヘザルナリ

嗚呼經ニ曰ヘルアリ佛教大海信爲能入ト吾輩ハ滿堂有爲ノ青年會員諸君ガ是ヨリ一層奮起勇進シテ愈々大聖世尊ノ眞言ニ感拜シ歷代佛教諸聖賢ノ遺蹤ヲ追懷シ見眞大師ノ訓誨ニ遵從シ佛陀大悲ノ勅命ニ信順シテ以テ金剛不壞ノ大信心ヲ獲得シ進ンデ各自佛教信仰ノ感化ヲ現時ノ社會ニ及ボシ放縱腐敗セル現社會ノ空氣ヲ革新シテ活潑剛健ナル新元氣ヲ喚起シ其妖雲怪霧ヲ排除シテ高尚優美ナル新乾坤ニ向ツテ進向セシメ賜ハンコトヲ滿腔ノ血誠ヲ捧ゲテ祈禱ニ

堪ヘズ聊カ蕪辭ヲ綴リテ本日ノ盛典ヲ祝ス

木葉村佛敎青年會員總代

廣瀨　熊喜敬白

明治二十五年十月八日

次に同婦人會員總代として隈部加賀孃左の祝文を朗讀す。

英國の女丈夫アーランデー言へることあり佛の敎は活ける法なり此の活ける敎を行はざる者は死する道を行くものなりと誠に然り妾等佛の敎を受けて言を善に進むるは言を活すものなり妾等佛の法を信じて身を善に進むるは身を活すものなり妾等佛の道を心に持ちて心を善に進むるは心を活すものなり之に反きて言と惡くし身と惡くし心を惡くし佛の導を守らざるものは身を亡し心を亡し眞に吾が一身として死の道を歩ましむるものと謂ふべし于玆我友達の人々語らひて佛の敎を尊み佛敎婦人會の盟を爲し遠近の同じ友達の人々が伊倉てふ鄕に寄り集ひ吾人の生き活ける道の語合を催しけると聞て妾等も此の友達の筵に交りて佛の道の尊き生ける御法の敎をも受け傳へんものをと本日の筵に詣で𛀁少か喜びの詞を記し侍る

木葉村婦人會員總代

隈部加賀子

明治二十五年十月八日

それより白石。山下。横島。玉水等諸村の青年諸君。更る〳〵立つて熱心なる競爭演說をなし。次に八淵師の「眞正の信仰には眞正の活力あり」（本號社說參看）との二時間餘の大演說あり。次に加藤師は「佛敎如水耶蘇敎如火」（本號演說參看）と云へる演說をなし。間もなく夜會に移れり。同夜は始めに楠本法道氏。次に佐々木忍鎧氏。次に合志郡西合志の青年會長山口小三郞氏の演說あり。次に加藤師は「道德の初步」なる題に就ひて。彼の大分の生膽事件を演劇的に說き起して。非常に聽衆の感情を喚起し。人間の普通感情を以て其主眼となし。一言一語悉く卑近平易切實剴當。恰かも指を以て人の眼中に撞き込むが如き。絕妙絕快なる演說をなし。最後に八淵師は「第二回眞正の信仰には眞正の活力あり」との題にて。信仰が社會に反射する感化影響は。實に絕大絕廣なりとの趣旨を以て。其論辨の大中心となし。激流滔々として雪花を噴くが如く。豪談雄辯。快論壯語。說き去り說き來りて。方今我邦最重切要の問題たる。敎育と宗敎。敕語と基督敎との一段に至り。慷慨勃々氣燄烈々。「眞理は思想なり。思想は事實なり。苟も宗敎にして完全圓滿の眞理たらば。其信仰の反射して社會萬般に影響する所も。亦た完全圓滿の感化ならざる可からず。苟も宗敎の眞理にして偏僻不完全ならんか。其信仰の反射して人類邦國の現實上に發する所も。亦た邪惡僞妄の感化ならざる可からずとて。彼れ一神敎信仰の反射が敕語或は皇室と衝突して。現社會に向つて僞妄邪惡の影響を與へつ𛀁ある最大病根は。一神敎眞理の大基礎偏僻不完全なるに是れ依らずんばあらざるなりと」論斷して。滿堂の聽衆に一大刺戟を與へたり。

猶は九日も前日に劣らざる盛會にて。各團体の青年諸氏數名の演説ありて。八淵師は「第三回眞正の信仰には眞正の活力あり」の題に就ひて。自巳が九州漫遊の希望。目的。經歴等より説き起し。進んで維新革命の諸現象を探討し來りて。今日佛教改革の氣運と對照し。改革の眞意義を解釋して。改革に對する俗物の妄想僻見を辨破論擊したりき。嗚呼小代の山は鬱々蒼々として千秋萬年の翠色を含んで諸君の征途を送り。高瀨の川は碧流滔々として蜿蜒龍の如く。以て諸君の心志を洗へり。吾人は此の山川靈淑の玉名全郡に蟠踞するの青年諸君が年一年益々奮つて佛陀の光明を四方に輝かさんことを希望す

●八代町基督敎徒の暴逆事件に就て正誤申込　社友孤月庵主人の寄書として。本誌拾四號雜報欄内に掲載したる。八代町基督敎徒の暴逆事件云云中。八代南部高等小學校生徒。聖影打下の一大事件に關し。去月二十九日同校訓導西塔晃氏來訪して。熱心懇到該寄書中事實の誤謬ある點を指摘し。左の如き校長服部友規氏よりの長文の正誤狀を差出し。次回出版の國教に於て。其正誤狀を掲載せん事を請求せられしを以て。條例を遵奉し。謹んで正誤す

去ル八月三十日貴社出版國教第十四號雜報欄内。八代町基督敎徒ノ暴逆事件ニ就テト題スル。孤月庵主人ノ寄書中。八代南部高等小學校云々ノ一節ハ。事實大ニ相違セルヲ以テ。茲ニ其始末ヲ記シテ。其記事ノ誤謬ヲ正ス可シ。

本校ハ明治廿三年九月　聖影拜戴後。直ニ舊校舍ノ階上北端三重ノ奉安棚ニ恭シク安置シ奉リ。其場所二間半方ハ囲ヲ設ケテ猥リニ近接ス可カラザル樣爲シ置キタルガ。昨年夏增築ノ新校舍竣功ニ付。此舍ノ階上ヲ講堂トシ。尙此堂北端ニ聖影ヲ移シ。前ニ帳幕ヲ張リテ。最尊嚴ニ安置シ奉レリ。

然ルニ彼ノ記事ノ始末ハ。去ル六月廿三日風雨ノ日。聖影前ノ幕ハ風ニ吹カレテ。半ハ左方ニ開キアリタリ。時偶々雀鳥幕内ニ飛込ミシヲ。第四年生蓑田元阜（第四年生ノ敎場ハ講堂ノ南端四分通リヲ占ム北端ハ乃チ　聖影安置ノ場所ナリ）。之ヲ認メテ該幕内ニ蹈入リ。手ヲ打鳴シテ彼雀ヲ追立タルコト。受持敎師西塔晃探知シテ同人ニ就キ其事實ヲ取糺シタルニ何心ナク　聖影安置ノ幕内ニ至リ。雀ヲ追飛サンガ爲メニ手ヲ打鳴シタルモノニテ。毛頭故意アルニ非ラザル段。恐惶答辨セシニ付。西塔訓導ハ言ヲ改メ。兼テ校長ヨリ嚴重ナル訓諭アルモ係ラズ。斯ノ如キ不敬ノ行爲アリシハ。甚ダ粗忽心得違ナルコトヲ説キ。且ツ戒メ而ル後チ此由ヲ余ニ申報セリ。余ハ其報ニ據リ。尙ホ生徒蓑田其他ニ付。精々取調タルニ前述ノ通リ相違ナカリキ。熟考スルニ此所業タルヤ。素ヨリ偶然ニ出タリト雖。聖影ニ對シ奉ル平素ノ訓諭ヲ忘却シタル段。大ニ將來ヲ戒メザル可カラズ。故ニ余ハ又此趣ヲ本校組合長ニ報告シ。且ツ相當ノ所分アラン事ヲ求メタリ。隨テ組合長ハ其保護者ニ向テ。同人改心ノ實蹟顯ル丶迄昇校ヲ停止シタルモノニテ。彼ノ記事中畏多クモ　聖影ヲ床下ニ打下ス抔トハ。設令ヒ爲ント欲スルモ爲シ能フ所ニ非ズ。又生徒平然答テ曰云云實ニ無根ニテ。

前述ノ答辨ニ外ナラズ。且又同地ノ傳導師ハ翌日彼敎員某ニ向テ云云。此件ニ付テ仝人實兄ハ來校シテ。其所業ノ摸樣テ尋ヲタル事アルモ。傳導師ト應答セシ事更ニナシ。

右ノ次第ニテ事實大ニ相違セルヲ以テ。次回御出版ノ國敎ニ。此全文ヲ本件御掲載ノ仝欄內ニ掲ゲ。正誤相成度。此段及請求候也。

八代郡八代町八代南部高等小學校

明治廿五年九月廿九日　校長　服部友規

國敎雜誌社御中

●眞宗本派の集會　西本願寺の國會たる集會は本月二十六日を以て開會せらる。想ひ見る。本年六月總改選に際し。派內衆望の歸する所となりて。目出度く眞宗本派會衆の月桂冠を戴きたるの諸師が。飛雲閣上に相會して審議討論するの有樣を。吾人は公明忠直なる會衆諸師が護法扶宗の精神を以て天下の大勢を達觀し。目前一時の彌縫策を打破して。宗門萬年の大猷を確定し。且つ本山憲法が與へたる會衆の大權利大責任を全ふし。以て上は優握至仁なる大法主殿欽定の恩賜に向つて奉答し。下は全國門末一同の希望と意志とを代表し。而して宗門新運動の大基礎を剏建せん事を希望せざるを得ず。

●監獄敎誨の感化　本誌前發行人篠方典師が。當時三池熊本出張監獄支署に於て。專ら監獄敎誨に勉勵せられしが。感化成績の奏功として。縣下阿蘇郡の篠原惟信なる者。此頃滿期出監の時其罪を懺悔して。左の一首を詠じて篠師に呈せしと云ふ

御敎に胸の濁りも澄み渡り今日快よく返る故鄉

●宗敎不可壓制の意見　ヘルバート、スペンサー氏は。倫敦府の露西亞猶太人委員會の或る會員へ。左の手紙を送りたる由。

拜啓猶太人に致せ。耶蘇敎徒の何れの宗派に致せ。拙者が一切の宗敎脅迫を最も強く排斥することは。今更言ふにも及ばぬ事と存候。左れば露國の此事に就て執り居る處置を。徹頭徹尾咎むるは。豫てより抱き居る拙者の持論より出で來る所の結論に御座候。今此に拙者が希望の次第と述れば。此猶太人に對する手段。及び其他の手段に於て。現然たる。近來益々烈しくなる所の壓制が。恰も種々の破裂力の積集する者の如く。終には一大破裂を起して。此大なる野蠻帝國を四分五裂して。幾個の王國と爲さん事に御座候。

ウイルツス州ビユーセー、フエーヤフイールドに於て

千八百九十二年六月廿五日

ヘルバート、スペンサー

●大谷派僧ユニテリアンに轉ず　大谷派の佐治實然ユニテリアン敎に轉ず。氏がユニテリアンに化たるは舊佛敎の腐敗を嫌ふたるものか。將た大派の貴族的抑壓寺制を避けたるか。又はユニテリアンの敎理を探らん爲めなるか。さなきだに斯る志にもあらば。別に仕方もあるものにと。吾人怪訝に堪へざりしが。「正法輪」記者の云所に依れば。佐治は大谷派の末寺に產れ。幼より佛恩に浴したる者にて。中途異安心を唱へて。

該派を放逐せられ。稍く大内青巒氏の憐恤に由て。和敬會や大同團の誘説員として虚名を衒ひ。彼の高等普通學校の不始末と云ひ。大同團の仕損と云ひ。佛教社會にては同人を顧る者さへなきに至れり。特に同人にとりては親とも師とも仰きける大内氏さへ。同人の無節操には呆れ果たる程ゆへ。最早如何とも詮術なき所より。昨日まで口を究めて攻撃せるユニテリアンの門に降り。毎日曜日に同教主義の演説をなせり云々。ユニテリアンが諸宗教をもぐりて社會に唱導するゆへ。意氣相投じて轉化したる佐治の敏活。もぐり教師には至極適當ならん。妙々。

●ニコライ會堂　東京駿河臺のニコライ會堂と云たら。我國に侵入せし外教中誰れ知らん者もなく。堂々雲に聳へ宮城を眼下に見下すの嫌ひありとて。曩に辰巳文學士は富士山と築くべしとまで痛論せられしが。此頃は又西京上京區烏丸下立賣に於て。該教信者の名義にて買取し地所は。紛れもなきニコライ會堂建築の用地に當るとのヿなり。また〳〵御所に近接の地なれば。第二の會堂を設立すべきものか………注意

●安息日も休まず　耶蘇教國が日曜日即ち安息日を重んじ何人を問はず稼業を休めて耶蘇寺に詣でしむるは。該教一般の慣例なれば。來る廿六年五月より開會する。米國シカゴ博覽會に向け。耶蘇教徒より日曜日は神の安息日なれば休會ありたき旨を請求せしも。該會は斷然拒絶し。更に搆ひなく開會なすヿに決したりと。信仰自由の今日と云ひ。世界各宗教の下にある各國人の集會に。いかでか耶蘇の安息日計り尊ふとがり守るへき。併ら安息教徒は長大息の事ならん。

●全國中の社寺及び神官と僧侶の數は左の如し（東京繪入）

神宮	一	神官	六一
官幣大社	三四	仝	一二三
仝中社	二四	仝	六三
仝 小社	八	仝	一六
別格官幣社	二一	仝	五八
國幣大中小社	七五	仝	二〇九
府縣社	四五七	仝	七三一
鄉社	三四六七	仝	四〇三二
村社	五二四二三	仝	九〇三五
境内各社	一三六七四二	仝	三〇七
合計	一九三二五二	仝	一四六三五
天台宗	寺院四八〇九	僧侶	二八〇五
眞言宗	仝一三〇六四	仝	七〇六七
淨土宗	仝 八三〇一	仝	五九九二
臨濟宗	仝 六一五〇	仝	四二五二
曹洞宗	仝一四〇七七	仝	一一一五五
黃檗宗	仝 六〇三	仝	三一六
眞 宗	仝一九一四二	仝	一六八七六
日蓮宗	仝 五〇六四	仝	三五五二

時宗	仝	五一五	仝	三六五
融通念佛宗	仝	三五七	仝	二〇〇
法相宗	仝	四八	仝	一四
華嚴宗	仝	二一	仝	一〇
境內佛堂	仝	三五九五八	仝	〇
合計		一〇八一〇九	仝	五二六〇四

●印度現在の宗教統計表　西歷千八百九十一年の統計表に依りて印度現在の宗教を調査するに

印度バラモン教徒	二〇七、六五四、四〇七人
回々教徒	五七、三六五、三〇四人
基督教徒	二、二八四、一九一人
ジエインス教徒	一、四一六、一〇九人
シカース教徒	一、九〇七、八三六人
佛教徒	七、一〇一、〇五七人
パルシイス教徒	八九、八八七人
猶太教徒	一七、一八〇人
拜獸教徒	九、三〇二、〇八三人
無神論者不可議論者	二八九人

●內外表裏　高堂巍々の門には朝夕高利貸出入し。フロックコートーの旦那には必ず質通を懷く妻君あり。店頭巨萬の品を飾る商法人は家藏持たず。町辻に袖乞する非人却て貯金を爲す。壇上の辨士腹に五經笥なく。嘿する聽衆胸に識見を懷く。敎育を受けたる子女は父母に孝と尽すの義務あるかと問ひ。眼に一丁字なき賤婦は二夫を並べずとて操淸し。正札附現金懸直なしの看板ある商店。常客と一限に依て正札あり又た懸直あり。晝間三昧を晞ぶの處女夜中必ずしも白鬼と化せざるに非ず。口を本山に糊するもの必ずしも忠實なるに非ず。身を局外に立つるもの必しも破壞なるに非ず。僧侶悉く佛物に衣食するに非す。居士却て佛敎をもぐりて竊かに自腹を肥やす。白晝の盜は暗夜の盜よりも恐ろしく。美服の人は敗縷の人よりも邪なり。人間萬事総て內外表裏の別あり。一々之と吟味すれば面白きこともあり。馬鹿らしきこともあり。（佛敎公論）

●非日本人放逐　米國が。近頃日本人の同國居住を嫌ひ。種々批難するとのことは。吾人の聞知する所なるが。同國アイダホ州ボイス府發の報道に係る。同洲南部に在て。日本人逐斥の事の起りしは。眞の日本人にはあらで。支那人が逐斥を避けん爲め。形を易へ又は名義を日本人に僞し。日本人と稱し居るより起りしと云。兎角に我日本人が彼の滿洲種族と同視せられ。第二の芥子坊主と同等の輕侮を受るは。遺憾の至りなれば。本邦人は充分の辨明なかるべからず。

●西倫通信　在印度留學生の通信中に記しある中に。耶蘇敎徒の自惚心に强く。佛敎徒の高慢顏に見ゆる。回敎徒の負けぬ氣。印度敎徒の心配氣。孰れもれと可笑し。佛敎女學校の當地に設立されし已來。耶蘇敎女學校の狼狽せしは尙れかしかりし云云。又以て該地教界の景狀察知すべし。

◉僞基督の妄民　墨西哥の西南なる。チヒコアヒコア州タマチー村に於て。一昨年中にありし一奇事は。白髮の老翁を何地よりか連れ來り。耶蘇坊主が眞正の基督なりと言ひ囃せしより。忽ち迷信者の熱望する所となり。晝夜を論ぜず僞基督の老翁を欽慕崇拜し。人民擧つて稼業を忘れ狂するが如くなりしかば。墨哥西政府は。特に軍兵を同村に派遣して群民を分散せしめ。且つ僞基督を縛せんとしたるより。耶蘇坊主は遂に迷信の愚民を煽動して。右軍兵の多數を虐殺し。殘兵は山中に驅逐せしめたり。政府は却つて穩順の所置を以て鎭定せんとせしも。迷信の群民増す〳〵抗激し。勸諭に從はざるを以て。止むを得ず。步騎兩兵の一大分隊を派遣し。誅伐すべき訓令を發したりと。耶蘇坊主の愚民を煽動して國害を贈るは。いつもながらさても氣の毒のことどもなり。

◉外敎蠶食の景狀　最近の調査に依れば。現時日本に侵入しある基督教は。(新舊を合して)。傳道師二百四十三人。教師百十七人。傳道者二百六十二人。宣敎師十八人。信徒總數二万七千七百十九人。敎會總數二百三十二ありと云。去る明治十五六年の頃。泰西主義の發表すると同時に。燎原洪水の勢を以で侵入せし基督教も。國粹論國家主義者の勃興に依り。社會的反動に挫かれ。一時其勢燄を治めたるが如しと雖も。隱然潛勢力を養ひ。暗々に金力の援くるあると。火の如き熱信とを以て怠らず浸漸したる結果。それ斯の如し。而して佛敎の老翁媼母の信者と違ひ。彼等は青壯年に多くして。社會の事業を利用し。新聞雜誌を發行し。學校を設立し。男兒を導き。女子を誘ひ。或は貧病院を設け。孤兒院を建て。又は醫を兼ね。看病婦となり。方便術策至らずと云所なし。寄語す。佛敎の諸子。緩慢に輕侮する勿れ。奮つて蠶食の魔軍を斥くべし。

◉千島義會　北海道の弘敎さへ布設の全からざるとなれば。況してや千嶋の開敎に着手の注意屆かざるは。言ふ迄もなきことなから。聞く處に依れば。同島民は。露國宗敎の爲めに感化せられ。露國を慕ふ傾きあれば。彼の宣敎師等は頻りに傳道に盡力すると云。然るに幸ひなるは。岡本韋奄翁が大奮發にて。同嶋を墳墓の地と定め。千嶋義會を組織し。有志を引率して開拓に從事せらるゝとなれば。僧侶方も愛國の護法のと口先計り饒舌て。分離論に熱心したり。本山の役員や堂班位階を諍ふたり。二戶三戶の檀家を取るの取らせぬのと。天保錢や重箱知行に目的して。葬式の競爭に熱中せんよりは。今少し活大の眼を開ひて。北海道や千嶋の開敎に奮勵し。眞誠の愛國護法を爲しては如何。

廣告

肥後名產 **朝鮮飴**

朝鮮飴は肥後の名產として其の名遠く他に聞こふる所なり弊屋家傳の製法は一種の特色を有し原料を精選し製方と整正し幾旬を經るも色味共に變ぜざるを本意とす故に永く其美を保つこと比類なしされと遠境遼地に送り且つ久しく蓄ふるを得るを以て軍旅には一の糧となり船中には無聊と慰むるの珍味となり車上には窮鬱を散するの美菓とならん若夫之を以て他鄉に往きての贈物、我家に歸りての家つとにせむ時は無量の喜びを買ふに此の上の物なからん

第三十三號

檢查報告

熊本縣熊本市洗馬壹丁目拾貳番地

一朝鮮飴　壹種　依賴人　小早川慶八

定量分拆

本品ハ類白色方形ノ長キ軟塊ニシテ味ハ軟甘ナリ水ニ白濁シテ溶解ス之カ檢查ヲ遂クルニ本品每百分中ニ含有スル各成分量左ノ如シ

水分	二〇、四六七	脂肪	〇、〇六三
含窒素物	一、九一四	麥芽糖	二四、三八九
蔗糖	三三、二一一	糊精	七、三八〇
澱紛	一二、〇〇一	無機塩類	〇、二一三

右ノ檢查成績ニ據レハ本品ハ佳良ノ嗜好品ナリ

明治廿五年三月十六日

大阪衛生試驗所
所長　技師　島田耕一㊞
主任　技手　喜多尾元英㊞

熊本市洗馬壹丁目
本家製造元　山城屋　**小早川慶八**

賣捌所
熊本停車場前待合茶屋　末廣
小倉驛停車場待合茶屋　研屋茶店
熊本停車場構內　茶屋
山口縣赤馬市中ノ町　宮本孫吉
福岡縣門司港　長尾支店
鳥栖驛停車場構內　八橋屋
熊本二本樹町　伊勢屋

●酒を飲む人及其父兄妻君に告ぐ

●諸大家の有効證明

官許　●**禁酒進德飴**（さけいやになるくすり）

●五日分（酒量二合節減）四十錢
●十日分（酒量五合節減）七十錢
●廿日分（酒量一升節減）一圓廿錢

酒は一種の强壯劑として其少量を用ふれば好し左れど兎角分量を過し易くして朋友の交誼を破り夫婦の離別を促がし父子兄弟の愛情を損ひ或は青樓に登て目的を失ふの學生あり或は上官の命令に抗して免職さるゝ官吏あり或は法衣もて面を掩ひ白晝娼婦と合乘する僧侶あり或は主人の眼を眩まして放り出さるゝ番頭丁稚あり若くは路傍に醉ひ倒れ又は行人と喧譁口論をして警官の厄介物となりて二日醉となりて翌日の職業を打捨て端ては家屋地面と賣拂ふの人となり終には酒毒のため不治の病魔に魅入られて可惜生命を縮むる等實に酒の社會を害し人々をして自滅せしむると枚擧するに遑あらざるなり恐れても又恐るべきは酒にこそ

●**此進德飴**は何程酒好きの人にても服用の多少に依りて斷然飲酒を止め又は適宜に酒量を減ずる特効藥なり●五日分を飲めば酒量二合を減じ又酒量五合以下の人は十日分を用ひ一升以上の人にても廿日分を引續き用ふれば斷然飲酒を止む●水飴に加藥せし者故飲み易く且つ頗る健胃の効あり●本人に知らせず飲すことを得べし●之を用ふれば身体强健にして家業と勉め本務を大切に品行を正くして長壽を保ち家內睦じく交際を厚くして容易に目的を達する一大良藥なり

●當市內は端書にて御注文次第持參致し端書代は御返し可申●地方は別に運送費十錢を添て御送金次第御送達可致●爲替は京都今出川局宛郵券代用は一割增

京都市上京智惠光院通青殿町上ル
京都禁酒會

國教

第拾七號

明治二十五年十一月廿日出版

（每月二回）

國教第拾七號目次

特別廣告

本誌國敎代金の儀各府縣講讀者諸君の中未納の諸氏は來る十二月十五日迄是れまで延滯の分悉皆御仕向被下度願上候又本縣内は豫て報告に及置候通二ヶ月毎に代金請取の爲め壹名差出し候間直に御渡し下さる可く様賴上候本誌は佛敎信者の義捐と義債とを以て組織し或は一文字だも解讀し克はざる信者の信仰金又は僧侶の說敎法話に報ひたる淨財等を以て資料を補けたる實に信仰の血漿佛陀の福田に依りて九州佛敎界唯一の機關雜誌として世界宗敎革命の氣運に乘じ佛敎界改革的前途に向つて熱心誠意勉强致し居候に付愛讀諸彥尙は一層の矜愛を添へ益々本誌の隆盛なる様御援助成し下され度願上候也

追て本縣内代金取立には小幡廣と申す者を差出し申すべく候に付添て申入置候

國教雜誌社會計係

●國教雜誌規則摘要

一本誌は佛敎の運動機關として每月二回（國教）を發刊す

一本誌は宗派に偏せす敎會に黨せす普く佛敎界に獨立して佛徒の積弊を洗滌し佛敎の新運動を企圖すへし

一本誌は諸宗敎の批評及ひ敎法界に現出する時事の問題を討論し每號諸大家の有爲なる論說寄書講義演說等を登錄し其敎法關係の點に至りては何人を撰はす投書の自由を許し本社の主旨に妨けなき限りは總て之を掲載すへし

但し寄稿は楷書二十七字詰に認め必す住所姓名を詳記すへし

一本誌代金及ひ廣告料は必す前金たるへし若し前金を投せすして御注文あるも本社は之に應せさるものとす

但本縣在住の人にして適當の紹介人あるときは此限りにあらす

一本誌見本を請求する者は郵券五厘切手十枚を送付せは郵送すへし

一本誌代金は可成爲換によりて送金あるへし尤も僻陬の地にして爲換取組不便利なれは五厘郵劵切手を代用し一割增の計算にして送付あるへし

一本誌代金及ひ廣告料は左の定價表に依るへし

但本誌購讀者に限り特別を以て廣告料を減することあるへし

雜誌代金			
冊數	一冊一回分	十二冊半箇年分	廿四冊一箇年分
定價	五錢	五拾四錢	壹圓
郵稅共	五錢五厘	六拾錢	壹圓拾貳錢

廣告料

廣告料は行數の多少に拘はらす五号活字二十七字詰一行一回三錢とす但廣告に用ゆる木版等本社に依賴せらるゝときは廣告料の外に相當の代金を請求すべし

明治廿五年十一月十八日印刷
明治廿五年十一月二十日出版

編輯者　熊本縣玉名郡石貫村千百八十一番地　森直樹

發行兼印刷者　熊本市安己橋通町七十五番地　志垣弘

發行所　熊本市安巳橋通町七十五番地　國教雜誌社

印刷所　熊本市新壹丁目百二番地　汲古堂

國教第拾七號

社説

左の一篇は社主八淵師が去月八日縣下玉名郡伊倉村來光寺に於て開會なせし該郡佛教青年秋季運動聯合大會に臨んで氣燄万丈の雄辨を揮はれし演説の筆記にして前號社説の續篇なり看者諒焉

眞正の信仰には眞正の活力あり（第貳回）

社主　八淵蟠龍　演説
編者　森　直樹　筆記

偖て私は相變らず眞正の信仰には眞正の活力ありと云。先刻の演題を弁じ掛けて居り升から。今晩は今少し諸君の脳髄に殘る様に噺して置ねばならぬ。先刻は此の社會の上に萬類萬種の色々の信仰が古今行われてあるものを。大別して竪に判斷し横に斑別し。多神敎。一神敎。凡神敎の。三大信仰の階級が判れてあると云とを擧げて。其の信仰が。社會に。國家に。個人の上に。反射する所より。文野盛衰隆替興亡榮枯浮沈種々雜多に影響を及ぼすものであると云とを荒増噺したから。餘り我田に水引様な信仰に許り引き付る如く思はれてはならぬゆへ。今少し弁じて合点を需めねばなりません。

偖て。三大階級の信仰の中。多神敎の信仰と云は。至つて劣等なる野蠻未開の思想感情から捻操出したるものなれば。最も淺劣なる信仰である。其景狀は今日世の中に行はるゝ様な。釋迦や基督の如き顯示者ありて。確とした道理ある秩序ある敎へに基ひて信仰したるものにはあらで。道理もなき秩序もなき。人間の弱点たる恐怖悲哀の感情に浮現したる妄想の信仰に成り立つたるものなれば。實に最下級の信仰迷妄の甚しきものであり升。其故は。日月であれ。星辰であれ。山川であれ。河海であれ。風雨であれ。雷電であれ。金石であれ。草木であれ。禽獸であれ。蟲魚であれ。凡そ古代の人達が。有と諸有耳の聞く處目の見る所の事物に對して。道理も秩序も考究すべき知識の練習なきところから。何も人間自己の分濟に比較して。靈氣ある意慾思想を備たる人間より。百千萬倍の體軀を持たる神がありて主宰する者で有ふと想像して。恐怖の餘りに崇拜し服從する様になり。伏從の餘りに信奉する様になりました。此事は宗敎進化論者が社會進化の階級を細かに詮鑿し証明して論じたる如く。哲學者が分拆的に緻密の証明を爲したる如く。朦朧不稽の信仰であり升。今この進化論や哲學を一々並べ立てゝ噺すとは此席でどもなか〳〵盡すとでないから。私は之より此の肥後の國で現在ある所を拾ひあげてれ噺に及び。多神教の盲昧なると道理のなき迷信なることを證明致し升ふ。サー——之から拾ひ上げて多神教の共進會ジ——ヤ。妻君が妊身で追々出產月になる。相良の觀音に安產のれ守を願いに出掛た。孩兒が誕を操るから地藏樣に誕掛を掛た。啼兒が𦗟を煩ふて耳が遠くなりた。火吹竹を造りて地藏樣に供へた。疱瘡が流行。飯田の觀音に詣て二王の胯を窘らせた。娘が遺尿病ゆへ粟嶋樣に髪毛を切て上げた。歯が疼くから頚無地藏に梨子切るゝから永野樣に願に往た。胝あかぎれが嚙ぬ祈誓を掛けた。足が痛むから足手荒神に朔日望月の月詣りを始めた。嫡男がフワヰ國に出稼したゆへ無事を祈りて藤木の水神に通夜を致した。娘が年ふけて貰ひ人がないゆへ神無月に火のもの斷をする。檀那が奉職官海に地震が起りたゆへ妻君と權的とが稲荷樣へ御加勢賴み掛けた。親方か米商仲間に加りだから。聖天樣に生大根を献じて財福を祈り立てる。男子が洋行に出掛た。兩親が大平洋の荒波も靜かに渡して下されと神佛に參籠する。或る檀那は。權的が尿の絞とて御祈禱うつ始めて死だ奥樣に苦情付け幽靈の送藉を企つる。或る若旦那は。某女學校の饒舌女から引力に牽き付られて基督教に轉宗する。或ひは井戸が濁りたから攘ひ盲人に賴んで水神の御氣嫌を伺ふ。又は酒五合で風の神を欺かし。二錢五厘で大根の虫追を井の目樣に受負賴む。一日の祈禱には日輪樣を崇拜する。一攫千金の金儲けを希望して。狐に揚豆腐や赤飯を振舞。豪富に成ふ迚毎朝敷居に炙据る。一年の運氣を祈るとて。元日早々から三十三の鳥居を窘る。貧乏神を放逐するとて。大晦日に火吹竹に壹厘錢を入れて街道に放つ。或は大井河に行き當り。天道樣聞へませんと恨言云盲女もあれば。天道は是か非かと紛紜云へる漢學者もあり。誠に千態万狀。多神教の共進會は目錄許りも調べ盡すとではない。當時は文明開化の世の中なればとて表面から点撿すれば。フロックコートーの服裝に金時計や金の指輪を指し。口髯捻りて洋語雜りに政治の法律の教育の文學のと說き並べ。人物評や歷史談を爲すときは。眞に文明進步の人物なりと驚く許りの景況なれども。裡面からシカゴ博覽會の流義に習ふて。宗教博覽會を需めて審査して見れば。萬物万法に反射する文明の心髓たる信仰が言語同斷の景狀にて。フロクコートの紳士や高帽の官員も。事の妙法の老女の根帳には自筆の記名が澤山ある。之から見れば。今日の世界は文學と云ひ器械と云ひ文明に開けたには相違なくも。之に反射應用する信仰の程度がまだ〳〵最下級のものが多ひから。容易に文明に進むだとは申されません。一應表面から申したら。鑛物よりも植物は進化したるものなり。植物よりも動物は尚は進むで高等なるものなり。動物中にも人間は尚は一層進むて高等なるものなり。然れども。其人間にして進んだと云は。知識を開ひて万物を適意に應用した許りではない。眞理の本体を探ねて。之を蹈み之を行ふて眞理に親つひたが進んだと云ふものである。その眞理に遠く踈く背ひたが野蠻である。下等動物である。そこで何のかのと云ても。信仰の程度が低くければ何程事物は開けても。中々高尚着實の眞の文明とはなりません。矢張その信仰が反射する時は。仮令ば正宗の利刀を賊の利器に應用したる如く。社會有益の金錢を博奕の諍ひものに爲したる如く。多神教者の信仰が反射しては。荒神政治家とも成れは水神政治家とも成り升。風神教育家も出來れは火神教育家も出來升。鈍政黨も出來れば諛ひ教育家も出來升ふ。回顧すれば。我邦神代の事は。古事記や日本書紀の記す所。太古邈として詳かに確言されねども。高御産靈の尊が。天の安河原で神集ひ神議を爲し玉ひたる其時は。今日の國會の樣な景狀に相違なかつたと思われ升。この時發令に應じて集りたる八百萬神は。今の貴族院衆議院の議員見た樣なもので。その定期會で有りたか臨時會で有りたか分りませんが。何しろ凡神の理に達したる八百万神の會議なれば。神聖に潔白に公議を盡し輿論を制定して。美敷天尊降臨の運びとなり。皇統萬載皇孫一系の賢こき國体も確立せられたるものと考へられ升。然るに今日の日本人の如く。人間の要素たる精心の基礎は。最下級の雜物信仰の劣等に陷り。凡神眞理の理法に暗く。眞正信仰の何物たるを弁へざる者許り多くなりては。何程國會は開けても。器械の術は富みても。其反射するところ應用する所が。矢張劣等なる多神信仰から應用するとなれば。容易に眞正の文明社會とはなりません。實に斯る盲昧なる迷信者が共進會開く樣に在ては。遺憾千萬の次第ではありませんか。然るに社會は日を追ふて開け。百科の學術が進むに從ひ。事物の詮鑿も緻密仔細になり。多神教の盲愚の迷信はいつの間にかは社會の仲間を駆逐さるゝことゝなり。進むで一神教に取つて掛り。昔日高山の嶺きに斷食して聖靈の感應を祈りたる基督の熱信者も。今日は宇宙の理法を討究して基督の教敵となり。金科玉條と貴重せられたる新舊兩約も。實驗に合はぬ理法に適はぬとて打破せられて。其宗教仲間の者さへ。經典を以て信仰の基礎とはせぬと言はねばならぬ樣になりました。然るに之に引替へ我が佛教は。流石に無上聖覺の佛陀の宣說し玉ひたる教へ程ありて。各國到る所其國土人民の思想の上に成り立たる諸宗教諸學問の爲めに。或ひは一時刺戟せらるゝこともあるも。金山を穿つが如く。火山を鑿るが如く。穿てば穿つ程あでくれば搔る程光輝を發し。熒々焯々として宇宙の理法を明かにし。事物の實驗を確め。宗教文學一として佛教に歸化せずと云とはない。則ち現時に在ても。文明の親玉と傲慢に誇る歐米人士が。ブラバスキー女の一言に打破せられ。アーノルドの一篇の詩賦に仰天して。佛教は完全圓滿の道理である。世界無比の道義學である。宇內を統一すべき力ある宗教であると。年に月に賛美の聲が高くなるではありませんか。其上佛教が斯の如く世界の賛成を得れば得る程。東洋佛教國の國光も從て輝き。此頃迄半開だ未開だと。嘲れたる日本も今日では宗教界文學界の批評は。日本は佛教の中心國眞理の中心府だと評判せらるゝ。宗教界の新氣運新現象が發表したではありませんか。諸君は此の氣運此の現象を輕々看過して。個人の爲め國家の爲め社會の爲め愛すべき喜ぶべき動くべき働くべき念慮はありませんか。青年諸氏はこの春風和氣の佛教の開發氣運と倶に。眞理を探ね信仰を正しくして。政治に。法律に。文學に。教育に。眞正の活力を奮ひ。迷信の曠野に彷徨する妄信愚信の兄弟を。眞正信仰の光明界に濟ひ出し。正々堂々宗教の革命軍を造り。眞理の活動者となりて。社會の全面を覆ふはんとする迷妄の雲霧を切り攘ひ。充分の運動を爲さねばならぬが現時佛教青年の責任であり升。さて之から多神信仰の盲愚なると局らぬとを今少し弁じたけれども。何分時間が過るから共進會に陳列した儘諸君の点撿に一任し。諸君の審査に托して。之より第二級の一神教の所を少し陳弁致し升ふ。

（未完）

萬國宗教大會に就て九州佛教徒に望む

龍崩嵓火洲

西暦千八百九十三年。即ち我朝明治廿六年五月一日より。米國イリノイス州、シカゴ府に於て。開設せる世界大博覧會は。彼の有名なる閣龍が。亞米利加發見。四百年紀念祭の爲めに企畫せしものにして。物質上美術器械製造等の巧妙雄偉なるは。十九世紀有形文明の絶頂に達したる。知識進歩の美華を蒐集せし巨大の計畫なれば。其光景は實に無上の勢力を示し。名聲を社會に轟響すべきなるべし。而して是と同時に之に附屬して。此の博覧會の一部として。空前未聞の一新事業を組織せんとするものは。則ち萬國宗教大會議是れなり。該博覧會通常委員會長。ジヨン、ヘンリー、バツロース氏は。既に世界諸宗教家に通牒し承諾を需めて。六大洲中に於て二千五百名の宗教委員を推薦し。閣龍世界博覧會本部よりは。任命書及び第一報告書を發送するに至れり。於是乎。世界各國宗教家には。僧侶又は居士等。各々競ふて之に會同せんとして。協賛を表するもの。幾數千の多きに達せり。惟ふに。該會開設の暁には。耶蘇教。天主教。希臘教。佛教。儒教。回々教。波羅門教。猶太教。波斯教等。其他諸宗教の委員が。一堂に相會し。椅子を列ね。席を駢べて。精神上道徳上の一大公會を開き。諸宗教の眞理。教義の異同教會の通塞隆替。教域の廣狹。社會感化の効績等。比較証明し。平和的に胸襟を披ひて。親密の情誼を以て會議するとは。各宗教祖が社會に開教を唱へてより以降。比類なき古今未曾有の一大快事なる可し。苟くも宗教々徒として。誰れか此盛事に協賛せざるものあらんや。誰れか此美擧に隨喜せざるものあらんや。況んや。吾佛教の如き。將來社會に勢力あり。希望あるものは。特に賞賛奮進せざるを得んや。

抑も。此世界宗教公會の盛擧たる。他日宗教歴史の上に其効跡を顯し。社會の中天に一大光明を放ち。永く世界人類の脳中に記臆を留めしめ。精心界の進歩を促がし。世界宗教革命の先軍となり。世界宗教統一の起源となりて。吾濟人類社會の一大革命を喚起せしむるは。此宗教公會に在り。誠に此の公會也者。世界宗教の優劣進退消長隆替存亡の據て以て岐るゝ所にして。決して匆卒に輕視すべきとに非るなり。依之。吾濟が懐抱せる意見を。吾同胞兄弟に訟へんとするに先ち。該會が諸宗教に通牒したる。趣意書及び報告書の要点を摘記し。該會計畫の意想如何を研究せんと欲す。

閣龍大博覧會。通常委員長。バッロース氏より。本邦佛教各宗管長へ照會し來りたる。同大會議の目的は左の如し。

當委員會にては。評議員の代議員と熟議の上。宗教大會議の目的を定め。之を建議すると左の如し。

第一　本會の目的は。今回始めて全世界中。歴史上著名なる大宗教の重なる代議員の集會を催すにあり。

第二　諸種の宗教は。如何なる眞理及び幾多の眞理を包含して。之を共同に布教するかを。諸人に知らしむるにあり。

第三　相互に友情を以て交り。又互に相知ることに依りて。異種の宗教を奉ずる信者間に。同胞を起さしむるにあり。若し夫れ各派の利害相關せざるを以て旨とし。或は徒に形式上外面上一致を務むるが如きは。我輩の目的とする所に非るなり。

第四　演説に最も堪能なる人をして。各宗教及び耶蘇各派が。自ら信奉し布教する所の。重要にして特色を有する眞理を一々説示せしむるにあり。

第五　有神教の確固たる基礎を示し。人間が靈魂不滅を信ずる理由を明にして。以て物質哲學に對する勢力を集めて。之を強固にするにあり。

第六　宗教が。文學。技藝。商業。政治。民衆の家政。及び社交的生活に及ぼす所の精神的。若くは他の影響如何。之と波羅門教。佛教。儒教。波斯教。回教。猶太教。及び其他の諸教を代表する重なる學者。及び耶蘇教諸派の代表者より。十分に且つ精密に探知するにあり。

第七　各宗は。世界の他の宗教に如何なる資料を與へしか。又與ふるを得べきかを研究するにあり。

第八　地球上重なる國民の信奉する宗教の現狀を。精確に調査し。之を記錄に明示して。永く世に知らしむるにあり。

第九　當時の大問題。殊に禁酒勞働。教育貧富に關ずる問題は。宗教に依りて如何に說明せらるべきかを。有力家に諮詢して。之を査覈するにあり。

第十　列國の平和を永久に保たんが爲め。地球上の國民をして。一層親密ならしむるにあり。

バツローズ氏の編纂に係る。宗教大會報告に曰く。（上畧）而して宗教の大會が。たしかに閣龍博覽會の最も顯著なる事實たるが如く。又是が最も重大卓拔。また有力なる事實たらんとは。我等の期望する所なりとす。今や同胞の精神は。諸國民の中。及び基督教國の諸教會の間に成長しつゝあるとなれば。道德上の改革の線路に沿ふて商議し。又加之共に運動するとは。正統派。及び非正統派。法教師。及び異論者なる加特力教徒。プロテスタント教徒には。最も尋常の事なるのみ。然れども。今や一大公會に於て。歷史的諸大信仰の代表者の集合すべきとが。發起せられたり。而して。貴下は。此の發起せられたる宗教の大會が。人類宗教上の主導者の多數と攪破して。好回答を發せしめたるとを聞くを欣ばるゝなるべし。

今や。數多にして重大なるを期す所の種々の教會の諸公會に關すると無く。又同一趣意を有する所の宗派間の集會に關すると無くして。委員等は宜しく盡力すべき。中央無比。及び蓋天の事業として。特別に宗教上の大會に隨喜贊同したり。而して之れを成就せしめんには。我主要なる事業勞力が指揮されてあると肝要なるべし。若し千八百九十三年九月に於て。啻に加特力教徒と。プロテスタント教徒。猶太教徒と。希臘教會の代表者のみに止まらず。佛教徒。波羅門教徒。孔教徒。波斯教徒。および回々教徒も。亦共に坐して我普通の精神的及び道德的生活の大事に關じて。互ひに胸襟を開き親密の情を以て之を會議するならば。此の一事實は。既に一大名譽と肝要を。閣龍大博覽會に與ふるものなり。又是れが我等の勤勞に向つて。且つ此年少なる都府（シカゴを云ふ）に向つて。人類宗教上の歷史中の一部を與ふるものなるとは。多言を要せずして明かなり。

以上摘記したる報告に依り。必ずや吾同胞諸兄は。閣龍世界博覽會。附屬世界宗教公會の性質。及び其目的を認知する所あるべし。抑もバツローズ氏の希望たる。此の博覽會をして。啻に物質的博覽會たるに止めず。進んで文明の要素心髓たる。精神的精靈上の博覽會たらしめんとするにあり。決して普通歐米人が。傲慢誇大の計畫を以て。諸宗教を侵略せんと爲すべき術策に非ずして。彼の嫉妬の邪神を尊奉せる。執拗固僻の習情を脫して。公平無私なる博愛善良の志望に組織せられたる。精心的文化平和の事業なるとは。摘出の十項。及報告書に確言証明せり。然して其旨趣たる。世界諸宗教の調和を謀り。意見の交換を爲さしめ。普く社會に向つて諸宗教普通の眞理を知らしめ。世界各國民の上に。宗教の効績勢力を示し。心靈的。道德的。生活の一大會を組織して。列國の平和を悠久に保たしめんと欲するにあり。是れ卽ち吾濟佛教徒本來の面目。最も希望する所にして。孰れか協贊せざるものあらんや。寔に空前未聞の美擧一大快事と謂はずして何ぞや。

顧ふに。吾佛教機緣久しく熟せず。永く東半球に蟠居せしも。大悲方便大音宣布の時期到來し。晩近西半球の邦土にありて。佛陀の教澤沸然勃興し。オルコット氏の神智學會の如き。フイランジダーサー氏の佛光新聞を發して。佛教を光闡するが如き。フエノロサ。ビゲロー二氏の。天台眞言の妙旨を仰信して。五戒十善を修むるが如き。ゼームスツループ氏の。眞宗に歸するが如き。フオンデス氏の。海外宣教會支會を設るが如き。ブラバスキー女丈婦の。秘密佛教を廣布して。哲學士を寒心せしめたるが如き。アルノルド氏の。亞細亞の光を著はして。佛教を欽慕せしめしが如き。日に佛陀の光輝を歐米の天地に曜かし。佛陀の法雨を白哲人種の頭上に潤ほし。龍動市中梵經を聞き。巴里街上念佛の人を見る。是れ何等の現象なる乎。蓋し。宗教進化の期趨は。萬物進化の理法と倶に蹤昧迷信の劣等宗教を陶汰し。學術進步智識開發の大勢は。宗教革命の氣運を導き。歐米人士として佛陀眞理の德教を羨慕せしむるに至れり。果して爾らば。吾佛教の前途實に多望なり。實に愉快なり豈に防禦的に。嚴護法城を務とし。名義とし。退守籠居主義を專らとすべき時には非るなり。儀式的。建築的佛教と化し。活力もなき。感化もなき。古物保存の死佛教となり。塔像伽藍の美術に誇り。瑣少の保護金を甘受して。終生を安んずべきは佛教の本旨に非るなり。閣龍宗教公會は。歐米佛教宣布の紹介者となりて。吾濟佛教徒を迎へり。大音宣布。響流十方の不可思議力は。歐米薄緣の衆生を濟度せんとして。以て此の美擧を企てしめ。汎く社會全土に向つて喚起しあれり。磁器ありと雖も時を待には如かず。今や時已に其時なり。時それ來れり。一蹶奮勵萬里の波濤を蹴り。專心一致速かに海外宣教の用意を爲し。佛陀の心髓たる。日本大乘教の妙旨を弘布するは。此の時なり。是れ吾濟が特に新を好み奇を需めて。狂告するにはあらず。社會の輿論已に逼迫して。吾濟を教唆し。注意を訴へ來れり。吾濟默せんとするも止む可からず。終ひに吾濟同胞兄弟に訟へざる可からざるに至れり。依之。吾濟は之より社會が注意を與へたる。議論の數節を抄錄して。其言の誣妄ならざるを証明せん。

亞細亞は曰く。凡そ國と國とが互に交通するに當りて。彼此文明の要素と交換するは。一般の勢なり。是を以て東西地を異にし。彼我人種を別にすれども。能く學問。技藝の相傳播するあるを見る。佛敎の如きは。數十年來已に西人の腦裡に入れるものなり。外人すら東洋文明の貴ぶべきを知り。自ら進んで之を考究せんとするものあるに方りて。邦人にして自國の文明を發揚するを知らざらんには。豈又慚愧の極ならずや。殊に日本の僧侶の如きは。佛敎の神髓とも稱すべき。大乘敎國に在りながら。之を究めて外人に傳敎せんと欲するの少きは。其無能無氣力の一に何んぞ茲に至れるや。機會なり。之を外人に示さんこと。今回に開かるべき大博覽會にあり。

海外佛敎事情は曰く。第十九世紀將に去らんとするに臨み。其驚くべき進歩を知らんと欲せは。往てシカゴ大博覽會を見よ。世の商工農業に從事する者。時間と費用を惜まず。往て自家將來の方向を定むべきは勿論。美術家。敎育家。政治家。文學家。學者。論客。之を覽て其利益を得ざるものはあらざるべし。宗敎家亦之を俗界の事として輕視すべからず。往て世界人民智識の進度を察せよ。庶幾自家過現の非を悟り。世の大勢と相背馳するを免れて。老大自居。頑癖偏固。曾て其非を悟らざるもの。尤も往かざるべからず。敎學の組織に於て。布敎の手段に於て。敎育の方針に於て。多々發明する所あらん。矧んや。世界宗敎大會の開設せらるゝに於てをや。

又曰く。（上畧）此の歐米佛敎薄緣の衆生をして。親しく佛陀大悲の本願を聞信せしむるの機緣を熟し。以て此の美擧を企てしめ。大乘傳通の日本佛敎者をして。世界人民に向て。此の眞佛敎あるを講說せしむるの機會を與ふることを。抑應身佛釋迦牟尼如來の出世說法以來。三千年の久しきを經て。今日自ら南北二方の佛敎を區分せるが如き。其弊や終に大乘非佛說を唱導する者あるに至るは。實に大悲の慈眼之を等閒視し玉はざるや論なければ。吾人日本佛敎大乘傳燈者は。奮ふて眞理を世界に發表すること。固より其本分なり。故に吾人は日本佛敎者一般に贊同を切望して止ざる一事あり。他なし。多く日本佛敎者が。此の大博覽會に出席し。其問題に關する調査に從事すること。猶は彼の世間の政治家が。其の主義の爲めに。政務を調査するよりも。一層熱心せんことを云々。

餘霞子曰く。万國宗敎大會の事に就き。米國の基督敎徒は。非常に狼狽するものありて。或は反對し。或は贊成し。改進派は是を以て世界宗敎の統一万國平和の前兆として論すれば。守舊派は。是バイブルに反對の事なり。聖を瀆することなり。基督の所謂我が前に來るものは賊なりてふ言は。此の會合なりとし。新聞雜誌は勿論。演說を開ひて之れを贊成し。或は反對する等。就中其の守舊派。卽ち反對派の如きは。余程狼狽せる樣なり。是れは之れ。米國に於て。明年開かるゝ大博覽會の砌。開かるべき萬國宗敎大會に就ての。米國の新紙の報導なり。何さま。佛敎徒たる者は。彼の國の敎況を熟察し。大いに爲すの準備あらんと肝要なるべし。

又曰く。抑も閣龍世界博覽會。附屬世界宗敎公會なる者の性質を視るに。此の博覽會をして。啻に物質上の博覽集會所たるに止まらず。進んで世界精靈上の一大博覽場たらしめんとするは。バツローズ氏の志願希望に出るなり。此願望や。實に完全に公平に。一宗派に偏せず。諸宗教の眞理。及び功德事跡を世間に知らしめんとする精神に出で。決して尋常野心を以て發起せる事業に非るを知る。豈に諸宗教の爲に賀せざるべけんや。我が同胞佛教諸師は。與起奮發して之に協贊助力し。以て我大乘佛教の眞理をして。薄緣なる歐米人種の腦髓に感染せしめ。佛祖の大恩を報ずるの好機會を失ふべからざるなり。

今夫れ斯の如く。社會は輿論を造り。注意を促がすにも拘はらず。吾儕が漏れ聞く所に據れば。日本佛教各宗は。其始め此の世界宗教公會の招狀に對しては。別段代表者を出すの必要を認めず。單に演說の原稿のみを送るに決せり。爾後社會の注意に誘はれ。天台宗よりは。蘆津實全。臨濟宗よりは。釋宗演。眞宗本派よりは。嶋地默雷。眞宗大派よりは。南條文雄の諸師を。派遣するに內決したりとか。抑も我日本は。佛教國として。世界無比の大乘教諸宗の都府とし淵藪として。十二宗三十六派の宗派中。漸く四名の委員を派遣するとは。寔に吃驚すべきことならずや。我邦各宗當路者の萬國宗教大會を視るの冷淡なる。バツローズ委員長に對するの無情無誼なる。一に何んぞ斯に至るや。日本佛教徒が卑怯薄弱なる。傳道的精神に乏しきと。公議的博愛の情に怯なきと。歐米人民否世界人民に表彰するに至るものには非る乎。請ふ省一省して俗界の現狀を觀よ。其の社會的事業たり。國家的事業たり。個人的事業たるに注目し。政治。法律。教育。文學。商工業。美術。植物等。各個腦を搾り。智を奮つて考究し。開會の日を俟つて。シカゴ會上に優劣をトせんとす。佛教者何ぞこの社會的國家的個人的一大公會に活眼を注がざる。宗教の變革は社會人類の革命なり。國家的盛衰の根據なり。人間的個人の浮沈なり。依之吾濟佛教徒は。能ふ可くんば。三十六派の總代委員を派遣すべきは勿論。各地青年會よりは青年總代を出し。婦人會よりは婦人總代と出し。彼の閣龍世界宗教公會に在りて。佛陀大悲の。妙法を宣揚し。日本大乘佛教の妙旨を顯彰し。諸學諸宗の眞理を統合し。閣龍四百年紀念祭と俱に。一千四百三十五年前。罽賓國の僧徒五名が。該地に佛教を弘通せし成績を証明し。傍ら之れが紀念會を擧げ。米國其他の國民をして佛教傳道の成效を知ら令るあらば。特り佛教の光運のみならず日本國家の幸福なり。依之吾濟は之より吾濟が懷抱せる志望を考究し。章を追ふて順次に諸兄に訴へんと欲するなり。

論説

印度佛陀伽耶回復に就て九州佛教徒に檄す

森直樹

世界佛教の教祖。大聖釋迦牟尼世尊。正義の太陽（眞理）を洞見し給ひし。始成正覺の聖蹟。今ま果して何處にか在る。宇内四億有餘の佛教徒が温和的卍字軍を起して。回復せざる可からざるの靈地。今ま果して何處にか在る。東洋佛教徒の耶路撒邑たる。佛陀伽耶の聖土。今ま果して何處にか在る。將來萬國佛教運動の中心たる可き。一大命運を占むるの靈跡。今ま果して何處にか在る。我が日本佛教徒。殊に我が九州佛教徒が。教祖尊奉の大感情を發揮して。齊く六色佛光の麾下に集り。以て佛教正義の劍戟を閃かし。以て佛教眞理の銃砲を提げ。以て佛教博愛の旌旗を飜し。風雨を避けず。寒暑を厭はず。山野に暴露し。四方に奔走し。至誠熱心。專心鋭意。飽く迄身命を捧げて報恩謝德の犧牲に供し。世界光被的新佛教運動の先驅と爲り。以て興復せざる可からざる。佛陀伽耶の靈蹟。今ま果して何處に在る。

世界宗教革命の潮流に乘じ。日本佛教改革の氣運に投じ。以て全國佛教運動の盟主たる可き。我が九州佛教徒諸君よ。試に輿地の圖を披ひて。佛教起源の國たる印度の地勢を看よ。大三角形を爲したる一大國。亞細亞の中央より起りて南海に斗出したるものは。是れ實に印度全國の地形に非ずや。ヒマラヤの山秀然として海と抜ぎ。突兀二千九百丈。千年万年の氷雪皚々として其峰嶺に堆積し。流れてゲンヂス（恒河）インダスの両大江となり。汪々滔々として曠原の中を屈折し。流域萬里。沃野廣潤。牛乳湧き。蜂蜜滴り。眞個に天下の寶藏亞細亞大陸貿易の衢路と稱せられたるものは。是れ南中北三天竺の景光に非ずや。而してカルコッタ府の西北。比馬阿賴耶山の麓。尼連禪河の西に當りて。大聖釋尊の苦行を修し給ひし鬱葱たる叢林あり。東洋佛教のコンスタンチン大帝たる。阿瑜迦王の建立に係り。其後緬甸ベルカン兩國王の修理せられたる。十年前英政府が巨資を抛つて修繕の勞を採りたる。宏壯偉觀なる一百七十六英尺の高塔。屹然として雲を突くあり。既往幾千万生靈の敬仰せし大菩提樹の遺跡は。今猶は其枝葉蒼々翠々として蓋天の翼を垂れたり。嗚呼是れ則ち印度佛陀伽耶の一大聖蹟たる境内の概況なり。

我が九州佛教僧侶及信徒諸君よ。吾人は佛陀伽耶回復事件の經歷を略陳して先づ諸君の熟聞を煩さん乎。抑も我國眞言宗の高德。釋雲照律師の高弟たる釋興然師は。數年前單身隻影錫蘭に航じて。彼の錫蘭佛敎の高僧スマンガラ師の門に入り。刻意勵精サンスクリットを研究し。傍ら南方佛敎探討中なりが。師は昨年一月。錫蘭の佛敎熱心家。ダンマパーラ氏と相携へて印度內地を歷遊し。至る處釋尊化導の諸聖跡を探り。遂に佛陀伽耶の靈跡に拜詣して。仰ひで當年佛敎の盛事を回想し。俯して此靈跡が空く婆羅門外道の所有となり居るを目擊し。憤慨の情全心に溢れて。信仰の涙雙袖を濕し。自ら此靈蹟に永住して。聖地保護の任に方り。以て敎祖追拜の誠意を表せんと決心し。左の一書を我が各宗大德に寄せられたり。

謹啓我日本國諸大德法將座下。抑も閻部無比の靈跡。大恩敎主始成正覺の道場。尼連禪河の西岸。大菩提樹下寺は。今を去る九百年前に婆羅門外道の爲に毀せられしも。擢破し盡す能はずして塵土に埋められたり物換り星移り九百の星霜を經て。遂に英政府の手に開かれて。十四萬の金を消費し修繕全く成り。善なり美なり。然りと雖も悲む可し大根（薩藏）外道の左右する所となり。悪む可し大塔の本尊を除て。餘は全く己が所好に任せて。尊額に灰を塗り赤土を染めて。皆な塗灰外道の玩弄品と成れり。予今回の參詣に付て。大に感ずる所ありて。忽に發願して止住したり爾來力の能ふ所に隨て。供養修福罷在候處。本日地方長官法王の館に詣て。不肖并にダンマパーラ居士に面會すれば。汝等此の道場を所有せんと欲せば。若干金を以て法王より購求すべし。政府に於て左右の權なし。地所境內法王の所有なり云々。今概算するに一万金を要すべし（但し我五千圓なり）是れ大金に非ずと雖も復少にも非ず。ダンマパーラ居士は不日發足して。錫蘭。暹羅。緬甸の諸國へ行きて四千圓の金を調達すべしと。予亦た日本國へ通ずべしと議したれば。伏して願くば諸大德座下。特別の御仁惠を以て喜捨し玉へ。敬白。

明治二十四年三月九日　釋興然クダラタナ

我日本國諸宗諸大德閣下

此書狀が同年五月の中頃始めて我國佛敎主義の新聞雜誌に依りて世に發表せらるゝや。靈蹟購求事件は識見氣慨有る全國佛敎徒の一大問題となり。東西両京の有志者。嶋地默雷。松山寀太郎。堀內靜宇。中西牛郞。中西元治郞。神代洞通。大久保彥三郞。東海玄虎。菅原慶禪。吉岡呵成。松本順乘。靑鹿秀榮。朝日誘宏。段証依秀。松田鏤癬。岸大悟。細川寂雲等諸氏。及び西本願寺文學寮出身の青年諸氏は。最も此問題に熱中し。屢々會合を催ふして各自の意見を叩き。委員を撰んで該件の調査に從事せしめ。或は書籍館に入りて印度佛蹟に關する諸書を探り。或は書を錫蘭の日本僧侶留學生に飛ばして其事情を訪合せ。或は外務省に出頭して英政府の思想如何を窺ひ。其他種々精細に調査する所ありしが。其極遂に靈蹟の所有權は英政府の有する所にして。到底購求す可き性質の者に非ると判然せしを以て。靈蹟購求事件は一變して。靈蹟回復の問題となり。東西兩京の有志者は。雙方協同一致の上。同年九月印度佛蹟興復會を創立し。廣く各宗管長の協賛を仰ぎ。其趣意規則を堂々發表して。遙かに彼れダンマパーラ氏等が熱心盡力する。錫蘭の佛陀伽耶大菩提會に向つて勢燄を添へたり。我國に於て斯の如く興復會を創立せんとするの頃は。彼の歐州に向つて佛陀慈教の十字軍を起さんと欲する。錫蘭の小乘佛教徒は。其嚴肅にして獻身的なる精神を發揮して。左の如き佛蹟興復の會合を催したりき。

西暦千八百九十一年(明治二十四年)五月卅一日。錫蘭のヴイデオダヤ大學林に於て。佛教徒の大集會を開き。佛陀伽耶に僧房を興し。僧五人を派遣止住せしむる件に就き評議をなしたり。席上にてデバミッタ師は此事に關じて演説をなし。次にダンマパーラ氏は過般靈場參詣の際見聞せし所を演述し。地圖に就て詳細の説明を與へり。又該件に就き各地より到着せし書信を朗讀せしが。其重もなるものはベンガル書籍舘長。及びサイアム國親王チヤンドラダツト殿下の書信にて。孰れも大に該件を賛成奬勵せしものなり。僧房設置。僧徒派遣の事は滿場異論なく。尚は篤と取調をなしたる上にて。之を實行せんが爲め。左の職員を任定せり

會長　スマンガラ　　顧問　オルコツト
理事　ダンマパーラ　　副理事　ウエーラセケラ
會計　ウイリヤム、ド、アブリウ　　委員　十名（文學士ブウルトゼン氏 梵學士ウエラガマ氏等）

錫蘭の此會合と前後にビルマ國に於ても亦た熱心なる有志者會合して。佛陀伽耶再興會を起し。資金を募集して委員を靈蹟に派遣せんとの計畫を試み間もなく實行したりき（以上の二現象は昨年六月錫蘭コロンボ府刊行のブデスト新誌に據る）。是より曩き日本眞言宗の老僧阿刀宥乘師は。二十四年八月を以て。佛陀伽耶回復の事業を視察し。併せて世尊の諸遺跡を巡拜せんとて。一錫三衣飄然として万里遠征の客となり。獨力勇進鯨濤鰐浪を淩ひて熱帶酷暑の地に到り。同年十月十九日佛陀伽耶に參拜して。各國佛教徒と會合し。夫れより師は釋興然師と共に三四百英里（一英里は我が十四町五十間餘）の間に散在する。鷲峰山。前正覺山。鹿野園（世尊初轉輪法地）。拘尸那城（世尊入涅槃地）。祇園精舍等の諸聖蹟を巡拜し。而して其聖蹟が今や荒敗頽壞して荊棘爲めに蔽ひ。榛芒爲めに塞がり。彼の阿瑜迦王建築の廣大なる靈塔。崇靈なる尊像も。空しく寒烟茫々の中に破壞の殘形を餘して。徒らに風雨の腐蝕する處に任するが如き。悽絶慘絶。痛絶哀絶。實に佛弟子たる者の觀るに忍びざる有樣を實見し。盛衰變遷窮りなく。興亡隆替限りなき。上下三千年間の佛教歷史的回顧の感情に堪へずして。絶大悲憤の涙を絞ぼり。以て彼の佛蹟興復運動上に緊要なる事件を最も周到に實査して。本年二月無事歸朝せられたり。實

に阿刀師の渡天は我が國印度佛蹟興復會に向つて。堅確なる決心を與へ愈々其氣燄を增さしめたるものと謂ふ可し。然るに又た同年十一月彼のオルコット氏の再遊に際し。西京佛蹟興復會員の領袖たる。松山。中西。善連法彥。德澤龍象諸氏發起となり。洛東中村樓に於て一塲の懇親會を開きしが。會する者一百五十有餘名。席上オ氏は其豪邁雄烈なる句調を以て。海外佛敎の現況より說き起し。南北佛敎聯合の意見を陳し。進んで佛陀伽耶興復の件に就き熱心なる演說をなし。終りて佛蹟回復事件に付て一々來會者の質疑に應じて。明快剴切に答辯の勞を與へたり。是れ復た佛蹟興復會の進路に向つて尠少ならざる補翼を與へしものと謂はざるを得ず。本年一月以來我邦の該會は彼の錫蘭の該會と屢々書信の往復をなし加ふるに彼のダンマパーラ氏が回復事件に就て。第二のピーター、パラミツト的運動を試み。且つ該件に關する西南佛敎諸國運動の光景も。日進月步其活氣を增し來るとの報導に接して。我國該件運動の光景も勇氣舊に倍し。一層の氣燄を煥發し來れり。此時に方りて。彼の「亞細亞之光輝」を著はして其名を東西兩洋に轟かし。忽ちにして千古不朽なる文學界の冠冕を戴き。東洋佛敎と一種微妙の戀想を生じて。日本の秀山麗水に同化せられたる。サー、エドウヰン、アーノルド氏再び我邦に來遊せり。是れ實に本年三月の中旬頃なりき。蓋し氏は佛陀伽耶回復事件に就ては。甞て熱切なる書を新紙に寄せて。一は英政府に訴へ。一は世人の注意を喚起したるとありき。加之氏は直接に印度駐劄の英國高等官諸公に向つて。其諸聖蹟を佛敎徒に讓與せんとの談判〔本誌第十三、十四兩號演說欄參看〕を試みたるとありき。氏は實に該件に親密なる因緣を有するの人と謂はんより。寧ろ該件最初の唱道者とも謂ふ可き人物なりし故。我邦佛蹟興復會員の招請に應じて。自ら多年印度內地に滯在して經驗せし確實なる証據に基き。該件に關する意見を演說して。精細緻密。諄々切々。以て會員の疑難を氷解せしめ。歸國の後ち充分應援の勞を採らんとを誓約したりき。於此乎。我が印度佛蹟興復會の創立員諸氏は。內外の準備愈々整頓し。實地の調査愈々完備せしを以て。去月に至り其趣意規則に大改正を施し。正々堂々滿天下に向つて發表し。愈々佛蹟興復の實行的運動に着手したり。以上敍述する所は實に是れ佛敎開闢以來未曾有なる公明正大の神聖事業とも絕稱す可き。佛陀伽耶回復事件來歷の槪略なり。希くは九州佛敎徒諸君よ。一片凛冽なる吾人の精神と憐察して。該件來歷の如何を探究し。以て以上論明する所の檄文的絕叫に向つて。滿腔の同情を發洩し賜はん事を懇望の意に堪へざるなり。（未完）

寄書

捨家棄欲を論じて遂に現今の僧侶に及ぶ

福岡　和泉司

昔は王公の子弟。顯門の公子。朝に綿繡を纏ひしもの。夕に緇衣竹杖の行脚僧となり。昨日は玉欄彫楹の樓臺に起臥せしもの。今日は草鞋孤獨の法師姿と變じ。家を棄て親に離れ。深山に入り幽谷に坐し。端身正念を凝らし。身を苦しましめしもの。他なし。唯上求下化。自利々他の大行を成せんと欲するにあり。然るに。或論者は僧侶を目して人情に悖るものなり。社會を破滅するものなりと云ふ。然れども。是れ唯事物の理を解せざるものゝ辨のみ。僧侶が家を棄て親を顧ざるものは猶之れに代ゆべき最善至福ノ存在するを認め。其最善至福に達することを得る以上は。家族を捨て身思を苦ましめたる艱難を償ふに餘あるを信ずるに由る。且僧侶が宗教上の外。社會の道德上に及ぼせる功績は。亦掩ふへからざるものありて存す。抑も。幸福には一個人に對する幸福と。社會全体に普通なる幸福との存するを知らざるべからず。一個人に善なるが故に必しも社會全般に幸福なりと云を得ず。一個人の幸福を棄つるも。更に社會に於ける幸福大なるときは。一個人の幸福を捨てゝ社會全般の幸福に隨はざるを得ず。今若僧侶たらんと欲する人にして。其性質假に政治家たるよりは。寧ろ僧侶たる方適當にして且社會の幸福を增進するに便なるときは。政治家たるよりは無論捨家棄欲以て僧侶となるを善と云はざるを得ず。視よ。釋尊は<u>カピラハス城</u><u>スウトダナ</u>王の太子なりき。彼若出家せば父王の悲哀國家の不幸果して如何。然るに彼れ釋尊一父の悲哀。一國の不幸よりも。更に大なる悲哀。不幸が宇宙間に充滿しつゝあるを發見せらるゝや。毫も躊躇することなく。蹶然起ちて白雪皚々。虎狼嘯吼する深山に入り。生死の一大問題を硏究し。衆生救濟の方法に觀念を凝し給ひしにあらずや。爾來佛陀遺敎の眞意を傳派せんとするもの。自利々他圓滿の幸福を大成せんとするに汲々として。其他を顧みるに遑あらず。故に彼等一家の不幸。一身の苦難を顧みざるも。社會人心の調和を計り。能く世上無數の人心をして安心立命の地位に達せしめたりき。是れ一己の幸福を捨てゝ。更に大なる幸福の圓滿を計りしものなれば。所謂一個人の幸福を捨て。社會の幸福に隨ひしものと云ふべし。更に進みて論せざるべからざるものあり何ぞや。世間往々全体に善なるが故に。一部にも亦善。社會に善なるが故に何人にも亦善なりとなす誤謬論者あり。古來僧侶中。世を捨て家を捨つるを以て。何人にも一定して善なるが如く思ひ。苟も出家發心すれは。地位の如何。事情の何たると撰ばず悉く善なりとせり。故に社會幾多の人士は。佛教を目して社會を破壞するものなりと呼ぶに至れり。予は佛陀が吾人に向て捨家棄欲を勸むるも。一個人の善と社會上の善と混ずるものにあらざるを信ず。一個人の善に對して僧侶たるを適當とせば僧侶となり。然らざれは或は政治家。實業家。文學者と。各其人に取りて善なるものを撰み其長する所に從はゞ。豈に世界か悉く僧侶を以て滿さるゝが如き憂あらんや。然るに現今僧侶の有樣を觀察すれば。固より間には卓拔有爲護法の爲めに心血を濺ぐの人士なきにあらずと雖も。其多數は紫衣圓顱徒に老爺老媼の歡心を買ふの外。國家に對し社會に對して一點の功績なく。安閑茫然として愚夫愚婦の布施中に生活する而已。左れば是等の徒は佛教の盛衰に關じては毛頭の念慮を有せず。況んや佛教の眞理を闡明して社會の迷想を打破するが如き。或は佛教の道德を實行して。嚴正高潔の活模範を社會に示すが如きは。其夢にだも見ざる所なり。宜なる哉世の佛教忌厭の連中が。穀蟲。寄生動物。太平の遊民。國家の蠹賊等の惡名稱を僧侶の頭上に冠らせて。罵詈誹謗を逞ふするを。嗚呼三寶の一に位する僧侶が。斯の如き惡名稱の代名詞と變ぜしは。予の大に慨嘆に堪へざる所なり。然るに僧侶が斯の如き惡稱を受くるに至りしは何ぞや。他なし。僧侶たるもの一個人の善と。社會上の善とを混じ。更に社會上の善を忘失せしに由らずんはあらず。請ふ少く之を論せん。

教育事業は善事と云はさるを得ず。醫業は善事と云はざるを得ず。然ども教育法の如何。知識開發は如何なる順序に由るやをも知らざるもの。教育の任に當り。病理の如何を研究せず。生理の何たるをも知らざるものが。醫術を施さば如何。誰か之を怪ざるものあらんや。誰れか此の事業を善なりと云ふものあらんや。是れ他なし。一般に善なるものも。一個人に善ならざる理由の存するに由る。而て予は現今僧侶の地位が。右二者と同一なるを見るの止むを得ざるに至れり。

維新の初年。肉食妻帶の禁令。一たび廢せらるゝや。身を聖道門に委する僧侶輩。靡然として噉肉帶妻戒律の何たるを知らざるものゝ如く。甚きに至りてや。朝迎暮離。甲を去り乙を迎へ。恰も博徒の巨魁が自家の妻君に對し去迎常なきに髣髴たり。葷酒不許山門との石表は。嚴然門側に立つも。屠肉薰酒は朝暮に山門を出入するにあらずや。而も今日に至りて往々吾人は淸雅幽致の寺門に。新婚の少婦か歸寧するあるを見る。嗚呼。吾人は行誡和尚が嘗て「戒律を勿諸すれは剃染名ありて實を失す所謂肉妻の令を悅ぶものなり身既に流俗に墮し俗士歸敬の心と破る己人に輕蔑せらるゝのみならず寺門も亦隨て衰頽す。憐むべきの限なり」と歎せられたるを念出して轉悲哀に堪へざるなり。予は不帶妻不食肉が。戒律上に如何なる影響と與ふるや。何等の地位を有するやを知らずと雖も。試に凡俗的眼孔より窺ふも。猶僧侶たる本分を守るには。一個有力なる規律なるを知る。寧ろ諸戒律の因りて以て成立する綱領なるを信ず。聖道門の僧侶たるもの。上唯心法界。相々無导の妙理を觀得し。下凡俗の迷想を攪破し。河海の船筏。暗夜の燈光たらんと欲するものにして。家族と養ひ。兒女と撫育するに遑あるか。美肉を味ひ。旨酒を嗜むに餘暇あるか。家族に眷戀し。肉に飽き酒に耽るときは。甚深幽冥の妙理を硏究し。一身を抛擲して凡俗を敎導すること能はざるのみならず。遂には幾多羈絆の附屬するが爲め。俗於俗の境域に墮落せざるを得ず。嗚呼。現今の僧侶は遂に白骨道人をして古之僧以身爲法今之僧以法爲身と絕叫せしめたり。彼等幾万の僧侶輩は猶以て僧侶たるに愧ぢずとなすか。彼等は一般に善なるが故に亦個人にも必ず善なりとなす謬見を有するにはあらずや。眞正の僧侶が社會に善なるが故に。彼等も亦吾僧侶たるを以て善なりとなすにはあらざるか。亦は單に糊口的職業となすにあるか。嗚呼寄生動物の稱呼の存する亦宜ならずや。

利用的贊成者豈に恃むに足らんや

甲斐方策

如何に飜天動地の目的を有し。拔山蓋世の企圖を懷くも。只夫れ目的及び企圖に留まらしめば。亦何ぞ社會と利し。國家を益することあらんや。

我邦佛敎の先覺者が。其舊慣弊習の除去す可く。布敎方法の革新せざるべからざるを。說くや久し。然り而して舊風尙强く。故習未だ脫せず。有爲の青年。活潑なる男兒をして。空しく蒼天を睨んで憤然たらしむるものあり。是れ豈に速に超過す可き「アルプス」の險にあらずや。

然るに世には。彼の所謂利用的贊成者なるものを恃みとして。百萬の援軍後にあるが如き思ひをなすものあり。然り。彼等も時として。幾分の加勢者たるに相違なからん。然れども。彼等を以て唯一の金城鐵壁と爲し。枕と高ふして安眠せんとするに至つては。亦何ぞ思はざるの甚だしきや。何となれば。彼等は眞正の信仰を有するものに非るなり。彼等は一個自己の目的を達するの方便として。機械として。佛敎を利用せんと欲するものなり。主觀的に佛敎に加擔するものに非ずして。

客觀的に之を輔佐するものなり。或一事との關係上。他教よりも佛教を可とする消極的の贊成者なり。信仰上よりしては。佛教に向て何の希望を有せざるものなり。されば。彼等若し佛教に盡力するとあるも。其影響する所知る可きのみ。加之。一歩を謬れば。往々世人をして一驚を喫せしむるものあり。近時彼の古莊某が基督教に化せられたるが如き。佐治某が「ユニテリアン」に歸せしが如き。則其一例なり。

嗚呼眞理は遂に眞理を以て興されざるべからず。信仰は遂に信仰を以て保たれざるべからず。佛教にして世人利用的保護の羽の下に生存する間は。決して靈活なる運動を爲す能はざるの時なり。

彼の基督教徒の信仰を得るや。亦斯の如し。彼等は概ね崇外的精神を媒介として。該教欣慕の途に就くものなり。換言すれば泰西文明の原因は基督教にありとの誤認の門より。漸く信仰の堂奥に入るものなり。試みに彼の基督教徒の巨魁たる高橋。小崎。横井數輩が佛教を攻撃したる論旨を閲し來れば。其觀察偏僻。其判定淺近にして。彼等自ら巨大なりと信じたる。幾個攻擊の彈丸は。一として佛教城に到着せず。亦的中せざるを見れば。彼等は殆んど。暗夜鳥を射たるの獵者のみ。然れども彼等猶該教中の大家たり。勇將たるを失はずとせば。苟くも見識ある佛徒にして。彼等と教界に馳騁する。豈に敢て難事なりとせんや。

嗚呼如何に驚天動地の目的を有し。拔山蓋世の企圖を懷くも。只夫れ目的及び企圖に留まらしめば。亦何ぞ社會を利し。國家を益するとあらんや。

我邦佛教の先覺者が。其舊慣弊習の除去すべく。布教方法の革新せざる可からざるを。説くや久し。然り而して舊風尚强く。故習未だ脱せず。有爲の青年。活潑なる男兒をして。空しく蒼天を睨んで憤然たらしむるものあり。是れ豈に速に超過す可きあるぷすの險に非ずや。而して能く此峻嶺を踰へ得るものは誰ぞや。必らずや字書中「難」字を見出さゞる。篤信篤仰熱血熱涙的の人物ならずんばあらざるなり。

蒐録

近世佛教史の新現象西藏國との聯合

堀内靜宇

本年六月十一日ダーヂリング府ニ於テ。在印度ノダンマパラ居士ハ錫蘭佛教徒ヲ代表シ。西藏及ヒ南部比馬刺亞ノ喇嘛僧並ニシッキム地方ノ諸名士ト相會シ。佛舍利及ビ佛陀伽耶ノ貝葉ヲ贈呈スル爲メ。一大式典ヲ擧行セシコトハ。友人外山義文ガインデアンミロルヨリ譯出シ。之ヲ世ニ公シタルヲ以テ。印度佛蹟興復會ノ既ニ西藏國ノ佛敎徒ト聯合シタルコトハ。畧ボ之レヲ知ルニ足ラン。茲ニ譯出スル所ノモノハ。即チ余ガ敎友エッチ、ダンマパラ氏ガ。其後西藏ノ全權公使シエーダ閣下ト會見シタル記事ニシテ。外山氏ノ譯文ト併セ參照アラバ。ダンマパラ居士ガ印度佛陀伽耶靈蹟ノ回復ニ付キ。各佛敎國ノ聯合ヲ謀リツヽアルノ最モ熱心ナル眞情ヲ察スルニ足ルナリ。彼ノ西倫ノ留學生川上某輩ガ他ニ爲メニスル所アリテ。頻リニダンマパラ氏等ノ運動ニ對シ。惡口ヲナシ。昔日ノ厚誼ヲ忘却シ。甚シキハ釋興然比丘マデヲ譏謗スル如キハ實ニ取ルニ足ラザルモノナルベシ。嗚呼吾日本ノ佛敎徒ハ世界唯一ノ根本道場ヲ回復スルノ意ナキ乎。東洋各佛敎國ノ聯合一致ヲ謀リ。佛敎ノ眞光ヲ宇内ニ顯揚スルノ意ナキ乎。吾人ハ吾佛敎徒カ區々タル情實ニ拘泥セズ。勇往敢爲ノ精神ヲ奮起センコトヲ切望ニ堪ヘザル所ナリ。

佛陀伽耶菩提會ガ印度ニ於テ佛敎ヲ再興スル爲メ。其傳道ヲ始メタル以來。已ニ一ケ年ヲ經過セリ。是ニ於テカ。吾等ハ本會ガ四方ヨリ受タル助力ヲ感謝セザルベカラズ。實ニ本會ハ既往七百年ノ間。佛敎徒ニ對シ隔絶セラレタル。法田ヲ開拓スルコトヲ得タルナリ。西暦一千二百年ニ於テ佛敎ハ殆ント絶滅シタリ。此ノ時バアークシーアクヒルヂー氏ハ。ビハール國ノオテンタプリーノ殿堂ニ於テ。二千人ノ比丘衆ヲ殺戮セリ。本會ノ企圖ハ則チ一切大慈大悲ノ如來ノ法義ヲ再ビ印度ニ弘布セントスルヲ第一義トナセリ。既往一ケ年間本會ガ經營シタル事業ノ概要ヲ擧グレバ。

第一　一千八百九十一年七月二十一日四名ノ錫蘭僧ヲ携ヘ佛陀伽耶ニ赴キ傳道ヲ創始シタル事

第二　僧院設立ノ爲メ靈場ノ近傍ニ永代借地ヲ得タル事

第三　日本。チタゴン。緬甸。ダーヂーリング等ニ於テ佛陀伽耶會ノ設立及ビアラカン。バンコク。下部緬甸ノメルグウイ等ニ於テ佛陀伽耶事務所ノ設立セシ事

第四　本年五月ニ於テ菩提會雜誌ノ發刊

第五　昨年十月佛陀伽耶ニ於テ各國佛敎徒ノ會合シタル事

殊ニ去二月ダムロング親王殿下ト面會セシ片。同殿下ハ二個ノ目的ニ就テ尤モ矚望セラレタリ。則チ第一ハ佛陀ノ道德哲學ヲ弘布スル事。第二ハカルカッタ府ニ於テ本部ヲ設立スル事。此二個ノ目的ハ最モ重要ノ事業ニシテ。之ヲ成就セシムル爲ニハ。各佛敎徒ハ本會ニ向テ。充分輔翼ヲ與ヘザルベカラザルナリ。本會ト佛敎本部設立ノ事業トニ就テ。常ニ其利害ヲ心頭ニ懸クル人々ハ。既ニ本會ガ企畫セシ所ノ結果ニ關シテハ勇ミ喜バザルベカラス。何トナレバ本會ハ幸ニモ全世界ノ佛敎徒ニ依テ贊成セラレタルノミナラス。英吉利。佛蘭西。日耳曼。西班牙。亞米利加。墺斯利。印度ニ於テ亦其同感者アルヲ以テナリ。

而シテ既往七百年ノ間如何ナル種類ニ於テモ。西藏ト比馬剌亞以南ノ各國トノ間ニハ。何等ノ關係モ之無リシナリ。然ルニ去七月十三日（近代佛教史ノ初頭）ニ於テ。西南佛敎徒ノ代表者ハ西藏ノ全權公使シエーダ閣下ト。雪嶺ノ麓ナルダーヂリング府ニ於テ初メテ會合シ。嚴肅ナル儀式ヲ以テ應接スル所アリタリ。而シテシエータ閣下ハ佛陀伽耶運動ニ就テ。充分尽力スルコトヲ約束セラレタリ。

余ガ同公使ト面會セシ概畧ハ下ノ如シ。

予ハ錫蘭佛敎徒ノ代表者トシテ。閣下ニ敬禮ヲ表シ。且ツ

佛陀伽耶菩提會ガ。現今經營スル所ノ事業ニ就テ。報道センガ爲メ來レリ。

此ノ數言ハ予ガ現時ダーヂリング府ニアル。西藏公使ニ見參セシ時述ベタル所ナリ。（未完）

左の一篇は本年六月二十三日（土曜日）發兌の「ゼ、インディアン、ミルロル」新聞に掲載せしものにて其大會合に列席せしエフ、エーチユ、ミユラー女史の報に係るものを外山義文氏の譯して世に公にせられしものなり今此に掲げて東洋佛教徒聯合運動の參考と爲す

西藏及び比摩羅耶以南佛教徒の重要なる會合

近頃「だーぢりんぐ府」ニ於テ一大盛會アリテ。「ゑーちゅ、だんまぱら」氏亦タ來リ會セリ。「だ」氏カ此行ハ全ク「ちべつと」及南部「ひまらや」ノ「らま」教徒。并ニ「しっきむ」地方の諸名士ガ催シタル會議ニ臨マンガ爲メニ。「しーろん」佛教徒ノ爲メニ推選セラレタルニ依ル。

會議ノ期日ハ兼テヨリ六月十一日ト豫定セラレタルガ。幸ニシテ數旬ノ霖雨頓ニ歇ミテ。近來稀ナル晴朗ノ天氣トナレリ。眩ユキ迄白キ雲霓ハ紫紺色ヲ帶フル諸山岳ト相連絡シテ。一段ノ光景ヲ添ヘ。天日麗迺雲霧排シテ照臨シ。殆ンド過午半日ノ快晴ヲ爲セリ。

だんまぱら氏ハ「しーろん」府ノ重立タル佛教徒ノ依属ニ基キ。佛陀ノ舍利及貝葉（現今しーろん地方ニ繁茂スルモノ）ノ外六金色ノ幢旛ヲ齎シテ。之ヲ西藏等ノ諸佛教ニ示シタルニ。玆ニ幢旛ニ付テ不思議ナル符合ノ事コソ起リタリ。元來「しーろん」ノ佛教徒ハ他ノ諸佛教國ニ用ユルト同一ナル幢旛ノ外。一モ特異ノモノヲ撰擇シタルコトナカリシニ。一千八百八十五年（明治十八年）ころねる、をるこつと氏高僧ヲ會シ。聖經中ニ說ク所ヲ摸範トシテ一流ノ幢旛ヲ定ム。此幢旛四箇ノ横線ヲ以テ組成シ。其一端ハ一ノ竪線ニ綜合ス。而シテ此竪線モ亦タ黃。淡紅。白。紅。順ヲ逐フテ之ヲ彩色ス。西藏ノらま僧之ヲ見以テ驚キ嘆シテ曰ク。此幢旛何ゾ我カ大らま僧ノ幢旛に酷似スルヤト。

佛舍利奉送ノ一行ガ通過スベキ道筋ハ。有名ナル西藏旅行家ニシテ且大學者ナル。はんでいつと、さらつと、ちやんだー、だす氏ノ居宅「らさ、うゐら」ヨリ發シ。市中ヲ通過シテらじやー（爵位）とんだぶ、ばるじやー氏ノ邸第に至るべき順序ニシテ。行列ノ次第ハ左ノ如シ。

第一ニ西藏ノ樂隊「がや、がー、ゞる、ぜ、だん」（佛陀伽耶隆盛）ト云ヘル。西藏ノ音樂ヲ吹奏シツヽ進行シ。次ニ幢旛手一人「しつきむ」國兵式服裝を着けて之ヲ捧持シ。次ニ碩德ぐーむ寺貫主しー、ろぶ、がや、ちやう（譯シテ學海ト云フ）らま佛舍利ヲ奉ジテ進ム。次ニゑーちゆ、だん氏黑馬に跨ッテ隨行ス。衣服ハ優婆塞金柑色ノ禮服ニシテ。最軟ノ絹布ヲ以テ之ヲ作ル。數多ノ觀稜躰ヲ繞クリテ垂ル。其狀雄偉ニシテ其色モ亦タ甚タ美ナリ。次ニばんでいつと、さらつと、ちやんだー、だす氏亦た騎馬ニテ隨行ス。次ニハ幾多ノ西藏僧亦タ騎馬ニテ列ニ加ハル。西藏僧ノ服裝ハ寛キ羅紗服ニシテ。長袖アリ。上ニハ絹地ノ袈裟ヲ掛ケ。首ニ高頂ノ紅巾ヲ戴キ。其容貌頗ブル奇ナリ。

右行列が狹隘ナル「だーぢりんぐ」ノ市街ヲ曲折シテ。通過スルヤ。到ル處ニ觀客群を爲し。先導后從相擁して進む。佛舍利ノ龕ニ觸レテ。冥助ヲ蒙ランコトヲ望ムモノ相排シテ進ミ。跪坐合掌感涙に咽ブモノ無數。「らま」一々此等信仰ノ徒ヲシテ佛

舍利龕ヲ頂禮せしめ。以テ佛陀ノ加護ヲ祝福す。市ノ中央ヲ過クル頃ヒニ一隊ノらま僧來リ會ス。蓋シ「だーぢんぐ」寺院ヲ代表スルノ徒樂隊ヲ率ヒ來レルナリ。進テ「らじやー」ノ門ニ至レバ。「しつきむ」國ノ耆宿二人來リ迎ヘテ一行ヲ會場ヘ案內ス。場ノ內部ハ總テ「しつきむ」產ノ絹布ヲ用ヒテ裝飾シ。加フルニ佛教中ニ散見スル輿故。叉ハ風景ヲ抄寫シタル繪畫ヲ以テ法會ヲ莊嚴ス。室ノ四方ニハ低キ腰掛ヲ二重ニ排列シ。中央ノ一小卓上ニハ時ノ草花ヲ挿ミタル花瓶アリ。其前更ニ低キ几卓ヲ設ケテ黒米及ヒ三基ノ焚香ヲ置クノ處ト爲ス。此法會ニ與カルヲ得ルモノハ獨リ西藏人。しつきむ人。及ビ數十ノ印度人ノミニ限レリ。

卓前會長ノ要位ヲ占ムル所ニ絹張ノ椅子ニ坐スル一少年アリ○顏色純黃一見メ其蒙古人種ナルヲ知ル。會ノ始終ヲ通シテ言語動作每ニ威樣アリ。謹愼莊重流石ニ此會ノ長タルニ恥ヂス。此少年ヲ誰トカ爲ス是レ卽チ「しつきむ」らじやーノ次子ナリ齡甫メテ十三。纏フ所ノ被服ハ通常ノ「らま」服ニシテ。暗黒色ノ絹布ヲ以テ之ヲ作リ。垂裳膝下ニ達ス。胸部ノ邊ハ袈裟樣ノモノヲ以テ之ヲ絞リ。兩袖甚タ長大ニシテ。兩肩上ニ美麗ナル黃絹ノ肩掛ヲ着ケ。頭ニ深紅色ノ支那巾ヲ戴ケリ。此少年ハ殊ニ「らま」ノ教育ヲ受ケタルノ故ヲ以テ。特ニ此會場ヲ整理センガ爲メニ推サレテ來リタルモノニシテ。亦タ併セテ紅巾隊長ノ高位地ニ陞ルベキノ準備ノ爲メナリト云ヘリ。

だーぢりんぐ大菩提會長とんだぶ、らじやー其左に坐シ。式ニ依テ此少年ヲ紹介ス。行列ノ一行此所ニ着スルヤ。老らま佛舍利龕ヲ以テ。之レヲ「らじやー」ニ授ク。「らじやー」受ケテ更ニ之レヲ此少年會長ニ致ス。にーちゆ、だんまぱら氏會長前ノ卓ニ就ク。「ぱんでいつと、さらつと、ちやんだー、だす」。「すそとなす、ちやつたーじー」。及ビ予（みゆーらー女史）從テ座ニ就ク。會場ノ法式ハ本會ノ書記「うがにん、がや、ちやう」らま之ヲ奉行ス。氏ハ學問深廣。氣象磊落。而シテ容貌秀偉。風采豁達○故ニ衆ニ悅バル。曾テぱんでいつと、さらつと、ちやんだー、だす氏ト共ニ西藏ノ遠征ニ從事シタル人ナリ。本會ニ臨席シタル名士ノ中ニハ「しつきむ」樞密院長「でゆーわん、ふはーば」アリ。其高僧中ニハ「しつきむ」國教本山べめやんちー寺ノ貫主ヲモ見受タリ。書記ハ先ツ重立タル會員ヲ會長ニ紹介シ。一應佛舍利ノ性質等ヲ說明ス。次ニぱんでいつと氏開會ノ要旨ヲ畧述シ。書記ヲシテ自カラ起草シ置キタル西藏語ノ演說文案ヲ朗讀セシム。了リテ「せらるがやちやう」らま西藏語ヲ以テ印度佛教ノ起原。沿革。滅亡。顚末ヲ述ベ。及ヒ西藏錫蘭ニ於ケル佛教傳播ノ摸樣ヲ語リ。終リニ西藏人ガ錫蘭島ヨリ佛教擴張ノ目的ヲ以テ。派遣セラレタル佛教徒ト相會合スルノ時機ヲ得タルヲ祝シ。且ツ過去八九百年以前。西藏錫蘭兩國ニ於ケル。宗教事務上ノ友誼的交通一タビ中絕シタルヨリ。以來此兩國人ガ提携シテ佛教擴張ノ爲メニ相會合シタルハ。實ニ本會ヲ以テ始ト爲ス亊ヲ記憶スベシト說ケリ。次ニ「ぺまやん、ちやう」ノらま登壇シテ。更ニ前辨者ノ說ヲ敷衍シ。此會合ノ影響ハ眞ニ莫大ノ利益ヲ生スベキ事。及ヒ其利益ハ殊ニ「しつきむ」人ノ爲メニ大ナルベキ亊ヲ論決セリ。次ニ「だんまぱら」氏左ノ演說ヲ爲セリ。（未完）

愚迷發心集（前々號の續）

解脫上人

加之過去宿業拙而今生已感卑賤孤獨之報也。今生所行愚故。

未來亦受地獄鬼畜之生歟。況先因戒善之力今身既果畢。後生善處之貯所望何事哉。數十餘年日日所作惡業實多。百千万億之念々思惟忘想至深。二利行願所勤已闕。現當最要所儲無一。只我等所作莫不流轉業。昨日爲今日營。今日爲明日務。當何日何時永欲逝此世哉。偏爲此身造無量業。一業之果送無邊劫。經歷六趣如車旋庭。耽著五欲似膠著草。悲哉服名利毒藥於幻化之身中而空度二世。愚哉結恩愛繫縛於迷亂之心上而徒送一期。今世聊無制伏念者後世大怨如隨身影。於是適雖翅小業多爲惡緣所破。粗雖悲罪障還爲恩愛所怗。說衆罪如霜露惠月隱而無照。聞諸法似影焔妄情現而易迷。滅罪生善之志心與事不調。發心修行之計內與外共乖。雖覊無益語無出世事。雖語他人不顧身上過。自雖愼人目全忘冥照覽。希雖務一善多穢名聞思。無常遮眼實有之執彌深。不淨湛身厭離之思都無。或雖歌時節之遷流隨不顧命促。或思始日別之所作兼退屈無企。此故身所搆尚不動之。心之所及多有怠之。夜則爲睡眠所侵。晝又爲塵事所汗。秋夜長夜長徒明。春日遲曰遲空暮。自行敢不動況及益他人乎。我心猶難憑況於眞知見哉。彼乞食非人望門不給資惡厭。鳥雀火鼠之求食廢情而無慈悲。頑弊無慙憍慢易起。放逸熾然惡行難止。身雖處生死未知生死之源。心雖起妄執亦無辨妄執之基。醉無明毒爲連々也。隔藥而不知醒悟。愛恚妄海爲眇々也。漂泯不見船筏。無尋專可訪之父母生所。不知可憐之親昵受苦。終雖畏我後生之苦猶剰造三途之業。屢雖結彼惡業之種未信因果理。愛別離苦見已還愛。怨憎會苦覺已彌怨。爲惡業成奴婢而雖經刧不爲憂。爲善根致懈怠而雖送日不爲痛。嗟呼生死之險道常栖無求可出之便。貪愛繫縛堅結不辨可解之計。豫不異失見聞之盲聾。宛可同無覺知木石。然間不慙佛菩薩如影隨形而垂照見矣。不顧俱生神在左右肩而記善惡焉。朦々綏々昨過今過悲哉痛哉徒晩徒曙。若期後而不勤歟期日是何日哉。將任性而緩慢歟緩慢其何爲哉。若思愚癡之至者速可愼愚癡。若讓懈怠之過者何不誡懈怠。坐禪夜床迷罪闇而無通。觀念曉窓吹妄風而不靜。債誠心者無隙于嗚呼。屢責朦者不暇于拭涙。是以有心外法。輪廻生死可嘆可悲。覺知一心生死永棄不可不信。所以耽々燈影猶應彰迷便矣。蕭々風聲當爲觀心基焉。　（未完）

佐久間象山の書簡

凡そ人は教へかたに因り育て方に從ひてよき人にもあしきものにも成ることにて目に見耳に聞くところよき筋に習へば必ずよき人となり目に見耳に聞くところあしきふしに習へば必ずあしきものとなりやすく候このゆへに教の道には胎教とて身こもりたる時より其母身をつゝしみれてないを正しくすれ

ば生るゝ子其才必ずかしこく人にすぐるゝものとなるなり去れば生れ出て後にはいまだものゝ心を知ずと雖もよきことをば見せてあしきことをば見せずよきふしをばきかせてあしきふしをば聞せぬ樣にありたきことなり然るに近來世間の風儀あしくなりゆきこの近邊のもり子ども向ふの寺の門前などに集るを見るに無作法のかぎりきかれぬことゞもいひうたひふざけさはぎ候事夕方わけて甚しく候幼年より奉公に出で守りなどを務るほどの下賤のものと雖も習ひよく身持正しくはよき者に成り出ることあるべし然らば習ひはよく致させたきものなり去れど是れはしばらくたき奉公人をめし遣ふほどの人の子その奉公人の習ひあしきにかぶれよからぬことゞもを見覺へきゝればへ習ひあしくなり候はんか甚だ氣遣はしきことに存候因て內々心付申候近所懇意の中子供あり守ある方と申談しもりの世話少しく有之度候某存じ候にさし向ききびしく禁じ申度は無作法のはやりうたに候是を決してうたひ候はぬ樣申付有之候はゞ大なる補ひにてあるべく只其一人の爲になり候のみならず此近邊女兒の幸ひに可有之候也

雜報

●法華經奉進の願文　前號に報導せし陸軍中將三浦梧樓居士の細字法華經は。今回愈々皇太后太夫杉子爵の執奏に依り。皇太后皇陛下へ奉進せられたりと云ふ。爾の經後の願文は實に左の如し。

奉敬寫細字法華經願文

恭惟妙法蓮華經者諸佛秘妙衆生心要古者　聖皇特尊本經設齋會於宮闕朝野俱仰眞詮開講筵於畿道神人賴是和樂道德由是淳厚矣臣梧樓雖不敏聊有所省歸信佛教游心妙理焉始自客臘二十七日至於本年二月七日棲居山莊歲拭淨机齋戒薰沐敬奉細書於本經壹部二十八品伏冀以此功德擬　皇恩海嶽之涓塵　諸神增威　列聖享樂　今上陛下　聖德增隆　皇太皇陛下　寶樹萬歲　皇后陛下　坤德無疆　皇太子殿下　仁慈叡明臣庶咸護十善戒貴賤同歸三尊福利無窮敬白

明治廿五年十月日宮中顧問官陸軍中將

從三位勳一等子爵三浦梧樓薰香禮拜敬白

●伏見宮故景子殿下の薨去　貞愛親王殿下の御生母なる同殿下は。八月八日薨去あらせられ。十二日に神葬式の修行ありて。直に御棺を滊車に上せ參らせ。京都同宮の別邸へ奉棺し。同十六日相國寺內の故邦家親王殿下の墓側に葬らせ玉ひ。心華院にては中陰中の御法事を爲し奉り。日々親王殿下には御參詣あり。御導師は。始終相國寺派管長禪師が勤められしとぞ。

●印度佛蹟興復會の發表　昨年六月在印度なる釋興然師より各宗管長に宛てたる佛陀伽耶購求の書狀が。東京の十善寶窟及び西京の傳燈誌上に依りて世に公にせらるゝや。佛陀伽耶購求事件は全國佛敎徒の一大問題となり。有爲の佛敎徒は東洋佛敎の温和的卍字軍を起して。世界光被的佛敎運動に着手す可しと大聲疾呼し。頑固なる佛敎徒は各宗の敎理上に大變動を惹起せんとて驚愕狼狽するに至れり。此時に方りて。敎祖尊奉の感情と大勢達觀の眼光とに富める。東西両京の有志者は。熱心鋭意該事件の調査に從事し。雙方協同一致して同年九月を以て印度佛蹟興復會趣旨規則（第二國敎第壹號雜報欄內掲載）を發表したりしが。爾後同會は猶ほ詳細に實際の調査を遂げ。アーノルド氏及びダンマパーラ氏等とも堅く回復運動の約束をなし。且つ各宗協會に於ても已に之を協賛し。各宗より夫々末派へ諭達を發布せらるゝに至りたるを以て。此頃愈々左の如き大改正を加へたる趣意規則を發表したり。吾人は實に該會が益々奮勵して其目的を貫徹し。其事業を成就し。遠くは世尊に向つて追拜の眞情を捧げ。近くば佛陀伽耶の靈跡をして。萬國佛敎運動の中心點たらしめ。彼れ歐米の基督敎徒親族的同盟に對して。我が東洋の佛敎徒親族的同盟を形成し。以て東洋佛敎徒の精神氣魄を宇內に發揚せんとを熱望する者なり。啻に信仰的感情の上に於て而已ならず。自ら奮つて地聖興復の先驅たらんと欲する者也。

印度佛蹟興復會創立之趣意

今を距ること殆んど三千年前。吾大恩敎主釋迦牟尼世尊は。印度劫比羅伐窣堵の藍毘尼園に降誕し給ひ。吾等衆生の無始以來煩惱に繫縛し生死に流轉して止まざるを愍み。王位を捨て袞衣を脫し。自から沙門の身となり。苦行六年の後遂に佛陀伽耶菩提樹の下なる金剛座上に於て。始めて無上正覺を成じ給ふや。眞理の大陽は煕々として宇宙に輝き。慈悲の榮光は藹々として人類を照し。是に於て乎吾等億兆の衆生は生々世々其恩澤に沐浴し。歩を轉迷開悟の大道に移すを得たり。嗚呼佛陀伽耶の聖地は此の如く吾敎主世尊の阿耨多羅三藐三菩提を證し給へる世界唯一の根本道場なり是故に昔し阿育大王は報恩謝德の爲め玆に宏大美麗の大塔を建立し。此の道場を莊嚴して。以て其供養を捧げられたり。然るに悲哉物變り星移り。今を去ること八百年前。此地凶猛なる回々敎徒の爲め侵掠せられ。大に荒廢に歸し。一人の佛敎徒の之を守護するものなきに至りし爲め。今より三百年以前。シヴハ派（婆羅門敎の一派）の僧侶。偶々玆に來りて遂に之を占領し。幾多の星霜を經過するに及べり。然るに明治二十四年一月。吾興然比丘。錫蘭の護法居士と相携へて此靈蹟に参拜し。其現狀を目撃せしに。阿育王の建立せられたる大塔は。幸に英政府の修營する所となり。舊時の壯觀に復せしも。其守護はシヴハ教徒に委托せられ。而して彼徒の靈蹟に對する頗る亡狀を極むるを以て。無數の感慨を惹起し。頻りに追思孝順の念止む能はず。遂に佛陀伽耶再興の大願を發し。事を本邦佛教徒に通ずるに至れり。是より先き英國サー、エドウヰン、アーノルド氏も亦た此靈蹟は佛教の根本道場なるに拘らず。之をシヴハ教徒に委托し置くは。其道を得ざるものなるを以て。英國印度省及印度政廳の高等官に向ひて。早晩此靈蹟の守護權を佛教徒に交附すべしとの希望を述べしに。誰一人として此れが非を唱ふるものなく。皆正當なりとの旨を答へたりと云ふ。既に彼此れの因緣茲に熟せしが故に。我等興然比丘及び護法居士等の志を助けんが爲め。同志屢々相議し。此事業の實に佛教徒の本分として忽諸に附すべからざるものなるを確信し。卽ち印度佛蹟興復會なるものを設立するに至れり。然れども此事業たる事頗る重大にして。一たび之を誤るときは日本佛教徒の面目に關するものあるを以て。先づ事實を慥むるを專要とし。既往一ヶ年間は調査に從事し教友阿刀宥乘氏の入竺に際し。其視察を托し尚ほ印度大菩提會と十數回書面の往復をなし。又久しく印度に滯在せられたるサー、エドウヰン、アーノルド氏に面會し充分氏の意見を叩き大に其要領を得たるのみならず。ア氏も又畢生の心力を盡して。我等と共に盡力せられんことを誓言せられ。此と同時に佛教各宗管長より組織せられたる各宗協會は。本會の事業を協賛する旨の通知を與へられたるを以て。愈々此事業の確實にして必要なることを感じ。且つ靈跡守護權回復の多望なるを認め。茲に本會を發表する事に決したり。思ふに佛陀伽耶の靈跡たる。豈に啻だ釋尊のみ成道し給ひし所ならんや。記に依るに實に賢劫の間に出世し給へる一千佛も。皆な此座に於て金剛定に入り給ひ。過去七佛も既に此上にて正覺を成し玉ひしと云へり。此靈地や實に佛陀慈教の中心。世界の歷史。幷に人類の歷史上に於て。大關係を有するものにして。此れを佛教徒の手に守護し。且つ供養し奉ると否とは。實に世界佛教徒の信仰の有無を判定する一大機會と云ふべし。況んや佛世尊は一切衆生の父母。我等佛教徒の安心立命を示し給へる大師にして。三界無比に尊敬すべき。所なるに於てをや。故に我等は先づ志操堅固の僧伽を派遣し。該地に住し。四時の供養をなさしめ。將來其守護權を得るの準備をなさんとす。而して佛陀伽耶の外佛誕生の地（劫比羅伐窣堵に在り）。佛初轉法輪の地。（鹿野苑にあり）。佛入涅槃の地（拘尸那城にあり）は。成正覺の地と共に四個の道場と稱せられ。倶に是れ佛敎徒の無上に崇敬せざるべからざるものなり。然るに今や此等の靈蹟は。頗る荒廢に委するを以て。我等は之をも併せ供養せんことを欲するなり。嗚呼靈鷲山の月は。煌々として世界の暗黒を照らし。鹿野苑の風は。颯々として人生の苦惱を拂ふ。人一たび此等の聖地に參拜し。以て如來の遺跡を尋ぬるあらば。誰か無涯の感情を惹起せざらんや。佛恩の宏大なる信仰骨に徹し。佛德の勝妙なる信心肝に銘ずる所あらん。殊に此等の聖地に於て。我等佛敎者若し其根據を占め。世尊遺法の弟子法孫たる者。嚴に無上の正法を護持し。漸を期して土人を感化し。法敎を弘通し。既に滅へたる法灯を挑げ。既に絶へたる大乘を再興するに至ともあらん乎。南北佛敎の中心。是に於てか定まり。天下万國を風靡する基礎。是に於てか立することを得ん。今や此再興事業に就ては。既に暹羅にはチャンドラダット親王殿下あり。錫蘭にはスマンガラ大僧正幷にオルコット氏ダンマパラ氏等あり。緬甸にはモングホーミイン氏あり。チタゴンにはチャンドラクホードリ氏あり。アラカンにはコーング、ヒラー、フリユー氏あり。ダーヂリングにはラヂヤー、トン、ダアッフ氏。ラマ、ウグエン、グヤットショー氏あり。各其國の佛跡再興會を代表し。我等と共に盡力せんことを希望せり。且つ近來ダンマパラ氏は。ダーヂリン府に於て。西藏の大臣シエータ氏と會合し。仝大臣の贊成を得。西藏の法王又此事業を補助せんとするに至れり。豈に是れ架空の妄想。好寄の事なりとせんや。冀くば十方同感の緇素。奮起勇進し平和正義の主義。護法敬虔の心を以て。道の爲め。法の爲め。進んで本會に加盟し此事業の成效を期せられんことを。

明治廿五年十月　印度佛蹟興復會東京本部

印度佛蹟興復會改正規則

第壹條（名稱）　本會ハ印度佛蹟興復會ト稱ス

第貳條（位置）　本會ハ地理上便宜ノ爲メ東西兩京ニ分チ東部事務所西部事務所ヲ置ク

其區域ハ東海道（伊賀、伊勢、志摩ヲ除ク）北海道全部及ビ東山道（近江、美濃、飛騨ヲ除ク）ヲ東部ノ管轄トナシ近江、美濃、飛彈及ヒ伊賀、伊勢、志摩五畿内山陰山陽南海西海四道ノ全部ハ西部ノ管轄トス

第三條（目的）　本會ハ内外同感ノ緇素互ニ協力シテ印度佛蹟ノ興復ヲ謀リ佛光ヲ宇内ニ發揚スルヲ以テ目的トス

第四條（事業）　本會ハ前條ノ目的ヲ達スル爲メ漸次左ノ事業ヲ實行スルモノトス

一品行方正志操堅固ノ僧侶ヲ印度ニ派遣シ佛陀伽耶ノ靈

塲ニ止住セシメ佛降誕地、初轉法輪ノ地、及入涅槃ノ地ヲモ併セ供養スルヿ

一佛教徒ノ佛蹟參拜ノ便ヲ謀ル事

第五條(會員)　緇素男女ヲ論セス本會ヲ賛成スルモノヲ以テ會員トス

會員ヲ分ツテ四種トス

一協賛員　一同盟員　一正會員　一隨喜員

一　協賛員ハ有徳ノ緇素ニシテ特ニ本會ノ事業ヲ協賛セラル、者

二　同盟員ハ通常會費年金壹圓ヲ出シ本會隆替ノ責ニ任スルモノ

三　正會員ハ本會ノ旨趣ヲ賛成シ毎年金壹圓ヲ納ムルモノ

四　隨喜員ハ本會ノ旨趣ヲ賛成シ金員物品等ヲ寄贈スルモノ

第六條　本會ニ會長一名副會長二名幹事評議員勸募員各若干名書記會計各四名ヲ置ク

但シ會計書記ヲ除クノ外無報酬トシ其他ノ職員ハ幹事協議ノ上實費ヲ給スルコトアルヘシ

職員章程ハ別ニ之ヲ定ム

第七條　會長副會長ハ各宗高徳ヲ推選シ幹事評議員ハ同盟員中ヨリ選擧シ勸募員書記會計ハ幹事之ヲ定ム

第八條　本會ノ收金ハ總テ確實ナル銀行又ハ遞信省貯金局ニ預クルモノトス

第九條　毎年一回東西各部ニ本會々員ノ總會ヲ開キ將來ノ事業ヲ商議シ及ヒ出納ノ報告ヲナスヿ

第拾條　本會々員ノ姓名ハ時々新聞雑誌ヲ以テ之ヲ報告スルヿ

東部假事務所　東京市芝區公園地第八号地壹番

西部假事務所　京都下京區寺町通四條下ル洪濟會內

●印度佛蹟興復會の會長　該會の會長には彼れ眞言宗の大德釋雲照律師が多分任ぜられて。大に盡力せらるゝならんと云

●西藏佛陀伽耶再興會　今回西藏國のダーヂリング府に於て同會を設立し。ラーゼァーフトンダァプ氏が會長に。ラマウギエン、グヤトシヨウ氏が書記に當撰せり。シツキム國の重なるラマを始め。同國領主の顧問及び其同侶貴族。西藏ラマ及び在家の重立たる人々。プウシアの有志者等。孰れも同會に加盟したりと云ふ。

●西藏國に於ける錫蘭僧　西暦第十四世紀以前に於て。錫蘭僧は西藏國に止住し。大に佛教の爲め盡力せりと云ふ。

●暹羅國の佛教大祭　暹羅國にては去る四月コーセーケンク嶋に於て佛教大祭を擧行したり。此嶋は盤谷の河口より程遠らぬ處にありて。炎暑の候は國王陛下此處に遊覽あるなり。今回の大祭は前後七日間に渉り。國王陛下及び供奉員を始め。比丘及び數万の信徒は此の大祭に列し。殊にラムロング親王殿下が佛陀伽耶より携へ歸られたる。佛足石弁に數多の神聖なる舍利を拜觀せしむる爲め。前代未聞の慶讚式を行はれたるにぞ。一般の人民は大に歡呼したりと。而して國王陛下の勅

命に依り。佛足石は該嶋の或山頂に安置し。立派なる紀念碑を建立せられたりと云ふ。

●比留間宥誠師の渡天　昨年八月單身奮起五十二年の頽齢を以て。獨力勇進四千六百哩の海路を凌ひで。溽暑苦熱の天竺に到り。佛陀伽耶靈蹟回復の事業を視察し。大聖世尊の諸遺跡を巡拜して。本年二月無事歸朝せし者は。實に是れ東京四ッ谷愛染院の先住たる。眞言宗の老僧阿刀宥乘師なりとす。比留間師は阿刀師の上足なり。今や師は佛蹟護持。印度留學に獻身的の大菩提心を發起し。師範宥乘師及ひ兩親の許可を請け。眞言宗傳燈會の派遣師となり。單身飄然無限の希望を抱ひて。九月十九日神戸抜錨の英船アンコナ號にて。西倫コロンボ港に向つて渡航せられたり。師は着港の上先づ須曼伽羅僧正の學校に入り大戒を受けて。須師僧園の大衆に編入せられ。以て須師の上足某師を依止とし。此依止に隨ひ與然師と共に佛陀伽耶に赴き。緬甸國王の建築に係る乾院を借り。先づ之を止宿所とし。永住の決心にて漸次便宜の居所を探り。以てパリー語及び土語を學び。傍ら靈塔の供養を爲し居りて。徐々に印度佛教回復の種子を下す筈なりと云ふ。嗚呼興然師と謂ひ宥誠師と謂ひ。共に眞言宗の人なり。該宗何ぞそれ犧牲獻身的人物の多きや。吾人は眞個に二師が信仰の堅確。氣象の雄健。規模の遠大なるに感歎の情止む能はず。蝸牛角上蠻觸相爭の佛徒たる者二師の英風に對して。豈に少く恥る所なき歟。

●村山四洲氏の西倫通信　伊豫の四洲居士村山清作氏は。佛陀の靈跡を探り。傍らパリーの原語を學び。以て西南佛教の眞髓を窮めんとて。本年五月西倫に航じたるとは。吾人の兼て耳にする所なりしが。今や氏はコロンボ神智學會に滯在して。孜々奮勵中なりと。氏の如きは眞に佛界前途有爲の青年と稱す可し。此頃氏が京都毎日新報の主筆。川野善雄氏に贈りし西倫通信中。左の如き埃及亡國の勇將アラビー、パーシャを。椰子樹の翠蔭深き邊に吊ひし一節あり。

アラビー、パーシャは哥倫坡を去る二哩餘バンバルギピヤてう僻陬に在て家屬數輩と共に數歩の園中に一小屋を搆して僑居せるが本月（九月）九日我帝國軍艦松嶋號の寄港に際し乘組員某等と共に其門を叩きしにパシャ自ら出でゝ輙く晤し慇懃握手の禮を取て徐ろに談話の緒を開くパーシャの身幹は肥大にして泰然たる風采能く人をして敬服せしむ其說く所一言一句皆な慷慨悲憤の涙を浮ばしめ切齒扼腕の情を起さしむ然れ共深く其政治上の意見を問ふに至ては默して而して答ふるなし英傑の心事實に推し量られて哀れなりき某等は數刻にして辭し歸れり嗚呼其昔勇肝義膽を以て三軍の帥となり千兵萬馬を叱咤して國運の挽回を企圖せしも血戰一敗空しく敵政配下孤嶋の俘となり深沈憂愁玆に十年の星霜を閲すと云ふ英傑の末路豈に惜まざらんや側かに聞く頃者或茶商其摘製する所の茶をアラビー、パーシヤと名け以て埃及に輸出して非常の好景況を得たりと其人已に衰へんとして其名將に竹帛に垂れんとす宜なる哉

●釋宗演師の渡米に就き　我國禪門中にて夙に錫蘭に航じて東洋佛教の現況に矚目し。泰西の新學問に涉獵して烱眼遠く百載の後を射り。八面玲瓏の識見以て佛教振興の大計を畫し。流麗快健の筆鋒を揮ふて。自己の思想感情を發表する者を需むれば。先づ指を臨濟宗圓覺寺派管長たる洪嶽釋宗演禪師に屈せざるを得ず。師は明年米國シカゴ府に於て開設する。萬國宗教大會議に日本佛教代表者の一人として臨席する由にて。今や渡米準備の爲め僧俗有志者數名首唱者となり。目下頻りに東奔西走斡旋の勞を採り居る由。吾人は眞個に禪師渡米の確定に向つて歡聲を發する者なり。嗚呼微々たる禪宗一派の（形式上我眞宗に比すれば）小本山にして。世界佛教の大勢氣運を駕馭せんと欲するの雄圖彼が如きを見れば。佛教各宗の泰斗を以て目せらる我が東西兩派の如きは。定めて該派に比すれば十倍の大計畫を試み。百倍の大雄圖を實行し。以て濟々たる偉大の人物數名を派遣して。日本眞宗の勢力を世界に鳴り響かしめらるゝならんとは。吾人の堅く信認する所なり。若し萬一東西兩派にして斯の如き計畫を試み。斯の如き雄圖を實行する能はずんば。實に是れ居常尊大傲然「彼れ各宗何をか爲さん」と叫びつゝあるの擧動に背反する者なり。啻に其擧動に背く而已ならず。徒に貴族的盟誓に狂喜し。徒に退守的安逸に滿足し。徒に蛙鳴蟬噪的議會に熱中して。活眼勇斷世界佛教の大勢氣運に向つて盲聾乎たる者なりと。罵倒的斷定を下さゞらんと欲するも得可からざるなり。然れども吾人は必ず此罵倒的斷定は齊東野人の語となりて止まんことを希望に堪へざる也。

●普音天壽氏の要求　英國龍動府。海外宣教會フォンデス氏より。雲照律師の許に要求し來る書翰に。我英國に於て行はるゝ佛書は。多く印度支那に於ける。基督教宣教師の手に成るものにして。區々妄誕のこと多く。且又基督教普及者は。日本に於ける基督教傳播のことを頻りに吹聽し居りて。孰れも佛教の爲め大に不利なれば。貴國の佛教家は。佛教に關し。時々眞實の報導あらんことを希望す。云々

因みに記す。フォンデス氏は。英國の將校にして。英國惟一の日本佛教家なり。能く和漢の文學に通じ。其著書「日本宗教論」「ふそみゝ袋」の如きは。廣く世に行はる。又氏の論說は。印度。佛蘭西。英國に於ける神智學。及び惟靈論に關する雜誌に。屢々掲載せられ。之を讀むものをして。或は日本人の手に成るかを疑はしむ。

●平井龍華氏米國に說法す　京都オリエンタル　ホール主。龍華平井金三氏は。曩に洋外に渡航せしより。何等の噂も聞ざりしが。カリフオーニア洲ロス　アンゼルスのヘラド新聞の報に。氏は頃日其市に於て。「日本の佛教」てふ題にて。演說會を開けり。其演說に。余は上帝の存在を信ず。而して余の上帝は。實在の純全なるものなり。遍滿全能仁慈なる眞理なり。自然的理性なり。其至純なる內部的精神として。涅槃那の目的を有するものなり」と云々

●バウデン氏　去る八月七日。雲照律師に謁して。佛教の要問を需めたる。英國のアーチスト、エム、バウデン氏が。佛教に信を傾けしは。基督教は一切動物を殺害すれども。佛教は之が殺害を許さざるのみならず。之を愛愍すること深ければ。實に眞正の宗教なりとの感を起せしより。佛教を信ずるとに至りしと云ふ。

●淸國墨禪和尚　過日來吾邦に來朝して書畵文墨を以て其名を顯はしたる。同和尚は堀內靜宇居士より。印度佛陀伽耶再興の事情を聞き隨喜贊成し。此度印度佛蹟興復會に加盟せりと云ふ。同師は北京十大寺の一なる。欽命京師大法源皇寺管理僧錄司印務正堂昌濤禪師の次官にして。即ち僧錄副司なりと云へり。

●小林洵氏の名譽　曩きに西本願寺の普通教校に在りて嶄然拔群の才名を彰はし。反省會の創立者となりて禁酒進德の矯風旨義を唱へ。反省會雜誌の紙上佛門新文學の鼓吹者となりし。小林洵氏は一昨年の春奮然萬里の波濤を蹴りて英國に航じ。遂に牛津大學に入學せしが。螢雪の功空からず日出度今回の進級試驗に好結果を奏し。爲めに牛津大學文科奬學生（スコラーシツプ）に拔擢され。在學年中年金四十五磅（凡三百圓餘）を給與せらるゝに至れりと。我國多數の留學生にして此のスコラーシツプに擧げられたるは稀なる由なるが。今我が佛界の青年に於て之を見る。實に異數の名譽と謂ふ可し。

●大日本佛教圖書館　我國の文明既往千數百年間佛教の感化を受けたるとは。歷々史乘の證する所にして。其教は初め印度に起り。支那朝鮮を經て我國に傳はりしものなれども。今日に至ては傳播の諸邦一として載籍の佛教々理を探討するに足るべき者なし。獨り我國は大小二乘の經律論釋悉く保存して。世界佛教の寶藏と稱せられたり。然るに從來彼が如きの佛典を蒐集して。公衆の閱覽に供するの設あらざりしは。吾人の深く遺憾に思所なりしが。松本順乘。大內青巒の二氏。夙に各宗の高僧及び朝野の名士に謀り。年來此事に奔走したるの結果は。已に蒐集せる圖書百千万卷に至れり。是れ未だ

完全の効果と云ふ可からずと雖も。空く之を架上に堆積するに忍びずとて。這回大日本教育會と協議し。東京神田區一橋町廿一番地なる同會搆内に於て。假りに閲覽所を開設し。九月十一日より日々開舘して公衆の閲覽に供し居る由。是れ近年稀有の大美擧なりと謂ふ可し。

●護國貯藏銀行　昨年以來計畫中なりし佛教主義の該銀行は東京府下實業家の盡力に依り。資本金三万圓を以て設立することなり。既に大藏省へ出願許可を受け。丸山傳兵衛氏頭取となり。杉本太兵衛。村山資両氏取締となり。菊池治郎兵衛氏支配人となり。其本店を東京日本橋區葺屋町五番地に設け。去月十五日より開業せしが。當日諸方より預ヶ金五百圓餘もありし由。尚は同日は高砂町婦久井亭に於て開業の祝宴を張りしに。本行創立の盡力者北條辨旭師と始め。高橋亮玄。松本順乘。堀内靜宇等諸氏來會して。席上諸氏の懇話演説等もありしと。是れ亦た近來の大美擧なり。吾人ば該銀行が愈々其基礎と固め。益々世の信用を博し。將來護國扶宗の爲め一大勳績を顯はさんとを望む。

●佛教病院　東京神田錦町三丁目十番地に創立したる同病院は。追々事務も整頓し。治療券をも發行し。世間の信用もあるゆへ。僧侶及び檀信徒の向より。多額の金員も寄附し。盛大に運ぶ由。佛教病院の設立は。聖德太子に創り。佛者慈善の一端なれば。大に世に行はれんとを望む。

●北海道布教の奬勵　今度眞宗大谷派本山にては。十年前より函館に寺務出張所の設けありて。北海道の布教に着手しありしが。今度一層奬勵を加へ。進むで移住布教を圖り。傳道の活路を開き。自今該道移轉の寺院へは。祖師以下の御影等も半金の冥加を以て下附せらるゝよし。我邦北門の鎖鑰。布教の注意一層の奮勵なかる可らず。

●眞宗本派北海の開教　本願寺一派にありて。北海道の開教に勉勵せらるゝは。夙とに世人の知る所なりしが。尚ば一層擴張せんとの議を本年議會に提出したれば。今ま其の概要を抄録す。

北海道開教出張所の設けありしより以來己に四個の別院七個の末寺あり其外三十七個所の説教所を開設するに至る此機に乘じ進んで開教に力を致さば其結果必ず期すべきなり故に從來北海道に下付せし開教費に二千圓以上を增額し五拾ヶ所の開教所を增設し相應の開教者を增員し又た本年教會本部の設けありしが故に北海道出張所を教會本部の直轄とし其所長は本部より適當の人物を出張せしめ大に布教の方法と擴張せんと欲す抑も北海道の地たる各宗派互に競ふて布教に從事し居れば若し之れを忽緒に付せんか臍を嚙むも及ばず積日の功を一朝に空ふするに至らん然るに幸に此

迄従事せし人は寒風の肌を裂き甘諸の以て空腹を凌ぐに過ぎざるも凛乎として物の數ともせず益々進んで開敎に一身を投ぜしが故に其功空しからず二十年前小樽のみに布敎せしものが明治九年には江差と札幌に及び十三年より全道に及び殊に昨廿四年安藤龍暁氏が赴任せしより説敎所拾個を増殖して大江村(毛利氏の殖民せし所)にも獨立の寺院を設け追々繁殖の望もあれば來年度より二千圓の増額を需めて一層運ぶ所ありと云々

●印度の佛典飜譯會社　本年四月。印度カルカッタ府に設立せし仝會社は。佛敎の經典。梵語。パーリ語。西藏語などのものを。印度語。英語等に譯すと云ふ。文華盛時の氣運と倶に。佛敎傳播の利益も亦多かるべし。今其職員を撰定せしに。當時有名なるインドレアレミロルの記者。ノレンドロ　ナスゼン氏を社長に。西藏探究者なる。バヌサラット　チヤンドラダス氏外一名が書記に。推撰せられしとぞ。

●李鴻章金塊を寄附す　慈賀の舊都なる三井寺の町田僧都へ鑄鐘の料として。李鴻章氏より金塊一個を寄附したりと。昔は平の重盛金山寺の鑄鐘に金子を贈り。支那の佛敎を仰望し。今は清國の大將として日本の佛敎を尊崇す。盛衰それ斯の如きか。

●大隈伯母堂祝壽の紀念　大隈伯の母堂が。明年は八十八の稀齢を迎ふる祝壽の紀念として。八十八体の佛像を曼陀羅に織り込み。佛閣に納めんとて。目下二三の少女を相手にして。頻りに織機に精進せらるゝ由。右母堂の貞淑勤倹にして。奉佛の志厚きとは。世に隱れなきことながら。社會の中には。馬齢古稀を過ぎ。其爲す所を識らず。徒らに長壽と綾かり。或は孫や嫁に嫌はれ。慾望に耽る者さへあるに。母堂の信仰精勵感ずべし。

●同伯令夫人　同夫人は從前は充分の信心なかりし由なるが母堂信抑の感化と見へ。此頃は眞實の信者となり。早朝より夜の十一時迄。常に令夫人の室には線香の香煙絶へずして。且つ日々米菓等を清淨に洗ふて佛前に供養し。少しにても閑暇あれば。法華經普門品を書寫し居らるゝ趣なりと。

●紀州徳川侯令孃の信心　令孃は姉妹ありて。姉の御方は徳川家達公の令弟を婿君に迎はれ。即ち侯家を相續され居らるゝが。去る頃より目白僧園に參して。雲照大和尚に十善戒を受けられ。令妹と共に無二の信者となり。大和尚に懇請して。十一面觀世音靈像と念珠一連とを開眼の上受けられ。實に得難き佛敎信心者の聞へありと。

●紀州家の家令家扶　令孃姉妹の信心に目白へ參拜せらるゝ隨從を。毎に作し居られしより發起せしものと見へ。侯家にて無二の忠臣と云ふ。家令齋藤櫻門氏及び家扶堀内信氏は。倶に眞實の信佛家となり。十善を奉持さるゝのみならず。堀内氏は此程予は是迄論語「無意無必無固無我」を諸儒家に就き調べしも了解する能はざりしが。佛教の眞理を聞きしより。玉の如く内外明々になりたりとて。頗る悦び居らるゝとか。雲照大和尚行化の德は偏へに歎ずべし。

●高嶋學習院次長　令閨の信心なると令女(十四歳)の信心なるは實に異數にて。たとひ如何なる風雨にても目白の布薩會には欠席せらるゝとはなかりしも。高嶋氏には左程迄に信心はなかりしが。三浦將軍が如何にも信心堅固なるを常に見聞さるゝより遂に感發され。而して此發心より己を反省すれば罪業のと多々にて慙愧懺悔に堪へざるより。彌よ〳〵決心して去月三日三浦中將に伴なわれて。目白の僧園に上られ。且つ種々に自己の安心を。雲照大和尚に質議し歸られしが。夫よりは第二の三浦中將とも云べき。眞の熱信者となられしと云ふ　(以上四件傳燈)

●狩獵規則抄錄　勅令第八十四號を以て。公布せられたる。狩獵規則第四條に曰。左の場所に於ては。狩獵を爲すとを得ず。

一御獵場　二禁獵制札ある場所　三公道　四公園　五社寺境内　六墓地

●護國の秘訣　先般英の詩伯。エドヰン　アーノルド氏が。東京に在て。秋元子爵の邸にて。護國の秘訣として。左の二條を語りたりと。

日本は祖先傳來の二大秘訣を忘るゝなくんば。將來益々日進の大國たるべし。

一は。敬長の舊風。即ち父兄は固より。總て年長者を尊敬する美風これなり。

二は。尊皇の舊風。即ち皇室に對しては。非常に誠忠を盡すの心に富める美風これなり。

●天主敎徒　西倫嶋其他に於て。同敎徒の惡威を恣にするは。誰も承知する處。然るにフヰリッピン嶋は。西班牙政府の下に立ちし以來。同敎徒は。政府の官吏と同謀して。言に忍ひざる殘虐を。其島民に施すといふ。(密嚴)

●靈魂研究會　瑞西ペスレーの大學博士。イダナップ、ボッペー氏は。其の終焉に臨み。終身貯蓄したる金員の內。二十万弗を靈魂研究の費用に宛て。該研究會に供せしと。其研究は耶蘇敎徒が受持たる由なれば。ゴットが賦與する景狀などさぞ明らかなるべし。吾人刮目して其結果の世上に發表し來るの日を俟たん。

●四明餘霞第五拾八號　十月廿四日發行　一冊金四錢
發行所　近江國比叡山　天台宗務廳文書課

●傳燈第三拾四號　十月廿一日刊行　壹冊金六錢
發行所　京都市下京區東寺町四拾壹番地　眞言宗傳燈會

●教友雜誌第百六拾九號　十月廿五日發行　一冊五錢
發行所　山梨縣甲斐國甲府市稻門村　日蓮宗教友社

●法之雨第五拾八號　十月二十日發行　一部金五錢
發行所　愛知縣名古屋市下茶屋町壹番戸　眞宗法之雨發行所

●佛教公論第拾六號　十一月十日發行　一冊金三錢
發行所　京都市下京區林下町七十三番戸　佛教公論社

●大悲之友第參拾七號　十月十六日發行　一冊金五錢五厘
發行所　兵庫南逆瀨川町番外百十九番地　時宗大悲之友雜誌社

●華頂第八號　十一月七日發行　一部金貳錢五厘
發行所　京都市下京區林下町七十三番戸　淨土宗華頂文社

●教海指針第八號　十月三十日發行　一部金貳錢五厘
發行所　東京市芝區西久保廣町二十三番地　曹洞宗教海指針社

●正法輪第拾壹號　十月十五日發行　一冊金五錢五厘
發行所　京都府葛野郡花園村慧照院內　臨濟宗正法輪發行所

●密嚴教報第七拾四號　十月廿五日發行　一部金三錢
發行所　東京小石川大塚坂下町　眞言宗密嚴教報社

●同學第貳拾七號　十月二十一日發行　一部金四錢
發行所　紀州伊都郡高野山　眞言宗同學社

●護國第五拾貳號　十一月十一日出版　一冊金六錢
發行所　京都市大宮七條上ル御器屋町　尊皇奉佛大同書院

●反省雜誌第七年六號　十月廿五日發行　一冊金四錢五厘
發行所　京都市新町通御前通上　眞宗反省雜誌社

●華之園第拾壹號　十月十三日出版　一冊金三錢
發行所　京都市醒ケ井通七條上ル華園町　眞宗華園社

●五瀨教報第四拾三號　八月三十日發行　一部金貳錢
發行所　三重縣奄藝郡一身田村二百廿二番地　眞宗擇善會本部

●法之海第三號　七月十五日發兌　一冊金五錢
發行所　大分縣玖珠郡南山田村五百九十六番地　眞宗法海社

明治二十五年五月四日 遞信省認可

●法話第五拾號 十月十五日發行 一冊金三錢
發行所 東京淺草北淸嶋町百五番地 眞宗法話發行所

●眞佛教軍第五號 七月廿五日發行 一冊金五錢
發行所 福岡縣御井郡金島村八百九十三番地 眞佛教社

●經世博議第貳拾貳號 十月二十日發行 一冊金六錢
發行所 京都市下京區六角通烏丸東入 博議社

●海外佛教事情第參拾號 十一月十日發行 一冊五錢
發行所 京都市油小路通花屋町上ル 海外宣教社

●傳道新誌第五年七號 七月廿一日發行 一部金六錢
發行所 京都市下京區東中筋花屋町下ル 傳道新誌社

●能仁新報第百廿四號 九月十九日發行 一部金一錢五厘
發行所 愛知縣名古屋市南伊勢町百五番戸 能仁社

●九州文學第貳拾九號 十一月十日發兌 一冊金五錢
熊本縣託麻郡大江村熊本英學校內
發行所 耶蘇宗九州文學社

●國母論 完 丹靈源著 定價拾貳錢
發行所 東京日本橋區北嶋町一丁目廿三番地 和合社

●佛典講義錄第五號 九月二十日出版 一冊金八錢
發行所 京都市西洞院御前通下ル鍛冶屋町卅三番戸 鶴龍協會

●楠社之一棒事護法活論 完 護法居士校閱 石丸甚八編 定價拾五錢
發行所 神戸市多聞通貳丁目 日東館

●佛教通信講義錄第壹號 五月卅一日發行 一部七錢
發行所 京都市下京區蛸藥師通リ柳馬場東へ入ル 佛教講學館

●公明新誌第八號 十月八日發兌 一部金五錢五厘
富山市総曲輪二百七十六番地
發行所 眞宗公明新誌社

●日本佛教現勢史第壹編 月輪正遵 三玄見龍 合纂 定價拾五錢
●各國宗教畧話上編 禿了教著 實價拾錢
發賣所 京都油小路北小路上ル 興教書院

●大坂商工雜誌第四號 十一月五日發兌 一冊金六錢
大坂府西成郡今宮村貳百八十番屋敷
發行所 大坂商工雜誌社

●播磨雜誌第六號 九月十八日發行 一部金八錢
發行所 東京市下谷區谷中初音町四丁目廿一番地 播磨雜誌社

●道之礎第拾七號 九月廿五日發行 一冊金五錢
發行所 京都府丹波國天田郡西中筋村觀音寺 明鏡社

國教

第拾八號

明治二十五年十二月廿日出版

（每月二回）

國教第拾八號目次

國教愛讀者諸君に急告す

光陰は矢の如く明治二十五年も亦た將さに去らんとす乞ふ本年本誌愛讀者の中代金未納の諸君は何卒本年中に悉皆御拂込被下度樣願上候嗚呼實に信仰の血奬佛陀の福田に依りて千苦萬難の中に屹立し及ばす乍ら全國に對しては新佛教理想煥發の先驅となり九州に向つては佛教界唯一の機關となり熱心誠意刻苦奮勵罷在候本誌の精神を御憐察被成下度樣奉希望候此段特に本誌購讀諸君中の代金未納の諸氏に謹告候也

追て本縣內代金請求には二ケ月每に本社員小幡廣と申者を差遣はし可申候に付添て申入置候

國教雜誌社會計掛

●國教雜誌規則摘要

一本誌は佛教の運動機關として每月二回(國教)を發刊す
一本誌は宗派に偏せす教會に黨せす普く佛教界に獨立して佛徒の積弊を洗滌し佛教の新運動を企圖すへし
一本誌は諸宗教の批評及ひ教法界に現出する時事の問題を討論し每號諸大家の有爲なる論說寄書講義演說等を登錄し其教法關係の點に至りては何人を撰はす投書の自由を許し本社の主旨に妨けなき限りは總て之を揭載すへし
　但し原稿は楷書二十七字詰に認め必す住所姓名を詳記すへし
一本誌代金及ひ廣告料は必す前金たるへし若し前金を投せすして御注文あるも本社は之に應せさるものとす
　但本縣在住の人にして適當の紹介人あるときは此限りにあらす
一本誌見本を請求する者は郵券五厘切手十枚を送付せは郵送すへし
一本誌代金は可成爲換によりて送金あるへし尤も僻陬の地にして爲換取組不便利なれは五厘郵券切手を代用し一割增の計算にして送付あるへし
一本誌代金及ひ廣告料は左の定價表に依るへし
　但本誌購讀者に限り特別を以て廣告料を減することあるへし

雜誌代金

冊數	一冊一回分	十二冊半箇年分	廿四冊一箇年分
定價	五錢	五拾四錢	壹圓
郵稅共	五錢五厘	六拾錢	壹圓拾貳錢

廣告料

廣告料は行數の多少に拘はらす五号活字二十七字詰一行一回三錢とす但廣告に用ゆる木版等本社に依賴せらるゝときは廣告料の外に相當の代金を請求すべし

明治廿五年十二月十八日印刷
明治廿五年十二月二十日出版

編輯者　熊本縣玉名郡石貫村千百八十一番地　森直樹
發行兼印刷者　熊本市安己橋通町七十五番地　志垣弘
發行所　熊本市安己橋通町七十五番地　國教雜誌社
印刷所　熊本市新壹丁目百二番地　汲古堂

國教第拾八號

社説

明治二十五年の歳晩に臨み滿腔の感慨を逆洩す

默々居士

洛陽城東桃李花。飛來飛去落誰家。嗚呼明治二十五年又た將さに暮れんとす。年々歳々花相似。歳々年々人不同。嗟呼如何なる文字を以て。汝明治二十五年の來路を寫さん乎。如何に絶叫をなし。以て吾人滿腔の感慨を逆洩せん乎。

頭を回らせは本年佛界運動の現象。何ぞそれ紛囂。鬪爭の悲劇に富んで。秩序。統一の歡劇に乏しきや。何ぞそれ汚濁。醜惡の醜事に富んで。純潔。善美の美事に乏しきや。何ぞそれ千醜萬怪勃鬱として佛界の神聖を汚し。妖雲暗憺。怪霧濛葱として佛日の輝光を覆ひ。以て舊佛敎破壞の大濤を漲らせしの歴史に豐富にして。佛敎の外形外貌に拘泥せずして。其生命精神を發揮し。其新鮮活動の眞信仰に依りて。内外社會の妖雲怪霧を排除し。以て嚴正高潔の活摸範を示すが如き新佛敎理想煥發の歴史に缺乏せるや。

試に歴史的回顧を以て。本年佛敎界運動の現象を觀察すれば。其新年早々佛海の一大波瀾を惹起し。佛界の前途雲烟縹緲の際に向つて。一種の新光彩を放たんとする。新佛敎論の論戰より。其最後の現象眞言宗の宗會に。新義古義兩派の議員が龍跳虎躍の一大舌戰と試み。以て解散の嚴令一發。腥風颯々として敎王護國寺の靈場を吹き拂ひしに至る迄。其國會解散せられて殺氣大八洲の全面に磅礴し。南海の邊九州の地に在りては。砲烟空に漲り。銃丸霰の如く。劍戟日に輝き。竹槍席旗隊を爲し。鮮血淋漓として伏屍累々たる。一大慘劇を演せし。衆議院議員改撰に際し。眞宗の盛大なる地方に於て。頑迷僧侶の王法爲本主義濫用の結果は。忽ちにして政敎混亂の修羅場を現出せしが如き。其曹洞宗分離非分離の軋轢騷動と謂ひ。其西本願寺文學寮の大紛亂と謂ひ。其眞宗高田派興正寺派の內訌騷擾の如き。其眞宗本派總代會衆改撰に際して。政黨的の競爭を全國至る處に現出せしが如き。其時宗本末の爭鬩と謂ひ。其眞宗大派越後淨興寺の獨立騷と謂ひ。其他精細に探討し。緻密に詮索し來れば。孰れか一として紛囂鬪爭の悲劇にあらざらん。孰れか一として汚濁醜惡の醜事にあらざらん。孰れか一として舊佛敎破壞の一波一瀾にあらざらん。嗚呼眞個に舊佛敎破壞の歴史にあらずして何ぞや。

然りと雖も飜て他の一面を眺むれば。新佛教理想煥發の歴史は。紅旭瞳々として海門に跳り。其光線の赫奕發射するものは。既に稀微として海內幾万の新佛教徒が精神上に顯はれ。將さに遠を出でずして冥々の裡に佛教社會を震撼し。一進して我が日本の政治上。社會上。人心上に一大變動を與へんとするの現象は。彼れ泰西の哲學者が叫びし『秩序は紛亂の中に生じ。勢力は競爭の中に發し。眞理は爭論の中に彰れ。信仰は懷疑の中に生れ。統一は複雜の中に生じ。平和は戰爭の中に起る』との一大哲言の如く。彼が如き舊佛教の亂雜なる。放縱なる。分離なる。衝突なる。怒濤狂瀾を其境遇とし其導火線とし。愈々將さに現實上に發表せんとするものゝ如し。否な既に漸く發表し始めたり。

嗚呼一方に於ては傳敎大師あるを知りて教祖釋尊あるを知らざるの天台宗徒。弘法大師あるを知りて教祖釋尊あるを知らざるの眞言宗徒。見眞大師。阿彌陀如來あるを知りて教祖釋尊あるを知らざるの眞宗徒。圓光大師あるを知りて教祖釋尊あるを知らざるの淨土宗徒。日蓮大菩薩あるを知りて教祖釋尊あるを知らざるの日蓮宗徒。達磨大師。承陽大師。千光國師。普昭國師あるを知りて教祖釋尊あるを知らざるの禪宗徒。聖應大師。遊行聖人あると知りて教祖釋尊あるを知らざるの融通念佛宗徒時宗徒等の舊佛教徒が。野蠻。未開。妄想。卑屈。停滯。腐敗の惡分子に浸潤し。頑固。偏僻。肉欲。虛飾。安信。僞善の惡弊害に感化せられて。以て飛舞跳梁。縱橫跋扈する。我邦舊佛教破壞の時期に際して。他方に於ては。佛教開闢以來未曾有なる。萬國佛教の教祖大聖釋尊の降誕會を。前途有爲の佛教青年が。我日本の帝都に於て擧行せしが如きは。是れ豈に我邦佛教傳來以來空前絕後の一大紀念にして。而かも新佛教理想煥發の彰明較著なる歴史にあらずして何ぞや

吾人が本年四月彼の帝國大學。慶應義塾。哲學舘等の佛教青年が擧行せし。西本願寺文學寮の親鸞聖人降誕會にも及ばざるが如き。寂々寥々たる釋尊降誕會に對して斯の如き重大なる希望を屬するものは。豈に他あらんや。吾人は眞個に日本佛教を聯合統一する中心力となり。東洋佛教徒の精神を宇內に表章する大光明となり。世界佛教徒精神的同盟の大基礎となる可き者は。釋尊の降誕會なりと信認するが故なり。吾人は眞個に我國舊佛教改革の大烽火となり。日本新佛教徒新運動の大火柱となり。欽慕的佛教青年を一變して。熱信的佛教青年たらしむる羅針盤となる可き者は。釋尊の降誕會なりと信認するが故なり。吾人は眞個に宗祖あるを知りて教祖あるを知らざる。我邦舊佛教徒をして教祖追拜の歴史的感情を

勃發せしめ。從來我國佛敎徒の悽愴悲哀。失望落膽なる厭世的の信仰風を一新して。愷悌和樂。進取有爲なる樂世的の信仰風を發生せしめ。佛敎の眞理。正義。博愛の光輝を日本國家の全体に被らしめて。日本國家の新元氣を喚起し。進んで佛敎の三大生命たる。此三色旗を世界の全面に飜さしむ可き者は。大聖釋尊の降誕會より生ずる。將來の結果なりと信認するが故なり。

然り而して吾人は復た本年夏期休業に際して。東西両京の各學校に散在する。將來佛敎改革の健兒たる可き。青年諸君が發起となり。彼の基督敎徒の夏期學校に相抗敵して。青年佛敎徒の夏期學校を開設し。西は播洲須磨の白砂翠松相映じて海風習々面を拂ふの邊に集まり。東は東京芝泉岳寺の古樹陰森として境内幽寂たるの地に會し。幾多の高僧碩學を招聘して。佛敎の眞理を探討し。而して各自確信の基礎を築き。和氣靄々相互の胸襟を披ひて。前途佛界新運動の地磐を建てたるが如きは。縱令如何に其光景寥々たりしと雖も。謹んで新佛敎理想煥發歷史の一に加へんと欲す。彼の印度佛蹟興復會が鋭意熱心其基礎を一定し。遙かに錫蘭。暹羅。緬甸。西藏等の東洋各佛敎國と佛蹟興復の旨義に依り。隱然氣脉を通じて聯合の端緒を開き。而して日本各宗管長が該會の懇願を容れて。其末派に向け印度佛蹟興復の奬勵諭達を發せしが如き。彼の阿刀宥乘師が獨力勇進印度佛蹟參拜の大志を遂げて歸朝せしが如き。彼の各國宗敎略話の著者。眞宗誠照寺派に屬する卓拔有爲の禿了敎師が。奮然萬里の怒濤を蹴り。亞歐諸國を歷遊して。其宗敎。文學。言語。風俗等の實况を探窮視察して歸朝せしが如き。彼の獨自一己の微力を揮つて夙にオリエンタル、ホールを建て。我邦佛界に向つて幾分新思想注入の功勳家となりし。私立東洋大學設立の發起者。平井龍華師が渡米の如き。彼の新佛敎の鼓吹者。日本佛界世界的運動の率先者。海外宣敎會の創立者たる。緑陰松山寀太郎氏及び彼の大谷派の新人物にして。兄弟力を戮せて東京に法城を築き。該派鐵血宰相の顧問と稱せられ。將來東本願寺内閣大臣（執事）の候補者と目せられたる。平松理英氏が前後九州漫遊の途に上り。玄洋の怒濤。蘇岳の噴烟。熊城の下麑城の邊。政黨の活劇を目し。人質の猛烈を察し。佛耶両敎の形勢を窺ひ。人情風俗の如何を探ぬ。深く野蠻的精神を以て文明的事業を率ゆる。我邦萬般運動の原働者たる九州人士全体の氣風に無限の感を發して歸京せしが如き。彼の八淵蟠龍師が。危難を辭せず。慘苦を蹈み。險艱を破り。慷慨悲憤熊城を跡にし。單身隻影九州漫遊の途に上り。至る處反對黨の迫害と戰ひ。頑陋無識の障礙を排し。以て舊佛教改革の大旨義を演說し。而して海內數十萬の圓顱方袍が。高閣巨刹の中。綠蔭欝葱の下。一陣の涼風に吹かれて。悠然午睡を催ふすの炎天金流熱地石礫の時なるにも關せず。勇風凛々として英氣勃々。險山峻岳を踰へ。大海巨川を渡り。燃ゆるが如き炎氣を冒かし。燒くるが如き熱風を衝き。以て九州各地を櫛風沐雨し。大に九州佛教徒の改革的精神を喚起したるが如き。彼の村山淸作。比留間宥誠の二氏が教祖追拜の大感情を發して。前後錫蘭に航せしが如き。彼の第三回全國佛教大懇話會開設の如き。彼の往年歐米回覽の際。印度に迂廻して。彼皚々者雪山雪眼中寒。此滔々者恒河水流不彈と吟破し。早くも海外傳道は東洋佛教の最强生命なりとの大活眼を開きし。島地默雷師が天下風潮の刺戟に奮起決心して。自ら日本佛教歐米傳道の先鋒となり。歐州大陸文化の中心佛京巴里に向つて。單身進擊日本大乘佛教の活火を輝かさんと欲し。佛蘭西佛教傳道案を眞宗本派の集會に提出して。意外にも該集會の會衆諸氏が大多數を以て該案を通過せしが如き。彼の東京なる眞宗本派の勝友會員諸氏が。大勢達觀の眼光に依り。來年米國シカゴ府の萬國宗教大會に向け。英文眞宗問答數萬部を撒布して。歐米傳道の端緖を斬り開かんとの議案を眞宗本派の集會に提出し。是れ復た意外にも大多數を以て通過せしが如き。彼の萬國宗教大會に代表者派遣の提出案が。眞宗本派の集會に現はれ。是又た意外にも大多數を以て可決せしが如き。彼の日本佛教の靈山たる。比叡の峻嶺に蟠踞して。夙に新佛教的の理想を懷抱せる天台宗の新人物蘆津實全師。及び教王護國寺。の秘密靈場に在りて。眞言宗傳燈會の大總督となり。夙に新佛教的の理想を抱懷せる土岐法龍師。鎌倉の禪門中に卓然傑出して。夙に日本佛教統一の議論を唱へたる。新佛教的の管長釋宗演師等が。萬國宗教大會に其活眼を注ぎ。奮つて臨席せんと欲するが如き。彼の舊佛教腐敗の中心たる西京に在りて。群々簇々たる新聞雜誌は營利主義にあらざれば。停滯迷妄の保守主義にして。此多數言論の機關が其關係ある各宗本山の爲めに。空く機關の生命たる言論の自由を箝制せられ。恨を飲み血に泣き。叫喚呼號して煩悶苦惱するの中心に立つて。而かも彼の佛教本山の埃及たるが如きの慘況に陷りし。知恩院華頂山の下に立つて。新佛教的の理想を以て其中心となし。而して獨立不羈の舊佛教改革論を唱道し。殆んど鳥居元忠が伏見城を守りて一身萬軍に當りしが如き。絕大の義氣を有する佛教新運動が一層奮進し。大坂の毘婆沙と合同して。本年三月佛教公論を發刊せしが如き。彼の眞言宗の高德釋雲照律師は東都目白の僧園に座して。慈悲。高行。淨潔。正直。尊尙。柔順。交友。知足。忍辱。正智の佛教道德を實行躬踐し。一身を以て聖道門の活躰となり。華族。紳縉。將軍。學者等上流社會の間に大慈大悲の活水を注射し。彼の眞宗の大德七里恒順師は西海博多の灣に蟠まり。長生不死之神方。忻淨厭穢之妙術。選擇廻向之直心。利他深廣之信樂。金剛不懷之眞心。易往無人之淨信。心光攝護之一心。希有最勝之大信。世間難信之捷徑。證大涅槃之眞因。極速圓融之白道。眞如一實之信海也と。見眞大師の訓誨し給ひたる大信心を圓滿完備し。一身を以て淨土門の活躰となり。此大信心の絕大活力に依りて。廣く關西有緣の衆生を濟度せらるゝが如き。彼の眞宗本派の集會が舊佛教改革の先驅を以て自任する吾人より三意外の頌德表を辱ふせしが如き。彼の中西牛郎氏が文學寮紛亂の離緣後。痛く佛教の現勢に憤慨し其精緻深遠の思想。其炎々烈々の感情。其卓犖不覊の意志を其雄健豪宕。縱橫奔放。眞個に火焔の如く電光の如き。筆鋒に顯寫したる佛教大難論發表の如きは。悉く是れ秩序統一の歡劇にあらずや。悉く是れ純潔善美の美事にあらずや。悉く是れ佛教の外形外貌に拘泥せずして。其生命精神を發揮し。其新鮮活動の眞信仰に依りて。內外社會の妖雲怪霧を排除し。以て嚴正高潔の活模範を示すが如き。新佛教理想煥發の歷史にあらずして何ぞや。

然りと雖も吾人は猶は飜つて他の一面を回顧すれば。實に感慨に堪へざるものあり。嗚呼彼の日本歷史改革の曙光たる。換言すれば從來我邦の偏僻固陋なる國學者儒學者等の爲めに抹殺せられたる。佛教感化の眞。善。美を日本歷史の全面に顯彰す可き一大好機會たる。彼れ久米邦武氏の大奇禍に關じて。海內幾萬の佛教徒が冷々淡々として何の痛痒も關せざるが如き。其甚しきに至つては。佛界の有識者にして迷妄的國史家の顰に傚ふて。濫りに國体。皇室等の名詞を用ひ。彼れ久米氏を責めしが如き咄々怪事の光景あるに對しては。實に慷慨憤懣長大息の情に堪へざるなり。吾人は深く信ず。方今我日本は其政治上。其國際上。其商業上に於て。大世界上の日本たると同時に。歷史講究上に於ても亦た大世界上の日本歷史講究たらざる可からずと。渺茫たる太平洋中の蓬萊仙境を以て。全世界となせしの時代はいざ知らず。苟も今日列國對持の日本たる以上は。唯だ國民的感情なる大名詞の下に我國史を虛飾し。我國史の正邪誤謬を問はず。悉く是と誇張し。衒耀し。莊嚴するを以て。我國家。我國体。我皇室の得策なりとは。決して信ずる能はず。吾人は實に世界學術眞理の鏡面に照らして。我國史の新講究を試み。以て從來の國史講究法を改革し。偏僻不完全なる舊國史を一變して。完全圓滿なる新國史となし。我國史が世界各國の歷史に對して。決して面目を失せざる。決して慚愧せざる。新組織を大成し。而して我日本國史の榮光を八表に輝かし。始めて我國家の權勢。我が國体の尊嚴。我が皇室の神聖を煥發し得可しと確信する者なり。嗚呼久米氏の神道祭天古俗論が。日本古代史の新講究として。正確なるや。適當なるや。完全なるや否やは。古代史の智識淺薄なる吾人の得て知る所にあらずと雖も。該史論が忽ちにして單純。潔白。純正。激烈なる我邦神道家諸氏の大激昂を惹起し。揭載の二雜誌は發賣禁止の下に殺され。青年神道家の直接談判は。難なく久米氏をして該論を取消さしめ。其極遂に久米氏が大學教授非職の大奇禍に罹りしと雖も。久米氏の新史論が日本歷史講究方法改革の曙光たるは斷じて疑ふ可からず。吾人は吾人が畢生の中に於ては必ず卓礪風發。一身を日本歷史講究の犧牲に供し。數百年間妄論邪見の爲めに隱蔽せられたる。佛教眞理の光輝と。抹殺せられたる佛教感化の眞相を。日本歷史の全面に顯彰し。一方に向つては。從來日本歷史の講究方法に一大改革を施し。以て日本歷史の眞價を世界に鳴らし。一方に向つては。日本佛教徒の一大寃罪を洗滌し。海內青年の一大迷信を掃ひ。佛教傳道の一大障礙を闢き。從來我邦に行はれたる。史家の妄想僻說を論破して。公明に正大に日本歷史の新講究を試みんとの大志望を有する者なり。嗟呼海內數萬の佛教徒中。誰か吾人と其感慨を同ふし。其志望を共にする者ぞ。（吾人が國史改革論は本誌九號拾壹號社說に詳なり希くは參看あれ）

彼の耶蘇教徒が其猛烈なる一神教の偏僻信仰を表彰したる。吾人が脚下の熊本英學校教員奥村某博愛演說の大騷擾に關して。我全國佛教徒が。其新聞雜誌上に於て。其演說談話上に於て。揭載し論評し。辨難し攻擊せし所の有樣を觀察すれば。實に本誌が多數愛讀者の感觸を害して。連號最も公平愼重詳細なる歷史的に揭載したる「耶海波瀾」の眞意を了解して。深遠剴切の論評を試みる者は寥々として。其多數は徒に政黨的攻擊家の句調を摸倣して。淺薄卑陋なる妄擊を試みるに過ぎざりしは。吾人の深く遺憾の思をなし。我邦佛教徒が未だ其信仰的氣慨に乏しきを嘆ずる所なり。嗚呼彼れ耶蘇教傳道師の偏僻演說は實に吾人が當時豫言せし如く。耶蘇教海の一波瀾たるに止まらず。端なくも我邦の教育上。政治上。宗教上に波及して。其大關係を惹起し。以て彼の熱心壯烈なる勅語遵奉主義の地方官なりとの評判ある。我が熊本縣知事松平正直氏をして。普通教育界內宗教分子排斥の演說（眞僞は知らず只だ耶徒の公開狀に依る）となさしめ。其極遂に熊本自由黨及び熊本激烈耶蘇教徒等をして。松平知事の普通教育界內宗教分子排斥の演說は憲法違反なり。信教自由の大權を侵害せしものなりと滿天下に向て絕叫せしめしの反響は。彼の數年來八面圍繞の迫害を蒙りて一隅に蟄伏したる。我邦耶蘇教徒をして憤然蹶起せしめ。遂に彼が如き明治二十一年基督教公許の建白以來未曾有なる全國人心刺戟の公開狀を發せしめ。彼れ横井。植村。平岩。井深等十名の耶蘇教僧侶をして。「事情斯の如し。其我信教自由の大權を侵害し。國民教育の旨趣に悖りたると疑ふ可らず。某等は我立法者が常に其憲法を維持し。我有司殊に文部省が其監督する。教育部內の過誤を正し。而して聰慧なる我公衆が必ず某等の言の正理たるを認識すべきを信ず」と雷吼電閃天下に公言せしめ。以て松平知事が果して憲法違反の罪あるや否やを。天下万衆の審判に訴ふるに至らしめたり。嗚呼我が松平縣知事は何ぞそれ彼が如く。我邦一般の耶蘇教徒をして。第二の小ニーロ（古代羅馬の帝王にして大に耶蘇教を迫害せし人）視せしむるの甚しきや。

吾人は嘗て本誌第拾二號耶海波瀾の結局に於て。熊本耶蘇教徒が松平縣知事の將來に對する。普通感情推測的豫言をなして。『而して熊本英學校の分離派たる激烈派の論者等は愈々其强硬不屈基督教的精神を以て日本教育の全面に磅礴せしめんとの意氣込にて東亞學舘なる者を設立し恰かも猛虎の嵎を負ひ腥風を呼ぶが如く隱忍時機を待つて大に爲す所あらんとするもの、如し命令と遵奉したる温和論者の英學校は千秋萬古彼等の腦裡に浸潤し彼等の血液に混化し彼等の骨髓に徹透す可き一大痛恨を飲み一大憤慨を忍び恰かも該教祖基督がエリエリラマサバクタニと天地に號泣したるが如き悽絕痛絕限なきの有樣にて縣知事の命令に服從し機會一たび來らば大に其痛恨を報ひ深く其憤慨を洩らさんと欲するもの、如し』と謂ひし事ありき。果せる哉熊本耶蘇教徒は吾人が豫言の如く。松平知事が本年一月斷行せし。熊本英學校教員解雇の命令に對する。恐る可き復讐的感情を養成したりしと見へ。今回の該教徒公開狀發表に就ては。熊本自由黨の縣知事排斥の運動と聯合し。縱横奮戰原働者の地位に立ち。以て奥村禎次郎の讐と松平知事に報ひたるにあらずや。嗟呼偏僻信仰の一神教徒が猛惡なる復讐的感情戰栗せざる可けんや。

然り而して吾人は眞個に現今の日本佛教徒が。彼の慷慨激切〓〓〓〓〓。筆に舌に勅語の神聖を擁護すと唱道し。其實宏遠深厚なる〓〓〓〓して。反對黨〓〓〓となし。偏見固陋の解釋に依りて勅語を宗教視し。而して宇內人類の生命。國家元氣の泉源。國民道德の本源たる。宗教的精神を輕蔑し。而して現今我邦教育界の全面より。佛教も耶蘇教も。哲學的宗教も。苟も少く宗教的精神を含有する者は。悉く放逐して宗教全体を日本社會の一隅に押し込めんとするが如き。權變譎詐方物す可からざる。一種の政略的論者に籠絡せられて。慷慨奮發自ら佛教信仰の活力を揮つて。彼の徒に歐米の成績を摸し。一定不變の方針なく。其主義精神とする所は。神道にもあらず。儒教にもあらず。佛教にもあらず。基督教にもあらず。希臘羅馬の哲學にもあらず。大義にもあらず。又自治自由の精神にもあらず。只偶然社會の表面に浮現し。立脚もなく活氣もなく。無形無名にして捕捉す可らざる現象を以て青年子弟の摸範とするが如き。我邦現時の教育界を蹂躪して。佛教の眞理正義を日本教育の全面に煥發し。以て日本國家の新活動力を喚起せんとするの。信仰的氣慨に乏しきを慨嘆の情に堪へざるなり。吾人は眞個に現時我邦の佛教徒か。千有餘年蓄積し來りたる。其潜勢力を宛然鎭火山の噴火破裂せしが如くに爆發し。一進して天下を震動し。再進して日本社會の全面を蹂躪し。以て新佛教大洪水の激波怒濤を日本全國に汎濫せしめ。上は恐れ多くも神聖尊嚴の皇室より。下は茅屋の下に棲める國民の最下級に至る迄。悉く新佛教の大洗禮を施さんと欲するが如き。信仰的氣慨に乏くして。徒に政權の下に俯服し。汲々として明治政府の鼻息を仰ぎ。戰々として政府官吏の歡心を需め。兢々として藩閥内閣の大臣に驅使せられ。既に信教自由の大義が燦爛として全國を照すにも關せず。恰かも大陽既に東天に上りて。室中猶ほ燭火の光を點ぜんとするが如く。卑々屈々。蠢々儒々政權の保護に依頼して。舊佛教の殘命を維持せんと欲するが如き。迷妄の頑夢未だ醒めざるを憤慨の情に堪へざるなり。吾人は眞個に現時の全國佛教徒が。猶ほ徒に耶蘇教は國家を破壞するものなり。皇室の尊嚴を打破するものなり。國民の秩序を紊亂するものなりとて。彼の四五十年前の封建時代に行はれし會澤伯民の新論。大橋訥菴の闢邪小言。安井息軒の辨妄等の口吻に傚ふて。濫に亂臣賊子的の暴烈論を唱道するの迷妄佛教家未だ其多分を占めて。宗教的眞正信仰の慈眼より觀察すれば。懷疑不信の曠野に彷徨せる。宗教攻擊の無宗教徒こそ佛教の大敵にして。耶蘇教徒の如きは完全圓滿なる佛教の最大信仰に向つて進まんと欲する。不完全なる最小摸範にして。同く是れ宗教界の兄弟なりとの。人間同情相憐の意を含んだる寛裕的精神を有して。而して正々の陣堂々の旗。其佛陀と上帝と相接し。其釋尊と耶蘇と相交り。其大小二乘と新舊經典と相見へ。其念佛の聲と其アーメンの音と相和し。其卍字の旗と其十字の旗と相對し。以て其眞理上辨難攻撃の論戰を試み。其信仰上感化奏効の實力を闘はし。而して公明正大に佛耶兩教命運の勝敗を決せんと欲するが如き。眞正佛教徒の尠少なることを慷慨流涕長大息の情に堪へざる也。

嗚呼歳月の經過は實に落花流水の如く。電光飛丸の如く。放てる矢の如く。明治二十五年も亦た將さに去らんとす。嗟呼吾人は此歳晩に臨み。仰ひで蒼穹の遥遠に對して佛界前途の氣運を推想し。俯して坤輿の茫漠を望んで佛界古今の變遷を回顧し。千感滾々として心海に湧起し。萬慨滔々として筆端に逆瀉し。以て明治二十五年の星霜を送り。而して本年佛界運動の大勢を摸寫し。本誌愛讀者諸君の高眼を煩はすに至りたり。嗟呼親愛なる滿天下の愛讀者諸君よ。吾人は諸君と共に松柏摧けて薪となり。桑田變じて海となり。朝に紅顏ありて夕に白骨となる。無常遷流の宇宙及び人間の命運を最も萬福に淸康に經過し。最も温和に明治二十五年の舊日を送りて。最も靜謐に明治二十六年の新陽を迎へ。旭日瞳々として蜻蜓洲の新山川を照らし。國旗飄々として大八洲の新大空に舞ひ。瑞雲靄々として豐葦原の新蒼天に靆くの際。新に鎭西能城の下なる。國教の文壇に立つて。威風堂々整々肅々として。愈々舊佛教改革の曉鐘を撞き。以て愈々舊佛教徒の頑夢を覺醒し。益々新佛教大旨義の烽火を打ち揚げ。以て益々新佛教徒の理想を煥發せん乎。

論説

印度佛陀伽耶回復に就て九州佛教徒に檄す（接續）

森　直樹

我が九州佛教の僧侶諸師及び信徒諸君よ。吾人は前號に於て佛陀伽耶回復事件の經歴を略陳し。諸君師をして該事件來歴の一斑を了知せしめしを以て。是より進んで佛陀伽耶回復事件の理由を論明し。一は諸君師をして。我が佛教徒が佛陀伽耶の靈蹟を回復せざる可からざるの理由は。如何なる點に存在するかを認識せしめ。一は佛陀伽耶回復事件に就ひて。怯懦偏屈なる憂慮を抱く者。及び因循姑息なる妄想を懷く者等をして。其疑難を氷解せしめて其迷夢を掃蕩し。共に佛蹟興復の運動に向つて。同情同感の方向を採らしめんと欲するなり。

第壹　印度佛陀伽耶回復事件は。現時の萬國佛教徒が教祖崇尊的感情の熱度を顯彰する一大機關なり。嗚呼我が九州佛教僧侶諸師及び信徒諸君よ。吾人は實に學淺く識乏く信薄く德修まらず。未だ諸君師に向つて自巳の議論を唱道するが如き資格を有する者にあらず。然れども吾人が佛陀伽耶回復の思想。感情。希望。目的に至りては。炎々として吾人精神の堂奥に沸騰し。此沸騰せる感慨は抑へんど欲して抑ゆる能はず。壓せんと欲して壓する能はず。發して雙眸の血涙となり。流れて楮墨の間に灑ぎ。以て諸君師に對して一片の檄文を投ずるの止むを得ざるに至れり。希くは諸君師吾人の微衷を憫愛する所あれ。抑も吾人は眞正に大聖釋尊と欽仰崇尊して。人間模範の最も完全なる者と信認するものなり。人間發達の最も完美なる者と信認するものなり。人間德性の最も善く調和したる者と信認するものなり。人間進歩の最も公明正大なる首唱者なりと信認するものなり。嗚呼是れ吾人が普通の人間として歴史的に釋尊の降誕。教育。言語。道德。智慧。神聖艱難。事業。時勢等を最も謹嚴に莊重に探討し來りて。神聖なる尊大なる大聖世尊の四大現象を信認し。此四大現象の下に隨喜渴仰の涙を揮ふに至りし所以なり。吾人は實に普通の人間としてさへ。釋尊の靈性を欽仰し。崇尊し。信認するとそれ斯の如し。然れば吾人が一個の東北大乘佛教徒中の。日本九州の佛教徒として。殊に日本佛教のプロテスタントたる九州眞宗の信徒として。萬國佛教の開祖たる大聖釋迦牟尼世尊に對する。教祖崇尊的感情の熱度に至りては。決して普通人間として大聖釋尊の靈性を欽仰するが如き。卑近淺薄なる崇尊的感情と同日の論にあらざるなり。嗚呼吾人は近くは我國佛教の各宗各派より。遠くは亞細亞大陸の千宗萬派に至る迄。其小乘なるも大乘なると。其顯教なると密教なるとに關せず。其聖道なると淨土なると。其權教なると實教なるとに係はらず。苟も佛教の一宗一派と稱するものは。同く大聖至仁天人億兆の君師にして。群生を永苦の中に救ひ給へる。釋迦牟尼世尊の遺弟子なるとを確信する者なり。吾人は其蒙昧未開の土地に行はるゝ佛教なると。開明文化の邦國に盛なるの佛教なるとを論ぜず。其停滯腐敗の域に陷りたると。其生命精神を發揮するとを問はず。苟も佛教徒の名稱を戴かん者は。廣大無限の慈悲。廣大無限の智慧。廣大無限の權能とを有し給へる。佛陀の應身釋迦牟尼世尊の靈躰に向つて。俯服拜跪せざる可からざるとを確信する者なり。吾人は苟も佛教信徒たらん者は。人種の黒白を問はず。信仰の異同を論ぜす。骨を碎き。身を粉にし。血を流して以て。釋尊絶大の鴻恩に向つて報酬せざる可からざるとを確信する者なり。嗚呼我が九州佛教僧侶諸師及び信徒諸君よ。吾人が日本佛教徒中の九州眞宗の信徒として。教祖釋尊に對する崇尊的感情の熱度は。

實に斯の如し。想ふに諸君師が教祖崇尊的の感情も。亦た必ず吾人と同一の點に傾向するならんとは。吾人の堅く信じて疑はざる所なり。果して然らば印度佛陀伽耶は是れ大聖釋尊が。無明の長夜に彷徨して。永刧の苦惱を受けつゝありし。東洋幾億の人心を照らし給ふ。眞理の太陽を洞見し給ひし。始成正覺の聖蹟にあらずや。然るに今や星霜變移斯の如く世界佛教徒の精神を喜ばしめ。感歎を促さしむる。最尊無比の根本道場が。空く異教外道の爲めに横領せられ。侮辱せられ居るを目撃し乍ら。冷淡に看過し。痛痒相關せざるが如くにして。荏苒歳月を經過せば。彼れダンマパーラ氏が絶叫せし如く。是れ世界萬民の面前に佛教徒は既に其精神を失ひたるを表白するにあらずして何ぞや。嗚呼苟も眞正なる教祖崇尊的の感情を有する。我が九州佛教徒諸君は。近くは日本全國に率先し。遠くは東洋各國に率先し。以て其感情の熱度を顯彰する一大機關たる。印度佛陀伽耶回復事件に向つて。實行的運動の先驅たらざる可からず。是れ實に萬國佛教徒。就中我が日本佛教徒。殊に我が九州佛教徒が。佛陀伽耶を回復せざる可からざる第壹理由なり。

第貳　印度佛陀伽耶回復事件は。現時の世界佛教徒が佛陀信仰的活力の有無を判定する試驗石なり。教祖釋迦牟尼世尊は其最後涅槃に臨み。娑羅雙樹の間に臥し。其常隨弟子たる阿難尊者に告げ給はん。『世上四個の道場あり。能く我が弟子の心を喜ばしむる所なり。其四個の道場とは。如來の誕生地と。成正覺の地と。初轉法輪の地と。及び入涅槃の地即ち是なり。阿難よ此四個の道場は。能く我が弟子の心を喜ばしむべし。阿難よ凡そ比丘。比丘尼。信男。信女此四個の道場に參詣し。潔淨心を以て此世を去らば。必ず天上に生ず可し』と。嗚呼教祖釋尊が明に其神聖を訓示し給へる。斯の如き四個の靈場が。今や空く婆羅門外道の爲めに。殘害せられ剽暴せられて。佛像塔廟は悉く風塵に汚され雨露に晒され。以て其神聖を汚がし。其尊嚴を損じて。吾人佛教徒の實に聞くに忍びず。觀るに禁へざる慘狀に陷りたるが如き。苟も世界四億有餘の佛教徒にして。誰か此慘狀を耳にし。慨然奮起佛陀信仰的の活力を煥發せざる者あらんや。誰か此慘狀を憤りて。赤脚露頭慷慨悲歌。四方に遊說して。佛蹟興復の主義を唱道し。東洋の天地を震動する。東洋卍字軍の渠魁。ピーターとなりて。壯激痛快の運動を試みんと欲せざる者あらんや。若し斯の如き夥多たる佛教徒にして。佛陀伽耶の聖地を恢復して。教祖釋尊の靈前に奉事する能はずんば。是れ復た既に佛教徒は世界萬民の面前に。其信仰的活力の死灰冷燼に歸せしを。表白する者なりと呼號せざるを得ざるなり。

嗚呼我が九州佛教八宗三十二派の僧侶諸師及び信徒諸君よ。諸君か信奉する所の佛教は。是れ最澄（傳教大師）。空海（弘法大師）に依りて起りたる天台眞言の二宗も。源空（圓光大師）親鸞（見眞大師）に依りて開かれたる淨土宗眞宗も。道元（承陽大師）。榮西（千光國師）。隱元（普照國師）に依りて起りたる。臨濟。曹洞。黄檗の禪宗三派も。日蓮。良忍（聖應大師）。一遍（遊行上人）に依りて開かれたる。日蓮宗。融通念佛宗。時宗も。其教理同からずと雖も。其宗派異なりと雖も。其信仰區々たりと雖も。其教理。其宗派。其信仰の最大根原に遡れば。皆な是れ大聖釋尊の訓誨し賜へる經典に淵源するものにあらずや。則ち天台日蓮の二宗が法華經等に基き。眞言宗が大日經等に基き。淨土宗眞宗か無量壽經等に基くが如きものなり。若し大聖釋尊此世界に降誕し賜はずんば。是れ佛教の開闢無きなり。是れ我國八宗三十二派無きなり。吾人も亦た決して多生にも値ひ難き弘誓の强緣に觸れ。億刧にも獲難き眞實の淨信を得て。清淨の信心を順風と爲し。以て大悲の願船に乘じ。功德の寶珠を大炬と爲し。以て無明の闇夜を照らし。而して攝取不捨の眞理に依り。超捷易往の教勅に遵ひ。苦を滅し樂を證する無㝵難思の光耀を仰ぎ。鄣を消し疑を除く萬行圓備の嘉號に救はれ。以て佛恩の深重なるを信知す可からざりしなり。嗚呼實に釋尊の降誕に依りて。濁世の苦樂に浮沈し。暗憺悲慘の境界に墮落したる。吾人凡夫も始めて公明正大の思想。高尙優美の幸福を享くることを得たるなり。固より佛教の眞理は時間的には無始無終。空間的には無限無量。物質的には純一不變にして。而かも萬有に由りて變化。秩序。生命の表象と示し。人間に由りて精神。自覺。思想の表象を示す。絶對平等の一大眞理なれば。縱令釋尊此世界に降誕し賜はずとも。此絶對平等なる佛教の眞理に至つては。敢て關係なきが如しと雖も。其實大に然らざるなり。コロンブス亞米利加發見以前に新大陸は嚴然存在せしならん。然れども此新大陸はコロンブスに依りて。始めて發見せられしにあらずや。ニウトンが重力の發明以前に。重力の眞理は宇宙間に磅礴せしならん。然れども重力の新理はニウトンに依りて。始めて發明せられしにあらずや。ワットが蒸氣機關發明以前に。蒸氣の原理は天地間に遍滿せしならん。然れども蒸氣の新說はワットに依りて。始めて證明せられしにあらずや。是に依りて之を觀れば。大聖釋尊が萬國佛教の開祖たる理由固より斯の如し。釋尊出世以前に佛教の眞理は。三千大千世界に瀰漫せしならん。然れども此眞理は天上天下唯我獨尊の呌聲と共に。初めて赫々たる光輝を發し。十方世界の生死に眠れる人々を照耀せしにあらずや。果して然らば現今我國數十萬の僧侶諸師。及び幾百万の信徒諸君。殊に我が九州佛教八宗三十二派の僧侶諸師及び信徒諸君は。共に大聖釋尊を奉戴して世界佛教全体の開祖と確信せざる可からざるなり。釋尊聖躰の下に俯服號泣して。佛恩の廣大深遠なるを感謝せざる可からざるなり。嗚呼苟も彼が如き確信を有し。斯の如き感謝を抱くの九州佛教徒諸君は。其佛陀信仰的の活力を揮つて。其有無を判定するの試驗石たる。印度佛陀伽耶回復事件に向つて。風發雷擊の實行的運動に着手せざる可からず。是れ實に萬國佛教徒。就中我が日本佛教徒。殊に我が九州佛教徒が。佛陀伽耶を回復せざる可からざる第貳理由なり。

第三　印度佛陀伽耶回復事件は。新佛教徒の最大新運動なり

今や我邦の舊佛教徒は豆大の天地に踢蹐して。其眼光は管中天を窺ふが如く。其感情は徒に過去の迷夢に沈淪し。其希望は曖昧糢糊の中に隱見し。其目的は茫々然として確定せず。或は政海の激波に漂蕩せられて。政教混亂の禍害を惹起し。以て佛門百年の大患を招ぎ。或は驕奢淫逸の濁潮滔々汎濫するの結果は。貴族的。物質的。衒耀誇張の政界となり。以て一派紛亂の俑を作るが如き。舊佛教破壞の現象は。擯紛として吾人の面を撲ち。陸續として吾人の眼に映じ。將さに遠きを出でずして潰裂四出收拾す可からざる破壞の大濤を漲らさんとするもの丶如し。豈に寒心の至りならずや。舊佛教現時の事情既に斯の如し。果せる哉其運動の如きは。頑固偏僻に流れ。因循退縮に傾き。停滯腐敗に陷り。一として聞く可き者なく。一として見る可き者なし。此四望闇黑寸前咫尺を辨せざる。舊佛教破壞の時期に際して。一條の光瞳々として東嶺に赳り上るものは。是れ實に佛陀伽耶回復事件なり。嗚呼此回復事件は眞個に新佛教徒の最大新運動なる哉。何となれば彼れ舊佛教徒が爲す所は。各宗各々門戸を張り。我見を唱へ。異議百出。苦情紛々。千狀万体の運動其極まる所は悉く分離鬪爭の二點に傾向せざるはなし。新佛教徒が行ふ所は。教理の講究上に於ても。傳道の方畧上に於ても。教會の組織上に於ても。其精神とする所は統一にあり。則ち分離を排して統一に歸せしむるにあり。其手段とする所は調和にあり。則ち鬪爭を鎮めて調和に向はしむるにあり。故に新佛教徒は其理想上に於ても。其現實上に於ても。悉く統一調和の二點に向つて集合せざるはなし。而して新佛教徒が統一的理想と現實上に發表す可き。順適恰好の資格を有する者は豈に印度佛陀伽耶回復事件にあらずして何ぞや。是れ實に宇内の新佛教徒。

就中我が日本の新佛敎徒。殊に我が九州の新佛敎徒が。佛蹟興復の事件に向つて。實行的運動の率先者となり。以て佛陀伽耶を回復せざる可からざる第三理由なり。

第四　印度佛陀伽耶回復事件は。東洋佛敎徒精神的同盟の大基礎なり。新佛敎の唱道者にして。吾人が最も欽慕敬拜の情を表する中西牛郎氏。嘗て佛敎の前途を論じて云へるとあり。佛敎の東洋亞細亞に傳播する。既に數千年の久長を閱し。其種族國情の異なるに從つて。種々の應化。種々の發達をなし。其之を信奉するものは三億以上に達し。印度の泰西人種も。東洋各邦の蒙古人種も。偕に之を信奉し。其道德社會。哲學。信仰に於て偉大なる感化を流したるは。之を既往の歷史に徵して。彰々として疑ふ可らざるの事實なり。然れども現時の大勢によりて之を觀るに。往時の如く其信仰の力能く活動を喚起し。一の種族より他の種族に達し。一の邦國より他の邦國に達し。以て駸々長進するの勢を見ざるのみならず。却つて萎靡振はず漸く將さに衰滅の域に沈淪せんとするが如し。嗟呼佛陀の榮光は既に天に歸したるか。愛の泉源既に渴したるか。彼の世尊の衣を攀ぢて俯仰號泣したる阿難は今ま何人かある。彼の世界主義を唱道し。萬民を以て同胞とし。俯して名譽私欲の奴隸たる。他の帝王を憫視したる阿育帝今ま何人かある。彼の單身飄然手に眞理の燈火を揭げ來りて。支那四百餘州を照らしたる達磨今ま何人かある。彼の帝王の暴威に抗じ。鮮血を流して佛敎の眞理を印證したる師子今ま何人かある。佛敎の振はざる實に今日に至りて極れり。顧ふに佛敎の將さに世に興らんとするや。其進路を遮るもの一にして足らず。印度に於ては婆羅門の妄想習慣之を遮ぎり。九十五種の異端邪說之を遮ぎり。北方に於ては其種族の頑愚暴力之を遮ぎり。支那に於ては歷代の帝王等九回の迫害を起して之を遮ぎり我邦に於ては守屋尾輿等の保守主義之を遮ぎり。雪嶺の峻高之を遮ぎり。流沙の險難之を遮ぎり。洋海の濤波之を遮ぎり。各國民。言語。習慣の同異之を遮ぎると雖も。眞理。博愛。正義の嚮ふ所は天下に敵なし。乃ち其過る所は靡き戰ふ所は戰ち。之に從ふものは榮へ。之に逆ふものは亡び遂に東洋各國民を擧げて其敎に歸せしむるに至りたり。嗟呼佛敎の勢力亦た豈に大ならずや。而して此勢力は果して那處より來る。其眞理より來る。佛敎の眞理即其勢力なり。佛敎にして此眞理を失はずんば。千載の後復た必ず世界を照らすに足らん。而して此眞理は千載の後を待たず。即ち今日に於て既に世界に顯れたり。東洋各邦に傳播するの佛敎は。彼が如く其進步。活動。生命。勢力を失ふたるにも係らず。却つて泰西各國の間に勃興したる新佛敎は。東洋の舊佛敎に其反動の大勢を與へ。彼れ呼び此れ應じ。今や佛敎の前途は。日に吾人に其大に望みあるを報じ。佛陀の榮光は再たび此世界に於て赫々たらんとす。此に於て吾人は益々佛敎の眞理に於て信ずる所あり。

鳴呼雄大偉烈なる哉中西氏の言。痛切剴當なる哉中西氏の論。實に原働世界に住する進步人種の間に。一微の光線を煥發して。漸く將さに赫々煌々たる大光明を發せんとするの新佛敎は。東洋の舊佛敎に反射し影響して。其停滯。腐敗。妄想。卑屈を一變し。以て其進步。活動。生命。元氣を喚起せり。

而して東洋各國の舊佛敎は。彼が如き反動の大勢に刺戟せられて。斯の如き活動力を喚起すると同時に。此活動力は東洋無形の噴火山となりて。佛陀伽耶回復事件に向つて轟然爆發せんとするものゝ如し。此時に方りて。佛蹟回復事件が隱然として。東洋各國の國際上。政治上。社會上に一大影響を與ふるものは。實に東洋佛敎徒精神的同盟の大基礎を發生すると則ち是なり。嗚呼一方に於ては巍々として千秋に聳ゆる富岳の秀を仰ぎ。洋々として八洲を環れる大瀛の水を掬し。而して日本國家的の觀念。日本國民的の感情を其腦裡に鏤刻し。一方に向つては自由。平等。博愛を以て其生命元氣とする。宇內眞理の大活力たる。佛敎の信仰を其精神に鑄造するの。我日本新佛敎徒。殊に我が慷慨にして激烈なる。勇敢にして豪放なる。剛毅にして果斷なる。九州の新佛敎徒が。此千載一遇なる宇內光被的佛敎運動の一大機關に乘じて。合して一体となり。凝て金鐵の如く。風動雷擊。驚天動地。以て印度佛陀伽耶回復運動の率先者となり。東洋佛敎徒精神的同盟の牛耳を握りて。東洋各國佛敎の盟主となり。彼の基督敎徒親族的同盟を以て其精神とする。現時の万國公法に對して我が東洋の佛敎徒親族的同盟を築き。新に佛敎的の精神を有する萬國公法を編制し。以て現時の萬國公法に相當るとを得ば。今日我が日本の治外法權を撤去して。彼れ碧眼赤髯の徒と。正々堂々對等條約を締結し。多年屈辱を蒙りたる我が國權を宇內に伸張し。我が旭旗の生命を永遠無窮に表章する豈に難しとせんや。嗚呼眞個に佛陀伽耶回復事件は。東洋佛敎徒精神的同盟の大基礎なる哉。東洋各國佛敎の活動力を發表するの大衡點なる哉。是れ實に世界の佛敎徒。就中我が日本の佛敎徒。殊に我が九州の佛敎徒が。佛蹟興復の事件に向つて。實行的運動の先鋒となり。以て佛陀伽耶を回復せざる可からざる第四理由なり。

第五　印度佛陀伽耶回復事件は。佛日增輝法輪常轉の中心力なり。方今我國の佛敎は鎖國攘夷的の舊佛敎にあらずして。開國通親的の新佛敎なり。過去の燦爛たる記憶に向つて退歩するの舊佛敎にあらずして。將來の光明なる彼岸を望んで進行す可きの新佛敎なり。彈丸黑子の小天地に悠々蟄居して。世界の大勢に向つて。眼を閉ぢ耳を掩ひ避易遁走するが如き舊佛敎にあらずして。勇斷快快千古の積弊を震盪し。深謀遠慮萬世の規摸を確定し。堂々海外に向つて進動を始む可きの新佛敎なり。韓愈。朱晦庵。篤胤。宣長等の糟粕を嘗め。彼等の偏見。暴論を尊んで金科玉條となしたる。排佛的の腐儒僞神學者等と爭鬪を試む可きの舊佛敎にあらずして。其勢は殆んど宗教の感情を撲滅し。精神の感化を顛覆せんとし。其議論は生物學進化論等の鋭利なる論鋒に依り。鼓を鳴らし戰歌を唱へ。雲合霧集して宗教の壘壁に攻め來る。彼の唯物主義。實利主義。非宗教主義。不可思議主義等の。懷疑不信の徒と。信仰上の戰端を開かざる可からざるの新佛教なり。井蛙管見の旨義に依り。徒に教學を唱へ。布教と呼び社會に向つては死人同樣なる。一點の勢力も無き罪人に對して。傳道の全力を傾くるが如き。舊佛教にあらずして。水平線上に横行濶歩する。社會の公衆に向つて。純潔なる佛教の感化を施さゞる可からざるの新佛教なり。醜陋卑猥恰かも俳優。藝者の如き談儈的句調を以て。彼の顏色憔悴して形容枯槁し。精力乏盡して頭上霜を戴き。血氣衰弱して雙眼爲めに昏み。筋肉萎靡して手足痲痺し。半は黄泉と接吻して。命運旦夕に迫まれる。老爺老媼の歡心を需むるに汲々たるの極。社會第二の繼續者たる青年をして嫌忌醜惡の情を激昂せしめ。漸々宗教に遠ざからしめ。遂に以て佛教の敵たらしむるが如き。舊佛教にあらずして。變々化々する現時の大勢に鑑み。遙々萬里の將來を豫察し。天地循環の氣運に基き。舊來の頑見陋習を破り。活眼を萬國に放ちて。知識を世界に求め。大に佛光を發揚し。而して一以て千に敵する。將來の日本國民たる青年を感化し。青年を教導し青年を統合し。雷の如き火の如き青年の大活力に依りて。內に向つては多年睽離分裂したる佛教各宗派の統一聯合を企圖し。外に向つては萬國的佛教運動の先驅たらざる可からざるの新佛教なり。嗚呼我が九州佛教僧侶諸師及び信徒諸君よ。吾人が以上の所論にして正鵠を失せずんば。今日我邦の佛教は是れ眞正の輝光を放ち。眞正の感化を及ぼし。宇內に雄飛し。四海に翺翔して。博愛正義の旗を揮ふ可き。一大氣運に到達したる者にあらずや。然り而して此氣運を最も現實上に顯彰す可き。公明正大の資格を有する者は。豈に印度佛陀伽耶回復事件にあらずして何ぞや。吾人は又た此氣運の潮流が千派萬派滔々奔注して。佛日增輝法輪常轉の中心力に向つて朝宗するを。確信して敢て疑はざるものなり。是れ實に萬國佛教徒。就中我が日本佛教徒。殊に我が九州佛教徒が。佛蹟興復の事件に向つて。實行的運動の先登者となり。以て佛陀伽耶を回復せざる可からざる第五理由なり。

（未完）

（前號本文中末段以て以上論明する所の檄文的絕叫とあるは以て以下云々の誤植なり）

寄書

道理上宗教的儀式ノ必要

在東京　橘　大安

儀式トハ何ゾヤ。曰ク人ノ他ニ對シテ行フ手續ノ作法ナリ。コレヲ分類シテ二トス。曰ク顯露的儀式。曰ク幽冥的儀式是レナリ。第一顯露的儀式トハ現在社會相互ノ間ニ行ハルヽモノニシテ。社交的。國家的。國際的等皆此ノ中ニ屬ス。社交的儀式トハ各個人交互ノ上ニ成立セル儀式ニシテ。諸種ノ禮法ヲモ併セ稱ス。其重要ナルモノハ産。冠。婚等ニシテ其小ナルモノハ互ニ名刺ヲ通ジ贈物ヲナシ。又應接ノ語法及ビ書狀ノ認メ方等ナリ。國家的儀式トハ帝王即位式憲法發布式等國民全体ニ渉ル儀式ヲ云フ。國際的儀式トハ萬國交際間ニアル儀式ニシテ。一獨立國ヨリ他ノ獨立國ニ公使大使ヲ派遣スル如キヲ云フ。第二幽冥的儀式トハ主トシテ未來界ニ關ズルモノニシテ即チ之ヲ宗教的儀式ト云フ。宗教的儀式ハ人間以外ノ神佛ニ對シ。及ヒ幽冥界ニ向ヒテ行フ處ノ儀式ニシテ。其重ナルモノハ灌頂式。得度式。歸敬式。葬儀。祭祀等ナリ。而シテ余ガ此ニ論ゼントスルモノハ二者中。第二宗教的儀式ニシテ。又重ニ葬祭的儀式ニアリ。

抑吾國葬儀祭祀ノ淵源ハ遠ク神代ニアリ。其ハ彼ノ伊弉諾。伊弉冊ノ二神國土ヲ經營シ。諸神ヲ産出シ。最後ニ大神軻遇突智ヲ生メルニ由テ。女神遂ニ崩去セリ。之ヲ紀伊國熊野ノ有馬村ニ埋葬ノ式ヲ行ヒ。土俗此神ノ。神魂ヲ祀ルニ花ノ時ハ花ヲ以テ祭リ。菓ノ時ハ菓物ヲ以テ祭リ。又鼓吹幡旗ヲ用井テ歌舞シテ之ヲ祀レリト云フ。斯レ實ニ後世祖先ノ靈ヲ祭ルコトノ起元ナリ。然リ而シテ儀式ノ一般ニ行ハルヽニ至リシハ。佛教傳來以降ニシテ。漸次佛教ノ熾盛ナルニ順ヒ。單純ナル儀式亦漸ク複雜トナレリ。凡ソ儀式ヲ行フニ當リテヤ。或ハ神佛ノ前ニ於テ。又亡者ノ靈前ニ於テ。香華燈明ヲ供ヘ。讀經。誦念。禮拜。恭敬ヲ以テ先亡性靈ノ追善トシ。神佛ノ洪恩ヲ感謝ストナス。斯レ宗教上普通ノ解釋ニ依ルモノニシテ固ヨリ情實的ノ儀例ナリ。然リ實際上ヨリ云フトキハ其之ヲ行フノ必要アラン。左レド余ガ論ゼントスルハ且ラク實際上ノ解釋ヲ措キ。道理上果シテ之ヲ行フノ必要アリヤ否ヤノ點ニアリ。請フ此ヨリ是ヲ論ゼン。凡ソ儀式ハ道理上必ス行ハザルベカラザル理由ナキガ如シ。何者儀式ハ眞心ニ乖戾シ。人ヲ欺クコト往々ニシテ。例ヘバ他ノ饗應ニ對シテ自已ノ欲セザルモノアルモ。强テ之ヲ欲スルガ如ク搆成シ。又無味ナルニモ拘ハラス矢鱈滅法ニ稱譽スルガ如キ等ノ所爲アレバナリ故ニ道理上然カセザルベカラザル理ナシト云フモノアランカ是レ道理ノ一ヲ知リテ他ヲ知ラザルモノナリ。換言セバ消極的一方ヲ知リテ積極的アルヲ知ラズ。物ノ表面ノミヲ知リテ裏面ヲ知ラザル偏見者ナリ。凡ソ道理上ニハ差別ト無差別トアリ。但ニ差別ヲ見テ無差別ヲ知ラス。又無差別ノミヲ見テ差別ヲ非トスルニ至リテハ誤謬モ亦極レリト云フベシ。顧ミテ世界万般ノ狀態ヲ觀察スルニ實ニ差別ノ上ニ成立セルモノナリ。若シ社會ニシテ一般同地位ヲ取ラントセバ。恰モ物ノ分子ガ同ジ場所ヲ占ムルコト能ハザルガ如ク。決シテ同位地ヲ得ルコト能ハス。是ニ於テ差別階級ヲ生ス。此順序アリテ始メテ團体ヲ成ス。而シテ此團体ヲ維持スルモノハ卽チ儀式ニ非ズシテ何ゾヤ。其レ儀式ナルモノハ大ニ道德ト密着ナル關係ヲ有スルモノニシテ。道德行ハルレバ必ズ儀式アリテ存シ。儀式行ハルレバ必ス道德アリテ存ス。コレ二者ノ相互不離人生結合ニ與力アル所以ナリ。

(未完)

現時僧侶ニ要スル所ノモノ

在東京　櫻　雨　生

現今ハ實ニ佛敎革新ノ時期ナリ。舊時代ノ妄信者己ニ逝テ新時代ノ篤信者將ニ來ラントスルノ時代ナリ。神變不思議。幽靈。人魂。青鬼。赤鬼。虎皮犢鼻褌。鐵棒。鐵鑊等ノ仰信漸ク去テ。虛空平等。法界周偏。世間相常住。一色一香無非中道ノ信念。將ニ生ゼントスルノ時代ナリ。路畔ノ石地藏。金銘ノ藥師。其光明ヲ失ヒテ。天外ノ理法將ニ大ニ顯彰セントスルノ時代ナリ。具象的ノ信仰漸ク去リテ抽象的ノ信仰將ニ來ラントスルノ時代ナリ。想像的ノ觀念既ニ謝シテ眞理的ノ觀念將ニ來ラントスルノ時代ナリ。現今ノ佛敎ハ實ニ危殆ノ佛敎ナリ。一歩ヲ誤ラン乎。舊概念ハ已ニ謝シテ。新概念ハ竟ニ來ラザルナリ。舊信向ハ早ニ逝テ新信向ハ亦生ゼザル也。故ニ現時僧侶タルモノハ至大至難ノ大責任ヲ負擔スルコトヲ知ラザルベカラス。特ニ靑年僧侶タルモノハ其難局ヲ處スルノ快刀タルコトヲ忘ルベカラス。是ヲ以ヲ現時僧侶ニ要スル所ノモノ一ニシテ足ラス。之ヲ内ニシテハ智識概博ナラザルベカラス。眼力卓絶ナラサルヘカラス。豪毅不撓ナラザル可ラズ。之ヲ外ニシテハ貧民救ハザル可ラス。孤兒養ハザル可ラズ。社會道德ヲ維持シテ以テ恭謙禮讓ノ美風ヲ長セシメザル可ラス。學ンデハ則哲學知ラザル可ラス。理學究メザル可ラス。天文。地理。動物。植物ヨリ政治。經濟百般ノ諸學科ニ至ルマデ。悉ク之ヲ覈習セザル可ラス。行テハ則忠孝全フカラザル可ラス。恭謙退讓ナラサル可ラス。言行相契ハサル可ラス。法ヲ施シテ慳マス。來ルモノハ懷ケ往クモノハ追ハサル可ラス。然リ這般數多ノ所要ハ實ニ現時僧侶ニ缺ク可ラザルモノ也。然リト雖モ予輩ハ更ニ一ノ要求ヲ以テ之ニ加ヘザルヲ得ス。

要求トハ何ゾ。曰ク自家ノ僧侶タルコトヲ忘却セザルノ念是ナリ。苟モ此ノ念アラン乎。悖德何ゾナス可ン。乱行安ンゾ恥ヂザラン。此念ハ卽是諸般ノ事業ヲ貫聯スルノ一大坤軸也。而メ亦一切ノ美德ヲ生ジ。一切ノ希望ヲ滿足セシムルノ源泉也。此念若シ心頭ヲ去ラン乎。哲學ヲ學ブモノハ卽世間ノ哲學者ニシテ我所謂僧侶ニ非ル也。理學ヲ講スルモノハ是レ世間ノ理學者ニシテ我所謂沙門ニ非ル也。國家忠孝ヲ說クモノハ卽是世間ノ國家忠孝ヲ說クモノニシテ竟ニ僧侶ノ名帖ニ籍スルモノニ非ル也。抑モ僧侶トハ何ノ謂ゾ。沙門トハ何ノ意ゾ。世間ノ慾ヲ捨テ人界ノ樂ヲ擲チ而メ身ハ出世無垢ノ淸淨世間ニ安住シ。志ハ至大至高ノ大菩提ヲ得ンコトヲ欽慕スルモノニ非スヤ。アヽ世間ノ名利畢竟何物ゾ。細々タル位階何カ有ン。區々タル代議士何カアラン。僧侶ノ眼中ニハ美人美酒ハ枯木凋露ノ如ク。黃金布帛ハ土塊塵草ニ等シキ也。夫レ世間ノ中貴ハ王位ヨリ尊ナルハナク。富ハ王廪ヨリ豐ナルハナク。珍妙。衣服。金冠。玉瓔。珠玉。八珍。美人。高樓ハ王子ヨリ多ナルハナシ。實ニ世間ノ榮譽名華ハ悉ク此一身ニ集マレルモノ也。然ルヲ我牟尼ノ佛陀ハ其富ヲ捨テ其位ヲ拋チ。其王法妙服ヲ脫却シ。而メ木葉ヲ着木實ヲ食ヒ。古石ニ安座シ。勤苦スル拾二年ナリシハ抑モ何ゾヤ。牟尼尊ハ國王ノ尊貴ナルヲ知ラサリシ歟。國王ノ自在ナル國王ノ權勢アルヲ認メサリシ歟。否。否。否。世間ノ樂トスル所ハ悉ク苦ナリ。世間ノ華トスル所ハ悉ク醜ナリ。世間ノ愛慕。欽求。動作。進止スル所ノモノハ。悉ク以テ迷妄ヲ牽引スル所因ナルコトヲ大觀セラレタルノ故ニ非スヤ。故ニ牟尼ノ遺法ニハ一法トシテ世間ヲ愛樂セヨト說カズ。火宅ニ安住セヨト論サズ。只管一切世間ハ大深坑ナリト觀察シテ。專ラ出世ノ大道ヲ習學スルコトヲ勸進セラレタルナリ。年ヲ歷ル三千。地ヲ隔ル萬里ナルモ。苟モ牟尼ノ大法ヲ遵奉スルモノハ。豈ニ這般ノ所行ヲ鑑ミスシテ可ナラン哉。

謹デ現時僧侶諸士ニ望ム。諸士ヨ現今ノ佛敎ハ實ニ健康ノ佛敎ニ非ルナリ。然リ而メ勁敵土疆ニ莅ミ。耽々タル虎眼ヲ以テ將ニ此レ病餘ノ弱体ヲ一攫シ去ラントス。是レ危急存亡ノ秋也。諸士若シ大ニ省吾セス漫ニ悖行非德ヲ是レナサバ。佛敎ノ命脈竟ニ知ル可ラザル也。諸士ヨ日々ニ三タビ其頂ヲ摩シ五タビ其身ヲ顧ヨ。身ヲ蔽フモノハ是レ大乘慈悲ノ解脫衣ニ非ズヤ。頭顱ノ骾滑ナルモノハ是和合圓樂ヲ論ユルノ師表ニ非ズヤ。諸士ノ日々ニ食スル所ハ佛飯ナルニハ非ル歟。諸士ノ恒ニ住スル所ハ佛住ナルニハ非ル歟。佛衣ヲ着テ佛飯ヲ食ヒ佛住ニ住シ。而シテ佛行ヲナサズンバ當ニ當來ノ苦果ヲ奈何ン。諸士ヨ今ヨリ以後反心正意。佛道ヲ踏ミ佛行ヲ修シ佛所應作ヲナシ。深ク自家ノ出家沙門タルコトヲ銘憶シ。己ノ心ニ疚シキコトハ希クバ之ヲ去ルニ憚ル莫レ。

予輩ハ更ニ青年僧侶ニ向テ望ム。同胞ヨ爾ノ烱々タル眼界ヲ廣濶ニシ。剛々タル肝膽ヲ遠大ニシ。俗世界ノ小名利。小位階。小快樂ヲ罵倒シ盡シテ。眞正無爲ノ大利樂。大主權。大位階ヲ仰慕セヨ。青年僧侶ノ心膽ハ須ク雄大ナルヲ要ス。青年僧侶ノ眼界ハ須ク廣濶ナルヲ要ス。美人何物ゾ。美酒何物ゾ。代議士何物ゾ。抑モ正三位ハ何物ゲ。仝胞ヨ形体ヲ華麗ニスルハ其心神ヲ高大ニスルニ熟若レ。世間轉倒ノ快ヲ貪ルハ出世損悟ノ樂ヲ受ルニ熟若レ。醍醐ノ妙酪ハ正宗ノ名酒ヨリモ甘ク。東台ノ櫻ハ未タ一乘ノ妙華ニ如カズ。墨陀ノ月ハ永ク眞如ノ玉兎ニ及バザルモノ也。

蒐錄

近世佛教史の新現象西藏國との聯合

（前號接續）　　堀内靜宇

閣下ハ最モ叮重ニ予ヲ待遇セラレ。近ク予ヲ引テ椅子ヲ與ヘラル。予ハ公使ノ正面ニ對シ座ヲ占メタリ。予ガ右傍ノ卓子(テーブル)ニハ美麗ナル西藏製ノ金塗厨子アリ。中央ニ佛舍利及ビ如來ノ黄金像。其側ニ「タライラマ」ノ黄金像ヲ安置セリ。厨子ノ傍ニ錫蘭僧ヨリ贈リシ硝子筺アリ。其内ニハ佛陀伽耶ノ菩提樹三葉。五箇ノ阿羅漢ノ舍利。ベナレス及ヒクシナガラノ廢塔ヨリ得タル畫摸樣ノ瓦ヲ藏セリ。而シテ錫蘭文字ヲ以テ記シ。且ツ「ルワンウエレー、ヴイハラ」。錫蘭ノスリーニーヴーサー比丘ナル記號ハ。硝子筺ノ側面ニ於テ現然タリ。是等ノ舍利ガラハーサーニ於テ。大ラマノ本山ニ到達セラレ。而シテ西藏公使ノ之ヲ印度ニ携ヘ來リ。ダチーリング府ノ寓居ニ在テ日々禮拜セラレ。且ツ他ノ錫蘭僧ガ同公使ヲ訪問シ。是等ノ舍利ヲ贈呈セシハ豈ニ奇ナラズヤ。西藏ヲ探險セシラプ、サラツト、チヤントラダス氏ノ同侶タル。ラマウヂエン、グイヤツホ氏ハ此日通譯者ノ勞ヲ執レリ。公使ハ絹地ノ大官服ヲ着シ副王ノ冠ヲ戴キ。西藏ノ四個ノ重ナル支配者ノ一トシテ其高位ヲ表スル身裝ヲ爲シタリ。而シテ公使ハ予ガ大菩提會ノ事業ニ就キ。陳述スル所ノ事項ヲ尤モ注意シテ傾聽セラレタリ。此時幸ニ室内ノ壁面ニ亞細亞及ヒ印度ノ立派ナル地圖ヲ掛ケアリ。則チ之ニ依テ先ヅ靈蹟ヲ指示シ。且ツ日本。緬甸。チタゴン。アラカン等各佛教國ニ就テ。道俗共ニ本會ノ事業ニ盡力セルコト等ヲ説明セリ。該公使ハ去年十一月各國佛敎徒會合ノ節。日本支那其他佛敎國ヨリ佛陀伽耶ニ其代表者ノ來會セシコトヲ聞キシ時ハ。本會ニ對シ最モ其利害ノアル所ヲ悟リタルモノヽ如シ。

公使曰ク印度ヲ貫流スル諸大川ガ比馬刺耶山ヨリ發源スルガ如ク。佛敎ノ大潮流ハ實ニ佛陀伽耶ノ聖蹟ノ中心ヨリ發スルナリ。タライラマ。ホーターラー。タシルハムホーノラマ及ヒ予ハ數月以前此重要ナル問題ニ就テ。熱心ニ思考スル所アリタリ。而シテ此靈場ノ再ヒ佛敎徒ノ手ニ歸スルヲ見ルハ。吾人ノ熱望ニ堪ヘザル所ナリ。靈塔ノ汚辱ハ言フ迄モナク。佛像ノ塵芥中ニ埋沒セラレ。且ツ壁間ニ塗込マレタルヲ默許スルガ如キハ。之ヲ聞クニダモ悲歎ニ堪ヘス。大喇嘛ハ英政府ガ曾テ此大塔ヲ修繕シタルヲ知ル。然レドモ彼ハ尙ホ元ヲ佛敎者ノ看護ニ附セザルヲ悲ムナリ。吾人ハ實ニ貴邦人民ガ宗敎ノ利害ニ關ジ實行的ニ經營スルコトヲ知ルナリ。古代錫蘭ノ歷史ハ吾人能ク之ヲ熟知セリ吾人ハ貴嶋ヲ神聖視スルナリ。而シテ回々敎徒及ヒ歐羅巴人ノ印度ニ侵入セシ以來。錫蘭ト西藏トノ間ニ交通ヲ絕ツニ至レリ。數月以前或西藏人ハ錫蘭ニ赴ケリ。而シテ彼等ガ歸國スルヤ。予ニ貴會ノ事業及ヒ足下ガ印度ニ滯在スルコトヲ告ケリ。予ハ昨日足下ノ玆ニ到着シ予ト面會セシコトヲ欲スル旨ヲ聞ク。今日幸ニ足下ト相會スルコトハ恐悅ノ至ナリ。予ハ英國政府ト政治上ノ事件ヲ處理スル爲メ來レリ。而シテ足下ト相語ルヲ得タルハ予ノ深ク喜ブ所ナリ。ラハーザニ歸到ノ上ハ。此事件ニ付キ必ズ實行スル所アラン。予ハダーライ、ラマ及ヒホーターラー。タシルハムホーノ重ナルラマニ報知スベシ。吾人ハ此靈塔ハ是非佛敎徒ノ守護ニ歸セザルベカラス。予ハ貴會ガ各佛敎國ヲ代表シ。佛陀伽耶ニ比丘ノ止住ヲ要スルヲ喜ブ。而シテ予ハ此事件ニ付キ確定シタル事ハ言ヒ能ハスト雖モ。必スダライラマノ注意ヲ喚起スルニ怠ラザルベシ。

印度及ビ錫蘭等ノ僧ハ西藏ニ化身ヲ顯ハシ。宗敎ノ弘布ニ加庇シツヽアルナリ。足下ハ不思議ノ事柄ガ現時西藏ニ於テ。目擊シ得ラルヽヲ聞クコトヲ喜ブナラン。

是ニ於テ予ハ七月ノ大菩提會雜誌ヲ公使ニ呈シ。且ツ雜誌發刊ノ目的ハ現在ノ運動ニ就テ。各佛敎國ノ率先者ニ其大勢ヲ報道スルニアルコトヲ述ベタルニ。公使ハ充分ニ其必要ナルコトヲ斷言セリ。而シテ談話中公使ハ數人ノ暹羅僧ガ近來西藏ニ來リ。西藏人ハ同情ヲ以テ暹羅人ヲ對遇セシト云ヘリ。而シテチヤンドラ、ダット親王殿下ガ。暹羅國ノ佛蹟興復會ノ代表者タルコトヲ聞テ大ニ喜ベリ。此ノ如ク一時間以上余ハ西藏ノ大政治家ト愉快ナル談話ヲナシ。而シテ同公使ハ親切ニ佛敎ノ將來ニ就テ談話セリ。終ニ臨ミ同公使ハ予ニ其肖像ヲ贈ラル。而シテ同公使ハ肖像ニ付キ從來高等官ニ依テ請求セラルヽト雖モ。未ダ曾テ之ヲ與ヘタルコトナケレドモ。今回ハ宗敎上面會ノ紀念トシテ予ニ之ヲ與フルコトヲ言ヘリ。彼ハ寫眞ノ裏ニ書シテ曰ク。「本年ダンマパラトシンハラノラマ(西藏ノ公使シエーダー大臣)トノ會見ハ。往昔吾等ノ大敎師ニ依テ最モ神聖ニセラレタル。印度佛陀伽耶ノ聖所及ヒ其靈塔ヲ佛敎徒ノ手ニ回復スルコト。則チ保有スルコトノ爲メニ起レリ。非常ノ愉快ヲ感ジタル予ハ此未曾有ノ會合ニ就テ其紀念トシテ此肖像ヲ贈呈ス」云々。印度ニ於テ佛敎ノ廢頽以來七百年ノ後。一千八百九十二年七月十三日。錫蘭ト西藏トノ兩國。玆ニ始メテ會合シ。一切大慈大悲ノ如來ノ妙法ハ。如何ナル方法ヲ以テ弘布スルヤ否ヤヲ商議シタリ。蓋シ佛陀伽耶ノ靈場ガ。正統ナル守護者ニ引渡サルヽニ至ラハ。印度人民ハ再ヒ西藏ノ門戶ガ。世界ノ大敎師ノ遺弟ナル。黃衣派ノ比丘ニマデ開カルヽヲ見ルナラン。

（完結）

西藏及び比摩羅耶以南佛敎徒の重要なる會合

（前號接續）

予ハ諸君ノ前ニ我ガ錫蘭島佛敎會（記者曰ク大菩提會ヲ指ナラン）ヨリノ慰問ト祝福ヲ齎ラシテ來レリ。又予ハ我ガ大菩提會ノ目的ヲ諸君ニ說明スベキ事ヲモ命セラレ居ルナリ。

印度ガ佛法所生ノ地ナルコハ諸君ガ能ク知ル所ニシテ。古代ノ寺院堂塔伽藍ノ今日尙ホ存在セルハ。是レ卽チ佛敎ガ嘗テ此地ニ存在セシ證左ニシテ。佛法信奉ノあそか、かにさか、しらじとや等諸大帝王ノ保護ノ下ニ。佛敎ハ每ニ此聖地ニ繁榮ヲ極メタルナリ。今ヲ距ルコ八百年以前ニ於テ。佛敎ハ「まほめつと」敎徒ノ爲メニ破壞セラレタリ。此ノ破正法的ノ人民ハ來リテ殿堂を壞り。經典ヲ燒キ。及ヒ沙門ヲ鏖殺セリ。斯ノ迫害ヲ免カレタルモノハ。纔カニ身ヲ以テ西藏及「にーぱーる」の山國に匿レタリ。此災厄ノ起ル以前ニハ。印度ハ常ニ西藏支那及ビ其近傍諸佛敎國民ノ巡拜處タリ。佛陀伽耶。べなれす、及ビ尼連禪河ノ如キ聖地ニハ沙門充滿シ。而シテ「らーさ」大僧正。實ニ之レガ監督ノ權ヲ有セリ。

今ヤ此等ノ事物ハ悉ク一變シ去リタリ。人民ハ敎育上ニ於テ驚クベキ進步ヲ爲シ。諸大宗敎ヲ硏究スルノ精神頗フル强キヲ加ヘタリ。今日ハ是レ眞ニ佛敎徒ガ佛敎ノ眞理ノ他諸宗敎ニ卓絕セル事實ヲ表明スベキ企圖ヲ爲スベキノ時ナリ。錫蘭ノ佛敎會ハ俗人ノ贊助ニ依テ。佛陀伽耶大菩提會ナルモノヲ創設ス。其目的實ニ佛光ヲ再タヒ印度ニ輝カシメント欲スルノ外ナラス。

「びるま」。「さいあむ」。日本。「あらかん」及び「ちたごん」諸國ノ苾蒭ハ。已ニ我等ガ大菩提會ノ運動ヲ幇助センコヲ契約セリ。過ル七八百年間ニ於テ未タ嘗テ各佛敎國ノ間ニ。此ノ如キ聯合一致ノ企圖ヲ設計シタルコアラザリシヲ以テ今我等ガ此種ノ運動ハ。實ニ近世ノ佛敎史中ニ特筆大書スベキノ事ナリトス。而シテ錫蘭ノ佛敎徒ハ已ニ日本。「さいやむ」。「びるま」。及ヒ「ちだごん」ノ諸國ヘ其代表者ヲ派遣シテ。佛敎擴張ノ事件ニ關ジテ。此等諸國ノ重立チタル苾蒭ト協議ヲ遂ゲシメ。今ハ唯西藏一國ノミヲ殘セリ。嘗テ印度ガ佛敎國タリシ當時ニ在テハ。西藏ハ印度ノ苾蒭幷ニ優婆塞ヲ歡迎シタルハ著明ナル事實ニシテ。吾人ガ屢々西藏ノ書中ニ錫蘭ハスラ西藏ヘ旅行シタル事跡ヲ記スルモノアルヲ認ムルナリ。

八百年后ノ今日ニ於テ錫蘭ノ佛敎徒ハ再ビ諸君ヲ慰問スルノ芳躅ヲ尋キタリ。若シ諸君ニシテ我ガ佛陀伽耶會ガ新タニ始メタル事業ニ對シテ。同情ヲ表シ其運動ヲ幇助スベシト謂ハン乎。其芳音ヲ吾ガ國人ニ齎ラシ傳フル。予ノ歡喜將サニ譬フルニ物ナカラントス。

佛陀伽耶會ハ諸佛敎國ノ意見チ交換センガ爲メニ一ノ英字新聞ヲ起セリ。時機恰カモ吾等ニ幸ヒシ。歐米ノ哲學者中佛敎ニ左袒スルモノ陸續輩出ス。今ニシテ諸佛敎徒相結托シテ斯道ノ爲メニ盡サン乎。其成功ノ多望ナル斷トシテ信スベキナリ。

佛陀伽耶ノ聖地ハ今「たーかす」ノ手中ニアリ。佛陀ノ聖像或ハ「まはんと」ノ外塀中に塗リ込メラレ。或ハ荒蕪ノ塵埃堆裏ニ埋沒セラル。朝夕悲慘ノ境ニ接シ。左右殘賊ノ徒ニ逢フ。誰カ能ク國ヲ擧ケテ此實況ヲ熟視スルモノアランヤ。神聖ナル殿堂ノ内陣ニ於テ。此等「たーたかす」ノ徒羊兒ヲ屠リテ以テ供物ト爲シ。無垢淸淨ナル大悲、たたがた」ノ靈場爲メニ此ノ無殘ノ血ニ汚サル。四億七千五百万佛敎徒ノ爲メニ。神聖ナル此聖地果シテ彼等ノ殘虐ニ放任スベキモノナリヤ。若シ我等ニシテ眞ニ佛敎ニ忠實ナラン乎。苟クモ事此靈場ヲ彼レ「たーたかす」輩ノ手ヨリ回收シテ。以テ吾等佛敎徒ノ保管ニ移スヲ期スルニ足ラバ。一小事ト雖モ之ヲ忽諸ニ附ス可カラサルナリ。

是ニ於テばんでいつと、たらつと、なやんだー、だす氏亦一場ノ演説ヲ試ム。氏は今日西藏及ヒ錫蘭ニ行ハルヽ三流ノ佛敎學派ヲ說示ス。此等ノ三學派ハ元ト所謂大乘門派ニ屬セシモノニシテ。第一ハ專ハラ錫蘭ニ存在スル「ばらみつた」派。第二は「せるがぱ」卽ち黃巾派。第三ハ「にながま」卽チ紅巾派ニシテ。共ニ西藏ニ繁殖スルモノ是レナリ。而シテ第三派ハ南部比摩羅耶諸國ニモ傳播セリ。

第一派ノ特質ハ三箇ノ最高「ばらみた」卽チ智慧。道德。及ヒ思惟ノ大主義ヲ基礎トシテ設立シタルモノナリ。是レ卽チ「まはやな」卽チ菩提薩埵派。一名「ひながな」卽チ小乘門派ト稱スルモノヽ起原ナリ。

第二「せるがぱ」派ハ「ばらみた」派と「ねすてりつく、たんとりずむ」派ノ稍高尙ナル敎義トノ混同融會シタルモノナリ。僧侶ニシテ「ばらみた」派の科程ヲ修了シタルモノヽ中ヨリ擢拔セラレタルモノヽミ。眞正ナル「たんとりずむ」の秘法を究ムルヲ得ベシ。

第三派ハ重モニ「たんとりつく」主義ヨリ成ル。故ニ印度ニ傳ハル所ノモノト甄別セサル可カラス。

氏ハ進ンデ佛敎ノ眞理ヲ印度敎中ヨリ撰擇スルノ方法ヲ論スルニ。「ばたー」ヲ牛乳中ヨリ抽出スルノ譬喩ヲ以テス。氏曰ク牛酪ハ素ト牛乳中ニ含蓄セラルヽモ之ヲ製スルニ其機關ヲ以テシ。適當ノ順序ヲ經ルニアラザレバ敢テ現ハルヽコトナキガ如ク。佛敎ノ牛酪ハ素ト印度敎中ノ牛乳中ニ含蓄セラル。然レドモ熱心ナル佛敎ノ學徒ノ證得スルニアラサルヨリハ。佛敎ノ眞光ハ空シク印度敎中ニ隱蔽セラレテ已マンノミ。佛敎ノ痕跡ヲ追尋セント欲セハ。請フ試ミニ佛敎ガ印度人民ノ腦髓ニ印銘スル感化力ヲ觀察セヨ。數百年間婆羅門敎ノ盡力ニモ係ハラス。遂ニ佛敎ノ眞光ヲ抹殺スルコト能ハサルニアラズヤ。云云。

時ニ會長手ニ佛舍利龕ヲ把リ虔敬シテ之ヲ頂戴ス。同時ニ「らま」僧嚴肅ナル音聲ヲ以テ唱歌讃嘆シ。諸佛ノ威神力現前シテ冥助ヲ垂レンコトヲ。此間祈念ス「らま」僧等は思惟觀念ノ座ヲ結ビテ端坐シ。時々合掌シ若クハ兩手ヲ結合シテ「まどら」の形を成す。書記乃チ卓上ノ生米少許ヲ執リ。頒ッテ各「らま」僧ノ手中ニ措ク。蓋シ淸水ヲ掬シテ手掌ヲ淨ムルニ擬スルナリ。

數抄時每ニ各「らま」僧合掌ヲ解キ以テ生米ヲ室中ニ撒布ス。唱歌讃嘆了レバ書記乃ハチ開扉シタル舍利龕ヲ把テ。室中ノ諸員ノ冥福ヲ樂求スルモノニ附與シテ之ヲ頂戴セシム。

儀式全ク終ルト「だんまぱら」氏舍利一粒貝葉一枚ヲ出シテ。之ヲ「しつきむ」國敎本山ノ貫主ニ贈リ。更ニ三葉ヲ出シテ之ヲ西藏ニ贈ル。此等三枚ノ貝葉ハ使節ヲシテ「だーおりんぐ」

より「さーら」ニ至リテ。之ヲ大「らま」僧ノ手ニ届ケシムベキ筈ナリ。次ニ「とにだぶ」らじやーノ發議ニ依リ。他ノ疑惑ヲ避ケンガ爲ニ。衆會ノ眼前ニ於テ佛舍利ヲ龕ニ収メテ之ニ封鎖ヲ施スベキニ決ス。其封鎖ノ法純然タル東洋風ニシテ毫モ英國風ノ臭味ヲ帶ビス。亦タ大ニ觀ルベキモノアリ。先ッ佛舍利ヲ象牙ノ小龕ニ收メテ貝葉ト共ニ黄絹ニ包ミ。更ニ長キ白色ノ柔軟ナル絹布ヲ以テ深ク之ヲ蔽ヒ。佛幢旛ヲ以テ之ヲ包ミ。最后支那紙片ヲ執テ以テ之レガ外封皮ト爲ス。將ニ之ニ封鎖ヲ施サントス。偶マ〳〵印ナシ。予(女史)乃ハチ予ガ古製ノ指環ヲ把リテ印ニ代エシム。會長嚴肅ナル儀式ニ依テ之ヲ封鎖シ了ル。

らじやー乃ハチ起テ錫蘭佛教徒。殊ニだんまぱら氏ニ對スル謝辭ヲ呈ス。らじやーハ其齡殆ンド四十氣宇寛大ニシテ冐ス可カラサル威容ノ中ニ仁恕ノ趣キヲ含メリ。氏ハ先ヅ氏自身幷ニ本會ニ出席セル諸氏ノ爲メニだんまぱら氏ニ謝意ヲ表シ次ニ本會合ニ出席セル人々ガ無事ニ斯ノ重要ナル法務ヲ完結シタルノ喜ヲ叙シ。終リニ此ノ會合ヨリ結果スル利益ノ廣大ナルベキヲ説テ下壇ス。氏ガ爽快流麗ノ辨満場ノ傍聽者ヲシテ。能々氏ガ本意所在ヲ詳カニセシム。氏演説中特ニ人ヲシテ聳聽セシメタルハ。波羅門教ト佛教ノ比較論定ナリトス。氏曰ク西藏ノ婆羅門教徒ハ曾テ屢々佛教徒ト相軋轢シタリ。婆羅門教徒ノ佛教徒ヲ詰ルヤ責ムルニ身体不潔ヲ以テスルヲ常トス。(西藏佛教徒ノ浴ヲ取ラサルハ隱レナキ事實ナリ)然ルニ佛教徒ハ之ヲ對岸ノ火災視シテ敢テ之ヲ駁スルコヲ爲サヽリキ。請フ試ミニ両教徒ガ精神上ノ淨潔如何ヲ比較セン。吾人西藏人民ガ身体上ノ淨潔ニ就テ稍々異ナル所ナルハ事實ナリ。然レドモ又一方ヨリ之ヲ觀ルトキハ。汝婆羅門教徒ハ縱令身体ハ清潔なるも精神の不潔ナルヲ如何セシヤ。婆羅門教徒ハ動物ヲ犧牲ニス。汝ハ僧侶ノ分ヲ忘レテ財寶ヲ貪婪ナシ。汝ハ亦タ世俗ヲシテ精神界ノ教法ヨリ遠サカラシム。吾人西藏佛教徒ハ殺生ヲ嚴禁ス。吾人ハ清貧ヲ樂シムベキヲ誓フ。吾人ハ亦教寶ヲ齎ラシテ極貧ノ家ニ至リ。彼等ニ精神上ノ眞理ヲ知ラシム。云々。

予ハ會衆ノ請ニ應ヅ全會ニ代ッテらじやーニ謝辭ヲ述ベ。且ッ予ガ當日斯ノ如キ盛筵ニ列スルノ機會ヲ得タルヲ喜ブ。是ニ於テ閉會ス。

(完結)

故法勝寺執行俊寛僧都紀念塔銘

甚矣哉前史之誤謬。以錯後人耳目乎。吾於故法勝寺執行俊寛僧都之事蹟。弗能無遺憾也。安得不洗雪其誤謬。而補正其遺漏乎哉。距肥前長崎港。海程八里許。有一小嶋。曰硫黄島又曰鬼界島。屬肥前國。實文治二年四月。僧都所謫死之處。島中有古墓。相傳僧都歿後。其僮有王。爲植松樹。以爲墓表。根幹蟠結。枝葉扶疎。名曰有王松。今尙存云。有一禪廬。曰法勝山圓通寺。有僧都塋焉。今歲寺主活龍上人。慮其跡久而荒廢。與同志者胥議。爲修塋碑。謀其不朽。遠寄其地圖及履歷。令予銘之。予乃据其事蹟確可信者。叙之曰。昔者當治承之時。平氏暴横。蔑棄朝憲。罷黜公卿。僧都憂憤不能禁。乃與丹波少將成經。平判官康頼等。屢會議鹿谷山莊。謀討滅平氏。事覺處流。當是之時。肥前國主門脇黄門教盛。憫僧都之忠慨義憤。一爲王家。竊舍匿之其采邑。而以聞平氏以流竄於薩之硫島。故此島名曰硫島。實則非硫黄。蓋假以被其名耳。而前史誤謬轉轉相傳。以至今日。是予所以洗雪其誤謬。而補正其遺漏也。嗚呼僧都以眇々一浮屠氏。欲誅鋤鼎盛平氏。雖事不集而謫死。其慷慨節烈。似鼓動四方義士之氣。爲異日頼朝義仲勃興隙。其功固有不可掩者焉。其謫在島中卉服縄帶。柴瘠如腊。采拾魚介。以充飢。纔延生命於旦暮。怨恨終天其悲痛哀悼。豈何如乎哉。予嘗西游航海。赴崎港。望其所謂硫黄島於積水渺茫中。當時未知爲僧都之遺跡。故不及一吊其墓而止。今得詳其事跡。雲山阻絶。其中懷悲悼不可言也。因表前史之誤謬。廼爲之銘曰

鹿谷荘中瓶子倒。瓶子未倒身先顛。謫死空爲孤島鬼。
埋枯骨青苔蒼烟。吁嗟哉骨乎雖朽。英靈精魄長依然。
雲慘憺兮風蕭瑟。魂乎歸來鹿谷之墟。如意岳之巓。

明治廿二年己丑　平安　菊池純識

五十川訒堂曰。奇事異跡。寫得踴躍飛動。不特洗雪前史之誤謬。亦可以裨益於世道人心矣。

山田天山曰立論明快。叙事精確。馬遷六一之文法。可惜謫死島中。似失事實矣。

雜報

●中山二位局佛教に歸し給ふ　上皇祖皇宗の遺烈を亨け。下四千万の國民を統べ。以て万世一系の天位を保有し。以て日本帝國の元首に立ち給ふ。我が叡聖文武。至尊至嚴なる　皇帝陛下の御生母にまします。中山二位局は十一月十三日東京目白の僧園に參して。雲照大和尚を訪はれしに。折節三浦將軍も同園に參拜し居られたれば將軍より直ちに和尚に其旨を通せられしに。和尚は接見所に出席して二位公に面され。公の懇請により本堂に於て和尚より十善戒の授與あり。後ち公は和尚に就て種々の法話を聽聞され。了て觀音經幷に和尚著の佛教大意等を請け。大に歡喜して歸られたりと謂ふ。

●故久邇宮殿下の御一周忌　十月十八日京都各宗洪濟會に於て。金戒光明寺門主獅子吼觀定師導師を勤め。故久邇宮朝彦親王殿下の一周忌を修行せし由。元來洪濟會は去る十八年故殿下の御内意にて。京都各宗派本山の協立に係り。今日まで當初の事業を繼續したるものなれば。同會にとりては故殿下御厚志の程を傳ふるは同會の本意なるを以て。今年に限らず後年とても故殿下御忌日には。同會長自ら主となりて法要を勤むるの内儀ありと。左もある可き事なり。

●海江田將軍受戒す　彼の維新革命の際。南洲翁と共に月照を伴ひ京師を脫し。宮庭に奉侍すると。二十有餘年始終一日の如く。口常に澳儒スタインと。我藤田東湖とを唱へて止まざる。薩の信義海江田將軍は。雲照律師に請ふて菩薩戒を受けられたり。吾人は將軍が國家に盡瘁せしが如く。信仰の爲に其心血を濺がんとを望む。

●山田顯義伯の佛葬　伏水鳥羽の戰爭に。明治十年の大亂に。砲烟彈雨の中に馳驅し。武威軍功爍然として明治史上に輝く。維新の元勳。新法典の編成者。正二位山田伯は果敢なくも。四十九年を一期として。空く但馬生野の客中腦充血の爲めに俄然逝去せられたり。越へて數日卽ち去月十七日東京音羽護國寺に於て。西本願寺法主猊下大谷光尊師導師となり。以て莊嚴なる佛葬に依りて。顯忠院釋義宣空齋大居士の葬儀を執行せられたり。今回同伯の佛葬は。伯の北堂頗る眞宗歸依の信者にして。伯は客年病危篤の際。我大期の不幸に臨まば。母に盡す最終の孝道として。葬儀を佛式に爲すべしと云はれし。其遺言に依ると云ふ。又た伯は平素觀音菩薩を信伽し。觀音の尊像を其守本尊となし。常に身を離さず崇敬し居られしに。今回漫遊の際には如何なる故にか。自邸に遺し置かれしが。訃音至るに及び。遺族は此尊像を見て。一層の愁傷に沈まれしと。嗚呼薨去の前夜。旅館の寒燈蕭然たるの下。黃葉黃花秋可親。鳥飛雲靜少紅塵。一周風物如儂意。立撫孤松憶故人と絕命の詩を揮毫したるの人も。今や空く生野の秋風に散りて。遺骸を音羽の塋內に埋め。人として轉た無常の感念を惹起せしむるに至れり。吁悲哉。

●大谷派法主を大菩提會副會長に仰がんとす　我が敎祖大聖釋尊の正覺を成し給ひし。印度佛陀伽耶の靈蹟を回復し。傍ら印度佛敎の復活を企圖する。錫蘭嶋の佛陀伽耶大菩提會よりは。現時エンタリー、カルコッタ府パマプーカ街二十九番地大菩提會總書記局に在る。同會總書記ダンマパーラ氏の名宛にて。我が日本京都東本願寺の大法主猊下に對し。一書を贈り同法主を請ふて大菩提會副會長に仰がんことを申込みたり。大谷派にては其諾否如何は目下熟考中なりと云ふ。而して其乞願書は實に左の如し。是れ豈に海內有識の佛徒が輕々看過すべきものならんや。

臺下余は大菩提會則の草案を獻呈候故臺下之を閱覽ありて熟慮の後嘉納せられて同案を返送せられんとを希望致候又臺下には本會の副會長たるとを承諾せられんとを偏に願候印度は佛敎徒の靈地にして此靈地に佛敎思想の種子を七百年の後今一度播くの時機現に到達せりと存候而して佛敎傳道會は此事業と爲すに必要にして佛敎大學校を小規摸を以てカルコッタ府に設立するとは佛敎の若僧を人種の別なく

平等に教育するに最も大切なる事と存候此の如くにして且名譽ある事業をなすには臺下の眞實の御助力緊要と存候尤も大菩提會は宗派に加入せしむるを以て目的とせずして唯印度人民中に佛教の智識を弘布するを以て目的と致候依て臺下の補助を與へらるゝに適當なる好事業に有之候實に余は佛教寺院の諸管長の勢力によつて此大菩提會は將來益々隆盛となりて臺下の補助事業を愈々擴張せらるゝに至らんと期して待つ可しと確信致候臺下幸に余の最も深く敬意を表することを嘉納せられて貴答を賜はらんことを伏して奉懇願候敬具

●ダンマパラ氏の書簡　同氏が我邦印度佛蹟興復會に贈りし剴切なる長文の書簡は左の如し。吾人は此書を讀んで氏が佛蹟興復の運動に全心全力を捧げ。而かも自ら奮つて來年米國の萬國宗教大會に臨席し。以て佛教的の陳列會を開かんと欲するが如き。用意の周到眼光の鋭敏なるを感ずる者なり。

九月八日發貴翰落手謹で閱讀仕候現時タタカス教徒の押領せる佛陀伽耶靈場を回復する爲め貴下等の御盡力に依て貴邦に於て勢力ある會合ありたるは恐悦の至りに奉存候サーエドウヰンアーノルド氏が佛陀伽耶運動に付公然同意を表し確實に助力するの約束を爲せし今日に於ては吾等は尚更ら忍耐勉强該靈蹟を再び佛教徒の手に歸する迄は屈せず撓まず盡力せざる可からず而してマハントは大菩提會に於ける顯著の運動に付て大に驚愕仕居候小生は該靈場か曾て西曆一千二百〇二年に於て回々教徒に由て破却せられたる迄は佛教徒の手に屬せしことを示さんが爲歷史上の證據を蒐集致し居候當時に於けるマハントは佛教徒の代表者にして靈塔は緬甸國王に屬せしことを公言したることも有之菩提會雜誌に於て靈塔の歷史を公に可致候實にマハントは大塔を保護せず各々五百ルピーの價値ある佛像も家畜の爲め蹂躪せられ墻垣の中に塗込められたり小生はアーノルド氏と篤と協議の上マハントを屈服せしむる樣可致候佛教者が佛陀伽耶の外尚三ケ所の靈地に於て其止住所を設けんことは必要の事にてアーノルド氏も大に希望致し被居候各靈蹟の近傍に地面を有せんとする貴會の目的は至極良策に存じ候佛教の擴張を實行するは巨万の費用を要することなれども畢竟するに吾人の要する所は唯人物にして物には非ず熱心なる佛教家ありて運動せば吾等の成功は期して俟つべし吾人の前には成功と繁榮の各希望を以て充され居候米國シカゴ宗教大會は評議員の一名として小生を指命したり就ては明年小生は錫蘭佛教徒の委員として該會議に出席する覺悟に有之已にカルカツタ府駐在の米國領事は閣龍大博覽會開設の一ケ月前該地に到り米國公衆の面前に於て連日講演を爲さんことを勸奬被致候就ては若し大菩提會の名義にて佛教陳列會を開き佛教禮拜の法寶物佛像、佛教圖畫、及び佛書等を陳列して以て公衆の注意を促がせば好都合ならんと存じ候若し小生愈々出席する事と相成候へば英國を經て米國に出で其歸途日本に立寄り可申候貴下等に於て御同意の上佛具、佛畫及び佛像佛書等適當のもの御蒐集被下度御依賴申上候小生は目下錫蘭西藏にも又た緬甸暹羅等にも此儀を申送り蒐集の準備を求め置き候萬國大博覽會に於て吾等佛教的陳列會を開くを得ば佛陀伽耶會の爲め利益なるのみならず實に立派なるものと信じ候小生は來年貴邦に至り貴下

及び會員諸氏と御面談可仕候匆々頓首

貴下の榮光ある運動は絕へず忍耐勉强あれ

●島地默雷師の大奮發　眞宗本派東京鎭臺の默雷上人が。佛敎西漸の氣運を看破し。佛京巴里に向つて法雷を震はんと欲せしは。早や昨年夏の頃なりき。然るに師は愈々決心する所ありて。本年本派集會の開會せらるゝや。蒼皇東都を去りて集會に臨み。現今我邦佛徒の急務は海外宣敎にあり。海外の宣敎は歐州文化の中心たる。佛蘭西に敎旗を飜すを以て得策とす。殊に明年はシカゴ博覧會に宗敎大會を開設するの計畫もあれば。日本佛敎は此機を失せず。奮然起て泰西の敎海を一變す可しとの趣旨に依りて。佛國開敎の建白書（派出員は派内有德の僧一名通辨一名にて佛國滯在を二年間として其豫算費額壹万貳千弗なり）を提出したりしが。四十餘名の會衆諸師悉く起つて賛成を表し。忽ち調査委員五名（宮本惠順。日野義淵。藤田祐眞。香川默識。佐々木某）を選んで充分取調の任に當らしめ。愈々來春早々佛國傳道の實行に着手する筈なりと云ふ。

●藤嶋了穩師も同行せんとす　嶋地師が佛京巴里に渡航し以て佛光を輝かさんとの建議案顯るゝや。彼の七年の歲月を巴里に送り。佛文十二宗綱要を著はせし勳績に依りて。佛國の勳章學位（オヒーシエー、ダ、アカデミー）を辱ふせし。膽岳藤嶋師も亦た雨田嶋地師の通辨を兼ね。師と同行して開敎に從事せんとの建議案を提出せしが。是又た異議なく通過せしに付き。愈々嶋地師と同行するに決せしと謂ふ。

●勝友會員の美擧　在東京眞宗本派の學生が團結せし勝友會員佐竹知應氏外數氏は。該派の集會に向つて。明年米國シカゴの万國宗敎大會に眞宗本派の代表者を派遣（高僧一名通辨一名の旅費滯在費三千九百弗）すると同時に。英譯眞宗大意を印刷して（施本印刷費九十六弗）。世界萬國より雲合霧集する該博覧會の遊覧者に施配し。以て東洋佛敎の新敎たる眞宗歐米宣敎の曙光を放たしめんとの建議案を提出せしが。是れ復た集會全体の賛成を得て。直ちに執行所に回附せりと云ふ。

●世界的佛敎氣運の刺戟　多年齷齪たる一派本山宗政上の權限爭に止まり。退守安逸の惡風全面に靉靆たるに止まり。執行と會衆との疾視反目に止まり。未だ一點も世界的佛敎氣運の如何に注目する所あらざりき。彼の眞宗本派の集會が難なく以上の三項を議決せしが如きは。實に世界的佛敎氣運の刺戟を受けしに是れ依らずんばあらず。吾人は該集會が此刺戟の感化を蒙りしを歡喜すると同時に。彼の三建議案が徒に議決上の空響たるに止まらずして。愈々來春早々實地に斷行せられ。以て彼の默雷了穩の二師をして。日本佛徒海外傳道の先驅たる榮冠を戴かしめんことを熱望せざるを得ず。

●大谷派本堂上棟式　宏大雄麗なる新殿堂巍然として雲漢に聳へ。以て各宗本山の伽藍を俯瞰するものは。是れ大谷派本願寺の本堂なり。時維れ十一月二十九日天朗に氣淸く。白雲萬里の秋天に滿つるの中に。四圍の山川金氣凜森たるの中に敬虔なる全國參集の信徒が歡喜渴仰に咽ぶの中に。懇篤なる三法主親諭の中に。鐵血宰相祝詞朗讀の中に。末寺總代講中總代頌辭捧讀の中に。五彩の祥雲空に靆く煙花亂發の中に。參集の門末九千五百餘名饗應の中に。祝餅十三萬箇配與の中に。柵內參觀劵五万五千三百枚を發せし中に。各宗管長。各宗尼公。各宗僧侶。貴顯縉紳。綺羅星の如く列式の中に。莊嚴無比なる上棟式を執行せられたり。嗚呼誰か眞宗信者信仰的活力の顯現に驚歎せざらんや。

●大谷派三法主猊下の親諭　東本願寺阿彌陀堂上棟式の際同派三法主猊下の垂れ給ひし御親諭は實に左の如し。

予が再建の事業を企てしより玆に十有三年幸に不定の露命を存し老後に於て此盛典と覩ること予が最喜ぶ所なり冀くは門末の輩益々工事の進歩を圖り予が本懷を滿足せしめんことを　（前法主の親諭）

予が在職の今日に於て此盛典を擧行することは偏に前住の多年辛苦經營せられし所の功績にして而も門末がよく和合して力を報謝に盡せし所の結果なり予が不肖敢て當らずと雖も今後益々學事を振興し布敎を擴張して弘願一乘の宗義を顯揚し仁義忠孝を勸勵して萬世一系の皇室を翼賛し以て佛祖の悲懷を契ひ前住の素志を遂げんと欲す抑も本堂再建の本意は崇敬の禮を盡すにあり盖し禮の用は和を貴しとす殊に禮は和合を義となすが故に自今爾々協同一致して報恩の衷情を抽んで和氣靄然の間に於て遷佛遷座の法要を修せんことを望む門末の緇素宜く此意を体せよ　（現法主親諭）

再建の工事大に其歩を進め兩堂棟を雙べ甍を連ね本堂の上梁を行ふに至れり洵に歡喜の至に堪へず門末宜く兩法主の敎旨を服膺し內には敎法の光彩を煥發し外には國家の福利を增進すべし玆に一言を陳ぶ　（新法主親諭）

●南禪寺派琉球に開敎せんとす　臨濟宗南禪寺の開祖大明〔諱は普門 字は無關〕國師は。往昔琉球に航じて敎化を垂れられしとある由にて。今に同地に於て南禪寺派の末寺數ヶ寺ありて信徒も相應にありと。左れば今度同派にては大に琉球に向つて敎田を開かんことを企圖し。過日開會せし宗會に附議せしに。衆僧の賛成する所となり。愈々遠からざる內に派內有德の僧を擇んで派遣すると云ふ。實に喜ふ可き事なり。

●日蓮宗大會議　日蓮宗總本山身延山久遠寺に於て。十一月十九日より同二十四日迄五日間。各地方門末總代議員三十餘名を招集して。祖山大會議を開設せり。大會理事は久保田日遙僧都なり。議長は僧都瑞輪寺功刀日慈師なり。副議長は權僧都遠光寺野澤義眞師なり。其會議の光景は同本山の機關敎友雜誌奇評して。『其議塲の狀況奈何と想像するに東西に假現の阿修羅王も迦樓羅王も南北に天釋天王も摩利支天王もありしならん這般旗皷相對霹靂囂々口角飛沫双眼睥睨以て水火の激昂を來せしこともあらん然るに奇哉孰も法華守護の善神なるを以て爲宗護山の一事に至ては異口同音低頭して共賛せざるはなかりしと』。亦た以て該會議の如何を察するに足る。

●眞言宗宗會の解散　舊佛敎破壞の最大現象たる曹洞宗の騷動漸く沈靜に歸せんとする際に方り。今や復た眞言宗會解散の紛紜を見るに至る。二十五年の佛界何ぞそれ斯の如く紛亂の現象多きや。嗚呼實に眞言宗會は十月十九日を以て。該宗の総本山たる京都敎王護國寺の法務所に開設せられたり。各々三十壹名宛の新古両派議員。十三名の法務所委員日々出席して熱心火花を散らせり。法務所提出の議案總計十四案。同月二十七日より第一の宗制改正案附たり敎王護國寺々法の討議に掛り。動議修正喧々囂々の中に漸く進んで。十一月十日該案四十八條原案の「大本山は各自定むる所の寺法に依り寺務を所辨す」の審議に取り掛れり。於是乎久しく計畫したる新義派の修正案。則ち「大本山は其本末協同して定むる寺法に依り寺務を所辨す」を小柴豊嶽。文屋晋阿。青鹿秀榮。尾川照圓の四師（新義派議員）が提出せり。此動議顯るゝや否や。忽ちにして眞言宗會の一大破裂となり。古義派の傑物と聞へたる土宜法龍。秦義雄。樹下快明。番外森岡壽算の四師交々起つて提出者に質問を試み。甲論乙駁辨詰反難。議塲鼎沸名狀す可からざるの中に。氏名點呼を行ひしが。贊成者は盡く新義派議員三十壹名にして。古義派議員は悉く反對なり。於是修正說は三分の二以上の多數を得ざるが爲め消滅に歸せり。此時修正案提出者の一人たる。小柴師大喝一聲退席を乞ふと述ぶるや。新義派議員は異口同音に退席を乞ふて。一時に席を蹴り立てゝ議塲を退出せり。それより新義派議員の病氣欠席となり。宗會の停會となり。雙方交渉委員の調和的運動となりしも。遂に其功なく同十六日に至り霹靂一聲解散の不祥と現出し。古義派議員の「宗會議事及解散顚末報告」となり。新義派議員の「陳情書」捧呈となり。彼れ新義派の機關密嚴敎報をして。「嗚呼百事已みぬ悲哉根嶺の花笑はず南山の鳥歌ふなし西風颯々嘗三十六峰の樹木を吹く」と泣かしめたり。嗚呼地下の空海覺鑁二聖人をして此醜体を看せしめば。定めて一掬の紅涙を絞らるゝならん乎。吾人も眞個に歲晩に臨み。此の不祥の記事を認むるを慨嘆に堪へざるなり。

●「敎海指針」の流涕大息　曹洞宗非分離の機關「敎海指針」は

朗亮たる良心の呵責禁ずる能はずと見へ左の如き歎聲を發せり

曹洞宗の名譽回復は果して何れの時ぞ何も知らぬ田舍の我利法師が輓近世の風潮に誘れて政治家の擧動を學び一宗の民黨を氣取りて神聖なる兩本山の名譽と嚴正なる一宗の名譽とを毀損するとを顧みず舌に筆に誣言怪説自ら欺き又他を欺きて家醜を全天下に擧げ貴顯紳士學者を始め各種の新聞記者外教徒他宗の僧侶及び商賈農工より馬丁走卒に至る迄今は曹洞宗と稱へずして騷動宗騷動宗と呼ぶ既に此醜名辱稱を受け之を雪ぐに道なきを悲歎しつゝありしに又今年は能山分離獨立の爲めに騷動の上塗を爲し騷動宗の醜名辱稱は遂に牢として動すべからざるに至る嗚呼誰か此一大恥辱を雪ぐものぞ

●宮本惠順師の述懐　眞宗本派議會の信州代議士。本派集會の蟹甲將軍。本年の集會中最も雄論快辨滿場を壓せし。同師が京都出發の際。或人に與へし二首の述懐は左の如し。

拔山力彈形吊影　傾國春衰鏡光冷　借問人間千古歸　一塲寫觀夢中境

黠鼠羽化鷹揚矣　緇園尚是幟法旗　至公天公意雖計　假此小族何以時

●本派會衆中の二猛將　本願寺の機關京都毎日冷評して。「北方の獅子里見了念氏は今や我教園に光芒を收めて徐に養ふ所あり本年我集會中に猛將の名を轟せしものは一は豊田善住氏と一は日種宗淵氏なり等しく北越より出來りたる英物なりとす詎ぞ北方に獅子の多き哉」と呼ぶ嗚呼毎日子も亦た煽揚籠絡の策畧に富める哉。呵々絶笑覺へず筆を投じ啞然又啞然。

●佛教大難論愈々出でたり　新佛教理想の光明を有して舊佛教現實の腐敗を照らし。自ら東洋佛教改革のルーツーを以て任ずる中西牛郎氏は。新舊思想の衝突せし文學寮大紛亂の狂瀾中に覆沒したる後。蒼翠たる三十六峯の麓一穗寒燈の下に瞑目兀坐して。大に日本佛教の危急存亡を看破し。忽ち一氣呵成の筆を皷して。其悲憤感慨を洩らし。以て政教關係教理證明内地雜居の三大難を恰かも萬斛の泉源滔々汪々として溢逆し來るの猛勢を以て。論じ去り論じ來りて佛教萬年の大計を企畫せしもの是れ則ち佛教大難論なり。吾人は明治二十六年の曉鐘響き渡ると同時に。我社の全力を傾け。嚴批精評辨難攻擊。彼の新佛教論の論戰に百倍千倍する大波瀾を新年の佛海に捲き起さんと欲す矣。

●「國教」の寸評　此頃京都に生れし一種特絶の新雜誌教界萬報我が國教を評して。「霧嶋の山砲煙を留め。紫陽の海鬨喚と包む。汪々たる大平洋中に狂瀾巖を碎き。怒濤船を覆すの準備を怠らざるものは夫れ國教乎」と謂へり。予輩敢て其過賞に當らずと雖も。平素の大旨義に依り前途に向つて奮擊突進せん。

●本年一月以來寄贈の雜誌及び小冊子　吾人は此歳暮に際し謹んで終る一週年間に惠投を辱ふせし諸雜誌諸小冊子の名稱冊數寄贈者等を掲載し以て其厚意を感謝す

名稱	冊數	發行所或は寄贈者
◉佛教新運動	四冊	京都　悟眞協會
◉佛敎公論	十八冊	仝　佛敎公論社
◉海外佛敎事情	七冊	仝　海外宣敎社
◉反省雜誌	六冊	仝　反省雜誌社
◉傳道新誌	七冊	仝　傳道新誌社
◉文海思藻	二冊	熊本　講文會
◉九州文學	四冊	仝　九州文學社
◉法之雨	拾壹冊	愛知　法雨協會本部
◉敎友雜誌	貳拾三冊	山梨　敎友社
◉法話	拾壹冊	東京　法話發行所
◉華之園	五冊	京都　華園社
◉傳燈	九冊	仝　眞言宗傳燈會本部
◉正法輪	七冊	仝　正法輪發行所
◉密嚴敎報	貳拾三冊	東京　密嚴敎報社
◉四明餘霞	拾壹冊	滋賀　天台宗務廳文書課
◉大悲之友	拾壹冊	神戸　大悲之友雜誌社
◉佛典講義錄	七冊	京都　鶴龍協會
◉敎海指針	拾冊	東京　敎海指針社
◉宗敎公論	四部	京都　宗敎公論社
◉經世博議	拾壹冊	仝　博議社
◉能仁新報	四拾五冊	愛知　能仁新報社
◉擇善會雜誌	三冊	三重　擇善會本部
◉五瀬敎報	六冊	仝　擇善會本部
◉團報	三冊	京都　尊皇奉佛大同團本部
◉護國	八冊	仝　大同書院
◉同學	八冊	和歌山　同學社
◉法藏	四冊	京都　法藏館
◉公明新誌	三冊	富山　公明新誌社
◉寶之林	四冊	兵庫　寶林雜誌本部
◉眞佛敎軍	三冊	福岡　眞佛敎社
◉播磨雜誌	四冊	東京　播磨雜誌社
◉大坂商工雜誌	四冊	大坂　大坂商工雜誌社
◉法の海	貳冊	大分　法海社

名稱	冊數	發行所或は寄贈者
◉東洋奇術新報	壹冊	大坂　東洋社
◉天則	貳冊	東京　哲學書院
◉敎界萬報	貳冊	京都　萬報社
◉華頃	貳冊	仝　華頃文社
◉活少年	壹冊	新潟　活少年社
◉生徒之友	壹冊	橫濱　橫濱文社
◉學友	壹冊	埼玉　學友雜誌社
◉日本一	壹冊	京都　共益社
◉農民	壹冊	愛知　日本農民會雜誌局
◉道之礎	壹冊	京都　明鏡社
◉法之光	壹冊	和歌山　法之光發行所
◉法之船	壹冊	福井　法船雜誌社
◉農藝雜誌	壹冊	島根　農園
◉德育	壹冊	東京　德育社
◉佛敎或問	壹部	京部　興敎書院
◉各國宗敎略話	壹部	仝　興敎書院
◉御傳鈔簡要	壹部	仝　興敎書院
◉宗敎一隻眼眞假三題高祖眼	壹部	仝　興敎書院
◉悔改文講話	壹部	仝　興敎書院
◉國母論	壹部	東京　丹靈源
◉護國のもとい	壹部	仝　丹靈源
◉二帖目第四通御文說敎	壹部	仝　眞宗法話會
◉一橋社之椿事護法話論	壹部	神戸　日東館
◉日本佛敎現勢史	壹部	京部　月輪正遵氏
◉各國宗敎略話	貳部	福井　秃了敎氏
◉諸宗祖師畧傳	壹部	山口　明三慧氏

◉◉雜誌合計　三百〇五冊
小冊子合計　拾三部

十二月十七日調査

●教界萬報

毎月一日十五日發行(十一月十五日)第一號發行 一部壹錢 十部前金九錢 郵税一部(五厘) 郵券代用一割增

教界萬報は宗教教育衛生經濟農工等に關する活世界の活歴史なり其目的之を保存して將來參考の便に供するにあり之を左右に置けば備忘錄となり往來之を携ふれば議論談話の材料袋とならん方今世間新聞雜誌の多き其數幾百種なるを知らず一々之を購讀せんとするも到底時間と費用とに堪へざるを如何せん是に於て我が萬報は幾多の新聞雜誌に就て其要を取り其粹を拔き悉く之を一部の內に收め讀者をして時間費用を節減して幾多の新聞雜誌を讀むと同一の利益を得せしめ加ふるに慧敏なる探訪を以てし確實なる事實の報道に怠らず且重要なる時事問題に關しては有力なる新聞雜誌に揭ぐる議論の要領を集記して一目輿論の向背を瞭然たらしむ短評あり批評あり廣告あり苟も身文明社會に棲息するものは都となく鄙となく萬報を讀まずんば恐くば迂濶の嘔を免かれざらん

發行所 京都市下京區油小路通魚棚下 教界萬報發行所

●佛教公論

毎月二回十日廿五日發兌◎明治廿五年十二月十日發行◎第拾八號目次

◎論說●慨世小言(孤芳陳士)●佛教と國家教育(加藤吶堂)◎雜俎●觀本寺上棟式(觀風生)●論本(演說)(藤井文學士)●さゝ浪日記(川合梁定)●時事漫言(直得子)●寫眞(狂言)(男山子)◎時事●議會開期●法典●總理の負傷●巡教使會●不敬事件●亦美擧也●田家菊●霜●布教會●出品の寫眞●將軍受戒す●千嶋艦沈沒●奇なる統計●佛蹟興復會●鳳駕臨幸請願書●老女の心操●佛書英譯に就て ◎小說●紅一點(卍字怨王人) ◎講說●標月指(大我上人)●一心二門大意(柳澤渾) ◎廣告●百萬遍圖石版外數件 本誌見本を要するの人は往復はがきにて申込まるべし最近發兌の分一部限り進呈す

發行所 京都市下京區林下町第七十三番戸內 佛教公論社

●同學

毎月十六日發行一冊四錢五厘〇一ヶ年前金(十二冊)五拾錢〇郵税は本社にてなすべし

第貳拾八號目次 十一月十六日既刊

●同學〇本宗一般の僧侶に代て議員諸氏に訴ふ〇佛教と教理との關係(鳳雛生)〇美術管見(接前)(朝戸高山)〇本宗愚見(山田諦俊)●教學雜記〇妙經普門品略註(上田照遍)〇祭書屋俳話(獺祭書屋主人)〇青年僧侶と勵ますの歌(白井悟主人)●詞林〇白華園主人〇鄕船山〇楓葉山人〇〇奧川總觀〇高山覺義〇鶴城山人〇〇秋田眞鎧〇野上湘江〇岡雲石〇阿部野眞圓〇酒井醉生〇鬪川柳外〇服部淸泉〇野中壁谷〇不動祐寶〇剛毅山人〇香川見道〇峯山朝住〇高山覺義〇國安恭觀●漫筆〇佛教の本領(壚澤密禪)〇迷悟と凡聖〇世間出世間〇佛〇或種の論者〇善と惡〇柴庵主人〇次に●寄書〇各宗是を一定するの大必要を論ず(岡庸一)〇佛教徒の覺悟(一如道人)〇敢て我青年の注意を促す(益田猛嚴)〇聊か所感を述ぶ(實木隆榮)●雜報〇宗會開けたり〇上田照遍師〇震災死亡者一週忌の追福〇勸學會〇高野山新築寺院〇高僧と高士の唱和〇日本全國中寺社僧侶神官の現數〇印度現在の宗教統計表〇安房通信〇德嶋縣通信〇讚岐國德成寺〇例の虛無黨か〇寄贈雜書●廣告數件

發行所 紀州高野山 同學社

●能仁新報

毎週發行一部代價金一錢五厘全國無遞送料郵券代用は五厘券に限る必ず前金を要す

能仁新報は佛教を主としたる宗教維一の新聞紙なれば凡そ內外各國の宗教は其の宗の何たるを問はず宗教上の出來事は細大漏さず迅速確實に報導し一も漏す事なかるへし

能仁新報は一宗一派の機關に非ざるが故に彼の宗に詳に此の宗に疎なる事なし●社說は剴切痛快に宗教及び其の他の時事を論議し●內典講義欄には佛教各宗諸大家の講義を揭ぐ(目下淨土宗大本山淸淨華院主たりし神谷大周師の妙法華經演繹其他甘蔗普薰師の倶舍論を揭けり)●外典講義欄には佛教以外の宗教即ち神、儒、耶等の外典講義を揭ぐ(目下天主教の講義あり且つ曾て神道の一派なる天理教々義の講義を揭げて大に世上の喝采を博し得たり)●雜報は重に佛教々內に於ける出來事及び時事の雜報を揭け外教彙報あり內外國外教の出來事を揭ぐ●雜錄欄には古今史乘、人物の傳記、社寺の記錄古跡の由緒及び古今の珍說藏書を揭け且つ有識古實の講義をも揭げり●文苑には詩歌文章あり●投書●寄書欄あり●論說欄には諸大家の高說を揭げ●廣告欄あり殊に挿畫は每號異なりたる專門畫博が丹靑になる史徵、美術の模範たる圖畫數箇あり而して代價の廉なる一部の字數凡そ二万五千字にして每週郵送するも金壹錢五厘なるは恐く全國に其の比無るへし是れ愛國護法の有志が發行によれるが故にして敢て利の爲にせざる所以なり●見本を要せば往復はがきにて申込まれなば直に送呈す

發行所 愛知縣名古屋市南伊勢町 能仁新報社

中西牛郎先生著　大判美本　全一冊　發賣實價金三十四錢　郵税六錢

佛教大難論

何をか佛教の大難と云ふや曰國家の保護を失ふて各宗統一の勢力なきこと曰教理の證明其當を得ずして國家を感化する能はざること曰内地雜居の期既に逼りて之に對するの準備未だ立たざること此三大難は佛教各宗をして一朝自ら其立脚の地を失して**土崩瓦解**の勢に至らしむることは明なり於是數年前**宗教革命論**を著はして佛教前途の多望を謳歌せし中西先生今や又佛教悲哀的の豫言者となり俄に本論を草して佛教の危急存亡既に眼前に迫るの状を寫し更に進て佛教の爲め**根本的大計**を確立し佛教各宗が千有餘年の潜勢力を一時に爆發し多數國民の興論を驅りて保護教建設の一大問題を帝國議會に提出し震天動地の大運動を試みざる可らざることを痛論し以て海内の佛教僧侶信徒及世の識者政事家に訴ふる者は則本論也

出版元　東京神田區西小川町二丁目五番地　**博文堂　原田庄左衛門**

大賣　熊本新貳丁目　樂善堂　**長崎次郎**

捌所　熊本市上通町四丁目角　**同　支店**

●**反省雑誌**は種々の事情に遮られ七八両月休刊し九月彌發行の準備成りしも内務省への手續錯誤せし爲漸く十月十八日七年第六號を發行せり然るに尚久しく遞信省の認可なきが爲右雜誌も地方發送するを得ざりしに彌本月二日を以て認許を得たれば本月十五日は七年第七號を發行し再後續々定期發行す此旨各地讀者諸賢に報白す

十二月六日

京都市新町通花屋町下ル　**反省雑誌社**

登録商標

肥後名産

朝鮮飴

内務省大坂衛生試驗所撿査濟

箱詰半斤入　仝壹斤入
仝壹斤半入　仝貳斤入
仝三斤入　仝四斤入
仝五斤入　仝拾斤入

朝鮮飴は肥後特有の名産として夙に天下に鳴り渡りたる逸品なるが弊店には舊來家傳の一法ありて精選の原料と正確の製法とに因り製造後たとひ幾日を經るといへども色味共に變せざる妙あるを以て之を遠き處に送り又久しきに蓄ふるには此上もなく便利なるべく軍中には兵糧となり滊車滊船には無聊を慰め隣り客への愛想には思はぬ笑ひの春をも買ふべし若し又他鄉へ往く時の手土産や家に歸る時の家づとにせんなどはまた此上の物なからん

本家製造元　熊本市洗場壹丁目　山城屋　**小早川慶八**

第三十三號　撿査報告

熊本縣熊本市洗馬壹丁目拾貳番地　依賴人　小早川慶八

一　朝鮮飴　壹種

定量分拆

本品ハ類白色方形ノ長キ軟塊ニメ味ハ軟甘ナリ水ニ白濁シテ溶解ス之カ撿査ヲ遂クルニ本品毎百分中ニ含有スル各成分量左ノ如シ

水分	二〇、四六七	脂肪	〇、〇六三
含窒素物	一、九一四	麥芽糖	二四、三八九
蔗糖	三三、二一一	糊精	七、三八〇
澱粉	一二、〇〇一	無機塩類	〇、二一三

右ノ撿査成績ニ據レハ本品ハ佳良ノ嗜好品ナリ

明治廿五年三月十六日

大阪衛生試驗所
所長　技師　島田耕一㊞
主任　技手　喜多尾元英㊞

賣捌所

熊本停車場前待合茶屋　末廣
熊本停車場待合茶屋　研屋茶店
小倉驛停車場構内　茶屋
山口縣赤馬市中ノ町　宮本孫吉
福岡縣門司港　長尾支店
鳥栖驛停車場構内　八橋屋
熊本二本樹町　伊勢屋

國教

第拾九號

明治二十六年一月廿五日出版

（毎月二回）

國教第拾九號目次

謹祝新陽

旭日曈々として蜻蜓洲の新山川を照らし。國旗麗々として大八洲の新大空に舞ひ。瑞雲靄々として豐葦原の新蒼天に靆ける中に。恙なく明治二十六年の新陽を奉迎せり。吾社は茲に謹んで我が國家の榮光。我が國躰の尊嚴。我が皇室の神聖。我が國民の昌盛を謳頌し。進んで我が新佛教理想の萬歳を朗誦し。以て滿天下愛讀諸君の清康萬福を懇禱す矣。

明治廿六年の新年　國教雜誌社

國教雜誌規則摘要

一本誌は佛教の運動機關として毎月二回(國教)を發刊す
一本誌は宗派に偏せす教會に黨せす普く佛教界に獨立して佛徒の積弊を洗滌し佛教の新運動を企圖すへし
一本誌は諸宗教の批評及ひ教法界に現出する時事の問題を討論し每號諸大家の有爲なる論説寄書講義演説等を登錄し其教法關係の點に至りては何人を撰はす投書の自由を許し本社の主旨に妨けなき限りは総て之を掲載すへし
但し原稿は楷書二十七字詰に認め必す住所姓名を詳記すへし
一本誌代金及ひ廣告料は必す前金たるへし若し前金を投せすして注文あるも本社は之に應せさるものとす
但本縣在住の人にして適當の紹介人あるときは此限りにあらす
一本誌見本を請求する者は郵券五厘切手十枚を送付せは郵送すへし
一本誌代金は可成爲換によりて送金あるへし尤も僻陬の地にして爲換取組不便なれは五厘郵券切手を代用し一割増の計算にして送付あるへし
一本誌代金及ひ廣告料は左の定價表に依るへし
但本誌購讀者に限り特別を以て廣告料を減することあるへし

雜誌代金			
冊數	一冊一回分	十二冊半箇年分	廿四冊一箇年分
定價	五錢	五拾四錢	壹圓
郵税共	五錢五厘	六拾錢	壹圓拾貳錢

廣告料

廣告料は行數の多少に拘はらす五号活字二十七字詰一行一回三錢とす但廣告に用ゆる木版等本社に依賴せらるゝときは廣告料の外に相當の代金を請求すべし

明治廿六年一月十九日印刷
明治廿六年一月廿五日出版

編輯者　熊本縣玉名郡石貫村千百八十一番地　森直樹
發行兼印刷者　熊本市安己橋通町七十五番地　志垣弘

發行所　熊本市安巳橋通町七十五番地　國教雜誌社
印刷所　熊本市新壹丁目百二番地　汲古堂

國教第拾九號

社説

明治二十六年の新陽を迎ふ

歳茲に改まれり。二千五百五十三年の新陽既に來れり。吾が國教も亦た新年の新文壇に登りて。新に信仰の活力を揮ひ、新に理想の光明を輝かし。新に筆鋒の鋭利を磨き。而して新に愛讀者諸君に見へ。以て新佛教の新旨義を唱道するに至れり。

回顧すれば數年前。吾人が一團の同志と共に。聊か天下宗教の大勢に感慨し。本誌を發刊して新佛教の理想的議論を呼號せし以來。其理想の反響は。大勢の趨く所。必要の促す所。遂に海内有識の精神を刺戟し。社會全般の腦裡に透徹し。愈々隱々の裡に現實上に顯現するに至れり。是れ實に天下氣運の潮流が。洶湧として吾人の理想を導き。以て海内人心の堂奥に注射したるに依らずんばあらず。吾人は新年を迎ゆるに際し。深く吾人理想煥發の徴候あるを慶賀す。

舊二十五年佛界の現象は。吾人が前號の誌上に論評したるが如く。多く舊佛教破壞の事實にして。新佛教理想煥發の光景を証明するには充分餘ありと謂ふ可し。而して吾人又た眼を放つて。本年我が佛界前途の形勢を豫察すれば。其世界各宗教の頭上に一大影響を與ふ可き命運を有する。萬國宗教大會に對して。我が日本佛教徒が如何なる實地の運動を試む可き乎。其世界佛教復活の最大現象たる。佛陀伽耶回復に關して。我邦佛教徒が如何なる奮勵を發す可き乎。其日本國家と大關係を有する。國教制定の意見は如何。其各宗教が尠少ならざる痛痒を感ずる。神祇官再興上奏案の注意は如何。日本佛教の大難と目せらるゝ。內地雜居の問題は如何。是れ皆な新年の劈頭第一吾人の想鏡に映ずる現象にして。又た佛教徒が本年最も注目せざる可からざるの大問題ならん歟。

吾人が過去三年の歳月中に於て。滿腔の血誠を攄べ。以て聊か盡瘁せし所は。重もに理想的の議論なり。吾人は是より啻に高遠なる理想の圏中に生活し。眞理の空氣を呼吸し。論理の直線に循ふて進行する而已ならず。自ら奮つて現實的の議論を唱へ。飽く迄現實上に其手腕を揮はんと欲する覺悟なり。吾人は實に宗教の眞理中。最も完全圓滿なる佛教眞理の純眞。純善。純美を最も高潔に自己の精神に信證し。最も勇猛に自已の行為に發表し。其眞理信證の靈活勢力に依りて。平等的には慈眼愛膓宇內の人類を濟度し。差別的には嚴勵剛行國家の活動を喚起し。以て眞理。正義。博愛。平和の新乾坤を開拓せんと欲する者なり。

嗚呼既往數千年間。東洋列國の國家。社會。國民に向つて千秋不朽。萬古不滅なる生命を與へたる佛教眞理の太陽が。今や其制度の紛亂。其僧侶の腐敗。其信徒の迷妄等の邪煙。毒霞。妖雲。怪霧の爲めに覆はれて。赫々耀々たる本体の光輝も。亦た將さに朦朧糢糊の中に掩沒せられんとす。眞正信仰の佛徒たる者。豈に憤慨に堪へんや。是れ實に吾が國教が怒濤澎湃として天に滔り。狂飈飈颯として地を捲くの中に卓立し。一片烈々の信仰的氣概を揮つて。舊佛教の改革論を縱論横議し。以て彼の邪煙を拂ひ。毒霞を除き。妖雲を破り。怪霧を排し。新佛教理想の大旨義を勇奮唱道して。佛教眞理の太陽を新に宇内の中天に煌々たらしめんと欲する所以なり。

大聖世尊降誕紀元二千九百二十一年の新文壇に臨み。佛陀千載の遺弟子たる國教子聊か微衷を告白すると爾り。

論説

「ブッヂスト、レー」の余の文を評せるを評す

在帝國大學　古河老川

緒言

千里境隔たり黄白種異る。此間普通の書翰を往復するすら。尙興味あることとす。況んや各其考ふる所を開陳し。一是一非相互に問難評論を交換するに於てをや。

米國に「ブッヂスト、レー」なる雜誌なり。我日本海外宣教會の創設と殆ど同時に初めて彼地佛教徒の間に出でし者。亦吾人の一知己なり。曩に余が「人生」を論じて之を反省會雜誌の紙上に掲ぐるや。當時友人杉村氏之を英文に譯せられき。而して反省會幹櫻井氏。特に之を此太平洋東岸の雜誌に贈るの勞をとられしが。今や之を登載したる「ブッヂスト、レー」は已に到着して。余等の手にあり。余等豈感慨なきを得んや。余は嘗て「人生」に於て記して曰く。

世に死を悪まざる一人なしと雖も。亦人を愛せざる一死なし。

と。然るに今此「ブッヂスト、レー」を見るに。記者は極めて簡條に此前一句を評して曰く。

是れ謬れり

と。余又別に記して曰く。

石火光中の此身。蝸牛角上抑も何をか爭ひ。何をか競はん。されど人決して首陽の兄弟を學んで薇を採ると勿れ。汨羅の男子を夢みて泡と化すること勿れ。

と。記者又之を評して曰く。

そは何故ぞ。愚夫。懦夫。（特に懦夫）はしかく云ふ。然りと雖もそは何故ぞ。蓋し自殺しても何の得る所なきが故と云ふか。然りと雖も其事は如何にしてか知る。或は云はん諸神及びマハトマスはかく云へりと。然りと雖も兄は嘗て神及びマハトマスのかく云ふと聞ける事あるか。余は固り此世界に來るに。神若くは人の許諾を得て來れるに非ず。然らば余何ぞ之を去るに。他の許諾を乞ふ要あらん。兄固り知るならずや。吾人は自由意思を有せることを。

と。記者滿腔の感慨は實に此一百の文字に溢るゝを見る。其心事太だ哀むべけれ共。其言亦た實に僻論たるを免れず。故に余が之に對して評論を試むると。決して禮敬を失ふたる所爲とは云ふべからざるなり。左に序を逐ふて之を論せん。

愛死論

記者以爲く余の世に死を惡まざる一人なしと云へるは謬り也と。即ち記者は人その中には死を愛する者もありと思へるなり。然りと雖も思ふに是れ記者が余の文を誤解したるには非るか。即ち世に死を惡まざる一人なしと云ふを見て。直ちに人に死を惡む一刻なしと解したるには非るか。若し然らずしてかく云ふ者ならば。記者は實地世に本來死を愛する人ありとの說を懷ける者にて。眞に容易ならざる大謬見に陷れる者と云ふべし。夫れ前者ならば尚可なり。後者にてあらば之を如何んぞ默止するを得んや。

抑も死を嫌ふは人間一般の情（廣く云はゞ動物一般の情）。死不怖論尚且つ含齒戴毛者無不愛生怖死と云へり。されば余固り羅馬の盛時に自殺の流行し。スカンヂナビヤ種族に其風盛に行はれ。パリスの究民其貧苦に堪へで之を犯し。西印度の婦人。酷遇を厭ふて之を爲すを知り。各國の新聞紙には今尚縊首。投水。飲毒。突喉等の凄殺なる報。絕へず載り居るを知ると雖も。同時に又之は人心の一變狀より生ずる者にて。要するに彼等に死苦に優る貧究。憂鬱。疾病。壓抑等のあるより。之を免れんが爲に。之を果すなりと思ひ。固り本來死を愛して自殺する者に非るを信ずべし。乃ち記者が自殺者を見て直ちに愛死者とするも謬見なりと云はざるべからず。

試に思へ。死は吾人にして人世の樂を盡し。望を失はしむる者。暗々冥々の未來に身を投せしむる者なり。是れ固り恐るべきを見るのみ。之も何くに愛すべき邊かある。況んや其未來は如何なる者に取りても如何にも危ふげに見ゆるに於てをや。

蓋し人に此死を嫌ふ天性あるは進化陶汰の理より來る。若し夫れ人各々初より死を愛する如くなれば人種早く已に絶へ。子孫亦繁殖せじ。之を如何んぞ今日の如き國家人民たらしむを得んや。然れば人をして死を愛せしめざるは之をして自殺せざらしめんが爲なり。之をして自殺せざらしむは之をして世に存じ。其子孫をして順を逐ふて生死し。又其種の盡くる事なからしめんが爲なり。是皆自然大法の與ふる所。萬物進化の道。適種生存の理。凡て之を支配す。豈に玄の又玄なる者に非ずや。

然れば人々死を愛する本心なきこと疑ふべからず。乃ち記者の是れ謬れりと評せし者其意前者にありとするも。後者にありとするも何れにしても亦謬見たるを免れず。故に余亦記者の言を評して曰く是れ謬れりと。

自殺論

記者は次に余が世を厭ふて自殺すべからずと説くを見て頻りに其理由を尋ね。妄りに自問自答して叫んで曰く。自殺は吾人の自由なりと。吁何ぞ夫れ記者の人の文を讀むに於て疎漏なるや。余明かに彼の文中に於て云はずや。

苟くも這般諸問題徹悟し來るときには生も實の生には非ず死も實の死には非ず。此世にて遁れ去らざるべからずんば。彼の世も遁れ去らざるべからず。宇宙到底我脱れ得る所に非ずとせば此世獨り脱れて何にかはせん。抑も我人は多少の因緣ありたればこそ。此所に生れ來れる者にして此因緣を全ふするは則ち我義務と云ふべし。苟くも其安心の地に至らば諸行豈夫れ常ならんや。老少豈夫れ定まらざらんや。

と。夫れ然り記者若し之を熟讀したりしならば。固り上の如き不審起る筈なく。又上の如き自問自答をなす謂はれなし。故に余は今唯再讀を乞ふとのみ。答へて可なりと雖も能々記者の文意を窺ふに

一、世は厭ふべき者ゆへ死するに若かずとするが如く(厭世自殺論)

二、我身のことゆへ之を殺すも自由なりと思ふが如し(自由自殺論)

一は自殺の原因に付て辨じ。一は其物体に付て解す。其迷や深く其見や危うし。乃ち是亦決して默止すべきに非ることを知るなり。故に余は更に序を逐ふて之を評すべし。

(一)　厭世自殺論　　是れ彼のストイック學派の唱論する所。ショペンハウエル。ハートマン等の絶叫する所。屈原之が爲に汨羅の泡と化し。夷齊之が爲に首陽の塵となれり。(勿論廣き意味に於て)　其誤りは盖し人間萬事塞翁馬たるを知らざるに基く者にて。古今の遠き東西の廣き。之が爲惱みし者。其數

幾万なるを知らず。若し彼等にして少しく其活瞳を開ひて。世界を達觀せば。世に純粋の艱厄なく。又圓滿の幸福なきことを瞭然として明なりしならん。されば老子尙。禍兮福之所倚。福兮禍之所伏と云ひ。エマーソンは口を極めて。コンペンセーションの大理を説けり。是皆不如意に在るも決して憂ふる勿れ。不如意亦一の如意の爲なりと云ふとを敎ふる者。彼の滿れば欠くと云ひ。油斷大敵と云ふも。畢竟裏面より同じく厭世論を駁したる者に外ならざるなり。固り此等の事一種の大議論。今此紙端に盡すべきに非れば之を他日に讓る。唯記者曩きに余の「人生」に於て錄せし數句を再讀し。今の此言を思ひ。更に次に云ふ所と照考せば庶幾くは思ひ半ばに過ぎんか。

（二）自由自殺論　記者は又我身は我私有なり。我私有の身を我れ自ら殺すは固より自由なりと考ふれども。此身は我私有なりとの考へ。はや已に大なる謬りなりとす。何となれば第一。此一軀の肉体は近くして父母の遺体なり。遠くして祖父母。曾祖父母。祖先累代の遺体なり。第二。已に一家をなせば此身其家族の共有物となる。そは我れ他の家人より扶助を受くるが如く。我れ亦他の家人を扶助せざるべからず。此の如き我身は彼等に對して負債人の如くなればなり。之を大きくせば。我れ世に在りて世の共有物となり居るなり。即ち世人に對して負債人の位置にあるなり。心地觀經衆生恩の說。以て之を証すべく。ソクラチスの『神が我をおき玉へる責任の地位より我れ自ら殺して脱するは神に對して不敬なり』と云ひしも。畢竟此意を別言せしに過ぎず。而して就中第一父母の遺体と云ふに付ては儒敎の說最も力を尽したるが如し。孝經に曰く身体髮膚受之父母不敢毀傷孝之始也と。是豈記者等が眷々服膺すべき金言ならずや。其他孝經に父母生之續莫大焉と云ひ。又孟子に不孝有三無後爲大と云ふが如き。皆見て自殺を自由にするなどの說に反すと云ふを得べし。況んや曩に愛死論のとき。云ひしが如く。進化淘汰の大法は人をして妄りに自殺せざらしむるに於てをや。記者若し深く此邊に考ふる所あらば栗然として其言の過たるに恐れん。

餘論

既に記者の說を評し終りたれば。次に大乘佛敎の妙味を說て論を終るべし。盖し記者も亦佛徒の一分なり。唯其奉する所。小乘法にあるを以て。此の如く余ら日本佛敎徒と說を異にするに至れり。亦哀むべしと云ふべし。余常に以爲らく世は唯一のみ。之を見るに於て下なる者を貪世の徒とし。中なる者を厭世の徒とし。上なる者を樂世の徒とすと。惜ひ哉。記者の如きは幸に滔々たる凡俗貪世の境外に脱し。既に一段の妙味を感得し居れりと雖も。尚其心や中間厭世の區域に徘徊し。未だ光明快活樂世の大乘園に遊戯する能はず。抑も大乘にては生死卽涅槃と說く。又隨其心淨。卽佛土淨の說あり。乃ち世自身は厭ふべき者に非ずして厭ふは我心にあるなり。世自身は愛すべき者に非ずして愛するは我心にあるなり。愛するに二種あり。其迷ふて愛するを仮りに名けて貪るとし。其悟りて愛するを亦仮りに名けて樂むとす。而して其世を貪るは凡夫の情なり。厭ふは小賢の心なり。樂むは大聖の量なり。此に至れば吾人唯我劣情の斷つべきを見る。決して身を殺すべきに非ずとするなり。其他大乘にては又四恩に對して六度を行するの說あり。其衆生恩の事はさきに粗云へり。其父母の恩と云ひ。國王の恩と云ひ。三寶の恩と云ひ。又布施。持戒。忍辱。精進。禪定。智慧と云ふ。凡て自利利他の大行を本色とし。妄りに自殺して我苦をのみ脫れんとするが如きは。甚だ德義上宜しからざるとなりとす。要するに大乘の法門は人をして世を樂ましめ。自利利他の大行を行はしむるを至意とす。彼の天台の三諦圓融の如き。眞宗の眞俗二諦の如き。味ひ來れば妙謂ふべからず。尚他日を待つて詳に論明せん。

夫れ齊一變せば魯に至らん。魯一變せば道に至らんとは孔子の感慨なり。彼の滿腔十字架の耶蘇教國に於て。記者が率先して早く已に佛教の初門に入られしは。猶齊の魯に至れるが如く。誠に万里異域の吾人をして敬親に堪へざらしむ。然らば記者が若し猶魯の一變して道に至るが如く。之より進んで大乘の眞境に至られなば。是決して日米二國佛教徒の幸福のみならざるなり。敢て記者の反省を乞ひ。併せて佛教の將來を思ふ。

印度佛陀伽耶回復に就て九州佛教徒に檄す（接續）

森　直樹

第六　印度佛陀伽耶回復事件は。東洋佛教徒萬國傳道の勇猛心を皷舞作振する刺衝針なり。彼の英國梵學の大家マクス、ミユレル氏嘗て謂へるとあり『海外傳道は宗教の最强生命なり』と。旨ある哉言や。吾人は此至言に嘆服し。又た二種の絕大なる現象に注目するを得たり。嗚呼彼れ千八百九十年前ナザレスの基督が唱道したる耶蘇教が。其本國たる歐米の天地に在りて。外は唯物主義無神論等の迫害を蒙り。其進路を遮らるゝにも關せず。內は舊慣積習の腐敗其絕頂に達したるにも係らず。自由基督教派。新神學派。「ユニテリアン」派等の革命論者群起叢生して。流石に堅牢無比なる該敎の地磐も殆んど將さに動搖せんとするの厄運なるにも係らず。其獨一眞神の榮光は廣く世界に彰はれ。其各種の敎會は大に地球の全面を掩ひ。其猛烈信仰の活力は駸々として異敎の邦國に進入し。東洋の遐遠。濠洲の邈陬に至る迄。其十字架の下に俯服感泣して。耶蘇の忠臣義僕を以て任ずるの徒。陸續として輩出するが如きの光景あるものは。抑も亦た如何なる所以なるぞ。是れ實に耶蘇敎徒が。『汝等行ひて道を萬國に傳へ』との敎祖耶蘇の訓言を其精神に印象して。其犧牲獻身的の信仰を激勵し。熱心奮起或は猛獸毒蛇出沒して人を害し。酷熱烈暑炎々として身を焚く。亞非利加蠻人の巢窟に入りて。鮮血淋漓其道を宣傳し。或は北海の氷上に屍を曝らし以て其信仰を顯彰し。或は東洋の孤島に水火劍戟の暴壓を苦戰し。以て後年傳敎の種子を播植したるが如き。海外傳道の勇猛心に富める此れ其最大原因たらずんばあらず。

我が佛敎が三千年前。ヒマラヤ山の南。ゲンヂス河の西に。一點神聖の燭火を照らして世界を光被し。爾來流沙を涉り。葱嶺を踰へて。支那大帝國に浸入し。進んで東方亞細亞の全部を擧げて。大聖釋尊の榮光を謳歌せしめしより。今日に至る迄。猶は東洋四億有餘の人心を支配するにも係らず。未だ西烏拉山を踰へて。歐洲に氣燄を放ち。以て彼の伯林。巴里聖彼得堡。維納。羅馬。倫敦の社會をして。佛陀の光明を仰尊せしめ。東大平洋を凌ひで米洲に波動を起し。以て彼の桑港。華盛頓。紐育等の各都府に佛陀讃美の聲を轟かさしむる能はざるものは何ぞや。彼の白哲人種物質的文明なる邪權惡威の爲めに壓倒せられんとする。東洋黃色人種の間に而已蟄伏するものは何ぞや。彼の一神敎よりも一層博大なる眞理。一層完美なる理想。一層高尙なる道德を含有するの我佛敎が。徒に其妙理の廣大深遠に誇りて。其妙理の活躰を東洋の一隅に顯現する而已に止まりて。未だ世界の全面に向つて。其活躰を活現する能はざるものは何ぞや。是れ實に東洋佛敎徒が泰西基督敎徒に比較して。萬國傳道の勇猛心に缺乏したるに是れ依らずんばあらざるなり。

然るに今や天運循環して印度佛陀伽耶回復事件は。世界佛敎復活氣運の最大中心として現世の表面に現はるゝと同時に。東洋佛敎徒が從來最も缺乏したる。萬國傳道の勇猛心を鼓舞作振する刺衝針として。愈々光鋩を發せり。方今宇內の佛敎徒たるもの。苟も彼の氣運に鞭つて進まんと欲せば。須らく此最大中心に向つて。熱精を絞り全力を傾け。以て大運動を試みざる可からず。凡そ世界事物の千運萬動する者は。必ず一個の中心なかる可からず。恰かも浩々たる宇宙の運轉に於ては太陽系之が中心となり。漠々たる大地の秩序に於ては重力之が中心となり。有機無機の感動に於ては電力之が中心となり。星羅碁布する國家の機能に於ては主權之が中心となり。簇々群々たる人間身体の命運に於ては心臓之が中心となるが如く。必ず此中心を需めざる可からず。必ず此中心の大功偉德に依りて。千變萬化の運動を試みざる可からず。嗚呼印度佛陀伽耶は實に是れ耶蘇教徒のゼルサレムたるが如く。回々教徒のメッカたるが如く。我邦眞言宗徒の高野山たるが如く。天台宗徒の比叡山たるが如く。眞宗徒の龍谷山たるが如く。日蓮宗徒の身延山たるが如く。浄土宗徒の華頂山たるが如く。宇內四億有餘の佛教徒が齊く起つて。精神の氣脈を通じ。感情の歸趣を一にし。以て敬虔純潔の大信心を捧げざる可からざる。萬國佛教徒の總本山なり。東洋佛教徒世界的佛教運動の根本道場なり。佛弟子たる者誰か此大信心を傾瀉して。佛蹟興復の先驅となし。以て佛陀伽耶回復の大任を盡す可き者ぞ。吾人は覺へず印度の天を望んで。唯た暗涙の雙眸を濕すある而已。

嗚呼我が九州佛教僧侶諸師及び信徒諸君よ。彼の黃衣青衣の支那佛教徒も。彼の蒙古八旗の佛教徒も。彼の西藏の喇嘛教徒も。彼の暹羅。緬甸。錫蘭の小乘佛教徒も。彼の歐米の新佛教徒も。我が日本の大乘佛教徒も。隨類應同悉く教祖追拜の大感情を發し。法界萬里同く卍字の大旆を飜し。每年四方より印度聖地巡禮として。僧俗道途を同ふし。老を扶け幼を携へ。絡驛又絡驛。陸續又陸續として。或は印度洋の熱風を衝き。或は大雪嶺の險峻を蹄ぢ。或は平沙萬里絕人烟の中を經。或は鬱々葱々の深林を廻り。或は滔々汪々の大河を渡り。或は兇猛獰惡なる蠻人の巢窟を犯し。或は瘴烟癘霧の侵擊を凌ぎ。或は猛虎毒蛇の迫害を脫し。千苦萬辛漸く佛陀伽耶の靈蹟に到着し。心魂飄々として二千年前釋尊說法の聖座に舞ひ。暫時數千の巡拜者が。靜心默拜合掌叩頭。眞個に隨喜渴仰の淚潸々として各々雙袖を濕したるの後。先づ雙眸を開ひて各々無限なる愛憐の情と含んだる。嚴肅莊重の敬禮を施し。進んで各國各佛教徒。特異の言語。特異の文字。特異の習慣。特異の風俗等。綺羅星の如く燦々として。參拜者相互の眼に映じ。參拜者相互の同情を起さしめ。異語合誦。異音一聲念佛の聲佛天に轟き。誦經の音靈地と動かし。歡喜踊躍の響山岳を震はし。仰ひで菩提樹の蒼翠たるを望んで。感を二千年前の往昔に馳せ。俯して尼連禪河の淼漫たるを眺めて。思を釋尊在世の難行苦行に注ぎ。或は信仰的感慨の情に堪へずして俯服號泣する。漆髪黒眸の日本人あれば。或は北斗を睨し一掬多恨の涙を揮ふ。黒色白布の印度人あり。或は玄奘。法顯の雄動偉蹟を追想して。方今四百餘洲佛教の衰頽を慨する。辨髪濶袖の支那人あれば。或は怒髪逆立。憤激罵詈。鐵劍快馬佛陀軍を組織して。天下を蹂躙す可しと絶叫し。長槍を手にし大馬に跨るの蒙古人あり。或は雄辨滔々として萬丈の氣燄を吐き。以て世界宗教の大勢を論じて。萬國的佛教運動の大計遠圖を演説する。紅髪緑眼の泰西人あれば。或は彼の戰勳爛焉として威を當時に振ひ。境土を四方に拓き。以て佛教的世界主義を實行したる阿育大帝の大美擧に倣ふて。大小二乘を調和し。南北兩派を圓融し。而して萬國佛教合一的眞理の結集を企畫す可しと熱心唱説する。錫蘭人。暹羅人。緬甸人あり。或は玄妙幽雅の喇嘛服を着して壇上に立ち。佛陀伽耶參拜の萬國佛教徒諸君。希くは諸君世界の最高原たる我國に來りて。黄金の光閃く我寺院に臨み。雪山北方の深谷に美花を咲ける。我が喇嘛教の眞理を探討し。印度土産として郷國に携へ給へ。予東道の主人たらんと勸誘する西藏人あるの時來らば果して如何ぞや。吾人が年來懷抱したる。斯の如き小説的空中樓閣が。愈々其結搆雄麗偉大。其光景金碧爛燦として。印度佛陀伽耶の靈蹟に建立せらるゝ事實顯現するの時來らば果して如何ぞや。嗚呼吾人が小説的空想（吾人は實に謙遜して此小説的空想の名詞を用ゆれども吾人の精神は最も堅確に眞誠に現實的實想なりと信認する者なり）の事實が。佛陀伽耶の天に飜くの時來ると否とは。最も世界佛教徒精神氣魄の有無。大小。厚薄。輕重。熱冷に關係するものなり。

嗚呼吾人が現實的實想彼が如き印度佛陀伽耶回復事件は。眞個に東洋佛教徒萬國傳道の勇猛心を皷舞作振する刺衝針なる哉。是れ實に世界佛教徒。就中我が日本佛教徒。殊に我が九州の新佛教徒が。印度佛蹟興復事件に向つて。實行的運動の先登者となり。以て佛陀伽耶を回復せざる可からざる第六理由なり

（未完）

寄書

左ノ一篇ハ昨年十月二十五日同氏ノ起稿シテ本社ニ寄セラレシモノナリシモ當時原稿ノ輻湊甚ダシクシテ掲グル能ハザリシ故今此ニ載セ氏ノ厚意ニ酬ユ看者諒焉

萬國宗教大會ニ就テ

京都　月輪正遵

萬國宗教大會ハ明春（今春）ヲ以テ米國しかご府ニ於テ之ヲ開設セラレントス。是レ世界各宗教家ノ共ニ均シク着眼セル。近時宗教界ノ新現象ナリトス。我邦佛教社會ニ於テモ夙ニ之ニ

對スル囂々ノ議論アリテ。既ニ或ル一部ニ於テハ二三高僧ノ特派ヲ仰グコトニ決セリト聞キヌ。

萬國宗教大會彼レ果シテ何物ゾ。吾人未ダ精密ニ其性質成立ノ如何ヲ知ラズ。故ニ又容易ニ我邦ヨリ代表者派出ノ要アルカ。派出ノ結果如何ナルカヲ判定スルヿ能ハズ。然レ𪜈今試ミニ米國佛光雜誌記者ふぃらんじだーさ氏ノ意見ナリト云フヲ聞クニ。該大會ハ全ク基督教徒ノ手ニ成リタルモノニシテ。眞個ニ彼等ガ正道ヲ慕フ誠心ヨリ自然ニ發起セラレタルモノニ非ス。全ク彼等ノ教會ノ虛光ヲ閃メカシテ。天下ノ蒼生ヲ瞞着セントノ野心ヨリ發シタル。示威的强迫運動ニ過ギザルヲ以テ。該會參列ハ畢竟彼等ノ慰物ニシテ。該會ヲ利用シテ。迷信者ヲ教化スルナドノコトハ思ヒモ寄ラザル妄念ナリトテ。痛ク之ヲ罵倒シタリ。今一歩ヲ讓リテふぃらんじだーさ氏ノ言ヲ以テ正鵠ヲ誤ラズ。烱眼能ク彼等基督教徒ノ眞相ヲ穿チタリトスルモ。吾人ハ未ダ氏ノ意見ニ從フコト能ハザルモノアリ。縱令宗教大會ガ基督教徒ノ手ニ依テ成ルトモ。將タ他教徒ノ組織ニ係ルトモ。ソハ吾人ノ敢テ關問スル所ニアラズ。平素反對ノ教ヲ立ツル外教者ノ手ニ成ル會合ナルノ故ヲ以テ之ニ參會セザルガ如キハ。豈ニ日本佛教徒ノ本意ナランヤ。且ツ發起者ノ慰物ニ終ルヲ恐レテ。參列ノ効ナシトテ之ヲ謝絕スルガ如ギハ。抑モ佛教者ノ德義トシテ之ヲナスニ忍ビザルナリ。要スルニ宗教上ノ交際ヲ保ツニ於テハ是非トモ。日本佛教ノ代表者ヲ派出セシメザルベカラズ。縱令該會ノ性質成立ノ隱險ナルモノアリテ。若シ一朝彼教徒等ガ奸策ニ陷ルコトアルモ。吾人ハ決シテ之ヲ以テ佛教ノ耻辱トナサヽルナリ。否ナ吾人ハ之ヲ以テ却テ佛教ノ榮譽トスルモノナリ。何トナレバ彼ノ教徒等ニシテ若シ內密的ニ隱險ナル奸策ヲ運ラスアラバ、天眞爛熳ノ佛教徒ハ之ニ陷ルハ當然ナレバナリ。卽チ日本佛教徒ノ淸白純潔ヲ表明スルノ活證據トナレバナリ。宗教ハ決シテ隱險的奸策ニ依テ興起スルモノニアラズ。宗教ニシテ若シ隱險的奸策ヲ以テ傳道スルニ至ラバ。其教ハ既ニ泯滅ニ近キタルモノトナサヽル可ラズ。吾人ハ彼教徒等ノ隱險的奸策ヲ吟味スルノ要ナシ。唯彼ノ教徒等ヨリ日本佛教者ニ參列ヲ請ヒタル厚意之ヲ報ハザレバ。日本佛教者ノ義務ノ濟マザルヲ知ルノミ。

然ラバ如何スレバ則チ可ナル乎。勿論日本佛教徒ノ代表者ヲ派遣スベキナリ。派遣セシメテ如何スル乎。勿論日本佛教ノ位地及ビ現勢ヨリ。深遠高尚ナル眞理ヲ縱橫宣說スベキナリ。イカニ基督教徒等ガ神ノ虛光ヲ閃カサント欲スルノ奸策ニ於テ瞞着セントスルモ。幾萬ノ來會參列者中豈ニ一人ノ喜ンデ之ヲ謹聽スルモノナカランヤ。況ンヤ近時佛國ナドノ政教界ハ日ニ圓滑ヲ失フノ傾キアリテ。基督教ノ腐敗ハ今ヤ殆ンド極頂ニ達ス。上下擧ゲテ之ヲ唾棄嫌忌スルノ有樣ニシテ。基督教ニ代ユルベキ純白ナル宗教ニ於テ。精神上ノ幸福ヲ全フセント希フモノハ比々皆然ラサルハナキナヤ。焉ンゾ知ラン來會者中ニハ東洋ニ佛教アルコヲ知リテ。此回ノ大會ヲ幸ヒニ佛陀能化ノ恩澤に浴セント欲シテ。手足ヲ運ビ來タルモノ非サルナキヲ。縱令萬歩ヲ釀リテ一人ノ聞法ノ志アルモノナシトスルモ。試ミニ説法シテ宿善ノ有無機緣ノ熟否ヲ　味スルハ。豈ニ宗教家タルモノ進ンデ踏ムベキ關門ナラズヤ。之ヲ要スルニふいらんじだー・さ氏ハ基督教ノ奸策ヲ惡ムノ情ニ制セラレテ。未タ佛陀ノ大慈悲心ヲ知ラズ。其情ヤ憐ムベク其心ヤ則チ狹シ矣。時維暮秋。木ノ葉散リテ淋シキ夕。客舍破窓ノ寒月ニ向テ匆々筆ヲ執ル。我ガ宗教家讀ンデ奈何トナス。

廿世紀以後ニ於ケル宗教ノ大勢ヲ卜ス

和泉司

地球上人類ノ精神ヲ支配シ。人類ノ運命ヲ左右スル。宗教ノ種類ヲ列擧シ來ラバ。其數實ニ千百ヲ以テ數フベシト雖。其最多數ノ信徒ヲ有シ最強大ノ勢力ヲ有スル者ヲ。佛耶ノ二教トス。共ニ是東洋ノ西部ニ興リシモノニシテ。一ハ印度かびらはすノ王城ニ興リテ。能ク亞細亞大陸數億万ノ人心ヲ支配シ。一ハ猶太べすれへむノ一小村落ヨリ出デ、。遂ニ歐州全土ノ宗教ヲ統一シタリ。此二大宗教ハ永ク地球上ニ並存シテ。能ク人類信仰ノ勢力ヲ維持スベシト雖。二十世紀以後ニ於ケル。二大宗教ノ勢力ノ增減信仰ノ向背ヲ推考シ來レハ。亦大ニ研究スベキモノアリ。請フ少ク之ヲ論ゼン。

希臘文學ノ衰滅ニ歸シテヨリ。以來十五世紀ノ中年ニ至ルマデ。歐州文學ノ程度ハ實ニ卑近ニ陷リ。所謂暗黑時代ニシテ。當時教育ノ權ハ基督教僧侶ノ手中ニ籠絡セラレタリシガ。是ヨリ先キ伊太利人ハ希臘ノ學者ヲ聘シテ。其哲學ヲ研究シ。同時ニ地理學。數學植物學動物學等續々輸入サレ。漸ク人智ヲ開發シ來リ。且ツ千四百五十三年ニ於テ。東羅馬ノ首府こんすたんちのーぷる土耳古人ノ爲ニ陷レラレ。希臘ノ學者ハ悉ク歐州内地ニ遁逃シ。爲ニ始メテ希臘古代ノ學問歐州内地ニ行ハレ。人々爭フテ此新學問ヲ講究シ。遂ニこぱーにかす氏ハ地動説ヲ説キ。實驗家ノ開祖がれりれ氏ハ大陽中心説ヲ唱へ。けぷらー氏出デ。ぶるゆのー氏出デ。共ニ大ニ從來ノ世界創造説ニ反對シ。此ト殆ド同時ニ佛國ニハでかーと氏。英國ニハべーこん氏等ノ英哲。續々輩出シテ。大ニ神學上ニ反對シ。從來ノ耶蘇教ハ毫モ信ズルニ足ラザルヲ主張シタリシカバ。恐クバ基督教ハ歐州全土ヲ追放サルベキ一大危厄ニ陷ラントセリ。此時ニ當リテ宗教界ノ英傑。宗教革命ノ大將。るーてる氏顯ハレ。當時ノ基督教ハ到底當代人間ノ信仰ヲ羈グニ足ラザルヲ認メ。從來ノ宗教上ニ異說ヲ唱ヘテ。大ニ歐州全土ヲ擾亂シタリシガ。遂ニ宗教革命ノ一大變動興リ。再ビ歐州ノ人心ヲシテ幾分基督教ニ歸向セシメタリ。然モ哲學科學ノ進步ハ。宗教家ノ毒刃ニ苦メラレ。或ハ宗教裁判ノ爲ニ壓セラレシニモ係ラズ。千辛萬苦日ニ月ニ其度ヲ高メ。地質學動物學植物學ハ。研究ノ極斷然基督教ニ反對シ。天文學星雲說ハ亦大ニ創造說ヲ排棄シ。基督教倫理ノ大綱タル神意說ハ。空ク道理的倫理說ノ利刃ニ切斷セラレ。基督教ノ本主タル世界創造者タル。有形的獨一眞神ハ。遂ニ哲學ノ議場ニ於テ其存在ヲ否決セラレタリ。斯ノ如ク歐州文學ノ方向ハ。一トシテ基督教ニ反對セザルナク。此等哲學者理學者ハ基督教ヲ以テ道理上ヨリ論下スルニ足ラズトシ。道理ノ境域ヨリ放逐シテ。今ハ唯人心ノ信仰ニ任セツヽアルナリ。此ニ於テ該教ハ漸ク信仰ノ區域ヲ狹縮セラレ。唯歐州民族ノ習慣ト。人類ノ情緒トニ依賴シテ。其餘喘ヲ維持シ。偶マ其根據ヲ東洋ニ移サント試ミシモ。端ナク道理的佛教ノ蟠根ニ遮レテ大ニ狼狽シタリキ。吾人ハ既ニ基督教ハ文明的人心ヲ支配スルニ力ナク。道理的智識ノ上ニ立チテ能ク其運命ヲ左右シ。其信仰ヲ羈クニ足ラザルヲ知ル。彼等哲學者ハ基督教ノ既ニ信ズルニ足ラザルヲ認メ。道理的哲學的ノ宗教及信仰ヲ渴望シツヽアルナリ。加之歐州ノ文明ハ殆ド其極度ニ達シ。理科的有形學ノ勢力ハ當時既ニ其猛焰ヲ治メ。漸ク無形ノ道理ヲ研究セントシ。純理的無形ノ哲學モ。今日既ニ其研究ノ極度ニ達シ。稍宗教ノ區域ニ立入ラントセリ。今ヤ佛教經典ノ英譯セラルヽアリ。博言學會ノ設置ニ由リテさんすくりつとノ研究アリ。此ニ於テ彼等ハ哲學トシテハ高尙幽致ノ純粹道理ヲ含蓄スル宗教トシテハ彼等ガ厭棄シタル基督教ニ遠ク超越スル佛教ヲ窺フコトヲ得。佛教ノ因果說ハ能ク理學者ヲ滿足セシメ。佛教ノ眞如說ハ能ク哲學者ヲシテ歎服セシメ。一念三千ノ妙理ハ。科學者ノ物質的有形上ニ執着スル心ヲ溶解スベク。圓融無礙ノ妙法ハ能ク哲學者ノ偏僻ヲ調和スベク。彌陀大慈悲ノ本願ハ能ク歐州人族ヲシテ感泣セシムベシ。嗚呼神智教會ノ組織ハ。大ニ歐州人族ノ信仰上ニ激烈ナル變動ヲ來シ。明年しかご府ニ於ケル万國宗教會議ハ。歐州人士ヲシテ佛教ノ性質ヲ知ラシムルニ足ラン。吾人ハ茲ニ猶一層愉快ナル佛教傳播ノ好機會ヲ得ントス。何ゾヤ印度佛蹟興復會是ナリ。抑モ地球上人族ノ大半ハ。佛敎徒ヲ以テ滿サルヽ。多クハ是レ方便的小乘敎ニシテ。佛陀ノ眞意タル大乘敎ハ。唯東洋ノ一孤島ニ存スルノミ。而モ佛敎ノ本土タル印度スラ既ニ大乘佛敎ハ廢滅ニ歸シ。變色變性ノ小乘敎存スルヲ見ル。日本佛敎徒ハ。夙ニ我大乘佛敎ヲシテ印度ノ地ニ回復シ。引テ南洋ニ頻スル東洋諸國ノ人類ヲシテ。大乘佛敎ニ化セシメント欲セシモ。通路ノ不便ナルト。其機會ヲ得ザルトニ由リテ。遂ニ其意ヲ果サヽリキ。恰モ好シ。今ヤ佛蹟興復會ノ組織セラルヽアリ。將來吾人ハ佛陀ノ靈蹟ヲ拜スル爲。容易ニ佛敎ノ本土タル印度ニ到ル便ヲ得ントス。之レニ由リテ吾人ハ。漸次ニ此大乘佛敎ヲシテ既ニ廢滅シタル印度ニ再興スルヲ得ベク。併セテ錫蘭。暹羅。緬甸。西藏等ノ小乘敎徒ヲシテ。大乘ノ妙水ニ浴セシムルコトヲ得ベク。且ツ吾人ハ東西兩洋ノ關門タル印度ノ聖地ニ。佛敎ノ根據ヲ堅クシ。其羽翼ヲ歐州全土ニ向テ擴張セバ果シテ如何。今日信仰ノ川流ハ。蕩々流レ來リテ佛敎ノ大海ニ注流セントスル狀態ナレバ。此擧ト共ニ信仰ノ勢力ハ其度ヲ高メ。遂ニ歐州全土ハ。大乘佛敎ノ妙味ニ信仰ノ渴ヲ濕スニ至ランコト期シテ待ツベキノミ。吾人日本人ハ。宗敎ナリ理學ナリ哲學ナリ。器械ニマレ兵術ニマレ法律ニマレ文學ニマレ。悉ク之レヲ外國ニ仰キ。殊ニ歐州人族ニ向テハ。始終彼レガ後ヘニ隨ヒツヽ。實ニ慚愧ニ堪ヘザリシガ。今ヤ吾人ハ此圓滿微妙ノ大乘佛敎ヲ以テ。彼レニ矜リ。吾人日本佛敎徒ノ奮勵ト奔走トニ由リテ。彼等ヲシテ能ク眞正ナル安心立命ノ地ニ立シメ。彼等ヲシテ長ク日本佛敎徒ニ向テ感謝セシメントス。何ゾ其レ快ナルヤ。吾人佛敎青年ハ。二十世紀ノ佛敎傳道者ナリ。宗敎的世界統一者ナリ。嗚呼佛敎青年諸氏ヨ。見ヨ。佛敎ハ將ニ世界信仰ノ中心トナラントス。宗敎統一ノ時期將ニ來ラントス。日本從來ノ耻辱ヲ雪グハ將ニ近カラントス。吾人ハ枯木的僧侶ノ如ク躊躇スルコトナク。逡巡スルコトナク。活潑奮勵以テ佛日ヲ全世界ニ揮カスニ蹇々シテ。敢テ安佚ヲ圖ルナカレ。敢テ姑息ニ流ルヽナカレ。二十世紀ノ新世界將ニ來ラントス。二十世紀ハ吾人青年ノ世界ナリ。二十世紀ノ地球ハ佛敎ヲ種播スベキ原野ナリ。吾人佛敎徒ノ統一スベキ世界ナリ。嗚呼吾人ハ睡手扼腕以テ其期ノ至ルヲ待ツベキノミ。

演説

左の一篇は我が新佛敎の勇將。佛敎活論の著者。日本主義大學の創立者。哲學館主文學士井上圓了君が。一月十一日の夜。我熊本川端町末廣座に於て。縣官市役員。諸學校敎員生徒。佛教僧侶及び其他一般の有志者に對して。沈重なる其風采。謹厳なる其体度。朗亮たる其聲音。熱切なる其舌鋒を以て。雄麗。明快。精錬。整肅なる辨を皷せられし高論を編者が筆記せしものなり。編者の不巧不熟なる其手腕。君が演説の眞妙を細大洩さず摸寫する能はずと雖も。其大体に於ては決して誤謬なきを信ず。希くば讀者諸君幸に一讀の勞を給へ。

明治二十六年一月十一日夜於孤燈燭々之下　森直樹謹識

歐米東洋學流行の一斑を述べて東洋專門大學設立の必要を論ず

井上圓了

再び滿場諸君の清聽を汚すで御座ります。我邦に於て東洋學の必要を説くには。是非共西洋に於て東洋學の流行する一斑を御話申さねばなりません。西洋に於ける東洋學の第一起源は。今より凡そ五百年前に起たのです。西暦十三世紀頃より希臘の學問が歐州各國に流行し。人々爭ふて希臘の學術を研究し。暗世の長夜漸く開けて。智識の旭光漸く顯はれ。遂に歐州文學再興の曉に達せし際に方りまして。印度亞剌比亞等の東洋諸學術の精神が。希臘の學問と相混淆し。相調和して。歐羅巴諸國に傳播致しました。是に依て歐羅巴の人心に始めて。東洋學問の思想が髣髴として映じました。次にコロンバス出でゝ。マゼランの海峽を横斷して。亞米利加新大陸を發見し。喜望峰を迂廻して。東西兩洋の新航路を開き。印度以西の東洋諸邦と交通せし頃に至りましては。早や既に歐州近世文明の太陽は赫々として滿天に輝く樣になりました。

愈々東洋學が隆盛に歐羅巴に流行し始めましたるは。第十九世紀の下半期からであります。則ち今より五十年前に東洋學會。亞細亞學會等が勃興して。續々東洋の宗教。哲學。文學。歷史。地理。政治。法律。美術。小説。人情。風俗。習慣。言語等に關する諸書が。飜譯出版せられ。それよりサンスクリット(印度古文學)の講究は益々盛大に趣きたり。西洋人がサンスクリットを研究して發見したる新現象は。歐羅巴人種と印度人種と人種の性質が同一なりと云ふ事である。如何なる所より此發見を生じ來りたるやと云ふに。比較語言學に依りて。サンスクリット文字の形体。文法の脉絡。文章の語格が。今日歐州大陸の獨逸。佛蘭西等の文學と緻密詳細に比較して。遂に其形体の摸樣。其脉絡の關係。其語格の体裁等が殆んど符節を合するが如く。同一の點に傾向する事を發見したるより。原因し來りたるものであります。往時歐州の學者社會が古文學の研究なるものは。拉甸。希臘等の古文學に過ぎざりしが。今日に至りては。歐州の學士にして苟も頭角を社會に露さんと欲する者は。恰かも我が日本人が歐米の書を繙き。爭ふて文明學術の新輝光を仰がんと欲するが如く。必ずサンスクリットの古文學を研究して。新智識を東洋に向つて求めざる可からざるに立ち至りましたる有樣は。彼の歐州梵學の大家として。比較宗教學者として。比較語言學者として。雷名を東西兩洋の學者社會に轟かしたる。方今英國オクスフオルド大學の講師。マクスミユレル氏が。十有餘年前東洋學者の集會に臨み演説したる。『吾人歐州の北狄人種は。嘗て一たび希臘羅馬と精神上の觸接をなすや。彼等の運動する狹隘なる世界の外に。始めて一層古く一大富贍なる世界の在ると知れり。即ち古代に於て技術。法律。文學。哲學を有したる。雅典。羅馬の光明なる世界あることを知れり。此時よりして古代希臘羅馬の思想と。「チユトニツク」人種の精神と相合して。浩々滔々近世思想の一大長流をなし來れり。吾人は實に其河岸に游泳したり。然るに今や東洋思想の新潮流は之に加はり。混々溶々歐州人心の全面に浸潤し來れり。殆んど其水色を一變する所あらんとす。試に輓近二十年間に出版せられたる文學。神學。宗教。法律。哲學。語學の重要なる文籍を看よ。每章每篇以て東洋的新精神の運動を觀るに足らん」。と謂へる一節の如し。實に此一節は最も明確に歐米東洋學流行の光景を言ひ顯はしたるものであります。

兩三年前余が歐米漫遊の頃。獨逸伯林に於て。書籍目錄を書店より取り寄せ。東洋學に關ずる書類の數を調査せしとありしに。三百九十三部ありし。此一點に就ても歐羅巴各國に於ける。印度古文學講究の流行を察するに足ります。斯の如く西洋人が東洋の事蹟を探討すると同時に。美術の如き。宗教哲學の如き。人倫道德の如きも。其起源自國よりも古き而已ならず。遙か三千年前の往昔に。早くも既に完全微妙の域に進み居りしを知り。而して東洋學講究の忽緒に附す可からざるを感じ。汲々として硏究する樣になりました。それから支那學も漸次盛になり。吾々が嘗て讀み居りたる。吾が封建社會の政治。文學。敎育。道德に絕大の關係を有したる。論語孟子の如きは。英佛獨魯の國文に飜譯せられて。英國の二大大學とも稱す可き。オクスフオルド。ケンブリツヂの兩大學の科目に於ても。支那學科を編入して。支那學敎授などの人も居ります。是にて支那學の流行も察せられます。

それから支那而已ならず。進んで日本に學問のあることを知るに至りました。從來歐州の地理書位には。日本の事を揭げてありたれども。荒唐不稽或は日本は支那の屬國である。或は英吉利の殖民地であると云ふに。過ぎなかつたのです。然るに佛國巴里の萬國大博覽會。澳國維納。亞米利加ヒラデリヤ等前後二回の萬國大博覽會に於て。日本の美術が始めて歐人の眼に映じ。日本美術の高雅韻致は忽ち彼れ歐人をして。日本は東洋の美術國なりと賞贊歎美せしめ。日本にして此の如く靈秀の美術ある以上は。必ず美術に伴ふたる學問の泉源存在せざる可からざるを知るに至りました。而して漸々日本の學問を硏究する樣になり。近年に至りては。彼の古事記の如き。日本外史の如きも。數國の語に譯出せられたり。猶は其他日本歷史に關せし書類の如きは汗牛充棟啻ならざる次第であります。私が英國に渡りて倫敦の諸方と見物致しましたる時分に。ローテスミユヤンの博物館に至りしに。一室悉く日本美術品而已を陳列して。日本繪畫室と名づけありました。又た倫敦の書籍館は。書籍一冊宛並ぶれば何十里と續くが如き。廣大豐富實に外人の目を炫耀する程な。非常なるものであるが。其書籍館に至り見れば。日本書籍而已集めたる一室があります。私が縱覽に參りたる時。該館の係員が日本の書物を高覽に供せんと申しました。私は如何に倫敦書籍館が廣大なりと雖も。よもや日本の書籍はあるまいと思ひしに。其室に入りて眼を放てば。實に驚く可き事は。維新以前の寺小屋敎育に用ひ居りし。商賣往來。消息往來の如きものが。嚴然陳列しありました。（滿場感歎の色あり）。其後私が歸朝後東京の各書店を探がして。右の如き寺小屋敎育の書類を調べましたるに。非常に少くありました。爾來四方を探索して漸く私の手に入りました。私は今では私だけでは澤山該書類を保存して居ります（柏手喝釆四面に轟く）。又た私が両三年前山陰道を漫遊して。出雲松井に參りました時分に。ヘルニと云へる西洋人に遇ひました。此人は亞米利加の文學者でありて。何故に斯の如き我邦の田舍に來り居るかと。問ねて見ましたるに。彼は東京は四面西洋風を以て充たされ居れば。日本固有の風習を探究する能はず。故に日本固有の風習を探究せんと欲せば。田舍の固有の風習を遺存する地方に至らざる可からず。依て余は此松井の學校に傭はれて。此所に住居し以て固有の風習を窮めんと欲すと答へました。而して其人が日本古代の煙管又は煙草入等を珍重に保存して居りましたれば。私は始めて西洋人が其本國に於て。我邦の事物を保存するに熱心なるヿは。此理由に基くヿであると云ふを感じました（場中ヘルニ先生我が熊本にありと大聲疾呼する者あり）。併し私は雲州松井にて同人に遭ひました（滿場大に笑ふ）。歐米東洋學流行の一斑は。私曩に著書或は雜誌の上に於て論せし事あれば。是にて止め置き。進んで日本にて東洋學を保存し。復興し。擴張せざる可からざるヿを話さん。抑も歐羅巴各國の大學に於ては。印度學。支那學等は大學の科目中に編入せられたりと雖も。殘念な事には我が日本の學問は未だ大學の科目中には編入せられて居ません。唯だ伯林。巴里。聖彼得保等。東洋大學の一部中に編入せられて居る而已であります。偖て斯の如く歐米に於て東洋學の講究益々盛大なるにも係はらず。東洋學の完備したる我日本にして。未だ一個東洋專門大學の設立なきは。吾々世界學術の爲め。東洋文明の爲め。日本學問の爲め。豈に慨嘆す可きヿではありませんか。我日本には支那學も印度學も。實に千有餘年前より。傳來し居ります。則ち日本の印度學は佛教として入り來りました。人ありて佛教は印度學の一部なりと云ふと雖も。佛教の中には佛者の所謂外道。即ち印度當時の各派哲學者の議論を含んで居ります。依て佛教を研究すれば外道學問の何たるヿが明白に了解せらるゝは。爭ふ可からざるの事實であります。又た佛教々理の組織より論じても。印度の佛教は佛教の淺近なる部分。則ち小乘教なれども。日本の佛教は小乘の全体と。其深遠なる部分大乘の全体を完全して居ります。何れの點より云ふも。我日本に印度學の完全せるは勿論の事である。支那の學問も亦た然り。孔孟の倫理哲學も。老莊虛無の理も申韓刑名の學も。其他諸子百家の異說も。悉く完備して居ります。數年前支那現時の碩學來朝せし時。我邦の支那學者と會合し。種々両國現存の學問典籍に關じ。質問應答をなせし際に方りて。却つて彼に缺げて我に存するもの等ありて。彼の碩學も我邦支那學の完備には一驚を喫しました。然れば支那學も亦た日本に完全して居ると云つても差支なからん。然るに佛教儒道は外國輸入の者なりと云ふ人あれども。我邦へ傳來の始より今日に至る迄。數百年間千變萬化して。我日本の特風特習と合体し來り。支那にもあらず。印度にもあらざる。一種固有の日本學となり。彼の萬國無比の國体を千古不拔ならしむる大基礎とも謂ふ可き。我邦忠孝の美德は。儒佛二教が輔助して愈々燦然美麗の域に至らしめしものである。我日本文學も亦た彼の謠曲の如き。小說の如き。淨瑠璃の如き。悉く支那印度各學問の化合して。一種特有の文學を剏起し來りたるにあらざるはなし。手近き譬喩を申さばいろは四十八字の事である。諸君の中にはいろは四十八字は我邦固有の文學と思ひ居る人あるならんが。（ノー〳〵の聲起る）彼のいろはなるものは文字の形は。支那の文字をくづしたるものにして。其精神は所謂色は香へど散りぬるを。我が世誰ぞ常ならん。有爲の奥山今日越へて。淺き夢見し醉もせず（拍手喝采滿場に震ふ）との印度學則ち佛敎の諸行無常。是生滅法。生滅滅已。寂滅爲樂より淵源し來りたるものである。一例を擧ぐれば。彼の綿は源印度より輸入せし印度綿なれども。今日では我々は印度綿と稱へずして。日本綿と云ひます。茶も亦た其本は支那より來りし支那茶なれども。併し吾々は支那茶と呼ばずして。日本固有の茶と謂ひます。美術も亦た其音樂と云ひ繪畫と云ひ彫刻と云ふが如き。悉く支那印度兩國の感化を受け。兩國の精粹を傳へたるものなれども。今日西洋人の如きも。支那の繪畫。印度の彫刻とは云はずして。日本特別の繪畫。日本特別の彫刻と稱し。日本は東洋の美術國なりと謂ふではありませんか。

是に依りて之を觀れば。縱令日本學問の起源は。支那或は印度にありと雖も。今日に至りては。千有餘年我日本四圍の現象と混盪し來り融化し來り。一種特有の新學問を發生したるものなれば。吾輩は斷じて日本固有の學問と謂はざる可かず（拍手大喝采萬雷の鳴るが如し）。然れば今日我邦に於て圓滿完備せる東洋學は。吾輩東洋學と稱へずして日本學と呼んで可ならん。西洋にては東洋人を雇ひ。東洋の書籍を需め。種々手數をなすから。其學問を名づけて東洋學と云ひ。其學校を呼んで東洋學校と云ふと雖も。我日本に於ては支那學をなすから支那人を聘し。或は印度學をなすから印度人を招くと云ふが如きとなく。其書籍を求むるも。其敎師を集むるも。悉く我が日本の土地に於て出來るものなれば。吾輩は又た斷じて其學問を名づけて日本學と云ひ。其學校を呼んで日本大學と謂ふ（拍手大喝采）。

古代より傳來する其國固有の學問の一盛一衰は一國人民の獨立に大關係を有するものなり。一例を擧ぐれば。今日印度亡國の人民が。英佛獨の諸國に留學して。英佛獨等の歐人に依りて。自國古代の文學を研究し。始めて自國の學問が遙遠なる數千年前の往昔に於て。光彩燦爛として四邊に輝き。眞理の勢威隆々として東方亞細亞の諸國を風靡しつゝありしとを知り。飜つて現今自國の有樣を顧みれば。國家顚覆し。社稷滅絕し。殘忍酷薄なる外人の爲めに蹂躪せられて。自國二億の生靈は椰樹花の如き邊に。當年の盛事を回想して。天を仰ひで亡國の淚を絞り。加之自國固有の宗敎。哲學。文學の眞粹は蕩然として地を拂ひ。空く寒烟茫々たる斷碑墓碣に對して。往時文學の盛影を追懷するある而已にて。吾輩も亦た山河隔絕れ此地に來り。異種異色の泰西人に依りて。始めて世界古代文化の淵源と稱せられたる。吾が印度文學の如何を知るに至りしかとて。實に慷慨悲憤の淚に咽び居ります（滿場の聽衆肅々として一咳の聲もなく數千の視線悉く井上氏の一身に注ぎ感奮悲愴の色四邊に隸きたり）。彼の鎌倉は源賴朝が六十餘州の覇權を掌握し。勢威赫々海內を壓せし。往時封建の舊都なれども。今日吾輩が鎌倉に至り見れば。彼處此所には唯だ麥田の蒼々として。四望蕭條唯一人訪ふ者もなく。空く懷古の情を惹起して。端なく鎌倉の愛國心を喚起するに至るは。是れ吾等が鎌倉の歷史を知り居るから。斯の如く一種無限の感慨を發するのである。又た奈良に至り見んか。奈良は諸君が御承知の如く。我邦中古の帝都にして。高僧碩哲雲の如くに屯し。最も佛敎の隆盛を極めたる所なれども。今日此に杖を曳ひて望矚を縱にせんか。往時の壯觀盛影は去りて跡なく。寂々寥々唯だ猿澤池の水叫然として世運の變遷を歎き。殿堂頽敗し。僧侶四散し。佛像風雨に曝らされ。境内雜草の茫々たる。東大。興福の廢跡荒趾は空く宗敎的の人をして斷腸の思あらしむ。是に於て吾輩も亦た一種無量なる奈良の愛國心を煥發するに至るのである。又た滿塲の諸君誰か吉野に至りて愛國の感慨を發せざらんや。今日吾輩が奈良地方を漫遊し。進んで吉野に足を停め。雙眸を放ちて四方を眺むれば。唯だ山間幽邃の谿谷にて。滿山悉く雪の如く霞の如き櫻花の爛漫たるある而已。櫻花は實に陽氣なるものであるから。吾々も亦た陽氣なる面白味を感じそーなものなれども。左はなくて何とも謂ふに云はれぬ一種の感慨を發し。忽ち感を六百年前の南北朝に馳せ。此の處に松樹の參差たる丘陵は。北風天を捲ひて南風競はず。楠新田の忠臣烈士が前後矢石の間に愛國報國の赤心を表せし後ち。慷慨激烈劍を按じて崩去し。九泉の下に不瞑の瞑をなし遊ばされたる。後醍醐帝の延元陵にはあらざるか。彼の櫻樹の間に隱見する如意輪堂の頹壁は。百世の下忠烈氣伸び奸雄膽寒からしむる。小楠公辭世國歌鏃書の壁にはあらざるかと。歷史的回顧の感情心中に蜂起蝟集し。吾輩をして吉野愛國的の感情と心裡に炎々たらしむ。是れ復た吾輩平素我邦の歷史を探究して。吉野の歷史を充分知り居るからである。若し無學無識の農夫が。今日鎌倉と經過せば果して如何。唯だ隴畝麥秀眼に映ずる而已にして。何の感情も起らざるべし。若し我國歷史の何たるを知らざる西洋人が。奈良と遊歷せば果して如何。唯だ奈良大佛の眼を驚かす而已ならん(滿塲寂として此詩人的感慨に感歎の色あり)嗚呼我々は鎌倉の舊跡。奈良の古都。吉野の名地には何等の關係もなし。唯だ吾輩が一種の大希望に伴ふて湧起したる愛國的感慨なり。苟も愛國心を養成せんと欲せば。其國古代の歷史を知り。古代の文明を知り。古代の學問を知り。古代の人情習慣を知り。以て其精神に印象せざる可からず。斯の如く古代の現象を知り。其精神に刻み付けたる結果は。則ち眞正なる愛國心なり。(柏手喝采續々起る)

明治維新以來歐米學問の思想感情が。一瀉千里滔々として我日本に奔注し來りたるの結果は果して如何ぞや。上は大學より下は小學に至る迄。一國全体を擧げて悉く彼れ歐米學問の思想を先にして。我邦固有の思想を後にし。彼れ泰西文學の感情を先にして。我日本文學の感情を後にし。彼れ西洋國民の歷史を先にして。我東洋國民の歷史を後にし。彼れ白色人種の功業偉德善行美事を先にして。我が黃色人種の盛德大業美事善行を後にしたる結果が。冥々の裡に國民愛國心の消長に重大の影響を生じ來りたるは。明々白々爭ふ可からず(拍手大喝采大に起る)。我邦特有の風習を多く經驗し。我邦特有の學問を深く研究したる。維新前の人は愛國心に厚く。我邦特有風習の經驗少く。我邦特有學問の研究淺さ。維新後の人は愛國心に薄し(ヒヤヒヤノーノーの聲滿塲を兩分す)然れども近來に至りて我邦の敎育界は大に從來の面目を一新し。我邦固有の思想感情を先にし。歐米新來の思想感情を後にし。讀本の如き。修身書の如きも。可成我が國民の盛德大業善行美事を揭ぐる有樣となれり。滿塲の諸君は此革新後の敎育を受けたる人なれば。定めて愛國心に富みたる人々ならんと察します(塲中拍手喝采する者あり疑はし疑はしと連呼する者あり)。

以上論陳する所の理由に依りて。我哲學館は將來國學(現今日本學)。漢學(現今支那學)。佛學(現今印度學)の專門學科を置き。而して東洋專門大學の組織を大成し。彼の歐米人をして我日本に斯の如く圓滿完備せる東洋學講究の專門大學あるを知らしめ。一方に於ては日本固有の學問を愛護して。一國獨立の思想を一國全体の人心中に維持し。他方に在りては日本國家の獨立を輔翼し。我邦特有學問の光輝を宇內に煥發せんと欲するにあり。是れ實に非常の大事業にして。吾輩一個微力の到底爲し遂げ得る所にあらず。此に於て乎歐米歸朝以來全國遊說の途に上り。至る處東洋專門大學設立の必要を論じて。海內四千餘萬の同胞諸君に訴へ。諸君の協贊を仰ぎ。以て此事業の爲めに不肖畢生の熱血を注がんと欲する所以なり。今や明治廿六年の新年を迎ふると同時に。行李匆々九州漫遊の途に上り。九州の中心たる此熊本に於て。今夕始めて滿場の諸君に見へ。聊か平素の旨義を演說し。諸君の淸聽を煩はすに至れり希くば滿場の諸君此旨義に贊成し賜はゞ。各々應分の盡精あらんことを。是れ私の偏に懇望する所であります。(拍手大喝采滿場壞るゝが如し) (完結)

次號の誌上には井上氏第一回の演說「勅語に基き國体爲本の教育を論ず」の詳細なる筆記を揭ぐべし

蒐錄

愚迷發心集 (拾七號接續)

解脫上人

急早可急者出離解脫之計。忘猶可忘者虛妄實有之謬。須每向境界想實是如夢者自可除迷。終可開悟。所以靜心而遙想像當來者未來無數劫之間。我當何國何處何日何時。當證無上正等正覺。而一如水灑流兮。恣潤枯槁之衆生。二空月顯光兮。普照長夜之迷闇。悲哉乍備無上佛種。云自云他爲無始無終之凡夫。而未都知出離之期矣。投身命於雪山之半偈當眼而如空。致給仕於仙洞之一乘握掌而無勇。曠劫之幸不辨餘身。長刧之迷不知失道。惡上尙重惡徒送春秋於數年。自夢猶入夢而空過日月於三旬。悲而可悲者我法妄執堅結。憂而可憂者生法之空理遙隔。依此爲流轉常沒凡夫也。迷此失出離解脫之路也。云聖者云凡夫不可遠尋外。云淨土云穢土不可遙隔堺。空我法稱覺者。着我法名愚夫。所執境稱穢土。如幻境名淨土。然而先生不營故今旣如無一文之覺悟也。今生不企者何時暗生少分之惠解哉。况非不遇佛法又非所辱盲聾。責隊運志而隨分營勵者何無一塵得益。此刧爲始而遂進深廣之佛道豈非至要哉。然而或懈非身所堪。或慢非心所好億刧。一說釋尊之敎法殆如無其詮。到於學佛法之輩者。或憍慢或嫉妬。或嘲哢或誹謗。設又有學文之志。費無上法寶還募名利價。甞甘露妙藥彌增煩惱之病。出離指南徒沈生死海。菩提明月空隱妄染雲。悲哉佛法當迫喉福田將渴。智水未掬者緣何殖善苗。法燈永斷者以何照迷情。加之倒見邪見之惑業雖起幻夢之前。實我實法之盛睡未寤長夜之中。閑境界是夢所緣。夢不知同夢說諸法皆心所變。宛如向影爲憤喜。就中宿習本薄發心都無。妄念競起出要何事。愍捨世間僅雖移深山洞。隱遁只有名殆無守一行。猥雖稱馮佛不致聖可通之誠。設有向教文都無欲如法之心。性罪闇深戒珠永隱光。遮罪塵積法水不通流。善嫻惡好求名貪利。然間等閑之言端雖悲身錯。眞實之心底無改其過。縱有隨分之勤尚以難馮。況如是空過以後亦可同。我預閻魔之誡蒙冥衆之責時。獨流泪可悲。後悔有何益。寔以雖過無量億歲受難受爪上之人身而叫於不受。雖累恒沙塵刧過難遇曇花之教文而空於不遇。適望道場欲洗罪垢於心水者。散亂之涙忽動而一塵未清。希向尊容欲照迷闇於覺月者。煩惱之雲厚覆而長夜猶深。妄心之迷往昔串習僅起彌盛也。菩提之道今新行業雖勵速忘乎。雖廻念珠數與餘念相亂。口雖唱寶號心與脣不調。纔所勤者旣以無實。雖難得法嬾急終功。急巳何所作。只偏世務計。世務是何要事爲夢中名利。名利只大毒惱一世之身心。富者貪樂都不知後生。貧者懷憂彌造罪障。凡述言欲記不追染筆。可愼可察迷也愚也。

（未完）

佛教大難論自序

佛之爲教深遠而宏大天下諸教莫及焉。其語理則曰眞如之水起萬法之波。平等差別一而不一。眞妄和合異而不異。其語世則曰無量世界浩莫邊際。就一界有一界之成住壞空。就全界有全界之成住壞空。循環無端終而復始。其語人則曰佛者覺也。衆生本來有如來性。若離妄想反照心源。靈性顯現無法不達。名曰法報身。自然應用無窮名曰應化身。嗚呼其窮理之精盡心之微如此。宜乎其爲具眼者所贊美也。雖然道不虛行必須人與法然後行。能明其道者在於人。能持其教者存於法。人者何僧寶是也。法者何制度是也。抑佛教之行於我邦千有餘年于此。不爲不久矣。各宗分鑣並驅海內之民。奉其教者不下於數百萬人不爲不多矣。然而方今國家新垂憲章分政教爲二途。乃以佛教措諸度外不顧。而僧侶之傳其道者棄本趨末。信徒之從其教者認假爲眞。於是乎。人與法殆絕而其道獨存。是豈非佛教未曾有之一大厄運耶。余也謭劣不自揣。嚮著宗教革命論論佛教他日當臻昌盛之運以皷勵一世。是特就其教而立言耳。而其人其法日衰月頹。僅繫命脈繫一髮之微。佛教之大難孰有危且急於今日者也哉。余乃悲憤感慨不能自禁。竊筆所見不覺縷々至數萬言之多。旣成自讀一過文字晦陋雖不足觀。抑亦不負於護法愛國之微意也。海內識者試一讀之。或有所警發則作者之至願足矣。

明治廿五年十一月　中西牛郎撰

左ノ一篇ハ普通教校出身ノ一俊英ニシテ現時帝國大學ニ入レル老川古河勇君ガ將來佛教改革ノ健兒タル可キ身ヲ以テ奮ツテ明治學院ニ入リ彼ノ耶蘇教徒ト談論講習ヲ共ニセシ際同院文學會大會（明治廿二年三月廿八日）ニ於テ全院生徒ニ推選セラレ東京府下諸基督學校生徒及ビ他ノ數十來賓ノ面前ニ於テ朗讀セラレシモノニテ反省會雜誌第五年第五號ニ掲ゲタルモノナリ本號君ノ論說ト尠少ナラザル關係有ルニ依リ全文ヲ茲ニ轉載セリ讀者希クハ參考ノ勞ヲ採ラレヨ

人世

古河老川

浩々幾千億万里。東ヲ望ンデ際限ナク西ヲ望ンデ際限ナシ。超々幾千億万年。往ニ遡リテ究極ナク來ヲ推シテ究極ナシ。此無限ノ寰宇此無極ノ世代ニ。微々タル蠢動暫ク有ルガ如キ者是アリ。彼等朝ニ生レテ夕ニ死シ。乍チ顯ハレテ乍チ隱レ夢ノ如ク往キ幻ノ如ク來ル。宇宙大限ノ中固ヨリ此微物小物アルナシト雖モ。抑モ蟻群尚能ク國ヲ作ス。彼等豈ニ亦タ一昇。一沈。一離。一合。喜怒。哀樂。愛惡欲ノ一大活劇ナカランヤ。左レバ或時ハ永眠ノ屍側。天地ノ冷黑ヲ嘆ジテ。恩容ノ又還ラザルヲ悲ミ。或時ハ春笑ヒ花眠ル夕。両愛相合シ相樂ム婚姻ヲ喜ビ。又或時ハ裂目切齒怒髪頭冠ヲ衝キテ天ヲ罵リ人ヲ叱咤ス。僕奴ヨリ起リテ職終ニ征夷大將軍ニ上レルアリ。國王却テ斬頭臺上ノ露ト消ヘシアリ。陶朱猗頓ノ富アリ。伯夷叔齊ノ究アリ。財ニ走リ名ニ走リ權ニ走リ。或ハ戰爭或ハ交際。或ハ飲食或ハ起臥。又或ハ政治或ハ宗教。或ハ殖産興業ト。紛々焉亂々乎タル者。之ヲ人世ト云フ。抑モ是レ愛スベキ乎又厭フベキ乎。世多ク誤リテ此人世ヲ解ス。以爲ク人世常アリ。人世樂シク人世淸シ。故ニ人世ハ愛スベシト。彼等ハ未タ人世ノ常ニ遷轉シテ富ノ忽チ貧トナリ。高貴ノ乍チ下劣トナルヲ知ラザルナリ。人世ノ苦ミ多ク。病ハ人ノ上下ヲ論セズシテ來リ。火水震雷ノ虞ハ決シテ家ノ甲乙ヲ問ハザルヲ知ラザルナリ。人世ノ穢レ多ク。人身唯是レ皮ヲ以テ被ヘル造糞器ニシテ。社會ハ全ク蛆蟲ノ紛飛亂行スル者ニ外ナキヲ知ラザルナリ。ヨシ彼等ヨク是ヲ知ルモ彼等ハ知リテ行フ人ニハ非ルナリ。看ヨ現ニ彼等ガ狂シテ求メ。得テ狂スル所ノ者ヲ見ヨ。曰ク金殿玉樓。曰ク美酒珍膳。曰ク綾羅錦繡。曰ク美姬好男。曰ク赫々タル勳章。曰ク彬々タル威名。曰ク盈々タル財寶。是レ豈ニ人世奔動ノ一大引力ニ非ズヤ。彼等已ヲ見テ人ヲ見ズ。今有ルヲ知リテ後アルヲ知ラズ。皮相ニ迷フテ內骨ヲ察スル能ハズ。頗々タル妄見全ク是レ凡夫ノミ。嗚呼古來百千ノ英雄豪傑ニシテ此凡夫タラザル者果シテ幾人ゾ。蠢々トシテ醉生夢死セル他ノ小動物ハ推シテ知ルベキノミ。世又一種厭世ノ徒アリ。彼等ハ人ノ多ク世ニ愛着スルニ反シテ深ク人世ヲ厭フ。以爲ク美人美ナルモ唯是皮ニシテ若之ヲ剝ギ去ラバ。殘ス所唯骸骨アルノミ。金殿ト雖モ若一タビ之ヲ火ニセバ又灰ノミ。飲食モ度ニ過グレバ忽チ病ヲ生ズ。金錢財寶豈ニ又盡ル時ナカラヤ。況ンヤ妻子珍寶及ヒ王位臨命終時不隨者ナルヲヤ。唯功名ハ千歲ニ殘シテ人ノ傳唱ニ存スルモ。之ヲ死後ニ受ケテ身何ノ德ゾ。特ニ時末代トナレバ誰カ又之ヲ記臆セン。想念一タビ此ニ及ベバ人々狂シ人ノ奔ル所。人ノ樂ミ人ノ喜ブ所。皆ナ是レ迷ノミ。況ヤ浮世夢ノ如ク老少定リナシ。朝ニ紅顏アリテ夕ニ白骨トナルハ人ノ常態ナルニ於テヲヤ。年々歲々花相似。歲々年々人不同。化野ノ露ハ消ヘテ又消ヘ。鳥部山ノ煙ハ散リテ又散ル。若カズ此ノ蜉蝣ノ一生命長クシテ恥多カランヨリ。寧ロ早ク殀シテ玉碎ノ美名ヲ殘サンニハ。特ニ此短生モ亦苦中ノ苦ノミ。八百八病交々我ヲ襲ヒ來リテ。体内体外ニ痛患絶ユル時ナク。乍ニシテ大地ノ震災。乍ニシテ洪水ノ汎濫。乍ニシテ火災ノ噴裂。天變地異年々我ニ落チ來リテ。我ノ生命常ニ薄氷ヲ蹈ムガ如シ。而シテ此劇惡極苦ノ中。尊トナク卑トナク。貧トナク富トナク。少長男女共ニ憂フル所ハ。實ニ彼ノ錢財ニ在リ。有無同然ニシテ憂思適サニ等シ。田アレハ田ヲ憂ヘ。宅アレハ宅ヲ憂フ。若シ之ナケレハ之ヲ得ント欲シ。適マ一ヲ得レハ又一ヲ得ント欲ス。而シテ時ニ上ニ無道ノ君ヲ戴キ。暴壓亂制身殆ント爲ニ殺サレントシ。口ヲ極メテ人民ヲ皷舞スルモ。人民平トシテ我ニ就カズ。却ッテ我ヲ失笑ス。又時ニハ戰亂アリ。遠征近爭涙シテ實ニ妻子ニ別レ。又最恩ノ父母ニ先ンジテ終ニ死地ニ就ク。人世何事モ意ノ如クナラズ。千控アリテ百撓アリ。辛酸艱苦宛モ雲ノ如シ。嗚呼人世厭フベシ。我死シテ之テ脱レン。我山ニ隱レテ之ヲ避ケント。是レ彼等胸懷常ニ鬱々タル所ノ寫眞ナリ。是レ凡夫ノ言ニ非ズシテ已ニ一歩ヲ進メル智者ノ言ナリ。然レトモ彼等未ダ一邊ヲ知リテ他邊ヲ知ラザル僻論者タルヲ免レズ。

抑モ人世ハ愛スベキ者ニモ非ズ。又厭フベキ者ニモ非ルナリ。固ヨリ彼ノ貪生者流ノ迷想セル如ク樂シキ者ニモ非ズ。淨キモノニモ非ズ。又常アル者ニモ非ズ。然レドモ常ナキコト常ニ常ナシトセバ。是レ亦タ一種ノ常ニ非ズヤ。苦ト云ヒ穢ト云フモ少ク考ヘ來ラバ。亦タ是レ樂淨ナランノミ。若シ夫レ世悉ク法ニ從ヒ。人悉ク道ニ由ランカ。人世實ニ佛果タリ天國タリ。若シ又タ之ニ反シテ彼等悉ク法ニ從ハザランカ。惡魔ノ窟。修羅ノ巷ノ顯出シ來ルコト。豈ニ夫レ時ヲ要センヤ。唯ダ是レ一ノ飴。盜跖ハ見テ以テ盜奪ノ便ニ笑ヒ。曾參ハ見テ孝行ノ利ニ泣ク。世ニ謂フ良醫ハ毒ヲ以テ藥ト爲シ。拙醫ハ藥ヲ以テ毒ト爲スト。又彼レ晩食當肉晏歩當車ノ如キモ。徹底是レ物ニ一定ノ性ナキヲ云ヘルノミ。吾人苟モ一タビ此ノ如キニ思ヒ到ランカ。則チ容易ニ生死卽涅槃ノ大道理モ解シ得ベク。人世ノ愛ス可ク又厭フベキ者ニ非ルヲ知ルベシ。今夫レ一タビ邪惡盛ニ行ハレ。德操地ヲ拂ヒ。万道規ヲ違ヘテ。或ハ貪。或ハ病。或ハ迷惡ト紛亂セル腐敗社會ノ中ニ交レバ。人世實ニ厭フベキガ如シ。然レドモ一タビ心ヲ萬有ノ本体ニ住マシ。其千古ノ自然。森々ノ妙景ニ思ヒ來リ。山靜ニシテ太古ノ如ク。日長フシテ少年ニ似タル所。潺々タル水ノ音樂。碧ヲ繞リ風ニ忍ンデ流レ行ク所。千尺ノ飛瀑雲ニ噴キ月ニ濺グ所。濟月一輪長江ノ万里ニ明カニシテ。金龍瀲灔遠ク灘外ニ漁笛ヲ聞ク所。夕日ノ曝ス所。花ノ眠ル所。或ハ又忠臣切諫シテ其苦唯天ノミ知ル所。老嫗愛孫ヲ腰上ニ弄シテ恩情溢レントスル所。數名ノ同學一窓書ヲ講ジテ共ニ幽玄ヲ叩ク所。農夫霜ヲ蹈ンデ早朝已ニ野外ニ在ル所。分ニ從ヒ職ヲ守リ。各互ニ商易スル所。笑フベキニ笑フ所。怒ルベキニ怒ル所。凡ソ天地ノ間人間ノ中。其天眞ニ出テ正理ニ合ヘル所ノ者ヲ見。我心亦タ別ニ一點ノ凶毒ヲ夢ミルコトナクンバ。人世豈ニ亦タ愛スベキ所ニ非ズヤ。之ヲ要スルニ人世ノ愛スベキト厭フベキトハ。世ニ在ラズシテ我ニ在リ。身ニ在ラズシテ心ニアリ。人世固ヨリ其体ニ於テ。善ニモ非ズ惡ニモ非ズ。苦ニモ非ズ。樂ニモ非ズ。庸劣之ヲ見レバ厭フベシトナサン。聖賢之ヲ見レバ愛スベシトナサン。然レハ則チ人世ハ愛スベキ者ニ非ズシテ厭フベキ者ナリ。厭フベキ者ニ非ズシテ又愛スベキ者ナリ。後ノ愛ハ前ノ愛ト異ナリ。前者ハ迷ノミ。後者ハ悟ノミ。世若シ眞ニ人世ヲ達觀シ。大生死ニ泰然タル者アラバ。其人實ニ此ノ悟ノ愛タラスンバアラズ。

○嗚呼茫々タル寰宇ノ中。眞ニ我ト共ニ此人世ヲ達觀スベキ者果シテ幾人カアル。釋迦乎。基督乎。眞理ニ非レバ眞理ヲ知ラズ。人世ニ非ズシテ焉ゾ人世ヲ解スルヲ得ン。嗚呼我レ今人世ト共ニ人世ヲ談ズル乎。抑モ亦タ人世トナリテ人世ヲ説ク乎。世ヤ廣ク人ヤ多シ。我レ我任ノ重ク。我道ノ遠キヲ知ル所以ノ者。豈ニ人生ノ賜ニ非ズシテ何ゾヤ。嗚呼豈ニ人世ノ賜ニ非ズシテ何ゾヤ。

小說

小言

これは、また、如何なる因緣にやあらん。おもひきや、這般、靜宇居士の紹介にて、おのれがものせし、「花の露」なる小話の、あはれ世にめでたき「國教」の一欄を汚さんとは。

たとひ、この小話は、その興味なしとはいふものゝ、世のつねの小話の如く、おのれの想像上より結搆せし、空中樓閣的のものには非ざるなり。馬琴、沙翁、(Shakspeare)にならひて、ものせしには非ざるなり。をぼつかなくも、喜月、ヂッケンス、(Charles Dickens)にならひて、單に事實のみを寫しゝなり。

殊に、この小話中の主人ともいふべき佳人「お露」(妙心尼)とは、おのれの住家よりいと近き、谷中墓地の彼方なる、笹原觀音堂のあたりに、淸くいほふりて住みにきをおのれ、ゆくりなきことよりして、駒込なる明傳寺住職某の紹介にて、不思議にも、妙心尼と、淺からぬ友垣をなん結びける。その後、學事の閑暇ある折ごとには、必ず訪ひつ、又訪はれつ、互に和歌の遊などなして、世の憂さを忘れ。また、菴主よりいともめでたき法の話など聞き。又おのれより、この無垢淨淸なる尼法師に向ひて、琴のしらべ聞きたしなど〻願ぎしことも、屢々なりしが、こぞの、きさらぎ、二十日あまりの頃とかよ、當時流行の感冒におかされて、あはれ冥府の人となり、今は、闃若なる、淸淨なる、谷中墓地にぞ眠りける。

右は、實に妙心尼在世の折、口頭から、おのれに親しく話されし事實なり。されば、こを基礎として、世の小話にならひて、ものせんには、聊か讀者に興味を感ぜしめんとは、人も云ひ、おのれも思へど、そは、おのれの心に忍びざるなり。まだ、書きのこししことゞもは、數々なれど、こゝに記せしは、只その骨組のみなり。何れ後日、妙心尼の道心のありさま、其他くさぐゝのことゞもは、學事の閑暇なる時をまち、心にまかせて寫出し、世に公にせまく思へばなり。今は只、靜宇居士の厚意のまにゝに、淺學の身もかへりみず、その大略をかいつけ、「國教」に寄するになん、四方の讀者、その心して、見玉へかし。

明に治まる御代の辰の年菊月の十日あまり東都本郷區千駄山園子坂の頭なる菊花かぐはしき旭松菴にて

堀内莊識

花の露

旭松山人

上の上……仙遊軒

假令源は昔に變りて涸れしとは云ふものゝ、まだ兎にも角にも小量の水は流るゝ德川の末流、花のお江戸より里程遠からぬ澁谷村に、仙遊軒となんよびける風流たる山莊ありけり。此家の主人は池邊左門といふ志士にて、元は何恥かしからぬ參河武士の末流、數年前までは將軍家の劍道御指南役とて、時めきし天晴の武士なりしが、今は何か仔細ありて、此處に世を忍ぶとの世評。左門に一人の娘ありけり、名とれ露とよびて近頃稀有なる美形、今年甫めて二八の春風に吹初られ、その艶さも亦一入增しぬ。されば幕下の少年にて、少し左門に知緣あるものは、仙遊軒の美麗しき無情の花を觀るを名として、その實は玉なす有情の露、それに衣を濕したし、掌中に取りてその銀色を觀たしなどの煩惱を起して、恰も蜜蜂の花露を慕ふが如く、我先にと仙遊軒を指して、訪はぬ人こそ無りけれ。

それはある夏のことなりき、一日左門夫婦は風見るまでに青く青と伸揃ひたる稻田の風光見んものと、吹く朝風に袂をふくらせながら、娘れ露と侍女二三人をひゐて、朝まだきより門を出でそこはかとなく逍遙ひぬ。歩み馴れぬ草茂き畦道なれば、蛇や蛙でも踏はせぬかと恐れつゝ。

田舍は青世界か、何でもかく青きものか、樹も草も田も畑も山もそして川邊も青く青し。氣の勢か家に在す時とは異ひ、今日は何にか兩親の顏色さへ一入青く見ゐてをかし。あゝ、心地が晴晴して愛でたし〱と喜ぶ娘の顏を見て、こよなきことよと喜ぶ夫婦の顏、侍女連はそを見て亦心安しとて、互に喜びて打興しぬ。

夏日長しといふは、痛く働く人のいふことなり。心樂しくその日を送る人に取りては、なほ短き心地ぞするらし。あゝ、快き涼風よ今しばしの間かくあれがしと思ふ時しも、あな笑止、無情く照す日輪は今日は生憎く別しての威を振ひつゝ、東の方より炎炎と頭を出してにらみぬ。

これにてはと歸途に向はんとする時、彼方より來かゝる二人の少年ありけり。左門夫婦は何氣なく本道に出でんとする時しも、二人の少年は立ち止まり、腰を屈めて言葉を卑ふし、あゝツ貴殿は池邊の先生にはれはさずや。聞くより左門は眉を顰め、いかにも拙者は池邊左門なり、シテ和殿達は何地より此處へは尋ね來玉ひしぞ。二人の少年は笑みながら左門の顏を熟視しが。年齒十八九位にて眉目清秀なる怜悧そうな青年はいとも靜に、拙者供は江戸表より貴殿を尋ねてまゐりしものなり、最早見忘れ玉ひしや、嘗て劍道の御指南を辱ふせし淺田花丸にて候ふ、先生には始終御健勝にて重々至極に存じまする。拙者は川合武八郎にて候ふ、まづ〱先生には恙もあらせで、恐悦至極に存じまする。と聞くより夫婦はハタト手を拍ち、見玉いてよ老の身のかひなきことを、僅か両三年の間相見ざりしより、終に見忘れ申しにき、まあッ花丸ぬしのいたう愛たく成人し玉ひしことよ、家嚴には變らせ玉はずや、家愛は如何にぞや。武八郎ぬし、善くこそ遙々來ましたれ。いざ且家へ一同に、來臨あらんことこそ望ましけれ、それは〱。

雜報

● 眞宗興隆縁起を獻納す　小栗憲一氏は自著の眞宗興隆縁起を。此程皇太后宮太夫杉子爵の紹介を以て。皇太后陛下の御手許へ獻納せられたる由。殊勝の事と謂ふべし。

● 後七日の御修法　例年の如く本月八日より十四日迄。京都眞言宗敎王護國寺内灌頂院に於て。宮中後七日の御修法を執行せられたり。今其摸樣を聞くに。八日午前十時京部府廳よりは。森本參事官及び御修法掛屬官二名。騎馬の警部二名にて。宮内省より御差廻しありたる。御撫物唐櫃を守護し。其唐櫃は白丁二名にて舁がしめ。灌頂院に奉送して大阿闍梨眞言宗長者敎王護國寺住職大僧正楠玉諦師に授け。且つ同日御修法の始まるや。巡査數名嚴重に晝夜警戒して。全境内不淨の輩の通行を禁ぜしと。又た今年御修法出任の高僧は。泉涌寺長老權大僧正鼎龍暁。隨心院門跡權大僧正和田智滿。醍醐寺門跡權大僧正大原演護。智積院貫主權大僧正金剛宥性の諸師にして。山階宮晃親王殿下も曩に勸修寺法親王に在らせ給ひたる節。右御修法に參列せられたる縁故あるを以て。去る十日に參列せられしと云ふ。今御修法の畧沿革を得たれば左に掲ぐ。

眞言宗祖弘法大師は桓武平城嵯峨仁明四朝を經て國師奉勅國家秘法を修せられしと五十一度數々法驗を顯はす時の天皇叡感斜ならず承和元年勘解由司廳を以て内道場と爲し名づけて宮中眞言院と稱せらる毎年正月後七日御修法の官符を賜ひ正月八日より十四日に至るまで大師の佛祖嫡傳兩部大曼荼羅及び秘密法具を莊嚴し奉皇祚無疆鎭護國家の秘法と行せらるゝもの永く恒例の盛典と定めらる大師承和二年三月廿一日入定後は上足の弟子實惠眞濟眞雅等の大德護法の秘要御修法の大事口訣を傳承し續て敎王護國寺の長者に補せらる爾來一千餘年間連續恒例となりしも明治五年排佛論の氣焰に遭ふて一時停止の沙汰に逢ひ其後十年間絕へたりしが仝十五年同寺住職三條西乘禪請願再興を仰ぎしに仝年八月四日官中に於て行せらるべき道場なきを以て寺門に於て修行すべき旨德大寺宮内卿より達せらる翌十六年一月再與ありてより本年迄十一回に及ぶと云ふ

● 北白川宮殿下　新に第六師團長に任ぜられ給ひし。北白川宮能久親王殿下には。愈々去月二十九日門司發別仕立の列車にて。午後二時恙なく熊本停車場に御着遊ばされたり。華陵山頭奉迎の煙花十五發打ち揚げの中に。劉喨たる歡迎喇叭の聲空に響くの中に。轟々たる十三發の歡迎祝砲地を動かすの中に。隨行將校の禮帽勳章燦爛として眼を射るの中に。前後を擁護せる騎兵大隊の捧劍閃々として日に輝くの中に。數千の師團兵が肅々として捧銃の禮を爲すの中かに。縣官。市郡衙。各役所員。各學校生徒。其他拜觀の老若男女が整列奉迎せるの中に。殿下には陸軍正服に大勳章を帶び騎馬に召させ給ひ。靜々と豫定の線路を經過せられて。陸軍偕行社に御到着遊ばされたり。吾人は鎭西軍團の爲め深く殿下の御新任を奉祝し。併せて殿下の萬歲を祈る。

●佛敎徒の錦の御旗　佛陀伽耶回復事件は佛敎徒の錦の御旗なり。若し日本國民にして錦旗に敵對する者あらば。是ぞ所謂亂臣ならん賊子ならん。佛敎徒にして佛蹟興復事件に反對(若しも)する者あらば。是ぞ所謂佛敎徒にあらずして自ら異敎外道の流に陷りたるものなり。方今の佛敎界何ぞそれ滔々異敎外道者流の多きや。吁舊佛敎の腐爛頽壞する亦た宜なる哉。

●大谷派法主大菩提會の懇請を辭す　曩に印度カルコッタ府大菩提會總書記エッチダンマパラ氏より。大派本願寺法主に向け同會副會長たらん事を懇請したる事は。本誌前號に揭ぐる所にして。吾人は當時賢明にして時勢に敏とき同派の事なれば如何に同派內國の事業多しと雖も。ダ氏懇請の件は我邦佛敎傳來以來未だ曾て有らざる公明の神聖事業にして。世界佛敎氣運の消長に非常の關係を有する事なれば。定めて追思孝順の精神を揮つて百難千艱を排し。以てダ氏の懇請を承認し。遠くは世尊に向つて末世佛徒の本分を盡くし。近くは彼の錦の御旗を飜して海內の各宗派を風靡せらるゝは。瞭然疑ふ可からざるの事ならんと推想しつゝありしに。意外千万にも同法主よりは此頃ダンマパラ氏に向け。任に堪へざる趣を以て謝絕せられたりと云ふ。吾人茲に至りて筆を投じ天を仰ぎ唯だ憤慨の涙滴々として紙上に迸るある而已。

●近藤是苗師の印度漫遊　尾張國渥美郡仁遠本村。淨土宗大達寺住職。近藤是苗氏は。南方佛敎々理硏究の爲め印度へ渡りて。釋尊の古跡等を遍く取調ぶる筈にて。近々漫遊の途に就く由なり。嚮には阿刀師あり。今復た近藤師あり。佛蹟興復の氣運亦た以て察するに足る。吾人は今日我邦の佛徒が大に冒險の氣象を皷して。陸續佛敎の祖國に入り。濶大の瞳孔を開いて。世界的の運動に着手せん事を熱望する者なり。

●清國墨禪和尚の歸國　本誌前々號に揭載したる。清國北京皇室菩提所。淨土宗法源皇刹住職暴禪心香師は。其後長崎地方漫遊中なりしが。急用出來し由にて。去る一日東京丸にて同港を出發したりと。又た同師は半歲間計り。杭州靈隱寺に駐まり。後ち歸刹する都合なりと云ふ。

●印度錫蘭佛徒の建白書　世界佛敎復活の氣運を最も適切に感じたるものは東北佛敎徒中にては。我が日本佛敎徒にして。南方佛敎徒中にては彼の錫蘭佛敎徒なり。錫蘭の佛敎徒は數年前より非常の活氣を生じ來りて。或は學校を盛んにし。或は敎會を結び。或は新聞雜誌を發刊し。正義堂々全嶋を風靡し。一時は流石に英國政治の大權と左提右携して橫行せる耶蘇敎も其鋭鋒に敵する能はざりし由なるが。近來に至りて英政府が行ふ宗敎的干涉の施政に惱まされ。弘敎扶宗の業漸々困難の境に陷り。年來復興の緖を啓きし敎勢も。更に再び沈滯せんとするの不幸に遭遇せり。是を以て同嶋佛敎徒は一致團結して。英政府の苛政を鳴らし。神智學會員又之を扶けて。其處置の不公平なるを論じ。或は英國の諸新聞に寄稿して。具眼者の一考を煩はし。或は自國機關雜誌に論破して輿論を喚起し。以て要路の反省を促して怠らざりしが。英政府の苛虐なる更に之を顧みるなく。益々新敎擴張の政策を運し。干涉壓抑の實愈々甚しくなりしかば。同嶋の佛敎徒は遂に客臘總代を以て。一篇の建白書を英政府に呈出するに至れり。嗚呼印度亡國の慘天地に生息し。英政府の暴壓に血涙を灑ぐ。錫蘭佛敎徒の苦痛果して如何ぞや。苟も眞正なる我邦佛徒たらん者は。須らく滿腔の赤誠を揮ひ。同敎同信の兄弟を憐愍し。救濟するの覺悟なかる可からず。嗟呼怒濤岸に激するコロンボ港頭。吾人と共に大聖世尊の下に感泣する。我が同信の兄弟姉妹が。幾多亡國の感慨に咽んで記草したる。信敎自由の建白書は實に左の如し。我邦耶蘇敎徒中の信敎妨害の慷慨者流。豈に亦た同情相憐の情あるや否や。

印度佛敎徒は既往三百年間外國政府の治下に信敎上の壓抑を受けたり殊に葡萄牙和蘭兩政府の狡猾政畧の下に大に惱まされたり彼等の力の及ぶ限り印度人特有の宗敎思想を絕滅し佛敎を衰頹ならしめんとを力めたり然るに治者變じて土地の英領に屬せしより稍寬容の施政に遭遇し時恰も好し文運の隆盛は自ら佛敎の復興の機を導きたると以て我等佛敎徒は此處に蘇生の想あり互に力を協せ心を同ふし鋭意奮興一に佛敎挽回の策を企圖せり是を以て爾來其業漸く緖に就き又同胞淨財の喜捨により自敎所屬學校を設立する已に數百の多きに達し子弟の敎育着々步を進め加ふるに佛敎界の偉人オルゴット氏神智學會を組織して眞理を發揚し印度佛敎者の爲めに盡す所ありしかば我敎の氣運大に望を屬すべき狀況を呈するに至れり然るに今や英政府は其政略を一變して干涉の方針を採るの不幸に遭遇せり今其一例を擧ぐ

れば夫の四方一哩法を發して暗々裡に佛敎徒所屬學校の撲滅を講ずるが如き或は新敎徒に屬する事業を補助すると千を以て數れば我佛敎徒が保護を受くるの事業は僅々三十に滿たざるの比例を生ずるが如き事實は實に枚擧するに遑あらざるなり是れ我敎徒の一大不幸一大障礙なり是に於て要路者に冀ふ處のものは放任寬容の方針を以て政畧を施行せられんと是なり公明正大を以て干涉抑壓の施政なからんと是なり吁租稅中の多くの部分は吾敎徒の膏血なり國民中の多數は我佛祖の子弟なり他宗敎徒に比して特に政府の加護あらんとを望まずと雖も他者と同等の庇護を受くるは吾敎徒の權利に屬す云々と謂ふにあり

●再び英文佛敎小冊子施配の計畫　東京眞宗本派の勝友會員が。同派の集會に建白して。今年の萬國大博覽會に向け。英文眞宗問答を散布せんと欲するの計畫は。本誌前號に載する所なるが。今又た聞く所に依れば。京都佛敎學會に於ても。伊達氏等が專ら斡旋し。黑田眞洞敎師に佛敎大意の起稿を乞ひ。之を英譯して。萬國博覽會の參觀人に印施する都合なり。又た東京淨土宗の朝日琇宏師は。いろは和讚に註解を加へて英譯せしめ。是を同樣施配する由なり。

●井上圓了氏　當代の我邦青年にして。少く社會の大勢に着目し。少く哲學宗敎の書を探究し。少く佛耶兩敎の形勢を察知する者は。誰か井上氏の名を知らざらん。誰か井上氏の著書を繙かざらん。誰か井上氏の何人たるを知らさらんや。方今の佛敎青年にして。苟も少く眞理の性質を窮め。苟も少く信仰の泉源を掬し。苟も少く佛敎の前途を憂ふるの精神有る者は。誰か彼の佛敎活論の感化を受けざらん。誰か彼の哲學的議論の鋭刃を閃かさゞらん。誰か彼が曲學阿世の群中に傑出して。當代思想の逆流に嚴立し。以て東洋學問の方向を指導せんと欲する英風を欽慕せざらんや。編者も亦た多少彼が感化を受け。多少彼が鋭刃を閃かし。多少彼が英風を欽慕するの一人なり。

●井上圓了氏の大演說會　我邦佛界の新勇將と稱せられたる井上圓了氏は。去月二十四日隨行員藤井順敎氏と共に東京を發して。九州漫遊の途に就き。去る八日我が熊本に着し。直ちに洗馬研屋に投宿せらる。越へて數日則ち十一日午後五時より。市內川端町末廣座に於て。本縣參事官山之內一次。同收納長山形脩人。第五高等中學校敎頭櫻井房記等の諸氏。及び熊本市役所等の周旋にて一場の演說會を催さる。聽衆は松平縣知事。笹田書記官を始とし。第五高等中學校。師範學校。九州學院等の職員學生其多分を占め。猶ほ其他市內各學校生徒。僧侶。官吏。有志等。無量一千餘名に上りたり。今其概況を記すれば。始めに當日斡旋者の一人佐々布遠氏開會の趣旨を陳べて曰く。今回井上氏の來態を機として。敎育學術に關する一場の演說を開くに至れり。氏は大學卒業後多年歐米に漫遊し。敎育上學術上に於ては尠少ならざる經驗を有せらるれば。暫時諸君の淸聽あらんとを希望すと。次に井上氏は洋裝にて。滿場拍手喝采の中に演壇に進み。「勅語に基き國躰爲本の敎育を論ず」の題に就ひて。始めに自己が設立せる哲學館既往の來歷。現在の狀体。將來の方針等を縷々陳じ來りて。結極敎育道德の本源は我邦に存在して敢て歐米に需むるに及ばざるなり。果して然れば我邦固有の學問を硏究する。日本固有の文科大學を設立せざる可からずと斷定し。進んで本題に入り。敎育上に於ても。道德上に於ても。個人的と國家的の二大差別あるとを明確に論明し。猶ほ進んで我邦は忠（則國家的）孝（則個人的）の二濟合体して。皇統連綿天壤と窮りなき。万國無比の國体を組織し來れりとて。國体の解釋を說明し。一步を進めて日本國体の一種特別なる所以は。第一一系連綿の皇室を戴く事。第二臣民一にして二ならざる事。第三忠孝の二義一致せる事なりと詳細に辨明し。忠孝解釋の比較を支那に採りて。支那にては孝を重しとすれども。我邦にては忠を重しとす。則ち我邦にては千体万狀の現象悉く忠の一字に湊合收結せざるなし。我邦は忠を最大原因として。一種固有の我邦人倫道德を養成し來りたりとて。光燄萬丈論鋒を一轉し。吾人國民が將來に向つて進まんと欲するには。須らく吾人の思想に訴へ。完全圓滿の理想的國家を形成し。億兆心を一にし。此理想的國家に向つて進行せざる可からざるを最も熱切に論斷して。最後に敎育道德の本源は一昨々年十月下し給へる彼の勅語に在りとて。いと謹嚴莊重の調子を以て。我が臣民克く忠に克く孝に。億兆心を一にして。世々厥の美を濟せるは。此れ我國体の精華にして。敎育の淵源亦實に此に存すと朗讀し。暫くにして又た一旦緩急あれば義勇公に報じ。以て天壤無窮の皇運を扶翼すべしと朗讀して。滿場聽衆の腦髓を凜森たらしめ。以て壇を下れり。次は第五高等中學校敎授內田周平氏にして。氏は羽織袴にて壇に上り。「人と太極」なる題を演じたり。氏は今夕は有朋自遠方來。予が學術上の朋友遙々來態したるとなれば。予も病を力めて支那哲學に關する一場の演說をなすに至れりとの挨拶をなし。劈頭第一人と云ふ產物は此宇宙間に如何なる事をなし以て生活し居るやと哲學上の問題を再言して滿場聽衆の笑聲喝采を博し。宇宙間の事物は大別すれば二となる。曰く形化物曰く氣化物是なり。人と云ふ產物は。萬有中最も靈秀なる者にして形化物なり。草木禽獸の如きも亦た形化物なり。空氣水火の如きは氣化物なり。氣化より形化に進化するに從つて。靈妙なるものは高等となり。痴鈍なるものは劣等となる。人は陰陽五行の集合物なり。詳言すれば六十五元素の集合物なり。五行とは水火木金土なり。人は形化物にして氣を備ふる者なり。我あり物あり事始て生ずる之を必至的と云ふ。人が物を爲すには形より云ふ時は行となり。範圍より云ふ時は知となる。知とは觀念にして行とは行爲なり。人が行爲觀念をなすものは。此の宇宙の中なり。然れは人の人たる理由も亦た此宇宙の中に於て求めざる可からず。宇宙の外に求むる者は宗敎者一種の空想に外ならざるなりとて。熱心に漢學者流が宗敎排斥の言辭を喋々し。進んで宇宙間の事は交易變易にして之を合して易と謂ふ。二千餘年前孔夫子易を作りて道を說きたりとて。易の繫辭傳を引用して。哲學上の大問題たる絕對論。則ち儒者の所謂太極論を最も精密に論辨し。それより宋の周茂叔が太極圖說中の無極之眞。二五之精。妙合而凝を朱晦庵の理氣論と對照論評して。周茂叔を賞賛して思想の高き理論の邃き。實に卓絕なる哲學者なりと叫び。漢の董仲舒が道之太原出於天焉と云ひし。此天は道德の本源にして。宗敎家の天と大に異なれる理由を述べ。轉じて中庸性道敎の議論に移り。天にありては元亨利貞となり。人にありては仁義禮智信となると說き。最後に朱子の理氣一而二(不雜)二而一(不離)の說明を最も詳細に解釋して。我邦の伊藤仁齋物茂卿等の學派。及び泰西の唯物論功利論等は理氣不離の理を知らざるものなりと排擊し。西洋の天帝論は道を宇宙の外に求む。老莊虛無の說は萬物の本源を虛無となす共に理氣不雜の理を知らざる妄想なりと痛擊し。それより墨子荀子等の說の卑む可きを論じ。陸象山。王陽明。達磨等性理に關ずる誤謬を辨じ。最後に人道を盡し天道に合するは中庸の道なり。國家豊に。人民安く。天地位し。萬物育す。聖人の道於是極ると絕叫して壇を下れり。氏の演說は徹頭徹尾深遠玄妙なる哲學議論中の最高等に位する。絕對相對等の論旨なりしかば。千有餘の聽衆過半以上は茫然として其奧妙を解する能はざるが如く見へたりしも。間には流石は明治の朱晦庵周茂叔を以て任ずる內田氏の卓論感服々々と低聲微言するものありき。第三に再び井上氏壇に顯はれ。「歐米東洋學流行の一斑を述べて東洋專門大學設立の必要を論ず」との巧妙なる長演說(本號演說御參考)ありて。非常に聽衆の感動を喚起し。是にて愈々閉會せしが。我が熊本にては近來稀なる盛大の演說會なりき。(右十五日夜脫稿)

第貳拾號

明治二十六年三月三十日出版

(每月二回)

國教第貳拾號目次

佛言。夫爲道者。譬如一人與萬人戰。挂鎧出門。意或怯弱。或半路而退。或格鬪而死。或得勝而還。沙門學道。應當堅持其心。精進勇鋭。不畏前境。破滅衆魔。而得道果。

佛言。博聞愛道。道必難會。守志奉道。其道甚大。

●國敎雜誌規則摘要

一本誌は佛教の運動機關として毎月二回(國教)を發刊す
一本誌は宗派に偏せす教會に黨せす普く佛教界に獨立して佛教の新運動を企圖すへし
一本誌は諸宗教の批評及ひ教法界に現出する時事の問題を討論し毎號諸大家の有爲なる論說寄書講義演說等を登錄し其教法關係の點に至りては何人を撰はす投書の自由を許し本社の主旨に妨けなき限りは總て之を掲載すへし
　但し原稿は楷書二十七字詰に認め必す住所姓名を詳記すへし
一本誌代金及ひ廣告料は必す前金たるへし若し前金を投せすして御注文あるも本社は之に應せさるものとす
　但本縣在住の人にして適當の紹介人あるときは此限りにあらす
一本誌見本を請求する者は郵券五厘切手十枚を送付せは郵送すへし
一本誌代金は可成爲換によりて送金あるへし尤も僻陬の地にして爲換取組不便利なれは五厘郵券切手を代用し一割増の計算にして送付あるへし
一本誌代金及ひ廣告料は左の定價表に依るへし
　但本誌購讀者に限り特別を以て廣告料を減することあるへし

雜誌代金

冊數	定價	郵税共
一冊一回分	五錢	五錢五厘
十二冊半箇年分	五拾四錢	六拾錢
廿四冊一箇年分	壹圓	壹圓拾貳錢

廣告料

廣告料は行數の多少に拘はらす五号活字二十七字詰一行一回三錢とす但廣告に用ゆる木版等本社に依賴せらるゝときは廣告料の外に相當の代金を請求すべし

明治廿六年三月廿九日印刷
明治廿六年三月三十日出版

編輯者　熊本縣玉名郡石貫村千百八十一番地　森直樹
發行兼印刷者　熊本市安巳橋通町七十五番地　志垣弘
發行所　熊本市安巳橋通町七十五番地　國教雜誌社
印刷所　熊本市新壹丁目百二番地　汲古堂

國教第貳拾號

社説

此編は東京なる外山義文、佐藤茂信、伊達靈堅、堀内靜宇、の四氏主唱者となりて天下に公にせしものなり頃ろ本社の旨義に符合せる所あれは掲げて本號の社説に代ゆ

萬國宗教大會議に就て各宗協會に望む

本年米國シカゴ府に於て開設せらるべき万國宗教大會議に向て。日本佛教代表者を派遣すべきの議は。昨年夏期の各宗協會定期總會に提出せられたるも。不幸にして協會の否決する所となり。其后各宗各派の中一個人の資格を以て臨席せんとを欲するの有志者ありて。私かに其計畫を試むるものなきにあらずと雖とも。已に一旦各宗協會に於て否決せられたるの故を以て。自然運動上に活氣を減殺し。未だ一人として渡米の方針を確定したるものあらず。然るに世界諸種の宗教者を一堂に會合し。各異宗教の比較研究を企つるが如きは固と容易の業にあらず。從て其結果も亦た尠少にあらざるべし。而して今此大會議の目的とする所を見るに大要左の如し。

第一　世界諸大宗教の代表者を招集して古來未曾有の會議を開く事

第二　世人をして諸宗教が通有せる眞理の重要なる者は何なりや又幾何ありやを知らしむる事

第三　冷淡の念を抱くことなく又形式上の一致を爲すとなく親話懇談相互の情意を斟酌して以て異宗教徒間に同胞友愛の情誼を厚深ならしむる事

第四　達辯の人をして各宗教か教ゆる所の緊要特色ある眞理を演述せしむる事

第五　有神論の動す可らさる論據と示し不生不死の理体を信仰するの理由を明にして物質的哲學に反對する勢力を一致せしめ强固ならしむる事

第六　婆羅門教。佛陀教。孔孟教。波斯教。回々教。猶太教。基督教及び其他の宗教を代表する學者をして各宗教が其人民の文學。技藝。商業。政体。及家庭社交の生活に及せる精神上の効果等を充分精密に述べしむる事

第七　各宗教が如何なる光明を與へ又他宗教に與へ得る乎を査究する事

第八　地球上首要の國民間に於ける宗教の現狀を精密に確實に調査して之を記錄に上せ以て永久の保存を期する事

第九　宗教が現時の大問題殊に節慾勞働教育貧富等に關せ

る重要なる質問ㇵ如何なる光明を放射す可き乎を究明する事

第十　万國間の平和を永久に維持せんが爲地球上各國民をして益々友愛の情誼を結ばしむる事

余輩は代表者派遣に就ては頗る困難なる事情の存するものあるを知らざるにあらず。然りと雖ども此空前絶后の機會に遭遇しながら。深く其利害を極めずして唯だ困難の一事を以て輙ち之を否決するが如きㇵ。余輩佛敎の爲に深く之を悲まざるを得ざるなり。

佛敎は數千年の間東洋の一隅に僻在して。未だ曾て泰西の文明世界に知らるゝに至らず。偶々東西交通の便開けてより錫蘭に現存せる小乘の佛敎のみは。漸次泰西人の注意を惹くに至りたるも。日本に傳來せる大乘の佛敎に至ては米歐人の耳朶にだも達すると殆んど稀なり。今や万國宗敎大會議開設の擧に遭ふ。是れ吾徒が一擧して万國の學者宗敎者に佛陀の妙音を傳へ。佛敎特占の眞理世界に發表するの機會にあらずして何ぞや。我國の佛敎者たるもの豈に輕々の看を爲すを得べけんや。

從來我邦人ㇵ業を外國に企つるもㇵ大槪失敗を免かれず。遂に有爲の士有志の輩をして事に外國交涉の業に從ふに躊躇せしむるに至る。佛敎者ㇵ此大會議に於けるも亦た多少此種の恐怖を免かれざるものゝ如しと雖とも。彼と此とも事情の自から同からざるものあり。困難は則ち困難なりと雖とも。若し其道を以てせば未だ必すしも之を除くに難からず。盍んぞ羮に懲りて膾を吹き自から怯れて進まず。或は著を下すの勞ㇾ懶く怠慢にして爲さゞるが如き迂愚と學ぶ可けんや。縱令滿堂の聽衆を感服せしむるの辯舌。一世を聳動するㇵ文章あるも。其大會議塲一回の演說一篇の論文。能く功を一時に奏し道を万國ㇾ傳ふるが如きは。終に望む可らざる事勿論なりと雖とも。請ふ試みに外敎徒が爲す所に鑑みよ。彼徒が數十年間幾千万金を抛て學校を興し病院を開き。或は赤誠と表して感情に訴へ。或は眞理を說て知識に質し。其人心を籠絡するの計に於て纎毫も遺忘する所なし。而して其今日に現はれたる結果を見れば。其成績果して幾千万金の失費を償ふものありや。數十年間の功勞ㇾ酬ふるものありや。斷として之なきなり。然り然りと雖とも有形上に於ては其結果の微々として見るに足らざるにも係はらず。實際に於ては隱然として社會の下層に雌伏する一大潜勢力を形成ㇱたるは事實なり。今や又吾佛敎か宗敎大會議に一二の代表者を派遣して遽かに其功を收めんとを期するが如きは。到底望外ㇵ事に屬す。又宗敎其物の性質上より云へば斯の如き急劇の變化を期すべきものにあらず。又之あるを欲せざるなり。要は唯今に於て他時異日大經綸を行ひ大結果を収むる地歩を爲すに外ならざるなり。今之時は消極の方針に依りて要守すべきの時にあらず。宜しく積極れ手段に依りて運動すべきの時なり。即ち退て外敎の侵入を防禦するに汲々たらんよりは。寧ろ自ら進んで佛敎の弘宣を計盡せざる可らざるなり。若し今日の如く保守的に傾斜するの意向を持し今後十年間を經過し去らん歟。佛敎の前途甚憂ふべきものあるを思はざる可らず。而して此會議は佛敎に外發の機會と手段を與ふ。何ぞ奮起一番大に佛敎擴張の奇策を試みざる。

優勝劣敗は社會れ通勢なり。適者生存は人生の通規なり。社會は此通勢の下に起滅し。人生は此通規の下に存亡す。是ょ於て乎。人文れ進捗と共に生存競爭の勢運を馴致し。今や全世界擧て人種競爭の大施風裏に埋沒し去らる。而して其所謂人種競爭なるもの果して幾人種の間ょ行はるべき乎。曰く白皙人種と黄色人種の間。即ち西歐人種と東洋人種の競爭にして。正に是れ歐亞兩國民の成敗存亡を決すべきの秋なり。而して其競爭の一部なる宗敎に就て之を觀る時は。世界各種の宗敎中眞理の戰場に龍嘯虎號すべき勇者は。佛敎耶蘇敎及ひ「マホメット」敎の三大敎あるのみ。而して三大敎中「マホメット」敎は固と耶蘇敎と其源を一にして其派を異にし。其主義を齊しくして其手段を變じたるもの。宗敎の大原理上よりして之を見る時は。全く其性質。組織。主義。方便を異にするものは。則ち佛敎と耶蘇敎のみ。然らば則ち人種の成敗は黄白の兩種に係り。宗敎の存亡は佛耶の兩敎に關す。彼の大會議趣意書第六條に有神論の動かす可からざる論據を示し云云と云へるもの。是れ佛者の宜く殊に注意すべきの項なり。顧ふに佛敎者諸君は深く三寶に皈し厚く正法を信ずるの人にして。之れを直言すれば佛敎を以て世界最上の宗敎なりと信ずるの人なり。即ち佛敎を以て眞實の敎法と爲し他敎を以て邪妄の敎法と爲すの人なり。然らば則ち此大會議は諸君の爲には眞理を發表し。邪義を排斥するの好機會を與ふる者。眞理の論戰に志あるの諸君。何ぞ奮て平生信ずる所の敎義を布演して敵の膽氣を奪ふの壯擧に出でざる。

頃日傳ふる所に依れば一二の高僧將さに自ら身を挺して一個人の資格を以て此大會議に臨まんとする者ありと云へり。余輩は此大奮發此大美擧を賛成すると同時に佛敎の爲に大に各宗協會々員諸君の高見を叩かんと欲するものあり。他なし協會は已に代表者派遣の事を否決す。而して若し果して一個人として之に臨席するの人あらば。協會は尚ほ之を不問に附し去り彼は一個人の資格を以て之に臨めり。協會固と關せずと謂ふを得べきや否や。若し此個人有志家にして同會に臨まん乎。同會は認めて以て日本佛教の代表者なりとして之を歡迎するや必せり。縱令我は一個人なり代表者にあらずと謂ふとも。大會議は聽て以て謙遜の辭と爲し。一個半個たりとも苟も日本僧侶の名稱を帶ぶる以上は。其人の一言一行は以て悉く日本佛教主義なりとして。之を記錄に留め之を雜誌に刋行して以て大に全世界に發布すべし。此時に至りて此一個人の言ふ所にして。万々一にも本邦各宗各派希望に副はざる所あるを發見するも。之を取消すと能はず亦訂正すると能はず。一個人の爲に佛教全体に取りて不利益なる報告を爲し。或は利益ある報告を遺るゝが如き事あらば。諸君は抑も之を如何せんと欲する乎。各宗協會縱令特に代表著を派遣するを欲せざるも。個人有志の自ら奮つて得々此大會に臨むものあるに當て。尚ほ冷々淡々猶ほ秦人の越人の肥瘠を見るが如くせんと欲する乎。協會の主意目的よりするも。又會員個々の資格よりするも。各宗協會は遂に斯の如く對岸の火災視する能はず。必ず之に贊成の意を表し。之に相當の力を假さゞるを得ず。各宗協會の位地已に斯の如し。今や果して個人有志の奮つて事に當る者ありとせば。協會は之に向て相當の希望なかる可けんや。即ち其一個人たると代表者たるとを問はず。日本の佛教家に依て發表せられたる佛教の旨義は是れ即ち日本の佛教なりと知らば。何ぞ此人の爲に大會に發表し。若くは報告すべき必須の材料を備へて。以て之に公にすべき意見を托せざる。何ぞ又此人に向て大會議場臨機の處置を施し得べき權利を與へざる。若し協會の目的にして各宗協同して佛法の興隆を謀るに在りとせば。此等の事業は協會の應さに爲すべきの事業なり。且協會の規則中には非常の事故あるにあらざれば。協會は一切有形の業を企てざるの項あり。今回大會議の擧は則ち千歲唯一遇の良期にして。佛教の爲には非常の大事なり。余輩が臨時總會を開て今一應商議せられんとを要むる所以實に玆に在り。世間の識者中佛教者が此大會議に對して甚だ冷淡なるを見て。窃かに訝かるものあるは往々新聞雜誌の上に之を見る。其甚しきに至ては佛教徒が懇切なる招狀を受けながら。斯の如く冷淡に過ぎ去るは大會議に對して禮を知らざるものなりと迄極言するに至る。世間の俗論取るに足らずと謂はゞ余輩復た何をか言はんや。唯佛教の爲に一滴の熱淚あるのみ。

又聞くが如きは近頃米國より齎らしたる。同會議の報告中同

間接的佛敎傳道部創立之趣旨

佛敎の傳道的運動に二大差別あり曰く直接的傳道曰く間接的傳道是也殿堂伽監の中或は法座の上に襟を正ふし或は演壇に嚴立し金剛不壞の大信仰は發して萬丈の音焔となり雄辨美聲善く千萬の聽衆を動かし譬喩縱横巧に善男善女の感歎を促かし謹嚴莊重靜に人生の肺腑を貫き以て天下萬人に其敎を宣べ其道を傳へ彼等をして多生にも値ひ難き弘誓の強緣に觸れしめ億刧にも獲難き眞實の淨信を得せしめ而して彼等天下萬人をして齊しく佛陀靈光の下に俯服感泣せしむるものは卽ち是れ直接的佛敎傳道なり明窓淨机の下千帙萬卷の中に兀坐して深く佛陀の訓誨を窮め廣く東西の諸學を探り眞に古今の聖哲を友とし炎々の信仰胸間に燃へ萬斛の思想心裡に開發し一心悠々として千萬世の前に遡り魂魄飄々として千萬世の後を推し山陽が所謂『身僵仰一室而心關百世之得失』に當りては其感は躍り其情は激し其智は湧き其意は逆り奮然大呼一氣呵成三寸の毛管を揮ふや否や宛然長江大河の滾々滔々萬雷を轟かして流れて止まざるが如く或は光燄萬丈天を焦がすの文となり或は慷慨激烈地を震はすの辭となり或は流麗輕快の句となり或は奇警飄逸の章となり時には雄大沈痛一世を震盪し時には豪宕猛健凡俗の膽を寒からしめ時には和氣藹然千紫萬紅の春景を眺め時には悽愴蕭殺萬林悲號の秋風を望み或は高雅韻致の粹を掬し或は優美純潔の精を仰ぎ或は言々英發人を竦動し或は語々靈活萬人を感化し時には音樂の如く人の皷膜を沈澄ならしめ時には雷轟き電閃き驟雨盆を覆へして天地晦冥となれるが如く轉だ人意を悽然たらしめ時には婉言微辭泣くが如く人の感情に訴へ時には精緻深奧肅かに人の智力に徵し時には快樂美妙深く人の意志を惹くの大文章となるに至る此文章を印刷に附し而して或は著書と爲し或は新聞と爲し或は雜誌と爲し以て天下に發表し萬人の雙眸に映じ萬人の精神を感化するの勢力あるもの是れ則ち間接的佛敎傳道なり

雷霆の氣宇は霄漢を凌ぎ懸河の雄辨は蘇張を壓し千言滔々として溢れ萬語洋々として流れ恰かも水晶盤裡玉を轉ずるが如く滿堂數千の聽衆を發縱指示するは可は則ち可なり快は實に快なりと雖も其感化の及ぶ所は唯だ一個數間の殿堂內而已其雄辨の勢力に動かさるゝものは僅々數百乃至三四千の傍聽者而已然れば其感化の及ぶ範圍は實に狹隘なり其勢力の達する影響は誠に微細なりと謂はざる可からず嗚呼一身は唯是れ寂寥たる一室に閉居して普く宇內の諸書を涉獵し烱眼深く古今を照らし識力優に眞僞を判斷し正邪を辨別し長短を比較し苦心焦慮經營慘憺稿を草し稿を改め稿を變じ稿を削り恰かも絕世の名工が百錬千磨漸くにして今古に匹儔なき刀劍を鑄冶するが如くにして脫稿し來り出版し來り發兌し來りたる人間熱血の活泉人生眞情の淚露人類心識の印象たる諸書が羽翼なくして翩々天下に飛舞し雙脚なくして悠々宇內を橫行し舌鋒なくして喧々囂々萬人の耳に徹底し而して上は人生榮華の安樂界に優遊自適して人生苦痛の刺戟最も尠少なる貴族の華麗社會より下は炊烟夢の如き茅屋の裡に住し晨に鷄を聞ひて起き夕に星を戴て歸り家族團欒の樂殆んど淨土天國の小模範を現出せる人生生活の最も純潔なる貧窶の勞力社會に至る迄彼れ諸書の進まざる所なく達せざる所なく顯れざる所なし吁眞個に彼れ諸書は遠慮會釋もなく直前勇往して或は尊嚴なる皇族の机上に座し或は榮譽なる貴顯の座右に列し或は該博なる學

者の鍾愛する所となり或は勤勉なる貧民の面前に立ちて彼等の爲に愛憐の情を表し以て悉く彼等皇族貴顯學者貧民其他の社會をして彼れ諸書が有する熱血の活泉を掬せしめ彼れが備ふる眞情の涙露を灑がしめ彼れが藏する心識の印象を印せしめ以て彼等萬民の精神に一新元氣を煥發せしめ彼等萬民の面目に一新生面を創開せしめ遂に彼等萬民を驅りて彼れ諸書と冥合交接せしむるに至りては其感化の及ぶ範圍は實に廣大なり其勢力の達する影響は誠に顯赫なりと謂はざる可からざる也

是れに依りて之を觀れば直接的佛敎傳道は一時なり間接的佛敎傳道は永遠なり一は流水の如く變遷暫くも一定の痕跡を留めず他は山岳の如く巍然聳立萬古不動なり一は烟花の如く忽ちに躍りて忽ちに散る他は火力の如く躍らず散らざるを以て千秋不滅の生命を有す而して雙方其感化の廣狹其勢力の消長を比較し來れば一時の現象たる直接的佛敎傳道は到底永遠の現象たる間接的佛敎傳道に對し俯服叩頭して其驥尾に追隨せざるを得ざるなり

今や鎭西の地も亦た歐洲物質的文明の光燦然として輝けり滊笛空に嘯ひて兩筑の平野を横斷し鐵車烟を噴ひて雙肥の山川を經過し以て九州全土の舊慣積習を一變し而して其政治上敎育上商業上に一大影響を與へんとするは實に是れ九州鐵道にあらずや我が熊本は鎭西の大都にして而かも其大中心點に其位置を占むるものなり然れば將來九州鐵道が九州の全体に連絡し彼れ一葦帶水なる馬關の海峽を隔てゝ近く山陽鐵道と連絡し遠く東海關西中山北陸等全帝國の諸線と連絡するの時來るは將さに遠きにあらざる可し果して此に至れば我が熊本の繁華往日に倍して宏大雄麗なる日本西海の巨鎭となるは明白爭ふ可からず熊本にして既に斯の如き盛大の光景あるに至らば愈々九州政治上の中心となり敎育上の中心となり商業上の中心となり以て大帝國の全面に赫々たる其名聲を發揚するに至る可きは吾人の深く信認する所なり然り而して我が熊本は其政治上敎育上商業上に於て九州全土の中心點に位する而已ならず宗敎上に於ても亦た九州の一大中心なるは既往の歴史現今の活勢が歴々證明する所にして單に吾人一己の空想にはあらざるなり

熊本にして九州宗敎界の中心たる以上は我が佛敎の如きは最も茲に其大勢力を蓄積し此中心よりして翼を九州の全局に伸張せざる可からず是れ吾人が殊に間接的佛敎傳道部を創設し日本佛敎の中心たる西京の佛敎書林と特約を結び方今我邦に流行する佛敎の新著及び古代より傳來する佛典の古籍を取次ぎ廣く九州全体の社會に向つて勤勉正直佛書の販賣に從事し進んでは暗憺悲慘の迷界に沈溺せる萬人の頭上に佛陀の靈光を照らし退いては舊來佛徒の頑見陋習を破りて進歩變遷窮りなき現社會四邊の境遇に順應せしめんと欲する所以なり嗚呼北は玄洋の波より南は櫻洲の煙に至る迄我九州の全土に蟠踞するの佛敎家諸君希くば吾人の微衷を諒察せられ奮つて吾人が間接的佛敎傳道の効果を奏せしめ給はんことを千祈萬禱に堪へざる也

明治廿六年三月

熊本市安巳橋通町七十五番地

國教雜誌社

會々長の演説筆記に。「此會を開設するに至りたるは一に基督教徒の盡力に基くものなり」として。耶蘇教を稱揚したる言辭ありて。爲に大に吾が各宗諸先輩の感情を傷け。未だ他事を問ふに遑あらずして。先づ此一事を以て他宗教は耶蘇教の機關に利用せらるゝものなりと臆測したる人々も少からずと云へり。余輩は寛容なる吾が佛教各派の大德中に斯る狹隘なる見識を懷抱せらるゝ人なきを信じて疑はず。寧ろ齊東野人の語と爲して毫も意に介せざるなり。全体感情の上よりして之を謂へば耶蘇教徒の發起に係り。耶蘇教徒の會長たるべき此大會議に臨席するは多少意に慊焉たる所なきにあらざるべしと雖ども。苟くも其結果にして佛教に裨益する所あらん乎。何ぞ其會の何人の開設に係り何人の會長たるを問ふの必用あらんや。唯期する所は佛教遠大の利益にあり。若し瑣々たる感情の爲に佛教前途の大計偉策を遺るゝが如きは。斯道の爲に親切なる擧動と謂ふ可からず。

已上列記する所の理由に依り。余輩は玆に各宗管長に訴へて。此重要なる問題の爲に。殊に各宗協會の臨時總會議を開き。今一應鄭寧細密の審査を遂げ。

第一　各宗教會は萬國宗教大會議に對して佛教の爲に如何なる計畫を爲さゞる可からざる乎

第二　現今日本宗教社會の實勢は果して那邊迄計畫運動するを許す可き乎

第三　右二項を稽査したる結果として今回の事は如何に處すべき哉

を議定せられんことを希望す。而して余輩は此總會議の一日も速かに開會せられんことを望む。何となれば其決議の如何に由ては直ちに大會議場に發表すべき材料として少なくとも左の諸項目の研究を要し。研究一了すれば之れが起草若くは飜譯に從事せざる可からず。然るに代表者出發已前僅々百數十日を餘すのみ。今にして日子を徒了せば時に臨んで臍を噬むの悔あるを致し。佛教は一敗地に塗るゝの不幸を見るに至らん。若し果して然らんには佛教は啻に傳播の機會を海外に失ふのみならず。其結果は耶蘇教徒に氣焔を與へて遂には內地の根據をも奪はるゝに至らん。豈に畏れて懼れざる可けんや。今日の至要は時機を誤らざるに在り。敢て各宗長者の一考を煩はす。

大會議に向て特に發表すべき項目は概左の如くなる可し

第一　佛教之旨義

（甲）佛教之原理

（乙）佛敎の唯心說と哲學上の唯心說との異同及其範圍の廣狹
（丙）靈魂不死に關する一般の說明及證據
（丁）輪　廻
（戊）因果之理法
（己）涅　槃
（庚）聖淨二門の辨

第二　佛敎之歷史
（甲）佛敎の起原及沿革
（乙）佛敎東漸の概略
（丙）日本各宗の起原及沿革
（丁）日本各宗開始當時の世態民情及風俗幷に新宗派の開始を促せし特別の情況
（戊）王政時代幷に北條足利德川の各時代に於ける佛敎上特殊の現象
（己）日本佛敎盛衰史

第三　佛敎之勢力
（甲）佛敎の感化力
（乙）佛敎の道德
（丙）佛敎旨義の敎育上に及ぼす効果
（丁）佛敎と日本の國体
（戊）佛敎と日本の國性
（己）佛敎と日本文明の關係
（庚）佛敎と文學技藝、殖產工業等諸般の關係

第四　佛敎之現狀
（甲）南方の佛敎
（乙）北方の佛敎
（丙）日本。支那。朝鮮。印度。暹羅。西藏等諸國の現況
（丁）佛陀伽耶摩訶菩提會。印度佛蹟興復會。海外宣敎會。各宗協會。神智協會。其他諸敎會の組織。目的。方針。運動等諸般の報告
（戊）英。米。獨。佛其他各國の佛敎現況。
（己）世界各國佛敎徒の統計。人種。職業生活。文明等の調査表

第五　佛敎之將來（結論）

佛教道德の眞義を論ず

在大坂　中西牛郞

佛敎道德の主義を知らんと欲せば。佛敎敎理の全躰を知らざ

る可らず。此教理の全躰より演繹したるものにあらざれば。佛教道德の原則とす可らず。而して吾人苟も此原則を定むるとを得ば。佛教道德の主義を判斷し。及び其綱目の意義を解するを得る。敢て難きにあらざる可し。佛教終極の目的とする所は涅槃なり。而して吾人は一定不變の大法を以て手段として。此終極の目的に達するとを得るなり。仰も吾人は何故に涅槃を以て終極の目的とするや。此れ吾人が思想に於て最上。無比。完全。圓滿の福祉なればなり。蓋し苦痛を憎みて快樂を愛するは。人間普通の感情にして。如何なる道德も如何なる宗教も。固より此理に反對する能はず。然るに佛教に於て誨へたる涅槃は。性質よりしても分量よりしても。時間よりしても。空間よりしても。無限の福祉なり。絶對の福祉なり。永遠の福祉なり。故に佛教に於ては涅槃を以て絶對的の善とし。之に達する最良の手段を以て關係的の善とす。故に絶對的の善を講究するは佛教の教理學に屬し。關係的の善を講究するは佛教道義學の務むる所なり。吾人乞ふ進んで佛教道義の眼光を放ち。聊か佛教道德の眞義を論ずる所あらん。

第壹　佛教は厭世主義なるか將た樂天主義なるか

今や世の佛教に反對するものは。佛教を以て厭世主義として之を擯斥せざるは莫し。而して佛教者も亦た教理によりて其義を明示する能はず。此れ現時佛教の衰頽して振はざる一大源因なり。蓋し佛教なるものは決して樂天主義にあらず。然れども亦た輓近歐洲に於て勃興したる厭世主義と同一の見を持するものにあらず。乞ふ今ま其然る所以の理由を左に開陳せん。

夫れ「オプチミズム」即樂天主義なるものは。此世界を以て完全圓滿の極とし。人生を以て福祉快樂の中に在りとし。人間を以て最善なる發達に適したるものとし。人類世界の將來を以て光明にして多望なるの前途なりとするにあり。之に反して「ペシミズム」即ち厭世主義なるものは。此世界を以て禍害の世界とし。人生を以て快樂少くして苦痛多しとす。人類の命運は前途に向つて進歩改良の望みなし。故に此世界は到底生存するの價値なしと云ふにあり。然らば佛教は樂天主義を執らんか。將た厭世主義を執らん歟。顧ふに佛教は斯の如く解釋されたる樂天主義と一致するものにあらず。何となれば佛教は此世界を以て最上。無比。完全。圓滿の福祉となさゞればなり。然らば佛教は厭世主義なるか。此れ亦た然らざるなり。佛教は此世界の苦痛。禍害。不完全を承認すと雖も。此世界は最上圓滿の涅槃即天國に臻達するの路程なるを知り。

人類の道德にして進捗するあらば。此世界は漸次面目を一新して前途多望なるを知り。吾人をして絕望の極生活を拋棄し。意識を消滅せしむるよりも。寧ろ吾人をして振厲奮發勇氣を鼓し。道義の大法に遵從し。境遇の改良を企圖し。以て速に萬有終極の目的に達せしむるにあり。此點よりして論ずる時は。佛教は彼の近世勃興したる厭世主義と實に反對の地位に立てり。

故に佛教は世の所謂樂天主義にもあらず。亦た所謂厭世主義にもあらず。卽ち此二大主義に包含する眞理を取りて其謬見を捨つるものなり。それ樂天主義が世此界を以て完全圓滿の天國とするは。佛教の取らざる所なるも。人間を以て高尚の發達に適したるものとし。人類世界を以て光明にして多望なる前途なりとするに至りては。佛教の論ずる所亦た樂天主義に異るヿなし。之に反して厭世主義が此世界を以て苦痛。禍害の世界とするは。佛教の取る所なるも。其人類の前途は進步改良の望無きを以て。此世界は吾人が生存に適するの境遇にあらずとするに至りては。佛教の飽迄反對する所なり。蓋し佛教の理想天國は遙に現世界に超絕せり。然れども佛教は現世界を以て理想天國に登達するの階梯とせり。而して此理想天國の太陽は猶ほ此世界に其輝光を放てり。此れ卽ち此世界に存在する快樂なり福祉なり。正義なり公道なり。博愛なり眞理なり美妙なり。佛教豈に此世界を以て暗黑悲慘なる地獄とするものならんや。故に吾人は斷じて。佛教は樂天厭世の反對なる二大主義を調和するものなりと云はんとす。

第貳　近時歐洲の厭世主義を論じて其佛教と相反するの點を說明す

厭世主義は現時我邦學者の嫌棄する所なり。然れども其近時歐洲の各邦に漸く勃興し。文學上よりして其敎育あり智識ある階級を誘ひ。其感情をして之に傾かしむるものは此れ亦た事實なり。伊太利に於ては愛國敵愾の氣概あるレオパルヂー其詩篇に寓して厭世主義を主張し。魯西亞に於ては青年にして才智ある士女は。相率ひて革命の朋黨となり。全國多數の民心も亦た其舊法を變ずるヿを望まざるはなし。其氣燄の激烈にして時に或は潰決するものを虛無黨とす。而して此運動の大勢は亦た厭世主義と相聯進し。聲望ある著者トルストロイ實に之が先導たり。日耳曼に於てはショウペンハエル。ハルトマンの二大哲學家。哲理に基ひて厭世主義を唱說し。徒に詩歌小說を以て感情を惹くに止らず。而して佛蘭西。英吉利二國の文學に於ても。亦た厭世主義の影響を徵するに足れるものあり。人或は謂ふ今日の歐州なるものは敎育。富裕。

器械。學術。政治。社會。宗教駸々進捗するの時運に際したり。而して厭世主義の其間に勃興するは怪む可きの甚きなり。殊に知らず此れ文明世界光明の一面を觀て他の暗黑の一面を觀ざるものなり。彼が如く歐州に於て厭世主義の勃興するは。必ず其勃興を促がすの事情ありて存するに依る。而して世の論者は此厭世主義を稱して泰西の佛敎と稱し。或は其運動を稱して現世紀佛敎の復興と稱す。夫れ佛敎の歐米に起るは吾人が認めて以て事實とする所なり。然れども此厭世主義を以て佛敎復興の現象とするに至りては。其佛敎の眞理を誤まるも亦た甚きにあらずや。故に吾人は厭世主義の性質を一層詳明し。其佛敎の眞理と相反するの点を論せん。

哲理に基きて厭世主義を唱導したるものは。ショウペンハエル。ハルトマンの二氏を以て其最とすべし。蓋し二氏の論瑣末に至りては小異なきにあらずと雖も。其基本に至りては大同なり。二氏共に人類の生存に就ひて觀察する所ありて。以謂らく（第一）苦樂の量を比較すれば。苦痛は多くして快樂は少し。故に世界は生存するの價値なきものなり。（第二）苦痛は其性質積極的にして快樂は消極的なり。蓋し人類は物を需めて飽くとなきの意欲。其生活行爲の源因にして。此意欲は實に亦た人類をして煩悶苦痛せしむるの源因なり。故に鞠躬黽勉して。此意欲の需むる所に供せんと欲して飮食。男女。富裕。權勢。名譽の類を生ず。此れ世の所謂快樂なるものなり然れども此快樂を取らんが爲めには其力を勞せざる可らず。而して其費す所の苦痛と得る所の快樂とを比較するときは。快樂は短くして苦痛は長し。故に吾人は情欲を絶ち生命を棄てゝ。以て寂滅無爲の境に入らざる可らずと。此れ即ち厭世主義なり。

之に反して佛敎は意欲を以て生活行爲の源因となすには相違なしと雖も。萬有の開發を闡明し。此開發の理法に從へば以て快樂を生じ。此理法に逆へば以て苦痛を生ず。而して吾人人類の猶は苦痛を脱する能はざるものは。其開發の未だ完全ならざるにありと云ふ。故に佛敎に於て此世界の苦痛を説くものは。最大快樂の他に存するものあるを顯さんが爲なり。動物的の情欲を制するものは神性的の發達を促さんが爲なり。故に佛敎は涅槃を以て積極的の極點とし。厭世主義は涅槃を以て消極的の極點とす。蓋し涅槃の解釋に於て斯の如く異なるものは其全躰の主義相同じからざるを以てなり。而して佛敎の道德は有望的の道德なり。厭世主義の道德は絶望的の道德なり。其性質の相反する豈に斯の如きものあらんや。（未完）

論説

拜詔餘言

嶋地默雷

去月十日即ち紀元節の前日に當りて。我が叡聖文武なる。天皇陛下は貴衆両院議長を宮中に召させられ。宮内大臣を以て優渥なる恩詔を下し給へり。我曹恐惶恭しく此鳳詔を拜讀し。覺へず嗚咽歔欷流涕奮興せずんば非ず。我曹固より教門に從事して。世外に逍遙すべき者なれば。政事社會の紛々の如き之に管係せざるを當然とする者なり。奚ぞ齒牙を此間に交へ之が得失是非を喋々すべき者ならんや。然れ共我曹も亦た國民の一分なり。政海風濤の激烈なる。餘波影響の及ぶ所。必ずしも衲衣の袖裳を濕す事なきを保し難し。我曹奈何ぞ單に政教區別といへる。一套語の爲に障碍せられ。無涯の感慨を懐き乍ら。空しく黙々に附し去るに忍びんや。況んや此大詔を下さるゝに至りし所の。政論の紛々は云々に堪へずと雖も。此感泣すべき至仁の恩詔を拜讀するに當ては。いかに政海外に優遊する者とは言へ。苟も臣子の分域にある已上は。奚ぞ一言以て感仰拜謝の微意を陳ざるべけんや。

試に見よ近年朝野の離隔黨派の軋轢。年に一年より甚しく。日に一日より烈し。殆ど讎敵相視干戈相對するの狀況にて。各種新聞記者が硯池を涸らし筆鋒を禿にし。毎日掲ぐる所の記事論説は何事ぞ。惣て是れ炮烟彈雨兵馬戰闘の狀況に非るはなし。如是戰謀闘略を以て。彼我對峙する所。遂に幾回の休會となり。從て彈劾の上奏と迄なるに至りては。風雪慘憺殺氣肅索たりしに。大詔一たび降下するに及んでは。聖恩の優渥なる殆ど覆載に儔匹し。臣民を等視して偏愛する所なく一視同仁齊しく膝下の弄璋と傚し。和協親睦相共に大業を翼賛せん事を諭し玉へり。況んや內廷の費用を節減して。製艦費に下賜し玉ふに至ては。誰か此至恩に感泣せざる者あらんや。

誠に以みるに御詔一回下るや。滿城自から煕々皞々として。春寒料峭刺膚徹骨の威烈あるにも拘らず。感情の春風は一般人民の心頭に吹渡り。煙霞駘蕩不時の艷陽に遭遇するの感あり。あゝ是れ何の所以ぞ他なし。全く陛下覆載の至仁國家を軫念して宸襟を勞し。億兆を子愛して綏撫至らざる所なきに依れり。我曹比準して之を論ずるは。恐惶萬死に當ると雖ども。陛下聖徳の發揮する所は。眞に佛陀度生の大慈悲に契合する者にて。抜苦與樂の大利。一に此詔勅に存して餘蘊なき者たり。請ふ少しく之を述べん。頗に牽強附會の誹を爲す事勿れ。

大集月藏經に曰く。佛滅度後初五百年學慧堅固。次五百年禪定堅固。次五百年多聞持戒堅固。次五百年懺悔修福堅固。次五百年鬪諍堅固白法隱滯「已上取意」如此五箇の五百年の中。前三ヶの五百年は。具缺ありと雖も。猶は戒定慧の三學を存する者也。第四は隨犯隨懺に罪福並び存す。第五に至ては鬪諍の暗黑世界にて。淸白の法道は隱沒して跡を絕てり。所謂第五の五百年は卽ち是れ今日の時世にして。所謂鬪諍とは必しも干戈砲銃の爭のみには非ず。之を口にしては喧嘩と云ひ。之を腕にしては格鬪と云ふ。之に兵器を交ふれば戰爭と云ふ。其凶器を持すると否との別ありと雖も。攻擊紛諍する者は。惣て是れ鬪諍なり戰爭なり。若し其性質躰相を仔細に解剖分析せば。鬪諍の分子は數多の惡種子にして。貪慾。瞋恚。愚痴。憍慢。疑惑。猜忌。怨恨。嫉妬。偏執。剛愎。佞奸。强迫。壓抑等。是等邪曲醜惡の物躰より生起する者にて。是等の邪惡の物類の滋生繁茂すれば。智光自から消滅して。心界暗黑となる。之を名けて黑道と云ふ。故に此黑道の現在する所は。白法自ら隱滯して。淸淨の佛德。智慧慈悲方便。忍耐謙遜勉强。敬愛忠恕方正等の。箇々の明德は隱沒する者なり。今や之を近日の事に對照するに。朝野相軋り黨派相鬩ぎし者は何の故ぞ。各自己を是として他を非とし。互に相攻擊紛爭するに外なければ。都て是れ我見我情の衝突にして我慢我欲の戰爭なり。此の我摧破斷盡せば止まん。苟も此我猶は存する時は。假令且らく少康を得るも。早晚必ず相破裂して。遂に滔天の勢を爲すに至らん。看よ大詔未發以前の數日の如き。雙方角立相對して。一は其極を解散に期し。一は其望を更迭に屬し。其相持して下らざる。步々冥闇界裡に墮在する者にて。眞に無間の黑業を造作すと云ふべき也。


其大詔の煥發に遭遇するや。料峭轉じて駘蕩となり。軋轢休んで和協に至る者。陛下の鴻襟天地に齊しく。覆載煦育の偏倚する所なきが致す所にして。畏くも。朕は在廷の臣僚に信任して。其大事を終始せん事を欲し。又人民の選良に倚藉して。朕が日夕の憂慮を分つ事を疑はずとの玉へる。此彼我偏黨なき平等の聖旨は。實に我曹が歸命尊奉する。佛陀平等の慧見。衆生救濟の大慈悲に同じき者たり。此佛心を聖意として煥發し玉へる。大詔の下に於ける。誰か我見を骨張して敢悔懺悔に吝なるべけんや。

大無量壽經に曰く。佛所游履。國邑丘聚。靡不崇化。天下和順。日月淸明。風雨以時。災厲不起。國豐民安。兵戈無用。崇德興仁。務修禮讓と。是れ佛敎光被の得益にして。佛敎の弘通する所は。必ず此大利あるべき筈なり。其利益發現せざるは實に眞教の行はれざるが故なり。苟も如說の眞教行はるゝ時は。信者の心天意地に於ける自然に和順清明にして。瞋風慾雨の妨碍もなく。惡念害心の災厲もなく。四海各處皆安穩にして。兵戈用る所なかるべし。是れ卽ち鬪諍堅固の反對にして。彼は白法隱滯し。是は崇德興仁務修禮讓す。兵戈鬪諍痕を斷て。同心一躰揖讓相和す。是れ佛敎普及の利益を說く者にて。今日 陛下の聖德。彼の紛々擾々を。鎮撫綏靜したまへる者と。殆んど分毫の差なき者と謂ふべし。

抑も 陛下の聖德を以て。直ちに佛德を行じ給へる者と。稱揚讚嘆するに至ては。或は褻瀆不敬の嫌なきに非ずと雖も。是れ先哲の明言する所にて。我曹の今日に始創する事には非るなり。昔者宋の文帝。求那跋摩三藏に問て曰く。朕齋戒不殺を欲す。然れ共天下を御するを以て。未だ之を行ふを得ずと。跋摩答へて曰く。帝王所修與匹夫異(乃至)。帝王以四海爲家。兆民爲子。出一嘉言則士庶咸悅。布一善政則神人以和。刑不夭命。役不勞力。則風雨應時。百穀滋茂。以此持齋。持齋亦大矣。以此不殺。不殺亦至矣等と(拙著三國佛敎畧史上卷三十二丁ノ所ニ委シ)。思ふに跋摩の此言。能く佛敎の一切に被る事を彰明せる者にて。苟も此意を領會して誤らずんば。上は王侯將相より。下は匹夫匹婦に至るまで。各自に佛道を修行して。到處に佛事を現成せる者なり。已に一色一香無非中道と云ひ。又は資生產業皆歸正道と云ひて。溪聲山色も猶ほ且つ佛德を表彰せり。鳶飛魚躍奚ぞ法道を示現せざらんや。有情非情猶ほ是れ佛身を表し佛意を表せり。况んや 聖主至仁寰宇一家の宏謨を開き。億兆一子の優詔を下し。以て臣民の康福を增し。以て國家の隆昌を圖り玉へるとや。陛下の佛道を行し玉へる。至矣盡矣何を以てか之に加へん。於是乎朝野臣民たる者。宜しく 陛下平等覆載の宏慈を感戴し。各自固執の我見を放棄し。和衷協同以て大事を翼贊すべきは。臣民當然の義務本分にて。卽是臣民各自が。齊しく聖旨を遵奉して。共に佛道を信受奉行する者なり。事此に至らば。天下和順日月清明にして。國豐民安兵戈無用なる事疑なく。崇德興仁務修禮讓の道義世界を見るに至らん事。難からざる者なり。嗚呼大矣哉佛道。高矣哉佛道。此道眞に六合に通じ。八紘に亘りて一切法界に遍滿し。一切事物に貫通する者なり。知る是れ社會公共の通寶にして。何ぞ寺院僧侶の私有獨用物ならんや。

特別寄書

左に載する長論は彼れ大學出身の人物を許するには悉く

「曲學阿世」の惡稱毒名を以てせる耶蘇教術耀の國民之友記者さへ平素畏敬して「曲學阿世の博士」てふ惡名を附せざる眞人物眞學者の起草する所なれば其議論が如何に切支丹宗の僧侶及信徒の思想感情を刺戟せしかを察するに足る嗚呼デウス如來の崇信者流が暴烈激猛なる其偏僻信仰の爲に暗まされて如何に其惡平等の邪焰を吹き掛けしか吁彼等が萬軍のエボバの下に異教討滅の凱歌を奏せんとて如何に我皇室の神聖を汚しつゝあるか如何に我が國民の秩序を亂しつゝあるか如何に我が國家的の觀念と害しつゝあるか嗚呼日本國民として其國家の元首たる陛下の聖影を打落し傲然として佛陀の所謂惡平等の暴論を吐きしものは實に是れデウス如來の少年信徒なるにあらずや嗚呼世界學術の眞理に通じ一國高等教育の任に當る者にして國民教育の典範國家道德の表現たる聖上親筆の勅語を賤蔑して之に敬禮せざりしものは實に是れ切支丹宗の俗人的僧俗なるにあらずやそれ然り吾人は佛教徒としては眞理上耶蘇一神教は凡神教眞理の虛影空響たるを排撃し信仰上切支丹宗デウス如來の信仰は最も偏僻最も害惡最も僞醜なる信仰なるを照破せんと欲す是れ吾人が佛教徒としては幾分螢火の如き該教の眞理を認め幾分信仰に似たる該教の迷信妄仰を認むる所以なり此の所以は吾人が平素人間同情相憐の意を含んだる寬裕的精神を有して耶蘇教徒の如きは完全圓滿なる佛教の最大信仰に向つて進まんと欲する不完全なる最小摸範にして同く是れ宗教界の兄弟なりとの論を唱ふる所以の原因なり然りと雖吾人は佛陀の所謂因緣因果の活理に基き佛陀の所謂平等差別の大道を守るの點よりして平等的なる世界的の觀念に僻するの極知らず知らず冥々の裡に差別的なる國家的の觀念を失するの傾向ある現時の切支丹宗徒に對しては大に其妄想を破らざるを得ず方今大世界上の日本國民たる我が國民が世界の列國に對して其國家の榮光を彰はさゞる可からざるの點より列國の國民に對して其國民の特性を發揚せざる可からざるの點よりして一日も缺ぐ可からざる國家獨立の大義に冷淡に愛國敵愾の氣象に薄弱なるの傾向ある現時のデウス如來の崇信者等に對しては極言竭論彼等の頑見を排し彼等の迷夢を醒まし國家に對しては忠貞義烈なる國民たらしめ眞理に對しては純眞純善なる平等差別の大道を守らしめんとの憐憫の情禁ずる能はずして此雄篇を掲ぐるに至れり海內の讀者焉を諒せよ

明治二十六年三月十四日　國教編輯者　謹識

教育と宗教の衝突

文學博士　井上哲次郎

余は久しく教育と宗教との關係に就いて一種の意見を懷き居りしも。其事の極めて重大なるが爲め。敢へて妄に之れを叙述するとを好まざりき。然るに或時教育時論の記者余を訪ひ。現に熊本縣に於て教育と宗教と衝突を來せるが。抑々勅語の主意は耶蘇教と相合はざるものにや。如何にと問はれたれば。余は最早平生懷抱する所を隱蔽すると能はず。少しく其要点を談話せり。然るに記者は其談話の大意を教育時論第二百七十二號に載せられたり。是に於てか耶蘇教徒は頗る之れが爲めに激昂せしものと見へ。其機關たる諸雜誌に於て余が意見を批難し。中には隨分人身攻擊をもなせり。横井時雄氏は六合雜誌第百廿五号に「德育に關する時論と基督教」と題せる文を掲載し。主として余が談話の主意を辨駁し。本多庸一氏は教育時論第二百七十六号及び次号に「井上氏の談話を讀む」と云へる文を寄送して。百方耶蘇教の爲めに辨護を爲せり。其苦心想ふべし。氏自らは辨護の爲めに草せしにあらずと云へども。畢竟牽强附會なる辨護に過ぎざるなり。同志社文學第六十号に「敕語と基督教」と題せる文と掲げて。又余が意見を批難し。間々罵詈の語を交へ。人身攻撃に類するものありて。自ら宗教家なりと誇る者の口吻に似ざるなり。自由基督教第二巻第五号にも「日本の德育問題」と云へる文を載せて。余の意見とも彼れ是れ評論し。不合理なる辨難を爲せり。其固執の爲めに眞理の光を見ると能はざる。誠に憫むべきとなすなり。今一々是等の雜誌に答辨を爲すの暇あらざるに而已ならず。又彼等は實に一々答辨を爲すほどの價値あるものにあらざれば。余は此文を草して一度に之れが答辨を爲さんと欲するなり。

然れども先づ冒頭に辨明し置かざるを得ざるとあり。何ぞや。是れ他にあらず。教育時論の記者が余の談話を後にて文章に綴られたるは。能く余が談話の主意を述べられたるに拘はらず。毫も謬誤なき者とすべからざるとなり。凡そ言論は練達せる速記者をして速記せしむるも。尚は多少の謬誤を免れず。況んや錯雜せる論辨を記憶によりて叙述するに於てをや。然るに耶蘇教徒が余が意見を批評するに當りて。毫も此點に顧慮せざるは。抑も又何故ぞや。余は今余が主意の存する所を明瞭にせん。耶蘇教徒は極。公平なる念慮を以て余が主意の存する所を領解せざるべからず。若し些の固執を離れざれば。直きものも。斜に見ゆべきなり。余が教育時論の記者に談話せし處は。單に東西道德の發達を異にするを謂ひたるなり。未だ彼是の正邪如何を判せしにあらず。余固より彼是の正邪に就いて說あり。然れども彼の談話は單に歷史上の事實を叙述したるに過ぎざるなり。然るに駁者は恰も余が彼是の正邪に就いて判せしが如くに論辨し。平生此點に就いて言はんと欲する處を一時に吐露せしは。甚しき大早計と謂はざるを得ず。且つ余は耶蘇教に就いて陳述すべきと多きも。成るべく之れを後日に遲延せるに。耶蘇教徒は益々迫まりて余をして余が秘する所までも陳述せしめんとす。耶蘇教徒も亦紛爭を好むの徒にあらずと謂ふを得ざるなり。

嚮きに教育に關する敕語の出づるや。之れに抗せしものは。佛者にあらず。儒者にあらず。又神道者にあらず。唯々耶蘇教徒のみ之れに抗せり。或は云はん。耶蘇教徒は敕語其れ自身に抗せしにあらず。敕語を拜するとに抗せしなりと。然れども是れ唯々表面上の口實に過ぎず。其實は敕語の主意を好まざるなり。耶蘇教徒は皆忠孝を以て東洋古代の道德とし。忌嫌に堪へざるなり。故に或は發して不敬事件となり。或は激して宣告文となれり。何故敕語の出づるに當りて唯々耶蘇教徒のみ敕語に對して紛紜を生ぜしや。能く其因りて起る所に注意せざるべからざるなり。耶蘇教徒の中日本の風俗に同化して忠孝の教も採用し。甚しきは敕語をも會堂に講ぜんとするものあり。是等は保守的の耶蘇教徒と相容れざるものなり。其相容れざるは。一は我邦に適合せざる舊來の教旨を保存し。一は舊來の教旨をして枉げて我邦に適合せしめんとするに由るなり。要するに耶蘇教は元と我邦に適合せざるの教なり。故に我邦の風俗に同化すべき必要も起るなり。若し耶蘇教が始めより能く我邦の風俗に適合せるものならば。豈に之れに同化するを要せんや。從ひて又同臭の耶蘇教徒中に別派を生ずるとあらんや。世の教育家は公平なる眼を以て。能く近時社會の現象如何に注目せよ。敕語の出づるに當りて。第一高等中學校に不敬事件を演せしは何人ぞ。耶蘇教徒にあらずや。

今知會雜誌第八十三號に云く。

第一高等中學校囑托教師。內村鑑三が同校の敕語拜戴式に列して。陛下の敕語に對して。尊影に對して。敬禮せざりし。其不遜不敬。最も憎むべき所行は云々。其最初よりの顚末を記すべし。抑も此の事の起りは。

本年一月九日。同校就業始めに於て。木下校長は、生徒一同を聚め。校內倫理室を以て式場とし。各教員列席の上。舊臘陛下が、文部大臣へ下し玉ひし。教育上に關する敕語の拜讀式を擧行せり。其砌教員內村鑑三は。他の生徒教員が何れも肅々として。敬禮を磬すにも拘らず。一人傲然として更に敬禮せざる狀の。如何にも不遜なりしより。生徒は大に奮激し。嚴しく內村を詰りしに。彼は慢然として。我は基督教者なり。基督教の信者は斯る偶像や。文書に向て禮拜せず。又禮拜するの理由なしと答へたるより。生徒は益々激し。一同校長に迫り。校長も捨置かれぬ事なりとて。內村に問ふところあり。內村も同教徒。金森通倫。木村駿吉。中島力造等と協議の上。前非を悔て。禮拜することゝなり。折節內村は病氣にて蓐にありしかば。木村をして代拜せしめ。全快の上。自身更めて禮拜することゝ定まりしも。一旦其眞面目を現はせし上は。今設ひ禮拜するも。決して眞心に非ざるは勿論。不敬の所爲ありし上は相當の處置あるべしとの論。生徒中に喧しく。到底一同の折合つかざるより。初は免職すべき筈なりしも。故ありて內論解職となり。此一條先づ事濟となりしも。濟まざるは。基督教者の內幕にて。此事に付二派に別れ。橫井。高橋の一派は、禮拜するも不可なしとし。他の多くは飽迄も不可とするものにて。今尙は紛然たりと云ふ。

是れ實に第一高等中學校に於ける不敬事件の顚末の概要なり內村氏が此の如き不敬事件を演せしは。全く其耶蘇教の信者たるに因由すると亦疑なきなり。耶蘇教は唯一神教にて其徒は自宗奉ずる所の一個の神の外は。天照大神も。彌陀如來も。如何なる神も。如何なる佛も。決して崇敬せざるなり。唯一神教は恰も主君獨裁の如く。一個の神は一切萬物の主にして。此神の外には神なしとし。他神の其領分中に併存するを許さざるなり。獨り自宗の神のみを以て眞正の神とし。他の諸宗の奉ずる所は如何なる神も。皆眞正の神と見做さゞるなり。多神教は之れに反して共和政治の如く。他宗の諸神をも併存するを許すと多く。決して唯一神教の如く。嚴に他神宗拜を禁ずるものにあらざるなり。唯一神教と多神教とは。此の如く全体の性質を異にするを以て。多神教たる佛教は古來溫和なる歷史を成し。唯一神教たる耶蘇教は到る處激烈なる騷動を成せり。內村氏が敕語を敬禮するとを拒み。傲然として偶像や、文書に向ひて禮拜せずと云ひたるは。全く其信仰する所唯々一箇の神に限るに出づるなり。……余は今此に多くの神若くは唯一の神を信ずるとに就いて。其是非如何んと斷案を下だすにはあらず。唯々不敬事件の起れる理由を辨明するに止まるなり。……我邦は古來神道の教ありて。神の多きと實に千萬を以て數ふ。然るに其最大の神たる天照大神は實に皇室の祖先なりと稱す。然かのみならず。歷代の天皇は皆亦神として尊崇せらる。然かのみならず。倫理に關する教も皇祖皇宗の遺訓と見做さる。是れ現に我邦の國体の存する所とするなり。然るに耶蘇教徒の崇敬する所は。此にあらずして他にあり。他とは何んぞや。猶太人の創唱に係る所の神に外ならざるなり。余は今耶蘇教徒に對して神道者になれと勸むるにはあらず。此には單に耶蘇教者の國体を損傷すると多き所以を解釋するに止まるなり。

然れども斯く論じ來らば。耶蘇教徒或は云はん內村氏の事は實に內村氏一個の過失に出づ。豈に此例を引いて一切の耶蘇教徒を論ずるを得んやと。然れども內村氏の所爲。決して內村氏の過失にあらず。彼れは堅く耶蘇の教旨を守るものにて我邦の忠臣ならざるべきも。疑なく耶蘇の忠臣なり。內村氏の如くならざる耶蘇教徒は多少其教旨を枉げて。我邦の風俗に同化せんとするものなり。又內村氏の所爲の如きは。決して偶然ならざるとは。尚は他の例を參考せば氷釋するを得ん。天則第三篇第六號に云く。

近頃聞く。名古屋の代言人中に德義家を以て稱せられたる。有賀某は耶蘇教信者の一人にして。某教會中に頗る信用厚き人なりしが。一朝感ずる所ありて。斷然該教會を引き去りしと云ふ。其原因を尋ぬるに。去月（明治廿三年十一月）三日の天長節に。同教會にて恐れ多くも我が陛下の御寫眞の上に。某國の國旗を畫ける扇面を掛け置きたるを見て。大に其の不敬を咎め。直ちにその扇面を撤せしめ。牧師等に對ひて。懇々忠告する所ありしが。其後國會開院祝祭の折にも。又々これに類せる所爲ありしより。今はとて遂に袂を拂ひて脫會するに至りしとぞ。

余は嘗てニコライの禮拜堂に於て。我天皇の寫眞を言ふに忍びざる仕方によりて。甚しく汚瀆せしものあると聞きたりしも。他の耶蘇教徒も亦同樣の事あるを知らざりき。然るに天則の報道する所に據りて推測するに。耶蘇教徒中には隨分我邦の元首に對し。不敬の所行あるに似たり。其中吾人の耳朶に觸れざるものも多かるべきも。又間々世人の感情を傷ふものあるが爲め。相傳へて遂に吾人の耳朶に觸るゝものもあり。天則の報道する所の如きは。卽ち唯々其一例に過ぎざるなり。耶蘇教徒が某國の國旗を畫ける扇面を我天皇の寫眞の上に掛けたるが如きは。事甚だ瑣細なるが如しと雖も。唯々耶蘇教徒に限りて。殊更に他國の國旗を畫ける扇面を。我邦の至尊たる陛下の寫眞の上に加ふるは。如何なる動機に出でたるか。且つ一度ならずして二度まで之れを爲せるは如何なる故ぞ。有賀某の忠告するにも拘らず。殊更に國會の開院式に當りて再び之れを爲せるは。抑々何等の意志の然らしむる所か。余は少しく之れが解釋を試みん。凡そ人は其學ぶ所に僻するものにて。大抵は之れを免るゝと能はさるものなり。國學者の愛國心に富めると衆の熟知する所にて。何も角も日本を以て最上とし。甚しきは言靈のさきはふ國抔と云ひて。日本程言葉の發達せる國他になき樣に思惟せるものあり。漢學者は亦一も二も支那と云ひて、終身唯々支那のみを摸範とし。遂に自ら東夷と稱するものあるに至る。佛教徒は亦偏に印度を景慕するの傾向あり。佛陀伽耶恢復の策も之れが爲めにて。アルノルト氏が日本の佛者に印度は君等の鄉なりと云ひて。佛陀伽耶恢復の事を奬勵したるも。此動機に乘じたるなり。又彼の近來歐米の學藝を修むるものを見よ。嘗て米國に留學せるものは。米國を以を已れの本國の如く思惟し。摸擬せずとも濟むとも。矢張强ひて彼國に摸擬し。彼國の迷信固執より婦人崇拜の陋習に至るまで。浮慕艷稱して之れを我邦に實行せんとす。英國にありしものは。英國を賞贊し。佛國にありしものは。佛國を嘆美し。獨國にありしものは。獨國を稱揚し。

各々其學ぶ所に僻するの傾向あり。國學者の名譽は。國學と共に消長し。漢學者の名譽は漢學と共に消長す。若し國學をして價値なきものならしめば。國學者も亦た價値なきものとなる。若し漢學をして價値なきものならしめば。漢學者も亦價値なきものとなる。故に國學者も漢學者も各々其修むる所を尊崇して其價値を貴からしめんとす。歐米の學藝を修むるものも……假令ひ必ずしも其國に留學せざるも……大抵は此傾向を脱すること能はざるなり。就中耶蘇教徒の如きは。多くは和漢の學に精通せざるものなり。若し初めより和漢の學に熟達せしことならば。容易に耶蘇教に移ることなかるべきなり。稀に多少和漢の學を修めたるものにして。耶蘇教を信ずるものあるべけれども。其等の人は未だ眞誠に能く和漢の學を修め得たるものと謂ふべからず。要するに。耶蘇教徒の最大部分は和漢古來の教育を受けずして。單に英米人の教育を受けて生長せるものなり。此の如き現狀なれば。彼等が我邦よりも寧ろ英米を尊崇し。遂に他國の國旗を畫ける扇面を。我邦の天皇の寫眞の上に掛くるに至るも。畧々解釋するを得べきなり。世の教育を以て自ら任ずるものは。深く是等現象を惹起す所の動機を察せざるべからざるなり。

又曾て押川方義氏等五名の寄書として郵便報知新聞紙上に投載せるを見るに。曰く。

各小學校に陛下の尊影を掲げ。幼少の子弟をして之れに向て拜禮をなさしめ。勅語を記したる一片の紙に向て稽首せしむるが如きは。必ずこれ宗教上の問題として之れを論ずべからざるも。我輩教育上に於て其何の益あるかを知るに苦しむ。寧ろ一種迷妄の觀念を養ひ。卑屈の精神を馴致するの弊あるなきかを疑ふ云々。皇上は神なり。之れに向て宗教的禮拜をなすべしと言はゞ云々。吾輩死を以て之に抗せざるを得ず。

此言の是非は姑く之を置き。是れ實に内村氏が不敬事件を演ぜし胸中ならん。耶蘇教徒は多く外國宣教師の庇陰を得て生長せしものゆへ。甚だ愛國の精神に乏しきなり。苟も愛國の精神に富まば勅語を拜するも何かあらん。唯だ勅語のみを拜禮して愛國の精神なきものは。固より取るに足らざるの無腸漢に過ぎず。然れども眞誠に愛國心あるものは。生命も亦た國の犧牲に供することあり。何ぞ亦た勅語を拜することを拒むを用ひんや。耶蘇教徒は何時の間にか知らず識らず愛國心を失ひ。他人の行爲を怪訝し。風俗に逆ひ。秩序を紊り。以て國の統合一致を破らんとす。國の蠹實に是れより大なるはなし。我邦人たるもの深く此に意を留めざるべからざるなり。

余は此間に耶蘇教徒中の最も甚しきものを擧げて。其如何程我邦に不利なるものなるかを明にせん。駿河臺の上に高大なる建物あり。兀として雲表に聳へ。我宮城を俯瞰するものゝ如し。是をニコライの禮拜堂となす。然るに此禮拜堂にて教ふる所は抑々如何なる事か。世人は曾て注意せざるが如しと雖も。又大に我邦の國是に關ずるもの之なしとせず。羅馬加特力教にては。羅馬法王を以て頭とすれども。露西亞の宗教にては露西亞帝を以て頭とす。露西亞帝は啻に露西亞帝國の元首なる而已ならず。又露西亞の宗教の頭なり。我邦人の内一人ニコライの宗旨に歸依すれば。一人だけ露西亞國に從屬すと同様なり。十人彼に歸依すれば我邦は十人を失ふ譯なり。況して彼れに歸依するもの。已に我邦の言語に通じ。我邦の事情を知るものなれば。我邦の不利實に淺少なりとせざるなり。然るに我邦人が幻夢中に行動する如く。毫も此等の事を熟念せざるば。最も危險なりと謂はざるを得ざるなり。又彼のニコライの禮拜堂ある地面は。我邦より永世貸與したるものなりと聞く。ニコライは實に我邦の特惠を受けたるものなり。然るにニコライの處より毎月刊行する正敎新報と題する雜誌あり。少しく己れに不利なるとを言ふものあれば。如何なる人と雖も忽ち之れを誹謗するとを務む。實に耶蘇の敵をも愛すべしと云へる敎に戻るものと謂ふべきなり。然れどもニコライ敎派の如きは。蓋し他の耶蘇敎徒と頗る其趣を異にするを以て。此れに由りて一切の耶蘇敎徒を評論するとを得ざれども。耶蘇敎は歐米諸國に行はるゝ所の宗敎なるゆへ。之を信ずる者は自然其敎の由りて出づる所を本國の如くに思惟し。却て我國を外國の如くに見做すの傾向を生ぜざるを得ず。且つ其師とする所の宣敎師もまた歐米人なるを以て。敎育を受くる間に漸く敎師の思想感情を傳受し。遂に已れ自らも布敎の爲めに我邦に來る者の如き狀態を露はすに至るなり。然かのみならず。耶蘇敎徒は唯一の神を信じ。此神に對して之を言へば。如何なるものも差等あるとなし。天皇も穢多も同等と見做し唯々其奉ずる所の神のみを以て至尊無上となす。是れ實に耶蘇敎徒が屢々聖影に對し。不敬なる所行ある所以なり。去年八月廿九日の日本新聞に左の記事あり。云く。

肥後八代の某小學校生徒何某は。第一敎場に揭げ奉れる聖影に向ひ。ナンダと云ひ檬扇子にて打落しければ。敎師は早速呼寄せ。其所因を糺したるに。傲然として曰く。我が信ずる傳道師は。神より外に尊ぶものなしと申し聞けたるが故に。之れを打落したるのみと。忽ち地方の一大紛擾となり。遂に其生徒に退校を命じたるよし。

又去年十月十二日の繪入自由新聞に左の如き報道あり云く

我邦の集治監々獄は憲法發布以前は。大抵眞宗の僧侶敎誨師として。幾分の手當にて專ら囚徒を敎誨せしが。去る二十二年二月憲法發布以來。宗敎は信仰の自由なるより。空知集治監にては典獄大井上輝前氏が佛敎を廢し更らに基督敎誨師を置き囚徒に敎誨し。其成跡如何は知らざれ共次で官制改革となり。北海道の各集治監は樺戶を本監とし空知。釧路。網走は各分監となし。矢張り大井上氏は典獄なりしより。悉く囚徒の敎誨を基督敎として。是まで例年一月元旦には。天皇陛下の御眞影を囚徒に拜參せしめしに。本年一月の元旦には大井上氏之を各分監に命じ。陛下の御眞影を脫して。物置の隅に押し入れ。囚徒に拜せしめざりし。囚徒は何故に斯の如くなるやと疑ひしに。全く基督敎信仰の結果なりとのことなるが。苟も集治監の典獄たるもの何たる不敬ぞや。

世人は一時是等の事を云々すれども。忽ち又忘却し曾て是等の事はなかりものゝ如くに經過し去るの狀なしとせず。余は冷淡なる智識的探求の精神を以て。其由りて起る所を明かにせんと欲するなり。右二新聞の報道する所の如きは。內村氏が不敬事件と全く其本源を仝ふするものなり。寫眞は天皇の寫眞も。穢多の寫眞も。皆な均しく紙片なり。紙片として之を見れば。崇拜するに足らず。然れども聖影を現出する寫眞を見れば。必ず是れ我邦の元首たるとを思惟し。我邦の元首を崇敬するの情も亦た從ひて起るならん。是を人の常情となすなり。拿破列翁の墳墓を過ぎるもの皆な脫帽して禮を爲すを見る。和盛頓の墳墓に於けるもまた同樣なりと聞く。是も理論上より言へば。嗤笑すべきが如しと雖も。感情上より見れば其決して然らざるものあるを知る。之と同じく陛下の寫眞は紙片なりと云ひて輕侮するは。理論上恕すべきものあるが如しと雖も。感情上より見れば決して然らざるなり。一箇の寫眞にして陛下を代表する以上は。陛下を尊敬する念慮は。陛下の寫眞にも及ぶものなり。親戚明友の寫眞若くは肖像を壁に掛くるも。英雄豪傑の彫像を街頭に建つるも。名士の相貌を新聞雜誌に載するも聖賢の筆蹟を愛玩するも。皆な其人を愛敬欽慕する情に出づるなり。神功皇后の靴とか。フレデレック大王の笛とか。釋迦の頂骨とか云ふものを。後人が可笑しきほど鄭重に保存するも。亦た古人を追慕する感情に出づるなり。如何なる人も多少此の如き感情を具せざるはなし。若し此の如き感情を具せざるものあらば。是れ全く高尚なる人情を缺ぐものなり。耶蘇敎徒と雖も。又聖書を尊重するにあらずや。若し之を紙片なりと云ひて足にて踏み。汚穢物中に投せば。耶蘇敎徒は毫も不愉快なる感情を起さゞるか。耶蘇敎徒が耶蘇を崇拜する感情は。延ひて耶蘇の敎を記載する書籍に及ぶにあらずや。國家的精神ある者の國主の寫眞を尊重するは。此感情に異ならざるなり。亦思へ十字軍は何の爲めに起れるか。全く耶路撒冷を恢復せんが爲めにあらずや。耶路撒冷は何故恢復するを要せしか。是れ耶蘇の死處にして耶蘇は既に在らざるも。其地は尚ほ之が爲に神靈なりと思惟せしに本づくにあらずや。果して然らば十字軍は耶蘇と關係ある耶路撒冷を追慕する感情より起れり。國家的精神あるものが。國主の寫眞迄も崇敬するは。此感情に異ならざるなり。然るに耶蘇敎徒が或は聖影を打落し或は撤去するが如きは。大に我邦人の有する國家的精神に戻れり。是れ國家的精神の我邦に勃興するに當りて。耶蘇敎徒の大に世人に厭忌せらるゝ傾向を生ずる所以なり。

耶蘇敎徒は或は以爲らく。寫眞を崇拜するは偶像崇拜に類す故に之を爲すに堪へずと。然れども神の觀念を心中に描出して之を崇拜するも。寫眞を見て其表する所の人を崇拜するも。本と甚しき差別あるにあらず。一は主觀的一は客觀的にして。兩者の間井然甄別すべきが如しと雖も。其之を崇拜する念慮に至りては同一なりと謂はざるを得ざるなり。ショッペンハワー氏曰く。『偶像は木石若くは金屬より造るも抽象的の概念より結成するも皆同一なり。若し已れの前に人物的存在を有し。之に供へ之を呼び。之に謝するときは。矢張偶像崇拜に外ならざるなり。生羊を捧ぐるも。辭誼を捧ずるも。又根本的の差あるにあらざるなり。如何なる儀式も祈願も斷乎として其偶像崇拜たるを言ふを得べし』と。誠に痛快の辨となす。耶蘇敎徒が動もすれば彼は偶像崇拜にして我は然らずと劃然藩墻を立つれども。詳細に看來れば左様に嚴肅なる區別は本なきものなり。耶蘇敎徒が實に偶像崇拜を非とせば。何故人性的の神を崇拜するとも亦た非とせざるか。前後撞着と謂ふべきなり。余は此に偶像崇拜の如何を斷言するにあらず。單に耶蘇敎徒の取る所の不整合なるを叙述するものなり。

要するに。耶蘇敎徒が我邦人の國家的思想と相背馳するとは上來陳述せるが如く。着々社會の現象に就ひて之を証明し得べきなり。是れ決して揣摩臆測の說に係るにあらざるなり。然るに耶蘇敎徒は當に我邦人の國家的思想と相背馳するの行爲ある而已ならず。又父母に對して孝ならざるものも之なしとせず。然れども單に斯く言ふ而已にては。耶蘇敎徒必ず之を首肯せざるべければ。今唯々一例を擧げて之を証せん。三寶叢誌第百五號に不孝なる牧師と題し。左の文あり云く。

山口縣山口に牧師服部省三と云ふものあり。常に實母よし子を天主敎者に爲さゞれば牧師の名に背くなりとて。老母の否むをも顧みず頻に說き付けしも。よし子は元來眞宗の熱心家にて殊に漢學を修めし人なると以て。いかで斯る邪敎に迷ふべきか。却て省三の外敎を信ずるを悲しみ。果ては病氣を惹起し。起臥不自由の身となりしに。省三も致方なく更に手段を變へて傳道會社に手を廻はし。同會社より經典及び神學の書を老母の許へ送與せしめしに。老母は痛く省三の不心得を慨き。前世の宿緣を嘆じ。右の聖書には左の二首を添へて傳道會社へ返しけるとぞ。

ことくにの造り花とばいかで見ん
豐葦原の春に逢ふ身は

我れとても野山のかやの身ではなし
なびけとや吹く風ぞうるさき

耶蘇敎徒は動もすれば信敎の自由を名とし。他人の耶蘇敎の事に喙を容るゝを排斥するにあらずや。然るに身自らは却つて他人の信敎を妨げ。橫說堅說枉げて耶蘇敎に化せんめんとす。今此に擧げたる服部省三の如き。卽ち其一例なり。若し他人の我信敎に干涉することを忌嫌せば。何故自らは他人の信敎を妨ぐるや。是れ實に耶蘇敎徒の免かれ難き自家撞着と謂ふべきなり。然るに服部省三の場合に世人の注意を促かさゞるを得ざることあり。何ぞや是れ他にあらず。服部省三が無理に改宗せしめんとしたるは。他人にあらずして卽ち已れ自身の老母なること是れなり。已れ自身の老母已に眞宗に熱心するをば。强ひて天主敎に轉ぜよと說き付くるは。毫も神敎の自由を名とするものゝ精神に戾らざるか。然かのみならず老母が已に其子の外敎を信ずるを悲み。果ては病氣を惹起し。起臥不自由の身となりしにも拘らず。又更に方法を換へて其否むをも顧みずして改宗を勸むるは。果して孝道に背くことなきか。毫も勅語の「父母ニ孝ニ」と云へる精神に戾らざるか。少しく東洋古來の倫理を知るものは。此事に就ひて正確なる判斷を下だすことを難しとせざるべきなり。又一步を進めて之を考ふるに。眞宗の信者を耶蘇敎に改宗せしめんとせば。先づ耶蘇敎の眞宗に優ることを証明せざるべからず。然るに未だ耶蘇敎徒中一人の之を爲したるものあるを聞かず。思ふに服部省三の如きは。未だ眞宗の敎義の何たるを知らずして。天主敎に歸依し。獨り已れの信ずる所のみを眞實なりと妄想し。其先入主となるものを以て老母を强ひたるならん。然りと雖も老母の信ずる所の如きは決して妄に之を非とするを得ざるなり三部經の中高尙なる道德上の敎と記すること少しとせず。殊に無量壽經に「善人行善。從樂入樂。從明入明。惡人行惡。從苦入苦。從冥入冥」と云ふが如き。「人在世間愛欲之中。獨生獨死。獨去獨來。當行至趣苦樂之地。身自當之。無有代者」と云ふが如き。又「端身正行。益作諸善。修己潔體。洗除心垢。言行忠信。表裏相應」と云ふが如き。皆な人を高尙なる道德に引誘するの言なれば。如何なる人も取りて以て已れを裨補すべきなり。又觀無量壽經に「心想佛時。是心卽是三十二相。八十隨形好。是心作佛。是心是佛。諸佛正徧知海從心想生」と云ふが如きは何等の名言ぞ。未だ此の如き敎を研究せずして。初めより之を以て耶蘇敎より劣れるとするは果して是なるか。服部省三の如きは擧げて論ずるに足らざるも。耶蘇敎徒中少しく名望ある者は。暫く公平の心を以て東洋の哲學宗敎等を硏究するを要す。然らざれば遂に復た服部省三の如き所爲に出でざるを保すべからざるなり。服部省三に反して大に稱揚すべきは其老母なり。老母が東洋の主義を持し確乎として動かざるを見れば。眞に女丈夫と云ふも不可なかるべきなり。然かのみならず其詠じたる二首の歌は。東洋は自ら東洋の教あれば。必ずしも外國の教を要せざるの主義にて。其勇ましき氣慨は殆んど紙上に躍出せんとす。後來日本の女學史を著はさんと欲するもの。決して此老母を忘るゝことなかるべきなり。然るに此老母に孝ならざるは服部省三と稱する耶蘇教の牧師なることも亦た永く記憶せざるべからざるなり。

余は局外に立ちて靜に是等社會の現象を觀察せるに。近來に至りて耶蘇教徒は益々我邦人の國家的思想に反せる擧動を爲し。其教育上に於ける衝突は頗る重大ならんとするに至れり去年六月中旬熊本縣知事松平正直氏は。熊本縣飽田郡横手村長國寺に於て町村長町村會長を集めて曰く「小學校教員に禁示すべき者二。一は政黨政社に關するとなり。二は耶蘇教を信ずるとなり。耶蘇教は外國の教なり。決して信ずべきものに非ず。小學校教員は宜しく去年頒布し玉へる敕語に殉すべし。若し耶蘇教を信ずるものあらば猶豫なく處分すべし」と。是れは世の學者が耶蘇教に就ひて已れ一個の意見を述ぶるものと同じからずして。寧ろ行政處分に關するとなり。是故に耶蘇教徒が之れが爲めに憤激せしも亦た理由なきにあらざるなり。然るに去年七月二十五日又耶蘇教に關じて紛紜を生せり。其事に就ひては當時取調の回報あり。其文に曰く。

山鹿高等小學校生徒退校の件に付き其事實を調査せしに。右は同校高年生徒四人が基督教を信じ。校内に於て他の生徒を勸誘し。授業上妨げあるを以て。校長は之に諭して宗教は各自の信仰に任せ。素より隨意たるべしと雖も。在校の間は授業上に差支る次第もあれば。卒業までは用捨すべき旨を以てせしに。父兄に相談の上返答すべしと云へり。依て校長は事の間違を生ぜん事を恐れ。其父兄に直接して右の趣を述べたるに。三人の父兄は其説に同意して生徒に諭したるも。一人の父母は遂に校長の説を容れず。生徒も依然校内に於て誘導をなし居り。教師に於て敕語の聖旨を講述するも更に耳に入れず。之が爲め何となく他の生徒にも影響を及ぼし。一般に教師の說話を耳にせざるの風を生じ。取締上にも關じ。學校整理を缺ぐの一端ともなる次第にて。何分其儘に看過し難きより。不得止右一人の生徒に退校を命じたる者なり。又該生徒は常に學校內に聖書を携帶し机上に並列し居りし事は。學務主任の郡吏其他の者に於て又之と認め居れる事實にて。必竟右の生徒が公然の所業を以て教師の訓戒に反抗し。他の生徒之に倣ふて校中一般の取締上に關する所より。不得止退校せしむるに至りたる義にて。巡査の密告を受けたるに基因せ抔るの事は全く無しと。

右の両事件起るに及んで植村正久本多庸一外八名の耶蘇教徒は。公開狀を各新聞に送りて廣く世人に訴へて。熊本縣知事が耶蘇教に關じて演說したる事。及び山鹿高等小學校長が耶蘇教信者の生徒に退學を命じたる事等は。信教自由の大權を侵害し。國民教育の旨趣に戻るものとせり。若し耶蘇教徒は其耶教教徒たるが爲め。學校教員生たるべからずと云ふものあらば。固より不可なり。若し又耶蘇教信者の教員生徒を其耶蘇教信者たるが爲めに。免職若くは退學せしめば尙は一層不可なり。何となれば其所爲全く信教の自由に反すればなり。日本の臣民たるものが已に憲法によりて均しく信教の自由を有する以上は。其人が佛教信者なるも。神道信者なるも。耶蘇教信者なるも。又如何なる宗教の信者なるも均しく學校の教員生徒となるを得べきと固より論なきなり。若し之に反する意見を有するものあらば。實に憲法に違背するものに外ならざるなり。然るに憲法第二十八條には「日本臣民ハ安寧秩序ヲ妨ケズ及臣民タルノ義務ニ背カザル限ニ於テ信教ノ自由ヲ有ス」とあり。然れば日本の臣民たるものは。皆均しく信教の自由を有すと雖も。亦制限のあるあり。何ぞや第一には社會の安寧秩序を妨げざる事。第二には臣民たるの義務に背かざる事。是なり。伊藤伯の義解に云く。

但シ信仰歸依ハ專ラ内部ノ心識ニ屬スト雖其更ニ外部ニ向ヒテ禮拜儀式布教演説及結社集會ヲ爲スニ至テハ固ヨリ法律又ハ警察上安寧秩序ヲ維持スル爲ノ一般ノ制限ニ遵ハザルコトヲ得ズ而シテ何等ノ宗教モ神明ニ奉事スル爲ニ法憲ノ外ニ立チ國家ニ對スル臣民ノ義務ヲ逃ルヽノ權利ヲ有セズ故ニ内部ニ於ケル信教ノ自由ハ完全ニシテ一ノ制限ヲ受ケズ而シテ外部ニ於ケル禮拜布教ノ自由ハ法律規則ニ對シ必要ナル制限ヲ受ケザルベカラズ及臣民一般ノ義務ニ服從セザルベカラズ此レ憲法ノ裁定スル所ニシテ政教互相關係スル所ノ界域ナリ

此れに由りて之れを觀れば。信仰の自由は如何なる境界にまで達するものなるやを知るを得へし。然るに耶蘇教徒は果して毫も社會の安寧秩序を妨ぐる傾向なきか。又臣民たるの義務に背く傾向なきか。内村氏の不敬事件の如きは。能く安寧秩序を維持したるの結果なるか。吾人が皆臣民として服從すべき元首の寫眞を或は打落し或は撤去し。或は其上に他國の國旗を畫ける扇面を掛くるが如きは。善良なる臣民たるの徽なるか。又學校にて教員の命に從はず殊に全國教育の典範となれる。敕語に違背する生徒の如きは。能く外部の規則を守れるものなるか。耶蘇教徒は單に信教の自由を名として曉々せずして。先つ能く耶蘇教徒の近來我邦に於て經過し來れる事蹟如何を顧慮せざるべからざるなり。

然るに尚ほ一層深く之を推究するに。敕語の精神と耶蘇教徒は。大に其趣を異にするものあり。故に苟も敕語を以て教育の方針とせば。耶蘇教徒は之に抗せざるを得ず。若し耶蘇教徒にして敕語に同意を表するものあらば。是れ必ず時勢の如何んともし難きを知り。姑く之に附和して機會の乘ずべきを竢つものならん。然らざれば多少其教旨を枉げて我邦の教育に與せんとするものならん。敕語の中には少しも宗教に關することはなきが如し。然れども其主義は決して耶蘇教と同一なりと謂ふを得ざるなり。今逐一其要點を述べん。

敕語は元來日本に行はるゝ所の實踐倫理を文章にしたるものにて。其倫理は一家の中に行ふへき孝悌より始まり。一家より一村。一村より一鄕に推及し。遂に共同愛國に至りて終る。其意一身を修むるも國家の爲なり。父母に孝なるも兄弟に友なるも。畢竟國家の爲にして我身は國家の爲に供すべく君の爲に死すべきものなり。是れ我邦人が古來歷史的の結合を爲して實行し來れる所なれば。今日より以後益々之を繼續して。各々其臣民たるの義務を全ふすべしと云ふにあり。殊に敕語の中に「一旦緩急アレバ義勇公ニ報ジ以テ天壤無窮ノ皇運ヲ扶翼スベシ」とあるを以て之を觀れば。我國の臣民たるものは。如何なるものも。國家の緩急に際しては。身をも犧牲に供して皇運の隆盛を圖るべしとの意なると復た疑ふべからず。然れば勅語の主意は一言にて之を言へば。國家主義なり。然るに耶蘇教は國家的精神に乏し。啻に國家的精神に乏しき而已ならず。又國家的精神に反するものなり。爲めに勅語の國家的主義と相容れざるに至るは。其到底免かれ難き所なり。耶蘇自ら能く國家の事を知らざりしものと見へ。新約全書中國家の事を説く所殆んど之なく。纔に之あるも遂に共同愛國の要を説くに至らざるなり。耶蘇教は實に無國家主義なり。此一点に就ては耶蘇教徒が如何ほど辨護せんとするも。到底辨護し能はざる所なり。若し强ひて辨護せば。牽强附會の詭辨に陷らざるを得ざるなり。横井時雄本田庸一二氏を始とし。總べて駁者は耶蘇教は國家主義なりと斷言すると能はざるなり。若し彼等にして耶蘇教は國家主義なりと云はゞ未だ耶蘇教の眞意を曉らざるものと謂ふべきなり。耶蘇教の國家主義ならざるとは。其全體の性質上より判斷を下すと得。耶蘇は元と國家を主義として教を立てたるものにあらず。種々なる國民の上に脱出し。自ら萬國普通と認むる所の教を開きたるなり。是れ實に耶蘇教の勅語と相合はざる所以なり。本田庸一氏自ら「成程耶蘇は現世國家の事に付　明言したるとなし。是れ蓋し耶蘇の本意なるべし」と云へり。余が教育時論の記者に談話せしは。即ち此事なり。耶蘇は天國を立てんことを欲すれども。地上の國家は其目的する所にあらざるなり。然るに勅語の主意は專ら地上の國家に關するものにて。毫も耶蘇の言ふ如き天國に關するものにあらざるなり。且つ思へ愛國主義は決して耶蘇教によりて鞏固なる基礎を得べきものにあらず。然るに勅語は愛國主義を喚起するの精神を有するものなり。

耶蘇教徒或は云く。耶蘇は古今の差なく東西の別なく。如何なる國家にも。如何なる社會にも。貫徹して戻らざる所の道德を立つるものなり。故に如何なる國に應用しても戻るとなきなりと。是れ實に陳套なる耶蘇教徒の辨護にして。彼等は實に此きより外に辨護すべき根據を有せざるなり。然れども今是れを實際に徵するに。耶蘇教の道德は決して古今に亘り。東西に通じて戻る所なしと謂ふを得ざるなり。耶蘇教は歐羅巴に於て古來少しも不利なる結果を來したるとなきか。又耶蘇教は果して歐羅巴に於ける現在の弊害を救ふに足るか。古今の狀態大に異なるが爲め。耶蘇教は決して古今の差なく。均しく効用を爲すべきにあらず。耶蘇教が時勢に從ひて屢々變遷するは抑も何の爲めぞ。加特力教に滿足すると能はざるものありて「プロテンタント」教起り。「プロテスタント」教に滿足すると能はざるものありて。「ユニテリアン」教起れり。耶蘇教が此の如く變遷するもの。是れ豈に古今の狀態の同じからざるが爲め教育を枉げて時勢に適應せしめんとするの意に本づくにあらずや。又思へ近來歐米の倫理學者は。漸々耶蘇教を離れて別に倫理學を立てんとす。英國のベンタム、ミル、ベイン、スペンサー。獨逸のウンドギスチキー、ヂコーリング丁廡克のホフヂング。米國のソルター、コイト諸氏。皆耶蘇教を以て倫理の基礎とせざるなり。若し耶蘇教が古今の差なく効用を有すべきものならば。耶蘇教を離れて倫理學を立てんとするの傾向も生ずべきにあらざるなり。然るに今日にありて耶蘇教最早陳腐に屬し。到底此れに由りて今日の倫理を維持すると能はざるが故に。進歩的の精神に富める學者は倫理學の基礎を耶蘇教以外に求むるにあらずや。果して然らば耶蘇教豈に古今に亘りて毫も戻らざるものならんや。又其耶蘇教を以て東西に通じて戻る所なしと言ふに至りては。斷然其非なるを告知するを得べきなり。耶蘇教が已に如何なる國にも行はれて少しも戻る所なきを實驗し得ば。始めて其東西に通じて戻る所なきを斷言すべきも。之を實際に徵するに。耶蘇教は未だ一般に支那。朝鮮。西藏。暹羅。緬甸。印度。波斯。亞刺比亞等の諸國に行はれざるなり。是等の諸國に對して耶蘇教の宣教師が如何はど力を盡くして布教を務むるも。未だ充分に其功を奏せず。其功を奏せざるは。耶蘇教の是等の諸國に適せざるに由るなり。耶蘇教徒は耶蘇教を以て古今不變東西一貫とすれども。儒教徒も。道教徒も。婆羅門教徒も。佛教徒も。回々教徒も。皆各々其奉ずる所を以て古今不變東西一貫なりとするものなり。然るに是等諸宗教の道德は或は一致するものありと雖も。又大に相異なるものありて存するなり。耶蘇教徒自らも亦た耶蘇教の儒教。道教。婆羅門教。佛教。回々教等と同じからざることを知るならん。然らば耶蘇教徒が他の宗教を奉ずるものは。如何はど其教の古今不變東西一貫なることを主張すれども。皆之を打消して獨り已れの奉ずる所のみを古今不變東西一貫とせば。實に是れ甚しき利己主義に過ぎざるなり。若し又此思想にして利己心に出でざるならば。其固執より起る謬見に外ならざるなり。我日本も亦古來一種の國民的倫理を有せしが。敕語の出づるに及んで敎育の標準となれり。然るに此敕語の主意は決して耶蘇教と着々符合するものにあらずして。頗る其由りて立つ所の根本を異にするものなり。如何なる耶蘇教徒も耶蘇教と敕語は毫も相戻らずと云ふに躊躇すべきなり。果して然らば其いはゆる古今不變東西一貫は焉んかある。若し又敕語の主意卽ち耶蘇教の主意と謂ふを得ば。耶蘇教徒に取りても最早我邦に耶蘇教を布教するの必要なかるべきなり。又思へ。耶蘇教が毫も勅語に戻るが如き元素を有せざることならば。耶蘇教は何故敕語の出しより以來種々なる不敬事件を演じ。我邦人の國家的感情を害せしか。單に浮泛なる言論を述べて牽强附會なる辨護を爲すきべきにあらず。必ず事實に徵して之を言ふべきなり。余が先つ初めに敕語發布以來耶蘇教徒が國家主義に反せる事蹟を成しゝことを明かせるに由りて。耶蘇教が決して勅語と着々符合するものにあらざるを知るべきなり。又之を考ふるに。勅語の中には「之ヲ古今ニ通ジテ謬ラズ之ヲ中外ニ施シテ悖ラズ」とあり。若し耶蘇教も古今不變東西一貫にして。敕語の主義も古今不變東西一貫ならば。両者當に背戾する所なかるべきなり。然るに敕語の主意は徹頭徹尾國家主義にして。耶蘇教は非國家主義なり。若し非國家主義にして古今一貫東西不變ならば。國家主義は其反對ならざるを得ず。若し國家主義にして古今不變東西一貫ならば。非國家主義は其反對ならざるを得ず。然るに吾人日本臣民は敕語の主意に從ひ。共同愛國を期せざるべからざるものなり。果して然らは耶蘇教の古今不變東西一貫は焉んかある。（未完）

寄書

基督教徒將に火中に飛び入らんとす

甲斐方策

酷熱を世界に撒布するの太陽既に西天に沒し。殘暑猶人を惱すの時に當り。今迄森々たる藪林に群集し居たる無數の蚊蝶は。生類の膏血を吸はんが爲。俄に室内に侵入し。端なく煌々燦爛たる燈燭の光輝を見て。如何に愉快を感ずるにや。揚々翅を飜し來て其火を採らんとす。あな無情火は是れ物を燒くの性を有す。勇み進める蚊蝶は。忽ち其足を燒き。其羽を燃し。遂に其全躰を烈火の中に委し。さなきだに長からぬ生命愈々短縮せしむるとあり。固より自業自得の事とは言へ。其彼を知らず。己れを知らざる無識無智豈に憐れむべきものにあらずや。されば飛んで火に入る夏の虫なる俗諺も是より生じ。自己の分限を知らずして。叨りに架空の妄想を起し。過分の計畫を爲して。以て其身を誤るものを警戒するの比喩となれり。然るに今や吾人は此慘憺たる事例を引て。吾人宗敎社會の朋友たる基督敎徒現今の運動に對して。同一の結果を豫想し。鈍筆を振て忠告せざるべからざるに至りしとは。抑も何等の不幸ぞや。

蓋し基督敎の敎理たる。所謂一神敎にして。世界外に一個創造主宰の神を立つるものなり。而して其世界創造説と言ひ。奇跡論と云ひ。基督神子説と云ひ。到底社會進化の氣運に伴ふこと能はざるものにして。既に數世期前より歐米に於て。大に彼の理學哲學等と衝突して。非常慘憺たる悲劇を演じ。近頃に至り。進化の規則に依りて。漸々外界の現象に順應し。淘汰し來り。今を去る卅年前。浦賀一發の砲聲と共に。歐州文明の慈母然たる假面を被りて我が日本に浸入し。折りしも一般に吹き渡れる。崇外的精神を機として。滔々として擴張し。吾社會上風俗上に少なからざる影響を與へたれば。世間の俗士稍もすれば思へらく。基督敎は眞に現在及び將來に於ける。日本國民道德の救濟者なりと。而して吾人が彼の社會風潮の逆流に立ちて思爲せし所は曰く。多神敎は一神敎の眞理に如かず。一神敎は更に凡神敎の眞理に如かずと。而して吾人の豫想は果して相違せず。哲學宗敎の大勢は益々此方針に傾向し。曩には理長爲宗を以て旨とする「ゆにてりあん」の侵入するあり。次で金森通倫氏が健氣にも。保守正統基督派内萬緣叢中の紅一点として「現今之基督敎及將來之基督敎」を著はし。頑固なる神學説及び腐敗せる該敎徒を攻擊して。實に疾風迅雷の活勢を呈せり。頃ろ二三の基督敎徒ありて演説を爲す。一人は題して「現世とは何ぞや」と云ふ其大意に曰く。『抑も時勢を悲哀し。厭離するは損ありて益なし。宜しく安樂平和の世界と見做して。生命の存する間事業に勉勵すべし』と。是れ彼等が社會人心の向ふ所を察して計畫せし所にして。所謂商機を見るの敏捷なるものかはしらねども。彼等が徒に。曲學阿世の議論を爲して。社會の歡心を買はんとするに至つては。其社會の先導者たり。案内者たり。訓戒者たるの威嚴品格果して何くにか在る。然らば佛敎が現在に對するの本領如何。敎友古河老川嘗て人生を論ず其中に曰く。

（前略）抑も人生の愛すべきと厭ふべきとは。世に在らずして我に在り。身に在らずして心にあり。人生固より其体に於て。善にも非ず悪にも非ず。苦にもあらず。樂にもあらず。庸劣之を見れば厭ふ可しとなさん。聖賢之を見れば愛すべしとなさん。然れば則ち人生は愛すべきものにあらずして厭ふべき者なり。厭ふべきものにあらずして又愛すべきものなり。後の愛は前の愛と異なり。前者は迷のみ。後者は悟のみ。世若し眞に人生を達観し。大生死に泰然たる者あらば。其人實に此悟の愛たらずんばあらず。（後略）

世人若し前說を玩味せば。必ずや思ひ半に過ぎん。

次の一人は「基督之宗敎」と題して演說せり。其大意に曰く。『基督敎則其十二弟子の腦中を透して發達したる。千有餘年幾多の國家と敎會とを經て生長したる敎旨と。基督の腦中に構成したる所謂「基督之宗敎」とは。實に天地月鼈の差別ありて。基督敎は則其皮想。外形。假面に過ぎず。其眞相。內心。眞實は決して前述の如きものにあらず』と論じ。遂に『某神學者が人心は實に神の顯現する宮なりと云へるとあるは至言なりと雖。未だ眞に基督の宗敎の意識を直覺的に說明し盡さず。心卽神の働きありと言ふこそ基督の深意なり。此を以て道念の源は吾人の心中に在り。此心より外に宗敎の觀念なし。義人の生命なし。斯くして始めて神を心に見る否心を神と成すとを得』と論ずるが如き。微かに佛敎の所謂「心佛及衆生是三無差別」の跡方を襲はんとするものに似たり。次に彼は曰く『人は自己の心中に平和を得兼て人を平和ならしむるの義務を有す。萬民に對して。萬民として。平和を播くにあらず。神の子として互に之を愛すべし。眞正の宗敎を見んと欲せば萬民唯一のものとならざるべからず』と言ふより見れば。未だ神は全躰にして人の如き萬有は其一部分なれば。萬法卽眞如眞如卽萬法なるが故に。部分を離れて全体なく全体を離れて部分なしと言ふが如き直截明白なる辨解を用ゆるに至らず。未だ卽身成佛煩惱卽菩提の玄理に達せず。猶更山川草木悉皆成佛の奧說を伺はずと雖。其思想の進步實に驚くべきものあり。遂に彼は曰く。「一口に言はゞ人は神になると言ふ所に至らざるべからず」と云ふが如き人卽神なりと言ひ度きの情言外に溢れたり。以上の說を爲すもの彼等社會の先導者なりとせば。其議論が其社會に幾分の勢力あるや疑ふべからず。其他彼等の雜誌類を視るに或は「天地の生命」と題して萬有の現象を觀測し。詳察すれば。秩序整然として一毫も紊れざるに感じ。此萬有を通じて一切に充滿したる精神生命あるとを看破するの摸樣は。隱々裏に彼等の筆鋒に顯はれつゝあれり。蓋し宗敎の通義として。神人の關係を說かざるものなし。然り而して未だ佛敎の眞如卽萬法說の如く。明白に。立派に說明したるものを見ず。斯の如く佛敎の本体は凡神敎にして實に完全無欠なりと雖。歐米には未だ大乘の譯述なく只小乘のみに止まるが故に。歐米人若くは本邦の督敎徒にして歐米より歸朝したるものは。此を以て佛敎の眞面目と誤認し。揚々得色を呈して佛敎を攻擊せんとす。曷んぞ知らん佛敎書籍經典の完備せる事に至つては世界中日本に優るものなき事を。而して彼等自ら謂ふ『吾人は眞理の戀人を以て任ずるが故に佛敎に於て讃むべきものは讃め。貶すべきは貶す。決して些少の私意を交へず』と。嗚呼眞理の戀人とは一敎中の方便假說のみを見て眞實本論を探らず漫に私判を下すの謂ひなるか。一敎中の最小部分を見て全躰全面の本領なりと妄斷するの謂ひなるか。其熱心や實に愛すべく其無學や實に憫むべし。而して自己は如何。自己が基督敎に對する考案は如何。從來神聖なりと稱したる奇跡論。基督神子論。三位一躰說等を指して基督外部の宗敎なり否外部の宗敎と云ふも躊躇する位ひなりと云ひ。佛敎に對しては小乘の一片を擧げて其全躰を解釋。判斷せんとす。斯くても猶眞理の戀人と稱して耻づること無しとするか。或は夫れ然りと言はんも唯り名實の不相應なるを如何せん。

或は論者ありて言はん。基督敎徒は固より宇宙万有の運動が一に規律嚴肅なるを見て万有悉く神の性質を有するものなることを承認すと雖。彼の耶和華は實に此普遍眞理の活現なりと信ずるものなりと。是又實に最負の引倒論たるを免れず。何となれば神若し万有眞理の活現なりとすれば。万有は本躰にして神は則現象なり。萬有は全躰にして神は則部分なり。萬有は絕對にして神は則相對なりとの結論は論理が持ち來る當然の土產なるのみ。茲に至りて基督敎徒は如何に辨護せんと欲するか。（未完）

雜報

●釋宗演師世界的運動の計畫　鎌倉臨濟宗圓覺寺派管長釋宗演禪師が。本年シカゴの萬國宗敎大會に臨席し。日本佛敎世界的運動の先鞭を着けんと欲するの雄圖は。曩に本誌（十七號）に揭ぐる所なるが。今や師は愈々渡航して其雄圖を實行するに確定したる由にて。旣に建長寺派管長霄貫道禪師。塚田溪山老師を始め。外務書記官秋月左都夫。大藏書記早川千吉郞。衆議院議員山田東次。前衆議院議員依田佐二平。海老塚四郞兵衞の諸氏是が發起となり。其主意書幷に勸募の手續等を發布し。愈々同師渡米費の勸募に着手し。目下大に奔走中なりと。猶は釋師は渡航の際は米國大平洋洲大學得業生たる。該派の僧侶外山義文氏と同伴せらるゝ覺悟なりと云ふ。嗚呼是れ天下萬衆の視聽を聳やかせし。世界的運動の議決も。空しく私利頑僻なる派内俗論黨の爲めに障碍せられて。逡巡將さに其機を失し。而して千載一遇の氣運を泣かしめんとするが如き。或派をして走り且つ倒れしむるの大美擧なりと賞讃せざる可からず。

●普恩天壽氏日本に來る　ロンドン街頭魔軍の衝に方りて佛陀の靈光を輝かし。テームス河上蓮華の旗を靡かして世尊の法音を轟し。一心を奮つて自ら日本海外宣教師の支部を創設し。一身を捧げて大乘佛教を歐米に宣傳するの先驅となれる。英國海軍佐官シー、フチンデス氏は（普恩天壽とは彼の雲照高德のフ氏に與へられし名稱なり）。我邦の佛教を研究し兼て今後に於ける世界的運動協議の爲めとて。六十の高齡遠く萬里の怒濤を蹴り。我が日本に來れり。氏は二月一日の夜京都佛教各團体員等がフオンデス氏萬歲の聲に迎へられて。東洋佛教の中心に入れり。嗚呼西南佛教の代表者オルゴツト。ダンマパーラ二氏嚮きに來り。東洋佛教の戀愛者アーノルド氏後に來り。今や復た堅忍不抜なるチユウトニツク民族の純粹佛徒フ氏の來朝せるあり。それ斯の如く世界的佛教氣運の女神は愛憐の眸を動かし。汝日本佛教徒が此氣運に投せんとを望みつゝあれり。汝日本佛教たる者豈に猛然奮起せざる可けんや。

●普恩天壽氏の各地に於ける演説　去月十一日京都知恩院に於て。普氏は日本語及び英語二回の演説をなし。松山松太郎氏普氏の英語演説を通譯す。此日紀元節の大祭にて。折能く天氣爽朗なりしかば。聽衆は廣き千疊敷の會場に寸隙を餘さず。無量三千餘名に達したりと。是を氏が我邦に於ける第一着の演説となす。次に同月十七日華頂山翠嵐の下。淨土宗京都支校生徒に歡迎せられて。四百餘名の聽衆に對して。二題の日本語演説をなし。第三には同十九日滋賀縣大津至道會の招聘に應じて。琵琶湖畔の交道舘に立ち。始めに日本語次に松山松太郎氏の通譯にて英語演説あり。此日聽衆殆んど千有餘名。次に本月十日より三日間名古屋に於ける氏が演説會は非常の盛況なりし由にて。同地なる愛知佛教會が斡旋の中心力となりて奔走せし結果は淨土宗。曹洞宗。日蓮宗。眞宗等の各學校教職員生徒。各團体の會員無量六百名。同停車場に出迎ひ佛教萬歲を唱へしと。而して同地偕行社に於ては文武官吏及び縣市會議員紳士紳商等三百餘名に對して。二席の日本語演説をなし。同大谷派別院の古御殿にては。名古屋市内の各學校生徒二百餘名に對して二席の演説あり。又た同別院にて一般の傍聽者五千有餘名に對して二席の演説をなせしと云ふ。

●シカゴに於ける日本の評判　昨年十二月七八九の三日間シカゴ府に於て。慈善會賣店を開設し。出品者は英。獨。伊。西。和蘭。土耳其。波斯。支那。日本並に米國人等にして。各々其本國の製造品を陳列したり。場中に於て最も來觀人に奇觀の念を生ぜしめたるは日本の部なり。此部には博覽會出張中の久留技師より。日本職人を遣はし。日本風の造作を爲さしめ。壁は青色及び桃色に銀砂子を蒔きたる紙にて張り。數十の提燈天井より垂下し。場の入口は精巧なる竹細工を以て裝飾し。橙樹を以て西面を飾り。東京の一市場に擬せり。場中には大なる陶器の花瓶等を陳列し。ブルキ夫人之が主人となり。自ら緋色花摸樣の日本服を着し。黒地縮珍の帶を結び。手傳女のボンラ孃は。金絲繡摸樣ある赤地の日本服に緋色錦の帶を結び。アーン孃は黒鳥摸樣なる樺色錦の日本服に。金絲入の黒色帶を結び。其他の手傳女も思ひ思ひに。日本風の扮裝をなして周旋したるは。錦繪美人を觀るの趣あり。此婦人等來客に日本茶を供したれば。來客は皆な美麗なる茶碗を把りて茶を喫し。幾組となく店頭の茶碗を購ひ去りて何れも日本風の美觀を稱賛したりと。物質的日本風にして該府人の新奇の觀念を喚び起す斯の如し。況んや精神的日本風の粹美なる佛教に於てをや。

●稻村英隆師印度佛蹟に詣せんとす　單身錫を飛ばして日本佛徒錫蘭留學の先驅をなしたるものは。眞言宗の青年僧侶釋興然師なり。教祖追拜の感情其内に燃へ。勇猛精神の氣象其外に發し。五十二年の頽齡難なく千萬里の猛濤を凌いで。佛蹟參拜の大志を遂げ歸朝したるものは。眞言宗の老僧阿刀宥乘師なり。佛蹟護持の爲めに一身を捧げて。錫蘭に航じたるものは。眞言宗の青年比留間宥誠師なり。稻村僧正も亦た是れ眞言宗の老僧なり。僧正は武藏妻沼歡喜院貫首なり。今や僧正は六十餘歲の高齡なるにも係らず。奮つて印度渡航を計畫し。徒弟二名を率ひて近々錫蘭に至り。それよりカルコッタ府に赴き。佛陀伽耶靈跡に參拜し。進んで各地に散在せる佛蹟を巡拜し。暫く印度に留錫する豫定なりと云ふ。嗚呼僧正の志望を聽ひて誰か感發興起せざらんや。

●亞細亞之光輝獨乙文に譯せらる　世界に名高き大聖釋尊の傳記を英詩に詠じたる。アーノルド氏の亞細亞の光輝は。此度日耳曼に譯せられたり。吾人は中川農學士譯述の日本亞細亞之光輝が。種々の事情に妨げられて脱稿する能はざるを。佛教新文學の爲め慨嘆せざるを得ず。

●暹羅に於ける佛書の編纂　一國皆僧の佛教的政治を執れる同國政府にては。今回佛教に關し一大著書出版の計畫あり其編纂に就ては各國より材料を蒐集する趣にて。我國にも外務大臣へ宛て同政府より佛教學校の數を問合せ來りしかば。此程社寺局より各宗に通知し。至急教校の數を取調べ差出す樣達せられたり。其美擧實に欽す可き哉。

●印度大菩提會の報告　又たダ氏より本年一月中。本邦なる該會に對し左の報告書を送り越せりと。

余は今回カルコッタ府ウエリングトン角グリキ路第二號に本會事務取扱の爲め新室を得たり◎二人の阿羅漢國小沙彌は阿羅漢佛蹟興復會より派遣せられアキアブ府より佛陀伽耶の比丘衆本部へ來れり◎余は本月三日佛陀伽耶に赴き翌日新マハントに面會せり曾て土芥中に埋沒し或はマハントの庭垣に塗込られたる佛像は今や取集められ大塔の近傍なるベンガル政廳の近頃設立せし彫像館に安置せらるゝ都合なり◎余はコロネルオルコット君より佛陀伽耶の事件處理の爲め錫蘭委員と商議を開くべし其費用は承認すとの電音に接したり余は本月廿四日マドラスに出發することを望む

●佛陀の讃美歌　昨九月の頃北米合衆國カルホルニヤ州の或處にて。某倶樂部の催したる野遊會に於ては。佛陀の德を讃美するの歌を作りて之を唱へたりと。是も亦基督教を厭ひて新鮮なる宗教を求むるの徴候か。果して然らば人心の好惡去就の變遷は實に奇なりと謂ふべし。

●英譯四十二章經の配付　大聖世尊の滅後一千〇十六年（耶蘇紀元後六十七年）佛教始めて支那に入れり。四十二章經は當時迦葉摩騰と竺法蘭二梵僧の同譯する所にして。實に支那譯佛經の曉光なり。左れば同經飜譯の年代は今を去ると一千七百九十七年なりとす。漢譯の同經は開卷第一。

世尊成道巳作是思惟。離欲寂靜是最爲勝。住大禪定降諸魔道。於鹿野苑中轉四諦法輪。度憍陳如等五人而證道果。復有比丘所說諸疑求佛進止。世尊教勅一一開悟。合掌敬諾而順尊勅。

との句あるより見れば佛教の階梯たる小乘教に屬す可きは斷じて疑ふ可からず。然るに今や京都海外宣教會の松山緣陰氏は。之を英文に譯して歐米各國に配付せらる。是れ碧眼赤髯の人種に向つて。大乘無上の活水を注ぐ可き。第一着の發動なる哉。吾人は謹んで松山氏の新功を頌す。

●香港より日本僧侶の派遣を望む　普恩天壽氏過日我國に來るの途次。香港にて滊船の二日間碇泊せしを以て。上陸の上日本人の手に成れる東洋軒と云へるに投じ。其主人と種々談話の末。主人は普氏の佛教徒にして京都に至る由を聞き。香港には本邦人二百名以上ありながら。一人の僧侶もなきは遺憾至極の事にて。是非海外宣教會より一人の傳道師を派遣し。死亡者などのある時。或は其他萬事宗教上の不都合なき樣なしたしとて。急に重立たる日本人相談の上。派遣の上は傳道師の費用は。一切在留の日本人より支辨することに決し。總代として轟由次郎。大橋忠基。大高佐市外十一名の諸氏連署の上。一片の願書を認め普氏に依托したりと云ふ。乞ふ奮起せよ。現時の僧侶諸氏。異境の群類を救ひ。惠むに眞實の利を以てするは。豈に公等の佛陀に對する責任ならずや。

●英國に於ける新佛教書の編纂　佛教西漸の氣運と同時に佛教書の歐土に現出するもの。追々其數を增加するは是れ自然の數なるが。今又吾人は有益なる佛教書の英國に發兌せられたるの報道に接せり。卽ちイミテーション、オフ、ブッダ（imitation of buddha）の編纂是なり。此書は同地有名の佛教家アーチスト、ボウデン氏の纂譯に係り。佛教の經典中にある佛陀の金言を一年中の月日に當て拔萃したるものにてエドウヰンアーノルド氏の序文あり。其序中に『此等の淨語を當てたる一月より十二月に至る月日の經過と記憶せんと欲する人は年の始よりは其終に經るほど多く德化せらるべきを信ず之に於て予は此のイミテーション、オフ、ブッダを稱讃するに躊躇せざるものなり』と云へり。此書出づるや。眞理の渴望者は恰も飢者の食を求むるが如く爭て之を賞讃せり。今其一班を知らんが爲め諸新聞の評言を記せんに。パルマルガゼットは日く。此書の躰裁は頗る美にして佛教の著書たるに恥ぢす……特に此書敎訓する處の高尙なる道德は。恐くは數多の人々に向て耳新しき託宣ならん云々。又スコットスマン新聞は。此書は高大なる實行的智識と淸淨高尙なる進德の指南車なり。佛教經典の何物たるを知らざる讀者は。定めて一驚を喫するとならん。全編是れ卽ち光彩燦然たる寶玉なり云々と評せり此外サンデイ、サンの如き基督敎的新聞さへも。此書は甚だ有益なる愉快なるクリスマスの贈物なりなどゝすべらしたるを見ても。此書が如何に西人に値ひしたるかを知るに足る。右は赤松連城師の許へ出版者より送り越したる書狀中に散見せるを譯出したる者なり。

●釋宗演禪師渡米費勸募主意書　別項に揭載せる釋宗演師渡米費募集の發起主唱者及び賛助員の諸氏が。堂々天下に向つて發表せし旨意書は實に左の如し。吾人は世界的佛教運動の爲め。大に其盛擧を祝し。深く其成功を祈る。

普天の下率土の濱悉く是れ吾が福田敎域に非るはなし果し

て然らば豈に日本支那印度の外に佛敎信仰の機類なしと云ふ可けんや故に佛敎徒たるものは單に東洋の一小局部にのみ潜蟄せず大に蠖蠏を伸張して以て藐乎たる歐米の法園を開拓し智耘德耕交々佛種の播殖を計らざる可からざるなり抑も吾が大乘佛敎が二千數百年來長くヒマラヤ山の東北方に界限せられ進んで新敎田を泰西諸國に求めざりしものは固より交通の不便に由ると雖も亦以て東方一僧伽の渺茫たる大平洋の險波を横截し崔嵬たる雪山の峻嶺を越へて之が傳道に從事せざりしに基かずんばあらず今や正法西漸の機運大に熟し歐米各國に吾が佛陀の新光輝を放射しつゝあるとは吾曹の喋々を要せず既に世人の熟知する所なり然れども是れ尙ほ小乘淺近の敎に止りて未だ曾て大乘高遠の理を極めず玆に於て乎釋尊金口の妙法は唯に小乘一部の爲に藏殺せらるゝに至る思ふて此に至れば轉た慨嘆の至にあらずや苟も將來歐米人士の信仰を喚起し其希望を滿足せしめ以て長く人民歸宗の信線を維持せんと欲せば須らく敎理の甚深靈妙なる大乘敎に非ずんば將た何れにか依らんや彼の唯物と說き唯心と談じ相互に折衝するの論點を取て之を吾が大乘敎の下に審判せしめば快刀両斷二者共に滿足の決擇を與ふるを得可し夫れ然り而して這の大乘敎弘布の重任を荷負するものは佛敎の神髓とも稱す可き日本僧侶の責任なり豈に之を膜外に放抛して可ならんや

時なる哉近比西來の好消息あり卽ち本年米國シカゴ府に開設せらる可き閣龍世界博覽會附屬萬國宗敎大會の機是なり而して該會委員長神學博士ジヨン、ソリー、バーロース氏より嘗て南印錫崙嶋に航じ彼の熱帶地方に在つて辛學苦修せられし洪嶽釋宗演禪師に向つて懇切なる招狀を贈來して之が會同列席を求めらる吾曹は同會が直接に間接に吾が佛敎に洪益を與ふるの多きを信じ特に宗敎界の一偉事として此の千載奇遇の好機を空過す可からずとなす故に日本各宗中多少の代表者を出す可きは勿論にして此の活機を利用し此大會を階梯として以て吾が大乘の敎旨を宣說し正法の眞面目を開示せば早晩歐米幾億の人民をして吾が佛敎の慈雲法雨に沾さしむるや必然たり誰か之を妄推臆測と云はんや故に吾曹は宗演師の渡米を勸奬し師が高遠卓犖の識見と見性明了の眼睛とを以て親しく吾が佛無上の活法を提唱せんとを乞ひ已に師の然諾を得たり然れども此行頗る巨多の失費を要するものなれば僅々數名の能く辨ずる所にあらず故に天下敬佛の諸彥に告げ應分の助資を乞ひ以て素志を達せんと欲す希くは佛敎海の同一鹹味を掬汲するの諸賢幸に發起者衷情のある所を洞察せられ緇素を論せず各々一隻手を揮つて協心戮力俱に吾曹の目的を達せしめられんとを切望の至りに堪へず猶宗敎會議旨趣書の譯文及び助資金取扱手續等は次項に就て熟知あらんとを敬白

（宗敎會議旨趣書の譯文と助資金取扱手續は省畧す）

●藏原惟郭氏と海老名彈正氏　我邦組合敎會の本城たる。熊本耶蘇敎徒。一月二十九三十の両日演說會を開く。辨士は同派の僧侶中にて最も雄辨を以て名ある。藏原海老名の二僧なり。吾人も亦た其說法を耳にせんとて。百忙を排し傍聽に出掛けしが。前日草葉町の敎會堂にては。始めに海老名氏「義人の生命」を演じ。次に藏原氏「基督之宗敎」を說き。翌日新町忘吾會舍に於ては。始めに惟郭君「佛敎の倫理を論ず」。次に彈正氏「現世とは何ぞや」なりき。吾人熟々其演說を沈思するに。海氏の信仰は純乎たるオルソドックスの如く。藏氏の信仰は大にユニテリアンに似たり。一は怜悧輕快飽く迄時勢の下に俯服せんとし。他は强硬驚悍飽く迄時勢の逆流に立たんとす。一は政治的の限光に依りて耶蘇敎を宣傳せんとし。他は學理的の精神に由りて一神敎の光彩を添へんとす。一は老練沈着なるが如くにして其實該敎獨特の革命的熱火を消盡し。他は粗慢厖大なるが如くなれども幾分ピユリタン的の熱血を有するが如し。一の演說は加藤惠證師流儀にて商機に敏なり。他の演說は藤岡法眞師流儀にて强ひて氣燄を以て人を壓せんとす。一は美髯蓬々として風采整々。音吐調子能くして朗然聽者の耳に徹し。以て婦女子の顧眄を煩はすに足る。他は前額少しく禿げ上りて眼光爛々人を射り。其頭を掉り手を動かし。足を蹈み鳴らし聲を張り上げ。宛然獅子の咆哮狂亂するが如き有樣あるは。以て俗耳を驚殺するに足るものと謂ふ可し。

内務大臣井上伯と雲照律師との問答對話

●塵外對話

附錄佛教入門の初步
一冊特別廉價七錢

（郵稅二錢十部以上一割引キ五十部以上二割引キ）

●普氏演說集出版

權所有全
一冊定價金五錢
郵稅一部二錢

右は今回我邦に來遊せる英國佛教家海外宣教會龍動府支部幹事フオンデス氏が京都各處に於て爲したる演說筆記及び英京龍動府等に於て爲したる有益なる演說を集錄したるものにて一讀以て海外佛教家の熱心困難勇烈精神を詳かにし佛教の前途法運の通塞を明かにすべし護法の志士愛國の君子必ず一讀せざるべからず

發賣所　京都市寺町五條上ル　興文堂

東陽圓月師講述大洲鐵然師題字

●寶章五十題

全二冊
和本製
特別實價二十四錢郵稅四錢

右寶章五十論題ハ非常ニ有益ナル良書ニシテ久ク絕版トナリヲリ御厚意ノ求メニ應ズル能ハザリシガ此度訂正再版ス其目次ノ二三ヲ揭グ信心正因、稱名報恩、歸命義趣、信賴同異、タスケ玉ヘノ義、雜行雜修、他力義趣、不來迎義、一益二益、女人成佛、宗名義趣、眞實報土、信心和訓、聞信義相、信心歡喜、物忌、捉義相、等ノ五十論題ナリ

發行所　京都油小路北小路上ル　興教書院
取次所　熊本市安巳橋通町　彰教書院
賣捌所　熊本市新町二丁目　長崎次郎

織田得能師新著

●天台四教儀和解

定價金三拾錢
郵稅四錢

曩ニ先生起信論ト原人論トノ和解ヲ作リテ之ヲ公ニシ大ニ學道ノ徒ヲ稗益セラレタリ今又天台四教儀ニ和解ヲ施サレタルヲ以テ當院請テ之ヲ出版セリ夫レ天台一乘ノ教義ハ甚タ幽玄ニシテ超八極圓ハ遠ク四教ノ相待ヲ絕シ圓融ノ妙理ハ迥カニ麤法ノ隔別ヲ亡ヒ三乘ノ華此ニ落チテ一乘ノ蓮實顯ハレ其妙其玄實ニ言ベカラザル所アリ其他五時八教ノ判釋ト云ヒ一心三觀ノ觀法ト云ヒ皆諸宗ノ企テ及ブ所ニ非ズ是ヲ以テ古來天台ノ學問甚ダ盛ニシテ註釋ノ書亦隨テ多シ然リト雖モ其書或ハ廣博ニ過ギ或ハ難解ノ文ヲ以テ綴リ未タ嘗テ初學ノ者ニ適シタルモノアルナシ而シテ今幸ニ其和解ヲ得タリ學道ノ士之ヲ繙カバ容易ニ其玄理妙觀ノ一班ヲ窺ヒ得テ利益スル所豈前ノ和解ニ讓ル所アランヤ

發行書肆　東京本鄕六丁目　哲學書院

◉佛典講義錄

當分每月一回十五日出版
第十號二月發刊

科目

- ●阿毘達磨俱舍論……眞宗本願寺派勸學　故烏水寶雲述　小山憲榮校
- ●二十唯識論述記……法相宗管長　雲井良海
- ●華嚴五教章……眞宗大谷派學師　吉谷覺壽
- ●往生論註……眞宗本願寺派司教　伊井智量
- ●梵文戒經直譯……眞宗佛光寺派　善連法彥
- ●學佛南針……（完結）……眞宗本願寺派補教　前田慧雲
- ●淨土眞宗義林章……眞宗本願寺派補教　前田惠雲校点

附錄

- ●釋氏外紀……（完結）……故碩儒米良先生著

定價

	前金	郵稅	合計
一冊	六錢	二錢	八錢
六冊	三十六錢	十二錢	四十八錢
十二冊	七十二錢	二十四錢	九十六錢

一本會ハ保護員正會員ノ二類ノ會員ヲ設ク　一保護員ハ本會保護ノ爲メ每年金壹圓ヲ納ムルモノトス　一正會員ハ每年金八拾錢ヲ納ムルモノトス　一正會員ヘハ佛典講義錄每號ヲ送呈ス　一保護員正會員ノ外單ニ講錄ヲ購讀セラル、方ハ從來ノ通リ一部代金六錢郵稅貳錢ヲ申受クベシ

一保護員若クハ正會員ニ加盟セントシテ本年度分ノ保護金又ハ會金ヲ一時ニ納メラル、方ニハ廿五年度（四月ヨリ十二月ニ至ル九部）出版ノ講錄取揃ヘ特別減價六拾錢ニテ呈ス

發行所　京都市西洞院通御前通下ル　鶴龍協會

明治二十五年五月四日　遞信省認可

國教

第貳拾壹號

明治二十六年四月三十日出版

（毎月二回）

國教第貳拾壹號目次

光顔巍巍。威神無極。
如是焰明。無與等者。
日月摩尼。珠光焰耀。
皆悉隱蔽。猶若聚墨。
如來容顏。超世無倫。
正覺大音。響流十方。

扣法鼓。吹法贏。執法劍。建法幢。震法雷。曜法電。澍法雨。演法施。常以法音。覺諸世間。光明普照無量佛土。一切世界。六種震動。總攝魔界。動魔宮殿。衆魔慴怖。莫不歸伏。摑裂邪網。消滅諸見。散諸塵勞。壞諸欲塹。嚴護法城。開闡法門。洗濯垢汙。顯明清白。光融佛法。宣流正化。

●國教雜誌規則摘要

一本誌は佛教の運動機關として毎月二回(國教)を發刊す
一本誌は宗派に偏せす教會に黨せす普く佛教界に獨立して佛徒の積弊を洗滌し佛教の新運動を企圖すへし
一本誌は諸宗教の批評及ひ教法界に現出する時事の問題を討論し毎號諸大家の有爲なる論説寄書講義演説等を登錄し其教法關係の點に至りては何人を撰はす投書の自由を許し本社の主旨に妨けなき限りは總て之を掲載すへし
但し原稿は楷書二十七字詰に認め必す住所姓名を詳記すへし
一本誌代金及ひ廣告料は必す前金たるへし若し前金を投せすして御注文あるも本社は之に應せさるものとす
但本縣在住の人にして適當の紹介人あるときは此限りにあらす
一本誌見本を請求する者は郵券五厘切手十枚を送付せは郵送すへし
一本誌代金は可成爲換によりて送金あるへし尤も辟陬の地にして爲換取組不便利なれは五厘郵券切手を代用し一割增の計算にして送付あるへし
一本誌代金及ひ廣告料は左の定價表に依るへし
但本誌購讀者に限り特別を以て廣告料を减することあるへし

雜誌代金

冊數	一冊一回分	十二冊半箇年分	廿四冊一箇年分
定價	五錢	五拾四錢	壹圓
郵稅共	五錢五厘	六拾錢	壹圓拾貳錢

廣告料

廣告料は行數の多少に拘はらす五号活字二十七字詰一行一回三錢とす但廣告に用ゆる木版等本社に依賴せらるゝときは廣告料の外に相當の代金を請求すべし

明治廿六年四月廿九日 印刷
明治廿六年四月三十日 出版

編輯者 熊本縣玉名郡石貫村千百八十一番地 森直樹

發行兼印刷者 熊本市安巳橋通町七十五番地 志垣弘

發行所 熊本市安巳橋通町七十五番地 國教雜誌社

印刷所 熊本市新壹丁目百二番地 汲古堂

國教第貳拾壹號

社説

日本佛教の運動と四圍境遇の變遷

默々居士

東北は奥羽より。西南は九州に至る迄。全國田舍の老爺老嫗が。神聖なる信仰の杖を曳ひて。一生に一度日本佛敎の聖土に詣し來り。水村山郭炊煙夢の如き邊に。雍々樂々家族親族の者等と團座して。意氣揚々殆んど月界に上りしが如き。得意の自慢話をなしつゝありしは。之れ封建的鎖國時代の事なり。今日は然らず。鐵道蜿蜒國内を縱横し。滊船雲の如く海上を走り。晨に東都の帝城を仰ひで皇室の尊嚴を感じ。夕に西京の佛殿を拜して眞理の活力に驚き。自由自在僅々數日を以て。全帝國を一週し得るの時となり。一生一度本山參詣の自慢話も。早や既に過去の一夢に歸し去り。空しく宗敎的詩人の感慨を促さしむる媒介物と爲り終れり。吾人は玆に日本佛敎の運動と四圍境遇の變遷を探討し來り。世界の大勢に對する我邦佛敎徒の思想。感情。希望。目的を稽査し來れば。眞個に如上の感なくんばあらず。

方今我佛敎運動の形勢は。世界的運動の時代なり。改革的運動の時代なり。進撃的運動の時代なり。現時の佛敎は決して鎖國的の佛敎にあらず。保守的の佛敎にあらず。退嬰的の佛敎にあらざるなり。何をか世界的運動の時代と云ふ。今や歐米十九世紀文明の恩惠たる鐵道。電線。滊船。滊車。印刷。器械等物質的諸發明の大勢力は。端なくも世界の局面を一變して。萬邦往來。四海一家の有樣とならしめたり。此文明の權威を頭上に戴ける。歐米の白色人種は殆んど潮の如く。東洋各國至る所に侵入して。十字の耶旗を飜へし。耶和華の榮光を頌し。啞嗹の凱歌を奏し。我は是れ世の光なり。地の鹽なり。國家の良心なり。道德の生命なりと大聲疾呼し。爭ふて其耶蘇敎を宣傳せり。然れば此時に方り。我が亞細亞の黃色人種も亦た進んで物質的文明逆流の潮勢に乘じ。其絶對眞理の大圓光を放ち。以て卍字の佛旗を靡かし。佛陀の靈光を耀し。讃佛の聖歌を謳ひ。我は是れ宗敎の帝王なり。慈悲の活体なり。思想の大海なり。眞理の源泉なりと奮然絶叫し。大聖の眞言を泰西國民の心裡に注射し。以て現世紀物質的文明の大勢を一新し。精神的文明の新活動力を發生せしむ可き大任に當らざる可けんや。

加之佛教と共に千有餘年雙行並進し來れる。我が日本は其國際上に於ても。其政治上に於ても。其商業上に於ても。其教育上に於ても。其學問上に於ても。及び其他の現象上に於ても。悉く是れ大世界上の仲間入をなしたるにあらずや。試に回顧せよ。今を距る五十年前の封建時代に方りてや。我國の交通せるは僅に和蘭支那の二國にして。東洋の一大帝國も空しく絶海の孤島に沈んで。未だ世界の認識する所とならず。我國民も亦た孤島以外に一歩も踏み出す能はず。桃源の閉天地。花紅柳暗の邊。悠然として一生を醉夢の裡に經過せしも。今や則ち然らず。國を開ひて以降。萬國悉く條約締盟の國となり。日本國民の天才技能日に月に世界有識者の注目を惹く光景となりしにあらずや。此國際上變遷の時に當りて。我佛教は如何に變遷したる乎。頑として參勤交代時代の舊容故体を存する而已にあらずや。往時封建の時代に方りてや。德川幕府が執行せる政治なるものは。其爲す所千事ありと雖も。其行ふ所萬件ありと雖も。豆大の嶋國以外には少しも關せず。其主腦とする所は。上皇室の權勢を制肘し。下三百の諸侯を駕馭し。以て自家の地位を鞏固にするに過ぎざりしも。今や則ち然らず。維新改革の偉業は新國家の建設となり。新社會の結合となり。新國民の統一となり。憲法の美花此に開ひて。立憲政治の新舞臺を迎へ。國民全体の意志は帝國議會の議事堂に反響し。議院の一語一言悉く是れ洋の東西に鼓動するの有様となりしにあらずや。此政治上革新の際に會して。我佛教は如何に革新せられし乎。苟且偷安茫として。切捨御免時代の殘夢未だ醒めざるにあらずや。

往時封建の時代に方りてや。我商業上に於ける貿易の範圍は蕞爾たる一孤嶋内に過ぎずして。今日我邦輸出品の最大部分を占むる。生糸の如き。茶の如き。穀類の如き。美術品の如きも。其競爭する所の區域は内國一方にして。競爭と云ふ程の競爭は左迄なかりしも。今や則ち然らず。伊太利。佛蘭西生糸の良否は。忽ち其影響を我奥羽上洲の生糸に與へ。龍動。紐育の取引の相場は。忽ち其震動を我神戸横濱の市場に受けしむる光景となりしにあらずや。此商業上活動の時に際して。我佛教は如何に其活動を始めしか。依然として千石船時代の停滯未だ除去せられざるにあらずや。往時封建の時代に方りてや。いろは五十音の習字。村附國附の地理書。商賣往來。消息往來の文章。加減乘除の珠算等に依りて。國民の多數は教育せられたりしも。今や則ち然らず。大中小學の組織秩然として。三尺の兒童も容易に地球の運行。四時の廻轉。日月の盈虧。萬國の位置を暗んじ。國民全体の智識は。駸々乎として旭日の勢あり。此教育上一新の時代に當りて。我佛教は如何に一新せられし乎。頑然として寺小屋教育時代の迷妄的觀念。未だ全く拂拭せられざるにあらずや。

往時封建の時代に方りてや。我國の學問なるものは。神官に依りて研究せらるゝ神道學。儒者に依りて探究せらるゝ儒教學。佛者に依りて討究せらるゝ佛教學。漢醫に依りて研磨せらるゝ漢醫學。蘭醫の一派に依て苦學せらるゝ和蘭語學等にして。當時我邦中流の人士たる武士の多數は。支那の儒敎を以て世界學問の全体と誤認し。其他は悉く排斥して異端邪說となし。以て眞理討究の自由思想を束縛し。支那古代の一哲學者孔丘を以て。萬國比類の絕對的人物と尊信し。四書五經を以て眞理の無盡藏となし。異學異派各々門戶を搆へ。訓詁註釋之れ事とし。孔安國。董仲舒。程伊川。朱晦菴。陸象山。王陽明。王元美。吳廷翰。羅整庵。揚升庵等支那學者の脚下に俯服拜跪し。他に眞理發見の航路を見出す能はざりしも。今や則ち然らず。鎖國の關門を打破してより。世界學問の大波は澎湃として。我國民の心裡に急流激注し來れり。彼の蒼穹に麗かなる星辰の現象を究むる天文學も。此の坤輿の働ける現象を窮むる地文學も。彼の獸の奔り。鳥の飛び。蟲の鳴ける。魚の躍れる現象を究むる動物學も。此野に咲き香ふ五色の花や。彼の原に茂れる青々眼を奪ふの千草や。此山に鬱々たる萬樹や。是等の現象を窮むる植物學も。彼の太陽の光や。雷電の響や。流動の水や。炎々の熱や。物体の力や。是等の現象と究むる物理學も。彼の極微分子の聚散離合や。此有機無機の牽引反撥や。是等の現象を窮むる化學も。彼の人類疾病の現象を究むる醫學も。彼の國家の主權。國民の權利。政府の職分。人民の義務を論ずる政治學も。彼の人間心性の圓滿開發を論ずる敎育學も。彼の人間心靈の寫眞たる文學も。彼の需要供給の原則を論ずる經濟學も。彼の人間心意の現象を窮むる心理學も。彼の萬有の原理。思想の原則を究むる哲學も。其他有形。無形の諸學に至る迄。悉く有識なる國民の硏磨精究する所となり。辨難攻擊眞理の所在を探討し。苦心經營萬有の秘奧を發明し。我學者の一論を出し一說を發する。必ず先づ世界學術の大審判に訴へしものにあらずんば。其功なきに至りしにあらずや。此學問上變革の時代に遭ふて。我佛敎々理の講究方法は如何に變革せられし乎。恬然として訓詁註釋時代の頑見迷習未だ全く掃蕩せられざるにあらずや。

喬木の亭々として矗立天と摩し。技葉鬱然盖天の翼を垂るゝものハ。四圍の環象たる地味の燥濕其中を得。光線の熱力其度に適し。以て其環象に順應し。適合せるに依るなり。我佛教が日本社會の大氣中に生息し。其生命を永遠に維持し。煥發せんと欲せば。恰も喬木が四圍の環象に順應して。其自体を清健活潑ならしむるが如く。必ずや社會四面圍繞の境遇に順應し適合せざる可からず。若し斯の如くならざれば。猶ほ喬木が地味の燥濕其中を得ず。光線の熱力其度を失する時は枯死するが如く。佛教も亦た社會の一隅に衰倒するに至る可きは。必至必然の大道理赫として火を睹るが如し。然るに今や果して如何。彼が如く日本の國際上は變遷せり。彼が如く日本の政治上は革新せり。彼が如く日本の商業上は活動せり。彼が如く日本の教育上は一新せり。彼が如く日本の學問上は變革せり。斯の如く八面圍繞の社會的境遇は。世界の大勢と共に千變萬化。縱横廻轉しつゝあるに。我が佛教而已豈に獨り世界の大勢に避易して。東洋の孤島に隱遁す可きものならんや。斷じて我佛教も亦た彼の變遷と伴ふて變遷せざる可からず。彼の革新に導かれて革新せざる可からず。彼の活動に激せられて活動せざる可からず。彼の一新と同じく一新せざる可からず。彼の變革に促されて變革せざる可からず。世界の大勢に乘じ。世界の大勢を動かし。世界の大勢を一變するの大決心なかる可からず。是れ實に吾人が方今佛教運動の形勢を稱して。世界的運動の時代なり。而して改革的運動の時代なり。而して又た進撃的運動の時代なりと絶叫する所以也。

今や世界的佛教の運動は二大現象となりて現世の表面に顯はれたり。佛光赫々として東洋の天地に輝けるものは印度佛陀伽耶回復事件なり。佛日曈々として歐米の山川に躍らんとするものは萬國宗教大會事件なり。教祖崇奉の感情を其中心として。東洋佛教徒精神的同盟の大基礎を剏建し。冥々の裡に東洋佛國一致聯合の氣燄を煽揚しつゝあるは。印度佛陀伽耶回復事件なり。妄論邪見の爲めに隱蔽せられたる。東洋佛教眞理の實相を白人に明示し。日本大乘佛教の眞價を世界に發表す可きは。萬國宗教大會事件なり。然り而して。佛陀伽耶回復事件は。佛教徒が佛教徒として世界に有らん限は。激奮激勵心血を灑ひで回復運動に從事せざる可からざる。永遠無窮の神聖事業なり。萬國宗教大會事件は。日本佛教徒が勇猛精進其眞理の特色を發揚せざる可からざる。一時速斷の機會運動なり。嗚呼我日本佛教徒の運動をして日本一國の範圍外に出る能はずとせば止む。我佛教の目的をして人種の異同に依りて其目的を制限せらるゝものとせば止む。我佛教の性質にして一國的の性質なりとせば止む。苟も然らずして。我日本佛教徒の運動線は世界の全体にありとし。我佛教の目的は色の黒白を問はず一切衆生を濟度するにありとし。我佛教の性質にして世界的宗教の性質を有すとせば。我日本佛教徒は萬國宗教大會に向つて。其熱涙を灑ぎ。其雙手を捧げ。其滿腔の血誠を揮ひ。其全身の勇氣を鼓し。以て大に爲す所あらざる可からず。是れ實に上は佛陀に對し。下は國家に對し廣くは人類に對し。近くは國民に對する。我邦佛教徒の大責任也。

雙眸を放つて萬國宗教大會に對する我邦佛徒の光景を一瞥し來れば。轉た憤慨に堪へざるものあり。彼の佛界の先導者を以て自任する東西両本願寺の當路者が該會に對する感情何ぞそれ冷淡なるや。貴族的の盟誓に狂喜し。堂塔伽藍の美に誇り。數萬の淨財を蓄積し。枕を高ふして安逸の夢を貪ぼる。是れ東西両派の特色なる耶。情實の雲霧に掩はれ。蠢々手として政權の驅使する所となり。宗門の神聖を遺忘して朝令暮改一定の確信なく。汲々乎として明治政府の俗事を操擬する是れ東西両派の特色なる耶。信仰の義金數萬を費して歐米に渡航し。歸朝後世界的佛教運動上何等の功能もなき而已ならず。却つて私利頑僻なる派內俗論黨の領袖となりて。世界の大勢を遮るが如きは。是れ眞宗人物の泰斗たる特色なる耶。居常尊大傲然彼れ各宗何をか爲さんと呼び。一朝事あるの日に方りてや。口を左右に托し。事を情實に假り。却つて各宗の後に瞠若たるが如き。是れ眞宗の特色なる耶。今や天台宗の蘆津師。臨濟宗の釋師は。堂々正々。萬國宗教大會臨席の趣意書或は陣情書を發表し。愈々相携へて。ロッキの山下。ミッシッピーの河邊。日本大乘佛教の光明を輝さんと運動しつゝあるに。彼の佛蘭西開教の建議を以て。海內の耳目を聳動したる。嶋地默雷師は何ぞそれ沈々默々たるや。今や嶋地師は大洲師に代りて。西本願寺総理大臣の椅子を占めたり。是れ豈に師が嘗て論じたる『大乘教西漸の機運』を實地に決行す可き好機にあらずや。豈に勇斷快決派內俗論黨の迷夢と一掃し。彼の大教院分離論唱道頃の大鋭氣を鼓舞して。世界的佛教の大運動に着手し。單身長驅萬里の波濤を蹴りて。師が年來の大志願たる佛京巴里に大乘佛教の法電を曜し。法雷を震ひ。法雨を灑ぎ。以て天下萬人の希望厚意を滿足せしめざる可けんや。殊に西本願寺の會衆諸氏の如きは。一旦彼が如く議會に於て嶋地師の建議案を容れ。滿場の総起立と以て議決せし以上は。斷々乎として彼れ本山の當路者に迫まり飽く迄其議決の實行を促さゞる可からず。若し當路者にして爲すが如く爲さゞるが如く。曖昧糢糊の中に其日を送るが如きとあらば。宗制寺法の明文に基き。恐れ多くも法主に直奏し。充分彈劾する所なかる可からず。會衆の責任此に至りて。始めて全しと謂ふ可し。若し會衆たる者にして。其議決を空響に屬せしむるが如きとあらば。會衆たるの責任果して何處にある耶。吾人は此の如き放言空論無責任の議員を以て組織せられたる議會は。有名無實なる贅物として。宗制寺法の革命を主唱し。斷然。決然議會の廢止を呼號せざらんと欲するも得可からざる也。嗚呼實に六百有餘年前叡岳の絶頂に心を潜めて千古の眞理を看破し。北越の雪に身を埋めて邊鄙の群類を化度せられたる。見眞大師開闢の清流を掬するの眞宗徒たる者。世界的佛教の運動に於て。豈に天台。臨濟の諸宗に一籌を輸して可ならん。吁豈に其後に瞠若として可ならんや。

佛教道德の眞義を論ず

（接續）

在大坂　中西牛郎

第三　佛教は自愛主義なるか將た他愛主義なるか

自愛と他愛とは是れ道義學上の二大主義なり。而して近時の道義學家は此二大主義を調和して云く。人々自己の性命を保ち快樂を遂するは。其行爲の目的とする所之より最先なるはなし。而して此目的を遂するが爲には。他人の援助を待つと必要なり。然れども我他人を援けざれば他人も亦た我を援けず。斯に於て他愛は卽ち自愛なりとの感情生ずと。然れども吾人は試に此說を持するの道義學家に向つて問はん。彼の古往今來或は躬を以て道に殉し。或は身を殺して仁をなし。或は慷慨義に赴き。或は從容死に就き。皆な以て軀命を抛ちて大義至仁を全ふするものは。何を以て目的とするや。此れ卽ち自己を愛するの極。他人を愛するも亦た此の如しと云はば。此れ豈に自家撞着にあらずや。何となれば他人を愛するは其自己に益するを以てなり。然るに自己先づ戕賊を取りて以て他人を愛す。其自己に益する所果して焉くにかあるや。而して吾人道德の最も宏大尊貴なるものは。縱令他人の爲に死するに至らざるも。他人を愛する自己の如く。他人の爲に自己を顧ざるにあれば。眞正道德の基礎は此類の道義學說よりも。一層高尚ならざる可らず。然りと雖も他愛は自愛より生ずと云へるは。此れ亦易ふ可らざるの眞理なり。然らば奈何にして此二說を調和す可きか。蓋し佛教の道德主義を除きて他に見ざる所なり。

然れども佛教に於ては愛の勢力を以て涅槃に達するの最大手段となし。現在の世界に於て他人の爲めに其軀を犧牲にするものは。將來の世界に於て一層圓滿の生活を享くべしと云ふにあり。故に佛教の他愛は即ち自愛なり。自愛は即ち他愛なり。而して佛教の他愛は精神的の愛にして肉躰的の愛にあらず。蓋し肉躰的の愛なれば他愛と雖も亦た私欲となる。而して他人を愛せんと欲せば併せて自己を愛せざる可らず。故に自愛の中に他愛あり。他愛の中に自愛あり。此れ佛教道德の主義とする所にして。其理は實に業感轉生の說と互に相關ずるものあり。彼のスペンサー諸氏が世界進化の理に基きて道德の理を講明する其說善からざるにあらず。然れども彼は精神の死滅を說きて此れは精神の不滅を說き。彼は種族の進化を論じて此れは個人の進化を論じ。彼は現在の世界あるを知りて將來の世界あるを知らず。此れは現在の世界を踰へて將來の世界あるを知る。故に彼の他愛の基礎は脆弱にして。此の他愛の基礎は牢固なり。誰か諸學派諸宗教の道德佛教より優さるものあるか。

第四　佛教道德の制裁

殺す勿れ。偸む勿れ。欺く勿れ。姦淫する勿れ。爾の邦家に叛く勿れ。爾の父母に不孝なる勿れと教ゆるが如きは。此れ消極的道德の命令なり。爾の身を敬せよ。神明に謝せよ。他人の自由を敬せよ。他人を愛する自己の如くなれと教ゆるが如きは。此れ積極的道德の命令なり。而して此命令の如く必ず是として行はしめ。此命令の如く必ず是を行はざらしむるものは。此れ所謂制裁なり。夫れ世人誰か善の宜く爲すべく。惡の宜く爲すべからざるを知らざるものあらんや。而して善の必ず行はれず惡の頻る行はるゝものは。賞罰の制裁明かならざるに職由するなり。故に邦國政府を設け賞罰の制裁を作り。其國民を率ひて以て社會の生存に必要なるの道德を實行せしめざるは無し。然れども人類道德の範圍は廣大にして邦國法律の能く包括する所にあらず。斯に於て邦國法律の制裁に漏るゝ所は。人々本心の制裁なかる可からず。抑も又政府が善惡賞罰の制裁を設くる。自ら之を創始するにあらずして。必ず道德自然の大法に則る所あり。然らば自然の制裁なるものは何ぞや。基督教は之に對して云く。上帝は至義至公なる人間行爲の審判者にして。人の靈魂は不滅なるものなり。故に此靈魂に對して其善を賞し其惡を罰す。故に上帝は自然の制裁なりと。實利主義は之に對へて云く。善の行爲は必ず快樂の結果を生じ。惡の行爲は必ず苦痛の結果を生ず。而して源因結果の關係は宇宙自然の大法なり。故に苦樂は自然の制裁なりと。

夫れ實利主義の論ずる所極めて善し。自然の制裁は固より苦樂の二者に外ならず。縱令上帝ありて賞罰を施すと雖も。亦た苦樂の手段に由らざる可からず。而して吾人此世界に於て自然道德の制裁を觀るに。源因結果の關係に出でゝ亦た他に之を賞し之を罰するものあるにあらず。卽ち上に言ふが如く。政府の法律は此自然の大法に則りて治と爲すに過ぎざるなり此現在の理を推して將來を測るに。自然の制裁なるものは源因結果の關係にして。自賞自罰の理に外ならざるなり。然れども彼の實利主義なるものは。其制裁の範圍を現世界に制するを以て。善を爲すもの必ずしも快樂の結果を來たさず。惡を爲すもの亦た必ずしも苦痛の結果を招がず。斯に於て人或は其賞罰の制裁確然不易ならざるを疑ふものあるに至る。而して其道德の感化甚だ薄弱なり。夫れ邦國の形律稍や弛廢するときは。姦民忽ち憚る所なく。良民其賴る所を失して。一國の安寧福祉を維持する能はず。今や道德自然の制裁にして。人或は其確然不易ならざるを疑ふに至る。道德の行はれざる亦た宜べならずや。故に基督教と實利主義の道德とは。皆な獨り佛教は基督教の如く精神の不滅を主張すと雖も。上帝の賞罰を說かず。實利主義の如く。源因結果の關係を主張すと雖も。此理法を推して既往現在の世界に擴光するを以て。其善惡苦樂の制裁は至嚴至確にして疑ふ可らず。至義至公にして侮る可からず。吾人をして樂む所あり且つ怖るゝ所あらしむ。其說に云く吾人人類が此世界に於て動靜語默凡そ自己に對し他人に對し目的あるの行爲は。他の世界に於て吾人の機關と境遇とに影響する所あり。卽ち吾人の思想は吾人の行爲に感應するが如くに。吾人の行爲は吾人の機關と境遇に感應するものなり。佛教は此永遠の制裁を以て精神とし。本心の譴責を以て神經とし。公衆の毀譽を以て耳目とし。政府の法律を以て手足とし。以て道德の進步を圖るものなり。天下道德制裁の至嚴至確至義至公なるもの。誰か亦た佛教に優さるものある乎。

第五　佛教道德の摸範

道德の理を講ずるは學問にして道德を實行するものは技術なり。其教理に就て之を觀るときは佛教自ら完全なる道義學を有せり。然れども佛陀の品性に就ひて之を觀るときは佛教又道德の技術たり。蓋し佛陀が其教理に於て誨へたる所のものは亦た其實行に於て之を誨へたり。故に吾人は佛教の教理に就ひて佛教の道德を學ぶを得ると同時に。佛陀の實行に就ひても亦た佛教の道德を學ぶを得るなり。

抑も理論的の道德は人を喩すも人を感化するの勢力あらざるなり。人を感化するの勢力あるものは。唯それ實行的の道德なり。今ま夫れ天下有名の藝術家が繪く所の圖畫や。刻む所の彫像や。其天然の景に於けるも。人物の眞に於けるも。活潑靈働優に極致に達し。殆んど造化の巧を奪ふて。其上に駕せんとするに至りては。觀るもの驚嘆の極精神恍惚として。乍ら一時自覺の能力を失するに至る。藝術の人を感ずる斯の如きものあり。然れども化學家之を分拆して其形而下の質を論じ。審美學家之を分拆して其形而上の理を論ずるに至りては。吾人或は其言に服することあるも。此れ只だ學理に過ぎざるのみ。只其學理に過ぎざるを以て復た吾人を感動する の勢力なし。道德の理亦た豈に此れと異ならん哉。吾人の理性に訴へて吾人を開覺するものは。理論的佛敎の道德なり。吾人の感情に訴へて吾人を感化するものは。實行的佛敎の道德なり。理論的佛敎の道德は吾人佛敎の敎理より演繹して其眞理を知り。實行的佛敎の道德は吾人佛陀の品性を觀感して其勢力を知る。而して其本を論ずるに至りては。此眞理此勢力豈に別物ならんや。

然れども佛陀は圓滿なる人類の摸範なり。完全なる眞理の實行者なり。卓絶なる道德的藝術家なり。此偉大絶美なる道德的の彫像にして。儼然世界に屹立せる際は。天下萬民は道德の美を驚歎し。道德の靈能勢力に感化せらるゝことを得べし。故に此圓滿なる吾人々類の摸範は。觀るもの聽くものをして欽慕敬愛せしめ。其心裡に於て靈能となり勢力となる。此れ所謂自己心中に於て佛陀を觀るものなり。若し一歩を進めて此靈能勢力の感化する所。吾人をして稍や佛陀との品性を肖似せしむることを得るに至りては。此れ即ち心內の佛陀を現ずるものにして。之を譬ふれば佛陀品性の勢力は猶ほ一大燭光を以て世界萬民の本心を照すが如し。燭々相傳へて火熱を發し。頑固。邪惡。不信の冷氷を釋かして正義。博愛。眞理の輝光となすことを得べし。此れ亦た佛敎が獨り有する所の勢力にして他の哲學に觀ざる所なり。

第六　佛敎二種の道德

佛敎の道德或は分ちて世間道德出世間道德とし。或は分ちて眞諦道德俗諦道德とす。此二種の道德は其性質同一なる乎。或は相異なる乎。若し同一なりとせば。何ぞ分ちて二種となすことを要せんや。若し相異なりとせば那點に一致する乎。盖し同一宗敎の範圍に於て反對の主義を容る可きにあらざるなり。

夫れ佛敎の終極目的は吾人をして所謂涅槃の最大幸福に臻達せしむるにあり。故に佛敎に於て絶對的の善なるものは。只此涅槃あるのみ。而して世間道德と云ひ。出世間道德と云ひ。

皆な此終極の目的に達するの手段たるに外ならず。而して其異なる所以のものは。一は一個靈性の開發を主とし。一は人類全躰の進化を主とするに在り。故に一個靈性の開發を主とするものは。出世間道德と稱せんより。寧ろ宗教的道德と稱し。人類全躰の進化を主とするものは。世間的道德と稱せんよりも。寧ろ社會的道德と稱するの愈れりとするに如かず。何となれば宗教的道德は專ら敬愛。捨離。斷食。冥想。崇拜。純潔。反省。禁欲。誠意。正心の諸工夫を包括し。社會的道德は專ら自他。家族。社會。邦國。世界を保存し又之を進捗するの諸德義を包括すればなり。(完結)

論説

厭世教の必要

文學士　井上圓了

壓世的の宗教は皆な不都合なりとの論は。今日盛に行はるゝ所なり。然れども予の所見を以てすれば。宗教は必ず愛世たらざる可からずは云ふには非らず。却て宗教の眞相より云へば壓世の分子を含まざる可からず。壓世にして始めて世間と利し宗教たるものゝ本旨を達することを得べし。只だ恐るゝ所は餘り極端の壓世に走りて。社會の要務を抛棄するに至るにあり。今ま宗教には壓世を必要となす所以を說かんに。吾人は常に俗塵の間に介立して。名利の爲に使役せられ。愛欲の爲に纏縛せられ。世人と共に競爭し。商人は各々其商業に依りて相敵視し。人目を掠めて己れ一人の私益を計ることにのみ汲々として寢食を忘れ。所謂愛欲の廣海に沈沒し。名利の大山に迷惑し居るものなり。此の如く日夜精神を過勞し身心を疲らすと雖も。是のみを以て人間たるの目的を完ふし得べきに非ず。精神の疲れたる時には之を息めて亦た業務に就かざる可からず。故に一週間の內五日若くは六日間競爭塲裡に立ち。世俗に交り身心共に穢れたるならば。一日は心思を休め精神を淸め永く志氣を保續せしめんことを要するなり。而して其よく之を爲すには世塵を脫離したる閑散なる所に於てせざるべからず。然らば其世俗と脫離したるの地は那邊なるや。亦た汚穢を洗滌すべき者は何物なりやと問はば。淸淨閑散なるの地は寺院にして。洗滌すべきの法水は宗教なり。然るに其寺院其宗教にして俗氣を以て充たされたるならば。爭でか身心の汚穢を洗滌し。安心立命の樂地に達することを得んや。是れ俗たるの上に猶ほ俗を重ね。汚れたるの上に猶ほ汚を重ねしむる者なり。故に宗教は必ず超然的壓世的ならざるべからず。

夫れ然り然らば厭世敎なればこそ。世人の或は農事上工業上或は商法上政治上に於て。常に其心を勞し其思を亂し居るものを救濟することを得るなれ。

然るに世人の唱ふる所に依るに。宗敎は宜く愛世主義なるべし。社會の上に關渉すべし。然らざれば宗敎たるの實なきなりと云ふ。是れ一方に偏せる甚しきものなり。予も固より愛世の必要を知ると雖も。前述の如く濁世を救はんとするには適度に厭世の分子なかるべからず。今日厭世敎を嫌忌するは。厭世敎は較もすれば世計を厭ひ競爭場裡に奔走するを嫌ひ。財產妻子の如何を顧みざるに至り。社會の成立を害せんとするの傾きあるによるなり。此の如きは宗敎の厭世の極點に偏じたるものにして。厭世の裏面に愛世あることを知らざるものゝみ。凡そ宗敎は厭世の位置に立ちて。世の愛世の極點に走るの弊を制止して。以て世道の權衡を保ち。以て世間を利するものなれば。其厭世たる所以を擧げて以て宗敎は徹頭徹尾世に害ありと斷定するは不當の評たるを免れず。故に若し宗敎を以て世を利せんとせば。其厭世主義を世間に利用し乍ら。其裏面に愛世あるとを記せしめ。以て兩者の中を得せしめざるべからず。

東洋の宗敎は厭世主義多し。是れ大に原因あるとあり。抑も宗敎は社會の有樣に應じて顯はるゝものにして。世の流弊を救ふて安心を與ふるにあり。世人は常に利欲に奔走し迷路に彷徨し。心の平和安樂を得ると能はず。故に此不滿足不安心を醫せんとするには。勢厭世の意味を加へざるべからず。故に何れの世何れの國にても。壓制政治の行はるゝに當りては。宗敎は益々厭世に傾く風あるを見る。是れ東洋に厭世主義の宗敎興りし所以なり。然れども其厭世の裏面には愛世あるを忘るべからず。日本現今の佛敎中に於て天台宗。眞言宗。禪宗の如きは。厭世主義の極端に走りたるものゝ如きも。其實決して厭世一方に偏ずるものに非ず。其厭世のみを說き破壞と唱道するものなりと云ふは。是れ只皮相より論定したるの淺見なり。其他の日蓮宗。淨土宗。眞宗の如きは。厭世を離れ世間的卽ち愛世を說くと雖も。其裏面には厭世を以て本意とす。其愛世の最たる眞宗の如きも。亦た眞俗二諦を分ちて王法爲本を敎ふるも。其實出世間道と眞實とするなり。此の如く佛敎は厭世の甚き禪宗の如きも愛世を離れず。愛世に傾きたる眞宗の如きも厭世を離れず。愛厭相合して其中を得たる宗敎なり。宗敎は徹頭徹尾厭世のみにて其功を奏せざると同樣に。愛世のみにて又焉ぞ其功を奏するを得んや。

吾人日常の經驗に徵しても厭世主義の必要を知るべし。彼の熱閙紛擾の市中に雜居し。愛欲の街頭に奔走し。苦惱の海中に沈淪するときは。自然に人跡遠き山間に入りて。精神を養はんと欲するの念內に動きて禁ずる能はざるなり。而して綠樹蔚蓊閑雅幽邃の地に存する寺門に入るときは。一種言ふべからざる異樣の思想を誘起し。恰も仙鄉に入るが如く。一日此に止れば百年千年の壽を長からしむるの思あり。蓋し今日にありても各宗の寺院殊に禪宗の寺院は。多く山間幽寂の地にありて。風景美く靜閑餘りあり。地靈にして人亦靈なる趣あるは。深く道理の存ずる所なり。今よりして後ち社會は益多事多忙の世となり。人をして一週若くは十日に一日間は終日斯る靈境に遊んで精神を養はんとを思はしむるに至るや必然なり。故に予は宗教の世を益し社會を利するは。其厭世の風を帶び厭世の味を有するの點にあり。唯宗教を奉ずるものをして。厭世の裏面に愛世ある所以を忘れざらしむるとを務むべきのみ。

佛教盛衰の本源

在京都　西保太郎

比較宗教學者が唱導する所を見れば。凡そ世界に存在する宗敎は。是を大分して三とす。即多神教一神教汎神教なり。抑も此分類は各宗教に共通せる特質に依て命名せるものなれば佛教も亦た此範圍を出る能はずして。其隨一に攝せらるべきものなり。而して彼等は時間的に此分類法を差排して云く。多神教は人智未だ開けず思想薄弱なる時代に最も其勢力を逞くし。一神教は人智漸く進みて思想の運用は社會組織の狀態に推移し。爰に一大能力を有するものありて。天地萬物を自由に指揮するならんとの思考に淵源し。汎神教は遙に高尙なる理論に依て組織せられたるものなり。故に宗教は時代に從て明滅變易するものなりと。然れども吾輩は一歩を進めて論ぜん。凡そ宗教心なるものは人類に固定せる一種の感情なるがゆへに。之を人類社會より徹回せんと欲して徹回せらるべきものにあらず。過去幾万年未來幾千載。此感情は人類と共に存じ。人類と共に現じ。亦人力を以て左右すべからざるものなり。故に其一盛一衰は大洋面上に浮沈する彼の層々たる波瀾に外ならずと。

若し此斷定にして謬らずんば。吾人は佛敎が過去に於て幾多の隆替興亡種々の境遇を經過し來りたるにも係らず。將來に於ては益人類趣向の目標となりて。大に光輝を發揚せんとするものあるを信ずるなり。顧ふに過去の七佛が往還四三長舌を振ふて說き玉ひたる此一宗敎は。三世常恒の妙法として。能く人類の機運に投じ。聖道門となり。淨土門となり。權敎となり。實敎となり。禪となり密となり。頓となり漸となりて。變幻出沒以て敎化を施設したるや。其跡往々凡俗の思慮に入り難きものあり。然れども波瀾の起るや其因あり。風之に加へて勢之に乘ず。我佛敎が一盛一衰其舞臺を更めしもの。豈其本源なからんや。

蓋し宗敎なるものも亦國家と均しく一の有機体なり。故に宗敎として發達し。宗敎として行動し。宗敎として一の生命を有するものなり。其發達するや十二世となり。三十余派となり。其行動するや。慈政蕩々國民和樂し上下謳歌するの阿育帝配下の國家となり。老弱長幼相讓りて相扶け怡悅笑聲溢れんとするの古昔東方印度諸國となり。五乘濟入均しく佛陀の膝下に俯服するの狀況を現出す。而して其生命や。古今に通じ萬年に亘りて。常に敎徒の胸臆を鼓舞作興せり。既に有機体なるがゆへに。亦事情と境遇に依りては。草木の滋養を得ずして枯衰するが如く。宗敎の本分を忘却して國家民人の燈臺たる能はず。却て弊害を後世に貽すことあり。唯我佛敎や未だ此の如きに至らざりしと雖も。暴王の虐遇に遭逢し。國民の迫害を蒙りて。本來の大用面目を施す能はざりしもの。印度より我皇國に於ける古來の歷史は昭々として之を示せり。吾人は此一有機体が過去に於ける枯榮消長の跡を探り。是れが源因を考查すれば。極めて興味ある事實を捕捉し來ると共に現今佛者が大に回顧して戒愼せざる可らざるものあるを知る。

所謂宗敎の行道にして其敎化を垂るゝや。先づ社會に依り之れが導きを爲す。故に宗敎の歷史に注心するものは。劈頭敎會の振否如何に注目し。次に其內部に入りて深く敎化の基く所を硏究すると。宛も植物學者が草木の萋々として繁茂する狀況を見て。次に其織緯細胞の組織成分を考察し來るが如し。されば宗敎の行道するや。敎會により其感化を及ぼし。人類を指導するは活力の作用と云ふべし。吾人は之に名けて一を宗敎の体相と云ひ。一を宗敎の性格と云ふ。而して性格の確然として變ぜす嚴然として特能を顯はすと。体相の彬々乎たると共に相提携するときは。玆に初めて宗敎本來の實價炳現することを得。之れを我國の歷史に求むるに。王朝時代の佛法は。社會の上級に於て其感化を逞くし。鎌倉時代の佛法は。武人社會に勢力を有し。近古數百年來は。殊に下級國民の企汎に波及せるもの丶如し。果して然らば宗教の性格とは何の謂ぞ。曰く信仰力なり。我佛教の骨髓なり。其体相と稱せらる丶ものは此信仰を擴充せしむる寺院教會なり。僧侶なり。宗制なり。寺法なり。而して彼の僧侶なるものが中に信仰力を蘊へ。外に忍辱の衣を着して。万人の心臟を皷動するや。或は滿眼敬虔の涙に沾ひ。語句熱信の爲に驅られて。信を以て信を購ふに至りては。宗教の勢力曈々として旭日の万物を光被するが如きものあり。反之百万の僧侶は妙音を弄し。雲を衝くの寺院は到る處に莊嚴を装ふと雖ども。其僧侶たるものにして。內信仰力の活勢なくんば。宗教は則ち地に落んのみ。所謂法は人に依りて弘まり。人に依りて亡ぶと云ふもの是なり。

歐洲の歴史を繙くものは必ず知らん。彼れ羅馬帝國の滅亡を招げる原因の孰處に存在せしかを。彼の碧蹄蹂み盡して西大西洋より東裏海に至る迄。劔鐵閃き人血河を成して創建せし大帝國が。云何に美麗。壯大。雄偉。尊嚴なりしかを。然るに其滅期に至りては。北狄蠻人の土足一び過ぎて。流石に玉を鏤ばめ黄金を甕とせし大帝都。荒涼寂寞觀る者をして涙を流し。幼シ、ピオの豫言をして現實たらしめし起因は。中。國人の腐敗を致して。柔情淫風滔々として風を爲し。昔日祖先の威風を磨滅せしによるのみ。北狄蠻人が侵入は。韓非が所謂蟲之に蠹して風是を倒すもの丶み。吾人茲に於てか多少の感なき能はず。彼の趙氏の天下が亡滅するや。法律制度なきにあらざりしなり。正人君子存せざりしにあらざるなり。文物典章癈頽せしにあらざるなり。而して遂に陸秀夫。張世傑の徒をして涙を厓山に濺がしめしものは何故ぞ。噫一國の興り一國の亡ぶるや。組織制度の云何にあらざるなり。國民の氣象精神の煥發云何に依るのみ。所謂体相の秩然として存ずるあるも。性格の唐然として地を拂ふにあらざるなき乎。我佛教盛衰の歴史も。此亦事實を再演せしに過ぎざるなり。世は澆季に趣き。俗は下流に沈む。此時に及びて弘法傳教の化風は湮滅して跡なく。華天の幽玄なるも。空しく眞如の明月をして沈めしむるに至りては。叡岳三千の聖堂は。風雨を犯して香煙を絶たず。高野山上の伽藍は。中空に聳へて尊嚴を表するも。聖道の諸教は已に行證久しく廢したるのみ。而して次で來るものは僧侶の腐敗なり。僧侶の俗化なり。僧侶の破廉なり。行誡上人が。淨厨豚肉に穢れ。佛室產血を流すと云ふもの。豈に今日に始まるとならんや。遠く數百載の古既に護法の天鬼が熱涙を注ぎしにあらざる乎。茲に於てか天地相應じ。神人共に感じて。浄土の教法正に興隆し。心を弘誓の佛地に樹て。情を難思の法海に流すもの。佛教の恩厚を仰ぎて如來の教法を知るもの。踵を續て相起り世を代へて出來り。終に八道の民をして佛日を拜することを得せしめたり。興るもの豈に偶然ならんや。亡ぶるもの亦一朝夕にあらざるなり。時に背き機に投せざるによると雖も。抑も佛教護持者が儀式に流れ弊習に縮して。烈々たる信仰を鼓動する能はざりしによるのみ。

飜て現時佛教各宗の狀況に注視すれば。吾人盛衰の両途に於て惑なき能はず。維新以來我國は頗る進歩改良を致したるが如くなれども。此間に處する我教護持者の地位を顧みれば。尙ほ社會に對する權力の微々たるに悲泣せずんばあらざるなり。各宗の本山は到る處に屹立せり。各宗の宗制は政府の法律と優劣を爭ふ若きものあり。各宗の僧侶は我が國豫備兵員に比するも尙劣らざるの多數を有せり。各宗の學林は政府の學校よりも少なきにあらざるなり。然れども是れ表面のみ。外形のみ。退て觀察すれば。大聖世雄が遺し玉へる我滅後佛法中に於て。鬚髮を除き三法衣を着し。沙門の像を現すと雖も。然も中沙門の德行なしとの訓誡は。事實となりて昭々吾人が眼孔に映ずるにあらずや。縱令本山は莊嚴を表して佛陀の靈壇に趨蹌するものありとも。不信の徒敗德の輩路に當れば悪魔の巣窟と均しきのみ。紫衣鮮服妙舌巧音を弄する僧侶は百万ありとも。中に烈たる信仰なくんば。乃ち俗士と簡ぶなきのみ。學林の盛大なるは嘉みすべきも。學徒の腐敗するあれば偶人を集むると均しきのみ。然れども志士の眼中涙泉を爲す。此の如きの事實は抽象的に觀察せるものにして。事實を得たるものにあらざれば。當時教海の風情は春日の如く靄々として抃舞すべきものあらん乎。寧ろ之れ一雙の波瀾に過ぎずして雲烟過眼すべきのみ。

果して然らば現今の佛教は衰へたりとせん乎。將た盛なりとせん乎。蓋し衰へたりと云ふものは盲者なり。盛なりと云ふものも亦至愚者なり。顧ふに現今の時代は久しく東洋に慈光を放ちし佛教が。機緣熟して一飛西歐の國民に大感化を與へんとするに至る少頃間の過渡期なり。故に此間に於て盛なりと云ふも衰へたり云ふも。皆是實を得たるものにあらず。波瀾に接して狼狽するは巧なる水夫の爲さゞる所。今の時盛衰に嘆息するは大教護持者の所す爲ならんや。

バスコデガマが喜望峰を旋れるや。不識の海に投じて幾度か死地に身を陷るゝの災ありき。然れども一線希望の光明は彼を導きて遂に大業を効さしめたり。摩西か與衆と共に阿剌比亞の沙漠に漂泊せしや。天火は常に彼れが前途を指示せり。佛敎の狀況亦是れに似たるものあり。東流一代の諸敎ば。佛陀の靈說を齎して。瑞穗國千有餘年大敎護持の任に當れり。而して今や富士山下の人民は雙手を振ふて。其寶珠を五洲に播布するの責務を荷へり。思想の潮流は前驅となり。敎徒の敬虔は後援となりて。百年を出でざる中。坤輿を捲て吾敎の配下に歸せしめんとするの兆候は。慧眼なる人士の着目する所なるべし。佛敎盛衰の岐路此にあり。佛敎徒の攪動は今にあり。豈に志士凍絕に泣くの時ならんや。敎と學とは敎法弘通の二大利器なり。一方に於ては布敎の大綱を張り。諸佛証誠の妙法を宣說して。信男信女を歐山米水の域に羅列し。一方に於ては學理の研究を勸めて。人類思想の進步に則り。碩學鴻儒をして等しく佛陀の靈德を贊美せしむるは。現時佛者の責任にあらずして何ぞ。而して是れ佛敎今後の機運にあらずして何ぞ。然れども言ふは易く行ふは難し。學の一事や人をして屈服せしめ了得せしむるにあるがゆゑに。快辯高論の徒は是を能くするを得ん。理屈を以て人を服せしむは十人に勝るの識あるものにて足れり。唯夫れ布敎の一事が頗る至難のものなくんばあらず。所謂理論を推して信仰の情火を喚起し。人をして歸依渴仰の心勃々として禁ずる能はざらしむるは。通例人の爲し能ふ所ならんや。玆に於てか信仰力の必用あり。信を以するにあらざれば信を購ふ可らざるなり。彼れ基督敎士が異域に侵入し。至難を犯して顧みざるは。豈に此感情が鼓動するものあるによるならずや。嗚呼我れ此事を以て佛者に警告す。願ふ佛閣基固ふして遙に梅怛梨耶の三會に及び。法水流れ遠くして普く六趣四生の群萠を潤さんとするもの。豈に此段の覺悟なかる可んや。豈に此段の覺悟なかるべけんや。

特別寄書

教育と宗教の衝突（接續）

文學博士　井上哲次郎

耶蘇敎の非國家主義なるとは。啻に耶蘇自身が國家の觀念に乏しかりしに由りて知り得べき而已ならず。又耶蘇敎徒が如何ほど國家の觀念に乏しかりしかを見て知るべきなり。テルチユリヤンは「國家の事より己れの目的に遠きものはあらず」と云へり。テルチユリヤンの如きは眞に耶蘇の敎旨を守るものなり。レツケー氏に據ればセント、シペリヤンは現在の國家の思想なくして。唯々他の世界に於て勝利を得ることのみを思惟せり。セント、オーガスチンも「死する時に當りては。如何なる國にあるも。其れには拘はらず。單に治者の爲めに壓せられて不信不正なるとなければ。最早遺憾なるとなし」と云へり。其國家的思想に乏しきと亦た以て見るべきなり。是等耶蘇の信者が非國家主義に陷るは決して偶然にあらず。全く其教旨を奉崇するの結果なり。去年一月十二日の九州日々新聞に云く。

熊本英學校々長就任式の席上。教員奥村禎次郎なる者。同校教員總代として。左の如き演説をなせりと。「本校教育の方針は。日本主義にあらず。亞細亞主義にあらず。又歐米主義にあらず。乃ち世界の萬物を作る。博愛世界主義なり故に我々の眼中に國家なく外人なし」云々。

奥村禎次郎は此演説の爲め。忽ち解雇せられたり。余は未だ奥村禎次郎が果して耶蘇教徒なるや否やを知らずと雖も。其演説の主意は。全く耶蘇教徒の懷抱する所なり。然るに耶蘇教徒が妄に之を公言せざるは。或は其位置を失ふの恐あるが爲め。或は其人望を失ふの恐あるが爲めなり。若し一朝此の如き恐なき事とならば。耶蘇教徒は忽ち異口同音に其非國家主義を吐露せん。假令今日までは耶蘇教徒が敕語に反し。公然其非國家主義を吐露せざるも。其擧動に現はれたるの形迹は。已に余が始めに叙述したるが如く。決して復た蔽ふべからざるなり。敕語發布以前にありても。耶蘇教徒は已に我邦人の國家的感情を害せると往々之あり。今唯々一例を擧げんに。佛教第十五(明治廿二年十二月廿日發行)に云く。

京都同志社に於て去月三日天長節に祝意を表したるものは唯々生徒一二の發意にて。校の係員は曾て祝意を表するの心得なく。餘りに祝意を表したるを不興氣に思ひ。發意したる生徒を處罰したりと云々。又石川縣金澤私立女學校は十月十七日の神嘗祭に休業せず。同地研學會長猪瀨藤重氏は同女學校長戸田忠厚氏に向ひ其理由を問ひ。大祭祝日には休業せらるべしと勸告せしかども遂に聞かざりしと。かゝるとの往々人の耳朶にふるゝ故にや。青柳高鞆氏は駁邪鐵槌と云へる書を著して曰く。西教は我大日本帝國の國躰を破るものなり。秩序を亂す者なり。社會に害あるものなり。心を腐らすものなりと痛く攻撃せりと。

耶蘇教徒は唯々耶蘇の昇天日とか。誕生日とか云ふ日のみを大祭日とし。我邦人が均しく祝意を表すべき天長節と紀元節も。如何なる國家の大祭日も。皆な其顧慮する所にあらざるなり。耶蘇教徒の居らんと欲する所は。此地上の國家にあらずして。耶蘇のいはゆる天國なり。然るに我邦人が實に改良進歩の企圖を爲すものは。此地上の國家にして耶蘇のいはゆる天國にあらざるなり。且つ如何なる人に取りても。先づ富强にすべきは已れが從屬する所の國家なり。未だ已れが從屬する所の國家の爲めを思はずして。反りて万國の事を慮るが如きは。事の順序を誤るものなり。況して全く空想に屬する天國抔を先にするは甚しき謬見なりと謂ふべきなり。橫井時雄氏は耶蘇反對者を批難して曰く「彼等が常に心に銘すべきものは。一時代の思想。或は其習慣より上に永遠の主義あり。萬古の眞理あり。動かすべからざる天の理法ありと云ふ事是なり」(六合雜誌第百廿五號)と。然れども此の如き永遠の主義。萬古の眞理。天の理法の如きは。哲學者又は理學者の日々講究して止まざる所にして。耶蘇教徒の專有する所にあらず。啻に是而已ならず。哲學の進歩。理學の開發に從ひて。耶蘇教が益々歐州に勢力を失ひしは。全く其教旨の謬見に係るもの多きに因由せざるはなし。然れば耶蘇教徒は決して永遠の主義。萬古の眞理。天の理法抔と云ふとを口實として遠廻はしに非國家主義を輸入すべきにあらざるなり。

耶蘇教の非國家主義なるとは。余一人の説にあらず。耶蘇教國の學者も亦往々之を言へり。有名なる哲學者ピエル、ベール氏は「耶蘇教律は强固なる國體に必要なるより寧ろ有害なり」と云へり。ルーソー氏は民約篇の終りに耶蘇教の國家に害あるとを論ずること頗る詳密なりとす。其言に云く「總べて社會の統合一致を破壞するものは。毫も價値なきものなり云々。耶蘇教は民心を國家に結合せしむる處ではなく。反りて一切地上の物と共に民心を國家より分離せしむ。余は別に是よりも社會的精神に反するものあることを知らず」と。其言甚だ耶蘇教に適切なり。エルチスト、ルナン氏亦た耶蘇教が民心を地上より分離せしむるとを論じて曰く「耶蘇教徒が己れの父に抗じ。又己れの國に向ひて戰ふは。皆な基督の爲めなるとならば。不良なる子不良なる民なるを以て賞せらるべく(以下節畧)。國家も法律も神國と敵對の地位にあり」と。ルナン氏は哲學者としても。文章家としても。佛國近世の一大家なると疑なし。氏は兼ねて希伯拉、シリヤク、カルデイク、亞剌比亞等の如き攝密的克諸語に精通し。曾て耶蘇教起源史と稱する一大著述を爲せり。余が今引用せるは其第一卷第十九章の語なり。余曾てルナン氏を佛國學院の樓上に訪ひ。哲學宗教等の談話を爲せり。其時余氏に問ひて「君は耶蘇教起源史を著はされたるが耶蘇教を信ぜらるゝや如何に」と云ひたるに。氏微笑して曰く「余は少しも耶蘇教を信ぜず。耶蘇教は最早今日となりては信ずべきものにあらず。然れども耶蘇の事蹟は研究を要す。猶ほ拿破列翁の事蹟の硏究を要するが如し」と。氏は昨年卒したれども。氏の言は尙ほ耳に在り。氏が耶蘇教を信ぜずして耶蘇教起源史を書きたるゆへ。記事精確人を啓發するもの少しとせず。若し一たび耶蘇教を信せば。頑固なる信仰の力勝りて自由なる探求的の精神消失するものなり。故にルナン氏の一言の如きは。淺薄なる耶蘇教徒が千萬人聯合して謂ふよりも價値多きなり。然るに我邦の耶蘇教徒は動もすれば。己れ獨り耶蘇教の事に精しく神學に深きものゝ如き口吻と爲し。自ら己に迷信の爲めに暗まされたるを悟らずして。耶蘇教に關するとならば。如何なるとも人に向ひ說明を試みんとす。然れども余は未だ我邦の耶蘇教徒中に有力なる神學者あるを聞かざるなり。耶蘇云はずや「故凡自謙。若此孩提者。其在天國。即爲至大」と。又云はずや「且自高者。必降爲卑。自卑者。必升爲高也」と。我邦の耶蘇教徒は果して能く耶蘇の此言を守れるか。己れ獨り永遠の主義。萬古の眞理。天の理法等を知ると公言するは。果して謙遜の意に出づるか。耶蘇教者にあらずして耶蘇教を論ずる者あらば。忽ち罔目なりと稱して直接には貶せざるも。間接には甚しく輕侮するもの。果して自ら卑ふするものと謂ふべきか。況してルナン程の學識なきものにして自ら大神學者を以て居るものあらば。果して彼の孩提の如しと謂ふべきか。耶蘇教徒は他人を責めざる前に先づ其脚下に注意すべきなり。今尙ほ此に米人の言を引ひて最も耶蘇教に熱心なるもの多しと稱する米國にさへも。耶蘇教の國家的精神に乏しきことを言ふものあるを証せん。ソールダー氏曰く「耶蘇教の政治的觀念は吾人が經驗上より知り得る一切の事とは。最も奇怪なる反對を爲せり」と。又た曰く「耶蘇は國家の事を思はざりき。又た國家に就ひて理想も。整理法をも與へざりき」と。斯く歐米の學者が余と同じく耶蘇教を以て國家的の精神に戾れりとするもの。豈に偶然ならんや。皆な歷史的事實に就ひて其果して然るを認めて然か言ふものなり。我邦の耶蘇教徒が如何ほど耶蘇教は國家主義に反せずと辨護するも。決して其事實を蔽ふを得ざるなり。

（未完）

左の一篇は天台宗の新人物蘆津師が本年二月八日自ら發願主となりて海内に訴へられし最も正氣堂々たる陳情書なり今同師より本誌に掲げんことを請はれしを以て眞實の同情を發揮し本欄に載す讀者希くは此字血句涙を味はれんことを

編輯者謹識

萬國宗教大會參列陳情書

蘆津實全

我か日本帝國が東洋の一隅に屹立して金甌無缺の邦土を保有し。萬世一系の帝統を奉戴して神器を無窮に護持する者は。畏くも　皇上が遠く列聖の宏謨を繼紹して。億兆を撫御し萬類を慈育し玉ふの　聖衷に出づと雖も。抑も亦四千萬同胞兄弟が忠勇義烈に富み氣節膽畧に優にして。國家を愛護する精神の純一なるに因らずんばあらざる也。今や宇内列國の形勢を察するに。動もすれば恣睢貪婪飽くなきの欲を逞ふし。虎狼呑噬侵畧攻伐の强暴を張らんとするも。我が帝國は毫も彼等に覬覦の念を生ぜしめざるは。全く上下一致して和衷協同の精神充實するを以て也。然れども已に我が體面の幾分に微瑕を生じ。今に對等條約の正理公道をして貫徹せしめざるは實に國民が悲憤慷慨切齒扼腕に堪へざる所也。一朝若し上下經營の精神衰耗し。尙武の元氣消殞すれば。忽ち外寇内患踵を接して至らんとす。須く知るべし臣民精神の强弱は國家興亡の結果を招くに至ることを。故に愛國護法の士は内宜しく其無形上精神的の大本を講明して國家を護持せざるべからざる也。何をか無形上精神的の大本と謂ふ。卽ち宗敎是也。竊かに我が建國の大勢を觀察するに。政敎の離るべからざるは。猶ほ水火の一日も人生に缺くべからざるが如し。乃ち政治は陽にして剛なるは火の如し。宗敎は陰にして柔なるは水に似たり。政治は外形を治むるに於て時として烈火猛焰の殺氣天を焦がすの悲慘を見るあるも。宗敎は之に反して國民の内部を支配するに於て慈悲温和を主とし。社會の不幸を救恤して平等に敎化し。之を導て大悲の海に流注せしむ。若し陰にして陽無ければ則ち國衰へ。剛にして柔ならざれば則ち國危し。邦家宗敎の力薄弱なるときは人心日に危脆にして陰險に趣き。外形の國土も亦壞裂して遂に他の侵掠を免かれざらんとす。豈に危からずや。我帝國は古より陰陽剛柔其德を失はず。政治と宗敎と關係最密にして。内外響應するが故に國力日に隆盛に趣く也。

爰に佛敎が我國家に必須の關係を有して人心を支配し。道德を維持し政治を翼賛し文學を勸奬して。大に社會の福利を增進したること殆と一千四百有餘年。其間時世の汚隆と共に盛衰消長すと雖。未だ嘗て一日も國家と共に提携進退せずんば非ざる也。是れ日本佛敎の精粹にして。特に王法と佛法と唇齒の關係を有する我天台宗の如きは。高祖は輕生重法令法久住守護國家と宣玉ふのみならず。大乘圓頓の法門を擴張せんが爲に溟渤に航じて遠く支那に渡り。天台の敎跡を求めて歸朝の後本宗を開き玉ふを首として。尋て慈覺。智證の入唐求法及諸宗の高僧名師の渡航遠遊も。其歸する所は愛國護法に外ならず。而して山門は獨り鎭護國家の粹なるを以て。古帝先王も叡信の厚き聖慮を佛法に傾けさせられ。聖德皇太子は後代帝王多災害非佛法力難固寶祚と宣玉へり。又桓武天皇御記云東大興福両寺者雖弘七宗鎭護國家名在叡嶽之靈崛矣と勅宣し玉ひ。又嵯峨天皇院宣云吾國之中雖多佛陀利生之梵宇吾山之外不聞天子本命之道場矣と。聖旨の厚き誠に感泣に堪へざる也。我臣民たる者聖意を奉戴して佛法が國家に於ける重きを持することを思はざるべけんや。

今や形勢一變して世界諸宗教の合同統一論は大に勢力を社會に占めて。熟〻列國人心の去就を察するに。心法を主とする佛教の平和主義は世界の智識文明を增進するを以て之に就かんとし。上帝の威を藉る耶蘇教の殺伐主義は社會の學術技藝と矛楯するを以て之を去らんとして。世界輿論の趨く所は有神教の河流は其勢ひ滔々として佛教の大海に歸入せんとするに似るありて。世界宗教大會議を起すの必要を吾人に感ぜしめたりき。乃ち本年米國シカゴ府に開設せる閣龍世界博覽會と連合して世界諸宗教公會を起せる即ち是也。小衲實至辱くも身桒門の末班に列するを以て。夙に同會本部の知る所となりて。去年六月其宗教部商議員に推薦せられたり。仍て聊か該會に參列するの要旨と。及び我佛教を西洋に弘宣するの機運は此會議を利用するに在ることを述んとす。古人曰く人能く道を弘む道の人を弘むるに非ずと。夫れ道を弘むるに對內對外の兩策あり。所謂對內策とは內國の布教にして。對外策とは海外の傳道なり。海外の傳道は性强健にして其志堅き者に非ざれば之を爲すこと能はず。昔三藏法顯玄弉二師の渡天求法は實に支那の佛教を發揮して隆盛ならしめたり。今や我が日本帝國は近事東方策を講ずる者踵を接して起り。對外政畧の忽諸にするべからざるを知ると同時に政治上の議論は日一日より進歩して。天下の衆心は一に國權と擴張し國威を煥耀せんと勇奮興起せり。曰く條約を改正せん。曰く海軍を擴張せん。曰く內地雜居の利害得失。曰く德育の必要。曰く國家軍防警邊等の問題は。我が四面環海の帝國に必須の方畧なるが故に之を攻究する者日に多し。苟も日本臣民たる者誰か我が國權を宇內に擴張するを欲せざる者なからん。誰か我が皇威を海外に煥耀するを欲せざる者なからん。嗚呼對外策を講ずるの必要は今や日本臣民の頭上に墜落し來れり。豈に默坐悠々として閑日月を消過するの秋ならんや。

夫れ王佛の二法は車の雙輪鳥の兩翼の缺ぐべからざるが如し故に佛者が今日の急務は國家の執る所と同じく對外策を以て方針と爲し。我が法を弘むると同時に敵情を暗じ敵の操る所の物を以て敵を擊ち。他山の石以て玉を攻き。他人の馬に騎り他人の弓を挽き以て我が用に供し。他をして我が門に誘引せしむべし。若し夫れ退守に嬰りて進歩の氣象なければ。則彼より我を奪んとするの勢あるは必定なり。是故に考くは佛教若くは神儒耶蘇哲學等の者皆我が材料に非るはなし。且つ夫れ大乘教の精華は獨り本邦に存して歐米諸州の學者が多年之を求めんとして汲々たれば。今ま之を持して海外に傳播し。大音宣布響流十方の佛勅を充洽せしめば。彼必ず歡喜踊躍して益々我が帝國を敬慕し。我が大法を信受せんと明かなり。我が皇威を海外に耀かすと此より大なる者なかるべし。今や世界宗教大會の擧は別項に掲ぐる十條の問題に依て見るに疑ふべき點なくして。世界大宗教の商議員か眞理攻究の爲めに相會し。同胞友愛の情誼を親密にすとあれば。實に公平濶大なる會議なるのみならず。佛者が大乘教を西洋諸國に弘通するの經驗も此會議と共に其希望を達するとを得べければ。小衲無似事に堪へずと雖も敢て此機會を利用して歐米弘教の素懷と果さんとす。然るに前途万遊の艱苦跋涉の險難實に寒心すべき者あらんとす。然れども業巳に身を以て佛陀賢聖に靖獻し。誠を投じて法寶弘通に委任すれは。縱令屍を鯨腹に葬り肉を虎口に飽かしむるも何ぞ之を避けん。唯願ふ所は我が皇運益す隆昌にして國威海外に加へ。佛日暉を増して法輪常に轉ぜんことを禱るのみ。

今や險を冐して大法を海外に弘通するに當て前途難關の遮る初門は一に渡航滯錫資の給せざるに逡巡せり。小衲之を思や久し仍て志操を勵ますと同時に財務を辨じ一縷一緡苟くも得るあれば貯積して今や僅に其十分の一を稗補するに足るも。奈何せん萬里の長途固より省斂錢の支ふべきに非れば。之を我が大法荷負の僧伽と四方淨信の士女に向て檀施の義擧を仰ひで以て其志を遂せんとす。夫れ財の貴むべきは身を支ふるの資にして誰か道なきに授受する者あらんや。然れども之を大法興隆の重きに比すれば江湖豈に道の爲めに義捐するの高士なからんや。小衲諸君の高義を厚ふする以上は海外傳道の爲めに萬艱を嘗め千死に瀕するも素より甘んずる所にして。之が爲めに決して縮退却歩せざるを誓ふ。寧ろ此身を以て地獄の衆生に代て苦を受るも。此の舌を以て人情の爲めに十方の信者を欺瞞せず。此言の渝らざるは皦日の如きあらん。但是れ杓柄短かくして酌んと欲するに泉遠し。之を思へば悲憤胸に塞がり獨り天を仰ひで長嘆するのみ。顧みて世界大會の擧を察するに偉麗濶大にして寔に以て光前絶後の事業と稱すべし。加之我宗教の盛衰興廢の繫る所今日之を一蹉すれば他日千跌の憂を遺さんとす。然らば則ち渡航資の爲めに其の志を枉げ。退後隍若して千載一遇の機會を誤まるが如きは小衲の深く愧る所ろにして。復た我が護法諸君の高義に於て苟も執らざる所なるべし。古人曰く非常の業能く非常の行を爲して而して非常の功を收むと。今や米國は上下三千年歴史上未曾有の宗教議會を開て世界に代議員を招募す。我れ目前に功益あるを見て誰か之を收得するに躊躇すべけんや。嗚呼我が同胞兄弟姉妹よ。庶幾くは越格超方の靈腕を將て小衲が所謂難關を透過せしむるを獲せしめ玉はば何の厚貺か之に加へん抑も海外傳道の功績は詳かに記するに遑あらざれども。特に大乘教の西漸は大に東方の佛教をして氣燄を吐かしむ。何ぞや。乃ち反射力是なり。今や本邦は百事歐米を摸倣すれば西洋に佛教盛なるときは其餘響本邦に映寫して內地の佛教も亦光彩を發せんと。猶は太陽の東より昇て西に傾き落暉復た東天を照らすが如くならん乎。然らば則ち這回宗教公會の事業は我が爲に一擧兩得の妙算にして。其力は法顯玄奘十分の一にして其功を收むることは蓋し之に倍蓰せん乎。議者或は這回の公會を以て基督教が發起に出で彼か示威的運動を爲さんとする野心に出る者なれば。佛者が參列は果して彼が計畫の範圍に落ち我が爲には勞して功なしと論ずる者あり。箇は是れ未だ大會の眞相と熟悉せざるのみならず。大法弘道の眞圖を知らざる者也。諸宗協同の公會に於て基督教の一部が脅迫的の野心を逞するも。至大至公なる議會は固より之を容れざる所にして。而して我が怨親平等の佛眼は自他の相を泯ず。彼若し野心の迷妄あらば我が大圓鏡の照す所ろ其醜を掩ふ能はざるべし。且佛慈能く怨敵を化して善人と爲さしむ。饒ひ彼れ曲を以て來るも我が平等の慈眼以て之に臨まば。世界諸種の不盡理も皆悉く統一するを得て。大乘微妙の法門は全地球上に光輝を發揚せしこと明かなり。佛者が一片の赤心我が國權を擴張し皇威を煥耀するの擧も亦此機會を舍て更に何れの時をか期せん。伏して望むらくは現前十方和合の僧伽及び三寶篤信の士女よ。大法を興隆せんが爲めに。國家を守護せんが爲めに。小衲か微衷を愍察して卑懐と贊佐し玉へば。施者生天の佛言に違はず淸淨の內衆は益す增道損生して速かに妙覺の位に登り。在家淨信の善男善女は現當二世の福利を增進して乃至法界の有情蠢々の含靈咸く佛陀の大光明中に攝取せられ。怨親平等自他俱に益を護ん歟。

寄書

基督教徒將に火中に飛び入らんとす（接續）

甲斐方策

若し夫更に一步を進めて從來の基督敎徒は假令一神敎なりしとするも。基督の宗敎則基督の腦中に構成したる宗敎は凡神敎なりしと云ふも。同じく凡神敎而も完全なる凡神敎たる佛敎は既に儼然として爾の前に立つにあらずや。或者曰く然り佛敎の敎理は今後猶依然として動かざるべしと雖。其信仰の冷淡なる。感化の欠乏せる。我等若し一皷して進軍すれば忽にして其本城を抜ぐを得んと。而して是又一の囈語に過ぎざらんとす。其故如何曰く新佛敎徒既に勃興したればなり。抑も彼の舊佛敎徒が斯の如き萬德圓滿。衆美具足。神通無礙。縱橫自在の敎法を抱懷し乍ら。毫も社會を感化するの實勢なく。人心を開導するの實力を有せざりし所以のものは果して何處に存するか。吾人は其罪を以て彼等が徒に敎理の高尙深遠なるに誇張し。思へらく此敎理あり決して彼の基督敎理の企て及ぶ所にあらず。必らずや寸退尺却力を要せずして自ら消滅するの時あらんと。而して宗敎の精神生命は熱切なる崇奉の感情と優美なる希望の理想にあることを知らざりしに歸せずんばあらず。是を以て偶々學者文人にして佛敎に加擔するとあるも。此れ只智力的哲學的に佛敎に贊成したるものにして。未だ感情と意志とに於て滿足せざるものなり。之に反して彼の基督敎徒が制度。風俗。習慣。人情等各種反對軍の中央に屹立し。僅々二十年間に於て。三萬の信徒を得數百の牧師を出し。我政治上。社會上に少なからざる影響を及ぼしたる所以を追窮すれば。只彼等が熱切なる信仰を保持し。優美なる理想を實行したるに是れ由らずんばあらず。斯の如く佛敎徒は唯一の敎理（智識）を以て先鋒とし。哲學と習慣力とを以て殿軍となし。常に筆舌上の破邪顯正を務めたり。而して基督敎徒は唯一の信仰（感情）を以て先驅となし。矯風と急進とを以て後陣となし。社會の平原に於て會戰したるの結果は。時に一勝一敗なきに有らざりしかど。時勢の促す所人心の向ふ所。漸く將に決勝戰に近かんとす。而して兩軍共に數年の歷史に鑑み。從來の經驗に照し。武器を精撰し。戰具を拔擢し以て最後の戰期に備ふるに汲々たり。今其軍備の摸樣を略陳するに。新佛敎徒は夙に舊佛敎徒が徒らに敎理の自慢を爲すのみなるに憤慨し。斷然其弊を矯正し之に加ふるに熱心壯烈なる信仰と高尙優美なる理想とを以てし。旌旗堂々規律嚴肅進んで基督敎を呑噬するの策を講じ。基督敎徒は從來の眞摯謹嚴なる信仰に加ふるに。綿密周到なる敎理上の滋養を吸収し。勇猛慷慨なる愛國的元氣を調合し。宗敎界の帝王たらんとするものゝ如し。是に由て吾人は今進んで彼等が準備したる武器戰具は果して相互の特質に適合妙當するや否やを觀察して以て豫め其勝敗を卜せんとす。

一トロに之を評すれば。佛敎徒は今度當に取るべきものを取らんとするなり。基督敎徒は決して取るべからざるものを取らんとするなり。何を以て然言ふや。盖し吾人が所見を以てすれば。完全なる宗敎とは人間の智識。感情。意志の三者を圓滿に調和せしむるものにして。佛敎の如きは則ち此三足を具備したる圓滿敎なるが故に。必らずや是に對する懺悔。敬虔。希望。安心。信仰。歡喜の念なかるべからず。之を古來佛敎の歷史に徵するに。大恩敎主釋尊は申すに及ばず。苟も上は一宗の開祖門主より下は一寺の住職の僧侶に至る迄。多くは篤信。篤仰。熱血。熱淚的の氣概を有し。法戰の爲には一身の安危を顧慮せざりしもの實に數ふるに遑あらず。玆に二三の例を引かんに。彼の阿瑜迦王が世尊滅後二百年摩迦陀國に君臨して。深く佛敎に歸し最も弘布に熱心し。波斯錫蘭等に至る迄。盡く佛敎を傳播して。小乘佛敎の光輝を發揚したるが如き。其後又四百年。馬鳴菩薩が始めて博大精緻なる起信論を著はして。大乘佛敎を復興したるが如き。我國に於ては。彼の廐戸皇子が聰明の資を以て篤敬三寶の果斷を試みられたるが如き。其他傳敎大師の天台宗に於ける。弘法大師の眞言宗に於ける。日蓮上人の日蓮宗に於ける。円光大師の淨土宗に於ける。親鸞上人の眞宗に於ける。皆是れ振天動地の確信を以て振天動地の感化を布き玉へるもの也。然れども其經營は徒に無形的にのみ止まらずして。橋梁を架し河川を掘り。未開を敎へ不毛を開き。社會上。風俗上。人心上。道德上偉大高尚なる實益を與へ影響を來したるの事實は。彰々として國史の正証する所なり。之を以て見れば佛敎徒の用意したる戰具正に取る可きものを取りたるものにして。今迄紛失し居たる物を見出したると同じく。實に倔強なる武器と稱すべきなり。之に反して基督敎徒は一神敎の狹小なる區域に畫せられ乍ら。萬神敎の養液を吸收せんとするものなれば。其術尤も困難なるのみならず。凡神敎内なる佛敎徒は必らずや椽大の筆。快活の辨以て彼等周章狼狽迷惑困却の事情を剴截切論せん。然るときは該敎徒の全体は舊信仰既に倒れて新信仰未だ起らず。左視右顧遂に宗敎界の迷羊たらんと必せり。試に我國基督敎徒の原動者たる熊本基督敎徒が。其信仰を得たる由來を尋ぬれば。熊本洋學校に於ける敎師ぢえんす氏の親切。懇情。至誠。熱心。實踐。躬行彼等を感化し。陶冶して。彼等の思想と一變し。加ふるに彼等自ら默念。祈禱して益々其感念を鞏固にし。偶々既往の我と回顧して其卑陋拙劣なりしとを鋭敏剴切に感激覺知すれば。慚悔。敬虔の念油然として胸間に滑に。澄淸信仰の情湃然として腦裏に湧き。靄然たる和氣心內に充滿し。隔然殆んど別世界の人間と成りたるが如き心地したるの時。思へらく是れ豈に神人の感通に非ずや。聖靈の感下に非ずやと。感謝の情沛然として心川に漲り。隨て同情者の儕輩寄て一隊を成し。集て一團を形ち造り。以て感より感に入り。情より情に移り。遂に質朴。單純なる該敎の篤信者と成り終れり。吾人佛敎徒の慈眼を以て之を觀察するに。彼等が基督敎實際的感化の勢力によりて動かされたるを賀すると同時に。深く彼等が理論的敎理の研究を淺漫に付せしことを痛惜せずんばあらず。何となれば宗敎の信仰若し單に感情のみに依りて得らるゝものにして。毫も智力的判斷の基礎と要せざるものならば。基督敎徒の信仰は世俗の凡愚者が加持。祈禱等を爲して據體に迷疑を質し。神酒。神膳。赤旗を供へ神力の加護を乞ふて。眞實精神に加護救助を得たるかの如くに思惟すると。（其要救の法に於て直接に精神的よりするゝと間接に其儀式に精神を認むるとの差別はあれ。）其妄想。架空に陷りたるに至つては聊か異なるとなし。されば彼等が國制上の衝突に關しては徒に狂奔熱走し。哲學上の難問に對しては頻に彌縫塗抹し去るは亦自然の結果ならんか。試みに小崎某の「信仰之理由」藏原某等の「改信仕末の告白」及び井深某譯の「歷史上之基督」等を一閱せば彼等は既に信仰を得たるの後に於て。三位一躰。創造說。及び奇跡論に對する種々の難問に遭遇して聾駭し。然る後漸く牽強附會の辨護說を揑造したるものなるとを証するに足らん。然り而して歲月の推移するに從ひて文明の趨勢も亦變遷し。彼等の多くは笈を負ふて歐米の天地に漫遊し。或は泰西の事物に注目して詳細に稽査すれば。哲學の傾向。文明の形勢大に豫想に反し。彼等當初の信念は。恰も幼時の衣裳の如く。舊年の歷書と同じく。到底現時日進の社會に適合せざるとを認知したるに。折りしも「ゆにてりあん」及び自由神學說の入來せるありて。一層彼等の精神を刺激し曩の同盟者中或は「ゆにてりあん」に轉ずるあり。或は熱心凡神敎に摸倣せんとするものあり。遂には一神敎と凡神敎とを混合錯交して竹幹木枝的の宗敎を私造せんとするものあるに至れり。若し公平眞摯なる基督敎徒にして四隣人定り燈火光微かなるの時。十五年前の當時に於ける對敎理の智識と十五年後の今日に於ける對敎理の智識とを比較照合しなば。彼等猶茫然として我を失ふの感あらん。其結果たる彼等確信の基礎たる感情に至大の影響を與へ。彼等の內心をして妄見に閉され。迷惑に圍まれ。宗敎界懷疑不信の原野に彷徨せしめんとす。之を譬ふるに。基督敎徒現今の狀態は。實に「行こかろんどんもどろかぱりす」の俗諺の如く。從來世界中第二の都會に住居せる國民が第一都會の繁榮盛大を望見し。欣求羨慕の情に堪へず。長く其地に寄寓せんが爲め。馴れし故鄉を後にして急足快步出發したるも。流石は故鄉の愛着心連綿として起り。過ぎ來し方を眺むればいとゞ思ひや堪へざらん。回顧の念勃々として胸間に湧き。さればとて亦引回すの勇氣もなく。前山迎ふるに似て後山留むるか如く。茫然として躊躇逡巡すれば。日は早や既に西山に隱れ。道は猶長く前程に連り。悲風颯々として面を拂ひ。冷氣陰々として體を衝き。膽走せ。氣悚き。腦振れ。神惑ひ。遂に立ち乍ら往生するの痴漢ありとせんか。基督敎徒は則此痴漢なり。而して彼等は今や熊本洋學校の歷史。ぜエンス氏の敎育。花岡山上の獻身と回顧して喋々喃々するは果して何の理由ぞや。畢竟するに自己等は鰯頭を信じて光明を發すと誤認したる愚直人なるとを告白するに過ぎざらんとす。然りと雖彼等の先進にして前陳の如き危激暴烈なる議論を爲すに至りしは。決して妬害心より發したるにあらず。又狂氣より爲したるにも非ずして。實に世界眞理の大潮流が澎湃として基督敎の城廓を浸し。其石垣を壞し。其地盤を動搖させんとするの有樣を見て。今之を危險なる砂礫の上より移して。堅固なる岩石の上に建設せんとの精神より出たるとなれば。彼等は實に時勢に順應せんとしたるものなり。眞理に適合せんとを務めたるものなり。是れ實に最後戰勝の冠冕が漸く佛敎徒の頭上に來らんとする最大兆候なり。之を要するに基督敎徒が斯く感情的の一方に偏して智力的敎理的の精神に欠乏するは果して何に由來するやと云ふに。両敎の敎祖たる基督と釋尊との性の相違より來るは掩ふ可らざるの事實也。基督曰く「信せよ。信せよ。吾云ふ所を信せよ。然らば汝は正に平和を得可し」と釋尊曰く「唯人の說くが故にと云て信ずる勿れ。聖賢の書は唯聖賢著はせしが故にと云ふて信ずる勿れ。亦た吾が敎ゆる所は吾れ之れを敎ゆるが故にと云ふて信ずる勿れ。唯汝の良心と理性とに適するものにして。然る後に之を信ぜよ」と乃知る耶蘇は道德上に於ては實に完全なる人間理想の摸範なりとするも。技術的。分拆的の智識に至りては猶缺ぐる所あるを免れず。之を要するに耶蘇は只慈愛心のみを偏有し。釋尊は實に智識と慈悲とを兼有したり。而して前者の餘流を汲める該敎徒が。信敎上に於て常に深遠なる智識を排斥する亦故なきに非るなり。（未完）

小説

花の露（十九號の續き）

東京　旭松山人

上の中……來客

風雅なる茅葺の山莊を圍める夏木立は靑く繁みわたりて涼しく、潺潺と夏日の劇敷暑さを怨じつゝ庭中を斜に流通る一縷の小川は處處に奇石怪巖を浮ぶるもをかしく、小川の少し彼方より起れる三つの小山に靜に座して。一山は牡牛の伏するが如く、又一つは婉然鶴の舞ふが如く見へ、後の一つは十六夜の月を半截せるが如くに圓く、其處の花此處の草も愛らしく現に床しき山莊なりけり。涼しき中にも亦一入風の流通よき一室、疊の數は四枚半にて床間には狩野探幽の意をこめし雪景の一軸涼しく懸り、又水色地の繪絹に「世事茶烟外」と筆太く書れたる金表裝の額閃く、古薩摩の花器に今を滿開と咲乱たる紅白の夏菊を靑山流に生け流したるも床しく見へ、又一偶には富士形の釜を初として、茶洗、茶匙、杓立、蓋置、羽帚、香合などの茶道具一式取揃へあるを見れば、問はずしてこれその茶室たるを知りぬ。

夏日も辛く闌て蟬さへ暑さに苦しみつゝいとも哀れなる聲して鳴き初めし頃、この閑若なる茶室を志して五人の人は入來ぬ。この一坐の中にて年老て見ゆるは此家の主人夫婦にして、他の二人は江戸よりの來客なり。母の後方に坐するは何人ぞ、花釵の花片微風に搖て黑髮に映じ。雪恥かしき肌妙に、唇の薄紅なるは咲初たる薔薇の如く、玉顔は二月の花を匂はせ、眉は綠の柳糸を畫きてゆかしは、これなん仙遊軒の無情の夏艸に宿れる、有情の露にぞありける。

人々は重ねて別後の恙なきを悅びて、その後のことゞもを聞もし聞せもしつ、四表八表の江湖話に時刻を移す程に、日も早正午となり酒肴の饗應ありければ、興より又興に入りぬ。暫時して花丸はいとも靜に座を正し、大人にはかねて見玉ふ通り今は昔に異りて、幕府の威權日々に衰へ、諸國浮浪の輩王城の下に群集し皇室に力を竭すを名義として、其實は我德川の流を涸さんとの始計、身不肖には候へども此時命に換へて幕府を守護せずんば、何を以てか三百年間祖先より以來の渥き鴻恩に報ひ奉らんと、熟考へて候へば、今より心を固め氣を激ましあはれ一方の長となり、君の馬前にいさぎよく戰死致し度所存にて候ふ。されば武藝の鎔錬至要の事と兼て心に懸り候いつるも、いかにせん、只一人に敵する劍道指南の師は大人の外に其技こそ劣れ多々候へども、獨萬人に敵する、ことに蘭國の兵法までに周く獵涉せ玉ふ人は、他に又と無く候へば、御退隱の大人に向ひ不躾にれ願ひ申すも恐多きことに候へど、あはれ拙郎が微志を憫み玉ひて、兵士の指揮法、砲術並に軍艦の使用法など大略敎へ玉ひなば、不肖が身にとりては實に過分の悅なり。此義に付ては既に拙父とも談合し、委細の理由はこの文にと、父淺田正信よりの書狀差出せば、左門は受取りいとも歎賞の涙を額によせ、嚴父といひ貴郎といひ適れ凉しき心よな、左門只管和殿父子のみをこそ末賴しく思ふなれ、和殿父子の誠心に左門ほと〳〵感じければ、未錬の身も顧るにいとまなく、貴意のまに〳〵從ふべし、この義ばかりは心安く思召れよ。左門曩に思ふ所ありて、聊將軍の御前にて御諫言の仕りしを、大老某このとり惡しなに申しゝかば、終に今の身の上とはなりぬ。されど已を利せんとして笑を天下に惹くは、男子の本懷にはあらざれば、他人の誹謗を心にせず只誠心忠實にこのことを、命にかけて果し玉へ、努な怠り玉ひぞといと信實に說諭せば、花丸はこよなきの助をゑて。今は只飛び立つ斗に打悅びぬ。あゝ、仮令大義拗執とは云ひながら、主公を思ふの心は同じ、花丸が心の勇しさ。左門は又武八郎に打向ひ、貴郎も定めし花丸ぬしと御同感にぞ候はめ、揃ひも揃ひしめでたさよといと誠實に語へば、武八郎は苦笑ひ、左候ふと答ふるのみ。さては如何なる心にや、長談話に時移りやしけん。夏の日も全く西にうすづきて庭の梢に茜の光をとどむるのみ、遠寺の暮鐘の音さへ鏘鏘と萬頃の青田をこえて來りければ、二人の少年は再來をきしつゝ、夕の凉風に袂をふくらせながら、その日は辭してか歸りける。

雜報

◉敎祖大聖釋尊の降誕會　世界人類の歷史に於て。最も神聖尊嚴なる一大現象たる。人類心靈上一大新紀元の創開者たる。眞理の太陽を揭げて暗黑の長夜に呻吟する。天下萬民の精神を照し給ひたる者は。實に我佛敎の敎祖釋迦牟尼佛なり矣。今や我邦佛敎の新青年は。敎祖崇尊の誠意に基き。昨年より始めて帝城の下に於て。釋尊の降誕會を執行し。光明俊偉なる大聖の盛德を景仰欽慕し。人類最上の活摸範を宛然明月の萬川に印するが如く。以て其腦裡に影像するに至れり。嗚呼眞個に眞如の光明を仰ひで其理性を發起し。大悲の活水を飮んで法界に翺翔せんと欲する。佛陀千載の遺弟子たる者。豈に歡喜踊躍印度佛陀伽耶の聖天を拜して。絶大無限の涙に咽ばざるを得んや。

●釋尊降誕會の光景　錦雲萬里の春天に滿ち。芳靄四邊の萬山を包み。以て大聖の榮光を祝する本月八日。東京府下諸學校有志學生の組織に係る。青年弘敎聯合會の奉祝會は。神田一ツ橋大學講義室に開かれたり。室の高壇には少さき花御堂を安置し。慈悲の光を放てる灌佛は其内に祭られたり。演説は正午より初まり。一時前には滿場立錐の地なきに至れり。青巒大內氏は『御國之光』を演じ。默雷嶋地氏は『佛陀の名義』を說き。專精村上師は『天上天下唯我獨尊』を辨じ。哲次郞井上氏は飛入にて。皮相歐化學者と耶蘇敎々理の淺薄を批評し。且つ『敎育と宗敎の衝突論に付ての辨妄』と論じ。文雄南條師は『因緣和合』を述べられたり。辨士が著名なる人々なるを以て。最も多く聽衆を感動し。喝采拍手の聲は耳聾する許りなりしと。右終て錦輝舘にて。青年茶話懇親會を催ふし。席上數人の演説。餘興に薩摩琵琶等ありて。近來未曾有の盛會なりしとぞ。

●又同日　曹洞宗大學林を始め東京中學林。慶應義塾。哲學舘等に在學せる生徒の發起にて。芝愛宕下青松寺に催せし釋尊降誕會には。重野安繹。棚橋一郞。杉浦重剛。內藤耻叟。大內青巒諸氏の演説ありて。非常の盛況なりし由。且つ両所とも大內氏の新著『御國の光』數千部を參聽者一同へ頒ちしと。又同日ゆにてりあん協會にても。佐治實然氏（佛敎の謀叛人）が釋迦略傳を講演したりと云ふ。（右東京刊行の密嚴敎報（眞言）敎海指針（曹洞）に依る）

●九州佛敎の有志者世界的運動の檄文を發す　本縣佛敎の有志者大道憲信。大久保含海。平野摑網。龜光誓城。磨墨體量。菊池眞龍。受樂院圓。木尾眞純。隈部了宏。隈部資實。藤院大了。武田哲道。三牧湛然。橘逸夫。荒木祐薗。本山琛映。加藤慈雲。川尻了響。松浦丑太郞。上杉官平。淺山清喜。廣瀨熊喜。上田三寶。城田覺治。福島勉充の諸氏を始め。其他各寺住職。各郡青年會長等の人々。都合百有餘名發起となりて。遙かに佐賀。長崎。福岡。鹿兒島の一部に散在せる同志と脈絡を通じ。非常の大決心を以て。奮然猛然として左の檄文を飛ばし。今や晝夜を厭はず。苦艱を避けず。大運動中なり。

八淵蟠龍師を萬國宗教大會に派遣するに就て九州佛教徒に訴ふ

雪山の南恒河の西に於て。教祖大聖釋尊の法幢を轉じ給ひしより于此三千年。吾が佛教の光輝は亞細亞の全土を照し。其範圍は世界の大半を占領し。以て東洋四億の黄人種をして。普く其教下に信服せしむるに至りしと雖も。未だ吾が佛教が東太平洋を凌ひで米洲に波動を起し。西烏拉山を越へて歐洲に氣燄を放ち。以て佛陀の新光明を白人種の頭上に輝かし。以て佛教の新範圖を泰西各國に向つて擴張する能はざりし者は。東洋佛教徒の最大缺点として。吾人の平素慨嘆する所なり。然るに今や天運循環して。世界的佛教運動の現象は。燦爛として東洋の天地に顯はれ。機緣純熟して佛教眞理の紅旭は。曈々として歐米の山川に躍り。西藏の深谷印度佛蹟回復の會合を催ふし。錫蘭の孤嶋佛陀正義の反響を生じ。龍動街頭卍の佛旗飜り。巴里城中念佛の聲轟くに至る。是れ豈に我が佛教が將來世界各宗教統一の中心力となり。宇内人類信仰の支配者となり。以て眞理全勝の凱歌を奏す可き徵候と謂はざる可けんや。

本年九月米國市俄高府に於て開設する。閣龍世界博覽會附屬万國宗教大會の擧は。萬國各宗教開闢以來。空前絶後の一大美擧なり。今試に該大會が天下に發表したる十條の目的なるものを擧ぐれは。實に左の如し。

第一　世界諸大宗教の代表者を招集して。古來未曾有の會議を開く事。

第二　世人をして諸宗教が通有せる眞理の重要なるものは何なりや。又幾何ありやを知らしむる事。

第三　冷淡の念を抱くことなく。又形式上の一致を爲すことなく。親話懇談相互の情意を斟酌して。以て異教徒間に同胞友愛の情誼を厚深ならしむる事。

第四　達辨の人をして。各宗教が教ゆる所の緊要特色なる眞理を演述せしむる事。

第五　有神論の動す可らざる論據を示し。不生不死の理体を信仰するの理由を明にして。物質的哲學に反對する勢力を一致せしめ强固ならしむる事。

第六　婆羅門教、佛陀教、孔孟教、波斯教、回々教、猶太教、基督教及び其他の宗教と代表する學者をして。各宗教が其人民の文學、技藝、政体、及び家庭社交の生活に及ぼせる精神上の効果等を。充分精密に述べしむる事。

第七　各宗教が如何なる光明を與へ。又他宗教に與へ得る乎を査究する事。

第八　地球上首要の國民間に於ける。宗教の現狀を確實に調査して。之を記録に上せ。以て永久の保存を期する事。

第九　宗教が現時の大問題。殊に節欲。勞働。教育。貧富等に關せる重要なる質問に。如何なる光明を放射すべき乎を究明する事。

第十　萬國間の平和と永久に維持せんが爲め。地球上各國民をして。益々友愛の情誼を結ばしむる事。

是れ實に世界的佛教運動の一大好機會なり。千有餘年太平洋中の蓬萊仙境に蟄居したる。我が日本佛教徒が奮起勇進して此大會を利用し。以て其特有なる高尙深遠の大乘佛教を。天下萬人の想鏡に映せしむ可き。千載一遇の好機運なり。嗚呼苟も佛陀の慈悲を信じ。釋尊の訓誨に感泣するの教徒たる者。豈に逡巡躊躇して佛光發揚。世界統一の時機を失す可きの時ならんや。

抑も萬國宗教大會の盛擧たる。必ずや世界宗教歴史の上に其効績を顯はし。社會の中天に一大光明を放ち。永く宇內人類の腦中に其記憶を印象し。天下精神的進步の曉鐘となり。世界宗教革命の先軍となり。萬國宗教統一の起源となり。以て吾人人類社會の革命を喚起せしむ可き命運を有するは。彰々赫々として掩ふ可からざるの事實なり。眞個に此大會は世界各宗教の優劣進退。隆替消長。安危存亡の依て決する。宗教命運の審判石なりと謂はざる可からざるなり。

夫れ然り。吾人同志は萬國宗教大會を以て。斯の如く絶大の震動を天下各宗教に與へ。殊に最も其影響を我が大乘佛教の通塞に與ふ可しと信認する者なり。是れ啻に吾人が妄推臆斷にあらずして。全國佛界有識の輿論多く此に進み。東洋佛徒感情の傾向亦た此に趨き。歐米學者思想の潮流亦た實に此點に向つて注げり。於是乎。吾人一團の同志は其大確信の光明に導かれ。斷々乎として九州佛教徒有志總代派遣の大運動を試みるに至れり。

然り而して。我が日本佛教は平等上の世界的よりすれば。實に世界文明の潮流なり。世界進步の光華なり。世界博愛の旌旗なり。又た差別上の國家的よりすれば。實に日本獨立の生命なり。日本國粹の愛兒なり。日本愛國の元氣なり。然れば將來日本國民として。一方に於ては國家獨立の大義を重んじ。一方に於ては將來文明の進路を開かんと欲せば。豈に復た完全圓滿なる佛教の眞理に依らざるを得んや。而して此佛教眞理の全躰は。其本國たる印度に於ては。既に痕跡を失して。僅に斷片を錫蘭の孤嶋に留め。東北佛教の泉源。支那亦た萎靡して振はず。西南佛教の淵藪。暹羅。緬甸も亦た淺近なる小乘教而已。此時に方りて。嚴然獨り宇內風潮の外に獨立して。眞理の寶藏を有し。普く大小二乘の教理經典及び其學術を完備し。以て世界佛教眞理の全躰を圓滿に開發し。燦爛たる佛教の光は。赫々たる太陽の如く。世界の全面に輝き。東洋三十世紀の盛期。西洋二十世紀の劈頭に際して。寰宇統一的新佛教の新運動を生じ。地球を併呑し。宇內を統一して。遍く其教に歸せしめんとする志望を有するものは。實に我が大日本帝國の佛教なりとす。彼れ歐米有識の人士は。萬目一線。我が日本を望んで佛教眞理の泉源なりと稱し。以て我國より發射する赫耀たる眞理の生命を吸收せんとする有樣なり。

夫れ斯の如く我が日本の佛教は世界に對して絶大の責任を有する位置に立てり。我が日本の佛教徒は斯の如く世界佛教運動の先驅たる可き命運を有せり。若し今日に當りて我邦佛教徒が。悠々緩々として醉生夢死し。世界の大勢に向つて眼を閉ぢ耳を掩はゞ。是れ佛教徒自ら衰亡の慘界に向つて陷るものなり。若し此時に際して我が日本佛教徒が。雄圖遠謀。天地循環の氣運に基き。勇斷果決。舊來の頑見陋習を破り。堂々正々世界に向つて大進動を始めば。是れ佛教徒が自ら佛教新興の線端を望んで上るものなり。果して然らば。世界佛教の興敗存亡は一に我が日本佛教徒の雙肩に懸れるものと謂はざる可からず。嗚呼今日は佛教千載興隆の一大機會なり。而して此機會は萬國宗教大會の衣裳を蒙りて。西半球の天地に顯はれたり。眞に佛教を重んじ國家を愛するの人士は。此機會に乘じて猛進突行。風動雷擊。

直接には飽く迄日本大乘佛教光闡の大任に當り。間接には飽く迄日本國家の榮光を四海に彰はさゞる可からず。況んや深く三寶に歸し。厚く正法を信じ。佛教を以て最上の宗教。眞實の教法なりとし。他宗教を以て邪妄の教法。僞劣の宗教なりと爲す。我が佛教の僧侶諸氏及び信徒諸君は。大音宣布。響流十方の大旨義を遵奉し。隨類應同。法界萬里の勇猛心を發揮し。萬國宗教大會に向つて。眞正佛教の輝光を放ち。眞正佛教の感化を及ぼし。以て宇内に雄飛し。四海に翺翔して。博愛正義の旗を揮ひ。以て天下の異教を制服し。以て百科の學問を統合し。而して天下幾億の衆生を率ひて。悉く佛陀の慈雲悲雨に浴せしめんと欲する。大決心。大希望。大勇氣と飽く迄現實上に發表する所なかる可らざるなり。

吾人佛教一團の有志者は。萬國宗教大會に對する。彼が如き信認に據り。此の如き希望に基き。九州佛教の中心たる我が熊本に在りて。夙に佛教改革の旨義を懷抱して。深く天下宗教の大勢に着眼し。久しく激波狂瀾の中に屹立して。大に佛教運動の機運を望み居らるゝ。九州佛界の偉人。八淵蟠龍師の大會臨席を勵奬し。師が勇烈の傑資。豪邁の氣宇。雷霆の雄辨。慷慨の精神。靈活の眼光。博大の識見に依りて。吾人九州佛教有志者一團の代表者となり。以て萬國宗教大會場裡に。我が日本大乘佛教の法音を宣説せられんことを懇請し。既に師の承諾を得たり。然れども雄大なる世界佛教の運動には。復た從て非常なる失費を要するは。必然の道理にて。僅々數名の得て能く辨する所にあらず。是に於て乎。廣く九州全体の佛教家諸君に訴へ。諸君應分の助資を煩はし。以て吾人の素志を貫徹せんと欲す。嗚呼維新以來政治上。社會上に於て。全帝國の先鞭を着けたる。愛國義俠の九州人士諸君。及び九州の全土に蟠まれる熱腸義烈の我が佛教家諸君。希くば發起者衷情のある所を諒察せられ。宗の內外を問はず。派の異同を論ぜず。僧となく俗となく。老となく壯となく。各々起つて賛成の誠意を表し。協心戮力雙手を揮つて吾人同志の目的を達せしめ。以て彼れ九州佛界の偉人をして。蒼茫たるミシガン湖畔の萬國宗教大會樓上。黃白赤黑なる東西人種の中心に立つて。氣燄萬丈の雄辨を皷せしめ。進んで我が東洋。我が日本。我が九州。我が熊本の精神氣魄を世界万民の心裡に印象せしめ給はんことを。千祈萬禱に堪へざるなり。

明治二十六年四月

萬國宗教大會代表者派遣發起員敬白

●蘆津實全師の世界的運動　日本佛教の靈山たる。比叡の峻嶺に蟠踞して。夙に新佛教の理想を懷抱せる蘆津師は。彼の釋宗演師及びフォンデス氏と相携へて。本年八月日本を發し。愈々萬國宗教大會に臨席する由（編者に與へられし同師の書信に依る）。吾人は同師の陳情書。主意書。顚末記を讀んで。世界的佛教運動の爲め。實に滿腔の同感を表し。全心の同情を捧げざるを得ざるものあり。今ま師が渡米顚末概記中の數節を抄出すれば。始に曰く。

今や我が親愛なる法友淸信士女は無所得眞實の布施波羅密に住して義捐せらる厚志は實に海嶽も啻ならず不肖亦玆に

於て身命を愛せずして無上道の爲にし決して有所得の心を以て之を受けず乃ち上は四恩と奉じ下は三有を救はんとするに在り其米街、英都、佛陌、獨爾、を行化し及び印度佛陀伽耶の佛跡を拜し支那天台の聖跡を禮して歸朝の途に就かんとするは這回行脚の豫定にして其游方の旅裝は麻衣草鞋以て他の長物を蓄へず佛祖制式の法服を著して淸淨に活命せんとす夫れ斯の如く勤儉節約以て身を處すと雖奈何せん途中通常支拂ふべき滊車滊船宿泊等の代價は僧侶も亦之を逃るゝと能はざるを以て江湖諸君の高義を仰ぐの止むを得ざるに出る也

と。何ぞそれ勇猛なるや。何ぞそれ純潔なるや。何ぞそれ熱篤なるや。世尊嘗て告げ給はく。『人は愛欲より憂を生じ。憂より怖を生ず』と。嗚呼彼れ末法濁世を口にして自家の卑屈を掩ひ。妻子の愛欲。珍寶の財欲。俗界の名聞欲に汚され。見眞大師の改革的精神と遺忘して。今日世界の觀念に乏しき。舊佛教徒。豈に恥る所なき歟。次に曰く。

仍て熟々思ふに今日本邦は文運次第に開達し海外万國の長所を採用して國家人民の慶福を增進するは政府施政の方針なれば之と同時に佛門も亦た海外の諸教と交通して以て宣教の道を開くの先鋒と爲さゞるべからざる也昔者高祖先德が入唐求法は當時本邦は方さに支那の文物制度を摸倣する機運なるを以て入唐求法の事は大に宗門を擴張するの規模と爲りたるも今や歐米の文明を以て我用に供し我國家の智識文明を增進するの時世なれば佛法も亦西洋諸國に教法を西漸せしむるの氣燄光彩を發揮せざれば則ち東方の佛教も其勢力を逞ふするに至ること難からん故に我佛門靑年有爲の士は眼目を一轉して入唐求法を變じて歐米弘法の方向に轉じ東流聖教の古轍を改めて佛法西漸の線路に趨向せしめ西土に佛法を興隆して決歸する所は歐米諸國の信徒をして趾を擧げて本邦の靈場に賽詣せしめば聊か高祖先德の恩を報ずるに足らん歟高祖先德若し今世に出でなば則ち歐米を以て我布教傳道の道場と爲し海外の人民と驅りて本邦に歸嚮せしめ玉ふと明也眞に高祖の意を擴充せば今の時勢に應じて今の人民を濟度するは海外宣教を棄て豈に好方便あらんや

と。何ぞそれ眼光の偉大なるや。何ぞそれ決斷の明快なるや。何ぞそれ氣燄の烈々たるや。嗚呼彼れ聖道の諸宗行證久しく廢るの言辭を戴き。常に聖道の諸宗を侮慢せる者。果して何等の感覺ある耶。豈に憮然として此雄擧に驚倒せざるを得ん耶。又次に曰く。

予や學德荒れて宗門の一汚道たるに過ぎざるも只是れ一片の赤心護法扶宗の爲めに大乘佛教の種子を歐米に播くの一事を荷負して以て報恩の經營に擬せんとするは多年の志宿也(中畧)今や予が渡航は後進諸士の爲めに恰も是れ一農夫と爲りて荒草を刻除し蕪穢を誅伐し钁頭の勞を執るが如きのみ異時の果實は皆諸士の手に落て佛門の爲めに功を收むる者は實に我靑年諸士にあらんとす古德曰く禮樂先に馳せて眞乘後に行はると予が如き鈍刀を以て先づ之に當らしめ然る後利劔櫃を出て之に繼ぐあらば高祖が詠じ玉ふ『明らけく後ちの佛の御世までも光り傳へよ法の燈』の如く台教

の法燈は愈よ宇內に光被せんとを見るに至らん歟と。何ぞそれ恭謙なるや。何ぞそれ自信の厚きや。斯の如くにして。始めて三寶の一たる僧寶の資格を有する者と謂ふ可し。嗚呼眞正なる九州佛敎徒たる者。活氣ある九州人士たる者。誰れか應分の贊成を表せざらんや。況んや傳敎大師(最澄)慈覺大師(圓仁)の芳躅を拜し。法華醍醐の妙味を感得せるの我鎭西天台の末派たる者。豈に奮つて蘆津師の雄圖を補翼し。叡岳靈山の光を米水歐山に閃かさゞる可けんや。

●印度佛蹟參拜僧の送別會　『仰がるゝ御跡かしこく訪ふ人の心やがて佛なるらん』とは。是れ佛界の韻文家たる土岐善靜師が。今回渡天せんと欲する眞言宗の稻村僧正(前號雜報揭載)。及び釋守愚師(京都加茂臨濟宗靈源寺徒弟)に寄せし送別の和歌なり。東京印度佛蹟興復會員は發起となり。去月十八日芝の愛宕館に於て。二僧師の爲めに送別會を開きたり。會する者阿刀宥乘(一昨年渡天せし人)。大內青巒。外山義文。佐藤茂信。原田洪庵。田川謙三。中里日勝。淺井天察。丹靈源。荻原雲臺。藤田祐眞。堀內靜宇諸氏。何れも敎祖崇奉の熱誠に富める人々なり。席上堀內氏先づ開會の主意を述べて二師渡天の主旨を說き。次に大內氏起つて送別の演說を爲し。終りて印度佛蹟興復會の依賴件に付き。大に協議を遂げ散會したりと云ふ。

●稻村英隆僧正の印度に赴くを送る　印度佛陀伽耶回復の大燈臺を以て任ずる。眞言宗の中央機關「傳燈」。絕大の希望を捧げ。英氣凛々稻村僧正を送る。吾人亦た此雄言を借りて僧正に餞せん。

嗚呼壯んなる哉稻村僧正の意氣。嗚呼勇ましひ哉英隆比丘の志望。僧正齡已に六十に近からんとす。而して今や不日一蹴萬里の鯨波を凌で。佛祖釋迦文佛の遺跡を絕域異境の外なる印度國土に向つて探らんとす。何ぞ其壯遊壯圖なるぞ。

回顧すれば曩には阿刀宥乘師の五十有餘の頽齡を以て。奮然起て壯遊を企て一錫遠く印度の諸靈蹟を巡拜し歸り。次で比留閒宥誠師學を求めて渡航し。今復た僧正の此壯圖に逢ふ。嗚呼印度壯遊の我大日本國中。他佛敎家に無くして我秘密眞言宗家の人に多きぞ。

仰も印度の我佛敎家に於ける。實に佛祖誕生の本國にして苟も身佛祖の遺弟となり。籍を佛門に繋ぐものゝ忘るべからざる國なり。而して今や此忘るべからざる。吾人佛敎家の本國たる印度は。異敎外道の巢窟となり。佛祖三千年前の靈蹟芳趾は。徒に寒烟漠々の閒に其殘痕餘礎を見るのみとなり果てたりき。嗚呼之を如何ぞ苟も名を佛門の籍に繫ぎ。自ら佛祖の遺弟と稱するもの。對岸の火災視し去るべきものならんや。然り而して輓近我佛者中頻に海外宣敎を傳へ。異邦の視察を說くものなきに非ず。又其壯遊を企つるものなきにしもあらずと雖も。然れども此吾人忘るべからざる。探らざるべからざる。印度に向ては其弘教の念は無論。靈蹟巡拝の念且つ起せしもの少し。往年島地默雷。北畠道龍等の諸師あり。之が遠遊を爲せしことありと雖も。如何せん其短日月の旅行にして。畢竟只入竺せしと云ふまでのことにして。未だ師等が入竺にして。印度の國勢人情を審にし。宗教開閉の機會を委せしことなかりし也。其苟も我國人をして。我佛者をして。印度の景狀を知るを得せしめしは。釋興然師が入竺以來の事也。然れども師が修學練道の急なる。猶は其通信に專らならざるを以て。其詳を得ざる事なりし。然るに阿刀師の一旦入竺歸朝する吾人の井蛙猶は且つ其談話を聞くも。身親ら其境に遊ぶの感を起せし也。然り而して今や僧正の此壯遊を企てらる。顧ふに僧正の事物調査に綿密なる。是より以後印度上下三千年間世出世の事情等一々之を探求し之を齎持し。以て吾人を益する更に阿刀師に層幾倍することあらん。否な吾人のみならす我大日本國民に益する處あらん。否な啻に吾人と國民との便を計るのみならず。印度佛教の再興豈に亦漸く之が基礎を開くの端緒たらざるを知らんや。吾人豈に之を奈何ぞ。一言の之が壯遊を賀し。以て送らざるを得んや。

嗚呼往矣よ僧正。ヒマラヤ山頭千載の積雪は皚々乎として僧正の來遊を迎へ。靈鷲嶺上万古の明月は皎々として僧正の壯遊を招がん。吾人は謹んで此に之を送る。

●日蓮宗々務院の世界的奮發　萬國宗教大會に對する日蓮宗の世界的奮發は左の如し。優柔不斷の中に世界的運動の議決を。有耶無耶の中に沒了せんとの咄々怪事ある。眞宗西本願寺派の當路者及び宗會議員の如きは。此論達に對して大に猛省し。以て速斷果決海内の耳目を震動せざる可らず。

本年米國シカゴ府世界博覧會に際し。萬國宗教會議開設に付き出會相成度由。本邦神佛各宗派へ招聘有之。依て各宗派内にては。數名渡米可相成趣に候得共。本宗に於ては渡米に代へ結縁の爲め。故日薩上人講述の教義大意及び宗祖の略傳を英文に飜譯し。之を万國宗教會議の參集人に配賦の事に決し候條。右施本費補助として本末寺院は勿論檀信徒に至るまで。此際應分の寄贈有之度此旨論達候事。

但し製本の都合も有之に付き來る四月三十日迄補助の金額本院へ申出べし

明治廿六年三月廿一日　日蓮宗宗務院

●萬國宗教大會に對する日本各宗の擧動　最も勇壯活潑なるものは天台宗なり。之に次ぐものは臨濟宗(圓覺寺派)なり。眞言宗は佛陀伽耶回復に熱中するが故に自然に冷淡の摸樣なり然れども深く心痛する所あるが如し。其宗小なりと雖も。滿身の赤誠を揮つて。相應の實行を試みんとするものは日蓮宗なり。我が眞宗に至りては。東も西も蛙面に水なり。殊に最も奇怪なるは西派なり。龍頭蛇尾とは實に西派が該會に對する擧動なり。佛蘭西開教の議決。大會臨席者派遣の議決。英文眞宗問答配付の議決は。其機關たる京都毎日の誌上よりして。悠忽の間に海内有識者の注意を喚起したりき。然るに今や音も香もなき有様なるは。抑も亦た何たる不仕末不体裁の擧動ぞや。吾人は實に世界的佛教運動の爲め。憤慨の情禁ずる能はず。斯く苦言を呈する而已。豈に他意あらんや。當路者須らく自己の責任に對し。天下に對する面目に對し。深く反省して充分斷行する所なかる可からず。次に曹洞宗の如きは。例の內訌未だ落着せざるが爲め。唯だ其意志を機關雜誌に彰はして。冷やかなる希望を論ずる外。實行的運動の摸様も見へず。所謂「心に思ふて現に爲す能はず」の擧動なり。其他臨濟の諸派及び淨土。黄檗。時宗の諸宗に至りては。其力微にして到底對外問題などは思ひも寄らざるが如し。併し淨土宗の如きは議論而已にても。東西両派の內怯外傲に比すれば。餘程正々堂々なり。

●熊本の雜誌流行　我熊本は地形上九州中心の位置を占むる而已ならず。社會文明上に於ても亦九州の中心に位す。左れば此中心に於ける社會流行の現象は。間接に直接に其感化を九州の全体に及ぼす可きものにて。決して輕々に看過す可からず。今や我熊都に於ける新聞の競爭は。其熱度極點に達して。優勝劣敗の自然律に判決せられ。漸く平穏の温度に復すると同時に。雜誌の流行は。日を逐ふて猖獗を極め。其競爭の熱度は益々高からんとす。曰く九州文學。曰く九州教育雜誌。曰く九州人。曰く龍南會雜誌。曰く錦溪。曰く文林餘芳(固より龍南以下は非賣品なれども)。而して教育界內に於て又た一雜誌顯はれんとす。嗚呼熊本の雜誌界何ぞそれ紛々たるや。吾人は社會文明の進路上。秩序の光明は紛亂の怒濤より躍り出るを信認するが故に。我雜誌界兄弟諸君が。其主義目的の爲めに層一層の奮勵をなし。以て益々其誌上の光彩を輝やかし。九州全体の雜誌に向つて。中心の感化を及ぼさんことを望む。

●熊本雜誌の批評　吾人聊か我雜誌界兄弟諸氏の相貌。性質。經歷等を深討して。海內の愛讀諸君に紹介せん。其批評の嚴酷乎。寛裕乎。公平乎。偏僻乎。敵對乎。眞率乎。剴切乎。迂遠乎は。天下高眼の士の明決を仰がん。

●第一『九州文學』　我熊本は日本耶蘇教元氣の泉源なり。而して其耶蘇教なるものは新教の組合教會なり。此熊本組合教會の機關學校。則ち西京同志社の九州支校とも謂ふ可き。彼等自身が九州耶蘇教界の光明を以て任ずるものは。是れ熊本英學校なり。九州文學は始め文海思藻と稱し。該校學生の文學的手腕を鍛練する。一の文章討究の非賣品雜誌なりしも。彼等耶蘇教の青年學生が。傳道的精神と社會的眼光に富める結果は。雲蒸龍變端なくも昨年の九州夏期學校を利用し。一進して熊本雜誌界の巨人となれり。保守的反動の波に打たれ。九州人の藩閥土着的の感情に突き込み。九州文學と謂へる一種何となく勇往敢爲燕趙悲歌流の僞意味を含んだる假面を冠して。猶太人個体神崇拜の妄想を我九州の青年に注入せんと欲するは。是ぞ九州文學の大精神とする所なり。八代郡の出身たる。將來熊本耶界の一人物渡瀨常吉氏編輯の統率に當り。民友派の流麗輕快と熱感熱情なる耶教の說教句調を調和して一新機軸を出せるは。是ぞ九州文學の文章なり。吾人公平の眼を以てすれば。其文章新趣味の點に於て。其學理的新思想の點に於て。其体裁の恰好なる點に於て。其青年氣風の特色を有する點に於ては。感服す可き點多しと雖も。其旌旗堂々基督の福音を正面より呼號し。耶蘇敎に對する妄想僻說を悉く論破し。以て耶蘇の所謂「地に泰平を出さんとにあらず刃を出さん爲めに來れり」との宏大の革命的勇氣に乏しく。雜誌の觀察未だ學校的眼光を脫する能はずして。其文學上宗敎上の社會的觀察の現象に缺けたる傾あるは。吾人が深く九州文學の爲めに惜む所なり。

●第二『九州敎育雜誌』　熊本雜誌の先進「熊本敎育月報」。生命の水に渇死して黄泉の下に埋葬せらるゝや。忽ち其門に走りて哀慟の僞吊詞を陳べ。紅涙潸然の顏に歡喜の情を隱し。徐ろに其死骸を撫でたるものは。實に熊本政治的耶蘇敎徒。組合敎會の强硬派。熊本英學校の謀判者。眼中無國家演說の贊成者たる。東亞學舘より發行せる「大江」なりき。九州敎育雜誌は月報の落武者と「大江」の耶蘇信者の合同に依りて成れるものなり。自由敎育の主義を以て九州敎育界の燈明臺たらんとするは本誌の抱負なれば。其抱負實に偉大なりと謂ふ可し。敎育と宗敎の衝突問題に關じて。陰に井上氏の論を排し。同志社出身の岡山縣人なる。耶蘇敎徒大西祝氏の駁論と長々抄出し。陰然耶蘇敎辨護の婉曲手段を採りしが如き。眞個に一神敎の偏僻信仰を顯はしたるものと謂はざるべからず。彼の葦北郡出身にして德富蘇峯氏の訓陶を蒙り。英學校にありて渡瀨氏と一對の人物たりし大迫眞之氏は。其名山大川流の雄腕快手を揮ひ。專門校を卒業して民友社に入り。京都日報の招聘に應じて其師の平民主義を皷吹し。二十二年大隈條約案の破裂に際して斷行論を唱へ。社主等の中止論と意見を異にして高踏勇退したる。純眞温和の耶蘇信者梶原保人氏は。政治學講義流の筆鋒と皷し。以て九州敎育の假面を冠り。軟弱卑屈なる一部の敎育者を脚下に蹂躪し。其自由敎育論。改進政治論。耶蘇信仰論を以て。九州の敎育界を風靡せんと欲するは。是ぞ九州敎育雜誌の大精神なり。吾人は本誌が眞理の觀念を有し。獨立の識見を抱き。自由の思想に富み。學問の尊嚴を詳にし。敎育の神聖を明にせんと欲する點に於ては。轉た同感に堪へず。嗚呼熊本耶蘇敎徒何ぞそれ機鋒縱横の傳道的策略に富めるや。軟派は優美なる文學の假面を蒙り。硬派は莊重なる敎育の假面を冠り。以て社會を動かさんとす。我熊本佛敎徒の如きは。須らく耶蘇敎徒の社會的運動に對する眞正なる猛烈なる敵愾心を發揮し。大に決心して爲す所なかる可からざる也。

●第三『九州人』　体裁「活世界」の子分の如く。議論も亦北村紫山鈴木天眼等の尙武主義に私淑する所あるが如し。去月二十日市内山崎町西陲舘より呱々の聲を發し。數聲高く叫んで曰く「九州人は硬骨無双の好男子なり。九州人は慈眼愛腸の眞君子なり。今立て蒼穹に嘯き風雲を麾ぐ。其身短褐其眼潤とし。詩腸万斛氣焔萬丈。而して其友とする處の者は硬骨慈眼の九州人なり矣」。と發行兼編輯者は玉名郡伊倉の人福嶋實次氏なり。執筆は東京の人持田某氏なりと。本誌の主義精神。希望。目的等全体の性質は。此誕生の叫聲にて躍々たるが如し。好男子の好男子たる一種風流多情の名詞は。詩魔窟二三の短篇小說に依りて徵候を顯はし。眞君子の眞君子たる一種道德家宗敎家類似の名詞は。古學及び從吾所好の二欄中に幾分隱見するが如し。「其身短褐其眼潤とし」の一句は本誌の体裁を言ひ顯はせり。嗚呼維新以來天下を動かしたる。活氣火の如き我が九州男兒も。一個瀟洒愛す如く陰柔厭ふ可き好男子となり果てしに至つては。我輩九州人の感慨果して如何。

●第四『龍南會雜誌』　是れ第五高等中學校內龍南會より發行せるものにて。同校學生諸氏思想の交換場なり。智力の競爭場なり。感情の調和場なり。文學の修練場なり。而して又た該校全体の機關たるものゝ如し。論說あり。雜錄あり。文苑あり。雜報あり。勅語講釋あり。印刷鮮明にして紙質精美。体裁亦た質素にして可なり。哲學の議論。史學の考證。科學の說明等。燦然誌上に光彩を放ちて。宛然高等中學學藝の博覽會たり。雜報文章の調子は詞藻全湧して才華爛然。編輯者熱切の手腕は此一欄に鍾まれり。然れども誌面統一的の精神生命に乏しく。論文の部類文學的の趣味に富饒なる雄篇乏しきは。本誌の缺點ならん歟。今や號を重ぬる十五。請ふ編輯者諸氏須らく光燄千丈の筆鋒を閃かせ。

●第五『錦溪』　壺川の細流は滾々碧漣を湛はして錦溪の灣に注ぎ。竹林幄の如く老樹鬱蒼大空を掩ふの邊。晨に寒霜を蹈んで暗啞叱陀尙武の氣を鬪はし。夕に天月を望んで沈思冥想文學の源に溯り。彼の日本政界の臥龍先生。九州敎育界のソクラテス。熊本政界のイパミノンダスたる。津田梅溪氏陶鑄の下に働作し。梅溪氏の所謂「藤公祉畔讀書樓。裏有群雄志未酬。壯氣凌波玄海曉。閑情對月錦溪秋。道兼今古推三代。學合東西說五洲。講武修文吾黨業。經綸不獨爲神州」との愛國敵愾的大旆の下に一團体を形成せるもの。是れ則ち九州學院文學部也。錦溪は本年一月二十日同部錦溪書院より第壹集を出版し。爾後續々刊行せるものなり。吾人其發行趣旨を讀むに。始めに「泰西學術ノ潮流ハ滔トシテ天ノ一方ヨリ注ギ東洋固有ノ文物亦其光輝ヲ地上ニ革メントス此間ニ處シテ善ク東西両物ノ權衡ヲ持シ新舊両者ノ調和ヲ圖リ一國ノ光彩ヲ掌上ニ搏丸スルハ是レ當今青年學生ガ自ラ企期スル所ナリ」と東西折衷的の抱負を述べ。終りに「偶々機熟シテ此ニ第一集ヲ發行ス唯文辭ノ攻修講學ノ資ニ益シ相互ノ襟懷紙上ニ相談シ以テ結情ノ鎖トナルヲ得バ我等ガ望固ヨリ足ル豈ニ才華ヲ衒フコト是レ爲サンヤ豈言論ノ機關トシモ曰ハンヤ」とて痛く輕妙浮躁の時流を排せり。先づ此趣旨に依りて本誌全体の性質に向つて推測的斷定を下すに足る。錦溪の編輯者諸氏よ。吾人は雜誌の議論上に於ても。終始一貫せる大信仰の活動を望む者なり。錦溪の誌上此點に於て幾分缺乏を訴ふる所なき歟。吾人は雜誌なるものは縱令片々たりと雖も。決して花鳥風月の友となりて止む可き者にあらざるを信ず。學徒として學窓の下に生活する間に。必ず一步一步社會に親近し。社會の性質を窮究し。以て將來社會的運動の準備を爲さゞる可からざるを信ず。錦溪の誌上幾分此點の注意に缺ぐる所なき歟。妄評多罪希くば海岳の包容を給へ。

●第六『文林餘芳』　吾人と同じく佛陀の靈活勢力に信順し以て九州宗敎界の天王山に立てる。東肥敎校の學生諸氏は此頃題號の如き雜誌を發行せり。頭を回らせば既に一週年前。其名も猛き「深夜之雷」該校の壁內より轟き出すの報あるや。吾人は脚下先づ一莫友を得しを喜び。今か今かと待ちける甲斐もなく。雲烟漠々の際に電光の閃けるを望む而已にて。遂に萬物是が爲めに震盪すてう深夜の雷聲を耳にする能はざりしは。吾人の惘然自失する所なりしも。吾人は猶は大旱雲霓流の希望を屬せしに。果せる哉往時の猛き名に打換はり。其名もいとゞ優美なる文林餘芳とて。香氣紛々鼻を衝き。突如として隆誕せり。彼れ。「空に耀くの月を看よ。園に薰るの花を看よ。嗚呼薰る花か。耀く月か。彼等は眞に能く人の心を惹くものなり」との冐頭に。「嗚呼吾徒は大聲して望む。疾呼して望む。延頸翹足して望む。願くは我佛敎徒の文學をして。耀く所の月よりも美ならしめよ。薰る所の花よりも艶ならしめよ。而して赫々たる佛敎の一大法燈をして。三千世界に炫燿せしめよ」との結末なる發行の趣旨にて。「春日登山ノ記」。「秋曉山ヲ望ムノ記」。「落第生に贈る文」。「花見誘引の文」等殆んど小學生徒の作文稽古の如き。記事論說文。書簡往復文。幼學便覽的の漢詩。竹細工的の漢文を以て。全紙面を塡められたるは。艶麗纖美濃情の漢文家志方敎授を始とし。其他敎員事務員の諸氏に至る迄。實に絕對的の面目ならん歟。嗚呼一方を望めば。彼の反對宗敎の機關は議論縱橫筆陣整々我が熊城の文學界を風動しつゝあるに。縱令非賣品にして生徒一部の玩弄品とは云へ。外部に向つて我佛敎徒の大恥大辱を曝らすの可き。咄々怪事を現出せしめて。殆んど意に介せざるが如きは。佛敎學校の威嚴果して何處にある耶。敎職員の責任果して何處にある耶。吾人は實に熊本佛敎面目の爲め嚴重の取締あらんことを望む。吾輩豈に辨を好まんや。唯だ公平純潔耶蘇敎に對する敵愾的遺憾の情に堪へずして一言する而已。

●佛教通信講義錄第五號

四月廿日發行

◉成唯識論三百題……廣陵了榮師
◉大乘起信論義記……上田照遍師
◉清涼心要……吉谷覺壽師
◉三論大意……江村秀山師
◉十善戒畧譯……釋雲照師
◉佛教信徒之全義務……南條文雄師
◉梵語文法書……善連法彥師

◉本誌定價一冊金拾錢（郵税ヲ要セズ）六冊金五拾七錢十二冊金壹圓拾錢トス總テ前金ニアラザレバ發送セズ

●佛教初等教育 少年の佛教第壹號

四月廿七日發行

（定價金三錢五厘）

◉論談門○少年教徒に於ける論談の必要○日本の佛教。仁海大菩薩○佛教初等教育論。中西牛郎氏○國家と宗教。土陽南陵生◉立志門○立志發憤に於ける歷史の感情○聖德太子松枝を撑ふ（畫入）○遮那王（牛若丸）家系を見て發憤す◉講習門○開智進德に於ける初等講習○三皈戒垂示。釋雲照和尚○六方禮經。江村秀山師○みのりの家庭。英立雪氏○印度修身訓（ヒトパテサ）。大原嘉吉譯◉助業門○楠正成明極禪師に詣る（畫入）◉多聞門○高知婦人智德會に於ける谷子の演說。信哉生筆記◉外敎講習○耶蘇敎摘要。松山松太郎氏

發行所 京都市上京區堺町通リ二條上ル 佛教講學館

第壹回農產品評會廣告

本會農產品評會ハ來ル十月一日ヨリ仝五日迄五日間本會事務所ニ於テ開設ス依テ會員諸君ハ勿論有志諸君ハ多數御出品相成度候也

但種類數量ハ左記ノ通

一米、麥、豆類、繭、生糸、麻、煙艸、菜種、蠶種、綿、以上

但出品數量ハ米、麥、豆類、菜種、繭、ハ各五合宛 ○蠶種ハ壹枚○生糸拾五匁目○麻ハ五拾匁トス

右襃賞授與式ハ十月六日ヲ以テ執行ス

注意

一會員諸君ハ勿論有志諸君ハ可成參觀アリタシ

一會員諸君ハ勿論有志諸君ト雖モ可成出品方御誘導有之度候

一出品物ハ九月廿八日迄ニ當事務所ヘ到着スル樣御發送被下度候

一出品物遞送料ハ規則ノ如ク渾テ出品者ノ自弁トス

一出品物通運便ヲ以テ御差出相成候節ハ尾張熱田通運會社留ニテ日本農民會宛ニスベシ

尾張國愛知郡島野村野並

日本農民會幹事

花園の蛇

○○

毎月一回發行

第一號二月十日

舉世如弓影、宛然入酒茶、筆言能晦毒、談笑妙埋邪、至巧混烏鷺、何人辨霧霞、莫云漫扣籔、花苑欲驅蛇、

鞭ふりていざかりゆかんみよし野の

花も霞もたろちなりけり

發行要旨

滔々たる名利界、外表美を粧ひて内實醜を極む、焉んぞ知らん、爛熳馥郁の百花園、是ぞ毒蛇の潜める巢窟ならんとは、殺風一陣、千紫万紅を散らし、腥焔一裂、月影露光を暗ます、狂瀾巖を碎き、怒濤山と破るは夫れ何の日ぞ、嗚呼花園の蛇、千里の沃野空しく寂寞荒涼の俗世界と化し、萬頃の豐田徒らに枯凋瘦落の乾燥場と變せずんば遂に毒蛇の眞相を呈せざる乎試みに堤上に立ちて金鞭を加へんと欲す、吾輩豈に徒勞を好まんや、

定價 一部金二錢◉一ヶ年前金二十二錢全國一般無遞送料
廣告料特別（五號活字）二十字詰一行一回金拾錢通常金五錢

注意

極貧者にして實際講讀の資力なきものは町村長、或は住職以上の僧、牧師以上の者二名以上の保證あるものに限り本社の見込を以て一ヶ年若くば三ヶ年間純全無代價無遞送料にて配布す、愛國護法の赤衷より成れる本社の微志、察焉

發行所 京都市六角通室町西入第十五番戸 花園の蛇發行所

明治二十五年五月四日　遞信省認可

◉佛教公論第二十七號（四月廿五日發行）

◉論說●佛教青年論（松井栢蔭）●疑問（加藤吶堂）●佛耶兩教婦人の地位（本多澄雲）●教育と宗教の衝突（井上巽軒）◉雜錄●法の枝折（墻外道人）●淨土宗神道傳來緣由（紫雲居士）●懷住錄（十字窓主人）◉時事●惣本山御忌●大隈伯母堂●修史事業の停止●調停遂に成らず●竊盜と強盜●朝鮮東學黨●帝國民に訴ふ●井上博士の來翰●人皮の骨牌●全世界一日の食糧●阿羅汗菩提會●朝鮮の新教●瑞典國王と東洋文學●教徒の危難●一大發見◉小說●合作蘚燈籠（無名子編次）◉廣告◉本誌は毎月二回十日廿五日發行す◉代價は一冊三錢郵稅五厘◉但し數月分代價取纏めて送金する人には本社に於て郵稅を負擔す即ち一ヶ月六錢の割となる

發行所　京都市下京區林下町第七十三番戶內　佛教公論社

大日本佛教軍規約

◉第一章　佛教軍ハ眞理ノ城壘ニ據リ博愛ノ旗幟ヲ樹テ正義ノ利劍ヲ揮ヒ以テ邪見妄執ノ魔軍ヲ退治シ我國體ノ鞏固ヲ圖リ自他ノ幸福ヲ增進スルヲ目的トス

◉第二章　佛教軍ハ總裁一名參謀三名庶務員四名代議員二十五名ヲ置ク總裁ハ當分ノ內虛位ヲ設ケ參謀之レヲ兼務シ參謀庶務員代議員ハ毎年一月總會ヲ開キ投票撰任ス但シ任期各一ケ年トス

◉第三章　佛教軍ニ加入セント欲スル者ハ庶務員ノ承諾ヲ得其住所氏名ヲ軍籍ニ記載シ毎月金三錢宛ヲ喜捨ス可シ但シ喜捨金ハ庶務員之レヲ預リ確實ノ方法ニ依リ之レヲ貯蓄シ本軍ノ運動費ニ充ツ可シ又加入者ハ時々金錢出入ノ帳簿ヲ閱スルコヲ得若シ退籍セント欲スル者ハ其理由ヲ申出デ許可ヲ受ク可シ

◉第四章　佛教軍ハ本營ヲ佐世保軍港ニ置キ當分ノ內西方寺ヲ本營第一部教法寺ヲ本營第二部ト稱シ本營ノ事務所ヲ教法寺ニ置キ分營ハ都合ニ依リ各地ニ於テ之レヲ設ク

◉第五章　佛教軍ハ毎月第三土曜日ノ點燈時間ヨリ本營ニ於テ佛教演說會ヲ開キ（都合ニヨリ分營ニ於テモ開會スルコアル可シ）加入者ハ規約第一章ノ範圍內ニ於テ演說スルコヲ得但シ豫メ庶務員ニ屆出ヅ可シ又演說ハ一宗ノ教義ニ偏シテ他門ヲ誹謗スルコヲ許サズ

◉第六章　佛教軍ハ有名ナル智識或ハ居士ヲ請聘シテ佛教大演說會ヲ開クコアリ又臨時討論會ヲ開クコアル可シ

◉第七章　佛教軍ハ毎年三月敍任委員十名ヲ撰任シ軍人ノ敍任ヲ評議シ之ヲ總裁ニ具申シ總裁ハ日ヲトシテ敍任式ヲ行フ但シ軍人ハ總裁ノ敍任ニ對シテ不服ヲ唱フルヲ得ズ

◉第八章　佛教軍ハ總テ加入者ヲ軍人ト稱シ軍人ハ規約第一章ノ旨ヲ體シ同志ノ軍人ヲ募集スルコニ盡力ス可シ又軍人ノ員數ニヨリ隊伍ヲ編製シ各隊々長ヲ撰任シテ統轄ニ便ニス但シ隊長ハ一ケ年ヲ以テ其ノ任期トス（隊伍ノ制ハ代議員之レヲ定メ總裁ノ認可ヲ受ク可シ）

◉第九章　佛教軍ハ加入者ヲ左ノ五類ニ分ツ

一通常會員　一人ニシテ毎月喜捨金一名分以上ヲ出ス者
一翼贊會員　一人ニシテ毎月喜捨金三名分以上ヲ出ス者
一特別會員　一人ニシテ毎月喜捨金十名分以上ヲ出ス者
一顧問會員　學識或ハ名望アル人ニシテ本軍ノ爲メニ力ヲ盡ス者
一名譽會員　高僧碩德貴顯ニシテ本軍ノ主意ニ贊成スル者

但シ名譽顧問ノ二會員ハ毎月ノ喜捨金ヲ要セズ尤モ何人ヲ論セズ臨時ノ寄附金ヲナストキハ之レヲ帳簿ニ特筆シテ永ク其ノ厚意ヲ謝ス可シ

◉第十章　佛教軍々人ニシテ不品行ノ聞エアルトキハ代議員ノ協議ヲ經テ總裁ヨリ之ヲ忠告シ或ハ軍籍ヲ除クコアル可シ

◉第十一章　佛教軍々人ハ互ニ親睦ヲ旨トシ吉凶相慶弔シ又縱令規約外ノ事ト雖モ其ノ良心ニ鑑ミ常ニ本軍ノ體面ヲ汚サヽルコヲ注意ス可シ

◉第十二章　佛教軍ハ代議員ノ決議ヲ經總裁ノ認可ヲ得テ此規約ニ修正ヲ加フルコアル可シ

◉附　佛教軍ノ將來竊カニ希望スル事業ハ大畧左ノ如シ

◎一本軍ノ主義ニ契フタル書籍ノ施本又ハ貸本ヲ爲シ或ハ書籍雜誌新聞ノ縱覽所ヲ設クルコ◎一傳道委員ヲ無教地ニ派出シテ法田ヲ開拓スルコ◎一私學校ヲ設ケテ青年男女ヲ薰陶スルコ◎一慈善事業ヲ企テ貧民ヲ救助スルコ◎一慈惠醫院ヲ開テ汎ク施藥施療スルコ◎一機關新聞或ハ雜誌ヲ發行シテ本軍ノ主意ヲ擴張スルコ◎一神明佛陀ノ加被力ニ憑リ本軍ノ主義ニ基キ先ヅ九州人士ノ精神的結合ヲ圖リ爰ニ原動力ヲ爲クリ然後上國ヲ席卷シ施ヒテ字內萬方ニ及ボスニ至テ始メテ本軍ノ能事畢矣ト爲ス

肥前佐世保軍港　大日本佛教軍本營

第貳拾貳號

明治二十六年五月三十日出版

（毎月二回）

國教第貳拾貳號目次

●國教雜誌規則摘要

一本誌は佛教の運動機關として每月二回(國教)を發刊す
一本誌は宗派に偏せす教會に黨せす普く佛教界に獨立して佛徒の積弊を洗滌し佛教の新運動を企圖すへし
一本誌は諸宗教の批評及ひ教法界に現出する時事の問題を討論し每號諸大家の有爲なる論說寄書講義演說等を登錄し其教法關係の點に至りては何人を撰はす投書の自由を許し本社の主旨に妨けなき限りは總て之を掲載すへし
但し原稿は楷書二十七字詰に認め必す住所姓名を詳記すへし
一本誌代金及ひ廣告料は必す前金たるへし若し前金を投せすして御注文あるも本社は之に應せさるものとす
但本縣在住の人にして適當の紹介人あるときは此限りにあらす
一本誌見本を請求する者は郵券五厘切手十枚を送付せは郵送すへし
一本誌代金は可成爲換によりて送金あるへし尤も辭陬の地にして爲換取組不便利なれは五厘郵券切手を代用し一割增の計算にして送付あるへし
一本誌代金及ひ廣告料は左の定價表に依るへし
但本誌購讀者に限り特別を以て廣告料を減することあるへし

雜誌代金

冊數	一冊一回分	十二冊半箇年分	廿四冊一箇年分
定價	五錢	五拾四錢	壹圓
郵稅共	五錢五厘	六拾錢	壹圓拾貳錢

廣告料

廣告料は行數の多少に拘はらす五号活字二十七字詰一行一回三錢とす但廣告に用ゆる木版等本社に依賴せらるゝときは廣告料の外に相當の代金を請求すべし

明治廿六年五月廿九日印刷
明治廿六年五月三十日出版

編輯者　熊本縣玉名郡石貫村千百八十一番地　森直樹
發行兼印刷者　熊本市安巳橋通町七十五番地　志垣弘

發行所　熊本市安橋通町七十五番地　國教雜誌社
印刷所　熊本市新壹丁目百二番地　汲古堂

國教第貳拾貳號

社説

日本佛教徒と世界的觀念

默々居士

浦賀灣頭米艦の煤烟天に漲き。世界大勢の輝光燦として。我蜻蜓洲裡。數百年間の閑眠を驚破するや。當時佛門の偉人。愛國敵愾の詩人。長防二州士氣の激勵者。眞宗の吉田松陰たる。清狂上人をして。

猛火輪轉揚黑烟。萬里飛來蒸氣船。船身百錬鎔銅鐵。波間運轉箭離弦。更見軍船載大礮。砲門四開金城堅。江戸海門浦賀港。四船帆檣高聳天。自稱合衆國王使。水師提督臣彼理。奉其君命齎其璽書。航海遠來請二事。通商開港救漂民。速於南境指一地。咄彼么麼小醜夷。何甚不遜呈書辭。宜斬其使鼓士氣。相摸太郎是我師。我在空門猶切齒。廟堂諸老何遲疑。何況江戸征夷之幕府。一毫肯受蠢蠻侮。大樹將軍赫震怒。下命群侯張我武。防海大軍三十萬。勇猛如貔又如虎。龍蛇浮涙動旌旗。雷霆震地鳴鼙鼓。

と悲歌慷慨せしめたる。攘夷の激論は忽ちに變じて開國の親和となり。夷狄と叫び。禽獸と罵り。腰間の秋水を閃かして。碧眼の首を斬り。赤髯の血を流さしめたる。暴激の手段は。何時の間にやら。烟の散るか如く。霧の消ゆるか如く。倏忽變轉。電閃夏猶寒の秋水は。塵埃深き骨董店の幽奥に葬られ。夷狄の帽を蒙り。禽獸の裝を試み。腰間の秋水に換ゆるに竹木の輕杖を手にし。而して往日其首を斬り絶叫快哉を呼びし。碧眼の脚下に俯服して碧眼の教誨を仰ぎ。赤髯の典籍を繙ひて赤髯の文明を浮慕艶羨是れ日も足らざるの有樣となれり。嗚呼世運變遷の奇々怪々なる驚く可き乎。抑も亦た嘆ず可き乎。然りと雖も。是れ敢て怪む可きものにあらず。亦敢て驚く可きものにもあらず。而して亦た敢て嘆ず可きものにもあらず。何となれば。是れ實に天地開闢以來。人類生出以來。人文の光を發せし以來。進歩の女神が可憐の眸を宇宙に印せし以來。眞理の紅旭が白雲翠霞を破りて宇内に映せし以來。未だ嘗て一日も。一時も。一分も。一秒も。一刹那も。其運動を停止せざると。恰も河流の滾々流れて止まざるが如くなる。佛陀の所謂因縁因果の大經大法が其主宰力となりて。彼が如き我邦の一大變遷を惹起したればなり。

今や我邦は内外の大勢因緣交感して。古今千載未た曾て有らざる大變化を遂げんとしつゝあれり。世界文明の大潮流は汪々として大八洲裡に氾濫し。無形の思想界も。有形の物質界も。悉く此の大潮流に沐浴して。最純最潔なる新面目を刱起するの光景となれり。觀よ社會の組織は如何に變せしや。國家の制度は如何に革まりしや。國民生活の程度。人心革新の萌芽。政治運動の活劇等は。如何に大帝國の全面に影響せるや。鐵道の敷設。電線の架設。郵便の增殖。道路の整頓。船運の便利。器械の發明。印刷の進步。學問の傳播。敎育の普及。人智の發達等の諸勢力が。各種の線路に向つて異樣の功績を奏せる結果は。倏にして舊思想の排斥となり。忽にして舊社會の破壞となり。倏にして新思想の擴張となり。忽にして新社會の建設となり。倏にして國民生活の現象を一變し。忽にして人心革新の萌芽を促がし。倏にして專制政治の寂滅となり。忽にして立憲政治の創立とならしめしにあらずや。

夫れ然り我佛敎も亦た千有餘年。傳播し來り。發達し來り。變遷し來り。勃興し來り。停滯し來り。衰頽し來り。腐敗し來りたる。其全体を此風動潮流の中に投じて。愈々其盛衰興亡の命運を決せざる可からざるに至れり。嗚呼方今の我日本は實に千有餘年其步脚を托し來れる佛敎が。外は耶蘇敎の鋭鋒を挫き。內は自己の勢力を揮ひ。以て年來の衰勢を一變し。以て將來の命運を指導し。以て世界的佛敎の大氣運を駕馭し。而して我社會に。我國家に。我國民に。我政治に。我文學に向つて。其慈仁清高なる特色の感化を及ぼし。進んで東洋列國を光被す可きの機會を備へたる境遇なりと謂はざる可からず。

果して然らば我佛敎は如何にして其衰を避けて其盛に進み。其亡を排して其興に上らんと欲する乎。如何にして潮の如くに侵入せる魔軍の衝に當らんと欲する乎。如何にして內部の勢力を發せんと欲する乎。如何にして外は世界大勢の氣運に應じ。內は舊佛敎の改革を謀らんと欲する乎。如何にして我日本の國家上。社會上。人心上に其眞理正義の活水を注入せんと欲する乎。吾人は問を發して此に至れば。信徒固より團結せざる可らず。敎會固より結合せざる可らず。新聞固より發刊せざる可らず。雜誌固より刊行せざる可らず。書籍固より印刷せざる可らず。敎育固より擴張せざる可らず。傳道固より熱切ならざる可らず。敎理の講究固より熱中せざる可らず。信仰の活泉固より吸收せざる可らず。然れども日本佛敎徒眼前目今最重切要の問題は。世界の大勢と佛敎の氣運を明決判斷して萬世の規摸を確定するにあり。硝烟空に漲り。彈丸霰の如く。兩軍吶喊天地を震はすに方りてや。勇往直前敵軍を擊破して勝利を制するの外。又其他を顧みるに遑あらざるなり。一輪の火船大波巨濤を蹴りて。遠征萬里の航行を企てし者。茫々たる太洋の中。暴風俄に起り。激浪山の如く。艦体殆んど覆沒せんとするに際してや。命運を天に任かせて希望の彼岸に進行せんと欲するの外。亦た他に術なきなり。今や我佛教各宗が世界大勢の激潮狂流中に立ちて。大に爲す所なかる可らざるは。恰も両軍の接戰の如く。叉た暴風遭逢の瀛船に似たり。若し然りとせば。我佛教各宗徒は。世界大勢の電光雷鳴に向つて飽く迄其眼を放ち。其耳を聳て。其心を注がざる可らざるなり。

方今我佛界の急務は。我各宗佛徒多數の腦裡に世界的の觀念を吹き込むにあり。我各宗佛徒の多數をして一擧一動一歩一行成る可く。世界的運動に親近せしむるにあり。何となれば眞正なる佛教は世界的佛教たらざる可らず。佛教にして世界的の佛教たらざる佛教は。眞正の佛教と稱するに足らざる也。抑も佛教眞理の眼中には。唯だ人類の心界ありて人種の區別なきなり。佛教生命の眼中には。唯だ萬民の救濟を望んで國家の限界を顧みざるなり。吾人人間の相對的有限の精神と絶對無限なる佛陀の靈活勢力と冥合交接せしめて。至大至剛の活力を發生せしめ。人間を人間としての完全なる域に臻達せしむるものは。佛教の最大主眼とする所なり。故に佛教眞理の活氣を呼吸し。佛教生命の活水を飲み。佛教の最大主眼を以て其大職分とするの佛教家たる者は。縱令一方に於ては。差別上の列國對持の國家的境界に制限せられ。一國々民たるの資格として。護國の爲めには劍銃を荷ひ。千軍萬馬の際に馳せ。以て愛國報國の赤心を表せざるを得ずと雖も。其終極の目的とする所は。一時の現象にあらずして永遠の本体にあり。有限の境域にあらずして無限の範圍にあり。國民の形軀にあらずして人類の精神にあり。然れば其心裡の全面には始終一貫。前後一徹。世界。人類。宇內。萬民。天下。衆生。絶對。萬國。無限等の平等上の大觀念を印象せざる可らず。此平等上の大觀念を有して。始めて世界的佛教運動の精神も奮ひ。海外傳道の氣象も興る可し。我東洋佛教は實に世界的宗教の冠冕たるものなるにも拘はらず。從來我佛教徒が宗教の最強生命たる。海外傳道の勇猛心に乏しかりしは。平等上の世界的觀念に薄弱なりし點。是れ其最大原因たらずんばあらず。

我日本佛教徒にして。若し此世界的觀念に缺乏せん乎。如何に喧囂熱躁教學と唱へ布教と呼ぶも。將た何の功があらん。如何に千言萬語改革の旨義を唱說するも。決して何等の反響も生ぜざる可し。若し一朝此世界的觀念にして。我邦多數佛教徒の腦裡に鏤刻せられん乎。其信仰擴張の奮興的威幣は。忽に發して燄々天を焦がすの一大猛火となり。從來佛徒の停滯鼻屈の悪分子は是が爲に燒燼せられ。新鮮活潑の活動力も亦た是が爲に發生せんとは。吾人の深く信認する所なり。

吾人進んで我佛教各宗徒が世界的觀念の多少。及び世界的運動の程度を探究し來れば。其觀念の多少。其運動の程度は。其宗祖の經歷行爲の如何に關係する所尠少ならざるを見る。若し佛門の賈誼其人ありて。今日日本佛教の中心たる西京に入り。三十六峯の絶巓に踞し。一度思を各宗開闢の當時に馳せ。再び想を現今各宗の擧動に注がば。蓋し思半に過ぎん哉。看よ彼れ殿堂の宏壯偉觀各宗零敗の伽藍と睨み。彼れ末寺の多數。信徒の群集各宗の上に出で。彼れ金力の强大。門閥の威勢。俗氣の衒耀亦た各宗の上に位し。彼れ人物の濟々。布教の運轉。宗政の秩序。教育の完備。時勢の注目。時流の崇拜。投機の策略。亦た以て各宗に冠たる。眞宗各派が世界的の觀念に乏しく。世界的の運動に盲聾たるを。嗚呼彼れ明治の初年早くも天下の大勢を豫察し。嶋地默雷。赤松連城。梅上澤通。光田易然諸師をして。海外視察を爲さしめたる眞宗にして。彼れ大谷光瑩。石川舜台。南條文雄。笠原研壽諸師をして。海外渡航或は歐米留學を試みしめたる眞宗にして。彼れ小栗栖香頂師をして支那開教を企てしめたる眞宗にして。彼れ北畠道龍師をして渡天歐遊を行はしめたる眞宗にして。彼れ藤島了穩。菅了法二師をして。英佛に留學せしめたる眞宗にして。彼れ生田得能。東温讓。善連法彥。小泉了諦。川上定信。德澤智慧藏諸師を暹羅印度に派遣したる眞宗にして。彼れ井上圓了。中西牛郞。禿了教。小林洵諸氏の歐米週遊を隱に翼賛したる眞宗にして。今日世界の觀念に乏しきは。豈に咄々怪事ならずや。今日世界佛教運動の大勢に向つて。冷々淡々何の計畫する所もなきは。豈に咄々怪事ならずや。今日佛院伽耶回復事件の神聖運動に向つて。教理の變動を惹起せん乎との妄想杞憂を抱いて眞言宗の後に瞠若たるが如きは豈に咄々怪事ならずや。今日萬國宗教大會事件に對して。天下人心の希望厚意に辜負し。日本佛教家の德義に背き。我邦眞宗の恥辱を海外に曝らし。遺憾至極にも亦た米國耶蘇教者の輕蔑的蹂躪を蒙り。熱腸義烈なる海內多數の眞宗青年をして。蒼天を仰いで千行の紅淚を掬せしめ乍ら。恬然として以て天台。臨濟の後に叩頭するが如きは。豈に咄々怪事ならずや。嗚呼眞宗の泉源たる。大無量壽經に謂はずや。『所修佛國。恢廓廣大。超勝獨妙。建立常然。無衰無變』と。今日の眞宗徒たる者。豈に山青く水淸き邊。融々樂々煩惱の夢に耽るの時ならんや。須らく金剛の眞心を擴皇して四海に及ぼし。無尋難思の光耀を掲げて絶域の群萠を照らし。以て此の恢廓にして廣大なる。無量壽佛の王國を現世界の表面に建設せざる可けんや。

吾人は世界的運動の爲め。佛教對外運動の爲め。蹋內。鎖國。退守の潤流漲れる現時の眞宗を論撃して此に至れば。各宗開祖歷史的回顧の感慨。滾々心海に湧出するあり。嗟呼彼れ胸中眞理疑念の雲霧を晴らし。曚昧無智の人心を光明の域に導かんが爲め。日本海の怒濤を蹈んで支那に苦學し。歸朝の後ち眞言宗を盛にし。天台宗を弘め。臨濟宗を起し。曹洞宗を傳へられたるものは。實に是れ空海（弘法）。最澄（傳教）。榮西（千光）。道元（承陽）の諸大德にあらずや。此海外渡航たる開祖追懷の歷史的感情に依りて。彼等諸宗徒の多くは最も海外の觀念に富めり。宜なる哉彼れ諸宗の人物が今日世界の大勢に向つて。其膽氣を皷するの勇且つ敏なるや。飜つて眞宗。時宗。淨土。日蓮。融通念佛の諸宗徒が。概して今日世界の觀念に乏しき原因を究むれば。其開祖たる諸碩德が。交通の不便。或は種々の事情に障へられて。海外の天地に出る能はず。空しく蕞爾たる日本一國の範圍內に運動死生せられたる。流風遺澤冥々の裡に彼等諸宗徒の腦裡に感染したる。積弊舊慣に原づかずんばあらず。嗚呼佛教徒にして世界的觀念に薄弱ならん乎。是れ佛教徒自ら佛教の生命を殘賊する者なり。吾人此に至り肅然容を正ふして『吾れ王侯の位を視ること隙を過る塵の如く。金玉の寶を視ること瓦礫の如く。紈素の服を視ること弊帛の如く。大千界を視ること一の訶子の如く。阿耨池の水を視ること塗足の油の如く。方便門と視ること寶聚を化するが如く。無上乘を視ること金帛を夢るが如く。佛道を視ること眼前の花の如く。禪定と視ること須彌柱の如く。涅槃を視ること晝夕の寤めたるが如く。倒正と視ること六龍の舞ふが如く。平等を視ること一眞地の如く。興化と視ること四時の木の如し』との大聖釋尊の訓誨を拜誦し。凛乎として婆羅門的惡差別の佛教徒を大聲喝破するを躊躇せざる也。

論說

東洋佛教の歷史的觀察

在大坂　中西牛郎

眞理は思想なり。思想は事實なり。故に佛教にして完全美麗の眞理たらば。其人類邦國の歷史に顯はるゝ所。亦た完全美麗の感化なかる可らずと。此れ單純なる論理に基ひて立言したるものなり。然れども人事の複雜なる人種。形勢。社會。

政治。法律。學問。技術。宗教。習慣。風俗。同一の社會に於て其感化影響を及ぼし。以て各國民の品性價値を鑄造するは。恰も許多異色の光線映射錯綜するが如し。故に社會全体の上よりして觀察する時は。宗教の占領する感化は。最も重大なりと雖も。亦た其一部分たるに過ぎざるべし。然るに社會全躰の進歩を以て。此一部分たる宗教の感化に歸し。又之を罪せんとするが如きは。頗る偏見にして識者の取らざる所なり。然れども宗教の感化は誠に重大なり。而して其感化は無形的の進歩に關す。之に反して社會。政治。法律。技術の感化の如きは。有形的の進歩に關するものなり。然るに從來東洋の佛教には教會歴史ありて宗教歴史なし。教會歴史とは其教理の傳統。分派。儀式に係るものに過ぎずして。其教の國民。道德。政治。社會。文學及び富裕の進歩に關するが如きは。更に論及せざる所なり。故に吾人は歴史上よりして。東洋の佛教を觀察せんと欲するも。從來我邦及び支那に存したる教會歴史は。一として吾人が講究の材料に供するに足らず。然るに此際に方りて。サミユエル、ヂヨンソン氏が東洋宗教と題したる著書は。實に吾人の目的に應じ。吾人の講究に裨益するを以て。吾人は氏が議論の意を撮りて。以て此論の半幅を補はんと欲する也。

ヂヨンソン氏の着眼は奇警なり。公平なり。其論ずる所は往々人の意表に發して。庸俗の定見を翻案するもの尠らず。其言に云ふ。『現時我歐洲の文明なるものは。其實各種の勢力均く各種の線路に於て運動するものにして。基督教も亦た此一種の勢力たるに過ぎざるなり。或は基督教を以て。東西文明の鴻溝を畫せんと欲するものあるも。歐洲文明は其感化を及ぼすの諸勢力實に多くして。其斯の如く廣大充實なるは。主として其人種の氣力に富み。万事擴張に熱心なるに依る。而して其政治の自由。其理科學の應用は。又其有力なる源因なりとす。基督教の如きは此文明を援るの功あると同時に。亦た之を害するの罪あるものなり』と。實に然り。徒に宗教の功あるを知りて其罪あるを知らざるものは。是れ亦た偏見にして共に語るに足らざるなり。基督教の如きは吾人實に其功の頗る盛にして。又其罪の甚だ大なるを見るなり。獨り吾人が佛教の爲めに誇る所のものは。其戰爭の慘禍を生ぜず。智識の進歩を害せざると是なり。

第壹　佛教の傳播力

個躰宗教として觀るときは。佛教は誕生したる鄉里に於て。旣に死して葬られたり。只其思想と感情とを後に殘したるに過ぎざるなり。然れども一統宗教として觀るときは。佛教の勝利は實に彰著なり。即ち印度に於て諸宗敎の忘想。虛儀。腐敗と一掃して。之に與ふるに不滅の勢力。活潑の運動を以てし。諸宗敎の形骸を脫せしめずして。自ら其一大精神となり。更に進んで印度境外に遠く勝利を得たり。

彼の學識信仰古今に卓絕したる。支那佛敎徒玄奘氏が。流沙を渉り雪嶺を踰へて印度に入りたるは。實に歐洲紀元第七世紀の頃にして。此時往昔に於て隆盛を極めたる佛敎各邦は。早く既に將さに來らんとするの衰運を見はし。異端の徒競ひ起りて詭激の說を唱へ。其後二百年を出でずして。大聖世尊の榮光は天に歸し。哲學と道德とを以て兩極とし。迭に平和の戰を挑んだる大小二乘も亦た其跡を絕ち。遂にモスレムの種族北方より進入し。堂々たる帝國を顚覆するに及んで。佛敎徒大に迫害を被り。或は先聖の經典を抱き。或は學派の遺書を携へて四方に散するに至れり。然れども此迫害を待ちて。佛敎の眞理始めに四表に光被すとせんや。佛陀昇天の後二百年を經て。佛敎夙く既に北印度の國敎となり。歐洲紀元第一世の末に至りては。錫蘭。カシミル。カプリスタン。北韃靼の國民を驅りて全く佛敎に歸せしめ。支那に於ては帝王躬ら佛陀の至尊至聖なる像に拜跪俯服し。佛敎の經典は遍く此道理主義の帝國に流布し。此後六百年間。印度は全く支那巡禮者の聖土となるに至れり。然るに此生命ある信仰は。錫蘭よりは一轉して後印度。緬甸。暹羅及び東方半島に進入し。北印度よりは更に進んで西藏に達し。支那帝國よりは東方に向つて高麗。日本を歸化せしめ。遂に遠く太洋を踰へて。世界の他の表面なるメキシコに進んで止む。而して其信徒の數を云へば。少くとも世界人口四分の一を占領せり。然るに此傳播と共に其感化の偉大なる勢力を知らんと欲せば。彼のファザー、ハックが喇嘛僧（蒙古西藏の佛敎僧侶）の行爲を見て。嘆美せし所を聞くに如かず。

嗟吁彼等は彼等を接待する凡ての邦國に入れり。彼等が渉らざるの大河とてはなく。彼等が踰へざるの高山とてはなく。彼等が訪はざるの人民とてはなく。彼等が識らざるの習慣風俗言語とてはなし。人或は疑ふて云はん。天地間必ず別に彼等を驅りて勇往奮進せしむるの一大不可思議力あらんと。實に上帝は彼等の脈管に一大熱望を注入して。世界を動かさしむるもの丶如し。而して此秘密なる本能は佛敎徒實に最初より之を有したり。蓋し此勢力は佛敎が全世界の人類に對する義務。必要。同感。希望より生ずるものにして。佛敎は實に其中に信仰。國民。國名の限界を知らざる。一大共和的宗敎の精神を含蓄したり。實に基督敎徒が四海を翺翔して其教を傳ふるの熱心は。佛教の遺風と學んだるに外ならず。嗟吁佛教が其明瞭なる自覺なる目的を有したるの日にありては。彼等は果して如何なる大感化大勢力を有したる歟。

佛帝の最も實際なる平和なる博愛なる福音に感化せられ。之を政治上に實行して大に勳績を輝したるものは。問はずして阿育帝なるを知る。帝は紀元前第三世紀の中頃。パタプトラ國の王位に登り。其始實に不德の人たりしなり。然れども在位四年にして始めて佛教に歸し。忽ち感ずる所あり。自ら佛教主義を實行して。大に寛大自由の政を施し。其盛德大業赫々として。東洋の歷史に一大光采を添ふるに至れり。蓋し帝は最も熱心なる佛教徒と雖も。異教の徒を待つ極めて公平にして毫も偏私する所あらず。且つ博大なる世界主義を唱道して云く。『全世界人類の福祉を目的として働くより高尚なる義務はあらず』と。佛教の盛運を極むる阿育帝實に與りて力あり。故に政事家として東洋福音の傳播を援くるの點よりして云へば。帝はコンスタンチン大帝に比すべし。然れども其主權者として公平正義異教の徒に偏私せざるに至りては。彼のマルカス、アウレリユスを除きて。天下古今豈に復た其儔匹あらんや。

第二　佛教の開化力

凡そ東方亞細亞の各邦に於て。佛教感化の到る所は仁義。深切。同感の情盡く其國民の間に生じ。時と處に依りては佛教或は衰頽腐敗するを免れずと雖も。吾人は此衰頽腐敗の極點に於て。猶ほ佛教が不學。無識。停滯。失望を救ふの勢力あるを信ずるものなり。彼の暹羅人と云ひ。緬甸人と云ひ。他の點よりして云ふときは。野蠻未開たるを免れず。然れども其病を恤み。其弱を援け。其老を憐み。其異邦人を優遇し。其敵に對して殘酷の所爲をなさゞるに至りては。實に歐洲文明の國民をして慚せしむるに足るものあり。

亞細亞列國に於て佛教の進入したる所は。其腐敗して振はざるにも係はらず。猶ほ人民に於て友愛の情觀る可きもの有り。普通の教育進歩するもの有り。疾病。鰥寡。孤獨。貧窮の爲めに設立したるの各院有り。沙漠の中に掘りたるの泉有り。路傍に樹蔭を作りて旅客長途の熱勢を防ぐもの有り。妄に生物を殺さゞる行爲有り。血牲を禁ずるの習慣有り。慘酷不義を惡むの本心有り。奴隷の如き之を全廢するに至らざるも。最も温和に之を待つて以て奴隷を廢止するの必要を見ず。肉刑大辟の如きは一時往々之を廢したるの諸國あり。

次に佛教感化の及ぶ所。東洋各邦一致聯合の勢力を生ずるは是又一大事實なり。而して佛教は實に此勢力の中心となれり。東洋各邦は其土地の事情異なるにも係らず。其風俗。習慣。思想。感情の千態萬狀なるにも係らず。只佛教信仰の一點に至りては。各國民。各社會。各階級。其歸嚮する所を一にし。同一の教理を有し。同一の傳說を有し。同一の文學を有し。僧侶は傳道を以て。信徒は順禮を以て。遠きものは集り。離るるものは合し。實に佛教感化の到る所は。未だ全く社會の階級を打破するに至らざるも。上王侯より下賤民に至る迄。佛陀の愛と以て中心とし。同一の目的に向つて集合することは。恰も磁鐵の迭相牽引するが如し。故に東洋の社會に於て共和的の元素あるものは。獨り佛教に限れり。而して此共和的の元素は支那。印度。中央亞細亞に於て猶は其存在するを見る。是れ泰西國民が當さに稱嘆す可き所なり。

蓋し婆羅門教の僧侶は厭世斷欲の主義を墨守し。社會と離緣して。山林幽僻の地に超然世塵を避けて。自ら隱遁者となれり。佛教は最初より此主義に反對し。務めて都會繁盛の中央に於て教會を設立し。其僧侶は自ら職工となり教師となり。或は他の職業に從事し。平民の間に雜居して其利益の中心となれり。乃ちニーポル。西藏の僧侶の如きは。今猶は此遺風を保存するものにして。ニーポルの僧侶は厭世斷欲の主義を拋擲し。自ら一種の職業を選んで之に從事し。西藏の僧侶は或は技術家となり。或は學校教師となり。或は職工人となり。或は勞力者となり。其人民と雜居して相親和し。日常の間に之を感化し。又以て職業の尊貴を示したり。ホッグソン氏嘗てニーポル佛教の有樣を感嘆して云く。『盛なる哉此國は實に佛教の寺院を以て充滿したり。然れども此廣濶なる寺院は職業喧囂の聲。婦人女子歡笑の聲と以て鳴り響きたり。此寺院には職業の人も入るとを得べく。身を獻じて聖職となるの人も入るとを得べく。婦人も亦た男子と同等の權利と以て入るとを得べし』と。實に此等佛教の僧侶は大膽なる案內者なり。有爲なる殖民者なり。猛健なる共和主義の擴張家なり。彼等は社會階級の最下層なる職工勞力者に至る迄。福音と傳へ農業を奬勵し。北方蒙古の獷猂なる種族にすら。文字技藝及び善美の風俗を薰陶し。印度。ニーポル。西藏。錫蘭。支那に於ては。學術講究の爲めに清閑なる寺院を設立し。書籍を以て堆積したる文庫と設立し。廣大豐富なる文學を作爲し。高麗より暹羅に至る迄。南方亞細亞の間に嘗て理想的の目的を以て移住を促がし。中央及び東方亞細亞に於ては。建築彫刻の美術と振起して盛に動績を顯はし。印度に於ては民法社會政治上に一大革命を惹起せり。之を要するに。佛教僧侶の活澄有爲なる彼の羅馬舊敎を除きては。空前絶後別に其匹儔あらざるなり。

（未完）

佛界の理想と現實

松山緣陰

理想は猶ほ潔白無垢なる大理石を以て彫作したる女神像の如し。此理想を以て現實を觀る時は。恰かも古木偶像に異ならず。偶像の古びたる塵垢腐朽之を金玉煌々の殿堂に安置し。愚民の眼を眩惑し。强て其尊信を買ひ。之として其前に拜跪せしめんと欲す。何ぞ其れ陋なるや。潔白無垢の女神像を信ずるの徒。焉ぞ其醜態を坐視するに忍びんや。蹶起直進彼の偶像を一倒し。自己心中の女神を奉じて之に代らしめんとす。於是乎軋轢起る。於是乎破壞起る。於是乎革命起る。

人固より仰で理想の光を望まざるべからず。人固より俯して現實の狀を察せざるべからず。現實を顧みずして妄に理想に走する者。其弊や激となり暴となり狂となる。心霧濃密理想の光を遮り。現實の情に纒縛せらるゝ者。其弊や優柔となり停滯となり腐敗となる。激烈と優柔と相對し。暴進と停滯と相對し。狂妄と腐敗と相對す。其間衝突なからしめんことを欲するも豈に得べけんや。現今我が政治界何ぞ其れ紛々たるや。現今我が宗敎界何ぞ其れ擾々たるや。今其然る所以を尋ねれば。蓋し理想現實相衝突するにあらずんば。現實と現實と其弊惡相攻むるに外ならず。其奮然として理想に近接せんと望む者は進步主義者なり。戀々として現實に固着せんと慕ふものは保守主義者なり。予輩固より進步主義者を疾視せず。予輩固より保守主義者を敬愛せず。進步主義未だ必ずしも愛すべからず。保守主義未だ必ずしも厭ふべからず。進步と保守と互に旗幟を樹てゝ相爭ふに至るもの。いづれか一方の弊惡に由る。故に勉めて之として中正の地に歸せしめざるべからず。理想と現實と適和する處。之を中正を得たりとす。既に大中至正の地に立つもの。豈亦た進步と呼び保守と叫んで互に相爭ふを要せんや。

然りと雖も。屑一層理想に接近せんと欲するは人の天性にして。卽ち人は進步的動物なり。若し來つて理想の進路を遮斷するものあれば。其勢之を除かずんば止まざるなり。猶ほ海浪の暗礁に衝激するが如し。優柔不斷進むべきの機會あるも空く之を去らしめ。停滯不動世の大勢を疎んじ。腐敗骨髓に徹して。恬然之を悟らず。現實の弊惡陋醜其極に達するときは。猶ほ海浪の暗礁に於けるが如く。理想の勢力は必ず暴波狂浪を捲起して。之を打たんとす。是れ勢の止むべからざる所なり。然らば則ち時に理想現實相衝突するの不幸を見る。誠に欲界凡情の免れざる所なりと謂ふべし。

今や宗教界時運に迫まられて。一大變革の機に近づけるものゝ如し。我が佛教界の如き。其教徒の信ずる所。最高遠の理想にあり。故に現實の雲に蔽はれて。理想の明光を遮るの弊理に於て萬々無かるべき所なり。然れども若し優柔。停滯。腐敗凝つて頑氷を結び。理想の光之を照し之と溶解し易からざるときは。其燒點終に猛然烈火を發せんとす。於是乎革命の變起る。豈に深く戒懼せざるべけんや。若し夫れ現實と現實と其弊惡相攻め。紛々たる醜態を呈するが如き。亦た誠に慚愧に堪へざるにあらずや。

特別寄書

教育と宗教の衝突（接續）

文學博士　井上哲次郎

今現に新約全書中國家の事に關する字句を搜索するに。馬太傳第十二章第廿五節に云く。「凡國自相分爭。必墟」と。此文又路加傳第十一章第十七節に見ゆ。其意は如何なる國も四分五裂すれば。必ず滅亡すと云ふにあり。然れども此の如き事は如何なる人も已に知る所にて。又別に國家主義と稱すべき旨意を鈎出するを得ず。但々耶蘇教徒が我邦の國家主義に反し。民心の統合一致を破るが如き痕跡あるを以て之を觀れば。若し今より盛に耶蘇教を我邦に振興せば。耶蘇教徒は遂に國家をして墟ならしむるにあらざるかの感ある而已。其外耶蘇屢々國の事を言へど。皆天國なり。吾人の富强にせんと欲する此地上の國家にあらず。此大日本帝國にあらず。此蓮嶽琶湖の美景を有する邦國にあらずして。全く空想に係る天國を指すに過ぎざるなり。馬可傳第十四章第廿五節に云く。「我誠告爾。我不復飮葡萄樹所産者。迨他日飮新者於神之國矣」と。果して然らば天國には葡萄酒ありと見ゆ。印度の蘇摩。波斯の「ハオマ」。希臘の「ヂオニヅス」及び「バクヒコス」を驅りて彼處に至らしめば必ず興會淋漓ならん。然れども天國なるものは本と唯々空想のみ。決して勅語の主意の存する所にあらざるなり。然るに自由基督教第二卷第五號に云く。「基督教豈に毫も勅語と矛盾せんや」と。勅語と耶蘇教とは到底同一視し難きものあるを知りて之を言はゞ欺騙に過ぎず。知らずして之を言はゞ其不學を表はすなり。又一歩を進めて之を考ふるに。此地上の國家は却りて是れ眞實の天國なり。吾人の住する地球は。幾千萬億の星の一つとして無限の空間中に懸り。東西も南北も左右も上下も皆茫々たる無限の空間なり。天は唯々地球の上のみを指すべきにあらず。地球の下も地球の左右も。如何なる方位も皆天なり。之を要するに吾人人類は皆蒼々たる天心に行動するものなり。果して。然らば吾人は已に眞實の天國にあり。何んぞ別に空想的の天國を要せんや。

耶蘇教徒或は云ふ。成程耶蘇教は天國を希望するの宗教なり。然れども其教旨の如何なる國にも戻ることなきは。歐洲の强大なる諸國に行はるゝを以て知るべきなりと。是れ毫も歐洲の事情に通ぜざるより起る所の謬見なり。鳥渡表面上より觀察を下だせば。歐洲の諸國は……土爾其を除くの外は……皆耶蘇教國なるを以て。耶蘇教は國家に適せざるものにあらざるが如し。然れども詳細に觀察し來れば。耶蘇教國と稱する國に於ても。耶蘇教は決して充分に行はれ居るにあらず。殊に近世耶蘇教徒が抵抗するにも拘はらず。科學の進歩迅速なるが爲め。耶蘇教は益々勢力を歐州に失ひ。唯々古代の習慣として尙ほ其形體を存するも。其精神は已に消失せり。之を譬れば。猶ほ蟬の脫殼のごとく。表面上より見れば。或は誤りて生命あるものとすべけれども。近寄りて其內部を見れば已に空々如たり。方今卓絕せる哲學者科學者等を見よ。其眞誠に耶蘇教の信者たるもの果して幾人かある。獨逸のハルトマン。ウンド。フヒルヒヨー。ヘッケル。ザコボアレーモン。ザユリング諸氏の如き。佛國のテインリボー諸氏の如き英國のスペンサー。ベイン。ホクストレー。マウヅレー諸氏の如き。丁廡克のホエフザング氏の如き。皆耶蘇教の信者にあらず。其他耶蘇教の信者にあらざる哲學者科學者を擧げ來らば。日も亦足らざるなり。有名なる比較解剖家ロイカート氏の如き講義中に舊約全書を嘲笑せり。歐洲の學者は固より舊慣により。耶蘇教徒と稱すべけれども。其意は耶蘇教の信者と云ふにあらざるなり。其中フオイエルバフ。ハルトマン。ヘッケル。ブユヒチル。ギスザキー。ザユーリング。スペンサー諸氏の如きは公然耶蘇教の非を言へども。其他の學者は多くは耶蘇教を度外視して其是非如何と論ぜざるなり。何となれば。已れの祖母。母。姨。姉。妹。孃等國の習慣により耶蘇教の信者たること多ければなり。試みに又禮拜堂に往いて之を觀るに。參詣者は多くは婦人と子供なり。男子もなきにあらざれども。是等は大抵仕立屋。靴屋。飾職。麵包屋等の如き町家の人にして獨逸佛蘭西等の諸國にては學生の禮拜堂に往くとは……神學生を除くの外は……極めて稀なりとす。況んや世の學者に於てをや。世の學者の如きは。禮拜堂に於て益を得ることなき而已ならず。迷信深き牧師の說法を聽くが爲め。空しく貴重なる時間を消糜するの恐れあるなり。要するに。牧師は世の學者に就いて學ぶべきこと多きも。世の學者は牧師より學ぶべきこと之れなければなり。大學校には神科大學ありて教授の中には有力なる神學者もあり。然れども有力なる神學者も。其有力なりと稱するは。其信仰の力を指すにあらずして。其學術上の力を指すなり。換言すれは。或は耶蘇の傳若くは耶蘇教史の著者として。或は希伯拉語の探求家として。或は宗教哲學の專門家として世に顯はれたるものは之あり。然れども今日純粹なる神學者即ち既定信者なる一點によりて學者間に稱揚せらるゝものは。蓋し一人も之れあることなきなり。抑々哲學理學等を教授する大學中に於て同時に神學をも教授するは舊慣の然らしむる所と雖も。東洋人の眼を以て之を觀れは。撞着の甚しきものなりと謂ふを得べきなり。其故は哲學理學等の如き眞誠の科學は初めより既定的のものを有せす先づ詮鑿して一種の理法を發見すれば。此眞理を根據として又他の理法を探求す。然るに神學は初めより既定的のものを有す。何んぞや。人性的の神あるを既定すること是れなり。此の如き人性的の神は本と猶太人の空想に出づるもの。眞誠の科學に於ては決して此の如きものを既定するを許さゝるなり故に神學は科學にあらずして全く科學の精神に戻れり。神學は寧ろ一種の迷信より起れる僞學なりと謂ふを得べきなり。

シヨッペンハワー氏曰く。「宗教的の人は。決して哲學に到達することを能はず。此の如き人は哲學を要せざるなり。眞誠に哲學的の思辨をなすものは。宗教的の人にあらず。其行くや覊絆なし。危けれども自由なり」と。哲學と宗教とは合一し難きことシヨッペンハワー氏の言へるが如し。從ひて神學と哲學と大に其性質を異にすることを推して知るべきなり。ヘッケル氏も亦曰く。「學術は信仰の始まる所に至りて已む。此二種の人心の能力は嚴に互に相別つべきものにて。信仰は詩情的の想像力に淵源し。智識は之れに反して人類の物を知り得へき悟性に淵源す」云云と。誠に確論なり。此れに由りて之を觀れは。彼國にありても卓見の士は神學の哲學及理學と兩立し難きことを認識せり。然るに神科大學が依然として彼國に存せるは何故ぞ。是れ一は舊慣の一時に廢すべからざるに由ると雖も。一は神學を研究するもの丶斷へざるに由るなり歐州にては已に神學の陳腐にして最早有望者の從事すべき學科にあらざるを知るもの多きが故に。充分の資財を有するもの。若くは先見の才識あるものは。法哲醫の諸學科を研究するも。極貧賤のもの。若くは迷信深きもの等は往々神科大學に入る。迷信深きもの丶神科大學に入るは。如何なる人も預想し得る所なれども。貧賤者の神學を修むるは。抑も何の爲めぞ。歐洲にては神學を修めて牧師となる時は。啻に俗人社會の爲めに尊敬せらる丶而已ならず。又麵包を得るに便利なる一種の職業に就くを得るなり。是れ貧賤なる學生中に往々神學を修めて牧師とならんと欲するものある所以なり。如何なる人も先づ麵包を得て生存せざるべからず。麵包は他の學科に於ては有力なる學生の競爭多きゆゑ。容易に得がたきも迷信深き學生多き神科大學に於ては割合に得やすきなり。故に先づ麵包を目的として神學生となるもの少しとせざるなり。假令ひ神科大學は今日尚ほ存するも。決して法哲醫の三科大學の如く振ふものにあらざるなり。其振はざる全く其學科の性質に由ると疑なきなり。若し後來法哲醫の諸學科が益々盛なるに至らば。神學科は自ら消滅して其學術的の部分は哲學科の一部分とならん。英國にては大學の中に禮拜所を設くと雖も。是れ一は英人の槪して固執多きに由り。一は大學の保守的なるに由る。シヨッペンハワヘ氏英人を評して曰く。

蚤に推込みたる宗教的の既定義の力は能く良心を撲滅し。遂に又一切の同情及び一切の人情を撲滅するものなり。若し蚤に信仰を推込むものを近く自己の眼を以て見んと欲せは。英人を見よ英人は他の一切の人民よりも。優り。他の一切の人民よりも悟力。精神。判斷力。及び剛毅なる性質を有するも。唯々其癡愚なる寺院信仰を有するが爲め。他の一切の人民よりも卑く。隨ひて又實に賤しむべきとなす。彼等の寺院信仰は。其他の能力中にありて恰も固定狂卽ち偏狂の如く見ゆ。是れ全く敎育を僧侶の手に委するに由りて起る。僧侶は人の幼稚なるに當りて一切信敎的の事を推込み。遂に腦髓を幾分か痲痹せしむるを以て。其人は終身呆癡なる固執を表はすを免れず。是故に頗る悟力あり。精神もあるものにして其何故此の如くなるやを疑はしむるとあり。

此文を見るに英人の固執多き所を看破し得て極めて痛快なるを覺ふ。又英國の大學にてはケムブリッヂ。オクスフオルドの兩大學を以て最大なりとす。或は云ふ。ケムブリッヂ大學は進步的にしてオクスフオルド大學は保守的なりと。余を以て之れを觀れば。兩大學とも皆保守的の傾向を免れさるものなり。形而下の諸學科は姑く之れを置き。哲學の如き自由思想を有する諸學科に至りては……例外はあるべけれども……概して之れを論ずれば。之れを保守的と謂ふも決して不可なかるべきなり。ミル氏の如き。ボックル氏の如き。リコウヰス氏の如き。スペンサー氏の如き。ダーウヰン氏の如きは嘗て大學にて研究せずして大學の外自由の思想界にありて發達せり。大學以外にありて其業を成せり。之れに反して彼兩大學の哲學敎授中之れに匹敵するもの丶甚た少きは其保守的の傾向多きに起因すと謂はさるを得さるなり。故に英國にて今日尙ほ大學中に禮拜所を設くるは。一は英人の概して固執多きに由り。一は大學の保守的なるに由ると謂ふを得べし。我邦の大學に科學にあらざる神學を講せざるは。我邦人の迷信を脫却せる一證にして萬國に誇稱すべき一點なり。但だ耶蘇敎史の研究は學術上必要なれども。此學科は神學と分離して文科大學に於て講ずるを得べきなり。之れを要するに。歐州にては耶蘇敎は漸々勢力を失ひ。最早今日となりては氣息奄々として僅かに餘命を存するの狀なしとせざるなりキズチキー氏曰く。「基督敎が將に消滅せんとすることは公平なる觀察者の均しく疑はざる所なり」と。ギズチキー氏は伯林大學の倫理學敎授にして余の親交の友なり。今引用したるは氏の倫理學第四百九十一頁の語なりブコヒテル氏亦曰く。「英國の戶籍調に據れば。一度も禮拜堂に往きたることなきもの。又自ら如何なる宗派なるか如何なる信仰なるかを知らざるもの幾百萬人もあることを證せり」と。又た氏に據れば。一個の僧侶が倫敎府に於て行人に「汝は耶蘇の事に就いて何か說明し得るや」と問ひたるに其人答へて「余は少しも其」「ゼントルマン」「（紳士の義）の事に就いて聞き得たるとなし」と云へり。

英國は歐州中にて耶蘇敎信者の最も多き處なりと稱す。然るに今ブコヒテル氏の報ずる所此の如くなれば。他の諸國の狀態推して知るべきなり。又歐州には一種の無宗敎派あり。佛國にて之れを「リーブル、パンソオール」と云ひ。獨語にて「フライデンケル」と云ふ。此派は元と英國のコリンスフヒーム獨國のヴォルテール。ルーソー獨國のスツラウス。フオイエルバフ諸氏より起れるものにして其後種々なる變遷を經て千八百八十年に至りて萬國自由思想會を白耳義國の都府ブルッセルに設立し。今は各處に支會を有せり。其會員の數未だ詳かならざれども。白耳義。佛蘭西。瑞西。伊太利。獨逸等の諸國に散在するを以て之を觀れば。決して數百萬人に下らさるべきなり。是等自由思想派は卽ち無宗敎にして毫も耶蘇敎を信せざる者なり。又佛敎信者の近來俄然歐州に增加せるは恐くは我邦人の嘗て預想せざる所ならん。余嘗て佛國にある時佛國學院の梵語敎授フーコー氏と談話せしに。氏曰く。「歐洲に於ても佛敎信者は近來頗る多く。其結社は五六種に下だらざるべし」と。其頃オルコット氏が創立に係る靈智協會の會員婦人ブラヴチキー氏は佛國巴里府にて「ル。ロトス」（蓮華の義）と稱する雜誌を發行せり。後海外佛敎事情の第一號を見るに。歐米にて發行する佛敎雜誌は數十種に下だらざるなり。明治廿三年倫敎「デーリーテレグラフ」新聞の報道する所によるに。佛國巴里府には佛敎の傳播盛んなる由にて同國著名なるレオン、ド、ローニー氏は佛敎に就き一場の演說をなし。佛敎の斯く勢力を得るに至たるは。要するに。同敎の敎義は近來諸學科の學說と背反する所少なく。却て是等學者が硏究發明したる眞理を其中に含有する所多きを以ての故なりとなし。又世の佛敎に抗論せるものは未だ其玄深微妙の敎理を咀嚼するに至らざる爲めなり。然りと雖も此佛教の教義中には佛の純正哲學に雜ゆるに處々理外の空理を以てしたる所あれば。能く金石を鑑別し惑溺せざらんこと尤も必要なりと述べ。大に聽衆を感動せり。同氏は日々有名の人士の訪問を受ること少なからざる由にて。目下同府に於て佛教を奉ずるものは三万人に下だらず。而して巴里府のみならず。尚ほ墺國維納府を始として歐洲各國の都府にて佛教信者は次第に增加する勢ありと云へり。此れに由りて之れを觀るに。歐洲に於ける佛教信者も決して少からざるべきなり。何づれにしても耶蘇教は恰も老屋の將に頽れんとするが如く。已に先輩の種々修繕したる後にて最早之れを如何ともし難き有樣なり然れども歐洲の諸國は耶蘇教の衰退するにも拘はらず。依然として繁榮し。其强大なるものは益々强大なり。果して然らば歐洲の諸國は耶蘇教に由りて强大を致すにあらざるなり。

米國は歐洲に比すれば。耶蘇教は一層盛なりと稱すと雖も。彼國にも耶蘇教に滿足せざるもの決して少しとせざるなり。ドレーパー氏の如きは公然耶蘇教を攻擊せり。其語に云く。「總べて作物語や詐僞に本づくものは轉覆すべし。欺騙を搆造し。忘念を傳播する結社は其存在するに如何なる權利あるかを示さゞるべからず。信仰は道理により解釋すべく神秘は事實に讓らざるべからず宗教は久しく理學に對して占めたる其高慢なる。其押柄なる位置を去らざるべからず。吾人の思想は絕對的の自由を要するなり。宗教者は己れの擇びたる區域内に留まるべきことを了解し。哲學者を壓制することを廢止すべし哲學者は自己の强力自己の動機の純粹なることを知るが故に。最早此の如き干涉を忍ぶ能はざるなりと。其言極めて剴切なり。オルゴット氏は印度のマドラス府及び米國の紐育府に靈智協會を創立したる人なるが明治廿二年を以て我邦に來航し。佛教青年會にて耶蘇教は妄誕信ずるに足らず。耶蘇教は國家の元氣を衰損せしめ。遂に其國を掠奪せんとするものなり。而して歐米今日の文明は。決して耶蘇教の力に由て成りたるものにあらず。耶蘇教は寧ろ歐米今日の文明の發達を妨害したるものなり。」（佛教第四號の文に據る）と論せりインゲルソル氏も亦耶蘇教を以て妄誕なる宗教とし。屢々公開演說に於て之れを攻擊せり。嘗て我邦に來遊せる米人モールスフエチロサニ氏の如きも。決て耶蘇教の信者にあらざるなり。アドラールター。ジヤストローコイト諸氏はチヤンニング。パーカー。エメルソン諸氏の遺志を繼ぎ。千八百七十八年以來米國に「ソサエチース、フオル、エシカル、カルチユール」と稱する一種の倫理學會を起せしが漸次に盛大となり。紐育フヒラデルフヒヤ。セントルイス。シカゴーの四府に分會を設けて益々規模を皇張することに從事し。千八百八十九年より倫理學雜誌を發行し。又一年後れて應用倫理學校を設立して經濟學。宗教史倫理學の三科目を教授することとなれり。然るに該會の主意は。耶蘇教は已に陳腐に屬し。最早今日之れに依賴するに足らざるを以て全く耶蘇教を離れ。純粹なる倫理を以て。耶蘇教に換ふるにあり。然れば米國に於ても耶蘇教を以て今日の社會に適せざるものとするもの實に多々なりと謂ふべきなり。

又更に歐州の實況を内面より觀察するに。犯罪人の多きこと實に驚くに足る。殊に倫敦巴里二府の如き最も繁華なる都府にありては殆んど每日每夜幾多の犯罪人を出だし。中には我邦にて未だ嘗て聞かざる殘虐なる犯罪人もあり。例へば「ホワイトチヤペル」の一件の如き即ち其一例なり。若し耶蘇教が實際彼國に行れて居て。社會を改良するの効ある者ならば。彼國は我邦よりも犯罪人少かるべきに。實際決して然らず。或は。却りて我邦よりも遥に多きにはあらざるやと思はる。又歐米諸國の賣淫女の數は耶蘇敎の行れざる諸國より多きとはあるべきも決して少きとは非ざるべし。フッペー氏の調査に據れば千八百七十年には伯林府には一萬六千人。維納府には二萬五千人。巴里府に五萬人。倫敦府に六萬人。紐育府に三萬人あり。是れ耶蘇敎が實際彼國を改良し得ざる確証なりと謂ふべきなり。我邦の耶蘇敎徒は未だ能く歐州の狀態を知らざるべし。資財あるものは今より去りて彼國に往いて詳細に其實況を研究するを要す。或は嘗て歐州を遊歷せるものあらん。然れども歐州社會の錯雜せる狀態は行旅倥偬の間に探索し得らるゝものにあらず。又各國の言葉にも通ぜずして其地に入りたりとて啞の旅行と同じく何の結果か之れあらん。寧ろ臥して歐州の寫眞を見るの費用少きに若かざるなり。之れに反して彼國の宣敎師は自國の事情を知りながら我邦に來りて耶蘇敎を傳播するは。抑も又何の爲めぞ。若し彼等にして耶蘇敎を興さんと欲せは先づ自國に於て爲すべきと實に限なかるべし。然るに自國の弊風あるをも打捨てゝ毫も耶蘇敎を要せざる日本杯に來るは。抑も又倒逆の行なりと謂はざるを得ず。若し彼等にして愛國心あらば。何故先づ己れの國の弊風を矯むることに從事せざるか我邦の風俗果して彼國に劣れりとせば。或は耶蘇敎を我邦に入るゝの必要を言ふべくも。我邦の風俗は或點に於ては劣ることあるべきも決して彼國に劣れるにあらず。我邦の風俗は或る點に於ては寧ろ彼國に優れりと謂ふも不可なかる可きなり。又他の方位より之を思へ我邦人が耶蘇敎國と交際するに及んで我邦の風俗は果して改良せしか橫濱神戸等の如き耶蘇敎國の人民屢々來往する所は山間僻地の風俗よりも遥に改良したるか。孰れか純樸にして。孰れか奸黠なる耶蘇敎徒は勝を言語の末に求めず。實際に就いて之れと察せよ。橫井時雄氏曰く「帝都の最も著しき位置に於て偉大壯觀の會堂を建立するを許し。寒村僻地に至る迄も基督敎の說敎あらざるはなきの今日」（六合雜誌第百四十四號）と。果して然るか。果して然らば耶蘇敎は今日まで如何ほど我邦の風俗を改良し得たるか。我邦の風俗は耶蘇敎の東漸以來耶蘇敎の爲めに如何ほど善美を加へしか。余は未だ毫も幾多の會堂幾多の說敎の爲め我邦の利益を得たるを發見すること能はざるなり。之れを要するに。耶蘇敎は決して國の改良進步を成すに必要なるものにあらざるなり。從ひて又歐州の盛なるは耶蘇敎の然らしむる所なりと思惟するは全く謬見なるを知るべきなり。

歐州にても耶蘇敎以前に希臘の如き羅馬の如き强大なる國民ありしにあらずや。耶蘇敎豈に歐洲諸國をして强大ならしめたる原因ならんや。デモステチース氏の「フヒリピカ」と稱する演說を讀めば。其愛國心の鬱勃たる。今より想見すべきなり。プラトンの著に係る「クリトン」を讀めばソクラテスすら愛國心多かりしと知るなり。又タチトス。チッエロ諸氏の文を讀でも如何ほど羅馬人が愛國心に富めるかを察するを得べきなり。愛國心は決して耶蘇敎によりて起りしものにあらざるなり。然か而已ならず。耶蘇敎は之れに反して愛國心を撲滅するの傾向あり。羅馬人は元と勇氣ありしも。一たび耶蘇敎其土に入るに及んで其勇氣は忽ち消滅せり。ルーソー氏曰く「帝王が耶蘇敎信者となりしより名譽の競爭は廢止せり。而して十字架が鷲旗（羅馬の旗）を退けてより羅馬の勇氣は全く消散せり」と。此事我邦人の最も省慮すべき所なり。抑々愛國は自愛を擴充せしものゆゑ。耶蘇教とは反對の位置にあり。耶蘇教は此國と彼國の差別なく。如何なる人も均しく愛すべしとするゆゑ博愛の際限なきものなり。故に歐洲人の愛國心に富むは。決して耶蘇教より得來りたるものにあらざるなり。耶蘇教徒は其信ずる所の神の爲めには斬殺さるゝも。燒殺さるゝも。如何なる苦痛も堪ふべきも。國家の爲めに死するとはせざるなり。國家は其假りに居る所にて天國即ち其歸せんと欲する所なり。保羅云はずや「若唯於此生命願基督。則我儕是一切人類中最不幸者也。云云若死者而無甦則何物能助我使我儕飮食明日我儕死了」と、耶蘇教信者は此の如き世界觀を有するゆゑ兵隊としては甚だ宜しからず。此事に就いてはルーツー氏已に民約篇の末に詳論せり。馬太傳第五章第三十九節に云く「毋敵惡。若有人批爾右頰。轉左頰向之」と同第四十四節に云く「敵爾者愛之。詛爾者祝之。憾爾者善視之。虐遇爾迫害爾者。爾爲之祈禱」と此の如き教旨を信ずるものは如何なる敵に對しても劍を拔くことも發砲することも出來ざるは勿論なり。歐洲の諸國が屢々戰端を開いて權利を爭ひ。自國の富强を圖るは。全く耶蘇教に反する動機に出づる者なり。我邦の耶蘇教徒或は云ふ。獨逸の今帝及び大英の女皇の如きは耶蘇教に熱心なることを考へざるべからずと。其旨意全く。彼國の帝王さへも耶蘇教を信ぜらるゝ事ゆへ。我邦人も亦之れを信ぜざるべからずと云ふにあり。然れども是れ亦甚だ淺薄なる考なり。獨逸の今帝英國の女皇の如き。假令ひ眞實に耶蘇教を信ぜらるゝとするも。我邦に於て何の顧慮すべき所かあらん。獨逸の今帝 英國の女皇は。皆一國の元首なるも。學術社會の統領にあらざるなり。其耶蘇教を信ずると信ぜざるは他の一個人に比して毫も輕重すべき所なきなり。然るに歐洲諸國の帝王が勅語中に神の事を言ふことあるは全く政畧上より起ることなり。此事に就いては古來學者の往々論ずる所なれども。近來マクスノルダウ氏最も巧に辨明せり。帝室の祖先にして古來尋常人の祖先と全く異なる者と見做さるゝものは格別なれども歐洲諸國は決して然らず。如何なる帝室の祖先も皆人なり。神にあらず。故に人民の中或は云ふ。我皇室の祖先には有功の人ありて帝位に即きたるも。今の帝王は何の勳功もなく。唯々先祖の餘惠を受けて即位せるに過ぎず。彼れも我れも同等なり。彼れ豈我れに先ちて帝王となるの權利あらんやと。彼の社會民政黨の如きは此の如き見解を有せる者の一派なり。是故に帝室と寺院と相結托し。帝王敕語を出だす時は。神の尊守すべきを言ひ牧師寺院にて說教する時は帝室の敬禮すべきことを言ひ。相互に提灯持となりて扶翼するの必要あり。殊に帝王は「ゴッテス、グナーデン」（神惠の義）に由りて即位したりと稱し。尋常人の有せざる神靈の性質を己れに付することを務むるの習慣あり然れども力を耶蘇教に假りて帝室を扶くるの非を言ふものなきにあらず。ギズチキー氏の如き即ち其一人なり。耶蘇教徒は先づ能く歐洲の事情を研究して。然る後判斷を下すべし。彼國の言語にも通ぜず。匆々彼國を經過し。忽ち彼國全躰の事を論ずる時は。決して確實なる結果を得る能はざるなり。況んや曾て彼國に到ることなき耶蘇教徒に於てをや。

（未完）

空想を實行せよ

釋宗演

何とか空想と謂ふ。吾人々類の思想が法爾如然として。窅々冥々の間に生誕し。而かも未だ事物の上に嫁せざる時は。其思想の善たり悪たり。美たり醜たり。公たり私たり。順たり逆たるに論なく。概して一片の空想たるを免れざる也。是故に世に恃む可らざる者は空想より尤きはなく。又憑る可き者も空想より尤きはなし。若し夫れ箇の空想をして眞に憑る可く恃む可き功德顯著なる者たらしめんと欲せば。乞ふ先づ其實行に於て勉めよ

人あり若し今の亞米利加が未だ世に知られざる時代に於て。孑然として獨り起て之が探見に從事すと言はゞ。世誰か其空想の荒漠なるを嘲笑せざらんや。然れども其一たび之を實行して。果して彼が目的を達するに到ては。天下の耳目を聳動し。一世の人心を震撼するや必せり。是に於てか所謂空想は憑る可きの尤き者となる。又人あり腰に十萬貫の錢を纏ひ。鶴に騎て揚州に下らんと言て。而して其術を講じ其術を擧げざらんか。世誰か亦た其空想の捕捉す可らざるに驚かざらんや。此に至て所謂空想は恃む可らざるの甚き者となる。誰か人間は感情の動物と云ふ。寧ろ空想の靈物と稱して適當なる可し。但々智者は其善悪。美醜。公私。順逆の思想力發して。事物に中りて後ち如何に休咎。利害。得喪。治亂の蹟を遺すかを顧るなり。

釋迦何人ぞ。彼は實に不世出の大空想家と謂ふべし。彼は始めジヤンデーパ（南贍部洲）の中心なる。マーガダ（摩訶陀）國に產れ。スッドーダナ（淨飯王）を父とし。マーヤ（摩耶后）を母として。金闕玉樓の裡に可樂可愛なる。總ての境遇に圍繞せられて生長せし尊貴なる一王子なりしなり。然るに先づ四相（生。老。病。死。）の遷流に就て。痛く自己に反省したる後ち。出家して世を遁れしは抑も彼が空想の始にして。雪嶺六年一麻一麥の辛艱を喫盡し。遂にブツダガヤ（佛陀伽耶）マハーボーデヒ（菩提樹）の下に於て。豁然開悟せしは其空想を實行せし終極の結界なりとす。此に到て空想は眞に空想に非ず。空想即ち實想と顯現し來る。長河を攪て酥酪と作し。大地を變じて黃金と爲す。四十九年の説。五千餘巻の經。空想の光明を放ち。實行の火焰を吐き。教化五天に遍く。德風三千年に垂る。亦熾なりと謂ふべし。何の幸ぞ吾曹佛陀遺弟の員に供はり。且つ明治の昭代に値ふ。豈に些子の空想の以て。皇恩佛德に報答する底なくして已まんや。如何なるが是れ報恩底の空想

來る明治二十八年京都市に於て執行する。桓武天皇平安建都千百年紀念祭の時を卜し。玆に內外各國佛教徒の大會を開設し。而して吾が日本佛教徒は之が首唱の地位に立ち。宜しく左の大綱目に就て討議審話すべし。

（一）　大乘佛教と小乘佛教との一致團結を計る事
（二）　佛教徒が諸宗教徒に對する方法を講ずる事
（三）　佛教と學術との關係を詳にする事
（四）　佛教大學と印度佛陀伽耶に設立する事
（五）　佛教傳道會社を創建する事

右の如き吾曹の考按を以て天下に提出せば。世人は忽ち疑訝嘲笑して言はん。是れ言ふ可くして行ふ可らざる齊東野人の空想なりと。然れども若し克く之を實行するに及んでは。少

くとも東洋全體の世道人心を一變刷新するの機運を喚起するに足らんと信ず。而して之れを實行すると否とは。吾佛教徒殊に日本佛教徒が愛國護法の精神弛張如何に在て存する也。聞道らく本年將さに米國シカゴー府に於て。萬國宗教大會開設の計畫あらんとすと。吾曹は之を空前絶後の壯擧として大に賛襄の意を表すると同時に。又彼れ基督教徒に一鞭を先んぜられたるの遺憾なき能はず。乃ち彼に鑑み此に察し。偶々感悟する所あるの餘り。一片の空想を吐露して以て同志の一考を煩すと云ふ。

寄書

基督教徒將に火中に飛び入らんとす（接續）

甲斐方策

若し基督教徒の所謂人に惻隱慈愛の心あるは。則神の顯現なりとの言と佛教上より判斷すれば。人若し神となるとを得るとすれば神と成るの性あらん。然らば萬法即眞如の義如何。無始無終不生不滅の本體は絶對無限の眞如なり。宇宙萬有は此絶對無限の現象なり。而して現象と離れて別に本體なく。本體を離れて別に現象なし。差別的相對的なる宇宙萬有と隔離したる。平等的絶對的の眞如あるにあらず。平等的絶對的なる眞如と隔離したる。差別的相對的の宇宙萬有あるにあらず。譬へば一の木片ありて表裏。前後。左右を有すとせんに。其表裏。前後。左右を除て又前の木片存すると無し。全躰を分別すれば表裏。前後。左右六面相對の部分を呈すれども。其六面相對の部分と總合すれば唯一絶對の木片となる。別言すれば森羅萬象皆神性を有するが故に全躰即神なりとの結論を生ずるが故に。萬有の外に一種個躰の神なきや。明々白々亦疑ふ可からず。抑も無に二種あり。一は虛しき無。一は充ちたる無。前者は所謂虛無。後者は所謂眞空（或は「實無」と言ふも可ならん）。之と喩ふるに虛無は一滴の水無き徳利が如何に之を振り動すも其音響無きが如く。眞空は充分水滿ちたる徳利が如何に之を振り動すも其音響無きが如く。前の無は元來無なり。後の無は有を超て存するの無なり。儒書の太極則無極と言ふが如き。或は習。性となると云ふが如き。又は君子者有盛德容貌如愚と云へる如く。大德ある君子と一德なき小人とは大に似て又大に非なるものなり。若し小人君子共に愚と稱するを得ば。前者は學ばざるの極愚なるものにて。後者は學びたるの極愚の如くなるものなり。古人が「極樂は地極の隣り川一重」と云へるが如く。亦「元日と晦日は脊中合せなり」と云へるが如く。極端と極端とは最も相似て最も相異るものなり。最も相近くして最も相遠きものなり。若し相似たるより之を言へば。之より相似たるものはなく。若し相異りたるより之と見れば。之より相異りたるものはなし。若し相近きより之を言へば。之より相近きものはなく。若し相遠きより之を見れば。之より相遠きものはなし。此二樣の見融通して相戻るとなき者之を圓滿と言ふ。

甲　乙　丙

上圖の「甲」は一德なき小人の位置とす。而して大德ある君子は「甲」より起て「乙」と經「丙」に達せるが如し。「甲」と「丙」即虛無德小人の位置と眞空德君子の位置とに灣線を引けば最も相近し。然れども注意せざるべからず。「甲」は元來其處に居るものにて。「丙」は「甲」より起ち「乙」と經て丙地に達したるものなるとを知らざるべからず。斯の如く出發点「甲」と歸着点「丙」とは相密接したるものなり。併し歸着点に達する迄には「甲」より「乙」「乙」より「丙」迄の路程を經過せざるべからず。故に甲と丙とは密接せりとは位地を云ふなり。甲と丙とは大に隔離せりとは其經過の道程よりして云ふなり。此故に最似即最異。最異即最似。最遠即最近。最近即最遠。太極即無極。無極即太極。絶對即相對。相對即絶對。本躰即現象。現象即本躰。全躰即部分。部分即全躰。平等即差別。差別即平等。萬法即眞如。眞如即萬法。三界唯一心。心外無別法。娑婆即淨土。煩惱即菩提。生死即涅槃等の如きは。神通無礙縱横自在の高論妙説にして。眞個に萬德円滿。衆美具足の最大教法と言ふ可し。然るに頃ろ小乘專學の俗士輩。叨に嘴を佛教に容れて曰く『釋尊の教法は神の觀念無きが故に卑陋なり。不完全なりなどの妄言を吐く『咄々何等の痴言ぞや。固より釋尊は一神教の如く。世界外に大工的創造の個躰神を説かずと雖。彼が絶体即神と相對即萬有とを同躰不離と説明し宇宙遍滿的の神を説けるは實に千古の卓見と稱す可し。然り而して彼の朱子が所謂「人は一個の小天地」は萬法即眞如の妙理を明に言ひ現はしたるものにして。吾人は本來佛性を有する者なるにも拘らず。常に忘想を起し邪見に陷り。加ふるに物欲の毒烟。我利の妖霞我等精神の鏡面を曇らせて。其身を誤るものあるを憂慮し。爰に聖道門。淨土門。大乘教。小乘教等隨機開導の方法既に完備し居れり。則人の意氣。心情は常に活動して是非善惡混交錯出するものなるが故。其盤根錯節と截破し斷絶するには必らずや心理上。哲理上或は概括的に或は分拆的に。或は廣大深遠に。或は狹小卑近に。眞理の燈を揭げて以て無明の闇を照さゞるべからず。人若し明白に此教法を悟了し確然此信仰を護得せば。至純至潔。獨立不羈。境遇に制せられず。位地に動かされず。宇宙が常に四時の順環氣候の變遷を怠らず。又過まらざるが如く。其心意の發動する處に從て則と越へず。玲瓏玻璨の如く。清潔白雪の如く。邪惡を惡むと毒蛇の如く。正善と慕ふと美人の如く。衆生濟度の爲には身命をも惜まず。私利私慾の爲には微虫だも殺さず。蒼天の高さは我理想の高尚なるに孰れぞ。大地の廣きは我慈愛の廣きに孰れぞ。梅蕾の香ばしきは吾心情の高潔なるに孰れぞ。櫻花の美なるは吾意志の美麗なるに孰れぞ。娑婆の罪惡と思へば春猶憂愁に沈み。信念の確固たるを見ては秋猶微笑し。衆生の墮落を視ては夏猶寒冷を覺へ。救濟の念起れば嚴寒猶酷熱を感じ。智識。感情。意志の三者を完全に圓滿に妙合調和したる覺者の位に達するとを得可し。釋迦牟尼世尊は則其活摸範なり。活佛躰なり。

論じ去り論じ來れば基督教徒今後の處决夫れ如何。只左の二條に過ぎざるのみ。

第一　成る可く奇跡怪談等舊教理舊議論舊感情舊精神を保持して既得信者中の無學者愚婦小兒等の信仰を維持すると

第二　斷然佛教に改信して自利利他圓滿の功德を企圖すると

知らず基督教徒は前二條中（一）を取らんと欲するか。將た（二）を取らんと欲するか。抑も又前陳したる移住者の如く懷疑の曠野に立往生せんと欲するか。或は自巳の躰質とも辨へず烈火に投じて爛死せんと欲するか。

蘇東波曰く江上の清風と山間の明月とは。之と取て禁ずるとなく。之を賞して盡くるとなし實に宇宙の無盡藏なりと。豈に唯に江上の清風と山間の明月とのみならんや。宗教眞理の世界は實に天高くして鳥の飛ぶに任せ海廣くして魚の躍るに任す。而して兄等が常に唱導する所のものは實に自由。平等。博愛にあらずや。何を苦しむで狹隘なる一神教の境内に住居して。凡神教園の美花を折り採らんと欲するや。何を苦しむで卑屈なる一神教の厭制を脱却せずして空しく豪膽なる凡神教に對して垂涎三尺殆んど自己を忘れんとするや。若し夫れ兄等にして空前絶後の大奮發を爲して公然佛教の門内に投じ信仰の在る所。學識の在る所。熱心の在る所。德行の在る所。仁義の在る所。技倆の在る所。滿腔の精神を傾瀉し。滿幅の經綸を發表し以て極眞。極善。極美なる理想的圓滿世界の建設に盡力する又豈に人生絶大の快事業に非ずや。若し之に反して兄等にして長く基督教の命脈を保存し。信仰を强固にせんと欲せば。神子論。奇跡論。三位一躰說等を維持說明せざるべからず。然りと雖も是豈に吾人の望む所ならんや。又兄等の受る所にあらざるべし。兄等よ希くは自己の智識と感情と理想とに訴て吾人の所論を咀嚼玩味して徐ろに判決撰擇する所あれ。若し夫れ兄等にして佛教が眞に宇内宗教の統一者たる資格あると認知し乍ら。猶從來の小事情小故障に拘泥して。自己の本意を枉ぐるが如きとあらば。是れ既に自己よりして自己精神の自由を束縛するものにして。既に宗教家たるの資格を失へるものなり。否其資格を自暴自棄するものなり。何ぞ與に語るに足らんや。

嗚呼彼の蚊蝶の火中に爛死するに至る豫め其然るを知らずして空しく天然の性命を短縮せしむるものなり。而して今彼の基督教徒は一神教てう蚊身蝶體的の弱躰にて有り乍ら愚昧にも凡神教の燦光爛輝を望見して之を採取せんとす。焉んぞ知らん其燦光爛輝は炎々たる烈火猛燄なるを以て。さなきだに今後一世期を待たざる一神教の命運をして愈旦夕に迫らせんとす。是れ豈に最も慘憺たる大悲劇に非ずや。吾人憐憫の涙は灑ひで此一文と成る矣。

（完結）

將に印度に赴かんとして

釋守愚

雙眸を擧げて社會の大勢を睥睨し。両手と拱して佛教の現狀を觀察せば。吾人が胸膈果して如何なる感情を湧出すべきか。慮ふに社會の大勢は日又一日月又一月。龍騰雲蒸旋風皺雨の勢を以て進化發達するが如くなりと雖も。其内部を解剖すれば。惡臭鼻を襲ひ汚穢眉を顰めしむるの觀無き能はず反りて佛教の現狀と觀察すれば。桃源春深く長安花濃かに。法旆風に飜り唄音雨に和し。和氣洋々として天地常に泰平に。日月常に晴明なるが如しと雖も。其裏面を伺窺せば。妖雲天を覆ひ殺氣地に滿ち。腥風颯々鬼をして哭せしめ。神をして悲ましむるの弊無くんばあらず。嗚呼今や我社會は此惡臭汚穢の中に沈淪しつゝあるなり。嗚呼今や我佛教は此悲風慘雨の間に彷徨しつゝあるなり。借問す我佛教者は此黯黮たる幽冥塲裏に介立して。如何んか其大勢を挽回し。其現狀を支配して以て己が本分たる布教傳道の責任を保全し。佛祖の洪恩に報答するとを得るや。嗚呼這般の大計壯圖果して如何。

明治の新天地は抑も亦吾輩佛教徒が如何なる運動をなすべきの秋なりや。酒池肉林美味に飽き芳酒に醉ひ鼓腹之れ事とするの時なるか。食前方丈侍妾數百人以て快樂を貪るの時なるか。商業に從事し養蠶に勵精して一攫千金の巨利を博するの時なるか。政事に奔走して國會議員の競爭を試むるの時なるか。北里の函樓に碁を闘はし南街の高臺に茗を煮るの時なるか。半醒半睡水邊林下に社會の現象を輕々に看過し。眼に白雲を見て聖人君子を氣取るの時なるか。否な決して然らざるなり。誰か二十六世紀の今日に際し。世の大勢を知るもの己が本分を辨ふるものにして。何ぞ如上の闊活計を以て佛教百年の大計となすものあらんや。必ず別に一定不變の方針を劃定し。堅忍不拔の精心を發揮して世の大勢に拮抗する覺悟なかるべけんや。

然らば即ち之を爲すこと如何。云く本を始むるにあるのみ。其本亂れて末治まる者あらず。佛教者は己が本分の布教傳道にあることを知覺し。一身の安逸一身の快樂を求めず。常に四弘の願輪に鞭ち。菩薩の大行を修して。内は能く佛界を奉持し。外は能く衆生を救濟して。胸中只一片護法の丹心あるのみなれば。財政困難の嘆聲腥風天を覆ひ。離合改革の紛擾殺氣地に滿ち。教海の怒濤山と崩し層波天を浸すの醜聞汚聲を發して。天下の志士仁人をして長嘆大息措く能はざらしむるが如きとあらんや。

予聞く南方佛教者は唯空寂の涅槃を求むるものにして圓滿の佛果を望む者なく。經は小乘にして藏中已に大乘の經論なく教は四阿含にして理は四諦十二因緣なり。行は三十七科の道品にして果は灰身滅智の涅槃なり。然れども僧侶は何れも佛の聖戒を奉じ。能く知足安分の道を守り。其生活は一身の生命を支ふるに足り。其居は十方僧住にして檀越の築造に任かせ。其服は三衣にして信徒の施與に賴り。其食は一日二回にして常に行乞し。其意志淡白其需要簡短なり。而して常に學を講じ德を修め教を布き法を弘む。德修まり法弘まる處。天下無數の善男善女は隨喜の涙を濺で淨財を布施し。取て以て護法の費に充て以て弘宗の費に給す又足らざるなし。我國の如く教義擴張の名を以て貨殖蓄財の法に熱中し。己が務むべき者を務めずして。務むべからざる者を務むるが如き。本末顚倒の所爲無く。而して宗制。寺法。僧行。教式總て釋尊在世の正法を存し。儼として三千年の古にある思あらしむ。凡そ僧寶の世間に價値ある正に南方佛教國にありと聞き。心欣然として密かに玆に至り。足親しく其の地を蹈み。身親しく其行を行し。辛苦と艱難とを厭はず。溽暑と炎熱とを顧みず。深く其淵源を究め。審に其堂奥を察し。他日大に世道人心を感化せんことを欲す。嗚呼我にして此赤心の存する間は。赤道直下の溽暑も以て涼かるべし。嗚呼我にして此目的を達せざる間は。一食卯齋の飢渴も以て意とせざるべし。而して彼の取るべき者を取り。其捨つべき者を捨て。南方の僧寶北方の教理相調和し。南北佛教の合一を圖り。内は以て天下の大勢と挽回し。佛教の現狀を支配し。外は南方小乘の窠窟に住する徒をして。大乘の法雨に沐浴せしめ。佛恩の萬一に報答せんと。是れ予が滿腔の素願滿身の責任なり。

小説

花の露

東京　旭松山人

上の下……脩業

凡て熱心をもてその道を學ぶものは、その進歩迅速なりといへども、只外見のみを裝ひて義務の如くにこれを學ぶものは、その進歩迅速ならざるのみならず、その所爲も亦拙きものなり。その後二人の少年は寒暑晴雨の區別なく、池邊左門のもとに通いて兵學をぞ脩めける。さて花丸は當時まさに萎微せんとする幕末の風潮を挽回し、永く德川の流に水飲むんとの赤心より、滿腔の熱血を注いでこれを學びこれを研究しかば、その進歩も亦驚くまでにいちじるしく、終にその道の智に長じてその蘊奥を極めゐて、今はその師にさへをさ〳〵劣らぬやう、その術の妙をゑければ、左門の悦一方ならず、後日望ある少年よ、怜悧漢よと樂しみぬ。

武八郎は如何にと云ふに、彼も同じく花丸と倶に日々左門の許に通ひて、その道を學びきとは云ふものゝ、その心には花丸の如く幕府の衰頽を憂うるなどの志あるにあらず、只れ露の嬋娟なる色に迷ひて、日々れ露の愛たき容色を見ることのみを樂として來るのみなれば、その學のさらに進歩せざるのみならず、今は漸く倦みてその學を厭ふ樣にぞなりける。これは何人も人の性なり、いかなる聖人も免かれざる僻心なりけり。滿腔の熱血を注ひで己が脩得たる業を學ばんとするものには、又自然に熱心をもてこれを教へ、これを導くといへども、心よりこれを習ふをねがはず、却てこれを厭ふものには、これを愛しこれを導くの情のうすらぐ僻は。花丸は現時の形勢を痛嘆して、只我主公の爲とのみ夜を日に續て兵法を講じ、劒術を鎔錬し、我を忘れてこれを學べばいつしかとなく、柔弱不斷なる無腸男子の武八郎より花丸を愛するの情は、左門の胸に開きたり。されば武八郎は小人の性として、己が心の煩惱深きより終に花丸に及ばざることは心に思はで、只花丸を悪きやつよと嫉むと倶に、今となりては鴻恩ある師をだに怨むとはなりぬ。さて淺猿しきことにぞありける。

これより二人の少年は、倶に同心協力して、德川の流に身を沈むるか、又相離れて敵視するか、公事のためにその身を殺すか、私事のために相果るか、見たし聞たし二人の行末、いかなる花の露となり、あはれ浮世を消ゑゆくことぞ。

雜報

●稲村英隆僧正愈々渡天す　前號送別の席上『日に月に進み行く世に法の道踏人ばかりあともどりする』との慨勢の述懐を歌ひ。神戸港頭將さに日本を去らんとして。『老去精神猶未全。一朝决然向西天。此行不啻淸身骨。又欲生々結佛緣』との勇風紙面に躍如たる詩を留めたる。眞言宗の同僧正は。愈々去月十一日を以て。釋守愚。茂木大舟の兩師と伴ひ。佛國エッチ、エム會社のサラジー號にて。神戸より印度に向はれたり。出發の前一日同港蓬萊舍の樓上離別の法話會あり。會する者。士宜法龍。高尾光宥。鈴木英巨。松峯光胤諸師。及び田中正羿。志方鍛の諸君を始め無量十餘名にて。加ふるに禪家なる西京靈元寺主（釋守愚師の師範）と耶蘇女教師某とを以てし。一座頗る靜肅なり。此に於て僧正は徐るに起ち說ひて曰く。

不肖の非德淺行を以て。幸に目白和上（雲照律師を云ふ）の御勸告。及び佛跡巡拜の本心。並に北澤君委托の眞如親王御遺跡探見等の爲め。一身を此事に委するは實に心中歡喜餘あり。然りと雖も。南北佛教聯合の事。大乘佛教を南嶋に種ゆる事。スマンガラ學校視察の事。及び親王御遺跡探見の事。等何れも容易の業にあらず。故に余は此際偏に身命を三寶に擧げて。丹心此事に從はんと欲するのみ。他に何等の分別を作さゞるなり。又想ひ顧へせよ。昔は明惠上人の大德なるも。足を南海の瀕に濯ふて思を五天の巡拜に漏らし玉ひしなり。其他支那我朝の先德に於ける。辛ふして發跋されしも。多くは中途にして斃れ玉ふたり。然るに余は誠に易々安々として五天の巡拜を遂げ。延ひて親王の御遺蹟をも探知するの便を得たり。是れ聖明の賜ものなりとは云へども。抑も亦宿植の因緣を欣ばずんばあらず。余は頽齡正に六十に近し。人世の浮榮は固より望を離れたり。假令五天一片の土となる何ぞ厭はん。否な却て望む處なり

云々との至誠を落涙乍ら陳べ。進んで傍を顧み。

名聞利養の渦中に捲き込まれて。精神の軟弱なる操行の一定なき。今日社會の俗僧となる莫れ。

と並み居る僧を誡しめられし如きは。一座の僧俗何れも身の毛を竪て丶感服せられたりと。左に送別の詩二三を揭げ。益々僧正の壯圖を贊す。

送英隆僧正之印度佛陀伽耶　東京　北澤　正誠

世相幾遷變。朝暉又夕曛。五天其乘地。今日遍妖氣。東漸傳道教。扶乘八宗分。隆師密門傑。修練素不群。萬里異域遠。遠溯恒河濆。伽耶拜寶塔。玉舍觀貝文。淸凉鷲嶺月。騤騤鹿野雲。慧力挫邪見。神通伏魔軍。歸來過東笠。吊古博異聞。爲問羅越國。存否帝子墳。

平城帝皇子高岳親王削髮爲僧號眞如入座留長安二十年一

朝求法羅越國渉流沙而薨結故及

奉送稻村英隆僧正之印度　東京　田中　眼湖

廿年觀法野山秋。一葦今春試遠遊。猛鱷毒龍來拜德。重溟千里護師舟。

次田中氏韻送稻村僧正渡天　讃岐　士宜　法龍

驚來南嶋小乘僧。當搏北天垂碧鵬。鵬翼莫留炎熱地。齊歸藏雪滿山氷。

送稻村僧正赴印度　南山　日下　義本

愛宗活氣老無衰。一萬僧中獨見師。憶起入唐求法昔。海程渺々白雲涯。

●日本佛界惟一遠征者の事蹟　我邦佛界上下千四百餘年。碩學高德尠きにあらず。英邁雄傑の諸師亦た乏しからず。然れども。身は萬乘至尊の皇子にして。一朝宏大深遠の眞理に感動せられ。高野山の靈場に入りて弘法大師の法弟となり。大瀛の海を航して唐の長安に留學し。三衣飄然孤影翩々として。佛教の祖國印度の天に向ひ。千山萬水を蹈んで遂に羅越（今の緬甸なりと）の土に其雄魂を埋められし。高岳眞如親王の如き。千載の下猶は吾人をして欽仰措く能はざらしむるはあらず。親王に對して熱切の感情を有せる。眞言宗の「傳燈」が記する所に依れば。『眞如（法の諱）親王（世に高岳の親王と云ひし人）は。平城天皇第三の皇子にして。嵯峨天皇卽位の初め。起て皇太子とならせ玉ひしも。尙侍藥子及び藤原仲成の亂に坐し。儲位を去り弘法大師に從ひ。受法灌頂し玉ひしものにして。其天禀の資たる。大師入定の前年。大師が高野山を眞然大德に付せらるゝに際し。先づ親王の意見を問ひ。且つ告げて我常に公を相するに。志絶域遠遊に在れば。一住すべからずとの玉ひしを以ても。其聰敏にして志氣宏邁なるを知るに足る。然り而して大師入定の後。遂に宗叡。禪念等と共に唐土に入り。京城青龍寺の法全闍梨に從ひ。遂に一錫飄然西の方印度を指して發し傳へ曰ふ。流沙河を渡り羅越國に到りて薨ずと。親王薨去の事實に於ける。其地所。其景狀共に千古の疑團にして。如何せん昔日草昧の世。只だ當時留學の僧中欋より我元慶五年十月十三日を以て狀を具し。法王は既に震旦を出て流沙を渡らんと欲す。傳へ聞く羅越國に到て逆旅にして薨じ玉ふと告げ來れるのみの外。更に何の尋ぬべき求むべきの道もなく。朝野徒に不幸の涙と呑んで。其英魂を絶海萬里の外に相吊の外更に何の爲す所もなきのまゝ了れり』。と斯の如き重大の事蹟なれば。曩に北澤正誠君。深く感ずる所あり。發奮精勵。『高岳親王薨於羅越國考』を著はし。該博周到なる歷史地理上の考證に基き。羅越國の現時如何なる地方に當るかと推定し。去る十四年北畠道龍師が入竺に際して。實地の調査を三浦安君及び北澤君より同師に依賴せられしも。當時佛國安南と干戈を交へ。道路梗塞して通ぜず。遂に北畠師は其意を果さずして歸れり。此頃別頂稻村僧正の渡天に會して。北澤君より亦た其書を送りて。特に親王墳墓搜索の事を託し。稻村師も亦た畢生の力を盡くして。飽く迄實地に探究せらるゝ由なれば。日本佛界惟一の遠征者たる。眞如親王の榮光と東洋佛教史上に赫々たらしむるは。將さに遠にあらざる可し。吾人は歷史的佛教新講究呱々の聲として深く此擧を喜ぶ。嗚呼空理空論の註釋的佛教の講究者よ。歷史輕蔑の舊佛教的講究者流よ。何ぞ刮目して此擧の成り行きに注目せざる。

◎新佛教徒が最も注目す可き大問題　佛教徒にして社會の全面を感化するの活力なきものとせば止む。苟も然らずして。佛教徒の眞正信仰にして社會を震撼するの勢力あるものとせば。間接或は直接に政治上にも其勢力を及ぼさゞる可らず。教育上にも亦た其勢力を發せざる可らず。而して國家重大の事件に對し。社會緊要の問題に接するには。悉く佛教眞理の眼光に基き判斷せざる可らず。斯の如くならざれば。決して其感化を社會の全面に波及せしむる能はず。昨今新佛教徒が最も醒眼警心す可き大問題あり。是れ他にあらず。教育と宗教の衝突問題則ち是也。井上哲次郎氏一人と我邦耶蘇教者全体の大論戰則ち是也。今や此問題は其論戰の形勢。恰かも砲聲漸く微かに。硝煙漸く散じて。兩軍共に暫く休息せるが如しと雖も。賣文拜金の僞耶徒高橋某が讒誣。誹毀。罵殺。嘲倒。中傷。離間。あるとあらゆる人身攻擊（其實拜金の材料乎）を逞ふして。外羊の如くにして內實に殘狠なる耶徒一部の代表者となり。以て凡俗社會の耳目を籠絡せんと欲するに過ぎずと雖も。我邦の學者にして眞正に眞理を愛し。我邦の耶蘇教者にして眞正に其信仰を有し。我邦の國民にして眞正に其特有の精神を有する限は。再たび此問題が怒濤天と打つ光景となりて。我日本事實上の大現象となり來るは。必ずしも妄推臆斷にあらざる可き乎。我新佛教徒は深く此問題を潛心靜考せざる可らず。

◎教育と宗教の衝突に關する耶徒の狼狽　吾人は徹頭徹尾井上氏の論に同意を表する者にあらず。然れども酷明峻厲なる該論は大に我邦耶徒の弊害に適中せり。宜なる哉彼等切支丹宗の僧侶輩が其痛所。病點を打擊せられし苦しみに堪へず。合同一齊。四面群起。死に物狂ひに縱横亂擊せし。其光景のいと悽まじかりきとと。如何に彼等の多數が憤激せしか。如何に彼等の多數が顚倒眩瞑して横邪不德の濁流に沈淪せしか。吾人は聊か其證明を試みん。

●高橋五郎氏の罵倒的亂擊　曰く僞哲學者の大僻論。曰く悔悟の哲學者。何ぞそれ其命題の罵倒的なるや。大博言家として。大批評家として。大博覽家として。大强記家として。耶蘇敎利用仲間に傑出せる。彼れ直言直筆正義讜論を以て名ある「亞細亞」をして『高橋某と云ふ大批評家あり。某雜誌の批評を受け負ふ。一回の批評料六圓。三回にして十八圓。金を送らざれば書かず。近頃批評の奮發なきは。金の少き爲なるか。唯某は云ふ余は金と儲けん爲めに學者になれりと』。痛擊せしめたる高橋氏程ありて。或は「井上博士が近頃の大癡論」と罵り。或は「彼は哲學研究の爲めに多年官費にて獨逸に留學したる者なることを記憶せよ」と嘲り。或は「曲學阿世の徒輩あり。維新の初に於ける尊王攘夷家をきどり。徒らに大言壯語して民心を煽動し。妄りに勅論を曲解して。隱に私情を滿たさんと計るや至らざる無し。此種の人々の中に在て井上哲次郞は寔に角勇將たる者云々」と譏し。或は「徹頭徹尾獨斷放言」。或は「狂人の寢言」。或は「宗敎と道德と政治との區別を辨へざる無知漢の妄言」と唾し。或は「嗚呼彼は佛敎の何物たるを知らざる也」と蔑し。或は「實に彼が胸中には天地の眞理を愛するの念は露ばかりも有る無し」と蹴り。或は「井上哲次郞氏の胸中には無數の偶像充ち滿てり」と誹り（以上僞哲學者の大僻論中罵倒の文字）。又「猪武者」。「手負猪」。「首鼠兩端曖昧糢稜」と詈り。或は「是れ壓制家の言なり。迷信家の讒謗なり。劣者の誣妄なり。曲學者の故造說なり。假にも哲學者の肩書ある者の爲すべき所ならず」。或は「是れ實に自家の脚を以て歩く能はず。自家の眼を以て見る能はず。自家の心を以て思ふ能はず。徒らに猿猴然と模倣を事としたる過に坐す」。或は「汝が如き無主義無節操なる心の鏡に照らして正人君子の心腸を邪推する勿れ」との車夫的熱罵をなし。而して諂諛。曲庇。利用の濁言を皷し。切支丹宗徒を賞贊し辨護して。

彼等は良心ある者なり。天を畏るゝ者なり。神を敬ふ者なり。眞理を重んずる者なり。現在未來永遠生死等の大問題に心を注ぐ者なり。萬物の靈たる身を以て木石禽獸を禮拜するの非なるを知る者なり。衆に率先して舊弊を洗除せんと務むる者なり。決して彼等は人を畏れて進退し。若くは利を見て節を曲ぐるが如き腐敗人物に非ず。然るに守舊頑迷固陋無識の狐群虎威を借て之を壓制し。以て自家の私心を滿たさんとするか如き事。屢々實際に起るが故に。勢衝突を來さゞるを得ず。然れども彼等は既に道義の根本たる天を畏れ。衆德の淵源たる神を敬ふ。此心卽ち君に對しては忠となる。父母に對しては孝となる。國に對しては愛國心となる。故に率鎌倉といふときには「海ゆかば水漬く屍。山ゆかば草むす屍」。眞先に大君の馬前に打死せん者。一旦緩急ある時には第一に國難に殉せん者は。必ず彼等なるべし。彼等は已に道德の根柢を把持す。其細目及び枝葉は自然にして生ずべし。

是れ彼が理想的の耶徒曲護なり。然れとも惜む可し是れ事實の許さゞる所なるを。彼れ熊本耶教青年の機關「九州文學」が云へる如く。『事實は事實なり。如何なる哲學者と雖も二十年來の一大較著なる事實を誣ゆる能はざるべし。此事實は將來永遠に向て我日本の事實たるべき者なるは亦誣ゆべきに非るなり』。實に然り我日本國民は其信仰の爲に聖影を打落し。聖影に不敬を加へ。國民崇外の機に投じ。一國の根底を顚覆せんと欲したる。耶蘇敎愛國者の事實は如何に僞學者が僻論詭辯を試むと雖も。決して忘却せざるなるべし。而して彼れ賣文拜金の僞學者は我佛徒に向つて。「然とも彼の引例は皆反對の新聞雜誌（佛敎の新聞雜誌）が或は無根の事實を揑造し。或は針小の出來事を棒大にし。或は正人の心を誣んとし。或は名士の名を傷けんとしたる者なるとは。今に於ては井上博士もまた自ら之を認むるに至れり」と毒氣を吹き掛けたり。何ぞ其心情の陋劣なるや。彼は進んで卑劣千萬にも井上氏に向つて。「嗟彼は「他の一方とも聽け」—Audialteram Partem—てう格言を守らずして。不法にも毒筆を以て正人君子を不忠不孝不義の大罪人と讒誣したり。而して事もなげに之を正して靦然と其大學敎授の職に留るは豈に亦奇怪千萬ならずや噫」と。井上氏が大學敎授の位置を排擠せんと試みたり。而して彼は井上氏の公開狀（氏が横井時雄氏を介して高橋氏に送れる書簡を國民之友第百八拾六號に掲げしもの）を材料として。千篇一律の誹毀を爲したる同臭味の評論を。俗目炫耀的に陳列し。且つ東京各新聞の雷同的記事を誇張し。世の輕薄者流を瞞着せんと躍起しつゝあるは。流石に賣文拜金の僞耶徒高橋五郎氏。痛快の長論文。畢生の快論文（民友社の營業廣告）也。

◉國民之友の評殺的亂擊　切支丹宗衒耀の國民之友は其百八十二號に於て。俗論黨と題する井上氏狙擊流の讒謗をなして曰く。「俗論黨は俗論黨なり。其無學無識蒙昧の徒に出づべきもの也。而して今日の事。此に至らずして幾百千卷の圖書を讀み。泰西の大思想にも接し。古今人事の消長とも鑑みるの便を有する學者にして。俗人猶は且つ云ふに忍びざるの俗論を唱へ。恬として耻ぢざるのみかは。揚々として得色あるに至つては。吾人學藝を重んずるものも。猶は且つ其面に唾せんとを欲す（中略）。學者にして俗論を唱ふる。是れ學問を枉ぐる也。眞理を掩ふ也。道理を殺す者也。詐るとなく。虛僞のとなしとの信用を有し乍ら。枉げて俗論に從ふて壯言大語する者は。是れ天下を欺くの賊也（中略）。今や我國の學者却つて政治家の爲めに琴を彈じて俗論を唱へ。其非爲を飾るの具とならんとす。劇秦美新を作るはものかは。封禪の文を作るはものかは。自由獨立平等相愛の大革命によりて開拓せられたる十九世紀の學術を資つて。固陋。偏僻。階級的の行爲を辨護し。非を飾り曲を美にせんとす。嗚呼是れ放縱なる政治家に辯を與ふる能はざるのみならず。從つて其淫を導き其慾を遂げしむるの媒介者也（中略）。近くはまた大學敎授某の如き。基督敎は國体に合せずと云ふが如き俗論を唱ふ。是れ內藤恥叟一派の徒をして。之を唱へしめば世或は之を信ぜん。少なくとも天下の書を讀みたるもの丶口より出ると言はゞ。誰か敢て之を信ぜんや。其僞學曲論一顧に價せずと雖も。其言論輕浮冗漫三百代言が論證を集るが如く。曲解して以て自家に利益ある事例を集るが如き。僞學曲論としても餘りに笑ふべきものあり。而して自ら學者の論として。其實直を維持せんとするもの丶如し。嗚呼學者の俗論此に至つて極れりと云ふべし。』と例の毒筆を揮ひたり。時勢を見るの敏なる。時勢を聽くの聰なる民友記者にして。既に彼が如し。該問題が天下の人心に響きたる程度如何を察するに足る。

●曲學阿世の僻論　とは民友記者の反對者毒殺的の慣用語なり。此頃又「敎育と宗敎の衝突」を評して。「近來尤も識者の嘲笑を招ぎ。義人の擯斥を受けたる曲學阿世の僻論なり。斯る阿世の僻論は少しく理性を備へたる者の吐く能はざる所なり吾人は此書を讀みて我邦に斯る博士あるかを思ひ。深く我邦の爲に愧づ」と云へり識者とは耶蘇敎徒而巳なる乎。義人とは歐人の膏血に衣食する者而巳なる乎。民友記者一輩何ぞそれ陰險酷烈の美德に富める耶。

●井上哲次郎氏の感慨　一昨年春頃氏が歸朝後大學の講堂に立ちて比較宗敎の學を講ずるや。或詩人氏を詠じて。『躰幹短小貌淸癯。得意講壇時捋鬚。因果妙機評釋氏。神化恠說排耶蘇。語通七國無偏識。智極八紘眞碩儒。誰比東西論敎理。千秋萬古始於吾』と云へり。此一篇の七律簡にして氏の全体を評し盡せり。今や氏が「敎育と宗敎の衝突」は纏めて恰好の小冊子となり。以て海內に公にせられたり。氏は書中其鬱勃たる感慨を洩らして曰く。

余の方針は獨り東洋古代の哲學宗敎等のみを古代の如くに恢復せんとするにあらず。東西各種の思想を參酌し鎔鑄して新に組織を成さんとするにあり。若し余を以て世の所謂國粹保存論者と混同するものあらば余は其大なる誤なるとを公言すべきなり。

耶蘇教徒中に或は穏和なる辨護的反駁を爲すものあれども又妄に余を讒毀し專ら人身攻擊を爲すものあり。是等の人は耶蘇教は國家主義なりと論證すると能はざるが故に。正々堂々と是非の爭を爲すを得ず。誹謗によりて自家の弱點を償はんとするものなり。千里の馬も時ありて鞭撻を要す。人豈に獨り然らざらんや靡奴の法典に「婆羅門は常に尊敬を以て毒の如くに畏れ。常に輕侮を甘露の如くに欲すべし」と云へるもの其意深ひ哉。余は輕侮を恐れざるなり。石石と相擊て火生ず。異説の衝突するあるにあらざれば。眞理の光を見ると難かるべし。耶蘇教徒は余を以て他山の石と爲し。深く自ら省慮する所なかるべからず。若し余が論旨の如何を究めずして。徒に人身攻擊を爲すあらば卑怯の甚しきものと謂ふべきなり。」余は今日先輩の遺志を紹ぎ。充分に我説を吐露し。亂擊の衝に立ちて。日本古來一脈の精神を維持せり。余は自ら耶蘇教徒攻擊の犠牲に供せん。彼等は尚は種々なる虛説を捏造し。余を讒誣し。余が名譽を汚瀆し。余が位置を排擠して已まざらん。然れども余は決して余が持論を變せざるべきなり。若し後來我輩の志を繼ひで起るものなければ。日本は遂に溶化分散を免かれざるべきなり。

此書一たび世に出づるに及んで駁者紛々として出で賛成者は殆んど之れなきの看あらん。然れども多數の人は必ずしも正しきにあらず。新説の初めて世に出づるや。人忽ち怪訝して之を駁し。遂に之が爲めに陶鎔せらるゝものなり。老子曰く「知我者希。則我貴。是以聖人被褐懷玉」（第七十節）と。我れ此言を追想して感慨無限なり。

と以て巽軒氏の決心と見るべし。以て井上氏の確信を窺ふに足る。吾人は氏が彼が如き「時事問題と連帶せる歷史的探求」を爲して。海內沈睡の人心を警醒するのみならず。一歩を進めて畢生の大決心を振ひ。宗教全体に關する哲學的の批評。論辨。斷案を試み。宗教眞理の嚮背と天下に明にせんとを望むと實に切なり矣。氏豈に益々奮はざるを得んや。

八淵蟠龍師萬國宗教大會の助言委員に任ぜらる

絕大雄偉の改革的經論を懷抱して志は時と齟齬し。蘇岳噴烟の麓紫海淼茫の邊に隱忍して鎭西十萬の同志を翕合し。以て久しく慘風悲雨の逆境に立ち。大に雲蒸風發の大機を睨し居りたる。九州佛界の偉人八淵蟠龍師は。萬國宗教大會の通常委員長バーロース氏より。本月二十五日左の如き任命書及び報告書を受領せられたり。吾人は世界的運動の爲め益々師の奮起勇進と祈る。嗚呼鎭西十萬の同志諸君豈に其正義の確信を激勵し。一擧して九州の山川を風靡し。再進して佛教中原の腐敗形勢を蹂躪し。三進して世界佛教運動の先驅たる可き大決心を發揮せざる可けん哉。

拜啓陳者余は尊師が今回宗教大會の助言委員に任せられ候事を。御通知申上候に付ては。欣喜劣躍の至に堪へず候。抑も本會會員たる者は。本會の綱目に關し。其之を是認したる所の件。演說者及其題目及衆人が好んで出さんと欲する代表者の姓名等會長に報知することを得るものにして。本會は益々之を擴張し全世界に於ける宗敎界の代表者たらんことを期する者也。本會員には特に閑室を與へて之を優待し。其面前に於て演說を聽くことを得せしむ。本會に關渉する者は會員のみに限る。而して特に會長より招請を受けたる者は本會に向て責任あるものとす。出席者は神學上の識者のみ（耶蘇敎學者に限るにあらず）に限るにあらずして。宗敎的にあれ博愛的にあれ有力なる者は俗人と雖も出席することを得る者なり。余は閣下が可成出席あらんことを望む者なり。若し已むを得ず出席せらるゝこと能はざるにせよ。兎に角此任命書を受納せられんことを希ふなり。何となれば出席欠席の如何に係らず本會員たることを得るものなればなり。

本大會はシカゴ府フラント湖畔。美麗なる新技術館中に於て執行す。此地たるや風光明媚と云ふを得ずと雖も。亦た府の中央に位するものなり。其建築物は重もに二大室より成る。各々殆んど三千人を容るべし。又三百乃至七百人を容るゝの室は二十有餘を以て數ふべし。今會議日程を示せば左の如し。

九月二日　新敎（ルウテラン）常議員商議會
九月三日　同僚敎師商議會
九月四日　同一般會議
九月五日ヨリ　舊敎（カソリツク）敎徒會議始まる
九月十一日ヨリ向フ十七日間　萬國宗敎大會議
九月二十三日ヨリ　諸團体の會之に次ぐ

嗚呼幾多の歷史的諸大宗敎の信者が一堂に會し。正直に友愛に席を同ふして精神的及道德的の大事に關じ。相諮り相議せんことを欲せし萬國宗敎大會の企圖已に空しからざるに至れり。日本大乘佛敎の諸高僧は陸續來て其高尙なる敎義を說かん。其他支那より暹羅より佛敎徒夫れ來らん。日本神道の敎正來らん。印度回敎徒も來らん。雄辯なるモズームダーは印度敎の進步を說かん。印度敎よりは冊子を準備し。支那政府よりは碩儒を出さんことを命じたり。ボンベイの高僧は古敎信敎の有樣を說かん。歐羅巴及び米國の猶太敎は此大會の運動に贊成を表せん。實に今回萬國大博覽會及び宗敎大會は。歷史的諸宗敎の信者と此府に集めんと其數を知らざるべし。各國の耶蘇敎同盟會は皆出席せん。米。英。佛の有名なる識者は演說せん。余は此盛會を見んことを思ふと同時に益々感激せられたり「彼の魯西亞。亞耳米尼亞。匈牙利の諸僧侶も出席せんことを希望するに至りしなり。亞米利加舊敎の諸僧正は千八百九十二年紐育集會の時。今回大會に出席せんことと豫め約せられたり。而して亞米利加華盛頓舊敎大學校長ジヨン、ゼー、ギーン君に商議員たらんことを命せられたり。

却說本會に書を寄せられたる一二を擧げんに。ギボン閣下は曰く足下が此運動は人をして感奮せしむるものにして稱贊するの價値あり。若し沈着と好意とを以て之を行はゞ。其結果の大ならんと期して待つべきなり。又キーン僧正は冊子に添へて曰く。余は敢て一言を加へん足下が此企たるや。實に尊敬す可きものにして。眞理を愛するの人。慈愛を好むの者。及び宗敎界の區域と擴めんと欲する者等として奮はしめんと必せり。夫れ苟も是非と辨別するの人。重要なる眞理を信ずる所以の者は。一は相互の友情に由り一は宗敎者の一致にあり。神意に勃戻して爭ひ。宗敎の分派を立てゝ論駁するものをば信せざるなり。要するに大會は此の二事に拘泥せず。異宗敎徒相互の反對駁擊と調和し。眞理と友情とを愛する諸有識者の會合にして。宗敎史上特筆大書す可きの一大美事たり。然れば其好結果を奏することも決して疑なかる可しと。

幾百の會員中助言員に任ぜられたる人及贊成せられたる人々の姓名は左の如し。（一々の姓名は煩を避けて揭げず）

英國　ロード、テニソン氏以下五十二名

獨逸及澳太利。匈牙利。　フロムメル氏以下二十五名

波蘭。ベルジアム。瑞典。ノールウエイ。及スウヰツランド。博士ドーデス氏以下　十七名

佛蘭西。伊太利。バルガリア。西班牙。ターキー。亞弗利加。シリア等諸國。博士ブルストン氏以下二十五名

印度　ジヤニ、アリー尊師以下　二十名

支那及チースツラリア　プン、クワン、コー氏以下二十名

布哇諸島メキシコ等　博士ウヰリヤム、デ、アレキサンダー氏以下　十六名

日本　博士南條文雄。横井時雄。平岩恒保。イーエス、イビー。島地默雷。本多庸一。ギービー、ノルトン。井深梶之助。市原盛宏。ゼーヂー、デビス。海老名彈正。小崎弘道。蘆津實全。柴田禮一。宮川經輝。釋宗演。井上圓了。野口善四郎。平井金三。ジヨンゼー、ギユリツク氏等二十一名

カナダ領　サー、ウヰリアム、ドーソン氏以下　二十三名

合衆國　僧正ヤン師以下　二百餘名

却說本會委員諸君は其委托されたる事件の大なるが爲め。本會を益すべきの助言は務めて之を忠告せられんことを望む本會員は各宗信徒の同胞的精神を高め。各宗敎が敎ゆる肝要なる特質。有神論の滅す可らざる基礎。靈魂不滅を信ずるの理由。及唯物論に反對すべき勢力を鞏固にし。宗敎が他の事物に與へたる光輝を表示し。現時宗敎界の体面を精密に顯はし。現時の重要なる問題に出來べき丈け光明を與へ。以て全世界の人類兄弟主義親愛の增さんことを望む。左れば會員は這般大會に關ずる計畫の綱目に就き。苟も益することあれば勉めて之を採用せんと欲す。故に閣下が委員長に承諾の返翰を送らるゝ時は。希くは閣下が此會に關ずる意見を加へて賜へ。其意見は次回の報告紙に之を揭げ。又本會の記錄にも記載す可し。尊師の返翰は可成早く御送あらんことを希望しつゝ余は君を信じて止まず。

亞米利加合衆國イリノイス洲シカゴ府インヂヤナ大街
第二九五七番
宗敎諸公會通常委員長　ジヨン、ヘンリー、バーロース

千八百九十三年三月十日

日本熊本
八淵蟠龍尊師

此通知狀と同封寄贈せられし大會豫定議事目錄の譯文は則ち左の如し。

萬國宗教大會議豫定議事目錄

萬國宗敎大會の集會はフロント湖邊今や將に竣工を告げんとする。新技術館中コロンバス會舘（三千人を入る）に於て開かれんとす。此大會に列する者は佛敎（大乘小乘）。儒敎。神道（日本）。婆羅門敎。波斯敎。回々敎。猶太敎。及び其基督敎の諸宗敎を代表するの碩學鴻儒にして。其主意とす

る所は反目辨難するにあらずして。彼此比較對照して最も安全に最も神聖なる眞理を發見するにある也。閣龍會館の集會と同時に技術館內（同じ廣さの）華盛頓堂に於て。各種の宗教團体の特有教理等の演說表示會開かるべし。而して此等の各種の會合は共に諸宗教大會を組立るものとす。此等の會合の畢竟參列する無數の人々を尙ほ能く扶助し。又人類の宗教的思想及び事業を一層完全に表示せん爲め必要なるものなり。華盛頓會堂の會合の議事錄は。各種宗教團体の特別委員の修整し出版するものにして。通常委員の監督の下にあるべきものとす。而して其豫定議事目錄は實に左の如し。

第一日　九月十一日　月曜日

歡迎及同胞的交際

世界公會附属館。閣龍世界博覽會。合衆國政府。亞米利加基督教。亞米利加婦人會代表者の歡迎演說。歐羅巴。印度。支那。日本。濠洲。加那太。亞米利加。南亞米利加よりの代表者の答詞。

第二日　九月十二日　火曜日

神其信仰。其起元及普通。最古聖書（譯者註バイブルニアラズ）の證明する有神教の無形。神明の附屬性。神父たる事。其信仰の起元及論據。歷史に於ける神。近代學問の光に於ける神。各種歷史的諸宗教の有神說の一致及び區別。近代有神的思想の傾向。

第三日　九月十三日　水曜日

人間。其性質。其威嚴。其不完全。宇宙に於ける其位地。生命の性質。未來に關する各教の意見。各歷史的宗教の說く人間同胞說。人間と神との必要なる關係。神に對して人間の必要なる義務。

第四日　九月十四日　木曜日

人道と要性とする宗教。神人關係の要畧。宗教の最終目的及其役目。各教代表する所の宗教及宗教的の禮拜の行爲。人類進步に於ける精神的勢力。宗教に於ける理想。

第五日　九月十五日　金曜日

宗教の形式。宗教の一切形式と丁重誠實に硏究するの必要滅亡したる宗教。其人類に與へたる禍福。此の如き學業の規則及有樣。各宗教は如何ほど人種の歷史的進化に於て。地球全土の神をば表したる乎。各宗教の實行上に於ける最大缺點。

第六日　九月十六日　土曜日

世界の諸聖書。詩人の解釋したる宗教。猶太教。基督教。及他の聖文學は人類の爲に如何なる事を成したる乎。一切種の悔罪聖詩は一般必要の默示なる事。

第七日　九月十七日　日曜日（午後及夕會）

宗教及び家族。結婚。兒童家庭教育。宗教的家庭教育。宗教的休日の必要。

第八日　九月十八日　月曜日

人類の宗教的先導者。降生（化身）。其價値及歷史性。諸宗教の同情。

第九日　九月十九日　火曜日

宗教の各人種及諸教の間の學問。技術。及文學等に及ぼす關係。哲學。博物學。生物學。社會學等は如何にして宗教學に助力し能ふ乎。宗教學は如何にして他の諸學に助力を與へ能ふ乎。宗教と音樂の關係。

第十日　九月二十日　水曜日

宗敎の道德に及ぼす關係。良心。義務及び正義の不可思議說の排斥。人間の性質。行狀。完全。幸福を增進する事。宗敎との關係。墮落又は多罪の人間を回復する各種の方法。

第十一日　九月二十一日　木曜日

宗敎と社會的關係。宗敎と勞働。宗敎と富。宗敎と貧困。宗敎と清淨。宗敎と罪過。罪人社會。各宗敎が婦人社會に及ぼせる効力の比較。

第十二日　九月二十二日　金曜日

宗敎と內國民社會。守法。律例遵守。大都會の危險。宗敎は近代生活の要求。及び危險に會するに適當なる乎。

(夕會)大統領リンコルン氏釋放例發布第三十一年會。亞弗利加人種。其宗敎的傳道及必要。

第十三日　九月二十三日　土曜日

宗敎及び人の愛。人民の同胞。歐米國民の支那に對する義務。英語諸國民の宗敎的傳道。

第十四日　九月二十四日　日曜日(午後及夕會)

基督敎國現時の宗敎上の模樣。宗敎が亞米利加に爲したる効力。

第十五日　九月二十五日　月曜日

(朝會)基督敎國の宗敎的再和合。其希望。主義の妨碍。再和合の奬勵。

第十六日　九月二十六日　火曜日

全地球萬民の宗敎的再和合。亞細亞。亞米利加。歐羅巴に對する。世界宗敎的義務。前會議に據りて論證せられたる所に由りて見れば各宗敎の密着反對の點は如何。

第十七日　九月二十七日　水曜日

各種歷史的宗敎の是認し公にせる完全宗敎の元素。終極宗敎の特質。

●松山緣陰君の世界的間接運動　堂々たる一派の西本願寺にして遺恨千秋を謳はしむる時に方り。其會長たる默雷上人が恨と飮んで佛國巴里の天を望む際に會し。大勢達觀の眼を注ぎ。一片爲法の精神を揮ひ。シカゴ博覽會臨時施本の計畫を試み。以て眞宗の精華を世界萬民の雙眸に映せしめんとす。蹈內退嬰の眞宗徒。充分の應援を爲し。大に如來の恩德に報答せざる可からず。

●京都新報の蹈內的頑迷　忽ち日刊。忽ち隔日。或は急激。或は退守。一定の体裁。主義。精神なくして。而かも西本願寺の機關なりと稱する京都新報。朝に藩閥大臣の脚下に俯服して。政敎混亂的撰擧干涉の敎唆者となり。夕に明治政府の苦艱を機として。『起てよ起て此怨敵に向つて起て。帝室と佛敎の怨敵に向て起て』(本年一月四日京都每日新報の論說「明治政府は帝室と佛敎の怨敵にあらざるなき乎」の發行停止せられしを云ふ)との。佛徒煽動的政府攻擊の暴論者となりける京都新報。調停偏僻固陋の代表者たる「大道叢誌」の頑迷論に隨喜渇仰し。蹈內的。鎖國的。退嬰的の俗物俗漢を籠絡せんと欲する京都新報。習慣の權勢。腐敗の暴威。本山の俗權を誇張して。一國階級的惡差別の邪欲を皷吹し。對外的。進擊的。改革的なる我九州佛敎徒。義烈の世界的運動に向つて中傷排擠を試み。以て眞正佛敎の生命と殘賊しつゝある京都新報。何ぞ近來蹈內的頑迷論の多きや。何ぞ陰險卑劣の惡德に富めるや。何ぞ高朗純潔の精神に乏しきや。嗚呼吾人は實に西本願寺の機關と云へる彼が面目に對し。憤慨の鐵槌を彼が頭上に加ふる而已。

明治二十五年五月四日　遞信省認可

チカゴ博覧會臨時施本に就て

數年來世上に名高き米國チカゴ府大博覧會は愈々本月より開會せらる、其詳細の狀況は新聞雜誌上に書きしるせるが如く此博覧會は實に古今未曾有の盛事にて之を見物せんが爲め世界萬國よりチカゴ府に行もの商人農工學者美術家政事家敎法師其數幾百万なるやを知らず又此博覧會には來る九月其會場内に於て世界宗敎の大會を開き普く世上の宗敎家を一堂に集むるの計畫ありて之が爲め天下萬國の人擧つて内外敎法の事柄に注目し大に人心を喚起せんとす此れ實に我佛敎弘通の爲め稀有の好機會なれば日本佛敎者は此時を空くせず進んで海外各國人として我無上の法門を知らしめんことを勉むべきなり其方法に至ては固より一二にあらざるべしと雖も其中にて英語を用て書綴りたる佛書を施本として廣く之を讀ましむるを以て敎益最第一なることを信す故に本會は英語にて我眞宗の敎旨を書き綴りたる書を數種出版して來る九月チカゴ府にて宗敎大會開會中同博覧會に集り來る人々に廣く之を施本せんとす然るに多數の施本と一時に配付せんとすることなれば從て多くの資金を要するを以て本會は世の篤信者に向て此事業に賛成を求め施本資金の寄附を募集し以て成るべく廣く敎益を施さんと欲す是れ則ち御和讃に「佛恩報センタメニトテ如來二種ノ廻向ヲ十方ニヒトシクヒロムヘシ」の御意に依るものなれば願くは世の篤信者多少の淨財を寄附し以て此美擧を成就せしめられんことを是れ本會員が一片爲法の精神より廣く世の同感者に向て懇請する所なり

臨時施本資金募集畧則

第一條　北米合衆國チカゴ府大博覧會開設ニ際シ同會附帶世界宗敎大會開期中本會ヨリ眞宗敎旨ニ關スル左ノ英文冊子ヲ廣ク該府來集者ニ施本ス

○眞宗大意略説（赤松連城師著）　○眞宗問答（加藤正廓氏著）○眞宗綱要（本會委員編輯）

第二條　前條施本ハ本邦渡航者、チカゴ府本會々友、及ヒ大會委員等ニ托シテ便宜之ヲ配附ス

第三條　前條施本ニ關スル費金ハ篤志者ノ寄附金ヲ以テ之ニ充ツ

第四條　施本ノ部數ハ資金寄附金高ノ多寡ニヨルヲ以テ豫メ之ヲ確定セス

第五條　施本資金寄附ハ其金額ノ多少ヲ論セス各自隨意喜捨トシ募集期限ハ來ル七月十日限トス

第六條　寄附金ハ其金額ノ多少ヲ論セス寄附者ノ姓名及ヒ其金高ヲ左ノ雜誌ヲ以テ報告スヘシ

一海外佛敎事情　一傳道新誌　一反省雜誌　一日本一

第七條　施本資金三圓以上ノ寄附者ハ施本ノ卷末ニ其姓名ヲ記入ス

第八條　施本資金五十錢以上ノ寄附者ニハ本會ヨリ第一條ニ記スル英文冊子ヲ送附スヘシ

第九條　寄附金ハ本會ヨリ別ニ領收証ヲ出サス雜誌上ノ報告ヲ以テ領收ノ証トス

第十條　施本事務完結ヲ告クルトキ海外佛敎事情ヲ以テ其收支結算ヲ報告スヘシ

京都下京油小路通魚棚

海外宣教會本部

第貳拾三號

明治二十六年六月三十日發行

（每月二回）

國教第貳拾三號目次

國教第貳拾參號

社説

左の篇は熊本佛教同盟會総代大道師の記草に掛る八淵師渡米の送文にして本月十七日送別會の席上編者が代讀せしものなり大に本社の對外旨義に適合する所あれは掲げて本號の社説に代ゆ

萬國宗教大會臨席者八淵蟠龍師を送る

大道憲信

日本佛界の英俊八淵師。今や將さに萬國宗教大會に臨席せられんとす。九州佛界の偉人蟠龍師。今や既に萬里遠征の途に上らる。肥後佛界の雄傑龍崩嵒火洲師。今や愈々鎮西熊城の下を發し。太平洋の猛濤激瀾を蹴り。米洲フロント湖畔の大會堂上に立たれんとす。嗚呼苟も方今世界的佛教の觀念を有し。對外的佛教運動の急務と認め。改革的佛教の理想を懷ける。我大帝國數千萬の佛教徒たる者。誰れか歡呼して師の壯擧を送らざらんや。況んや深く英俊の豪邁を詳にし。眞に偉人の性行を察し。久しく雄傑と旨義を同ふし。多年慘風悲雨の逆流に沈んで。一片眞實正義の光明を望み。大に爲す所あるの團体を結合し。暫く翼を戢めて天下宗教の大勢を睥睨し居りたる。吾人鎮西十萬の同志たる者。豈に少しく愁眉を披ひて。清歡新喜の奉送を試み。以て八洲師の雄圖を送らざる可けんや。

晋宋齊梁唐代間。高僧求法出長安。去人成百歸無十。後者何知前者難。路遠碧天唯冷潔。沙河遮日力疲殫。後賢如未諳此旨。往々取經容易看。と嗚呼是れは之れ千二百餘年前。支那唐代の英哲義淨三藏が渡天求法の偈にあらずや。吾人は我佛教宣布傳播の歷史を繙ひて。此に至る毎に千載の下猶は凛々冽々の氣。吾人の頭上を射るあるを見る。眞個に我東北大乘佛教徒。生命の泉源たる漢譯佛陀の聖經は。此偈の如き千艱萬難の中より成立せし者なり。換言すれば幾多の高僧碩德が犠牲的血漿の印象なり。嗚呼此血漿の餘滴に浴して大聖の眞言に歸し。佛陀の靈光を仰ぎ。歷代聖人の芳躅を踐む。今代の我佛徒たる者。豈に昔時高僧先達の苦艱を追懷して。其苦艱よりも一層の苦艱を甞め。以て遠くは先達の恩德に報酬し。近くは自己信證の活力と發揮せざる可けんや。

今や世界に於ける佛教の形勢は一變せり。往時支那の高僧が渡天入笠して數千の經卷を齎らし。眞理の燈火を掲げ來りて東洋幾億の人心を照らし給ひたるが如く。今日我東洋の佛教徒は數百年來閉塞したる法運の進路を開き。大聲呼號博愛正義の旗を靡かして歐米の天地に侵入し。獅子奮迅の勢を鼓して天下異教の魔軍を擊破し。以て其絕對眞理の大圓光を白色人種の頭上に光被し。而して眞正佛敎の感化を宇內の全面に及ぼし。天下各國を率ひて佛陀の所謂『天下和順。日月清明。國豐民安。兵戈無用』の域に進むる廣大恢廓の理想を。飽く迄現實上に發表する所なかる可からず。

我日本佛敎が長白山の麓鴨綠江の邊より。遙に洋々たる大瀛の海を航じて豐葦原の山川を光被し。純良素朴なる吾人國民祖先の靈性を陶鑄し。最高最大なる人間心靈の品位を新進し。亞細亞大陸の文明を我土に扶植し。古代日本開化の曙光を顯揚せしより殆んど千四百餘年。日本國家の變革と共に幾度か變革し。日本社會の變遷と共に幾度か變遷し。日本國民の進化と共に幾度か進化し。以て各宗各派鑣を分ち。海內數百萬の民を信從せしめ。千運萬動今日に至りしと雖ども。未だ今日の如く千載一遇の氣運に際會したるはあらず。嗚呼法華醍醐の妙音は比叡の靈山に轟き。眞言秘密の秀色は高野の聖岳に鍾き。淨土易往の新光は華頂の麗林に輝き。眞宗他力の清流は大谷の聖溪に迸り。日蓮題目の猛雨は身延の幽山より注ぎ。此に始めて皓々蕩々たる日本佛敎の一大潮流を化成し來りしと雖も。此潮流は僅に蕞爾たる一孤島內に橫流縱奔せる而已にして。未だ此潮流の水を汲んで絕域群萠の汚靈を洗ひ穢魂を淸むる者なかりしは。吾人日本佛敎の潮流中に游泳せる者。豈に慨然として千秋遺恨の情に堪へんや。

今や大乘敎西漸の氣運此に來り。日本佛敎徒對外運動の機會は此に起れり。氣運とは何ぞや。萬國宗敎大會開設事件なり。機會とは何ぞや。萬國宗敎大會參列事件なり。我九州有志佛敎徒の濶大なる世界的運動の先鞭に依りて。八淵蟠龍師が該大會に臨席せらるゝは。實に此機會に乘じて彼の氣運を導き。以て大乘佛敎の精華を天下萬民の雙眸に映寫す可き運動の先驅なりと謂はざる可らず。嗚呼無敵國外患時國常亡焉。是れ豈に獨り國家に附ひて而巳謂はんや。吾人が今日に方り。極言竭論日本佛敎對外運動の急務を疾呼して止まざるの深意も。亦た此に存せずんばあらず。吾人が對外運動者に向つて絕大の頌表を捧ぐる所以亦た此に原因するなり。

嗚呼日本佛界の英俊が。煙波茫々三千里。太平洋中火船の硝窓下。連日連夜唯だ水天髣髴青一髮の光景に對し。同行者たる伊東直三氏の所謂天資豪邁。言語明晰。風采嚴肅、議論痛快。筆陣縱橫。泰然動かす可からざるの氣象ある。新佛敎的の管長釋宗演師。學識淵博。思想深邃。信仰熱切。決心勇猛。眼光濶大。整然紊す可からざるの旨義を抱ける。日本佛界の眞人物蘆津實全師等と。相互の胸襟を披ひて縱横談論する所果して如何。想ふに世界的運動者の精神的連鎖は此時に生ずるならん歟。嗚呼九州佛界の偉人が。宏大雄麗なる萬國宗教大會堂上。天下無數の異宗教者と一堂の上に相會し。四韋陀を學んで大自在天を奉ずる印度の婆羅門教徒。四書五經を究めて孔丘仁義の大道を守る支那の儒教徒。可蘭を誦してマホメットの豪風を欽する亞刺比亞の回々教徒。新舊兩約の聖書に原ひて上帝の恩寵を嘔歌する歐米の耶蘇教徒等と。机を駢べ椅子を列ねて宗教上道徳上の議論を上下し。以て無限の感慨を發し。雄偉の新思想を生ずる所果して如何。思ふに日本舊佛教改革の方針は。此時炎々濛々として偉人の心裡に燃へ上らん歟。嗚呼肥後佛界の雄傑が。シカゴ府頭大旅館の三層樓上。電氣燈影光淡きの邊。左手に鉛筆を揮ひ。右手に日本紙を抑へ。積年胸間に鬱勃磅礴したる。胸中萬斛の思想感情を顯寫する所果して如何。思ふに日本佛界の蹈内。鎖國。退嬰の惡弊害を掃蕩す可き。舊佛教革新の大光明となる可き。慷慨激烈の文字。雄大沈痛の議論は。眞個に滾々滔々として雄傑の筆端より溢迸し來るならん歟。吾人は八淵師が愈々現實上に於て。吾人が大希望の衝點に立たれんことを。蒼天を睨し大地を蹈んで千祈萬禱する所なり。

嗚呼蓊勃たる阿蘇山上の噴烟は。千秋警醒の烽火を擧げて八淵師の壯行を送り。崔嵬たる落機山頭の翠黛は。前途無限の微笑を含んで蟠龍師の雄圖を迎ゆ。嗚呼行けよ日本佛界の英俊。嗚呼進めよ九州佛界の偉人。嗚呼奮へよ肥後佛界の雄傑。行けや行け行ひて蒼茫たるフロント湖畔の大會堂上。氣欲萬丈の雄辨を揮ひ。勇鋭精進天下の衆魔を破滅して。大聖世尊の榮光を五洲の天に輝かせ。嗚呼眞に五洲の天に輝かせ。

論說

印度苦學中の感懷（上）

釋　宗　演

昨非今是総間緣。日月匆忙過眼前。心不漂梅志唯一。身如謫客路三千。人生馬齒老槽櫪。世故羊腸度嶮嶺。自抱尋常望蜀欲。却愧學步滯隴邊。是れ吾人が印度苦學中に吟せし述懷の一なり。夫れ雪山兀として九霄に聳へ。峻峰起伏して走りて歐亞の境界を劃斷し。肱河滾として五天を繞り。逆流洪蕩として決して南洋に傾瀉す。千里の沃野是れ天然の富源之を取て盡るとなし。滿目の風景是賢傑の遺跡。人をして坐るに感古慣今の情を喚起せしむ。嗚呼雄なる哉印度の地勢。嗚呼壯なる哉印度の天象。昔歴山大帝(アレキサンダー)が遥に此印度の壯圖を望んで。垂涎漣々として禁せざりしも亦宜なる哉。今や此の天然の極樂國を横領して自家の金穴となし。威を西歐に振ひ權を東亞に併せんと欲して。虎視眈々隱に爪牙を磨き。一朝乘ず可きの風雲に際會せば。蹶一蹶して之に乘せんと待ち搆へつゝあるものは何誰ぞ。吾人は問はざる以先に其英國海王なるとを知るべし。吾人苟も公愛を自國に繫ぐ者は。悚然として前途の大計を講せざる可らず。

然るに世人動もすれば云ふ。印度をして貧弱に陷らしめ。遂に鵲巣を擧げて鳩居に轉ぜしめたる者は佛敎是なりと。嗚呼何ぞ事を思はざるの甚しきや。蓋し印度亡國の原因は一にして足らずと雖も。其尤も主なるものは印度人固着の門閥種族是なり。印度人が種族に因て社會を分ち。交際を別にし。尊卑相隔つるの有樣は。身其郷に入りて之を實見せし者にあらざるよりは。夢にも想像し及ばざるの珍事なり。

印度人は種族同じからざれば婚冠を共にせず。慶吊相助けず人事相問はず。其極遂に飲食をも一室に於てせざるに至る。彼れも人なり是も人なり。苟も尊卑の禮讓を失せざる以上は一國みな兄弟なり。相共に等しく天賦の能權を具有するなり。姓氏に因て交際を別にし。種族に因て公義を阻つ。何ぞ夫れ慘且つ酷なるや。十姓分れ百氏生ず。氏々姓々各々殊別の小天地と作り。箇々單獨の風俗を馴致して大同愛國の公義を忘るゝに至りては。其國亡びざらんと欲するも豈に夫れ得べけんや。

蓋し印度は世界の最舊國なり。古代の最文明國なり。而して當時印度の文明は婆羅門敎に因て大に發達せられたり。然れども之と同時に又婆羅門敎に因て痛く衰頽せられたり。何となれば印度の文學。哲理。醫術。美藝は多く婆羅門敎の手に成りたると共に。彼の所謂門閥種族の因襲風と成して一國の團結力と殺滅せし者は亦た婆羅門敎なればなり。婆羅門敎は印度に於て功罪兩ら其責を帶ぶると云も過言に非るべし。

而して釋迦牟尼が始て印度に輩出せし頃は。彼の婆羅門敎が尤も法外なる威權尊大を逞ふしつゝありしにも拘らず。其實は最早婆羅門敎の內部は稍々腐敗を來たし。習弊交積して暗に人民の厭倦心と生ぜしめたるの秋なりし。卽ち釋迦が乳臭の舌を皷して。天上天下唯我獨尊と自稱し。剰さへ金輪の王位と蟬脫して一箇自由の乞食となりしも。亦止むを得ざるの大決心に出たるを信ず。

然るに釋迦其人と雖も。固より婆羅門敎の空氣を呼吸して人となり。四韋陀典(婆敎の聖經)の糟粕を嘗めて。其辛甘如何は飽まで玩味したるにも似ず。自ら頭角嶄然として別に新機軸を出し。乃ち悉有佛性の哲理を以て法城を築き。世間相常住の公義を取て武庫を堅め。一切衆生を親兵として三界六道二十五有の版圖を席卷し。以て大涅槃の太平を致さんと企てたり。涅槃とは煩惱の束縛を脱して本心の自由を享愛する謂なり。即ち言を換へて云はゞFree from the passionと云ふに外ならず。看よ釋迦の法界平等の軍旗は婆羅門教奉身犧牲の淫祀を破り。三界我子の佛勅は門閥種族の壓制を倒はし。九十六種の哲學士は璧を含んで轅門に降り。三千の高僧鐘を鳴らして凱を奏せり。亦盛なりと云べし。是實に耶蘇紀元前五百四十三年にして。印度の新教即ち佛教興起の時なりとす。「釋迦入滅より耶蘇紀元までの年代」

夫れ佛教は婆羅門教より出でゝ婆羅門教の臭氣を帶びず。自心の德權を重んじて想像の天神に依托せず。大に世道人心の改作をなせしことは。印度史を讀むものゝ能く知る所なり。而して釋迦滅後佛教が印度に於て尤も盛大を極めしは。耶蘇紀元前二百五十七年の頃にして。彼の有名なる阿育王（アソーカ）の治世なりとす。佛教は此時全印度の國教となりたり。然れども彼の羅馬法皇が神權を濫用して人民を愚にしたる如き弊害は。毫も佛教に於て見ざる所なり。是他なし釋迦は一人にして大法を私することを禁じたればなり。且つ當時阿育王が政治に心を用ひ。佛教に保護を與へたるの偉跡鴻業は空前絶後のことなりし。法學博士ハウンタル氏云く。『阿育王が佛教に盡したるの功業と政略上に施したるの大計は。猶は彼の干斯坦丁（コンスタンチン）大帝が耶蘇教に酬ひ。鵬志を歐亞の間に伸べしと好一對の盛事なり』と。尋ひで耶蘇紀元後四十年代に於て。印度に迦膩色迦（カニサカ）王あり。亦大に佛教を弘通し。更に同紀元後六百三十四年代に於て。尸羅阿迭多王ありて復た大に佛教を宣揚せり。其後同紀元八百年代に至て是に再び婆羅門教再燃の勢を呈し。遂に同紀元一千年代に於てはさしもに榮昌を縦まゝにせし佛教も。全く中央印度より追放せらるゝに至りたり。是れ實に釋迦の入滅を去ると一千五百四十年餘なりとす。然れども吾人は佛教が印度より追放されたるを悲む者にあらず。却つて印度が佛教を失ひしを嘆惜するものなり。何となれば佛教が其生縁の故鄕を去りたるの後は。印度の文物最早や觀るべきものなく。各種の印度教漸く四分五裂の小朋黨を作り。耶蘇回教等踵を接して外より入り。此に始めて外人尊奉の俗をなして民情振はず。公義陵夷。內憂外患左右に虎を進め狼を近づく。嗚呼佛教逝れて後印度の大事既に已に去り了れり。吾人は此に至り亡國の慘狀亦云に忍びざるなり。

凡そ一國の人心を維ぎ一世の風俗を持するには。自國一定の德教を存して人心の嚮向を示し。道德の標準を立て。以て政化を翼賛し。國權を伸張せしめざる可らざるなり。自國に德教なくんば已なん。已に之あり。然るを是を捨て彼を取り。自ら甘んじて下劣となり。謾に外來の事物を追ふて。僥倖を萬一に期せんとする者は。小にして身を喪ひ家を滅ばし。大にして國を傾け邦を倒すと。古往今來尤も覩易きの道理なり。印度の亡ぶる内外若干の原因ありと雖も。先づ佛教を追ひ出したるの一事主として與りて亡國に力あるものなり。

夫れ佛教は一たび印度より逐斥されたり。佛教は果して道德の標準を定め。天下の人心を維持するに足らざるの妄教なるか。否々佛教は文明の已に退歩したる。當時の印度に籠城して。恬として一方の小天地に跼蹐たるものにあらず。看よ佛教は去りて何處に其驥足を伸したるか。卽ち錫崙。緬甸。暹羅。阿富加尼斯坦。干暮駝。西藏。蒙古。滿洲。支那。三韓。日本。東方群島等に向て大に德化を進め。世出世の大業を成就して二千四百三十六年の今日に至るまで。續焰聯芳的々として釋迦牟尼の正宗を傳來せり。世人乞ふ今の僧侶の知能に乏しきを見て。以て併せて佛教の眞理をも白盲に排斥すると勿れ。釋迦牟尼の發明せし確乎不抜の眞理は。獨り禿頭方袍の僧侶にのみ依托して。其湮滅に歸するを傍觀すべきに非るなり。苟も眼を公道に掛け。愛を眞理に繫ぐの識者は。宜しく佛教の盛衰に意を注ひで可なり。

吾人は知る輓近佛教の歐米各國に向て漸く傳播するの兆候あることを。何を以て之を知るか。乃ち彼の Buddhist theosophical society 卽ち靈智協會なる者は。目下何れの國に行れて如何なる勢力を蓄へつゝあるかを察せよ。米に英に。佛に伊に。魯に濠に。及び印度に凡そ三百五十八ヶ處の協會を組織したるにあらずや。而して此協會に加名し居る所の人士は大抵みな學者縉紳の集合体なりとす。勿論此協會の目的とする所は。廣く天下の哲理と道德とを集めて大成するものなれば。敢て之を釋迦協會と名づけずと雖も。其基礎とする精神は佛教を以て之を統ぶる者なり。佛教は十九世期に於て始めて步を泰西に移し將さに大に運動する所あらんとす。

今更に最近の宗教信徒統計概略を按ずるに。凡そ全地球上の人口を合して。十四億六千八百万として。此内佛教を奉ずる者は凡そ三億八千五百万人。次に羅馬加特力教を奉ずる者二億〇五百万人。次に婆羅門教を奉ずる者一億八千万人。次に回々教を奉ずる者一億〇五百万人。次に普羅士特（プロテスタント）教を奉ずる者一億〇二百五十万人。次に偶像敎を奉ずる者九千五百万人。次に希臘敎を奉ずる者八千二百万人。次にヱシース敎を奉ずる者七千五百万人。次に猶太敎を奉ずる者七百五十万人とす。其他の宗敎と稱するものは一千一百種にして。其信徒を合算すれば一億三千一百万なりと云ふ。佛敎瘦せたりと雖も。猶ほ其最多數の信徒を有するにあらずや。而して吾人は唯々信徒の多數と靈智協會の増殖するとの皮相を以て佛敎の勢力を誇稱することを好まず。愛する所は些子の眞理のみ。外神の迷妄を斥けて內心の自由を得るの一法のみ。

吾人は上來聊か平生の持論を提出し去りたりと雖も。決して他敎を誹議したるにあらず。却て他敎信者諸君が愈々增々各箇自敎の奧妙を硏究せんことを勸告する者なり。若し夫れ他敎信者にして自敎の奧妙に達したるの善男善女ならんには。始めて共に佛敎の初門を語るべき人たればなり。古先生曰く『吾が佛を知らざるは吾が儒を知らざるが爲めなり』と知言なりと云べし。知らず世人予が言を肯ふや否。

東洋佛教の歴史的觀察（接續）

在大坂　中西牛郎

第三　平和寛大自由の精神

佛敎は東洋の各邦國各時代に於て。其迫害窘逐に遭遇したる前後幾回なるを知らず。然れども一回だも之に對して復仇の軍を起したることあらざるなり。蓋し人間の思想は自由ならざる可らず。眞理は暴力を以て强ゆ可きものにあらずとは。佛敎の奉じて以て法律とする所なり。故に佛敎は兵を起して異敎の徒を屠戮したることあらず。此點よりして論ずる時は。彼の抑壓。嫉妬。鮮血を以て其愛を汚したる回々敎基督敎の如きは。佛敎に對して愧死せざるを得ず。蓋し支那の如き其廣大なる範圍を有するの帝國に在りては。佛敎未だ盡く其內亂を禁遏することを得ざりしと雖も。佛敎は實に之を減制するの勢力ありたるは疑ふ可らず。顧ふに此帝國が其社會の秩序國家の統一を保ちて。四千餘年の久に達したるは。人類政治の歴史上に於て。驚く可きの一大事實なりとせざるを得ず。而して此事實にして源因ありとせば。佛敎も亦た其源因の一なりと云はざるを得ざるなり。

佛教は各國民が尊奉する宗教信仰には。必ず其中に一の永遠無窮なる眞理の存在するを認め。此眞理は宗教普通の元素なるを以て。他の宗教に對して敬意を表し。決して之を崩滅して然る後に快しとせず。蓋し佛教は他の宗教に卓絶したる廣大なる範圍を有し。天下各宗教を驅りて之を容るゝの大量あり。佛陀の始めて世界に來るや。以謂らく世界人類は同一にし思想感情を有するものにあらず。故に之に應ずるの宗教も亦た同一なる可らず。相傳へて云くカシミルの國民未だ佛教に歸せざるや。頻りに佛教進入の大勢に抗抵し。兵を起して其僧侶を殺さんと企てたり。然して暴徒が發したる矢石は。地に墜れば美花となり。彼等が生息したる曠漠の野は。忽ち一大園囿に變じたりと。此れ又佛教が其教を傳ふる。抑壓を以てせず。權威を假らず。未だ嘗て兵力に訴へずして。獨り無上博愛の勢力に由るを觀る可し。

故に佛教各邦に於ては。基督教の如きは之を迫害せざるのみならず。却て之に敬意を表するものなり。錫蘭の僧侶嘗て書を著はして曰く。『基督は第六天界に住したる天人にして。肉身を現じ此世に降りて眞理を敎へたり。故に或意義を以て之を云へば。基督も亦た一の佛陀なり』と。阿育帝は嘗て各宗教徒皆同一に之を待遇せんと詔を下したり。中央亞細亞に居る蒙古種族は。最も熱心なる佛教信徒なりと雖も。基督教徒に遭へば善く之を接遇せり。支那に於て嘗て歐洲の宣教師を驅逐せしことあるは。其政府を顚覆するの逆謀露顯したるを以なり。暹羅に於て近時羅馬舊教徒は。佛教の殿堂を毀たんと企てしも。佛教信徒は基督教國に於て。嘗て見るを得ざる所の大量を以て之を恕したり。西藏の佛教は基督教に對して最も友愛を表したり。暹羅の先王は大に振つて泰西の學術言語を講習し。佛教を妄想より脱せしめて。之を純潔にせんと企圖したる。佛教改革家の最も錚々たるものなり。然れども基督教徒サージョン、ボーリングに書を贈りて云く。『上帝の性質を論ずるに至りては。吾輩其孰れか是孰れか非なると知る能はず。然れども我は吾上帝に向つて福祉を汝に授くると祈禱せん。汝も亦た汝の上帝に向つて福祉を我に與ふるを祈禱せよ』と云へり。然れども王は基督教の宣教師等に明言して云く『我は到底基督教を信奉する能はず。蓋し其愚昧なる宗教なるを知ればなり』と。然れども佛教に斯の如きの平和寛大自由の精神あるは。決して其信仰の冷淡より來るものにあらず。蓋し佛陀の教に從へば。世界人類が尊奉する各宗教各信仰は皆一部分の眞理ありとすればなり。然り而して眞理と以て自己の宗教より排除して。悉く他の宗教を撲滅するの宗教と。他の宗教にも其眞理あるを知りて之を敬し。悉く驅りて之を自己の一大範圍に入るゝの宗教とは。孰れか是れ將來世界の一統宗教たるべき乎。此れ又宗教界の一大問題とする所なり（以上論ずる所はヂヨンソン氏が東洋宗教の意を撮りて稿を起したるを以て其書と參考せよ）

之を要するに佛教は數千年間東洋各邦の間に行はるゝと雖も未だ其時機來らざると以て。眞理の光未だ顯れず。然れども東洋國民の思想感情に於て。苟も博大高尚の思想あるを認め。苟も博愛慈善の良心あるを認め。苟も自由平等の原則あるを認め。苟も各國民精神上の交通あるを認め。苟も文學技術の光輝あるを認め。苟も東洋各國に於て世界を包括するの生命精神あるものを認むるとあらば。是れ則ち佛教の感化に外ならざるなり（未完）

特別寄書

教育と宗教の衝突（接續）

文學博士　井上哲次郎

又思へ。耶蘇は甚しく貨財を賤んで。貨財を蓄ふるものは天國に入ること能はずとせり。馬太傳第六章第九節に云く「勿積財於地。即蠹蝕銹壞之處。與盜可穴而竊之處」と又第十九章第二十三節及第二十四節に云く「富人入天國難矣哉。又語爾駝穿針孔。較富人入神之國尤易也」と。其他同樣の事馬可傳第十章幷に路加傳第十八章にも見ゆ。若し歐米諸國の人が眞に耶蘇教を守らば。其の非常の富は何により致せるか。殊に富人は耶蘇教の盛に行はるゝと稱する英米に最も多きは何故ぞ。就中米人の如きは世人稱して「モーニーメーキング。ピーピル」（蓄財人種）と云ふにあらずや。然るに英米の貨財に豐富なるは其の國民をして强大ならしめたる一大原因なること毫も疑ふべきにあらざるなり。若し耶蘇教が常に實力を有し耶蘇の言は一も二も盡く行はれたりしならば。歐米諸國は決して今日の如く富强なること能はざりしこと固より論なきなり。故に歐米諸國の今日の如く富强なるは決して耶蘇教によりて然るにあらずして耶蘇教は寧ろ國家を貧弱にする傾向を有すると知るべきなり。

又之れを歷史に徵するに。歐洲にて耶蘇教の盛なる時は必ずしも國家の盛なる時にあらず殊に耶蘇教中正教と稱するものゝ行はるゝ時は國家は却りて衰退せること多しとす。キズチキー氏曰く「吾人の國に就ひて世人が正教の盛なる時はいつも普國の最低度に達したる時なりと云ふは虛妄にあらざるなり」と。佛國のアンリ第四世が千五百九十八年を以つてナンツの敕令を發したるを後千六百八十五年に至りてルイ第十四世之れを廢せしかば。有力なる佛國の臣民にして他國に散亂せしもの四十万人あり。ルイ第十四世が一たび正教を保護せしが爲め忽ち四十万人の有力なる臣民を失へり。西班牙のフヒリプ第二世は信心深き人なりしが。其時西班牙の人口は其結果として二百万人を減却し。從ひて又國民の福祉は之が爲めに消散せり。オツクル氏は其著文明史の第二卷に於て西班牙の衰退は僧侶の盛大なるに歸すること。即ち强大なる寺院の權勢は國民の智識を殺減し。遂に人民をして無學無識に陷らしめたることを詳論し。又蘇格蘭も此點に於ては大に相類似するものあることを辨明せり。又耶蘇敎徒が己れと信敎を異にするものを殺害したるの數は殆んど聽者として毛髮竦然たらしむべし。ショッペンハワー氏に據れば三百年間にマドリッド府のみにて三十万人程信敎の異なるが爲めに焚殺せられたり。マドリッド府以外の處にては如何程焚殺せられたるか。未だ其數を知らざるなり。ドレパー氏に據れば千四百八十一年より千八百八年に至るまで西班牙にて信敎の異なるが爲めに三十四万人程罰せられ。其内三万二千人は焚殺せられたり。又クルーグ氏に據れば西班牙にてトルクエマダ氏の爲めに十万五千八百八十五人。アイステルス氏の爲めに五萬千百六十七人。ヂエゴ、ペレズ氏の爲めに三萬四千五百五十二人死せり。其他牢獄にて死せしもの三百四十一万二百五十人。其中三万千四百十二人は焚殺せられたり。概算すれば唯々西班牙のみにて五十萬の家族は全く頑迷の爲めに殄滅せられたり。千二百九年に佛國のベジエー府は「アルビゲンゼル」宗徒の根據なるを以てアルノルド氏之を攻めて無殘にも二万人の人口を殄滅せり。然るに是れ全く羅馬法王の自ら惹起せし所なるを忘るべからざるなり。佛國の「フヒユゲノッツ」宗徒は屢々迫害を受け。遂に千五百七十年に至り「サンバルテレミー」の夜を以て最も殘忍なる迫害に遇ひ。六週間に二万人乃至三万人殺害せられたり。然るに當時の佛國王のシャール第九世は此の如く夥しく「フヒユゲノッツ」宗敎を迫害したるの功を以て羅馬法王より羅甸語にて「フヒユゲノッツ」宗徒の殄滅と記せる勳章を受けたり。又十五世紀の末より以來魔女として殺害せられたるもの亦百万人に下だらざるなり。又耶蘇敎の僧侶が哲學者理學者等を虐待し。智識の開發を障碍したることは實に我邦人の預想の外に出づるなり。然るに正敎を信ずるものを殄滅すべしと云ふもの此の十九世紀に至りても尙ほ之れあり。有名なる佛國の學者ジヨセフ、ド、メーストル氏は神學熱心の人にて一個の露西亞人に書を送りて「インクヰジション」（迫害の義）の必要を言へり。氏は千八百二十一年を以て伊太利のトリノ府にて死せり。然れば今より。七十一年前の事にて決して非常に舊きことにあらざるなり。然れども以上列擧せる迫害は耶蘇敎徒中に起りたるものなり。換言すれば迫害者も被迫害者も何づれも耶蘇敎徒にて。其信仰の善未だ甚しからざるものなり。然るに其全く信仰を異にするものに至りては。耶蘇敎徒は尙ほ一層殘念なる迫害を爲せり。ムール人及び猶太人が西班牙に於て迫害に遇ひたるが如きは衆の稔聞する所なるべきも。其他亞米利加。亞非利加。南洋諸嶋の土人が耶蘇敎徒の爲めに迫害を受けたることを一々敍述せば。如何なる讀者も毛髮の竦立し。皮膚の粟を生ずるを覺えざるべし。然れども今一々これを敍述するの暇なきを以て僅々二三の例を擧げん。ラスカザス氏に據れば米國にては四十年間に千二百萬人程殺害せられキユバ島の土人の如きは盡く殄滅せられたり。又ゲルランド氏に據れば耶蘇敎徒は南亞米利加に於て土人に對し殘酷なることをなせり。殊に「ゼジユイテン」宗徒の如きは往々土人を獵して之れを捕へ。因りて洗禮を行へり。若し其土人洗禮を諾せざれば之れを禁錮して其洗禮を諾するを待てり。又カリフルニアにては一層甚しきことあり。耶蘇敎徒は西班牙の兵を率來り。土人を捕へる爲めに罠を設け。或は兵を遣はして之を捕へしむ。若し土人耶蘇教を信せざれば先づ之れを禁錮して飢ゑしめ。是に於て始めて肉と示し。耶蘇教に化せしめんとせり。耶蘇教徒は殖民地に於て餘り。暴虐なることを爲せるゆゑ。北米の土人は耶蘇教を以て詐僞の新法と見做して曰く。「吾人は耶蘇教に化するを要せず。何となれば。耶蘇教徒は吾人より甚しき詐僞。竊盜。暴飲となせばなり」と。ニカラグワの土人曰く「耶蘇教徒は勞働を好まず。彼等は賭博者。兇惡者。瀆神者なり」と。然るに耶蘇教徒之れに答へて此の如きは唯だ耶教教徒中の不善なるものなりと云ひしに。土人曰く。「然らば善人は何處にあるや。吾人は唯々不善人を見るのみ」と。此れに由りて之れを觀れば耶蘇教徒が如何ほど土人を虐待せしか。又概して如何ほど不善なる行を爲しゝかを推測すると得べきなり。彼國の土人が「我々蕃民は一層善良なる人民なり」と慨歎せしも亦怪しむに足らざるなり。其他種々悽慘なる例證は。余が嘗て著はしたる內地雜居續論附錄第二に掲載せり。之れを要するに耶蘇教徒は過去の歷史に於て無殘なる成蹟を爲し。世の發達進歩を障害せること殆んど測量し得べからざるなり。勿論耶蘇教の爲めに利益と生じたることも之なきにあらず。然れども又之れか爲めに無殘に幾百萬人の生命を失へることと思へば。其利益は其弊害を償ふに足らざるを疑ふなり。歐洲の歷史に暗きものは或は唯々耶蘇教が歐洲を裨補したることのみを確信して。其弊害の如何を概念すること能はざるべし。余も亦歐洲が耶蘇教の爲めに幾多の利益を得たることは決して之れを否定せざるなり。唯々其功罪相償ふこと能はざるべきを公言するに過ぎざるのみ。ギズチキー氏曰く。

耶蘇教の幾重にも福祉を人類に付與したるは固より論なきなり。然れども神壇の下に於て神語の爲に幾百萬人となく。絞殺せられたるを觀れば…………又如何樣に憎惡及び睽離を各國民の中に生じ。從ひて又戰爭を誘起し。爲めに全國の人民を減殺し。其文化を破滅することを觀れば…………此萘害は果して彼福祉によりて償ひ得るや否やを疑はざるを得ざるなり。

彼れと此れとを比較商量し來れば。歐洲が耶蘇教の爲めに利益を得たりと云ふよりも。寧ろ弊害を蒙りたること多しと謂ふを妥當なりとすべきなり。固より今日となりては耶蘇教も其勢力を失ひ。從ひて又往日の如き迫害は復た見ることなかるべきなり。果して然らば耶蘇教の勢力を失ひたるは實に人類一般の爲めに賀すべきことなり。然れども耶蘇教徒は今日にありても尙憎惡及び睽離の種子を各處に傳播するものなり。彼等は神學と稱する一種の僞學を有し。自己の如く思惟せざるものは盡く之れを憎惡して。或は直接に或は間接に種々なる攻擊を爲して已まず。フリードリヒ、ヴィルヘルム第三世嘗て宮中說教僧アイレルト氏に謂ひて曰く「類の仲間にて神學者より困難なるものはなく。神學者より協和し難きものはあらず。彼等と交涉するに當りては如何なる場合に於ても忽ち睽離を生じ偏頗を來たすを免れず。世人或は神學的憎惡と云ふことを言ふ。然るに此種の憎惡は最も惡性のものなり」と其言恰も耶蘇教徒の弊に當れり。耶蘇教徒は又多少政略を廻らして種々なる手段を用ひ。隱々人に改宗を强ひ。他人信教の自由を損傷するとも亦少しとせざるなり。

佛教第四十二號に云く

近來耶蘇教徒も青年輩は數人相結んで各地に出遊し僞て佛教徒と稱し。到る處に佛教演說會を開く。其演說の最中。突然聽衆の中より質問者出で。辨士を難詰す。辨難稍久うして辨士乃ち究す。究し却て耶蘇敎を稱賛し。自今佛敎と棄て耶蘇敎を信せんと誓ふ。而して實は辨士。質問者も同穴の狐。聽衆を瞞着して該敎に引入るゝの策なり。何ぞ其猾手段の甚しきや。聞く近頃耶蘇敎信者年々減少すと。其挽回の策此猾手段。能く其効を奏するや否。

耶蘇敎徒が是迄爲し來れる事蹟を歷史に徵するに預想以外の手段と用ひて餘宗のものを引き入れたること往々之れあることなれば。佛敎の報道する所も亦全く根據なきものと斷言するを得ざるべきなり。元來東洋諸國は何づれも固有の宗敎を有するに。歐米の宣敎師が今日布敎の爲め來るは。徒に憎惡及び睽離を生ずるの端緒なるに過ぎず。若し初めより耶蘇敎を東洋に傳播するものなかりせば。東洋の宗敎社會は極めて安穩なりしならん。然るに歐米の宣敎師が一たび耶蘇敎を東洋に傳播せんと企圖せしより徒らに幾多の爭亂を惹起して已まざるなり。我邦天草の變。支那蕪湖の變。皆耶蘇敎の爲めに起れることを追想すべきなり。從ひて又耶蘇敎が是れまで毫も東洋に利益を增進したることなきと忘る可らざるなり。ショッペンハワー氏曰。

歐羅巴の政府は總べて國敎を侵害することを禁すれども。自らは宣敎師と婆羅門敎及び佛敎の行はるゝ諸國に派遣するを憚らず。派遣せらるゝ所の宣敎師は又熱心に是等諸國の宗敎を根本より攻擊し。己れの地位を其間に占めんとす。然るに若し一たび支那帝か若くは東京（トンキン）の高官が是等宣敎師の首を斬るに當りて忽ち其非を喧呼するは抑々又何たることぞや

ショペンツハワー氏の此論は最も公平無私なりと謂ふべきなり。又ライン氏に據れば曾て「ゼシユイテン」の徒が天草に來りて耶蘇敎を傳播せんとしたるは。啻に我邦舊來の信敎を妨害したる而已ならず。又日本を葡萄牙か若くは羅馬法王の領分となさんとするの企圖に出たると復た疑なきなり。然れば幾多の耶蘇敎徒が當時殄滅せられたるも亦當に殄滅せらるべき根據を有したり。換言すれば我れ先づ之れと殄滅せんと企圖したるにあらず。彼れ已に殄滅せらるべき隱謀秘畧をなしたるなり。要するに耶蘇敎徒は到る處紛爭を生ずるの弊を免かれざるものなり。假令ひ往日の如く迫害を逞うすることなかるべくも。其言論に其文章に紛爭して已むことなかるべきなり。路加傳第十二章第四十九節に云く「我來以火投地。我何欲哉。乃其火得燃耳」と。又馬太傳第十章第三十四節に云く「勿思我來致平於地。我來非致平。乃致興戎耳」と。耶蘇敎徒の紛爭を好むは遠く耶蘇の敎に淵源するものにして決して一時の境遇によりて然るにあらざるなり。

耶蘇敎の國家主義に反すること及び歐洲諸國の富强なるは。決して耶蘇敎によりて然るにあらざること。幷に耶蘇敎は近來其勢力を失ひたるが爲め。往日の如き悽慘なる歷史は再演することなかるべきも。尙ほ精神上の紛爭を止むることなかるべきことは已に詳細に辨明せり。次ぎに忠孝の事を述べん。東洋古來の敎は皆忠孝を以て第一とし。敕語の精神も亦忠孝と以て最大の倫理とするものなり。然るに耶蘇敎には忠孝の敎殆んど之れあらざるなり。僅に之れに類するものあるも決して東洋古來の敎と混同すべき者にあらざるなり。耶蘇が直接に忠君の道を敎へたること決して之なきなり。我邦の耶蘇敎徒が百方附會して耶蘇敎にも忠君の敎ありと唱道するは。皆强辨に過ぎざるなり。馬太傳第二十二章に據るに。曾て人あり。耶蘇に「納稅於該撒宜否」と問ひたるに。耶蘇即ち其稅

金と我れに見せよと云ひたり。因りて其稅金を見せたるに。耶蘇問ひけらく。斯像と號は誰なるやと。因りて又該撒なりと答へたるに。耶蘇之れに謂ひて曰く。「然則以該撒之物歸該撒。以神之物歸神矣」と。此事は我邦の耶蘇敎徒が耶蘇の間接に忠道を敎へたるの憑證として引用する所なれども。是却て耶蘇の愛國心に乏しかりし確證に外ならざるなり。當時ユデア國は全く國獨立を失ひ。羅馬帝國の領分となり「デナリウス」と稱する羅馬の貨幣其地に通用せり。故にユデア國の慷慨家は遺憾に堪へず。機會の乘ずべきあらば。羅馬帝國に反してユデア國の獨立を圖らんとせり。此の如き時期に際するを以て若し耶蘇が稅は納むべからずと言はゞ羅馬の政府に背くものなり。若し稅を納むべしと言はゞユデア國民を救助するものにあらざるなりと思惟して或る人試に耶蘇に問ひたるなり然るに耶蘇果して稅を羅馬に納むべしと答へたり。若し耶蘇が愛國の士ならば。ワシントンが北米の獨立を圖りしが如く。必す慷慨の士を嘯集し正氣の旗を飜してユデア國の獨立を企つべきなり。然れども耶蘇の主眼とする所は其いはゆる天國にして地上の國家にあらざるを以てユデア國が他國の屬地なると然らざるとは決して其憂とする所にあらざるなり。故に冷淡にも「以該撒之物歸該撒。以神之物歸神矣」と云へり。此一語にて其毫も愛國心なかりしを證するに足るなり。然るに橫井時雄氏は六合雜誌第百二十五號に之れを辨じて曰く。

イエスはユダヤの愛國者なり。然れども不幸にして。國勢衰微し。自立すると能はずして。外國に屬するに至りし以上。ロマ政度の外國政府なるに關はらず。その偶然政府なるに關はらず。尚且つ之に貢を納むべきことを敎へり。況んやもし其國獨立して一天萬乘の君主を戴きたらんに於てをや。

耶蘇の愛國心に乏しかりしことは。余が已に說明せるが如く。其稅を羅馬政府に納むべしと冷淡なる返答をなしゝによりて明瞭なるに。橫井氏は同一の返答を以て耶蘇が忠道を敎へたるの證となせり。然れども耶蘇が單に稅を羅馬政府に納むべしと云ひたるは果して忠君の主義と見做すべきものなるか。忠君と云ふは唯々滯りなく稅を政府に納むるに止まることなるか。橫井氏の辨護は決して余の首肯すると能はざる所なり。且つ又耶蘇が愛國者たりし確證は一も之なく。却て愛國者たらざりしとは種々なる點より辨明するを得べきなり。然るに前に擧げたる文に據れば橫井氏はユデアの國勢衰微して最早如何ともし難きゆゑ。耶蘇は單に稅を羅馬政府に納むべしと云に止りしも。若し其國が獨立して一天萬乘の君主を戴きしとならば如何ほど忠臣たるの功績を成しゝかを知らずとの意と述るものなり。然れども當時ユデア國にはヘロッドと稱する王ありたり。然るに耶蘇はヘロッド王に對して如何なる忠義を爲しゝか。ヘロッド王は固より暴君なるも。耶蘇は曾て之れを諫止したることあるか。又之れを扶翼したることあるか。又策を之れに獻じたることあるか。耶蘇は決して忠君を重じたるものにあらざるなり。凡そ國家は其隆盛なる時に當りて忠義の士を要すと云ふよりも寧ろ其衰微の秋に當りて多く之れを要すと云ふべきなり。文天祥が詩に云はずや。「時窮節乃見」と。ユデア國が泰平無事の時ならば。忠義の臣も施す所なかるべきも。耶蘇の時には啻にユデア國が羅馬の領分となり居るのみならず。又其王ヘロッドは暴君にして虐政を施せり。是れ豈に忠義の士の磐根錯節を試みるの秋ならずや。然るに耶蘇が全く是等國家のことを度外視して徒らに天國のみを說けるは。其忠君を重んせざるの確證なり。若し又我邦の耶蘇敎徒の如く。耶蘇の稅を羅馬政府に納むべしと云ひたるを讃美して忠道の敎とせば。余は少しく其結果の如何を恐れざるを得ず。今假りに本邦が不幸にして他國の領分となりたりとせば。我邦慷慨の士は。必ず義兵を擧げ。之れが恢復を圖り。奮鬪決戰。他國の覊軛を脫却するにあらざれば已まざるべし。然るに其時獨り耶蘇敎徒のみ。冷淡にも「以該撒之物。歸該撒。以神之物。歸神矣」と云ひて。矢張稅を他國の政府に納むるを以て最上の忠義とせん。今我邦の耶蘇敎徒が唱道する所によりて之れを推測すれば其結果は必ず此の如くならざるを得ざるなり。

耶蘇の徒弟中には多少主君に服從すべきことを言ふものあり然れども是れ亦決して東洋古來の敎と混同すべきものにあらざるなり。使徒保羅達羅馬人書第十三章第一節より第六節までに云く。

各人宜服在上之權。蓋未有權不由神也。所有之權者。皆爲神所命。故逆權者。逆神之命。且逆者。必致定罪於己也。蓋有司。不施畏於善行。乃於惡者。爾不宜畏權乎爾行善。則獲其褒。以有司乃神之僕。致爾得益。然爾若行惡則宜畏矣。蓋彼非徒然操刀。彼乃神之僕。以怒討行惡者。爾故必服之。不惟緣怒。乃亦緣良心焉。蓋爾緣此宜輸稅。以彼乃神之僕常守斯職。

是れ執權者に服從するの要を述べたるものなる。烏渡表面上より淺近なる考察を下だせば。東洋の忠君と同一なるが如し。然れども詳細に其旨意を分拆し來れば。其間大に相異なるあるを見るなり。第一。保羅の主意は執權者は神の命ずる所なるが故に之に從順なるべしと云ふにあり。即ち其服從を要するは。社會の秩序を維持する爲めとか。又先祖以來恩惠を受けたるが爲めとか。或は又其他實際上の關係より起にあらずして。全く執權者を以て神の命ずる所と爲し。神に服從すべしとするか故に執權者にも服從すべしとするなり。換言すれば。其實執權者其れ自身に服從するにあらずして。唯々神に服從する而已なり。若し執權者を以つて神の命する所にあらずと假定せば。毫も之に服從すべき謂はれなかるべきなり。然るに東洋古來の敎にては主君に忠するべきは。其神の命ずる所なるが故に然るべしと云ふにあらず。忠は臣民の當に盡すべきものと直覺的に定めたるなり。故に孔子は「進思盡忠。退思補過奬順其美。匡救其惡」（孝經事君章第二十一）と云へり。是決して主君は神の命する所なるが故能く之に事へざるべからずと云ふの意にあらざるなり。又之を思へ。保羅のいはゆる神は本と猶太人の空想に出でたる神にて神道の神。儒敎の天。道敎の無名。佛敎の眞如。婆羅門敎の一体三分抔と全く其性質を異にするものなり。果して然らば。耶蘇敎以外の宗敎の行はるゝ所にありては執權者は決して耶蘇の神に命せられて其位地を得たるものと見做すべからず。然らば耶蘇敎徒は是等の執權者に對しては少しも。服從すべき理由を有せざるべきなり。例へば我邦の天皇の如きは幾千年以來の皇統を紹ひて日本國民の元首となられたるも。少しも耶蘇の神の餘惠を受けられたるにあらざるなり。若し耶蘇敎徒が保羅の言を以て最上の忠なりと思惟せば。我邦の天皇に對しては絕にて忠義の心なかるべきなり。又更らに之れを考ふるに。保羅の言大ひに實際に戻るものなり。即ちその「蓋有司。不施畏於善行。乃於惡者」と云ひ。「以有司乃神之僕。致爾得益」と云ひ。「彼乃神之僕。以怒討行惡者」と云ふが如き。皆實際に於て必ずしも然らざるなり。桀紂の如き。幽厲の如き。暴虐無道の王も。古來少しとせず。又有司の苛虐不正なるものに至りては。枚擧に遑あらず。有司豈に盡く善良ならんや。殊に羅馬帝クラウヂウス、ドルーズ、ネロの如きは羅馬府を焚燒したるの後。耶蘇教徒を以て放火者なりと稱して之れを迫害せり。然ればネロの所爲は保羅の言ふ所ろと全く相背馳せり。聖書の註釋家は强辨以て本文の旨意を廻護するを常とするか。此點に就いては頗る廻護の路に窮せり。保羅の言の本と確當ならざるに由るなり。且つ又帝王と有司の區別なく總べて執權者たるものは。耶蘇の神の餘惠を受けて其位置を得たるにあらず。或は先祖の遺勳によりて。或は自己の力によりて執權者となりたるなり。決して猶太人の空想に出でたる神の然らしめたるにあらざるなり。要するに。保羅の言は全く迷信の餘に出でたるものにて東洋忠君の教と混同して論ずべきものにあらざるなり。又使徒保羅達哥羅西人書第三章第廿二節に曰く。「僕歟爾宜凡事。聽從爾屬肉身之主。勿第在目前之役。如取悅於人者。乃以誠心且畏神焉」と。是れは主從の關係に就いて教を立つるものにて忠君の事を言ふものと見做すべからず。己れの主人に事ふるは是れ一家の私事。一國の主君に對するとと同日に論ずべきにあらざるなり。且つ又主從の關係にしても如何なる事も主人の命なれは。必ず從ふべきとは。甚だ宜からざる教なり。天下の主人皆善良なるにあらず。故に其奴僕に或ひは詐僞。或ひは誘惑。或ひは呪詛。或ひは要擊。或ひは竊盜を命ずることあらん。現に我國幾多の壯士は不良の主人の不良なる賤使を奉ずることあり。是れ豈に贊美すへきことならんや。然れば奴僕と雖も。主人の命なればとて如何なるとも奉すべきにあらざるなり。是れを以て東洋には時ありて諫諍すべきの教あり。是れ其の大に耶蘇教に異なる所なり。然か而已ならず。保羅は主人に事ふるに神を畏れよと云へり。然れども神を畏るゝ故を以て主人に事ふるが如きは。眞に誠心を以て主人に事ふるものにあらず。何んとなれば。主人に事へざるべからざる根據は唯々神を畏るゝにあればなり。我邦の如きは耶蘇教の未だ内地に入らざる前に。忠實なる臣僕却つて多かりき、是等の徒豈に曾て耶蘇の神を耳にせしとあらんや。次ぎに彼得の言を擧げん。彼得前書第二章第十七節及び第十八節に云く。

宜敬衆人。愛諸兄弟。畏神。尊王焉。僕歟宜以畏懼服爾主。不惟於善良者。卽於苛刻亦然。

此文に由りて之れを觀れば。彼得は國王と敬ひ。主人に從ふべきことを述へ。啻に善良なる主人に從ふべき而已ならず。又苛刻なる主人にも逆ふべからざることを言へり。然れとも此の如き事は。前の保羅の教旨と共に皆耶蘇の言はざる所なり。是れ全く彼得保羅二氏が羅馬帝國に布教するに當りて。其の地の人情風俗を察し。君上に服從し。主人に隷屬すべしと教ふべきの必要を感じたるに出でだるならん。卽ち我邦の耶蘇教徒中强ひて忠孝の教を採りて我邦の風俗に同化せんとするが如く。彼等も亦多少羅馬帝國の主義に同化したるならん。然れども單に主君を尊敬して之に服從する而已にては未だ東洋古來の忠君主義と同一視すべからざるなり。東洋の教にては主君賢明なる時は。之れを扶翼し。主君暴虐なる時は之れを諫止せざるべからず。苛刻なるものと雖も。徒に瞽盲的に之れに從ふは。倫理に戻るものと謂ふべきなり。孔子曰く「昔者天子有爭臣七人雖亡道不失天下」(孝經諫爭章第二十)と。馬融が忠經忠諫章第十五にも「忠臣之事君也。莫先於諫」と云へり。若し又た主君を諫むるも主君之れを聽かざれば死節に終らざるべからず。忠經に云く「夫諫始於順辭。中於抗議。終於死節」（忠諫章第十五）と……余は此に今日にありても尋常の臣民が敢て進んで主君を諫むべきや否やを論定するにあらず。唯々歷史上より觀察し來れは東洋主義の大に耶蘇敎に異なるものあるを證明するに止まるなり。……又勅語に「一旦緩急アレハ義勇公ニ奉シ以テ天壤無窮ノ皇運ヲ扶翼スベシ」とあり。然れば我邦人は如何なるものも國家の緩急あるに際しては。生命を擲ちて皇運の安全を企圖せざるべからざるなり。然るに耶蘇は勿論。耶蘇の徒弟も少しも國家の爲め。又は主君の爲めには生命をも擲ち。之が安全と維持せざるべからざることを言はず。是れ彼等は國家の外に天國あるを信じ。君王の上に神あるを信ずればなり。彼等は神の爲めには欣然生命と擲つべきも。國家の緩急あるに際しては冷淡に傍觀し去るべきなり。耶蘇敎徒に取りては如何なる國が繁榮するも如何なる國が滅亡するも。是等の事は其意に介する所にあらず。彼等は此現世を輕視し。偏に己れの精神を未來に救はんことを企圖すればなり。我邦の耶蘇敎徒が是れが爲め如何程我邦の天皇に對し。又我邦の大祭日に際して冷淡なるかは。余が引用したる例證によりて知るべきなり。又北陸敎育第四十號に云く。

本月九日本市に立野英和學校の授業始めに於て勅語奉讀をなせしは。傳道師坂野某にして彼は縞の着物に羽織のみを着し。袴をも着けざりしと。是れ果して何等の不敬ぞや。何等の痴態ぞや。而して斯の如き服裝をなすものに勅語奉讀の重役をなさしむる同校の意志察するに餘りあり。吾人は彼徒の不敬。彼宗の弊は常に耳にする所にして。亦常に叱咤痛擊に假借せざる所なり。然り而して猶は此の不敬痴態を演するものあり。天下の志士以て如何となす。

近來是等の報知續々として至る。是れ豈に故なくして起らんや。勿論耶蘇敎徒にあらざるものにして不敬事件を演するものなきにあらず。去る二月十一日の國會新聞を見るに。莊內酒田町の豪族三名會主となり。去る一月廿八日の夜同港今町。貸座敷に於て宮中の御宴に擬し。甚だ不敬なることを爲せり。是れ固より全く恕すべきにあらざるも。蓋し亦一時の戲れにて別に不敬を爲すべき主義ありて此に出でたるにあらざれば耶蘇敎徒の不敬事件を演するものとは。全く其動機を異にせり。故に一たび之れを勸戒せは復た同一の不敬と爲さゞるべきも。耶蘇敎徒の不敬は。其敎旨と實行するによりて生ずるものなれは。其耶蘇敎徒たるの間は決して復た同一の不敬を演することなかるべしと謂ふを得ざるなり。然るに若し彼等が一時從順を示すことあらば。是れ全く社會の制裁を恐れて然するに外ならざるなり。然らざれは唯々名稱のみの耶蘇敎徒にして。眞正の耶蘇信者にあらざるものなり。之れを要するに耶蘇敎は非國家主義にして忠君愛國を重んせず。其徒は己れの主君も如何なる國の主君も皆之れを同一視し。隱然宇宙主義を取る。是故に到底勅語の精神と相和すること能はず。勅語は固より如何なる宗敎の信者も。之れと拒絕するなきも。耶蘇敎徒自ら之れに反せざるを得ざるの傾向を有するものなり。

（完結）

此篇は預想以外の長文となり。諸雜誌の紙幅を塡充すると甚しく。他人言論の路を杜絕するの恐れあるを以て尙は未だ一半を終へざれども。別に全篇を纒め一冊子となして世に公にするに至るべければ。以下は諸雜誌に投載せざることに決せり。

井上哲次郎　自識

寄書

日本國家と佛教の關係を論じて海内の同胞に訴ふ

玉名　吉弘新太郎

國の盛衰安危する所以其因種々ありと雖も。概ね其國民の統一を欠くと否とに出るものにして。之れを其未萌に防がんと欲せば可及的其國民の宗教。言語。習慣。教育等を一轍ならしめ。以て其國民の結合を鞏固にし。各個人をして其國家の一社員と爲し。其國家を負擔するの赤誠を喚起せしめざる可らず。此良果あり而して後始めて其國家の安全を保つを得ると云ふ可きなり。然れども此錯雜にして極まりなき多數の國民をして。之れを同一の摸型中に入れんとするに至りては。口言ふ可くして容易に實行し難き事實なりと雖。物亦其全体を抱合して直接に間接に之れを實行するを得るものあり。宗教。教育是なり。然るに今や我日本の形狀を詳細に觀察し來れば。教育唯り發達して國民の智識は日に進歩するの傾向あるも。之れに隨伴すべきの宗教に至りては常に逡巡躊躇の看を爲せり。豈日本國民たるもの丶等閑に看過す可き事ならんや。是れ我輩の譾劣なるとも自ら省みず。決然以て我海内の同胞に訴ふるに至りたる所以なり。

夫れ宗教の性質たるや。社會百般の事物日改月革の變化界中にありて。唯一不動の精神を持續すると同時に。此錯雜にして容易に統一す可らざる國民の思想をして一説の下に會同するを得るの一大勢力と一大効力とを有するものなり。故に其宗教固有の性質は取りも直さず。國家發達の一大元素に加はり。能く其國民の思想をして永遠に離散せしめざらしむるもの。一に其力に依らざる可らず。然るに我國は維新の中興と共に始めて交を海外に通ずるや。所謂歐化主義なるもの忽然起りて社會を風靡し。西洋の事物踵を接して輸入し來り。新奇の說人心を煽動し。彼れ耶蘇教徒は其機を過らず。猛然來りて我國に侵入し。勉めて其民心を籠絡し以て其信仰を促がし。遂に我天壤無窮の國体を破壞し。此の敷島の朝日に匂ふ山櫻たる大和民族と誇稱せし。我が四千有餘万の同胞をして。遂に彼れ歐米人の後に拜跪せしめんとす。國家將來の憂慮何ぞ是れより大なるものあらんや。然らば則ち今や吾人日本國民が眼前の最大急務は。則ち之れが防禦にあり。而して其防禦を爲す宜しく其理なかる可らず。之れに換ゆるの宗教なかる可らず。若し果して之れなからんか。如何に其耶蘇教の跋扈を憤慨し。國家の將來を憂慮するも亦以て如何とも爲す能はざるなり。然れども元來本邦は世界万國と其國体を異にし。神聖にして犯す可らざる皇統一系の君。神授の神器を體して上に光臨し給ひ。下其國民の間に在りては東西諸宗教中に於ひて。絕對眞理の佛教既に千有餘年の久しき國家の指針盤となりて。國民の精神。元氣。智慧。德義等を發作し。溫良篤實なる慈悲慈愛的の信仰を促がし。國民心を統御し以て其國体を擁護せり。然らば則ち我國は其國体上より云ふも。其宗教上より比較するも。既に世界無比の國家なる事は明白なる事實なり。然るに今や彼れ耶蘇教徒の爲めに其國体を破壞せられ。其佛教徒を蠶食せらる丶は。則ち我國民たるもの丶一大汚辱にして。亦決して默視するを得ざる可く。奮つて我國固有の佛教を振興し。各自の信仰を鞏固にし。國民を打つて一團となし。以て耶蘇教進擊の衝を防ぎ。彼等をして遂に其手足を出す所なからしめ。國家の破壞民心の離散と其未萌に防禦するは。苟も愛國心を有するもの、目下に運動す可き一大義務にして。國民の本分之れを措ひて亦決して他に求む可らざるなり。

然るに從來我國民が佛教に對する厚薄の二樣ありて。少しく學識あるもの、多數は概ね佛教に冷淡を極め。漸く之れを輔贊するに止まり。其信仰者を見る恰も殘星の如し。故に彼等は今や世の風潮に煽動せられ。概ね政教分離と呼び。信教自由と說き。偶ま之れを信ずるものあれば却つて之れを怪むものゝ如く。其盛衰一に顧慮する所に非るなり。然るに之れに反して古往今來一般の下等人民は。概ね既に佛教の幾分を解得し。只管之れを尊信して。其信仰の堅き金城の如く。熱心凝りて湯池を爲し。或は其生命と擧げて之れに委せんとするものあり。然らば則佛教は唯單に下等人民の信仰を惹くに止まるの宗教にして。少しく學識あるものゝ眼中には教理淺薄敢て齒牙に懸くるに足らざるかと云ふに。彼等は從來概ね儒教の爲めに陶治せられ。之れを以て世界無比の眞理となし。而に其下に拜跪して亦他あるを知らず。然れば廣大無邊にして完全圓滿なる眞理の佛教が。方今我が日本國家に有する隱然の一大勢力と一大効力とを知らざる亦偶然に非るなり。然ども之れ全く從來の佛教徒が傳道と布教一に其宜しきを得ざりしが爲め。事の此に及びしものなると以て。亦一概に儒教徒の偏見をのみ責むるを得ず。如何となれば從來佛教傳道者の多數は概ね無學無識の徒に多く。故に其謂ふ所其說く所尤も卑近狹隘に失し。深く其深理を闡明して。社會の少しく學識あるものゝ腦髓に感染せしむる能はず。却つて彼れ儒教徒の爲めに論破せらるゝも。默して一も其明答を與ふると得ざるの結果に出でしもの亦た疑と容れざればなり。

然るに今や大勢の赴く所。風潮の促す所。耶蘇教の侵入と共に宗教の論漸く海內に喧しく。彼れ儒教の如きは既に全く邊隅に壓伏せらるゝに至ると同時に。佛教の完全圓滿なる世界絕對無比の眞理にして。彼れ耶蘇教等の敢て企て及ぶ所に非らざる事。既に內外學者社會の輿論となれり。今や實に佛教の光銑は延ひて却つて彼れ歐米耶蘇教國民の腦髓を射り。倫敦街中念佛の聲を聞き。巴里の市中寺院を認め。耶蘇教を脫して佛教に歸依するもの日一日より多く。其機關として新聞雜誌の發行と爲し。先年オ氏の來朝と共に始めて世界に於ける我佛教の地位を詳にし。我日本の佛教徒も此聲援によりて始めて亦幾分の氣燄を增加したるが如しと雖も。何ぞ之れを以つて他の信仰を惹くを得んや。然るに今や從來の佛教徒が如斯因循卑屈なる到底將來の日本社會に向つて相驅馳する能はざると慨嘆し。佛教改革の一大旨義を唱導して。海內所謂新佛教徒なるものと現出し。廣く古今の學に涉り。遍ねく東西の諸宗教を調查し比較的に其理を硏究し。旌旗堂々上は貴顯紳士より。下牧童馬丁に至るまで。詳細に親切に之れが傳道と勤め。團体を組織し。教會を設け。較完全無缺の佛教を布教するを得るの端を開くと同時に。儒教の徒をして又幾分の知覺を促すに至りしと雖。未だ以て容易に其舊來の信仰と蟬脫せしむる能はず。然れども彼等は概ね愛國の赤誠を有せり。國家の平和と其獨立を企圖すると共に。國權の擴張を熱望せり。然らば則ち其國家有形の狀相は國民無形精神の影寫にして。無形精神の正邪は取りも直さず國家の治乱興廢に關係するものにして。孰れの國家を問はず其組織は必ず多數人民の集合に成り。其多數人民の精神を統一し。其多數人民の道德を論乱せしめざらしむるは。則ち延ひて其愛國心を養成し。國家の平和と獨立を保ち。國民を統一して國權の擴張を計るの一大原動力たる事と知るものならん。然れば則ち之れを實行するは。海内多數人民の信仰する。宗教の力に依らざる可らざるは之れに附帶して生ず可き尤も見易き道理に非ずや。依是觀之唯に表面的愛國論にのみ拘泥して。單に兵備を盛んにし。軍艦を製造し。海防を嚴にする事をのみ唱導して宗教の盛衰に及ばず。以て眞正圓滿の愛國者と稱し。國民の本分を全ふせりと云ふは。豈矛盾の至りならずや。然れども其兵備を盛にし。軍艦を製造し。海防を嚴にするは。則ち其の日本國家を擁護し。國家の獨立。國權の擴張を計る上に於ける。則ち表面的の一大機關にして。又決して忽諸に附す可からざるもの善は則ち善矣。然れども一度其國民の道德を論乱し。國民の精神を腐敗し。國民の統一を傷害する時は。表面如何に其兵備を盛んにし。軍艦を製造し。海防を嚴にすと雖。之れ唯裝飾的の武備に屬し。一朝風雲慘憺の日に遭遇するや。禍乱蕭牆の間に起るは。日を見るよりも明なる事實にして。古今の歴史上其例証に乏しからず。然れども今や大憲の上に於て。信教の自由を規定し給ひたれば。德川初代の如く濫りに耶蘇教徒を抑制して。脅迫的に之れが信仰を防遏する事は萬々爲し得可らずと雖。然れども其耶蘇教徒間に於て。第一高等中學校に於ける内村鑑三不敬事件の如き。熊本英學校に於ける奥村禎次郎眼中無國家演説事件の如き。八代高等小學校に於ける寶田元卓聖影打落事件の如き。熊本市に於ける佛國天主教宣教師ジョンコール買地事件の如き。苟も日本國民の行爲に違戻し。國法を無にするが如き擧動を續出し。恬として顧みざるものあるに至りて。之れ大憲上の所謂國家の安寧を破り。秩序を紊るもの。鼓を鳴らして之れを責めざる可らず。宗教の人心を左右する夫れ斯の如し。之豈恐れざる可けんや。（未完）

宗教の前途を卜す

福岡　松村森吉

蓋し宗教の解釋なる者は古今學者の難しとする所にして。フヒテー氏は觀察知識の最高度なる者にして。人智最高の問題に答ふる者と云ひ。シュライエルマッヒヘル氏は彼れ吾人を動すも。吾人敢て彼れを動すを得ざる。或る者に限りもなく依賴するの念慮と云ひ。ヘーゲル氏は完全なる自由と云ひ。コント氏は人類の精神を尊崇する者と云。スペンサー氏は人智不可思議の境界に對する念慮とせり。古今の學者が斯く種々に解釋を施したる宗教が。自今以後の世界に向て如何なる有樣に成り行くか。思ふに人智の發達と俱に漸次消滅すべきか。將た社會の進歩と俱に併行して進むべきか。抑亦長へに數多の宗派は相並で共に永存すべきや。否諸宗派は混同して一宗教に饗歸すべきか。多派亡びて一派存すべきか。更に古來の宗教は一洗せられて新宗教興るべきか。今日宗教の末路果して如何。人之を眞に一大疑問と云ふ。而して吾曹は宗教末路の全体に就き。斷然人種の盡きざる限は人に宗教心の亡ぶることなく。世界の破滅せざる限は世に宗教の形失することなき。卽宗教の永存を肯定し。其前途益多望なることを信ずるなり。

曰く此の世界は有形的事物のみより成れるにあらずして。物心両界主客二境即有形無形の二大原素より成立したる世界なるが故に。完全に此の世界の原理を探究するの念慮なく。分らぬとは分らぬなりに捨置く心得ならば則止まん。苟も之を研究して自已及他人の疑惑を除き。其事物に對する安心を得んとせば。是非とも無形の學術に頼らざる可らず。是れ即世に哲學。心理學。社會學等の必要なる所以なり。然れども無形界眞理の探究は單に區々たる哲學等に依頼すべからず。必ず宗教の力を借らざる可らず。何となれば哲學等は單に智力を以て無形の理を研究せんとするが故に。研究すればする程疑惑に疑惑を生じ。始終安心快活の路に出づること能はず。闇中に彷徨するが如き感情あるを常とす。然るに宗教は一方面には智力に訴へて條理を説明し。他の一方面には情感に訴へて其の説明したる理に信順し。其の地に於て安心立命せんことを期するが故に。一段の眞理を得れば一段の安心を得。一事の研究を終れば隨て一事の歸着を定むることを得べし。蓋し哲學等は疑を以て本とし。宗教は信を以て本とす。其の啓發進化の點より見れば。疑を以て本とするは信を以て本とするに勝るが如しと雖も。其實然らず。何となれば疑を以て本とし。終始疑惑して信ずる所なければ。研究の甲斐なければなり。スペンサー氏嘗て宗教の興る所以を説明して。宇宙の森羅万象變幻不可思議を究め。人智の薄弱なる其の理を知らんと欲して知る能はず。是に於て宗教なる者興り。其の變幻不可思議なる宇宙の現象を説明せんとなせるなりと云ひし亦此謂なり。故に如何なる愚夫愚婦といへども。無形界の眞理に對して綽々たる容量を有すること。或は世の智者學者に勝ることあり。是れ宗教感化の作用なり。今少しく之を細論せんか。社會如何に進歩し。人智如何に發達すといへども世に不可思議的の跡を絶つに至らざるや明なり。現に今日運動する此の身体は「イトロジン」或は「カーボン」等種々の名稱を有する十四元素の集合体と云ふことは學術の証する所。万人一諾の説なれども。今一歩を進めて其の元素の根元を究尋せば。如何なる人も能く之に答ふること能はず。唯物理化學の説明すべき範圍にあらずといはんのみ。又彼の引力説の如きは物理學天文學の柱礎として誰も疑ふ者なしと雖ども其の本來の作用の基く所に向ては古今明解を與へし者なく。發明の元祖ニウトン氏すら引力の作用は物体距離の自乘に逆比例すといふに止り。其の作用の根元果て如何は氏未だ之を言はざるのみならず。今日に至るまで確説を附したる者なく唯想像を以て之が解釋を下すに過ぎざるのみ。而て其の解釋中現今學者間に最勢力ある者は佛國の學者「ルザージ」氏の「セチリー、チスアルト、テマウンテーン、コープスクル」と名づくる説明に如くはなしと聞く。此の説明によれば元來空間には微少なる物質充滿して非常なる速度を以て常に飛行しつゝあるなり。故に今爰に甲乙の二物体ありと假定せんに。此等の微少なる物質は四方より此の物体に向て飛び來り衝突せり。其の中甲物体は右方に在り乙物体は左方に在りとせば。右方より來る物質は悉く甲に衝突すれども。左方より來る物質は乙に衝突せる餘勢のみ甲に及び。其の全力甲に被らざるが故に。右方より來り甲に衝突せし物質の如き勢力なきは勿論なり。故に甲は幾分か乙の方へ近かざる可らず。之れと同一理にして乙が物質に打たるゝ勢力は。乙の左方に强くして右方に弱きが故に右方に追ひ遣られざるをえず。語を換ていはゞ即甲の方に近かざる得ず。斯く双方ともに相近くが故に。甲乙二物体が相引く如く見ゆる。是即引力と稱するものなり。されば引力とは甲乙二物体が固有なる力にあらずして。其の實は外力が加りて之が爲めに双方相近くに至るの作用を稱するに過きずと。嗚呼引力の解釋に於て最も精確明了なりと誇稱する者にして茫漠是の如し。豈心元なき學術世界ならずや。其他何事にあれ一歩十歩を進めて一に之を研究し去らば。平生見て以て平々凡々とせし所のものも忽變じて奇々怪々となり都て不可思議のものとなるや必せり。是の如く人の腦髓中に於て不思議的の觀念が消滅せざる限り。随て宗教思想消滅せず。結局宗教上の信仰に訴へ之が安心を求めざる可らず。況んや人心の欲望形而下の事にのみ滿足せず。進で形而上に向て無限の進化を欲望するもの有るに於てをや。故に余輩は宗教の前途益々多望なるを信ず。

余輩は更に他の一方面より觀察を下すに。盖し人心の定りなき道德の必要なる。單に之が支配と涵養生育とを彼の政治法律若くは學校教育倫理學に依頼すべからず。何となれば彼の政治法律等は人類行爲の外形に屬する器械的の法則なるが故に。人の外形上に發表したる行爲に非れば賞罰を加ふるを得ず。人の内心に向ては毫も干涉するの版圖を有せず。又外行上に發現したるものなりと雖。其成文に觸るゝに非れば之を罰するの權なし。故に世に道德上の罪人。法律上の罪人といふ語あり。是固より其の本色なりとはいへ豈微弱の勢力ならずや。故に政治法律等は幾分か德義上に輔佐する所あるべしと雖。要するに人をして。見聞の及ばさる所と戒懼し。愼獨の氣性を生ぜしむると能はず臨時の制裁たるに過ぎざるが故に。德育上充分完全の効力なきは燎々なりとす。然らば倫理學は如何と云ふに吾輩の眼を以てすれば。是れ亦德育上充分の効力なき所以の理を見出すこと難からざるなり。抑人生處世上万般の行爲に付過誤なからんとを欲せば。其の未だ實際に發表せざる以前に當て豫め行爲の善惡と。之より生ずる得失利害の如何を勘定するの判斷力なからざる可らず。而て此力は學問上より養成することを得べし。已に此力によりて行爲の善惡を判斷し。其の結果の利害を認識し得るときは。惡を避て善に就き害を捨てゝ利を取るは人の通情なるべし。故に學問知識の進歩するに随て德義亦進歩するは一徃の理眞に相違なかるべしと雖。如何せん人心は獨り智力の支配にあらず。情意の勢力實に盛なるを。特に一時情欲の起るときは。其の勢力甚だ强盛にして。看ず〳〵智力を壓伏するものなり。故に古今東西賢士と稱せられ。學者と崇めらるゝ人々が。平生心を正義の淸境に遊ばしむるにも拘らず。一時偏情私意の風に吹かれて智力が指示する正路に向て進行すること能はずして。道ならぬ戀路に迷ひ。穢らはしき利欲に眼を眩まされ。終に身亡び家敗るゝの悲境に陷るなどは。左まで珍しからぬ例證なり。是則知りて行はず私情を去て公道に就くの勇氣なきものなり。故に倫理學の如き表面より堂々と人の行爲を規定し。其の爾かせさるべからさる理由を說くと雖ども。畢竟前に所謂人の行爲の善惡利害を判斷する知識を養成するまでにして。眞正道義上の感情を刺戟し。其の意志を發揮し。實行上の勢力有らしむるに至ては。其の効力の甚だ鮮少なるを歎ぜさるを得ざるなり。學校教育の如きに至つても亦同理にして。單に言語の記臆。服從命令の制裁に止り。其の學校を去り。教師の監督を離るゝ時に及んで。能く往時の善習を保持し。良風を落とさゞる者は幾許かある。恐れ多きこと乍ら先年教育に關する勅語發布以來已に三年を經たるも。教育界の風習依然たるを見ても知る可きなり。然るに宗敎なるものは無論表面よりは種々の制裁戒律を設けて廢惡修善の準繩を垂れ。裏面に於ては最畏敬尊崇すべき本尊なるものを立てゝ。以て人心の散乱靡動を一定するの標目とし。且つ未來の苦樂を説ずるが故に德育上充分の効力あるは。之を古今の實跡に徵するも甚明了なりとす。是を以て知識道德を養成し。玲瓏たる月色に靄然たる花園を添ふるが如き觀あらしめんと欲せば是非とも宗敎感化の力に頼らざるを得ざるなり。故に吾輩は宗敎の前途益多望なるを信ず。

而して今日の宗敎が此の儘將來に行はるべきか。將た今日の宗敎は滅亡して更に一新敎の興るべきか。將來の人心を支配するは佛敎なるか耶蘇敎なるか。將來の舞臺に活劇を演ずるは果て如何なる宗敎なるか。是はこれ別問題に属し今の所要にあらざるなり。

詞叢

八淵師の萬里遠征を送る

甲斐方策

西班牙國ヂユウラシヤのパーロス港に於ては。旭日漸く東嶺に軋り上るの頃。幾千萬を以て數ふる老幼男女。紛囂雜沓。肩摩轂擊殆んど人波を漲らせり。中には王公。貴族。軍人。紳士等の貴顯も交り。悉く一帶の沿岸に連列せり。靜かに各自の眼線を諦視すれば。悉く港内三艘の船に向て注射せり。眼眸一轉其帆船を伺ふに。第一先艘には其中の頭とも云ふ可き身材魁傑。眼光炯々。頭髮銀色にして。沈勇果毅の風ある一大偉人。中央に坐を占め。數十の水夫分れて三艘の船に在り。出帆の用意既に整へるものゝ如し。間もなく一發の合圖は鳴れり。數萬の看客は一齊に鯨波を揚げたり。見る見る三艘の船は帆を孕まして。徐かに海中に進行せり。噫是れ何等の現象なるか。實に今を去ると四百年前。卽西歷千四百九十二年四月十七日。新世界の發見者クリストフアー、コロブスが。海上探撿を爲さんが爲。西國の首都を出發したる當時の光景に非ずや。

今や閣龍紀念の爲。萬國博覽會は去る五月一日より米國市俄高府に於て開設せられ。其附屬として來る九月一日より。世界宗敎大會亦開設せられ。各國各敎の代表者參集する中に。我九州佛敎同盟會よりは。其代表者として眼識高遠。膽量濶大。夙に九州佛界の偉人として。其名を國内に轟かしたる八淵蟠龍師を派遣することに決し。玆に送別會を開かるゝに當り。不肖亦末席に列することを得て。聊か祝意を表する爲。先づ閣龍の履歷を略陳するの必要を感ず。

彼れ元と伊太利の一航海者。其地球圓體の理を知覺し。太西洋外邦土の存在を想定して。實地之を探撿せんとの希望を起し。其費を募らんが爲に諸國を遊説するや。或は嘲笑。或は罵詈。到る處冷遇。輕侮を蒙りたるも。彼れが決心は愈よ固く。五年の間具に辛苦艱難を嘗めたるも。一日も素志を忘るゝ無かりしが。遂に彼れが熱心は西班牙女王イサベラの同情を温め。其自己裝飾品を典じて。資を與ふるに遇ひ。漸く探撿の途に上り。遂に亞米利加を發見し。世界の文明に至大の影響を與へたり。吾人は今宗敎大會出席者の事態殆んど之に似たるものあるを覺ゆ。

曩に米國市俄高府に於ける萬國博覧會の附属として。開設せんとする萬國宗教大會委員長バッローズ氏より。我佛教各宗派に宛てたる案内書到達するや。佛界卓見活識の士は思へらく。是れ實に從來掌大の天地に跼蹐したる我邦佛教徒が進んで世界の曠原に馳驅すべきの時なり。是れ實に日本佛教徒が奮然蹶起卓厲風發。以て願以此功德平等施一切の素志を達するの時なり。百科の學術を制服すべき時なり。諸般の宗教を統一すべき時なりと。玆に該會參列を決心したるは。恰も彼の閣龍が地理學の明眼を以て夙に大海の表面尚は何處にか未發見の新境土存在することを豫知し。一躍以て之を探撿せんことを決心したるが如し。而して彼の參列者等が其資を募集せんが爲に。東馳西奔南船北馬するの際。固陋頑僻の徒の驚惶畏怖する所と爲り。情實敵對の輩の抵抗妨害に遇ひたるは。恰も彼の閣龍が諸邦を遊説して徒に嘲弄と輕侮とを招ぎたるが如し。然り而して發起員諸氏不屈不撓の運動に據りて。幾多の反對者ありたるにも拘はらず獨り九州佛教同盟軍の一隊ありて。其長圖遠謀を賛美し。家財を節し。私費を約し。進んで義金を投じ。漸く本日を以て派遣員出發の送別會を開くに至りたるは。猶ほ彼の閣龍が非難と冷遇とに避易せず。艱難と苦痛とを排斥し。數年の歳月熱心唱導の餘遂に女王イサベラの賛助する所と爲り。其自己の裝飾品を典じて資を給するに遇ひ。愈出發の準備を整へたるが如し。

抑も宗教運動の方法を大別して二種と爲す。一は放膽的運動。一は小心的運動。一は概括的運動。一は分拆的運動。一は表面的運動。一は裏面的運動。一は大勢達觀的の經綸にして。一は小級歴階的の經營なり。其手段異なりと雖も共に是れ自信教人信の精神より流れ來るもの。宗教家たるもの須らく機に臨み變に應じて此両異の手段を變通妙用せざるべからず。借問す現時の日本佛教徒は正に何れの手段を重ず可きや。吾人は答へて云はんとす。日本佛教徒は此二個特殊の運動と同時に兼行せざるべからざるの地位に在るものなりと。されば吾人同志者は各其長所得所に從つて分職割務して。各方面に當らざるべからず。

今師や大勢達觀の眼光に據り。世界的經綸を實行せんが爲に萬國宗教大會に臨席せられんとす。望むらくば純潔なる佛陀の活水を以て異教國民の心魂を洗滌せよ。物質的人民をして靈性的人民たらしめよ。有形的進化に一鞭を加へて精神的進化に到達せしめよ。內に在るの余輩不肖亦自ら誓つて宗教心の發達を促し。宗教選擇の必要を論じ。個人。家庭。村落。鄉黨等日常社交上。風俗上の革進改良を謀り。速かに高尚。純潔。優美。温雅なる新佛教國を建設せんと欲す。若し夫れ放膽的運動と小心的運動と相併び。概括的運動と分拆的運動と相俟ち。表面的運動と裏面的運動と相携ふれば。是れ豈に佛教運動の方策既に完備せるものに非ずや。佛教運動の方策にして既に完備せば。佛教圓滿の發達豈に期し難からんや。世界宗教統一の目的豈に成就せざるとあらんや。凡そ兵を交ゆる先づ心に勝ちて而して后能く戰に勝つものなり。今師や宗教的萬國遠征の途に上らる。想ふに其眼中最早異教國なかるべし。現在異教國なきに非ず。人苟も理性を有するものとせば。道理の教訓によりて。異教徒の迷想を征服するの勝筭歴々として胸中に存するならん。況んや理哲二學既に其地歩を爲し。小乘佛教亦基礎を据へ。信仰の饑渇者は遥に東洋の天を望んで。大乘佛教なる慈雲悲雲の降下を待てる今日に於てをや。而して裏面的運動の責任者なる余輩の眼中亦既に無宗教者なし。

現在無宗敎者無きに非ず。人苟も精神あるものとせば。其精神活動の標準無るべからざれば。正義の說示に據りて充分其倫理的本領を開發し得可きを確信すればなり。況んや宗敎心の如何。宗敎の必要等の問題は沸々として有爲卓拔なる人士の腦中に湧起しつゝあるに於てをや。師乞ふ內顧の煩を存せず。進んで大に爲す所有れ。吾人は眞に本年九月十一日を以て佛敎凱旋門の開くる日なりと確信するものなり。

且つ思へ闍龍は幾多の障害に遭遇したるにも係らず。遂に其素志を達して新世界を發見し。夥多の點に於て文明を裨補したり。世界歷史上に一大段落を付けたり。然るに今師等の一行は無形的佛敎國を歐米の天地に建設せんとする者なり。師等日本佛敎徒の一隊は精神的亞米利加遠征者なり。世界萬國蒐集したる精神的亞米作加遠征者なり。闍龍の發見したるはを亞米利加及び他の小島なり。佛者の範圍は廣く歐米の天地に跨る。闍龍は有形物質的の境土を發見したり。日本佛者は無形宗敎的の境土を發見せんとす。唯夫れ宗敎は個々人々の精神を支配し腦裡を主宰するものなるが故に。其範圍たるや至大至廣。其反射影響する所は所有諸般の現象則政治。文學。敎育。學術。技藝。實業。風俗。習慣等一として其關係を及ぼさゞるものなし。依之言之凡そ勝利と云ふ惣べて打勝つとに相違なしと雖。宗敎的勝利は永遠の勝利なり。不滅の勝利なり。勝利中の大勝利なり。闍 龍の功績稱すべしと雖も。其事業の大小輕重豈に年を同ふして論ずべけんや。回顧すれば三十年前浦賀灣頭一發の砲聲を轟かして。我有形的境土を警醒し。物質的文明を注入したるは。彼れ米國の水師提督ペルリに非ずや。我日本實に米國に負ふ所大なり。今やフロント湖畔眞理の鋒火を擧げて。米の無形的境土を警醒し。精神的文明を注射し以て彼等を誘導する亦是れ絕大の快事なりとす。

敢て言う。吾人は玆に全帝國裏に充滿せる新佛敎青年を代表して師の渡航を賀するものなり。吾人は固より彼等より推選せられたるものにあらず。又托言せられたるものにあらず。然れども今日多少佛陀の靈性的感化を蒙り。多少宗敎的時勢を觀るの人は必ずや此壯圖を見聞して。殆んど雀躍抃舞に堪へざる可ければなり。

吁闍龍は世界の發見者として。今や萬國人類の爲に紀念せらる。況んや佛陀無限の慈悲を假りて。全世界人類の心靈上に無上の大涅槃國を建設せんとする宗敎的遠征者が。其大功を成し。偉動を遂げたるの日に於てをや。

嗚呼。行けよ行け矣。師奮て行け矣。巍峨として千秋白雪を戴ける芙蓉峰は歡喜の頤を解て師の壯行を送り。汪洋として萬古碧波を漂はすミシガン湖は感謝の眉を開ひて師の快遊を迎へんとす。冀くば山海萬里幸に自重せられんことを。

八淵蟠龍師の渡米を送る

本山知英

宗敎が占領する版圖は世界人類の精神界にして無形的なれども。其範圍の大なる事は有形的國家が一政府の下に其人民を支配するが如く狹小なる者に非るなり。然るに此無形的精神界を支配する宗敎にして。當時世界に現存する者を列擧し來れば。其數數百種に下らざるなり。否な數百種に下らざる而已ならず。苟も人類にして社會に生存する以上は。野蠻國であれ。半開國であれ。開化國であれ。固より其宗敎思想の懸隔はあるも。其人心にして宗敎心なきものはあらざるなり。果して然らば宗教が無形的に人心を占領して。其感化効力と社會に及ぼす事重且つ大なりと云べし。然るに其多數の宗教中重なる者を擧げ來れば。佛教。婆羅門教。儒教。回々教。耶蘇教。猶太教。波斯教等此等の宗教に指を屈せざるを得ず。然るに此等の諸大教各々其起源に遡れば。千年乃至數千年の久しきにあるも。有形的萬國々家間に萬國交際法あるが如く。宗教の公會宗教の交際法としては。古今千載未だ曾てあらざりき。然るに今や世界宗教の公會萬國宗教の交際法は。本年米國シカ府に於て開かれんとす。コロンブスに依りて發見せられたる紀念會として。萬國博覽會の企あり。此博覽會に對する一部附屬として萬國宗教大會議を開き。世界各宗教委員をして一大公會堂に集め。各宗教の眞理及び諸教會の通塞盛衰等と比較對照し。互に胸襟を披き親密の情と以て。大會議を企畫するの一大現象則ち是なり。

今公會委員長バッローズ氏の報ずる所に依れば。世界宗教家に通牒して承諾を求め。六大洲中に二千五百名の宗教委員を推薦したりと。嗚呼此公會也は宗教家に取つては。實に空前絶後の一大偉業にして。第十九世紀の末路大筆特書すべき大典なりと云べし。然るに爰に不思議にも此公會にして彼れコロンブスに依りて發見せられたる新國。自由思想の最も發達せる米國に於て企畫せられんとは。豈に一大快事にあらずや。思ふに今度の公會の事たる彼れ米國が人爲的に開設すとは雖も。抑も亦た宗教統一の期至れるの然らしむる所なくんばあらず。

余哉昨年在都中此一大事業が一度び新紙に出づるや。深く驚嘆欽仰措く能はざりしに。歸國後本年二月吾人と血誓を結び熱情を同くする。九州佛界一部の同志者は奮起して以て此公會に吾曹の代表者を出す事を決議したり。是に於て余は鼓舞奮興の情禁ずる能はざるに至れり。

然るに渡米の事たる頗る大難事業なり。豈に區々たる小數有志者の手に成し果す可けんや。故に吾人同志者は爾來東西に奔走し。南北に馳騁して。大方數萬の同志者に賛同を需め。漸く渡米を實行せしむるを得るに至れり。然るに淨財は如何に募集すとも。吾曹を代表する其人なき時は。如何せん計畫せし事業も水泡に陷らざると得ず。然るに九州佛界中に於て最も豪邁。博識。雄辨にして。而かも鬱勃たる慨慨家を以て名ある八淵蟠龍尊翁あり。奮然立つて此行を承諾せらる。吾曹が欣喜何ぞ之に加かんや。

然るに八淵尊翁が今度の渡米行たるや。其任眞個に重且つ大なる者なり。何となれば今度の萬國公會は表面上には互に友情を以て交り。進んで同胞の念を起さしむるにあるも。裏面上には比較的宗教眞理の一大戰場存するあればなり。實に今度の公會は宗教界に取ては。各宗教の優劣。進退。消長。存亡の據りて岐るゝ衝點にして。他日宗教歷史上に其効蹟を顯はし。以て宗教革命を喚起せしむるものは。必ず此公會の結果にあるとは。天下具眼の士が既に豫察する所なり。左れば決して匆卒輕視すべき事にあらざるなり。希くは尊翁よ犧牲獻身の大覺悟と揮つて此大會に望まれんことを。

然るに一歩進んで世界の大勢を觀察し來れば。佛教西漸の機運は突兀しとて。現世界の一大現象たらんとす。眞に彼等歐米人が自國の文明を誇揚し。佛教は野蠻未開國民の崇重する宗教なりと。邪僻の看を以て輕蔑したる其諸國に向つて。日に月に佛教の繁殖するは何の故ぞ。其理眞確。其旨精醇。其行高潔。彼等の精神を感動する是其原因たらずんばあらず。嗚呼方今歐米の天地に於て。佛陀の敎澤沸然として勃興し。其信徒歸嚮の速なる一瀉千里江河を決するが如く。或は横字佛敎新聞雜誌ありて佛敎を光闡し。或は海外宣敎支會ありて佛陀の法雨を白色人種の頭上に潤はし。巴里街上念佛の聲を聞き。龍動市塲卍の旗飜へるの今日。一層佛光をして中天に赫耀たらしむ。天與の幸機會とも稱すべきは。萬國宗敎大會の開設にあらずして何ぞや。

今や八淵尊翁は萬國宗敎大會助言委員の資格を以て。吾曹の代表者として彼國に行き。シ府中央フロント湖畔。雄大美麗なる世界精靈上の一大公會堂に上り。彼の宇内列國の宗敎委員と一同に椅子を列ね席を並べて。大音宣布。響流十方の敎旨を奉じ。吾曹の信ずる世界絶對的の眞理。大乘幽玄微妙の法門を演説せられんとす。嗚呼尊翁よ佛敎の眞面目をして世界に知らしめ。將來佛敎を隆盛にするの一大好機會は。今回の宗敎大會臨席にあるとは。吾曹の呶々を要せずして明なり。別に臨んで不文を顧みず。草して翁の勇行を送る矣。

八淵師の雄圖を餞す

山田安間

見渡せば野も山も新緑鬱として天を衝かんとするの時にあたり。吾敬愛なる火洲八淵師は。將さに汪洋たる太平萬里の波濤を蹴りて。遠く米洲の天に至られんとす。蓋し萬國宗敎大會に列せんが爲なり。吾人不肖當さに君を送るに何の辭を以てすべきかを知らず。唯々喜と勇と望とは滿腔に活躍迸溢して殆んど制す可らざるを覺ふのみ。

人は云ふ萬國宗敎大會は古今未曾有の大擧なりと。吾人も亦之を古今未曾有の大擧にあらずとは言はず。然れども漫に之を偉大視し。漫に之に衒耀せられ。漫に之に熱狂するが如きは。固より凡俗の事にして。士君子の取らざる所。夫れ人々の最も熱狂する時には。偉人は最も冷靜なるものなり。蓋し冷は熱の至れるものなればなり。

凡そありとあらゆる天下の事。何事か其初めて起るときは。古今未曾有にあらざらん。卽ち這回の擧の如きも始めて起りしものなれば。古今未曾有なるには相違なし。されど是れ寧ろ當然の事にして。毫も驚くに足らざるなり。

然れども如何に之を抑へたればとて大擧は大擧なり。古今未曾有の大擧なり。世界宗敎運動の一大新現象なり。八淵師たる者。特に平生額邊眉を顰めて佛敎の不振を慨し。口角沫を飛ばして天下の英雄を罵倒しつゝある八淵師たるもの。必ずや大に爲す所あらざる可らず。

而して吾人が師に望む所の者は之に留まらず。否之れよりも更に大なるものあり。何ぞや曰く觀ることなり。師が冷靜燗鋭なる全睛眼を以て。世界宗敎の眞相實勢を看取せられんこと卽ち是なり。

想ふミシガン湖畔。吶喊の聲天地を震動し。馬奔り塵上りて人目を眩まし。敵味方に迷ふの時。獨り師が徐かに馬を立てゝ。電眼一閃しつゝあるの雄風を。

而して吾人は恰も彼の頑是なき兒童が。慈父の旅より歸るを待つが如く。日夕頷を延べて。師が身心共に健全にして。大なる土産を持ち歸られんことを待つものなり。

蓋し奇言俗を驚かし放論大を衒ふは。素より吾人の唾棄する所。吾人何を苦んでか其顰に傚はんや。吾人唯肺肝を吐露するを知るのみ。其他を知らず。

以て師を送る。

八淵蟠龍師の壯擧を送る

菊池　適

夫れ九州の地たるや。日本帝國の西南に位し。地靈にして人傑多し。試に古今の我歴史を繙き來れば。我國家の昌盛を鳴らし。我國運の進路を導きたる者。勃々九州の地に出づ。宜なる哉。今日海內人士として視線を九州に注がしむるの切なるも。亦た偶然にあらざるなり。

今や我日本佛敎が其大活力を揮ふの日に當りて。吾人の尊重敬慕する八淵蟠龍師が此九州より起り。特り其氣燄を天下に逞ふするを得るも亦た怪むに足らざるなり。竊に師は其勇烈の傑資と。豪邁の氣宇と。雷霆の雄辯と。慷慨の精神と。靈活の眼光と。博大の識見とを以て。我邦に於ける眞正佛敎々會の先驅たる法住敎社を組織して。『夫レ道義ヲ闡明シテ人心ヲ保持スルモノハ敎法也敎法豈ニ忽ニス可ケンヤ凡ソ人間行履ノ際各自其方嚮ヲ異ニシ榮枯交開皆之レ一心ノ作用ニ出テヽ悉ク敎化ノ波及ヲ兆セズト云フコトナシ敎導ノ責メ最モ至要トス（中略）吾佛敎ノ弘通スル源印土ノ地方ニ起リ東漸シテ支那諸邦ニ紹隆シ大小二敎機ヲ追テ弘通スト雖ドモ澆季時ヲ追ヒ世運ノ隆替ニ從ヒ漸次衰頽ヲ極メ今ヤ前後藏錫蘭嶋高麗蒙古雪山暹羅等佛敎ノ遺存スルアルモ敎理眞ヲ失シ濟生利生ノ道ニ乏シ吾眞宗今其盛ヲ極ムト雖ドモ獨リ本邦其化ヲ布クノミ佛敎東漸ノ道豈ニ本邦ニ止ランヤ是レ他ナシ敎師ノ其力ヲ竭スモノト竭サザルモノトニ在リ況ンヤ近世外敎却テ內國ヲ蘊蔽シ本敎之ガ爲ニ進路ヲ失シ人民之ガ爲ニ惑溺セントス誰カ遺憾ニ堪ユ可ケンヤ海外ノ諸邦宗敎ノ爲ニ國家ノ顚覆ヲ驗シ人民ノ榮枯窮通ヲ釀セシ覆轍諦察セザルヲ得ンヤ』（下略）「以上明治十三年五月刊行の官准眞宗敎會法住社規約緒言の一節」と唱道し。當時佛界の頑眠を警醒し。以て新佛敎有志者の團結を計り。十有餘年始終一日の如く。反對迫害の重圍を斬り破り。吾黨先輩苦艱の精神と繼紹し。風に櫛り雨に沐し。正義安心の鐵鎖に依りて。九州十萬の社員を統合指麾しつゝありしが。果せる哉天運空しからず。遂に今回萬國宗敎大會助言委員の冠冕を戴りて。西半球の天地に躍り出で。以て其才智敏腕を振ふの時期に際會せり。

於此乎。吾人九州の新佛敎有志者は師を代表者として。彼の大會場裡に赴かしめ。我日本大乘佛敎の法音を宣說せられんとを懇請せしに。師は容易く其請を諾せられたり。依て吾人は其費用を補はんが爲め。廣く九州全土の佛敎家諸氏に訴へて大に其贊同を求めしに。贊同者鹿兒嶋より長崎より福岡より雲合霧集し來り。遂に本日師の遠征を餞するに至らしめたり。是れ一は海內の人士が今回八淵師の雄圖遠謀天地循環の氣運に基き。勇斷果決舊來の頑見陋習を破り。堂々正々世界に向つて進擊を試みらるゝ壯擧に感奮したると。一は天下新佛敎理想勃興の大勢が。飄蕩として之を導きし結果にあらざるはなし。嗚呼吾人が敬慕尊重する八淵蟠龍師よ。請ふ彼の大會に列するの日。疾呼徹底新佛敎大旨義の活動力を發射して。宇內無數の異端邪說を折伏擲裂し給はんとを。送別の筵末に列し。聊か蕪辭を陳して送詞と爲す。

送八淵蟠龍師赴萬國宗教大會　栗津獺溪

遠越波濤向異鄕。龍師何厭旅愁長。高懸佛日親相照。必使群星失厥光。

送八淵蟠龍師之米洲　青　香影

八淵雲起風忽吹。蟠龍將飛米洲涯。米海風物何奇怪。高山大水使客疑。四百年前有豪傑。已拓此地建國基。紀念爲開萬國會。文明競爭是此時。闔龍名蓋一世盛。蟠龍聲利三世滋。一道光線鷲峰月。影落五洲妖霧披。起矣海内同胞士。吐血欲訴誤好期。嗚呼快哉此行以何贈。吟出護國扶宗詩。

八淵師の米國行を送る　軌　藏居士

踏みまよふ人もなきまで異國にかゝげて歸れ法の燈火

同　橋本麒一

外國にその名をあげよ八淵の深き心のつきぬ底いを

同　林　稚枝

ひそみつる龍とふ神の名を高く四方にあらはす時ぞこの時

御佛の御法かしこみ秋津洲のひかりを照らせこと國の空

同　黑田親明

行けよ君法の光を外國の四方にてらさん時は來にしを

同　吉弘正臣

法の路踏みひらくべき時は來ぬ心して行け尾花かや原

一しほの光もまして照すらん晴るゝ雲間にもるゝ月影

同　伊佐次太

萬國つどへる法の筵にも國の光を君は見すらん

同　本鄕廣太

皇國の光に法の光さへてらし合せて君はみすらん

同　山田龜喜

萬國集ふ法會に御佛の光を照せ亞米利加の里

同　內山龜吉

君が名の龍のきほひにまかせつゝ佛の道を說きひろめませ

同　廣瀨高

異國にまだか放たぬ御佛の花さかすべき人ぞ君なる

渡海五首寄國教記者　滋賀　蘆津實全

誰道西洋智識彰。看來品物舊文章。若逢釋子新風化。米水歐山盡放光。（其一）

曾聽東方萬八千。瑞光須照東西天。大雄智劔君知否。不使魔王獨擅權。（其二）

辛苦多年欲報慈。恰逢米國聘宗師。微軀亦作如來使。湖岸公堂樹梵旗。（其三）

弘通聖教要知時。正是大乘西漸機。佛種元來自緣起。福田須耨米南涯。（其四）

本誓流行已見幾。慈悲何必隔華夷。市俄高府臨公會。隻手將摩米國兒。（其五）

寄國教社　福岡　齋田耕夫

蘇峰之下紫溟東。開見眞如明月峒。電腕散飛秋水雨。雷聲喚起暮山虹。蛟龍淵澤時噴氣。碧樹森林忽舞風。灼々法輝千萬里。照明黃壤與蒼穹。

雜報

萬國宗教大會臨席者八淵蟠龍師の送別會

●第一八淵師の經歷に對する吾人の所感　帝國憲法の發布を去ると實に十年前。世は西南戰爭の瘡痍未だ癒へず。民間政黨の聲は唯だ南海の一隅に微かに。未だ自由黨も改進黨も帝政黨も其產聲を發せざるの時に方りて。ブルンチウリー國家論の飜譯國法汎論を繙き。政敎關係の下に至り。反覆數十讀。早くも將來の社會に於ける。宗敎敎會の大勢力を認め。年少氣鋭の資を以て。奇偉倜儻の僧俗を糾合し。絕叫大呼して。『法運ノ通塞ハ國家ノ隆替ニ在リ國家ノ文開ハ敎化ノ普及ニ由ル務メテ民庶ヲ勸奬シ共ニ殉國ノ赤心ヲ竭シ國家ト存亡ヲ期スベシ』と論明し。或は『天地ハ一家ナリ萬國ハ兄弟ナリ天地ノ公道ヲ踐ミ交際ノ盛意ヲ體シ各自ノ交誼モ信義ヲ失スベカラズ』と唱道し。天空海濶以て法住敎會の主働者となり。近くは脚下を動かし。遠くは本山を恐れしめたる者は誰ぞや。熊本滯在の本願寺青年僧水谷了然氏が明治十五年の頃。書を印度錫蘭嶋のオルコット氏に飛ばし。此に始て黄白兩種佛敎徒の交通を開き。數百年間斷絕したる日本佛敎對外運動の曉鐘を撞き出すや。從來唯一概に灰身滅智の小乘敎と暴蔑したる我佛徒に向つて。其嚴肅にして獻身的なる小乘佛徒の眞相を知らしむべき一個の新材料は來れり。是れ他にあらず。オルコット氏の所謂英文佛敎問答A Buddhist gateghism by henry S. Olgott. なりき。博學多能なる連城赤松師は是と京都に携へ。今立吐醉氏をして日本文に譯述せしめ。以て海內に公にせられたり。然れども原本の飜刻なきが故。英文を解する多數の佛敎徒は隔靴搔痒の感ありき。此時に方りて烱眼を放ち。英文佛書の必要を看破し。獨自一己の微力を抛ち。水谷氏を伴ふて東京に入り。經營辛苦漸くにして該原本を飜刻し。明治十九年四月十二日を以て。日本佛界歐文出版の率先者となりしものは誰ぞや。筆して此に至れば。海內に充滿せる我新佛敎理想の渴望者は。八淵蟠龍師に對し。應分の感謝を表せざる可らず。

●第二同志青年特別送別會　會塲は飽田郡池田村光永寺の本堂なり。時は明治廿六年六月十七日午前なり。會する者は八淵師を戴ひて將來新理想の大旆を飜へさんと欲する同志青年百有餘名。何れも慷慨の意氣天を衝かんとする九州佛徒。八淵師は悽然として壇に上れり。前途を望んで奮ひ。眼下列座の青年を目して別を惜むもの丶如し。既にして一條の氣燄は師の口角より騰れり。師が言々悉く悲痛。語々悉く嗚咽。其

[illegible]を詳にするや。血性多感の青年は純白のハンカチーフに[illegible]の紅涙を濕はせり。師が熱辨四莚を震はし。激辭骨髓に徹する句調と皷し。將來の社會に對する同志青年の覺悟を說き。死眼を以て死字を讀む舊陋習を排擊し。活眼を以て活理を究むる新理想を訓諭するや。滿堂多數の青年は毅然として奮ふの色顯はれたり。師は千言萬語盡きざる情を遺して壇を下れり。青年總代藤院大了氏は立つて。いと沈み入りたる悲哀の音調以て答辭を捧げたり。先生の懇切なる訓誨余輩の肺肝に銘す。余輩青年先生の留守中は必ず協心戮力名利と我欲の惡魔を排して進まん。希くは先生高懷を安せられよ。嗚呼先生が太平洋上月明に星稀なるの夜。徐ろに鐵欄に憑り。頭を回らして鄕國の事を思はるゝ時は。余輩青年の幻影が先生の眉間に徘徊し。先生をして益々奮起せしめんとと陳じ了り。一禮して退くや。場内寂として水を打つたるが如く。數十の青年は頭を垂れて仰ぎ見る能はず。一種云ふ可らざる光景を呈したり。

●第三八淵蟠龍師渡米送別會　一般の送別會は十七日午後一時より。標題の如き名稱により。市内新町忘吾會舍に於て開かれたり。兩三日來打續きたる好天氣にて。此日は一層の天朗氣晴を覺へ。首夏の烈日赫々として暑さを感せしも。遠近東西の諸岳は翠を空に挿み碧を雲に横へ。喜んで師が遠征を祝するものゝ如し。熱心なる同志者。敬虔なる信者。親切なる師の知人は。無量百五十有餘名來會せり。始めに熊本佛教同盟會の錚々者大久保含海氏は開會の趣旨を演じて。代表者派遣の理由を辨明し。次に熊本佛教同盟會總代大道憲信氏の送文を森直樹代りて朗讀し。第三に長崎縣有志總代瑞穗慈雲氏は剴切なる送別演說をなし。次に青年有志本山知英君の明快なる送文朗讀。次に同菊池適君の痛快なる送辭朗讀。次に同隈部日圓君の溫良なる送詞朗讀。次に同山田安間君の簡潔なる送序朗讀。次に同甲斐方策君の周到なる送別演說あり。是に於て滿場喝采の歡聲中に八淵師は壇に立てり。劈頭第一最も眞面目に自己の履歷を告白し。進んで我邦の舊佛教的跼内派を肺病患者なりと打破し。大膽に明白に對外運動の急務を疾呼して。留別の演說を終れり。暫くにして質素なる宴會に移れり。接對掛の挨拶と共に和氣靄々の境に進めり。席上武田哲道氏は圓活なる餘興演說の先鋒をなし。次に新道義海氏は輕快なる送詞を朗讀し。隈部了宏氏は濶大なる希望を訴へたり。已にして談音雷を奔らし。歡聲湧くが如き中に。受樂院圓君は活潑なる演說を以て第二期餘興演說の先陣に立ち。それより木尾眞純君の沈痛なる。廣海集君の滑稽なる。菊池適君の嚴格なる。藤院大了君の華麗なる。平野摑綱氏の漢詩朗吟。寺本徹映氏の和歌朗詠。愛樂院篤君の奇警なる。瑞穗慈雲氏の簡明なる。桑杋智宏君の快奇なる餘興演說ありて。一同退散したるは。夕陽金峯山頭に隱れ。南風習々衣袂を拂ふの時なりし。

●第四送八淵蟠龍師之萬里遠征　九州佛敎の同志者一百有餘名。八淵師を中央に圍繞して撮影せる者。十八日午前市內明十橋富重に於て。是れ將來に於ける日本佛界對外運動の大紀念眞影也。

●第五八淵蟠龍師愈々熊城を發す　九州佛敎の有志者が東馳西奔の結果遂に空しからず。明治廿六年六月十八日午後一時四十一分池田發の列車は。師を載て門司灣頭に走れり。見送の老若男女二百有餘名絡驛として停車場に集り。以て師の壯行を送れり。折しも東肥敎校の敎職員學生諸氏は整然列を爲し。敎校關係の僧俗百餘名も近傍の茶店に憩ひ。將に東肥敎校勅額（西本願寺法主猊下の親筆にかゝる「東肥敎校」なる四大字の掛物）の持參者たる。肥後佛界三傑の一人藤岡法眞師の歸熊を奉迎せんとする眞最中にて。場內盡く熊本佛敎徒を以て塡められ。肩摩轂擊一種の奇觀を呈したり。既にして勅額奉載の瀛車は着せり。敎校の整列隊は謹んで奉迎せり。八淵師奉送の爲め準備せる音樂は瀏喨として勅額を迎へたり。對外運動の同盟者も亦た列を作りて勅額の錦旗的威光を拜せり。九州佛界の偉人は悠然錦旗の下に進んで。西本願寺の九州探題に挨拶せり。嗚呼積年雙方に蟠屈せる敵對的感情の衝點に立つて。東肥佛界龍闘虎嘯の壯觀を呈せしめたる。酬恩法住の二大領袖が。一は對外運動の甲冑を冠り。單身魔軍の群中に突入せんが爲め。其同盟の僧侶其敬仰の信者に送られ。一は守內整頓の決心を有し。勅額の錦旗を靡かして東肥の敎界を風靡せんが爲め。其贊成者應援者に迎へらるゝ時に方り。偶然池田停車場內人群雜閙の邊に邂逅して互に無限の味ある微笑を洩らさんとは。嗚呼當時二大領袖の感懷果して如何なりしぞや。と轉た吾人の感を刺す間もなく。勅額の錦旗は西本願寺派熊本縣知事の手に捧げられ。翩々南風に舞ふて池田停車場を去れり。暫くにして八淵師出發列車の時間は迫れり。停車場頭師が熱心なる見送の信者に對し。眞正平民的佛敎の涙露を揮ひ。留別の情を告げて。『佛敎に尊ぶ所は唯だ未來の出離得脫にあり。佛敎にして此出離得脫の觀念なからんか。是れ書生の玩弄物と同一なり。今や諸君と別るゝに際し。別に云ふ可き事なし。唯だ一言望む可きは。諸君が益々此觀念を養成し。以て眞實正義の信心を獲得し此信心を順風となし。

而して大悲の願船に乘じ。莊嚴無比なる彼土に往生せられんと是なり。余が今回の宗教大會臨席も亦た此意を歐米人に及ぼすに外ならざるなり』と演說し終るや。謹聽の信者は念佛の聲と共に感淚に咽ぶ者多く。吾人も亦た佛敎神聖の價値實に此にありとの感に堪へず。雙眸に暗淚を湛へたり。場內に充てる他の乘客も肅然耳を傾け。停車場待受の車夫等も信仰の勢力に感化せられたるか。兩三人來りて師演說の下に頭を俯し愴然たるが如きを見受たり。稍ありて鐵車轟然として着せり。百有餘名の奉送者は高瀨迄師を送らんが爲め師と擁して車中に進めり。奉送の音樂は瀏々喨々として淸雅の聲を擧げ師の遠征を送り。奉送の信者は歡呼して師の壯行を送れり。滊笛一聲運轉を始むるや。八淵師萬歲。新佛敎萬歲。世界的運動萬歲。對外派萬歲。法住社萬歲の聲は車中車外より萬雷を轟かして音樂の響と相和し。黑烟沸々として熊城を跡にし。倏忽の際に滊車は既に菊川碧流の淸風に吹かれて高瀨停車場に着す。

●第六高瀨停車場に於ける送別會　八淵師の一行を乘せたる滊車が高瀨に着するや。木葉佛敎青年會員廣瀨熊喜。德永市十郎諸氏が發起となりて盡力したる奉送の煙火は數十發打揚げられたり。玉名全郡各村の青年會員婦人會員等は各々旗を飜へして師の一行を迎へ。停車場の後丘日蓮宗の妙正寺に於て送別會を開けり。武田哲道氏開會の主意を述べ。次に八淵師は最も平易なる調子にて佛耶兩敎の比較より。宗敎大會の何物たることに說き入り。宗敎は人の靈魂を照らす萬古不滅の燈火なり。今回の大會は西洋人が此燈火の明闇を詳にして。其闇き燈火を排して其明なる燈火を擇ばんと欲する者なり。若し佛敎の燈火にして耶蘇敎の燈火に比し。其光明なれば歐米人は喜んで其光の明なる佛敎を採用せんとは。疑ふ可らざるの事實なりとて。耶蘇敎が人間情欲の上より建立せられたる弱點を論破し。世界に於ける物質的文明の偏進を擧げて精神的文明の却歩を嘆じ以て壇を退けり。それより宴會に移り。席上亦た二三信徒の需に應じて。信心領解の心得を談じ。薄暮高瀨發の列車にて大牟田或は門司迄見送れる三十餘名の同志者と共に。佛敎萬歲の歡聲中に高瀨の同志に別れ。同夜は大牟田に一泊し。同地より態々十七日の送別會に列席したる福山正登。山本四五六諸氏の優待を受け。翌十九日愈々門司灣頭に向つて發せられたり。

●第七八淵師門司出帆後の順序　三十六灘の月に嘯ひて連日の苦戰を忘れ。豐公偉跡の邊浪華の僑居新佛敎の唱道者を訪ふて四五年ぶりの快論を上下し。舊佛敎腐敗の中心たる西京に入りて四邊停滯迷妄の現象を觀察し。愈々破壞的大改革の止む能はざると決心し。一瞬千里の中に東海道の山川を經過し『駿之山參之水。英雄起處地形好』を望んで間もなく東京に入り。堀內靜宇。外山義文。伊達靈堅諸氏の斡旋に依り。釋宗演。蘆津實全諸師と大會に對する萬般の方畧を審議討論し。愈々八月の始頃釋。蘆津諸師と相携へて横濱を解纜せらるゝ由なり。

●教育宗教衝突問題の波瀾　は益々日を逐ふて洶湧澎湃たり賣文拜金の僞學者が國民之友に六回連載したる「僞哲學者の大僻論」及び「悔悟の哲學者」なる罵倒論は。例の民友社より「排僞哲學論」と題して近刊せんとし。西村茂樹翁の門弟たる神道家。磯部武者五郎氏は「政教時論」を著作し。匿名の哲學者卜里老猿氏は朝野新聞紙上に六月一日より「僞善者の大僻論を駁す」との高橋攻擊の長論文を載せ始めて連日連載未だ終らず。青山文資氏は「教育報知」三百七十二号の誌上より。老猿氏と同じく「僞哲學者の大僻論及び悔悟の哲學者を讀む」と題する高橋駁擊を試み。是より少し以前に遡れば「教育と宗教の衝突」發兌後同時に顯はれ出でたる。耶蘇教者蕨村居士（久津見息忠氏）の「耶蘇教衝突論」は百方耶蘇教を辨護し。井上圓了氏の「教育宗教關係論」は井哲氏の爲に萬軍の應援を爲し。「天則」關係者關阜作氏編輯の「井上博士と基督教徒」（一名教育と宗教の衝突顚末及評論）は歸納的事實に基きて耶蘇教を排擊し。耶蘇教の雄辨家宮川經輝氏は「基督教と忠君愛國」なる演說を出版し。同教にて氣骨家の評ある松村介石氏は「我黨の德育」を著はし。何れも井哲氏の論陣目掛けて攻め寄りたり。大澤興國氏の「佛教修身論」。足立普明氏の「耶蘇教亡國論」等も亦た此問題の一波瀾なり。目今東京に於ては哲學館學生諸氏の手に成れる「天則」の如き。佛教雜誌中の完全を以て名ある「佛教」の如き。何れも誌面の半を此問題の爲に費やし。旗旗堂々全國佛徒輿論の先導者たらんとす。吾人も猶ほ此問題に就ひては。一層奮つて爲す所ある可し。

●古川老川君の頑迷佛徒警醒　教育宗教衝突問題に關し。古河君「佛教」の評林欄內に左の如く喝破せり。是れ吾人の將さに云はんと欲する所の者。吾人は頗る同感を表す。

佛教徒が此問題を見るは須らく宗教家らしくして見ざるべからず。井上氏の議論は主として基督教を排するものなれど。氏の議論をそのまゝ應用して隨分佛教を排し得ざるに非るとあり。故に佛教徒が贊成すべき點に於て氏の說と贊成するはよけれど。理も非もなく之に雷同するは吾人の甚だ取らざるところなり。且つ此に於て佛教徒の最も注意すべきとあり。此問題上基督教を排斥する便宜の爲めに餘り頑冥の論となすべからざると是なり。佛教徒が基督教徒を邀擊すべきは。主として眞理の郊野に在り。國体論忠孝論の如きは寧ろ末なるのみ。佛教徒は全世界両半球の上に躋り。第二十世紀の大勢を豫望して。彼の文明の殘汁たる基督教を排するを本務とすべし。鎖國の舊思想を根據とし。懷古の冷涙に動かされて。宗教を論ずるを主とするときは。或は一時の便宜の爲めに。萬年の大計を忘るゝとなきに非ず云々。

●東西両派の名師米國耶蘇教徒の輕蔑的蹂躙を蒙る　西本願寺の總理大臣嶋地默雷師を會長に戴き。最も本山の積弊と論評するに遠慮せる反省雜誌は。其第八年第四號内報欄内に於て。「萬國宗敎大會、噫四百弗」と題し。左の如き吾人をして慷慨腕を扼せしむる報道批評を與へたり。

嶋地默雷南條文雄の二師も今度更に特別の招請を受け。殊に同會長より些少ながら四百弗宛の滯在米費を贈呈すべしと迄申來りしよしなれども。兩師とも未だ何たる決答をもなさずと云へり。噫四百弗。四百弗夫れ何ぞ。日本佛敎衰へたりと雖も。尚ほ十萬の僧侶あり千萬の信徒あり。豈此等三兩の僧侶をして外航せしむるの費なからんや。彼等基督敎徒等は今二師の缺席せんとするを以て單に金錢上の算段に在るものと推斷せるか。抑も亦非禮も太しからずや。知らず二師亦之を覺るや否や。

是れ果して眞なるや否や。次號の反省雜誌に取消正誤の掲載もなければ。必ず僞報にあらざる可し。嗚呼基督敎徒の非禮なるや否やは兎も角。此の如く默雷文雄の二碩德をして。千秋拭ふ可らざる輕蔑的蹂躙を蒙らしむるに至りしは。抑も亦た誰の罪ぞや。現時最も困弊の位置に立ちたる我國民より。八百萬圓の信仰的義金を募集して建設したる。東本願寺の殿堂は何の面目ありてか我國民に對するや。恰も歐州宗敎改革以前に於ける羅馬法王赦罪券發賣の如き体裁を以て。一百萬圓乃至百五十萬圓の義金を募集しつゝある。西本願寺の護持會及び東本願寺の相續講は。將た何の面目ありてか。義金喜捨者の信仰的聖涙に對するや。跼内鎖國の舊蠢動を以て。徒らに敎學と唱へ布敎と呼び。停滯迷妄せる舊佛敎僧侶を養成し。益々佛敎をして腐爛せしむるを以て。義金の精神に對する義務盡きたりと思へるか。我派は今回三條公と姻戚を結べり。我派は今回九條公と舊緣を温めたり。我派の法主は今回恐れ多くも天皇陛下より袈裟を纏はりたりなどと。徒らに貴族的門閥の威光に誇り。徒らに陰險狡猾なる拜金宗的の政治家に籠絡せられて。信仰の義金數十萬を水泡に歸せしめ。眞正佛徒としては唾棄す可き汚風穢習に向つて。狂喜啻ならざるが如きを以て。眞宗の面目此に盡きたりと思へるか。僅かに被動的微動たる千嶋開敎者派遣位を以て。恥しかくも方今萬邦往來の世界に立てる日本の眞宗として。佛敎遠征などゝ社會に向つて吹聽し得可きか。嗚呼海内に群がれる我新理想の同盟者たらん者は。日本佛敎の中心に其位置を占めたる。眞宗内に於ける跼内鎖國の惡弊害を打破せずんば。佛敎全体の活動得て望む可らざる也。

●鎖國的僞新佛敎家の眞特色　慷慨の句調熱激の辨鋒を以て尊皇敬佛の政黨的佛敎を鼓吹し。口には世界の大勢改革の時機などと時々洩せども。心は到底戀舊の雲。頑迷の霧全面に漲りて。世界の大勢は愚か日本の大勢にも暗きが如き。西本願寺派鎖國主義擁護の大忠臣たる。熊本佛界第一流の人物某師は。此頃勅額の錦旗麗かに銀杏城下に輝きし際。恰かも香川某師が佐賀に於ける昨春の王法爲本濫用訓告の如き嚴然たる体裁にて。一味徒黨の僧俗に說ひて曰く。『我本山の佛敎なる者は神聖にして尊嚴決して博覽會に出すが如き輕率浮躁の佛敎に非ず』と訓諭せし由。咄佛敎光被の範圍は日本而已なる乎。彌陀大悲の本願は白色人種には及ぼす可らざる乎。汝が忠臣の諂涙と揮ふ我眞宗は結局日本一國に籠城して斃る可きものなる乎。是れ豈に鎖國的僞新佛敎家の眞特色に非ずして何ぞ。咄々たる哉鎖國的僞新佛敎家の諂涙。

明治二十三年九月二十五日第壹號發行

本誌創立紀元第四年總號數第三拾壹號

內務省許可 明治二十四年九月七日

遞信省認可 明治二十五年五月四日

●國教雜誌規則摘要

一本誌は佛教の運動機關として毎月二回（國教）を發刊す

一本誌は宗派に偏せす教會に黨せす普く佛教界に獨立して佛徒の積弊を洗滌し佛教の新運動を企圖すへし

一本誌は諸宗教の批評及ひ教法界に現出する時事の問題を討論し毎號諸大家の有爲なる論說寄書講義演說等を登錄し其教法關係の點に至りては何人を撰はす投書の自由を許し本社の主旨に妨けなき限りは総て之を掲載すへし

但し原稿は楷書二十七字詰に認め必す住所姓名を詳記すへし

一本誌代金及ひ廣告料は必す前金たるへし若し前金を投せすして御注文あるも本社は之に應せさるものとす

但本縣在住の人にして適當の紹介人あるときは此限りにあらす

一本誌見本を請求する者は郵券五厘切手十枚を送付せは郵送すへし

一本誌代金は可成爲換によりて送金あるへし尤も辟陬の地にして爲換取組不便利なれは五厘郵券切手を代用し一割增の計算にして送付あるへし

一本誌代金及ひ廣告料は左の定價表に依るへし

但本誌購讀者に限り特別を以て廣告料を減することあるへし

雜誌代金

册數	一册一回分	十二册半箇年分	廿四册一箇年分
定價	五錢	五拾四錢	壹圓
郵稅共	五錢五厘	六拾錢	壹圓拾貳錢

廣告料

廣告料は行數の多少に拘はらす五号活字二十七字詰一行一回三錢とす但廣告に用ゆる木版等本社に依賴せらるゝときは廣告料の外に相當の代金を請求すべし

明治廿六年六月廿九日印刷
明治廿六年六月三十日發行

編輯者 熊本縣玉名郡石貫村千百八十一番地 森直樹

發行兼印刷者 熊本市安巳橋通町七十五番地 志垣弘

印刷所 熊本市新壹丁目百二番地 汲古堂

發行所 熊本市安巳橋通町七十五番地 國教雜誌社

編集復刻版 雑誌『国教』と九州真宗（全3巻・別冊1）

2016年7月15日発行

揃定価（本体75、000円＋税）

編・解題者 中西直樹

発行者 細田哲史

発行所 不二出版
東京都文京区向丘1-2-12
TEL 03（3812）4433

印刷所 富士リプロ

製本所 青木製本

乱丁・落丁はお取り替えいたします。

第2巻 ISBN978-4-8350-7883-0
全4冊 分売不可 セットコードISBN978-4-8350-7881-6